Übungen zur Mikroökonomie

Jonathan Hamilton
Valerie Suslow

Übungen zur Mikroökonomie

7., aktualisierte Auflage

PEARSON
Studium

ein Imprint von Pearson Education
München • Boston • San Francisco • Harlow, England
Don Mills, Ontario • Sydney • Mexico City
Madrid • Amsterdam

Bibliografische Information der Deutschen Nationalbibliothek

Die Deutsche Nationalbibliothek verzeichnet diese Publikation in der Deutschen Nationalbibliografie; detaillierte bibliografische Daten sind im Internet über *http://dnb.d-nb.de* abrufbar.

10 9 8 7 6 5 4 3 2 1

11 10 09

ISBN 978-3-8273-7283-3

ein Imprint der Pearson Education Deutschland GmbH,
Martin-Kollar-Straße 10-12, D-81829 München/Germany

www.pearson-studium.de
Übersetzung: Andreas Zantop, Berlin
Lektorat: Christian Schneider, cschneider@pearson.de
Mailin Bremer, mbremer@pearson.de
Fachlektorat: Prof. Dr. Jürgen Blazejczak, Merseburg
Romy Pohl, Rostock
Einbandgestaltung: Thomas Arlt, tarlt@adesso21.net
Herstellung: Martha Kürzl-Harrison, mkuerzl@pearson.de
Satz: mediaService, Siegen (www.media-service.tv)
Druck und Verarbeitung: Kösel, Krugzell (www.KoeselBuch.de)

Printed in Germany

Inhaltsverzeichnis

Vorwort

Dieses Übungsbuch begleitet die siebte Auflage des Lehrwerkes *Mikroökonomie* von Robert Pindyck und Daniel Rubinfeld. In Verbindung mit dem Lehrbuch kann es ein hilfreiches Lernmittel darstellen, mit dem die dort dargestellten Grundkonzepte wiederholt werden können. Im vorliegenden Übungsbuch werden eine Vielzahl von Fragestellungen präsentiert und detaillierte Lösungen dazu dargestellt, mit denen es dem Leser möglich wird, Übung in der Bearbeitung von volkswirtschaftlichen Fragestellungen zu entwickeln. Das vorliegende Übungsbuch sollte nicht als Ersatz für das Lehrbuch verwendet werden, in dem das Material vollständig behandelt wird.

1 Inhalt des Übungsbuches

Jedes Kapitel dieses Übungsbuches entspricht einem Kapitel im Lehrbuch. Am Anfang jedes Kapitels des Übungsbuches steht eine Checkliste der wichtigen, im betreffenden Kapitel des Lehrbuchs behandelten Begriffe, danach folgt ein Überblick über die Hauptthemen des Kapitels, in dem eine Kurzdefinition jedes Begriffs gegeben wird. Kurze Zusammenfassungen jedes Schlüsselkonzeptes und damit verbundene Übungen werden in den Abschnitten zur Wiederholung sowie in den Übungen gegeben. Am Ende jedes Kapitels stehen ein Aufgabenteil, Kontrollfragen (mit Multiple-Choice-Fragen) und eine Internetübung. Die Lösungen für alle Übungen stehen jeweils am Ende des Kapitels.

Einige Abschnitte und Übungen sind mit einem Sternchen markiert; sie entsprechen den mit einem Sternchen markierten (fortgeschrittenen) Abschnitten im Lehrbuch. Weitere Fragen im Übungsbuch werden mit einem Sternchen markiert, um anzuzeigen, dass für die Übung Kenntnisse in Analysis notwendig oder die Übungen mathematisch anspruchsvoll sind.

2 Danksagung

Unser Dank gilt einer Vielzahl von Menschen für ihre Unterstützung sowohl bei früheren als auch bei der siebten Auflage dieses Übungsbuches. Wir danken Anna Dodonova, Peter Morrow, Alyssa Titche und Nathan Wilson für ihre Unterstützung bei der Entwicklung der Internetübungen. Darüber hinaus danken wir Lisa Jelks für ihr erfahrenes Korrekturlesen. Schließlich danken wir den Mitarbeitern bei Pearson Prentice Hall, die uns auf jedem Schritt des Weges wertvolle Unterstützung leisteten.

3 Auffrischung mathematischer Fähigkeiten

Sollten Ihre grundlegenden Algebra-Kenntnisse etwas eingerostet sein, wird es Ihnen unter Umständen schwer fallen, die mathematischen Aufgaben zur Volkswirtschaftslehre durchzuarbeiten und die vielen, zur Illustration von volkswirtschaftlichen Konzepten verwendeten Geraden und Kurven zu bearbeiten. Gute Grundkenntnisse in Mathematik ermöglichen es Ihnen, sich anstatt auf die mathematischen Fragen auf die volkswirtschaftlichen Aspekte zu konzentrieren. Sollten Sie das Gefühl haben, dass Ihre mathematischen Kenntnisse besonders schwach sind, kann Ihnen Ihr Dozent ein Buch zur Wiederauffrischung empfehlen. Falls Sie nur eine schnelle Wiederholung benötigen, können die folgenden Anmerkungen hilfreich sein.

3.1 Schreibweise von Funktionen

Wenn der Umsatz mit den Werbeaufwendungen in einer linearen Beziehung steht, könnte man schreiben:

$$\text{Umsatz} = 100 + 0{,}5 \cdot \text{Werbeaufwendungen}$$

In anderen Fällen verfügen wir unter Umständen nicht über die explizite Gleichung und können nur die allgemeine Form der Gleichung schreiben: Umsatz = f (Werbeaufwendungen), wobei f ( ) angibt, dass eine funktionale Beziehung besteht. Eine *Funktion* wird durch $y = f(x)$ gekennzeichnet und als „y ist gleich f von x" gelesen. Eine Funktion ist eine Regel oder eine Methode zur Bestimmung des eindeutigen Wertes von y für jedes x. Man sagt dann, dass y die abhängige Variable ist, die durch die unabhängige Variable x bestimmt wird.

3.2 Lineare Funktionen

Die Änderungsrate der abhängigen Variablen bei Änderungen der unabhängigen Variablen ist die *Steigung* einer Funktion. Mit Symbolen wird die Steigung als $\Delta y/\Delta x$ beschrieben, das als „die durch eine Änderung von x verursachte Änderung von y" gelesen wird.

In Abbildung 1 steigt der Umsatz von 110 auf 140, während wir uns von Punkt A zu Punkt B bewegen. Gleichzeitig steigen die Werbeaufwendungen von 20 auf 80. Folglich gilt

$$\frac{\Delta Umsatz}{\Delta Werb.} = \frac{110-140}{20-80} = \frac{-30}{-60} = +0{,}5.$$

Die Änderungsrate von Punkt B zu Punkt C beträgt ebenfalls + 0,5. Folglich ist die Steigung der in Abbildung 1 eingezeichneten Geraden konstant und zwischen jeglichen zwei Punkten auf der Geraden gleich 0,5. Allgemein kann jede lineare Funktion als $y = a + bx$ ausgedrückt werden, wobei a und b fixe Zahlen sind (sie sind Konstanten, die in der Gleichung spezifiziert oder in der Fragestellung angegeben sind). Der Term a wird als der Achsenabschnitt auf der y-Achse (die Stelle, an der die Gerade die y-Achse schneidet) definiert und stellt den Wert von y dar, wenn x gleich null ist. In Abbildung 1 ist der Achsenabschnitt auf der y-Achse gleich 100, wodurch die Gleichung der Geraden lautet: Umsatz = 100 + 0,5 Werbeaufwendungen. Der Term b wird als die Steigung definiert. Allgemein ist die Steigung bei jeder linearen Funktion $y = a + bx$ gleich b und der Schnittpunkt auf der y-Achse ist gleich a. Der Achsenabschnitt auf der x-Achse, der gleich $-a/b$ ist, kann durch Nullsetzen von y und Auflösen nach x bestimmt werden.

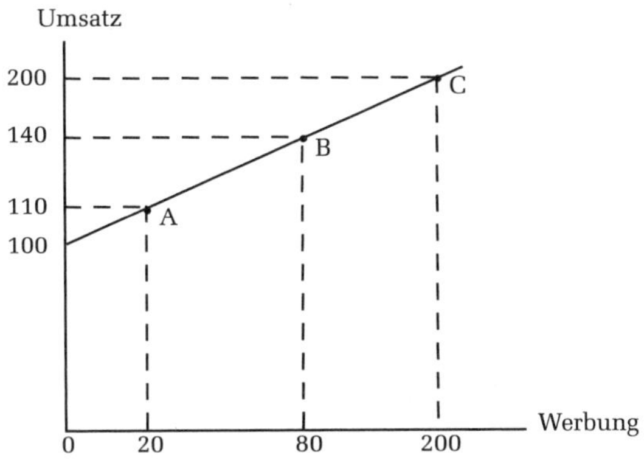

Abbildung 1

Wie würden Sie vorgehen, wenn Sie die Gleichung der Geraden nur mithilfe der Punkte B und C bestimmen sollen? Mithilfe zweier beliebiger Punkte auf der Geraden kann nach der Gleichung einer Geraden aufgelöst werden. Nach der Bestimmung der Steigung wird die Gleichung in der allgemeinen Form als $y = a + 0{,}5x$ geschrieben. Nun kann irgendein beliebiger Punkt auf der Geraden in die Gleichung eingesetzt werden. Setzen wir beispielsweise Punkt C in Abbildung 1 ein: Dann gilt $200 = a + 0{,}5(200)$ oder $a = 100$. Folglich lautet die Gleichung der Geraden (wiederum) $y = 100 + 0{,}5x$. Der Schnittpunkt dieser Geraden mit der x-Achse wird durch Nullsetzen von y und Auflösen nach x bestimmt: $0 = 100 + 0{,}5x$ also $x = -200$.

Es sei angenommen, zwei Punkte auf einer anderen Geraden sind vorgegeben und Ihnen wird die Aufgabe gestellt, deren Gleichung zu bestimmen. Die Punkte sind $(x_0, y_0) = (2, 46)$ und $(x_1, y_1) = (15, 20)$. Die Steigung der Geraden ist gleich $\Delta y/\Delta x = (46 - 20)/(2 - 15) = 26/-13 = -2$. Bisher haben wir ermittelt $y = a - 2x$. Jetzt wird zur Bestimmung von a ein Punkt in die Gleichung eingesetzt: $20 = a - 2(15)$, also $a = 50$. Folglich lautet die Gleichung der Geraden $y = 50 - 2x$. Die Steigung ist gleich -2, der Schnittpunkt mit der y-Achse ist gleich 50 und der Schnittpunkt mit der x-Achse (Nullsetzen von y) ist gleich 25. Diese Gerade mit negativer Steigung wird in Abbildung 2 dargestellt.

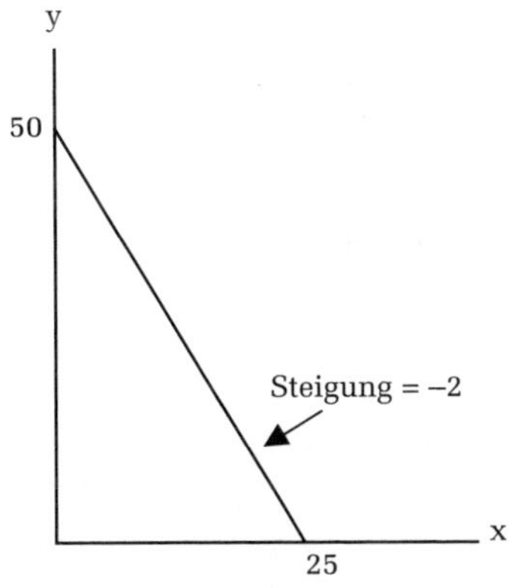

Abbildung 2

3.3 Nichtlineare Funktionen

Die Steigung nichtlinearer Funktionen lautet wie zuvor y/x. Sie nimmt allerdings in verschiedenen Punkten der Kurve unterschiedliche Werte an. Bei der Betrachtung der Erlösfunktion in Abbildung 3 sehen wir, dass bei einem Anstieg des Umsatzes von 0 auf 100 Einheiten der Erlös von 0 auf 500 ansteigt, was eine Steigung von 5 bedeutet. Wenn wir allerdings die Umsätze zwischen 50 und 100 betrachten, steigt der Erlös von 375 auf 500, und wir erhalten eine Steigung von 125/50, also 2,5. Folglich hängt die Steigung einer Kurve davon ab, in welchem Punkt sie gemessen wird. Aus diesem Grunde ist es hilfreich, die Änderungsrate in einem Punkt zu messen (das heißt die Steigung für infinitesimal kleine Änderungen von x und y). Grafisch ausgedrückt entspricht dies der Steigung der Tangente im fraglichen Punkt. Bei einem Umsatz von 50 berührt die in Abbildung 3 mit l bezeichnete Gerade die Kurve im Punkt E. Diese Tangente weist, wie bei der Betrachtung von Abbildung 3 deutlich wird, eine Steigung von 5 auf.

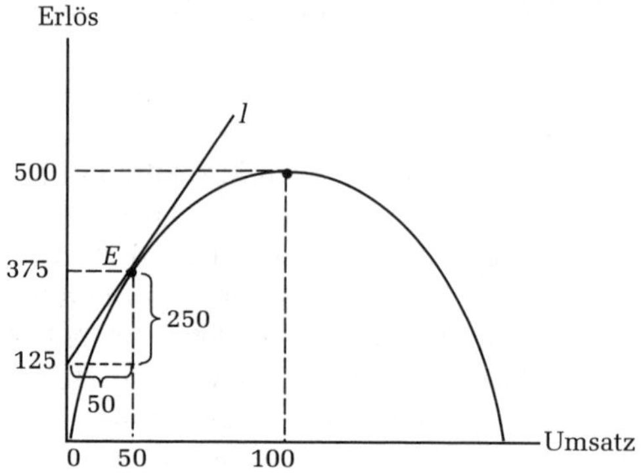

Abbildung 3

3.4 Analysis

Im Folgenden wird ein kurzer Überblick über die Grundregeln für die Ableitungen von Funktionen gegeben:

Funktion	Ableitung $y' = dy/dx$	Beispiel
$y =$ Konstante	$y' = 0$	$y = 10 \Rightarrow y' = 0$
$y = x$	$y' = 1$	–
$y = kx$	$y' = k$	$y = 10x \Rightarrow y' = 10$
$y = kx^2$	$y' = 2kx$	$y = 3x^2 \Rightarrow y' = 6x$
$y = kn^n$	$y' = knx^{n-1}$	$y = x^{31} \Rightarrow y' = 31x^{30}$
$y = f(x) + g(x)$	$y' = (df/dx) + (dg/dx)$	$y = 10x - 0,4x^2 \Rightarrow y' = 10 - 0,8x$
$y = f(x)g(x)$	$y' = f(x)(dg/dx) +$ $(df/dx)g(x)$	$y = (2x)(x^3) \Rightarrow y' =$ $2x(3x^2) + 2(x^3) = 8x^3$
$y = g(z(x))$	$y' = (dg/dz)(dz/dx)$	$y = 10z$, wobei gilt $z = 3 - 5x \Rightarrow y' = (10)(-5) = -50$

4 Lösungsansätze für volkswirtschaftliche Fragestellungen

Für die meisten volkswirtschaftlichen Fragestellungen gibt es drei verschiedene Lösungsansätze: einen intuitiven, einen grafischen und einen mathematischen Lösungsansatz. Bei einfachen Fragestellungen funktioniert der intuitive Ansatz gut. Während Sie Fortschritte machen, wird sich auch Ihre volkswirtschaftliche Intuition entwickeln. Bei den komplexeren Fragestellungen könnten Sie allerdings unter Umständen feststellen, dass Ihnen einige der Einzelheiten (das heißt die richtige Lösung) entgehen, wenn Sie sich auf Ihre Intuition verlassen, statt mit dem Bleistift auf Papier zu arbeiten. Allerdings ist es an dieser Stelle wichtig zu betonen, dass Sie Ihre wirtschaftswissenschaftliche Intuition niemals ignorieren sollten, auch wenn der intuitive Ansatz Ihnen nicht immer die exakte Lösung liefern kann. Es kann vorkommen, dass die Algebra oder die Grafiken verwirrend werden. Oder Sie machen einen einfachen mathematischen Fehler und stellen fest, dass die von Ihnen ermittelte Antwort „volkwirtschaftlich einfach keinen Sinn ergibt“. In diesen Fällen lassen Sie sich von Ihrer Intuition bis zu der Antwort oder zumindest bis zum korrekten Lösungsansatz für das Problem führen, selbst wenn Sie die Fragestellung nicht bis zum Ende lösen können.

Sowohl bei einfachen als auch bei komplexen Fragestellungen können Sie stets Grafiken heranziehen, um das Wesentliche des Problems zu erfassen. Der Vorteil des Erlernens der Verwendung von Grafiken besteht darin, dass diese Ihre Aufmerksamkeit auf die notwendigen Elemente des Problems lenken. Wenn Sie Probleme nicht gut mithilfe von Gleichungen erfassen können, sollten Sie zunächst versuchen, die Grafik zu zeichnen. Dies verdeutlicht den Ansatz der Gleichungen. Die Verwendung von Grafiken zwingt Sie auch dazu, sich selbst zu beweisen, dass Sie das Material tatsächlich verstehen. Nehmen Sie es Ihrem Dozenten nicht unbesehen ab, wenn er oder sie Kurven zeichnet und etwas behauptet. Zeichnen Sie die Kurve noch einmal und überzeugen Sie sich selbst davon, dass es wahr ist.

Unabhängig davon, welchen Ansatz zur Lösung von volkswirtschaftlichen Fragestellungen Sie bevorzugen, müssen Sie sich zuerst darauf konzentrieren, die grundlegenden Definitionen und Konzepte kennen zu lernen. Die Methode dazu besteht darin, jede Aufgabenstellung und jede Grafik im vorliegenden Übungsbuch sowie im Lehrbuch aktiv durchzuarbeiten.

TEIL I

Einführung: Märkte und Preise

Zu Beginn

1

Wichtige Begriffe

- Positive Theorien
- Normative Theorien
- Mikroökonomie
- Makroökonomie
- Vollkommene Wettbewerbsmärkte
- Nichtwettbewerbsmärkte
- Nominale Preise (in „laufenden Dollar")
- Reale Preise (in „konstanten Dollar")

ÜBERBLICK

1.1 Hauptthemen des Kapitels

Die Volkswirtschaftslehre beschäftigt sich mit der Zuordnung (Allokation) knapper Ressourcen zu konkurrierenden Bedürfnissen und Wünschen. Es handelt sich um eine Sozialwissenschaft, in der versucht wird, sowohl positive als auch normative Fragen zu beantworten. Mit den *positiven Theorien* wird versucht, die Welt zu beschreiben: zum Beispiel warum weisen Unternehmen in verschiedenen Branchen unterschiedliche Preisbildungsstrategien auf? Wie wird sich die Sparquote als Reaktion auf eine Änderung im Steuerrecht verändern? Die *normativen Theorien* werden verwendet, um sowohl Staaten als auch Unternehmen Politiken zu empfehlen: Sollte der Staat die Medikamentenpreise regulieren? Sollte ein Unternehmen ein internationales Joint Venture gründen? Es ist wichtig zu berücksichtigen, dass die normative Volkswirtschaftslehre auf der Grundlage der positiven Volkswirtschaftslehre beruhen muss, oder – anders ausgedrückt – dass man, wenn man eine politische Lösung für ein volkswirtschaftliches Problem vorschlagen will, zunächst wissen muss, wer durch die Politik beeinflusst wird und welche Auswirkungen diese wahrscheinlich haben wird. Die Volkswirtschaftslehre gibt uns nicht vor, welche Politiken gewählt werden sollten, aber sie unterstützt diejenigen, die Entscheidungen treffen müssen.

Die *Mikroökonomie* ist das Gebiet der Volkswirtschaftslehre, in dem das Verhalten von Individuen (Wirtschaftssubjekten) wie beispielsweise Konsumenten, Arbeitnehmern und Unternehmen untersucht wird. Die *Makroökonomie*, das zweite Hauptgebiet der Volkswirtschaftslehre, konzentriert sich auf die Untersuchung von gesamtwirtschaftlichen Größen, wie zum Beispiel des Bruttonationaleinkommens, der Arbeitslosenquote und der Geldmenge.

Bei einem *Markt* handelt es sich um ein gedachtes Zusammentreffen von Käufern und Verkäufern, die mit der Absicht, ein Gut oder eine Dienstleistung zu handeln, interagieren. Die Reichweite eines Marktes wird durch seine geografischen Grenzen und seine Produktgrenzen definiert. Einige Produkte werden auf lokalen Märkten gehandelt, während andere eine weltweite Reichweite haben. Desgleichen wird auf manchen Märkten ein einheitliches Produkt gehandelt, wie zum Beispiel Rohzucker, während andere Märkte für eine Anzahl differenzierter Produkte, etwa Klein-, Kompaktwagen und Mittelklassewagen, abgegrenzt sind.

Bei einem *vollkommenen Wettbewerbsmarkt* handelt es sich um einen Markt mit vielen Käufern und Verkäufern, auf dem kein einzelner Käufer oder Verkäufer über bedeutenden Einfluss auf den Preis verfügt. Auf Wettbewerbsmärkten herrscht gewöhnlich ein einziger Preis, der als der Marktpreis bezeichnet wird. Ein *Nichtwettbewerbsmarkt* ist ein Markt, auf dem einzelne Unternehmen den Marktpreis beeinflussen können. Auf Nichtwettbewerbsmärkten können die Verkäufer mitunter verschiedene Preise verlangen. Das Hauptziel in diesem einführenden Kapitel besteht darin zu erkennen, dass nicht alle Märkte gleich aussehen.

Um die Preise von Gütern und Dienstleistungen auf einem bestimmten Markt über die Zeit hinweg zu vergleichen, ist es von entscheidender Bedeutung, Veränderungen im Gesamtniveau der Preise zu berücksichtigen. Die *nominalen Preise* sind die „unbearbeiteten" oder beobachteten, nicht um die Inflation bereinigten Preisdaten. Diese werden manchmal auch als Preise in „laufenden Dollar" bezeichnet. Die *realen Preise* sind entsprechend einem Index des Preisniveaus angepasst. Reale Preise werden manchmal als Preise in „konstanten Dollar" bezeichnet, da im Preisindex versucht wird, den Wert eines Dollars über die Zeit hinweg konstant zu halten. Der am häufigsten verwendete Preisindex ist der Verbraucherpreisindex (Preisindex der Lebenshaltung).

1.2 Wiederholung und Übungen

1.2.1 Die Themen der Mikroökonomie (Kapitel 1.1)

Die Autoren erörtern im vorliegenden Kapitel eine Vielzahl von grundlegenden Themen, zum Beispiel die verschiedenen Akteure der Volkswirtschaft (Konsumenten, Arbeitnehmer, Unternehmen) und die Rolle von Theorien und Modellen. Wir konzentrieren uns im Folgenden auf die Unterscheidung zwischen der positiven und der normativen Analyse.

Es besteht ein Unterschied zwischen der Fragestellung „Was wird geschehen?“ und der Fragestellung „Was ist am besten?“. Die Manager von Unternehmen und die Entscheidungsträger der staatlichen Politik stellen beide Arten von Fragen. Die *positive Analyse* richtet sich auf Erklärung und Prognose. Wie entwickelt sich die Jugendarbeitslosigkeit, wenn die Regierung den Mindestlohn anhebt? Die *normative Analyse* beschäftigt sich damit, was geschehen sollte. Liegt in Anbetracht der Erkenntnis, dass einige Jugendliche mit einem höheren Mindestlohn besser gestellt werden, während andere ihre Arbeitsplätze verlieren, eine Erhöhung des Mindestlohns im allgemeinen öffentlichen Interesse? Die normative Analyse umfasst häufig das Abwägen von Verbesserungen der ökonomischen Effizienz gegenüber Veränderungen der Einkommensverteilung (Gerechtigkeit). Die Mikroökonomie kann nur die Kosten und Nutzen von Entscheidungen aufzeigen; sie kann uns nicht sagen, welche Politik die beste ist. Diese Entscheidung muss von jeder Person beziehungsweise jeder Gesellschaft selbst getroffen werden. Es ist allerdings wichtig zu erkennen, dass vor der normativen eine positive Analyse stattfinden muss.

Übung

1. Bestimmen Sie, ob die folgenden Aussagen positiv oder normativ sind:
   a) Im Lauf der nächsten einhundert Jahre wird zunehmend Solarenergie genutzt werden.
   b) Die Steuern für die reichen Bürger der USA sind zu hoch.
   c) Wenn die Regierung die gegenwärtig geltenden Importquoten für Zucker aufhebt, fällt der Zuckerpreis und die Glucosesirupbranche, die im Inland aus Mais Rohstoff für die Zuckerproduktion herstellt, leidet darunter.
   d) Verstärkte Werbung durch einen wichtigen Automobilproduzenten wirkt sich auf die Verkäufe der anderen Automobilunternehmen aus.
   e) Fusionen zwischen zwei Unternehmen sollten in jedem Fall erlaubt sein.

1.2.2 Was ist ein Markt? (Kapitel 1.2)

Ein Markt ist das gedachte Zusammentreffen von Käufern und Verkäufern, die miteinander interagieren; dies schafft die Möglichkeit eines Tausches. Im vorliegenden Kapitel geht es nur um ein grundlegendes Verständnis des Unterschiedes zwischen einem Wettbewerbs- und einem Nichtwettbewerbsmarkt. In späteren Kapiteln des Lehrbuches werden Märkte detailliert erörtert.

Ein *vollkommener Wettbewerbsmarkt* wird dadurch charakterisiert, dass es einen „gängigen Marktpreis" gibt, den alle Käufer zahlen und den alle Verkäufer erhalten, kein Akteur auf dem Markt kann den Preis allein beeinflussen. Jeder Käufer und jeder Verkäufer macht einen viel zu kleinen Anteil des Gesamtmarktes aus, als dass seine Handlungen den Marktpreis beeinflussen können. Selbst wenn ein einzelner Verkäufer anbietet, das Doppelte seiner gewöhnlich verkauften Menge zu verkaufen, ist dies im Vergleich zum Gesamtumsatz auf dem Markt nur ein Tropfen auf den heißen Stein. Auf einem *Nichtwettbewerbsmarkt* ist ein einzelnes Unternehmen groß genug (im Verhältnis zur Größe des Marktes), um den Preis des Produktes zu beeinflussen. Überdies kann es auf einem Nichtwettbewerbsmarkt mehr als einen Preis geben, insbesondere, wenn auf Seiten der Konsumenten eine Markentreue im Hinblick auf bestimmte Produkte besteht.

Hierbei ist zu beachten, dass, wenn wir von einem „Markt" sprechen, dieser Markt lokal, regional, national oder global sein kann. So könnte man beispielsweise der Ansicht sein, dass der Markt für Kontaktlinsen ein lokaler ist – Sie müssen die Linsen bei Ihrem örtlichen Optiker kaufen. Allerdings gibt es auch Versandunternehmen, die Kontaktlinsen landesweit verkaufen. Durch die Kenntnis dieser Tatsache kann sich Ihre Ansicht über die Reichweite des Marktes eventuell ändern. Außerdem kann der Markt ein Gut oder mehrere ähnliche Güter umfassen. Können wir beispielsweise sagen, dass es einen Markt für Automobile gibt? Oder ist es realistischer, von einem Markt für Kleinwagen, einem Markt für Kompaktwagen, einem Markt für Minivans und so weiter zu sprechen?

Übung

2. Sind Ihrer Meinung nach die folgenden Märkte Wettbewerbs- oder Nichtwettbewerbsmärkte? Geben Sie an, warum Sie dieser Meinung sind:

a) der Markt für Weizen,

b) der Markt für Colagetränke,

c) der Markt für Elektrizität für Haushalte.

3. Sollten Ihrer Meinung nach die folgenden Produkte als ein Markt definiert werden? Geben Sie an, warum Sie dieser Meinung sind:

a) Hamburger von McDonalds,

b) Fast-Food Restaurants in Cambridge, Massachusetts,

c) Sämtliche Restaurants in den gesamten USA.

1.2.3 Reale und nominale Preise (Kapitel 1.3)

Beim Vergleich von Preisen über die Zeit hinweg sollten diese stets um die Inflation (die Änderung der Preise insgesamt) bereinigt werden. Das bedeutet, die Preise sollten *real* (in konstanten Dollar) anstatt *nominal* (in laufenden Dollar) gemessen werden. Nehmen wir beispielsweise an, dass die Preise im letzten Jahr insgesamt um 5 Prozent gestiegen sind und dass Sie eine Lohnerhöhung um 5 Prozent erhalten haben. Ihr nominaler Lohn ist gestiegen, aber real sind Sie nicht besser gestellt als im Jahr zuvor.

Zur Berechnung des realen Preises eines Gutes wird ein Maß der Änderung der Preise insgesamt benötigt. Das dazu am häufigsten verwendete Maß ist der Verbraucherpreisindex (CPI). In Tabelle 1.1 im Lehrbuch wird dargestellt, dass der CPI von 82,4 im Jahr 1980 auf 107,6 im Jahr 1985 gestiegen ist. Dies bedeutet, dass die Verbraucherpreise von

1980 bis 1985 um ungefähr 31 Prozent gestiegen sind. (Der prozentuale Anstieg beträgt (107,6 – 82,4) / 82,4; dies entspricht ungefähr 0,31 beziehungsweise 31 Prozent.) Folglich können wir, da wir aus Tabelle 1.1 wissen, dass der nominale Preis einer Hochschulausbildung von $ 4.912 im Jahr 1980 auf $ 8.202 im Jahr 1985 gestiegen ist, berechnen, ob eine Hochschulausbildung zwischen 1980 und 1985 real ausgedrückt teurer oder billiger geworden ist. Der reale Preis einer Hochschulausbildung im Jahr 1985, ausgedrückt in Dollar des Jahres 1980, beträgt:

$$(\mathrm{CPI}_{1980}/\mathrm{CPI}_{1985}) \cdot \text{nominaler Preis 1985} = (82{,}4/107{,}6) \cdot \$\,8.202 = \$\,6.281{,}09.$$

Somit ist der reale Preis einer Hochschulausbildung von 1980 bis 1985 um ungefähr 28 Prozent gestiegen (wenn wir $ 4.912, die bereits in Dollar des Jahres 1980 gemessen sind, mit $ 6.281,09 vergleichen).

Allgemein ist der reale Preis eines Gutes im Jahr Z ausgedrückt in Dollar eines Basisjahres B gleich:

$$\text{Realer Preis im Jahr } Z = \frac{\mathrm{CPI}_B}{\mathrm{CPI}_Z} \cdot \text{nominaler Preis des Gutes im Jahr } Z.$$

Übung

4. Der nominale Preis einer Hochschulausbildung ist von $ 15.212 im Jahr 1993 auf $ 27.560 im Jahr 2007 gestiegen. Im Jahr 1985 betrug der CPI 107,6, im Jahr 1993 betrug er 144,0 und im Jahr 2007 betrug er 205,8. Wie hoch war der reale Preis einer Hochschulausbildung im Jahr 1993 ausgedrückt in Dollar des Jahres 1985? War eine Hochschulausbildung im Jahr 1993 oder im Jahr 2007 real ausgedrückt teurer? (Verwenden Sie als Basisjahr das Jahr 1983, in dem der CPI gleich 100 war.)

1.3 Übungsaufgaben

5. Bestimmen Sie, ob die folgenden Fragen jeweils positiv oder normativ sind. Welche positiven Fragen müssten beantwortet werden, bevor die normativen Fragen beantwortet werden können?

a) Wenn durch einen Frosteinbruch 15 Prozent der diesjährigen Orangenernte in Florida zerstört werden, welche Auswirkungen wird dies auf die Preise für Orangensaft im Supermarkt haben?

b) Welche Einsparungseffekte bei Öl (durch den Wechsel zu kleineren Autos, die Bildung von Fahrgemeinschaften und so weiter) werden mit einer Steuer auf Benzin in Höhe von 0,50 Dollar pro Gallone erzielt?

c) Sollten die Vereinigten Staaten zur Finanzierung des Flughafenausbaus eine Steuer auf die Flugpreise oder eine Steuer auf Flugzeugbenzin in Verbindung mit Landegebühren erheben?

d) Wird die Anzahl von Kleinunternehmen zurückgehen, wenn alle Kleinunternehmen gesetzlich verpflichtet werden, ihren Mitarbeitern eine Krankenversicherung zur Verfügung zu stellen?

e) Wären höhere Benzinpreise (über Steuern) oder von der Bundesregierung erlassene Normen zur Benzineinsparung eine bessere Methode zur Reduzierung des Benzinverbrauchs?

6. Sie sind beauftragt worden zu untersuchen, ob der Benzinverbrauch durch die Änderungen des Benzinpreises im Laufe der Zeit beeinflusst worden ist. Zur Durchführung der Analyse müssen Sie die nominalen Benzinpreise um Änderungen im Gesamtpreisniveau bereinigen. Verwenden Sie die unten stehenden Daten zur Berechnung der realen Benzinpreise für das Jahr 1977 und 1989 in Dollar des Jahres 1970.

Jahr	Benzinpreis ($/Gallone, einschl. Steuern)	Verbraucherpreisindex (1982–84 = 100)
1970	0,28	38,8
1977	0,58	60,6
1989	1,10	124,0

7. Seit dem Jahr 1985 sind die Handelsschranken zwischen den Märkten in den Mitgliedsstaaten der Europäischen Gemeinschaft beträchtlich verringert worden.

a) Was geschieht infolgedessen mit der geographischen Reichweite des Marktes für viele Güter in Europa?

b) Würden Sie erwarten, dass die Verringerung der Handelsschranken die Wettbewerbsintensität der Märkte tendenziell erhöht oder senkt?

8. Betrachten Sie die Daten in der unten stehenden Tabelle, in denen die Umsatzzahlen für Personenkraftwagen (Pkw) und leichte Lastkraftwagen (Lkw) in den USA für ausgewählte Jahre während des Zeitraums 1969–2002 dargestellt werden. Würden Sie es als angemessen ansehen, den Markt für Personenkraftwagen isoliert vom Markt für leichte Lastkraftwagen zu betrachten? Mit anderen Worten ausgedrückt, gibt es einen einzigen Markt für Personenkraftwagen und leichte Lastkraftwagen oder bestehen zwei separate Märkte?

Jahr	Umsätze Pkw	Umsätze leichte Lkw
1969	9.581.700	1.551.200
1974	8.773.700	2.180.000
1980	8.981.800	2.215.800
1983	9.178.600	2.928.900
1987	10.170.900	4.698.200
1994	8.990.400	6.135.100
2000	8.852.100	8.386.300
2002	8.102.400	8.633.000

1.4 Kontrollfragen

9. Bei der Frage danach, ob zur Verhinderung des Klimawandels eine Steuer auf Kohlendioxid erhoben werden sollte, handelt es sich um:

a) eine Frage der positiven Volkswirtschaftslehre,

b) eine Frage der normativen Volkswirtschaftslehre,

c) nicht um eine volkswirtschaftliche Frage; die Frage betrifft vielmehr chemische und physikalische Aspekte,

d) a) und b),

e) keine der oben angeführten Aussagen trifft zu.

10. Bei der Frage danach, ob eine Erhöhung des Mindestlohns zu einem Anstieg der Arbeitslosigkeit führt, handelt es sich um:

a) eine Frage der positiven Volkswirtschaftslehre,

b) eine Frage der normativen Volkswirtschaftslehre,

c) eine politische Frage, nicht um eine volkswirtschaftliche Frage,

d) a) und b),

e) keine der oben angeführten Aussagen trifft zu.

11. Auf einem vollkommenen Wettbewerbsmarkt gibt es:

a) viele Käufer und Verkäufer,

b) mehrere große Käufer,

c) einen Ort, wo sich Käufer und Verkäufer treffen,

d) a) und b),

e) a) und c).

12. Welcher der folgenden Märkte ist Ihrer Meinung nach ein vollkommener Wettbewerbsmarkt?

a) der Weltmarkt für Sojabohnen,

b) der Weltmarkt für Öl,

c) a) und b),

13. Welcher der folgenden Märkte ist Ihrer Meinung nach ein Nichtwettbewerbsmarkt?

a) Der internationale Markt für Fernsehgeräte,

b) der US-amerikanische Markt für Getreide,

c) der US-amerikanische Markt für Sofortbildkameras,

d) sämtliche der oben angeführten Aussagen treffen zu,

e) keine der oben angeführten Aussagen trifft zu.

14. Der Preis eines Gutes in konstanten Dollar:

a) entspricht dessen realem Preis,

b) entspricht dessen nominalem Preis,

c) ist um den Anstieg des Preisniveaus bereinigt,

d) b) und c),

e) a) und c).

15. Wenn der reale Preis einer Hochschulausbildung während einer Inflation angestiegen ist:

a) hat sich dessen nominaler Preis nicht verändert,

b) ist dessen nominaler Preis langsamer als ein allgemeiner Index der Preise angestiegen,

c) ist dessen nominaler Preis schneller als ein allgemeiner Index der Preise angestiegen,

d) hat sich dessen Preis in laufenden Dollar nicht verändert,

e) keine der oben angeführten Aussagen trifft zu.

1.5 Internetübung

Auf einer der Seiten der Webseite des US-amerikanischen statistischen Bundesamtes, unter *http://www.census.gov/hhes/www/income/histinc/p01ar.html*, findet sich eine Tabelle des Pro-Kopf-Einkommens in laufenden und konstanten Dollar. Vergleichen Sie zunächst das Pro-Kopf-Einkommen in den Jahren 1982 und 2005 in Dollar des Jahres 2005. Wie hoch war der prozentuale Anstieg des realen Pro-Kopf-Einkommens von 1982 bis 2005? Setzen Sie dann 1982 als Basisjahr an (in dem der Verbraucherpreisindex dem Wert 100 entspricht). Verwenden Sie die Einkommen in laufenden und konstanten Dollar, um die Erhöhung des Preisniveaus von 1982 bis 2005 und den CPI für 2005 zu ermitteln.

1.6 Lösungen zu den Übungen

1. a) Positiv.

b) Normativ.

c) Positiv.

d) Positiv.

e) Normativ.

2. a) Wettbewerbsmarkt: viele kleine Käufer und Verkäufer.

b) Wettbewerbsmarkt (obwohl dies auch anders gesehen werden kann): Es gibt zwei große Unternehmen, Coca-Cola und Pepsi, sowie eine Reihe von kleineren Unternehmen. Mitunter weisen diese Unternehmen ein starkes Wettbewerbsverhalten auf.

c) Nichtwettbewerbsmarkt: Normalerweise existiert nur ein regulierter regionaler Energieversorger, der Elektrizität an die örtlichen Haushalte verkauft.

3. a) Zu eng gefasst: Die Hamburger von McDonalds stehen auch mit anderen McDonalds-Produkten (zum Beispiel Hähnchen-Burgern) im Wettbewerb. Außerdem stehen sie mit von anderen Fast-Food-Ketten verkauften Speisen im Wettbewerb.

b) Dies kann einen angemessenen Produktmarkt bilden, obwohl man unter Umständen auch Tiefkühlkost berücksichtigen könnte. Geographisch ist dieser Markt zu breit abgegrenzt, obwohl Cambridge keine große Stadt ist; Fast-Food-Restaurants konkurrieren tendenziell am stärksten mit anderen Fast-Food-Restaurants, die schnell zu Fuß oder mit dem Auto zu erreichen sind.

c) Sowohl im Hinblick auf die Produktabgrenzung als auch auf die geographische Definition zu weit gefasst: Erstens steht ein elegantes Vier-Sterne-Restaurant nicht mit Fast-Food-Restaurants im Wettbewerb. Zweitens stehen Restaurants auf lokalen Märkten und nicht auf einem landesweiten Markt im Wettbewerb.

4. Der reale Preis der Ausbildung im Jahr 1993 ausgedrückt in Dollar des Jahres 1985 beträgt:

$(CPI_{1985}/CPI_{1993})\$\ 15.212 = (107{,}6/144{,}0)\$\ 15.212 = \$\ 11.367$ (gerundet).

Der reale Preis der Ausbildung im Jahr 1993 ausgedrückt in Dollar des Jahres 1983 beträgt:

$(CPI_{1983}/CPI_{1993})\$\ 15.212 = (100/144{,}0)\$\ 15.212 = \$\ 10.564$ (gerundet).

Der reale Preis der Ausbildung im Jahr 2007 ausgedrückt in Dollar des Jahres 1983 beträgt:

$(CPI_{1983}/CPI_{2007})\$\ 27.560 = (100/205.8)\$\ 27.560 = \$\ 13.392$ (gerundet).

Folglich ist der reale Preis einer Hochschulausbildung im Zeitraum zwischen 1993 und 2007 um fast 27% gestiegen.

1.7 Lösungen zu den Übungsaufgaben

5. a), b) und d) sind positive Fragen – was geschieht als Reaktion auf ein Ereignis? c) und e) sind normative Fragen – welche Methode ist die zur Erreichung eines Ziels am besten geeignete? Im Hinblick auf die Frage zum Flughafenausbau muss bekannt sein, wie die Nachfrage auf jeder der beiden Steuern reagieren wird. Im Hinblick auf die Frage nach dem Benzinverbrauch müssten Sie ein Verständnis für die verschiedenen Reaktionen auf eine Benzinsteuer und auf strengere Normen zum Benzinsparen entwickeln.

6. Der reale Preis des Jahres 1977 ausgedrückt in Dollar des Jahres 1970 ist gleich dem nominalen Preis des Jahres 1977 multipliziert mit dem Verhältnis des CPI des Jahres 1970 zum CPI des Jahres 1977. Dies ist gleich \$ 0,58(38,8/60,6) = \$ 0,37. Der reale Preis des Jahres 1989 ist gleich \$ 1,10 (38,8/124,0) = \$ 0,34.

7. a) Vor der Senkung der Handelsschranken würde die Reichweite vieler Märkte an den nationalen Grenzen enden. Heute können Märkte über Grenzen hinweg reichen, somit ist die geographische Reichweite des Marktes für viele Produkte gestiegen (insbesondere auf den Märkten für Produkte mit niedrigen Transportkosten).

b) Wenn in den verschiedenen Ländern *unterschiedliche* Unternehmen Güter produziert haben, als die Handelsschranken noch bestanden, stehen nach der Senkung der Schranken in den größeren geographischen Märkten mehr Unternehmen im Wettbewerb. Dies sollte dazu führen, dass die Märkte ein stärkeres Wettbewerbsverhalten aufweisen. Wenn allerdings die *gleichen* Firmen vor der Senkung der Handelsschranken ein Gut in mehreren Ländern verkauft haben, führt die Senkung der Schranken nicht zu einer Zunahme der auf einem Markt im Wettbewerb stehenden Unternehmen. Wir würden dann nicht erwarten, dass auf derartigen Märkten die Wettbewerbsintensität zunimmt.

8. Die Daten zeigen, dass die leichten Lastkraftwagen einen zunehmenden Anteil des Gesamtumsatzes von Pkw und leichten Lastkraftwagen ausmachen (von 13,9 Prozent im Jahr 1969 auf 51,6 Prozent im Jahr 2002). Vielleicht haben sich der Geschmack der Verbraucher oder die Angebotsbedingungen im Laufe der Zeit auf eine bestimmte Art und Weise geändert, und diese beiden Märkte sind nun voneinander verschieden. Allerdings ähneln neue Fahrzeugklassen (insbesondere Minivans und Sport Utility Vehicles) solchen leichten Lastkraftwagen, die in einem sehr engen Wettbewerb mit Automobilen (wie zum Beispiel großen Kombis) stehen. Aus diesem Grund ist es wahrscheinlich angemessener, Pkw und leichte Lastkraftwagen heute als einen einzigen Markt zu betrachten.

1.8 Lösungen zu den Kontrollfragen

9. b) Bei der Frage geht es darum, ob eine bestimmte Politik umgesetzt werden *sollte*.

10. a) Hierbei handelt es sich um eine beschreibende (positive) Frage nach der Reaktion des Arbeitsmarktes auf eine Erhöhung des Lohnsatzes.

11. a) Damit ein Markt einen vollkommenen Wettbewerbsmarkt bildet, muss es eine Vielzahl von Käufern und Verkäufern geben. Ein Ort, an dem Käufer und Verkäufer zusammentreffen, ist nicht notwendig.

12. a) Der Weltmarkt für Sojabohnen besteht aus vielen Käufern und Verkäufern. Der Weltmarkt für Öl weist zwar eine Vielzahl von Verkäufern auf, allerdings haben einige dieser Verkäufer zur Beschränkung des Wettbewerbs ein (als OPEC bezeichnetes) Kartell gebildet.

13. c) Polaroid ist der einzige Verkäufer von Sofortbildkameras.

14. e) Laut Definition ist der Preis in konstanten Dollar gleich dem realen Preis; bei beiden Preisen ist der nominale Preis um die Auswirkungen der Inflation bereinigt.

15. c) Wenn der nominale Preis einer Hochschulausbildung schneller ansteigt als die Inflationsrate, erhöht sich der reale Preis einer Hochschulausbildung.

1.9 Lösung zur Internetübung

In der Tabelle werden sowohl das nominale Einkommen (in laufenden Dollar) als auch das reale Einkommen (in Dollar des Jahres 2005) angegeben. Unter Verwendung des Dollar-Werts im Jahr 2005 erhalten wir:

$$\frac{\text{Pro-Kopf-Einkommen}_{2005}}{\text{Pro-Kopf-Einkommen}_{1982}} = \frac{25.036}{17.391} = 1{,}44 \text{ (aufgerundet).}$$

Das an die Preisveränderungen angepasste Pro-Kopf-Einkommen stieg also um 44% in 23 Jahren.

Um die Veränderung des Preisniveaus zu bestimmen, können wir das Einkommen des Jahres 1982 in laufenden Dollar und das Einkommen des Jahres 1982 in Dollar des Jahres 2005 verwenden:

$$\frac{\text{Pro-Kopf-Einkommen 1982 in 2005 \$}}{\text{Pro-Kopf-Einkommen 1982 in 1982 \$}} = \frac{17.391}{8.980} = 1{,}94 \text{ (aufgerundet).}$$

Der VPI ist also von 100 im Jahr 1982 auf ungefähr 194 im Jahr 2005 gestiegen.

Grundlagen von Angebot und Nachfrage

2

Wichtige Begriffe

- Angebotskurve
- Nachfragekurve
- Marktgleichgewicht
- Gleichgewichtspreis
- Elastizität
- Höchstpreis und Mindestpreis
- Überschussnachfrage und Überschussangebot

ÜBERBLICK

2.1 Hauptthemen des Kapitels

Wettbewerbsmärkte (auf denen kein einzelner Käufer oder Verkäufer den Preis beeinflussen kann) können mithilfe des Modells von Angebot und Nachfrage analysiert werden. Eine *Angebotskurve* gibt die Menge an, welche die Produzenten zu jedem ihnen gebotenen Preis zu verkaufen bereit sind. Da die Produzenten zu einem hohen Preis eine höhere Menge zum Verkauf anbieten als zu einem niedrigen Preis, sind Angebotskurven positiv geneigt. Eine *Nachfragekurve* gibt die Menge an, welche die Konsumenten zu jedem von ihnen zu zahlenden Preis zu kaufen bereit sind. Da die Verbraucher zu einem höheren Preis eine kleinere Menge als zu einem niedrigen Preis kaufen wollen, sind Nachfragekurven negativ geneigt. Gemeinsam bestimmen die beiden Kurven das *Marktgleichgewicht*. Zum *Gleichgewichtspreis* ist die angebotene Menge gleich der nachgefragten Menge.

Elastizitäten bieten eine hilfreiche Methode zur Beschreibung der Reaktion einer volkswirtschaftlichen Variablen (zum Beispiel der nachgefragten Menge, der angebotenen Menge, des Niveaus der Werbeaufwendungen oder der Sparquote) auf eine Änderung einer anderen Variablen (etwa Preis, Einkommen oder Steuersatz). Die *Preiselastizität der Nachfrage* wird als die prozentuale Änderung der nachgefragten Menge definiert, die sich bei einer Änderung des Preises um ein Prozent ergibt. Wenn die Nachfrage nach einem Gut *preiselastisch* ist, führt ein Anstieg des Preises des Gutes um ein Prozent zu einem Rückgang der nachgefragten Menge um mehr als ein Prozent. Wenn die Nachfrage nach einem Gut *preisunelastisch* ist, führt ein Anstieg des Preises des Gutes um ein Prozent zu einem Rückgang der nachgefragten Menge um weniger als ein Prozent.

Die Reaktion der nachgefragten beziehungsweise angebotenen Menge auf eine Preisänderung hängt häufig vom Zeithorizont ab. Bei den meisten Gütern ist die Nachfrage langfristig preiselastischer. Dies spiegelt die Fähigkeit der Verbraucher wider, bei einem Anstieg des Preises des von ihnen verwendeten Gutes im Laufe der Zeit zu Ersatzgütern (Substituten) zu wechseln. Das Angebot ist ebenfalls langfristig tendenziell elastischer, wenngleich dies auf andere Gründe zurückzuführen ist: Kurzfristig stoßen die Verkäufer an Kapazitätsschranken, während sie langfristig ihre Produktionskapazitäten ausbauen können.

Durch staatliche Interventionen in Form von Preiskontrollen kann ein Markt aus dem Gleichgewicht gebracht werden. Ein staatlicher *Höchstpreis* zielt darauf ab, einen Preis unterhalb des Gleichgewichtspreises des Marktes festzulegen. Dies führt zu einer *Überschussnachfrage*: Die Verbraucher fragen zu dem regulierten Preis eine größere Menge nach, als die Produzenten zu liefern bereit sind. Wenn der Staat einen *Mindestpreis* festsetzt, liegt der regulierte Preis über dem Gleichgewichtspreis; dies führt zu einem *Überschussangebot*.

2.2 Wiederholung und Übungen

2.2.1 Angebot und Nachfrage (Kapitel 2.1)

Die Analyse von Angebot und Nachfrage ist ein grundlegendes Instrument der Mikroökonomie. Es eignet sich allerdings nur für Wettbewerbsmärkte, auf denen einzelne Käufer und Verkäufer nicht über die Macht verfügen, den Marktpreis zu verändern. In Kapitel 10 wird die Analyse von Märkten erörtert, auf denen ein Käufer oder ein Verkäufer den Preis beeinflussen kann.

Eine *Angebotskurve* gibt an, welche Menge eines Gutes zu jedem Preis zum Verkauf angeboten wird. Wenn der Preis des Gutes steigt, bieten die Unternehmen eine größere Menge an. Wie viel mehr sie anbieten können hängt davon ab, wie einfach oder schwierig es ist, die Arbeitnehmer Überstunden machen zu lassen oder kurzfristig zusätzliche Arbeitnehmer einzustellen. Langfristig könnte das Unternehmen seine Anlagen erweitern. Aus diesem Grund sind die Angebotskurven positiv geneigt.

Die *Nachfragekurve* gibt an, welche Menge die Konsumenten zu jedem Preis kaufen wollen. Steigt der Preis eines Gutes, wird eine kleinere Menge nachgefragt. Dies geschieht aus zwei Gründen: (1) Jeder Verbraucher kauft eine geringere Menge des Gutes und (2) einige Konsumenten können unter Umständen vollständig auf den Kauf des Gutes verzichten. Die Nachfragekurve ist negativ geneigt.

2.2.2 Der Marktmechanismus (Kapitel 2.2)

Das *Marktgleichgewicht* stellt sich bei dem Preis ein, zu dem die angebotene und die nachgefragte Menge gleich sind. Zu jedem anderen Preis weist der Markt entweder eine Überschussnachfrage oder ein Überschussangebot auf. Im Normalfall eines positiv geneigten Angebots und einer negativ geneigten Nachfrage werden durch ein Überschussangebot die Preise nach unten gedrückt. Durch eine Überschussnachfrage werden die Preise in die Höhe getrieben. Wenn der Gleichgewichtspreis erreicht ist, besteht kein Druck für ein Ansteigen oder einen Rückgang des Preises mehr.

Übung

1. Betrachten wir den Markt für Kleinwagen. In Abbildung 2.1 wird die Nachfrage und das Angebot für diese Autos dargestellt. Erklären Sie den Anpassungsprozess hin zum Marktgleichgewicht, wenn der Preis für Kleinwagen zunächst gleich P_1 ist (dies könnte der Gleichgewichtspreis vor einer Verschiebung der Angebots- oder Nachfragekurve gewesen sein). Erklären Sie den Anpassungsprozess hin zum Marktgleichgewicht, wenn der Preis für Kompaktwagen zunächst P_2 entspricht.

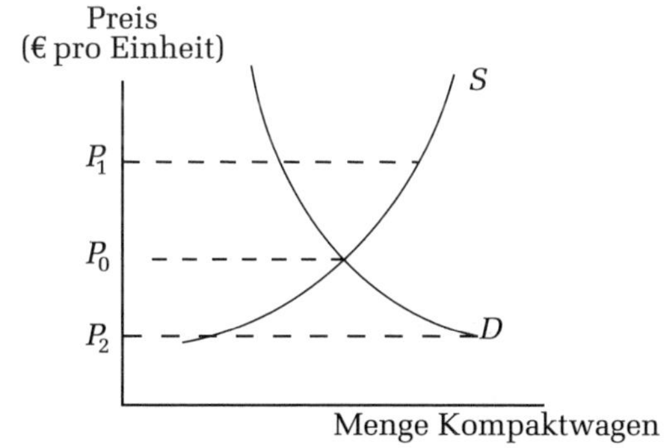

Abbildung 2.1

2.2.3 Änderungen des Marktgleichgewichts (Kapitel 2.3)

Wir *verschieben* eine Angebots- oder Nachfragekurve, wenn sich etwas *außerhalb* des Marktes für das analysierte Gut verändert. Wenn sich *der Preis des Gutes selbst ändert*, wird dies als eine *Bewegung entlang* einer der Kurven dargestellt.

Verschiebungen der Nachfrage treten vorwiegend dann auf, wenn der Preis eines verbundenen Gutes (entweder der eines Substitutionsgutes oder der eines Komplementärgutes) sich verändert oder wenn die Einkommen oder der Werbeaufwand sich ändern. Die Nachfrage nach bestimmten Gütern kann sich auch verschieben, wenn sich das Wetter ändert (beispielsweise bei Sonnencremes) und wenn sich die Gesetze ändern (beispielsweise bei einer Erhöhung oder Senkung der gesetzlichen Altersgrenze für das Trinken von Alkohol). Verschiebungen des Angebots treten hauptsächlich dann auf, wenn sich die Produktionskosten ändern (Löhne, Preise für Rohstoffe) oder wenn technischer Fortschritt eintritt.

Betrachten wir beispielsweise den Markt für Limonadengetränke. Ein Anstieg der Preise für Tee, Saft oder Mineralwasser würde zu einer Verschiebung der Nachfragekurve für Limonadengetränke nach außen führen. Dies wird in Abbildung 2.2(a) durch die Verschiebung der Nachfrage von D_0 auf D_1 dargestellt. (Hierbei ist zu beachten, dass wir zur Vereinfachung häufig eine parallele Verschiebung einzeichnen. Die Nachfragekurve könnte sich natürlich auch gleichzeitig verschieben und drehen, da wir aber nicht über weitere Informationen verfügen, verwenden wir die einfachste Annahme, nämlich die, dass es zu einer Verschiebung im Achsenabschnitt kommt, die Steigung allerdings gleich bleibt.) Ein Anstieg des Preises für Brezeln und Kartoffelchips (in Verbindung mit Limonadengetränken konsumierte Komplementärgüter) würde, wie durch die Verschiebung von D_0 auf D_2 dargestellt, zu einer Verschiebung der Nachfragekurve nach Limonadengetränken nach innen führen. Ein Anstieg des Preises für Kunststoff oder Glas (eines Inputs für die Produktion von in Flaschen abgefüllten Limonadengetränken) würde zu einer Verschiebung der Angebotskurve für Limonadengetränke nach oben führen, wie in Teil (b) der Abbildung 2.2 dargestellt.

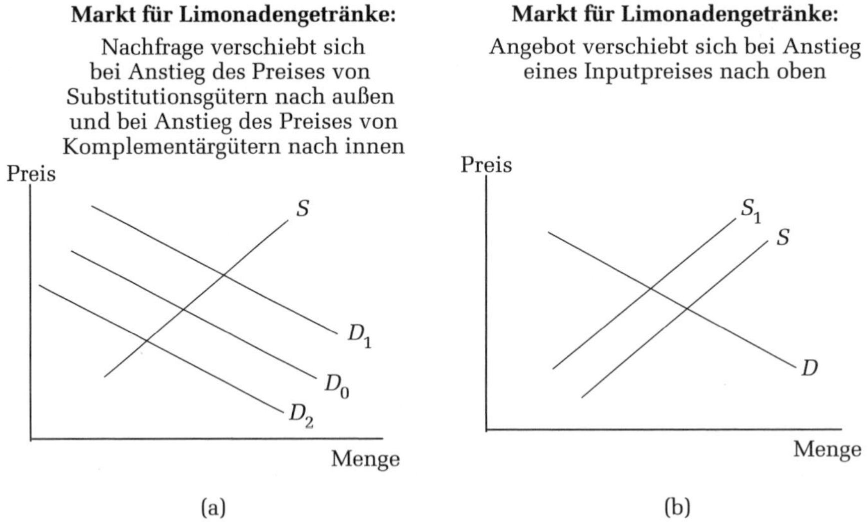

Abbildung 2.2

Ein Anstieg des Preises von Limonadengetränken an sich führt demgegenüber nicht zu einer Verschiebung der Nachfrage- oder Angebotskurve; ein Preisanstieg führt einfach zu einer Bewegung entlang einer dieser Kurven. Dies wird beispielsweise in Teil (b) der Abbildung deutlich: Der Anstieg der Inputkosten führt zu einer Verschiebung der Angebotskurve, was wiederum zu einer Bewegung entlang der Nachfragekurve führt (der Preis steigt und die Gleichgewichtsmenge sinkt). Die Nachfrage reagiert auf die Preissteigerung mit einer Bewegung entlang der Kurve anstatt mit einer Verschiebung.

Übung

2. Betrachten Sie die Nachfrage- und Angebotskurven für verschiedene Märkte – den Markt für Bodenschätze, den Markt für Weizen, den Markt für Benzin und den Markt für Stahl. Zeigen Sie auf, wie durch jedes der folgenden Ereignisse die Nachfragekurve oder die Angebotskurve oder beide verschoben werden. Wie ändern sich der Gleichgewichtspreis und die Gleichgewichtsmenge im Vergleich zum ursprünglichen Gleichgewicht? (Hinweis: Denken Sie nur an die kurzfristigen Auswirkungen dieser Änderungen und berücksichtigen Sie mehrfache Verschiebungen aufgrund von langfristigen Auswirkungen nicht.)
   a) Die Kosten der Produktion von Bodenschätzen steigen, wenn die Ressourcen allmählich erschöpft werden und es schwerer wird, die Lager abzubauen.
   b) Aufgrund von Überflutungen im Mittleren Westen der USA wird die Hälfte der Weizenernte zerstört. Gleichzeitig sinkt der Preis für Hafer (ein Substitutionsgut für Weizen) aufgrund einer drastischen Zunahme der Anzahl der Bauern, die als Reaktion auf die Nachfrage der Verbraucher nach gesunden Lebensmitteln Hafer anbauen.
   c) Die Regierung der Vereinigten Staaten befürchtet, dass das Öl ausgeht und beschließt, die Benzinverkäufe auf die Hälfte der gegenwärtigen Verkäufe zu rationieren.
   d) Sämtliche Stahlwerke in den Vereinigten Staaten handeln einen neuen Tarifvertrag mit der Gewerkschaft der Stahlarbeiter aus. Die Gewerkschaft hat eine Lohnsenkung akzeptiert, um den Unternehmen zu helfen, eine schwere Phase durchzustehen.

2.2.4 Tutorium: Die Arbeit mit Angebots- und Nachfragekurven

Angebotskurven Die Beziehung zwischen der angebotenen Menge (Q_S) und dem Marktpreis (P) wird in der linearen Form

$$Q_S = c + dP$$

geschrieben. Wir können die Werte für c (den Achsenabschnitt) und d (die Steigung) bestimmen, wenn wir zwei Punkte auf der Geraden kennen. In Abbildung 2.3 wird eine Angebotskurve für Kohle aus einem einzelnen Bergwerk dargestellt, wobei der Preis in Dollar pro Tonne und die Menge in Tonnen pro Woche gemessen werden. Mit Q auf der linken Seite unserer Gleichung ist die Steigung der *Gleichung* gleich $\Delta Q_S/\Delta P = d$. Da wir aber normalerweise die Menge auf der horizontalen Achse abtragen, ist allerdings die Steigung der von uns *gezeichneten* Geraden gleich $\Delta P/\Delta Q_S = 1/d$. Bei einer Geraden ist $\Delta Q_S/\Delta P$ zwischen jeglichen zwei Punkten gleich. Folglich können wir die Steigung herleiten, indem wir berechnen:

$$(Q^2 - Q^1)/(P^2 - P^1) = (3.000 - 2.000)/(5 - 4) = 1.000$$

oder

$$(Q^3 - Q^1)/(P^3 - P^1) = (5.000 - 2.000)/(7 - 4) = 1.000 \text{ usw.}$$

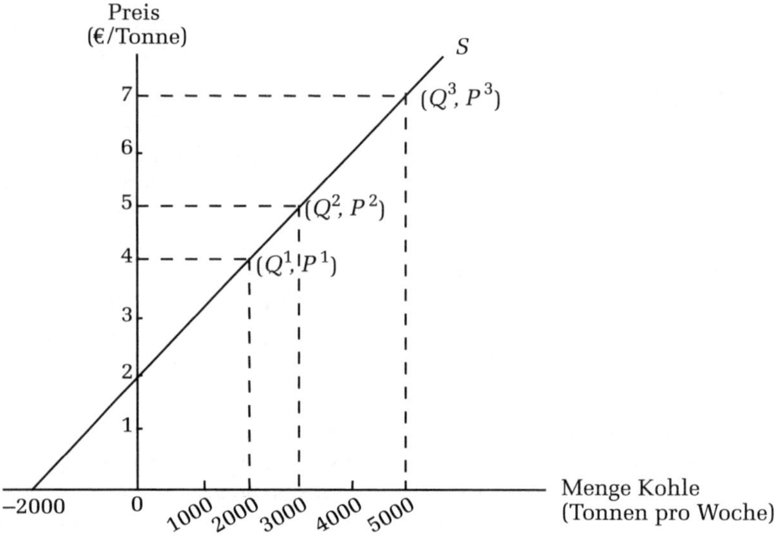

Abbildung 2.3

Der Wert von c ist gleich der Menge auf der Geraden, für die $P = 0$ (dies entspricht häufig einer negativen Zahl). Zur Bestimmung von c verwenden wir die Steigung in Verbindung mit einem der Punkte auf der Geraden und setzen diese Daten wieder in die Gleichung der Geraden ein. So könnten wir beispielsweise den Punkt $(Q^2, P^2) = (5.000, 7)$ verwenden, $5.000 = c + 1.000(7)$ auflösen und dann $c = -2.000$ bestimmen. Versuchen Sie, c mithilfe eines der anderen Punkte auf der Geraden zu bestimmen und überzeugen Sie sich selbst davon, dass Sie mit dieser Methode stets die gleiche Lösung für c ermitteln.

Übung

3. Verwenden Sie die Punkte in Tabelle 2.1 zur Herleitung der Gleichung der Angebotskurve für Kupferdraht.

Tabelle 2.1

Preis (\$/Pfund) P	**Menge (Pfund) Q**
1,00	500
0,75	350
0,50	200

Nachfragekurven Führen wir jetzt mithilfe der Abbildung 2.4 das gleiche Verfahren für die Gleichung der Nachfragekurve durch. Wir können die Nachfragekurve in der allgemeinen Form

$$Q_D = a - bP$$

schreiben, wobei Q_D in Pfund und P in Dollar pro Pfund gemessen wird. Da Nachfragekurven eine negative Steigung aufweisen, schreiben wir zur Vereinfachung die Gleichung mit einem Minuszeichen am Preiskoeffizienten. Die Steigung der Gleichung, $\Delta Q_D/\Delta P$, ist gleich $-b$. Die Steigung wird bestimmt, indem wir in Abbildung 2.4 zwei Punkte (Q^1, P^1) und (Q^2, P^2) auswählen und die folgende Formel verwenden:

$$(Q^2 - Q^1)/(P^2 - P^1) = -b.$$

Folglich ist die Steigung der Gleichung gleich (5.750 – 5.250)/(0,60 – 0,70) = –5.000.

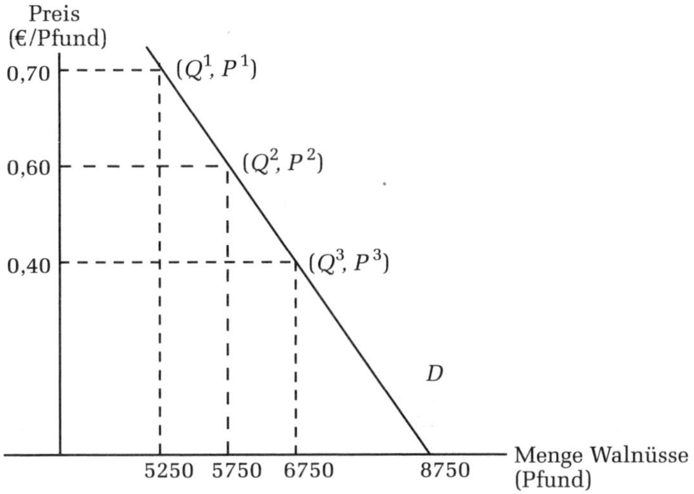

Abbildung 2.4

Übung

4. Überprüfen Sie, ob Sie die gleiche Lösung wie oben erhalten, wenn Sie die Steigung der Gleichung der Nachfragekurve in Abbildung 2.4 mithilfe der Punkte (Q^3, P^3) und (Q^1, P^1) berechnen.

Der Achsenabschnitt der Nachfragekurve a entspricht der zu einem Preis von null nachgefragten Menge. Da gilt $Q^2 = a - bP^2$, wissen wir, dass $5.750 = a - 5.000(0{,}60)$ und $a = 8.750$. Nachdem wir die Steigung bestimmt haben, können wir zur Bestimmung des Achsenabschnittes jeden Punkt auf der Nachfragekurve auswählen. Dann lautet die Gleichung für die in Abbildung 2.4 dargestellte Nachfragekurve: $Q^D = 8.750 - 5.000P$.

Übung

5. In dieser Übung werden die in Tabelle 2.2 angegebenen Marktdaten verwendet.

Tabelle 2.2

Preis (P)	Nachgefragte Menge (Q_D)	Angebotene Menge (Q_S)
€ 10	1.000	100
20	800	500
30	600	900
40	400	1.300

a) Zeichnen Sie die Angebots- und Nachfragekurve. Tragen Sie die Menge auf der horizontalen und den Preis auf der vertikalen Achse ab.

b) Berechnen Sie die Achsenabschnitte und die Steigungen für die Nachfragekurve $Q_D = a - bP$ und die Angebotskurve $Q_S = c + dP$.

c) Überprüfen Sie die von Ihnen bestimmten Gleichungen, indem Sie $P =$ € 10 und $P =$ € 40 einsetzen und die ermittelten Mengen mit den Werten in Tabelle 2.2 überprüfen.

d) Bestimmen Sie den Gleichgewichtspreis und die Gleichgewichtsmenge.

2.2.5 Tutorium: Die Verschiebung von Angebots- und Nachfragekurven bei Verwendung von Gleichungen

Die von Ihnen in Übung 5 hergeleiteten und gezeichneten Angebots- und Nachfragekurven sind zweidimensionale Abbildungen des Zusammenhangs von Preis und Menge, wobei alle anderen Variablen konstant gehalten werden. Wenn sich irgendwelche „anderen Variablen“ ändern, muss sich das Angebot beziehungsweise die Nachfrage verschieben. Auf der Nachfrageseite gehören zu diesen anderen Variablen das Einkommen der Konsumenten, die Preise für Substitutionsgüter, die Preise für Komplementärgüter, die Werbung und das Wetter. Auf der Angebotsseite gehören zu diesen anderen Variablen der Preis des Kapitals, der Preis der Rohstoffe, der Preis für Grund und Boden, der Preis der Arbeit (Lohnkosten) sowie technologischer Wandel.

Übung

6. Betrachten Sie die Nachfrage nach Bier während der Sommermonate. Dabei gilt:

$Q_D = 30 - 5P + 0{,}01I - 2R,$

wobei Q in Tausend Sechserpacks gemessen wird, P der Preis pro Sechserpack in Euro, I das Einkommen und R die Anzahl von Regentagen während des Sommers sind. Die Angebotskurve wird durch $Q_S = -100 + 20P$ angegeben.

a) Zeichnen Sie die Angebots- und Nachfragekurven, wenn I = € 20.000 und $R = 15$ ist. Wie lauten in diesem Fall Gleichgewichtspreis und Gleichgewichtsmenge?

b) Zeichen Sie die neue Nachfragekurve und bestimmen Sie das neue Marktgleichgewicht, wenn gilt I = € 20.000 und $R = 10$. Vergleichen Sie dies mit dem ursprünglichen Gleichgewicht. Ergibt die Veränderung von Q und P angesichts des Rückgangs der Anzahl der Regentage von 15 auf 10 Sinn? Ist es notwendig, die Angebotskurve zu verschieben, um die Reaktion des Angebots sehen zu können?

2.2.6 Die Elastizitäten von Angebot und Nachfrage (Kapitel 2.4)

Eine wichtige Eigenschaft der Angebots- und Nachfragekurven ist die Reagibilität oder Empfindlichkeit der Menge gegenüber einer Änderung des Preises. Wenn die jährliche Nachfragekurve für Spielzeuglaster gleich $Q_D = 100.000 - 2.500P$ ist, wobei der Preis in Euro gemessen wird, wissen wir, dass jede Erhöhung des Preises der Laster um € 1 dazu führt, dass die nachgefragte Menge um 2.500 Laster pro Jahr fällt. Warum sollten wir die 2.500 nicht als unser Maß der Reagibilität verwenden? Der Grund dafür hat mit der Willkürlichkeit der zur Messung herangezogenen Einheiten zu tun. Wenn der Preis in Cent gemessen würde, wäre die Nachfragekurve gleich $Q_D = 100.000 - 25P$. Nun führt jede Preiserhöhung um einen Cent zu einem Rückgang der nachgefragten Menge um 25 anstatt um 2.500 Einheiten. Mithilfe der Elastizitäten vermeiden wir diese Verwirrung aufgrund der Auswahl der Einheiten durch die Verwendung von *prozentualen Änderungen*, die dimensionslose Maße darstellen.

Im Allgemeinen wird die *Eigenpreiselastizität der Nachfrage* wie folgt definiert:

$$E_P = \frac{\%\Delta Q}{\%\Delta P} = \frac{\Delta Q/Q}{\Delta P/P} = \frac{P}{Q}\frac{\Delta Q}{\Delta P}.$$

Bei linearen Kurven ist $\Delta Q/\Delta P$ konstant. Wenn wir die Gleichung für eine lineare Nachfragekurve als $Q_D = a - bP$ schreiben, gilt $\Delta Q/\Delta P = -b$. Dann können wir die Gleichung zur Vereinfachung wie folgt umstellen:

$$E_P = -b(P/Q).$$

Mithilfe der beiden oben stehenden Nachfragegleichungen (eine in Euro, eine in Cent) ermitteln wir bei P = € 10 und $Q = 75.000$ folgende Elastizität:

$$E_P = \frac{10}{75.000}(-2.500) = -0{,}33 \text{ (bei Preisen in Euro) und}$$

$$E_P = \frac{1000}{75.000}(-25) = -0{,}33 \text{ (bei Preisen in Cent).}$$

Wir erhalten die gleiche Lösung, da die Elastizität eine dimensionslose Größe ist.

Die Elastizität ist *nicht* gleich der Steigung. Obwohl lineare Nachfragekurven konstante Steigungen aufweisen, verändert sich die Elastizität, wenn wir uns entlang der Nachfragekurve bewegen. Im oben stehenden Beispiel gilt bei P = € 10 $E_P = (10/75.000)(-2.500) = -0{,}33$, aber bei $P = 30$ stellen wir fest, dass $E_P = (30/25.000)(-2.500) = -3$.

Da die Elastizität der Nachfrage stets kleiner als null ist (Nachfragekurven sind negativ geneigt), hängt die Unterscheidung zwischen einer *elastischen* und einer *unelastischen* Nachfrage davon ab, ob E_P kleiner oder größer als –1 ist. Wenn gilt $|E_P| < 1$, ist die Nachfrage unelastisch. Dies bedeutet, dass die nachgefragte Menge nur sehr geringfügig auf Änderungen des Preises reagiert. Wenn der Preis um ein Prozent steigt, sinkt die nachgefragte Menge um weniger als ein Prozent. Der Begriff „vollkommen unelastisch" (oder völlig unelastisch) gibt an, dass die Menge überhaupt nicht auf Änderungen des Preises reagiert. In diesem Fall verläuft die Nachfragekurve vertikal und $E_P = 0$. Wenn gilt $|E_P| > 1$, ist die Nachfrage elastisch. Das bedeutet, dass die nachgefragte Menge gegenüber Änderungen des Preises empfindlich ist. Wenn der Preis um ein Prozent ansteigt, geht die nachgefragte Menge um mehr als ein Prozent zurück. Der Begriff „vollkommen elastisch" (beziehungsweise völlig oder unendlich elastisch) gibt an, dass die Nachfragekurve horizontal verläuft und $E_P = -\infty$: Es gibt einen Preis, zu dem die Verbraucher das gesamte Angebot nachfragen, allerdings geht ihre Nachfrage bei einem Preis, der nur um einen Cent höher liegt, auf null zurück.

Bevor wir fortfahren, folgen einige wichtige Anmerkungen zur Eigenpreiselastizität der Nachfrage:

1. Lassen Sie sich nicht verwirren, wenn die Elastizität der Nachfrage mit einer positiven Zahl angegeben wird. Bei der Angabe von Nachfrageelastizitäten ist es häufig einfacher, nicht jedes Mal „minus" zu sagen. Allerdings muss bei der Arbeit mit Elastizitäten in einer mathematischen Gleichung das Minus immer berücksichtigt werden.
2. Im oben stehenden Abschnitt wurden Elastizitäten von null und von Unendlich diskutiert. Wenn Sie nach der Lösung für ein allgemeines Problem suchen, sollten Sie niemals von der Annahme einer vollkommen vertikalen oder einer vollkommen horizontalen Nachfragekurve ausgehen, wenn Ihnen dies in der Aufgabenstellung nicht speziell vorgegeben wird (beziehungsweise Sie nicht zu dieser Erkenntnis geführt werden). Dabei handelt es sich um extreme Annahmen.

In Abbildung 2.5 wird dargestellt, wie sich die Preiselastizität bei einer linearen Nachfragekurve systematisch verändert: sie ist in dem Punkt, in dem die Nachfragekurve auf die Preisachse trifft, $-\infty$, zwischen dem vertikalen Achsenabschnitt und dem mittleren Punkt kleiner als –1 (elastisch), im mittleren Punkt beträgt sie –1, zwischen dem mittleren Punkt und der horizontalen Achse liegt sie zwischen –1 und null (unelastisch) und sie beträgt in dem Punkt, in dem die Nachfragekurve auf die Mengenachse trifft, null. Dieses Muster tritt auf, da die Elastizität gleich der prozentualen Änderung der Menge geteilt durch die prozentuale Änderung des Preises ist. Während die Steigung der Nachfragekurve gleich bleibt, wenn wir uns entlang der Nachfragekurve nach unten bewegen, ändern sich der „Basis-"Preis und die „Basis-"Menge, die in die Formel der Elastizität eingehen, fortwährend.

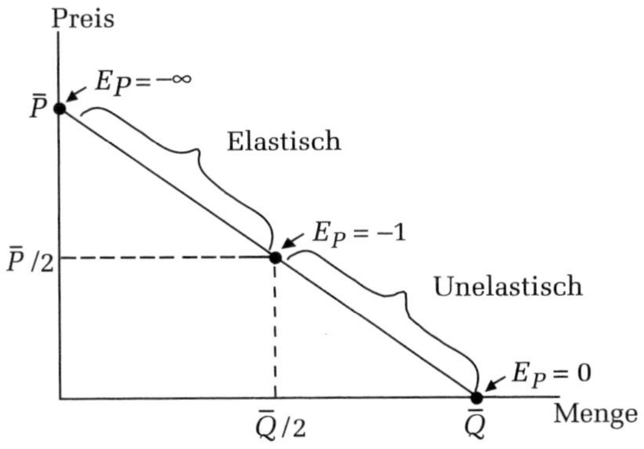

Abbildung 2.5

Übung

7. Die Nachfragekurve für Tiefkühlpizzen wird durch $Q_D = 8 - 2P$ beschrieben. Wie lautet die (Preis-)Elastizität der Nachfrage bei $P = 0$? Wie lautet sie bei $P = 2$? Wie lautet sie bei $P = 4$?

Die *Einkommenselastizität der Nachfrage* ist die prozentuale Änderung der nachgefragten Menge als Reaktion auf eine Änderung des Einkommens um ein Prozent:

$$E_I = \frac{\%\Delta Q}{\%\Delta I} = \frac{\Delta Q / Q}{\Delta I / I} = \frac{I}{Q} \times \frac{\Delta Q}{\Delta P}.$$

Die *Kreuzpreiselastizität der Nachfrage* ist die prozentuale Änderung der nachgefragten Menge als Reaktion auf eine Änderung des Preises eines *verbundenen Gutes* um ein Prozent:

$$E_{Q_X P_Y} = \frac{\%\Delta Q_X}{\%\Delta P_Y} = \frac{\Delta Q_X / Q_X}{\Delta P_Y / P_Y} = \frac{P_Y}{Q_X} \times \frac{\Delta Q_X}{\Delta P_Y}.$$

Die Kreuzpreiselastizität der Nachfrage ist positiv, wenn die beiden Güter Substitutionsgüter sind, und sie ist negativ, wenn beide Güter Komplementärgüter sind. Für jede dieser beiden Arten von Gütern können wir, in Abhängigkeit davon, ob die Kreuzpreiselastizität einen absoluten Wert größer oder kleiner als eins aufweist, außerdem von einer unelastischen oder elastischen Reaktion der Menge auf den Preis sprechen.

Die *Preiselastizität des Angebots* ist die prozentuale Änderung der angebotenen Menge als Reaktion auf eine Änderung des Preises um ein Prozent:

$$E_S = \frac{\%\Delta Q_S}{\%\Delta P} = \frac{\Delta Q_S / Q_S}{\Delta P / P} = \frac{P}{Q_S} \times \frac{\Delta Q_S}{\Delta P}.$$

Wenn die lineare Angebotskurve gleich $Q_S = c + dP$, gilt $\Delta Q/\Delta P = d$. Die Formel für die Elastizität des Angebots lautet dann:

$$E_S = d(P/Q).$$

Die Elastizität des Angebots ist eine positive Zahl: Eine Angebotskurve ist elastisch, wenn gilt $E_S > 1$, und unelastisch, wenn gilt $0 < E_S < 1$.

2.2.7 Kurzfristige und langfristige Elastizitäten (Kapitel 2.5)

Bei nicht-dauerhaften Gütern ist die kurzfristige Nachfrage weniger elastisch als die langfristige Nachfrage. Tritt eine Preiserhöhung ein, brauchen die Konsumenten Zeit, um sich anzupassen und zu lernen, mit einer kleineren Menge des betreffenden Gutes auszukommen. Folglich reagiert die Nachfrage langfristig, nachdem die Verbraucher Zeit gehabt haben, sich auf Alternativen einzustellen und ihr Verhalten zu ändern, stärker auf eine bestimmte Preisänderung. Bei dauerhaften Gütern ist die kurzfristige Nachfrage *elastischer.* Wenn beispielsweise der Preis für Waschmaschinen zurückgeht, wollen mehr Haushalte Waschmaschinen haben. Kurzfristig werden viele Waschmaschinen gekauft. Langfristig aber wird der Ersatz alter Maschinen wieder die Nachfrage bestimmen.

Abgesehen von einigen Ausnahmen, wie beispielsweise Altmetall, ist das langfristige Angebot elastischer als das kurzfristige Angebot. Kurzfristig begrenzen Kapazitätsschranken die Möglichkeiten der Unternehmen, ihre Produktion auszuweiten, sodass die kurzfristige Reagibilität des Angebots auf den Preis nach oben begrenzt wird.

Übung

8. Der Preis für Briefpost ist im Lauf der Jahre ständig gestiegen. Im gleichen Zeitraum sind in den meisten Unternehmen Fax und E-Mail leicht verfügbar geworden. Die Post erwägt, den Preis für einen Brief um 3 Cent anzuheben. Stellen Sie die kurzfristige und langfristige Änderung der nachgefragten Menge an Briefen in Reaktion auf die Preiserhöhung dar.

*2.2.8 Analyse und Prognose der Auswirkungen veränderter Marktbedingungen (Kapitel 2.6)

Um wie viel ändern sich der Gleichgewichtspreis und die Gleichgewichtsmenge als Reaktion auf eine Verschiebung der Nachfrage oder des Angebots? Damit wir derartige Fragen beantworten können, müssen uns Gleichungen für Nachfrage und Angebot zur Verfügung stehen. Zur Vereinfachung gehen wir von der Annahme aus, dass die Nachfrage- und Angebotskurven linear sind. Dann können wir, wenn wir einen Punkt auf der Nachfragekurve sowie die Preiselastizität der Nachfrage in diesem Punkt kennen, die Nachfragekurve herleiten. Desgleichen können wir mit einem Punkt auf der Angebotskurve sowie der Preiselastizität des Angebots in diesem Punkt die Gleichung der Angebotskurve herleiten.

Eine lineare Nachfragekurve kann als $Q_D = a - bP$ und die Formel für die Elastizität kann als $E_P = -bP/Q$ oder $b = -E_PQ/P$ geschrieben werden. Es sei angenommen, die Elastizität der Nachfrage beträgt beim gegenwärtigen Preis von € 12 und einer Menge von 15.000 – 6. In diesem Fall gilt: $b = -(-6)(15.000)/12 = 7.500$. Mit dieser Steigung der Nachfragekurve können wir nun den Achsenabschnitt bestimmen. Da $Q_D = a - bP$, gilt $a = Q_D + bP$ beziehungsweise $a = 15.000 + (7.500)12 = 105.000$.

Folglich ist die angenäherte Nachfragekurve gleich $Q_D = 105.000 - 7.500P$. Warum ist dies nur eine Annäherung? An dieser Stelle sei daran erinnert, dass sich die Elastizität ändert, während wir uns entlang der linearen Nachfragekurve bewegen. Folglich können wir die Elastizität nicht genau kennen, wenn wir nicht wissen, wo wir uns auf der Kurve befinden. Wir haben zur Herleitung der *gesamten* Nachfragekurve eine

Punktelastizität, –6, verwendet, die eigentlich nur *im Punkt* $Q = 15.000$ und $P = € 12$ gilt. Folglich ist die Gleichung der Geraden nur eine Annäherung.

Bei einer linearen Angebotskurve, $Q_S = c + dP$, kann ein ähnliches Verfahren angewandt werden. Da $E_S = dP/Q$, gilt $d = E_S Q/P$. Unter Verwendung der Angebotskurve können wir nach dem Achsenabschnitt auflösen: $c = Q_S - dP$.

Übung

***9.** a) Wenn die Elastizität des Angebots bei $P = € 12$ und $Q = 15.000$ gleich 4 ist, wie lautet dann die Gleichung der Angebotskurve?

b) Bestimmen Sie den Gleichgewichtspreis und die Gleichgewichtsmenge unter Verwendung der Angebotskurve aus Teilaufgabe a) und der Nachfragekurve $Q_D = 105.000 - 7.500P$.

c) Wie lauten der neue Gleichgewichtspreis und die neue Gleichgewichtsmenge, wenn sich das Angebot bei jedem Preis um 20 Prozent erhöht?

2.2.9 Die Auswirkungen staatlicher Interventionen – Preiskontrollen (Kapitel 2.7)

Bisher haben wir Fragen auf der Grundlage der Annahme beantwortet, dass der Markt sich im Gleichgewicht befindet. Wann ist es nicht korrekt anzunehmen, dass der Markt sich im Gleichgewicht befindet? Ein wichtiger Fall ist der, dass der Staat auf einem Markt einen Höchst- oder Mindestpreis festlegt. Der Begriff *Höchstpreis* wird verwendet, wenn der Staat auf einem Markt einen Preis festsetzt, der unter dem Gleichgewichtspreis liegt. Wenn der Staat einen Preis festsetzt, der über dem Gleichgewichtspreis liegt, wird dies als *Mindestpreis* bezeichnet. Höchstpreise führen zu Situationen mit einer *Überschussnachfrage* (einer Knappheit zum staatlich regulierten Preis), während die Mindestpreise zu einem *Überschussangebot* (einem Überschuss zum staatlich regulierten Preis) führen. Durch einen Höchstpreis beziehungsweise einen Mindestpreis wird verhindert, dass der Markt sich im Gleichgewicht befindet, in der Absicht, andere soziale Ziele zu erreichen.

Übung

10. a) Welche Auswirkungen hat ein Höchstpreis von € 5, wenn die Angebotskurve für Frisbees $Q_S = -10.000 + 5.000P$ und die Nachfragekurve $Q_D = 40.000 - 2.000P$ lautet? Wird sich der Markt im Gleichgewicht befinden? Wenn dies nicht der Fall ist, wie hoch wird die Überschussnachfrage zum Höchstpreis sein?

b) Frisbees sind inzwischen aus der Mode gekommen und die Nachfragekurve für Frisbees lautet jetzt: $Q_D = 20.000 - 2.000P$. Welche Auswirkungen hat ein Höchstpreis von € 5 jetzt? Wird der Markt sich im Gleichgewicht befinden? Wenn dies nicht der Fall ist, wie hoch ist die Überschussnachfrage beziehungsweise das Überschussangebot zum Höchstpreis?

2.3 Übungsaufgaben

11. a) Berechnen Sie den Gleichgewichtspreis und die Gleichgewichtsmenge unter Verwendung der ursprünglichen Angebots- und Nachfragekurven für Frisbees aus Übung 10 ($Q_S = -10.000 + 5.000P$ und $Q_D = 40.000 - 2.000P$). Wie hoch ist die Elastizität der Nachfrage und des Angebots zum Gleichgewichtspreis?

b) Was geschieht mit dem Gleichgewichtspreis und der Gleichgewichtsmenge der Frisbees, wenn die Frisbee-Hersteller die Produktion auf recycelten Kunststoff umstellen, wodurch ihre Produktionskosten gesenkt werden?

c) Was geschieht mit dem Gleichgewichtspreis und der Gleichgewichtsmenge der Frisbees, wenn Frisbees wieder in Mode kommen, nachdem die Öffentlichkeit erfahren hat, dass Frisbees jetzt „umweltfreundlich" sind?

***12.** [Mathematisch] In Abbildung 2.6 (a und b) ist ein Paar von Angebots- beziehungsweise Nachfragekurven gegeben, auf denen jeweils bestimmte Punkte gekennzeichnet sind. Geben Sie für jedes Paar Kurven an, ob die Angebots- oder die Nachfragekurve in Punkt A oder B elastischer, weniger elastisch oder gleich elastisch ist. (Hinweis: Notieren Sie jeweils die Definition der Elastizität und ziehen Sie die verfügbaren Informationen für den Vergleich heran.)

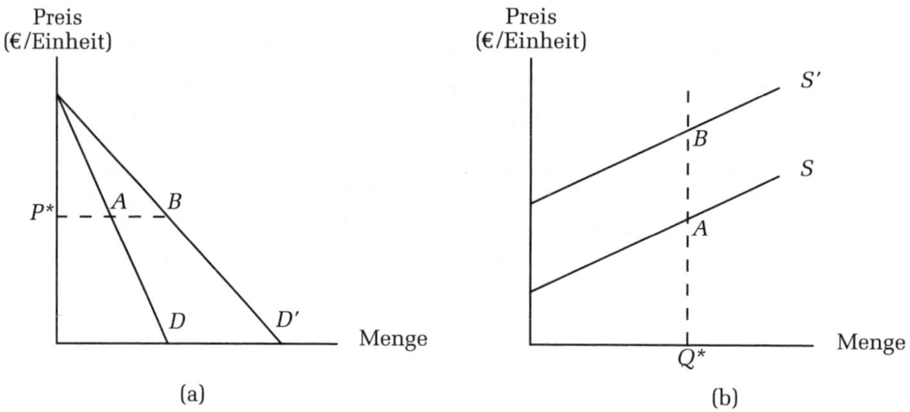

Abbildung 2.6

13. [Prognose der Auswirkungen sich ändernder Marktbedingungen] Die Podunk State University (PSU) hat ihren Sitz in der Kleinstadt Podunkville. Im Moment beträgt die Miete für eine typische Studentenwohnung $ 300 pro Monat. Es sind 15.000 Wohnungen vermietet. Die Universität erwägt, durch eine Senkung ihrer gegenwärtigen akademischen Anforderungen ihre Studentenzahl zu erhöhen. Ein lokaler Volkswirt schätzt, dass zum *gegenwärtigen* Preis und zur *gegenwärtigen* Menge die Preiselastizität der Nachfrage nach Wohnungen –1/4 beträgt und die langfristige Preiselastizität des Angebots gleich 1/2 ist.

a) Wie lauten die Gleichungen für Nachfrage und Angebot?

b) Es sei angenommen, dass es in Folge der Zunahme der Studentenzahl an der PSU zu einem Anstieg der Nachfrage nach Wohnungen um 20 Prozent kommt. Wie lauten der neue langfristige Gleichgewichtspreis und die neue Gleichgewichtsmenge? Berechnen Sie die Elastizität der Nachfrage im neuen Gleichgewicht.

14. Sie sind der Geschäftsführer eines Geschäfts, das markenfreie nicht-alkoholische Getränke verkauft. Aufgrund eines Booms der lokalen Wirtschaft ist das Einkommen Ihrer Kunden um 5 Prozent gestiegen.

a) Die Einkommenselastizität der Nachfrage nach diesen markenfreien nicht-alkoholischen Getränken wird auf –2 geschätzt. Schätzen Sie die Änderung der Bestellmenge von nicht-alkoholischen Getränken, die dem Rückgang der Nachfrage entspricht, sodass Sie keine Lagerbestände auf- oder abbauen müssen.

b) Angenommen, Sie haben sich entschieden, markenfreie nicht-alkoholische Getränke aus dem Sortiment zu nehmen. Ihr gegenwärtiger Lagerbestand wurde so eingekauft, dass er die erwartete Nachfrage zum alten Einkommensniveau abdeckt. Schätzen Sie die Änderung des Preises, die notwendig ist, damit die nachgefragte Menge ungefähr gleich Ihrem gegenwärtigen Bestand ist, wenn die Eigenpreiselastizität der Nachfrage für markenfreie nicht-alkoholische Getränke –1/3 beträgt.

15. Im Dezember 1996 gab Mexiko bekannt, dass es seine Einfuhrzölle auf Holzmöbel aus den Vereinigten Staaten erhöhen würde. (Obwohl der tatsächliche Anstieg der Zölle nicht hoch war, werden in der vorliegenden Aufgabe dessen Auswirkungen auf der Grundlage der Annahme untersucht, dass die Erhöhung beträchtlich war.)

a) Es sei angenommen, dass die US-amerikanischen Produzenten ihre Küchenzeilen aus Holz nach Mexiko exportieren: Welche Auswirkungen hat die Erhöhung des Zolls auf ihre Preise in Mexiko? Ziehen Sie zur Erklärung Ihrer Antwort eine Grafik von Angebot und Nachfrage auf dem mexikanischen Markt heran.

b) Welche Erwartungen haben Sie im Hinblick auf die Entwicklung auf dem Binnenmarkt für die Küchenzeilen? Verwenden Sie für Ihre Erklärung eine Kurve des Angebots und der Nachfrage für den US-amerikanischen Markt. Würden Sie erwarten, dass dieser Effekt kurzfristig oder langfristig stärker ausgeprägt ist?

c) Wenn Sie der Geschäftsführer eines Unternehmens wären, das Küchenzeilen aus Metall und Glas exportiert, welche Entwicklung würden Sie im Hinblick auf Ihren Absatz erwarten?

16. Zeichnen Sie zwei gerade parallele Nachfragekurven. Danach zeichnen Sie eine positiv geneigte Gerade durch den Ursprung, die beide Kurven schneidet. Vergleichen Sie die Elastizitäten in diesen beiden Schnittpunkten. (Hinweis: Berücksichtigen Sie die Formel $E_P = -b(p/Q)$.)

2.4 Kontrollfragen

17. Welches der folgenden Ereignisse führt *nicht* zu einer Verschiebung der Nachfrage nach Bällen für Baseball?

a) Sehr schönes Wetter.

b) Ein Rückgang des Preises für Baseballschläger.

c) Ein Anstieg der Anzahl der Neunjährigen.

d) Ein Anstieg des Preises für Baseballbälle.

e) Sämtliche oben angeführten Ereignisse führen zu einer Verschiebung der Nachfragekurve für Baseballbälle.

18. Wenn ein Markt sich im Gleichgewicht befindet:

a) können die Käufer und Verkäufer die gesamte von ihnen gewünschte Menge zum herrschenden Preis kaufen beziehungsweise verkaufen,

b) besteht keine Tendenz zu einem Anstieg beziehungsweise Rückgang des Preises,

c) ist die angebotene Menge gleich der nachgefragten Menge,

d) sämtliche der oben angeführten Aussagen treffen zu,

e) keine der oben angeführten Aussagen trifft zu.

19. Im letzten Monat haben Sie 10.000 Stereoanlagen zum Preis von je € 400 verkauft. Im Monat zuvor haben Sie 9.000 Stereoanlagen zum Preis von je € 410 verkauft. Sie erwägen, im nächsten Monat den Preis sogar noch weiter auf € 389,99 zu senken. Wenn wir annehmen, dass (i) die Marktnachfrage nach Ihrem Produkt linear ist und (ii) alles andere gleich bleibt, wie lautet dann Ihre Prognose im Hinblick auf den Absatz im nächsten Monat?

a) 10.100 Einheiten.

b) 11.000 Einheiten.

c) 11.001 Einheiten.

d) 11.051 Einheiten.

e) 12.000 Einheiten.

20. Wenn die Nachfrage unelastisch ist:

a) führt ein Anstieg des Preises um 2 Prozent zu einem Rückgang der nachgefragten Menge um weniger als 2 Prozent,

b) führt ein Anstieg des Preises um 2 Prozent zu einem Rückgang der nachgefragten Menge um 2 Prozent,

c) führt ein Anstieg des Preises um 2 Prozent zu einem Rückgang der nachgefragten Menge um mehr als 2 Prozent,

d) führt ein Anstieg des Preises um 2 Prozent zu einem Anstieg der nachgefragten Menge um weniger als 2 Prozent,

e) trifft keine der oben angeführten Antworten zu.

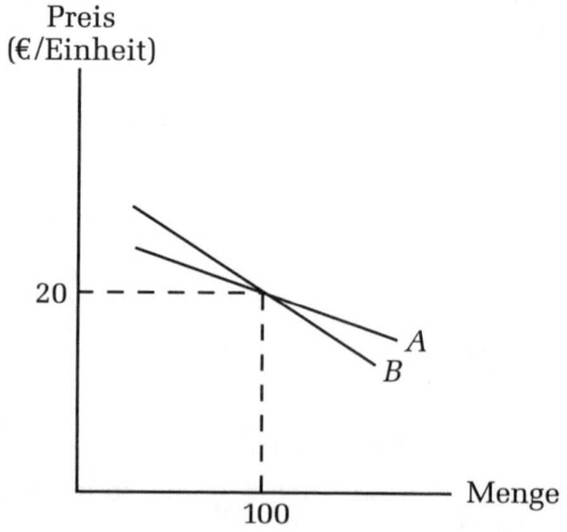

Abbildung 2.7

21. Welcher Vergleich der Preiselastizitäten der Nachfrage auf den Kurven A und B in Abbildung 2.7 ist korrekt?

a) Im Punkt $P = 20$ und $Q = 100$ ist die Nachfrage auf Kurve A elastischer als auf Kurve B.

b) Im Punkt $P = 20$ und $Q = 100$ ist die Nachfrage auf Kurve A weniger elastisch als auf Kurve B.

c) Im Punkt $P = 20$ und $Q = 100$ ist die Elastizität der Nachfrage auf beiden Kurven gleich.

d) Für einen Vergleich der Elastizitäten auf den Kurven A und B sind weitere Informationen notwendig.

22. Wenn die Preiselastizität der Nachfrage nach Kaffee kurzfristig auf –0,25 geschätzt wird, wie hoch ist dann der wahrscheinlichste Wert der langfristigen Elastizität?

a) –0,10

b) –0,25

c) –0,40

d) $-\infty$

e) Keiner der oben angeführten Punkte trifft zu – die Elastizität der Nachfrage ist langfristig immer positiv.

23. Die Nachfragekurve für Erdnüsse lautet $Q_D = 20.000 - 5P$, wobei Q_D in Tonnen gemessen wird und P der Preis pro Tonne ist. Die Preiselastizität der Nachfrage bei $P = € 800$ beträgt:

a) –4

b) +4

c) –0,25

d) +0,25

e) Keiner der oben angeführten Punkte trifft zu.

Die folgenden drei Fragen beziehen sich auf die folgenden Nachfrage- und Angebotskurven:

$$Q_D = 189 - 2{,}25P,$$
$$Q_S = 124 + 1{,}5P.$$

Ihre Antworten sollten auf zwei Nachkommastellen genau sein.

24. Der Gleichgewichtspreis ist gleich:

a) € 84

b) € 82,67

c) € 17,33

d) € 150

e) Keine der oben angeführten Antworten trifft zu.

25. Die verkaufte Gleichgewichtsmenge ist gleich:

a) 65

b) 150

c) 313

d) 84

e) Keine der oben angeführten Antworten trifft zu.

26. Im Marktgleichgewicht ist die Preiselastizität der Nachfrage gleich:

a) –2,25

b) +2,25

c) –0,26

d) –0,17

e) Keine der oben angeführten Antworten trifft zu.

27. Welche der folgenden Aussagen trifft zu?

a) Die Nachfragekurve für Elektrizität verläuft im Allgemeinen langfristig steiler als kurzfristig.

b) Die Nachfragekurve für Fernseher verläuft im Allgemeinen langfristig steiler als kurzfristig.

c) Die Angebotskurve für Segelboote verläuft im Allgemeinen langfristig steiler als kurzfristig.

d) Die Angebotskurve für Sekundäraluminium verläuft im Allgemeinen langfristig flacher als kurzfristig.

2.5 Internetübung

Gehen Sie auf die Internetseite der Energieinformationsbehörde des US-amerikanischen Energieministeriums (*www.eia.doe.gov/emeu/aer/elect.html*). Verwenden Sie die Tabellen 8.1 und 8.10, um die „Total Net Generation" (Gesamtnettoerzeugung) und den „Total Real Average Retail Price of Electricity" (Realer Endverbrauchspreis für elektrischen Strom) für 1990 und 1995 zu ermitteln. Berechnen Sie die Bogen-Preiselastizität zwischen 1990 und 1995 mit Hilfe dieser Mengenangaben und der Preisdaten. Stellt diese Berechnung die Nachfrageelastizität oder die Angebotselastizität dar?

2.6 Lösungen zu den Übungen

1. Wenn der Preis zunächst über dem markträumenden Preis liegt, produzieren die Verkäufer mehr Kleinwagen, als die Verbraucher zu kaufen bereit sind. Die Verkäufer würden feststellen, dass sie einen Überschuss an Wagen haben, das heißt die Lagerbestände würden übermäßig anwachsen. Um diesen Überschuss loszuwerden, müssen die Verkäufer die Preise für Kleinwagen senken (oder versteckte Preiszugeständnisse machen). Wenn sie den Preis senken, steigt die Nachfrage und der Überschuss beginnt zu sinken. Dies setzt sich so lange fort, bis der Preis in P_0 seinen Gleichgewichtswert erreicht.

   Wenn der Preis zunächst unterhalb des markträumenden Preises liegt, fragen die Verbraucher eine größere Menge nach, als die Verkäufer zu diesem Preis abzugeben bereit sind. Eine Knappheit einwickelt sich. Die Verbraucher, die einen Kleinwagen haben wollen, beginnen sich gegenseitig zu überbieten. Dies erzeugt einen Preisdruck nach oben. Wenn dies geschieht, beginnen die Verkäufer ihre Produktion auszuweiten. Dies setzt sich fort, bis der Preis in P_0 seinen Gleichgewichtswert erreicht.

2. a) Wenn die Produktionskosten steigen, verschiebt sich die Angebotskurve nach oben (und nach links). Der Gleichgewichtspreis steigt und die Gleichgewichtsmenge sinkt. Siehe Abbildung 2A.1a.

   b) Durch die Flut wird, wie in Abbildung 2A.1b dargestellt, die Angebotskurve nach links verschoben. Durch den Rückgang des Preises für Hafer und Haferkleie (einem Substitutionsgut für Weizen) wird die Nachfrage nach Weizen nach links verschoben. Der Gleichgewichtspreis kann steigen oder sinken, aber die Gleichgewichtsmenge sinkt definitiv. (Zeichnen Sie unterschiedlich starke Verschiebungen der Nachfrage und des Angebots, um zu zeigen, dass die Auswirkung auf den Gleichgewichtspreis unbestimmt ist.)

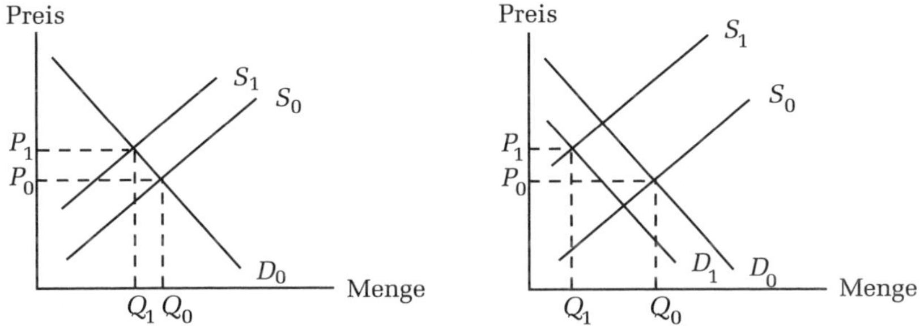

(a) (b)

Abbildung 2A.1

   c) Die Rationierung wirkt sich so aus, dass das Angebot wie in Abbildung 2A.1c dargestellt begrenzt wird. Die Gleichgewichtsmenge sinkt gemäß der gesetzlichen Vorschrift und der Gleichgewichtspreis steigt (als Bewegung entlang der Nachfragekurve dargestellt).

   d) Indem sie einer Lohnsenkung zustimmt, hat die Gewerkschaft die Produktionskosten für die Stahlwerke gesenkt. Dadurch werden deren Angebotskurven, wie in Abbildung 2A.1d dargestellt, nach außen (nach rechts) verschoben. Der Gleichgewichtspreis sinkt und die Gleichgewichtsmenge erhöht sich.

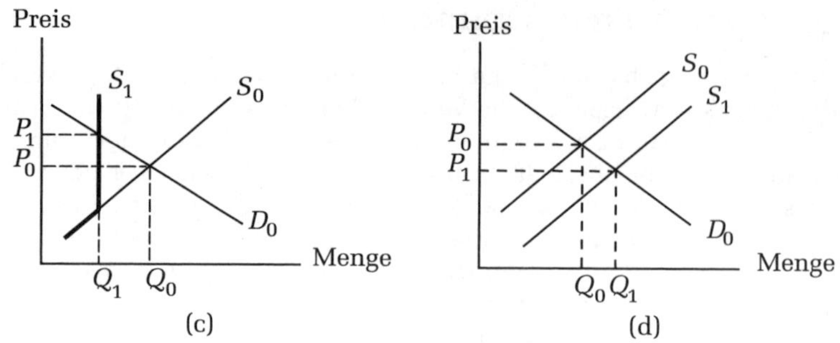

Abbildung 2A.1

3. Die Steigung der Geraden $Q_S = c + dP$ ist gleich $d = \Delta Q_S/\Delta P = (500 - 350)/(1{,}00 - 0{,}75) = 600$. (Beachten Sie, dass zur Bestimmung von d jede Kombination der Punkte in Tabelle 2.1 verwendet werden kann.) Der Achsenabschnitt auf der x-Achse ergibt sich folglich aus $500 = c + 600(1)$, ist also $c = -100$. Die Angebotsgleichung lautet: $Q_S = -100 + 600P$.
4. Die Steigung ist gleich $(6.750 - 5.250)/(0{,}40 - 0{,}70) = 1.500/(-0{,}30) = -5.000$, genau wie vorher.
5. a) Siehe Abbildung 2A.2.

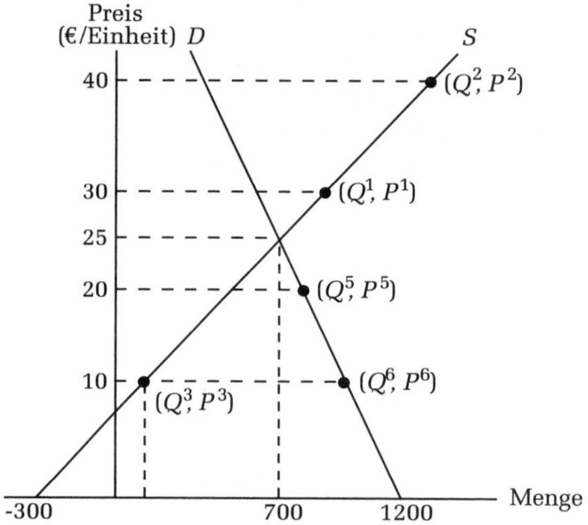

Abbildung 2A.2

b) Betrachten Sie zunächst die Angebotskurve. Von den Punkten (Q^1, P^1) und (Q^2, P^2) kann die Steigung hergeleitet werden: $d = \Delta Q_S/\Delta P = (Q^2 - Q^1)/(P^2 - P^1) = (1.300 - 900)/(40 - 30) = 400/10 = 40$. Der Achsenabschnitt c ist gleich $Q_S - dP = 1.300 - 40(40) = -300$. Folglich ist die Angebotskurve: $Q_S = -300 + 40P$.

Die Steigung der Nachfragekurve ist gleich:

$b = \Delta Q_D/\Delta P = (Q^5 - Q^6)/(P^5 - P^6) = (800 - 1.000)/(20 - 10) = -200/10 = -20$, folglich ist $b = 20$.

Der Achsenabschnitt ist gleich $a = Q_D + bP = 800 + 20(20) = 1.200$. Folglich lautet die Nachfragekurve: $Q_D = 1.200 - 20P$.

c) Für das Angebot gilt bei $P = 10$ $Q_S = -300 + 40(10) = -300 + 400 = 100$.
Bei $P = 40$ gilt $Q_S = -300 + 40(40) = 1.300$.
Für die Nachfrage gilt bei $P = 10$ $Q_S = 1.200 - 20(10) = 1.000$.
Bei $P = 40$ $Q_D = 1.200 - 20(40) = 400$.

d) Setzen Sie $Q_S = Q_D$ beziehungsweise $-300 + 40P = 1200 - 20P$. Durch Zusammenfassung erhalten wir $60P = 1.500$ oder $P^* = 25$. Durch Einsetzen in die Angebotskurve erhalten wir $Q_S^* = -300 + 40(25) = 700$. Zur Überprüfung setzen wir dies in die Nachfragekurve ein und erhalten: $Q_D^* = 1.200 - 20(25) = 700$. Wir haben gezeigt, dass $P^* = 25$ der Gleichgewichtspreis ist, da zu diesem Preis gilt: $Q_S^* = Q_D^* = 700$.

6. a) Siehe Abbildung 2A.3. Wenn $I = 20.000$ und $R = 15$, so gilt $Q_D = 30 - 5P + 0{,}01(20.000) - 2(15)$ oder $Q_D = 200 - 5P$. $Q_S = -100 + 20P$. Durch Gleichsetzen von Angebot und Nachfrage erhalten wir:

$200 - 5P = -100 + 20P \Rightarrow 25P = 300$ oder $P^* = € 12$.

Setzen Sie $P^* = € 12$ entweder in die Gleichung für die Nachfrage oder in die Gleichung für das Angebot ein, um so $Q^* = 140$ zu bestimmen.

(Beachten Sie, dass in Abbildung 2A.3 die Angebotskurve nur für positive Mengen gezeichnet worden ist. So werden wir von jetzt an verfahren.)

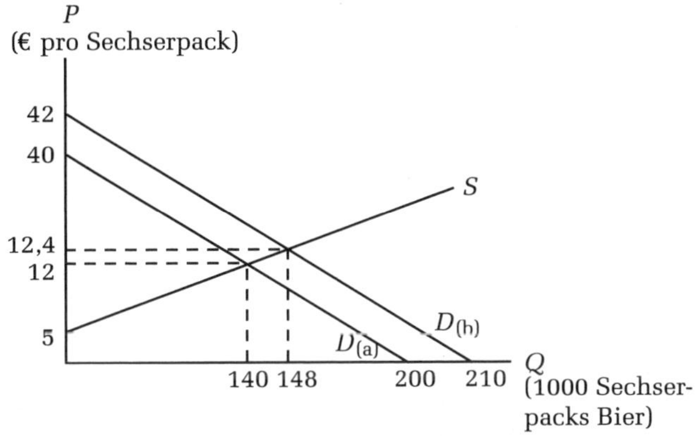

Abbildung 2A.3

b) Wenn $R = 10$, dann gilt $Q_D = 30 - 5P + 0{,}01(20.000) - 2(10) = 210 - 5P$. Die neue Nachfragegleichung wird gleich dem Angebot gesetzt: $210 - 5P = -100 + 20P$ oder $25P = 310$. Folglich gilt $P^* = € 12{,}50$ und $Q^* = 148$. Sowohl der Gleichgewichtspreis als auch die Gleichgewichtsmenge haben sich erhöht. Dies ergibt intuitiv Sinn, da die Nachfrage nach Bier im Sommer ansteigt, wenn es weniger Regentage gibt, wodurch auf den Preis ein Druck nach oben ausgeübt wird. Zur Ermittlung der Reaktion des Gleichgewichtsangebots ist eine Verschiebung der Angebotskurve nicht notwendig (das heißt nicht korrekt). Wenn sich die Nachfragekurve verschiebt, kommt es als Reaktion auf den Anstieg des Preises zu einer Bewegung entlang der Angebotskurve.

7. Verwenden Sie die Formel $E_P = -bP/Q$: wenn $P = 0$, $E_P = 0$; wenn $P = 2$, $E_P = -2(2/4)$; wenn $P = 4$, $E_P = -2(4/0) = -\infty$. (Mathematisch ist eine Teilung durch 0 nicht definiert, daher dürfte es mathematisch keine Lösung geben. Setzt man aber in die Nachfragekurve $P = 4$ ein, erhält man den Achsenabschnittspunkt der Nachfragekurve mit der Preisachse ($Q = 0$). Damit tritt hier der Sonderfall einer Nachfrageelastizität von Minus Unendlich auf).

8. Siehe Abbildung 2A.4. Wenn wir von einem Preis von P_0 ausgehen, führt eine Erhöhung des Preises um 3 Cent auf P_1 zu einer kurzfristigen Reaktion, die weniger elastisch als die langfristige Reaktion ist. Die ursprüngliche Gleichgewichtsmenge ist gleich Q^*. Zu Beginn reduzieren die Verbraucher bei einem Preisanstieg die Menge kurzfristig nur um einen kleinen Betrag (auf Q_{SR}). Langfristig setzen sie, bei ansonsten gleichen Voraussetzungen, andere Formen der Kommunikation ein und die Nachfrage fällt noch weiter (auf Q_{LR}).

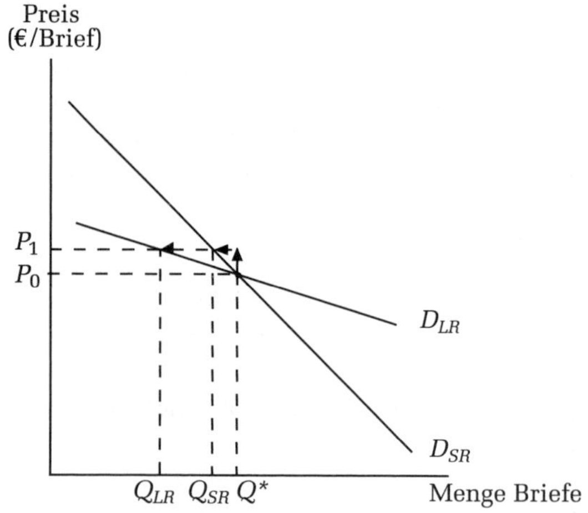

Abbildung 2A.4

9. a) Die Preiselastizität des Angebots für die lineare Angebotskurve $Q_S = c + dP$ kann als $E_S = dP/Q$ geschrieben werden, da $d = \Delta Q_S/\Delta P$. Mithilfe der gegebenen Informationen erhalten wir $4 = 12d/15.000$, sodass $d = 4(15.000)/12 = 5.000$. Durch Einsetzen in die Gleichung erhalten wir $15.000 = c + 5.000(12)$ oder $c = -45.000$. Somit lautet die lineare Annäherung der Angebotskurve $Q_S = -45.000 + 5.000P$.

b) Das ursprüngliche Gleichgewicht von P und Q kann durch Gleichsetzen von Nachfrage und Angebot bestimmt werden: $105.000 - 7.500P = -45.000 + 5.000P$. Durch Auflösen erhalten wir $P^* =$ € 12, $Q^* = 15.000$.

c) Nach dem Anstieg des Angebots um 20 Prozent gilt: $Q_S' = 1{,}2\,(-45.000 + 5.000P) = -54.000 + 6.000P$. Durch Gleichsetzen der Nachfrage und des neuen Angebots erhalten wir: $105.000 - 7.500P = -54.000 + 6.000P$, sodass gilt $P^* =$ € 11,78 und $Q^* = 16.680$. (Beachten Sie, dass wir $Q^* \approx 16.667$ erhalten, wenn wir die Lösung für P^*, die genau $11.7\overline{7}$ beträgt, nicht runden. Darüber hinaus ist zu beachten, dass wir die im Lehrbuch verwendete Konvention einhalten, die prozentualen Änderungen der Nachfrage beziehungsweise des Angebots aufgrund einer (Parallel-)Verschiebung der gesamten Kurve zu ermitteln. Eine Alternative dazu wäre die Drehung der Kurve um den Achsenabschnitt auf der y-Achse.)

10. a) Bei P = € 5 gilt Q_S = –10.000 + 5.000(5) = 15.000 und Q_D = 40.000 – 2.000(5) = 30.000. Der Markt befindet sich bei P = € 5 *nicht* im Gleichgewicht, da zu diesem Preis Nachfrage und Angebot nicht übereinstimmen. Bei P = € 5 ist die Überschussnachfrage gleich 30.000 – 15.000 also 15.000.

b) Zur Bestimmung des neuen Gleichgewichtspreises wird $Q_S = Q_D$ gesetzt also –10.000 + 5.000P = 20.000 – 2.000P oder P^* = € 4.29 (abgerundet). Dies bedeutet, dass der Höchstpreis von € 5 unwirksam (das heißt nicht bindend) ist, da der Marktpreis unterhalb des Höchstpreises liegt. Es besteht weder Überschussnachfrage noch Überschussangebot.

2.7 Lösungen zu den Übungsaufgaben

11. a) Durch Gleichsetzen von Angebot und Nachfrage erhalten wir –10.000 + 5.000P = 40.000 – 2.000P oder 50.000 = 7.000P. Folglich gilt P^* = € 7,143 und Q^* = 25.715. (Durch Runden auf P^* = € 7,143 erhalten wir Q^* = 25.715 auf der Nachfragekurve und Q^* = 25.714 auf der Angebotskurve. Solange Sie bei einer Aufgabe im Hinblick auf das von Ihnen verwendete Q^* konsequent vorgehen – also immer entweder das Q^* auf der Angebotskurve oder auf der Nachfragekurve verwenden –, gilt die Lösung auch bei einem Rundungsfehler als korrekt.) Die Elastizität des Angebots in P^* ist gleich:

$E_S = d(P/Q)$ = 5.000 (7,143/ 25.715) = 1,39

und die Elastizität der Nachfrage in P^* ist gleich:

$E_D = -b(P/Q)$ = –2.000 (7,143/ 25.715) = –0,56.

b) Durch die Senkung der Produktionskosten wird die Angebotskurve nach außen verschoben, was zu einem niedrigeren Gleichgewichtspreis und einer höheren Gleichgewichtsmenge führt.

c) Wenn sich die Nachfrage- und Angebotskurven gleichzeitig nach außen verschieben, steigt die Gleichgewichtsmenge noch mehr als in Teilaufgabe b). Im Vergleich zu Teilaufgabe a) kann der Gleichgewichtspreis steigen oder sinken, aber im Vergleich zu Teilaufgabe b) wird er definitiv steigen.

12. In Abbildung 2.6a weisen die Kurven den gleichen vertikalen Achsenabschnitt auf. Zur Bestimmung von $E_P = -bP/(a - bP) = -P/[(a/b) - P]$ wird die Nachfragegleichung $Q = a - bP$ in $E_P = -bP/Q$ eingesetzt. Diese neue Gleichung zeigt, dass der Wert von E_P vom vertikalen Achsenabschnitt a/b und vom Preis abhängt. Sowohl der vertikale Achsenabschnitt als auch der Preis sind für A und B gleich. Folglich sind auch die Elastizitäten in A und B gleich.

In Abbildung 2.6b sind die Steigungen gleich und die Elastizitäten werden bei der gleichen Menge gemessen. Wenn $Q_S = c + dP$, dann $E_S = dP/Q$. Da d und Q in A und B gleich sind, aber der Preis in B höher ist als in A, ist die Elastizität des Angebots in B größer.

13. a) Wir gehen von den linearen Gleichungen in allgemeiner Form $Q_D = a - bP$ und $Q_S = c + dP$ aus. Da $E_D = -bP/Q$, gilt $-1/4 = -b(300)/15.000$. Also gilt b = 12,5. $E_S = dP/Q$ oder $1/2 = d(300)/15.000$. Folglich gilt d = 25. Durch Einsetzen der Steigungen in die linearen Gleichungen erhalten wir $Q_D = a - 12{,}5P$ oder 15.000 = a – 12,5(300), sodass gilt a = 18.750. Desgleichen gilt $Q_S = c + dP$ oder 15.000 = c + 25(300), sodass c = 7.500. Deshalb lauten die Gleichungen für Nachfrage und Angebot: $Q_D = 18.750 - 12{,}5P$ und $Q_S = 7.500 + 25P$.

b) Durch den Anstieg der Nachfrage um 20 Prozent entsteht eine neue Nachfragekurve: $Q_D' = 1{,}2\ (18.750 - 12{,}5P) = 22.500 - 15P$.

Durch Gleichsetzen von Q_D' mit Q_S erhalten wir $22.500 - 15P = 7.500 + 25P$, sodass $P^* = 375$ und $Q^* = 16.875$. Im neuen Gleichgewicht gilt $E_D = -15(375)/16.875 = -0{,}33$.

14. a) Die Bestellungen müssen um 10 Prozent reduziert werden, da die Nachfrage um das Doppelte der prozentualen Änderung des Einkommens fällt. Mathematisch ausgedrückt:

$$E_I = \frac{\%\Delta Q_D}{\%\Delta I}\text{, sodass } -2 = \frac{\%\Delta Q_D}{5\%} \text{ oder } \%\Delta Q_D = -10\%.$$

b) Um den Rückgang aufgrund der Einkommensänderung (wie in Aufgabenstellung (a) dargestellt) auszugleichen, muss der Preis so weit gesenkt werden, dass die Nachfrage um 10 Prozent steigt. Dies bedeutet, der Preis muss um 30 Prozent reduziert werden, da der prozentuale Anstieg der Menge nur einem Drittel des prozentualen Rückgangs des Preises entspricht.

15. a) Durch den Zoll wird der Preis erhöht, den die US-amerikanischen Hersteller für jede in Mexiko verkaufte Küchenzeile verlangen; die Angebotskurve wird nach links verschoben. Dies führt zu einem höheren Preis und einer geringeren Gleichgewichtsmenge in Mexiko. Siehe Abbildung 2A.5a.

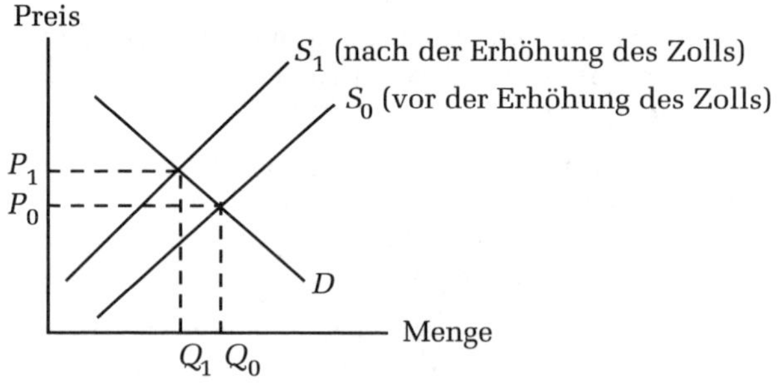

Abbildung 2A.5a

b) Für die US-amerikanischen Hersteller wäre es jetzt rentabel, Verkäufe in Mexiko durch Verkäufe in den USA zu ersetzen, wodurch sich das Angebot in den USA nach rechts verschieben würde. Dies führt zu einem niedrigeren Preis und zu einem höheren Absatz in den USA. Siehe Abbildung 2A.5b. Dieser Effekt wäre wahrscheinlich kurzfristig stärker als langfristig, da die Hersteller bereits produzierte oder gegenwärtig in der Produktion befindliche Einheiten von Mexiko weg umleiten würden. Später würde dieser Effekt durch eine Reduzierung der Produktion insgesamt abgeschwächt.

c) Die Bestellungen erhöhen sich, wenn Küchenzeilen aus Holz durch diese Produkte ersetzt werden können.

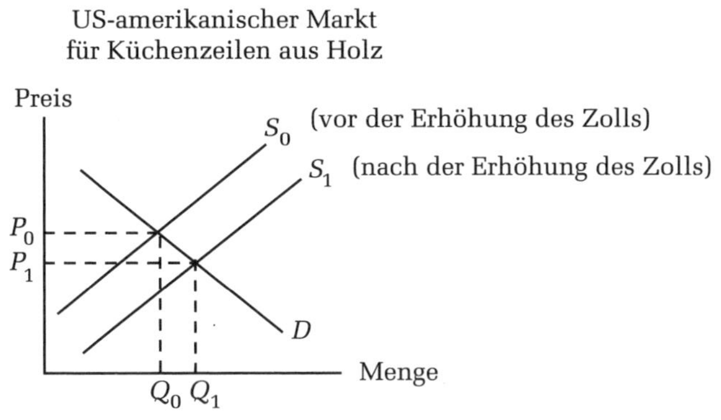

Abbildung 2A.5b

16. Siehe Abbildung 2A.6. Da (P_1, Q_1) und (P_2, Q_2) auf einer Geraden durch den Ursprung liegen, gilt: $P_1/Q_1 = P_2/Q_2$. Da die Nachfragekurven parallele Geraden sind, gilt $b_1 = b_2$, somit sind die Elastizitäten in beiden Punkten gleich. (Hinweis: $Q = a - bP$.)

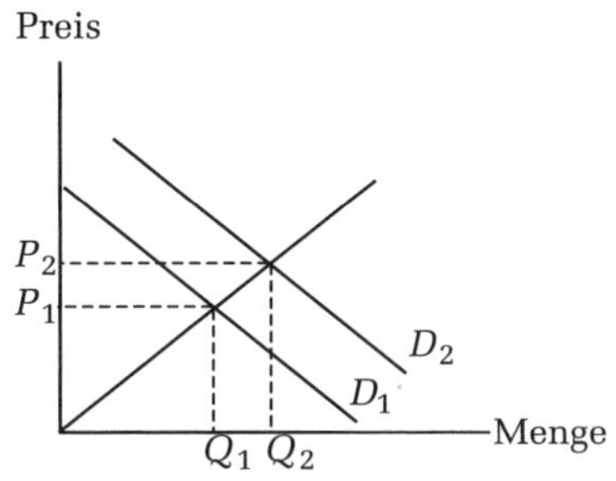

Abbildung 2A.6

2.8 Lösungen zu den Kontrollfragen

17. d) Eine Änderung des Preises für Baseballbälle spiegelt sich in einer Bewegung entlang der Nachfragekurve für Baseballbälle wider. Durch gutes Wetter wird die Kurve nach außen verschoben, genauso wie durch einen Anstieg der Anzahl von Neunjährigen oder durch einen Rückgang des Preises für Baseballschläger.

18. d) Antwort a) ist charakteristisch für einen Wettbewerbsmarkt, während b) und c) die Definition eines Marktgleichgewichts darstellen.

19. c) Bestimmen Sie den Anstieg und den Achsenabschnitt der Nachfragekurve mithilfe der beiden Datenpunkte: (9.000 – 10.000)/(410 – 400) = –100 und 10.000 = a – 100(400) oder a = 50.000. Folglich lautet die Gleichung der Geraden Q = 50.000 – 100P. Wenn P = € 389,99, so gilt Q = 11.001.

20. a) $E_P = \%\Delta Q/\%\Delta P$. Eine unelastische Nachfrage bedeutet, dass $|E_P| < 1$.

21. a) Der Punkt (100, 20) liegt auf beiden Nachfragekurven. Intuitiv betrachtet ist die flacher verlaufende Kurve die preisempfindlichere der beiden. A ist elastischer als B, da eine gegebene Preisänderung entlang A zu einer größeren Änderung der Menge als entlang B führt. Algebraisch betrachtet gilt, dass die Kurve mit dem höheren Wert für b (bei konstant gehaltenem P und Q) elastischer ist, da $E_P = -bP/Q$, wobei b die Steigung der Nachfragekurve ($Q_D = 0 - bP$) ist.

22. c) Bei den meisten Gütern (abgesehen von dauerhaften Gütern) hat die langfristige Elastizität einen höheren absoluten Wert als die kurzfristige Elastizität.

23. c) Zu einem Preis von € 800 pro Tonne werden 16.000 Tonnen nachgefragt.
$E_P = -bP/Q = -5(800)/16.000 = -4.000/16.000 = -0{,}25$.

24. c) Durch Gleichsetzen von Q_S und Q_D erhalten wir $124 + 1{,}5P = 189 - 2{,}25P$. Durch Zusammenfassen erhalten wir $3{,}75P = 65$ oder $P =$ € 17,33.

25. b) Unter Verwendung von P^* = € 17,33 (aus der oben stehenden Aufgabe) erhalten wir $Q_S = 124 + 1{,}5(17{,}33) = 150$.

26. c) $E_P = -bP/Q = -2{,}25(17{,}33)/150 = -0{,}26$.

27. b) Im Allgemeinen ist langfristig die Nachfrage nach einem dauerhaften Gut weniger elastisch als kurzfristig. Um zu verstehen, warum d) nicht zutrifft, siehe die Erörterung zu Abbildung 2.13 im Lehrbuch.

2.9 Lösung zur Internetübung

Der Datenquelle können wir die folgenden Informationen zu Preis und Menge entnehmen:

- Nettoerzeugung im Jahr 1990 insgesamt: 3038,0.
- Nettoerzeugung im Jahr 1995 insgesamt: 3353,5.
- Realer Preis im Jahr 1990 insgesamt: 8,05.
- Realer Preis im Jahr 1995 insgesamt: 7,48.

Unter Verwendung der Formel für die Bogen-Preiselastizität erhalten wir:

$$\varepsilon = \frac{(Q_1 - Q_0)}{(P_1 - P_0)} \cdot \frac{\frac{(P_1 + P_0)}{2}}{\frac{(Q_1 + Q_0)}{2}} = \frac{3353{,}5 - 3023{,}6}{7{,}02 - 7{,}59} \cdot \frac{\frac{(7{,}02 + 7{,}59)}{2}}{\frac{(3353{,}5 + 3023{,}6)}{2}} = \frac{329{,}9}{-0{,}57} \cdot \frac{14{,}61}{6377{,}1}$$

$$= (-578{,}7720) \cdot (0{,}0023) = -1{,}3260.$$

Da die Elastizität negativ ist, *könnten* wir glauben, dass wir hier die Punkte einer negativ geneigten Nachfragekurve nachzeichnen. Damit diese Schlussfolgerung allerdings gültig wäre, müssen sämtliche anderen Faktoren (mit Ausnahme des Preises) konstant gehalten werden. Da es sich um Rohdaten handelt, ist diese Annahme wahrscheinlich unzutreffend. Wir können hier nur Gleichgewichtswerte beobachten, in denen sich Angebot und Nachfrage treffen. Zwischen 1990 und 1995 könnten sich beide Kurven verschoben haben. Wenn sich die Nachfrage nach elektrischem Strom aufgrund eines Bevölkerungswachstums und eines allgemeinen Wirtschaftswachstums erhöht, würde sich die Nachfragekurve nach rechts verschieben. Träfe dies zu, würde man die Elastizität der Nachfrage aus diesem Preisrückgang überschätzen. Bei einem Preisrückgang muss sich die Nachfragekurve offensichtlich ebenfalls nach rechts verschoben haben. (Ein statistischer Ansatz zur Schätzung der Nachfrage kann dabei helfen, Preisänderungen von Änderungen anderer Variablen zu isolieren.)

TEIL II

Produzenten, Konsumenten und Wettbewerbsmärkte

Das Verbraucherverhalten

3

Wichtige Begriffe

- Annahmen über Präferenzen
  - Vollständigkeit
  - Transitivität
  - Mehr ist besser als weniger
- Indifferenzkurven
- Budgetbeschränkung
- Grenzrate der Substitution
  - Abnehmende GRS
- Nutzenmaximierender Warenkorb
- Offenbarte Präferenzen
- Indizes der Lebenshaltungskosten

ÜBERBLICK

3.1 Hauptthemen des Kapitels

In diesem Kapitel wird eine Theorie der Präferenzen entwickelt, die es uns ermöglicht, das Verbraucherverhalten zu untersuchen und Vorhersagen über die typischen Reaktionen eines Verbrauchers auf Preis- und Einkommensänderungen oder auf alternative Politiken von Unternehmen oder dem Staat zu treffen. Die beiden grundlegenden Instrumentarien der Analyse sind die *Indifferenzkurve* und die *Budgetbeschränkung*. Eine Indifferenzkurve stellt alle Warenkörbe dar, mit denen der Verbraucher den gleichen Nutzen erzielen kann. Die Steigung der Indifferenzkurve in einem Punkt wird als *Grenzrate der Substitution* (*GRS*) bezeichnet. Die GRS beschreibt das Verhältnis, in dem der Verbraucher bereit ist, ein Gut durch ein anderes zu ersetzen und dabei indifferent zu bleiben. Zum konsistenten Einsatz der Indifferenzkurven sind drei *grundlegende Annahmen über die Präferenzen* notwendig: *Vollständigkeit*, *Transitivität* und *Mehr ist besser als weniger*. Außerdem nehmen wir im Allgemeinen an, dass Indifferenzkurven eine *abnehmende Grenzrate der Substitution* aufweisen. Die letzte Annahme stellt sicher, dass Indifferenzkurven zum Ursprung konvex verlaufen. Dies wiederum führt dazu, dass die Verbraucher ausgewogene Warenkörbe gegenüber Warenkörben vorziehen, die vollständig aus einem Gut bestehen und kein anderes Gut enthalten.

Die *Budgetbeschränkung* beschreibt das Verhältnis, in dem der Verbraucher bei bestimmten Marktpreisen und einem bestimmten Einkommensniveau in der Lage ist, Güter gegeneinander einzutauschen. Dabei gehen wir von der Annahme aus, dass der Verbraucher immer sein gesamtes Einkommen ausgibt.

Indifferenzkurven und Budgetbeschränkungen bestimmen gemeinsam das *nutzenmaximierende* Güterbündel des Verbrauchers. Der Verbraucher strebt danach, einen Warenkorb auf der höchsten, die Budgetbeschränkung noch erfüllenden Indifferenzkurve auszuwählen. Die Nutzenmaximierung wird erreicht, wenn die Budgetgerade eine Indifferenzkurve berührt. In diesem Tangentialpunkt ist die Grenzrate der Substitution zwischen den beiden Gütern gleich dem Verhältnis ihrer Preise.

Zur Analyse der Verbraucherentscheidungen mithilfe von Indifferenzkurven ist eine vollständige Beschreibung der Verbraucherpräferenzen über alle möglichen Kombinationen von Waren und Dienstleistungen hinweg notwendig. Manchmal können wir mit viel weniger Informationen Vorhersagen über das Verbraucherverhalten treffen, indem wir einfach die Reaktionen eines Verbrauchers auf Änderungen des Einkommens und der Preise beobachten. Diese als Analyse der *offenbarten Präferenz* bezeichnete Art der Analyse wird häufig verwendet, um zu überprüfen, ob individuelle Entscheidungen den Annahmen der Konsumententheorie entsprechen.

Mithilfe der Nutzentheorie können wir fragen, welches Einkommen notwendig wäre, um einen Konsumenten auf dem gleichen Niveau der Bedürfnisbefriedigung zu halten, während sich die Preise im Laufe der Zeit ändern. Insbesondere wird mit den *Indizes der Lebenshaltungskosten* versucht zu messen, wie sich unsere Kaufkraft in einer inflationären Umgebung verändert. Der *ideale* Lebenshaltungskostenindex misst, wie sich das Einkommen verändern muss, damit der Nutzen konstant bleibt. Der Nutzen ist allerdings schwer zu messen. Aus diesem Grund setzen die Volkswirte eine Reihe anderer Preisindizes ein, um Änderungen der Bedürfnisbefriedigung annähernd zu bestimmen. Mit dem *Laspeyres*-Index werden die Kosten des Kaufes eines bestimmten Warenkorbes des Basisjahres zu Preisen sowohl des Basisjahres als auch des gegenwärtigen Jahres verglichen. Mit dem *Paasche*-Preisindex werden stattdessen die Kosten des Kaufes eines Warenkorbs des gegenwärtigen Jahres sowohl zu Preisen des Basisjahres als auch zu Preisen des gegenwärtigen Jahres gemessen.

3.2 Wiederholung und Übungen

3.2.1 Konsumentenpräferenzen (Kapitel 3.1)

Bei der Untersuchung des Verbraucherverhaltens ist die Unterscheidung zwischen dem, was ein Verbraucher *gern tun würde*, und dem, was ein Verbraucher *tun kann*, wichtig. Im ersten Teil des Lehrbuchkapitels werden Präferenzen behandelt, mit denen die Entscheidungen eines Konsumenten ohne Berücksichtigung der Kosten beschrieben werden. Um ein Verständnis der Präferenzen zu entwickeln, stellen wir uns vor, wir würden verschiedene Warenkörbe von Konsumgütern vergleichen. Ein Warenkorb ist eine Kombination verschiedener Mengen von Gütern oder Dienstleistungen. Die grundlegenden Annahmen, auf denen die Theorie der Konsumentenpräferenzen beruht, lauten wie folgt:

1. *Vollständigkeit*: Von je zwei Warenkörben bevorzugt der Verbraucher entweder den einen oder den anderen oder ist zwischen ihnen indifferent.
2. *Transitivität*: Wenn bei je drei Warenkörben der erste gegenüber dem zweiten bevorzugt wird und der zweite gegenüber einem dritten bevorzugt wird, muss der erste Warenkorb auch gegenüber dem dritten bevorzugt werden.
3. *Mehr ist besser als weniger*: Wenn der erste Warenkorb mehr von einem der Güter enthält (ohne von dem anderen weniger zu enthalten) als der zweite Korb, wird der erste Korb gegenüber dem zweiten bevorzugt.

Was schließen diese Annahmen aus? Die *Vollständigkeit*, die erste Annahme, besagt, dass der Verbraucher in der Lage ist, zwischen jeweils zwei Warenkörben eine Entscheidung zu treffen. Würden Sie beispielsweise einen Warenkorb mit 100 Litern Milch und einem Paar Jeans oder einen Warenkorb mit 200 Paar Jeans und 2 Litern Milch bevorzugen? Vollständigkeit bedeutet, dass der Konsument zwei beliebige Warenkörbe miteinander vergleichen und einen gegenüber dem anderen bevorzugen oder zwischen den beiden indifferent sein kann.

Transitivität, die zweite Annahme, verbindet paarweise Vergleiche von Warenkörben miteinander. Dies bedeutet, dass ein Verbraucher in seinen Präferenzen rational oder konsequent ist. In der folgenden Übung geht es um den Unterschied zwischen transitiven und intransitiven Präferenzen.

Übung

1. William bevorzugt den Warenkorb *P* gegenüber *Q*, den Warenkorb *Q* gegenüber *R* und den Warenkorb *P* gegenüber *R*. Anstatt William die Möglichkeit zu geben, unter *P*, *Q* und *R* auszuwählen, werden ihm nur jeweils zwei Warenkörbe auf einmal angeboten.
   a) Ermöglichen Sie ihm, zwischen *P* und *Q* auszuwählen. Lassen Sie ihn dann zwischen dem gewählten Warenkorb und *R* wählen. Welcher Warenkorb wäre Williams endgültige Wahl?
   b) Lassen Sie ihn nun zuerst zwischen *Q* und *R* wählen. Dann lassen Sie ihn zwischen dem ausgewählten Warenkorb und *P* wählen. Welcher Warenkorb würde ausgewählt werden?
   c) Vergleichen Sie Ihre Antworten unter a) und b). Sind Williams Präferenzen transitiv?
   d) Was geschieht in a) und b), wenn William *P* gegenüber *Q* sowie *Q* gegenüber *R* und *R* gegenüber *P* bevorzugt? Sind diese Präferenzen transitiv?

In Ihrer Lösung zu Teil d) von Übung 1 sollten Sie festgestellt haben, dass die Reihenfolge, in der William die Auswahl angeboten wurde, seine Entscheidung verändert hat. Dies scheint nicht rational. Es ist darauf zurückzuführen, dass Williams Präferenzen in Teil d) intransitiv sind. Die Annahme der Transitivität stellt sicher, dass, unabhängig davon, wie die Auswahl präsentiert wird, die gleiche Entscheidung getroffen wird.

Die dritte Annahme, dass *mehr besser als weniger ist*, bedeutet, dass Güter einen positiven Wert haben. Diese Annahme wird zur Vereinfachung der Darstellung getroffen; sie kann leicht aufgehoben werden, um Fälle abzudecken, in denen Güter nicht wünschenswert sind.

Was sagen uns unsere Annahmen über die Präferenzen im Hinblick auf Indifferenzkurven? Die Vollständigkeit gibt an, dass durch jeden Warenkorb eine Indifferenzkurve verläuft. Transitivität und „Mehr ist besser als weniger" stellen zusammen sicher, dass sich die Indifferenzkurven eines Verbrauchers nicht schneiden können. „Mehr ist besser als weniger" bedeutet überdies, dass Indifferenzkurven negativ geneigt sind.

Indifferenzkurven Da sich nur zwei Güter in einem Warenkorb befinden, können wir unsere hypothetischen Konsumentenpräferenzen durch eine zweidimensionale Indifferenzkurve darstellen. Eine einzelne Indifferenzkurve, wie die in Abbildung 3.1 dargestellte, ist eine Ansammlung von Warenkörben, mit denen der Verbraucher die gleiche Befriedigung (das heißt den gleichen Nutzen) erzielt. Es sei angenommen, dass auf der horizontalen Achse die Anzahl von Einheiten Lebensmittel (*F*) und auf der vertikalen Achse die Anzahl von Einheiten Bekleidung (*C*) abgetragen ist. Mit jedem Warenkorb auf der in Abbildung 3.1 dargestellten Indifferenzkurve erzielt der Verbraucher die gleiche Befriedigung. Warenkorb *A* ist dabei genauso wünschenswert wie Warenkorb *B* oder Warenkorb *D*.

Dabei muss allerdings jeder *oberhalb* der Kurve in Abbildung 3.1 liegende Warenkorb mehr Einheiten *F* oder mehr Einheiten *C* oder mehr Einheiten von beiden aufweisen und besser als Warenkorb *A* sein. Jeder *unterhalb* der Kurve liegende Warenkorb muss weniger Einheiten *F* oder *C* oder von beiden enthalten und muss schlechter als *A* sein.

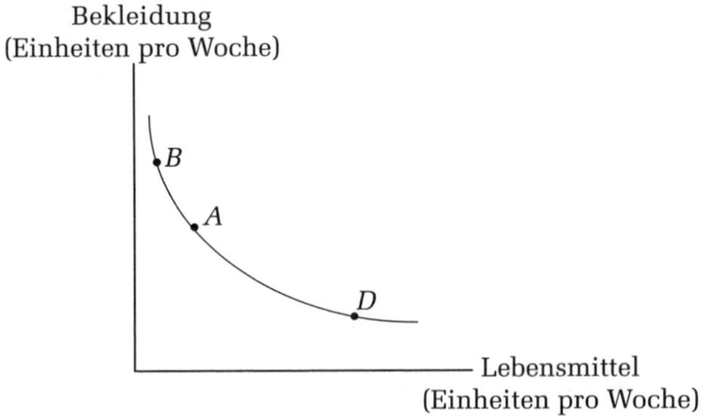

Abbildung 3.1

Die Indifferenzkurven stellen nur eine *ordinale Rangordnung der Präferenzen* dar. Ein auf einer höheren Indifferenzkurve liegender Warenkorb wird gegenüber jedem auf einer niedrigeren Indifferenzkurve liegenden Warenkorb bevorzugt. Wir wissen aber nicht, wie viel mehr Befriedigung mit diesem Warenkorb erzielt wird. In der Vergangenheit verwendeten einige Volkswirte eine *kardinale Rangordnung der Präferenzen*, bei der verschiedenen Befriedigungsniveaus spezifische Zahlen zugewiesen wurden. Wir benötigen allerdings zur Beschreibung eines Großteils des Verbraucherverhaltens nur eine ordinale Rangordnung.

Übung

2. Zeichnen Sie Indifferenzkurven, mit denen die folgenden Beschreibungen von Verbraucherpräferenzen dargestellt werden:

a) Ich schmecke keinen Unterschied zwischen Apfel- und Traubengelee, aber ich esse beides gern.

b) Ich mag nur Traubengelee und esse niemals Apfelgelee.

c) Apfel- und Traubengelee schmecken gemischt besser, allerdings ist es mir relativ egal, in welchem Verhältnis sie gemischt werden.

3.2.2 Die Grenzrate der Substitution

Die Steigung der Indifferenzkurve ist die Rate, mit der ein Verbraucher bereit ist, Güter gegeneinander einzutauschen. Während wir uns entlang einer Indifferenzkurve zwischen Lebensmitteln und Bekleidung bewegen, stellen wir fest, dass der Verbraucher bereit ist, auf verschiedene Mengen von Bekleidung zu verzichten, um bei verschiedenen Warenkörben eine zusätzliche Einheit Lebensmittel zu erhalten. Wir quantifizieren diesen Tradeoff, den der Verbraucher einzugehen bereit ist, als die *Grenzrate der Substitution* (*GRS*). Die GRS von Bekleidung durch Lebensmittel ist gleich der maximalen Menge Bekleidung, die ein Verbraucher aufzugeben bereit wäre, um eine weitere Einheit Lebensmittel zu erhalten. Als Formel ausgedrückt ist die GRS entlang einer gegebenen Indifferenzkurve gleich $-\Delta C/\Delta F$.

Wenn wir in Abbildung 3.2 im Warenkorb *J* beginnen, ist der Verbraucher bereit, auf 2 Einheiten Bekleidung zu verzichten, um 3 Einheiten Lebensmittel zu erhalten. Mit anderen Worten ausgedrückt ist die GRS zwischen den Punkten *J* und *L* gleich 2/3. Bei sehr geringfügigen Änderungen von Bekleidung und Lebensmitteln können wir die GRS in einem einzigen Punkt auf der Indifferenzkurve messen. Beispielsweise ist die GRS im Punkt *M* die negative Steigung der die Indifferenzkurve in *M* berührenden Geraden.

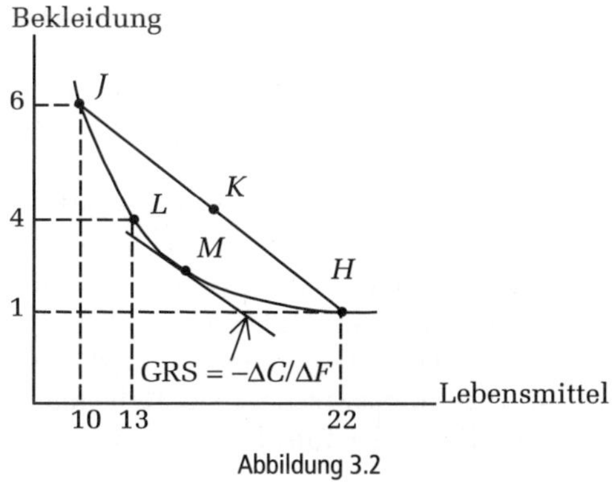

Abbildung 3.2

Eine letzte Annahme über die Verbraucherpräferenzen, die wir hinzufügen möchten (allerdings nicht müssen), ist, dass Indifferenzkurven konvex sind – sie verlaufen flacher, wenn wir uns entlang der Kurve nach unten bewegen. Dies bedeutet, die GRS (eine positive Zahl) nimmt ab, wenn *F* zunimmt. Wir bezeichnen dies als eine *abnehmende Grenzrate der Substitution*. Je mehr ein Verbraucher von einem Gut hat, desto geringer ist der Wert, den er einer weiteren Einheit dieses Gutes beimisst. So haben wir beispielsweise eben die GRS von *J* nach *L* als 2/3 berechnet. Die GRS von *L* nach *H* ist gleich 3/9 = 1/3. Dies zeigt, dass die GRS abnimmt, während wir uns entlang der Kurve nach unten bewegen. Eine Auswirkung der abnehmenden GRS ist, dass „ausgeglichene Güterbündel" gegenüber Bündeln mit einer extremen Aufteilung der Güter bevorzugt werden. Betrachten wir beispielsweise die Warenkörbe *J*, *K* und *H* in Abbildung 3.2. *J* und *H* sind im Hinblick auf die Aufteilung der Güter „unausgeglichen", während der Warenkorb *K* (in der Mitte zwischen *H* und *J*) „ausgeglichen" ist. Bei konvexen Indifferenzkurven bevorzugt der Verbraucher offensichtlich *K*, da *K* auf einer höheren Indifferenzkurve liegt. (Zeichnen Sie eine Indifferenzkurve durch den Punkt *K*, um sich zu überzeugen, dass dies zutrifft.) Dies ist einer der Gründe, warum die Volkswirte glauben, dass die Annahme konvexer Indifferenzkurven angemessen ist: Die Beobachtung der realen Entscheidungen der Verbraucher zeigt, dass diese die Vielfalt bevorzugen.

Übung

3. Steve konsumiert nur Pasta und Wein. Die folgenden drei Warenkörbe liegen auf seiner Indifferenzkurve: *A* = (1,8), *B* = (2,4) und *C* = (3,2), wobei (1,8) = (1 Pfund Pasta, 8 Flaschen Wein) und so weiter.
   a) Zeichen Sie Steves Indifferenzkurve mit Pfund Pasta pro Woche auf der horizontalen Achse und Flaschen Wein pro Woche auf der vertikalen Achse. Bezeichnen Sie die Punkte *A*, *B* und *C*.
   b) Wie lautet die GRS zwischen *A* und *B*? Wie lautet sie zwischen *B* und *C*? Erfüllt Steves Indifferenzkurve die Annahme einer abnehmenden GRS?

Vollkommene Substitutionsgüter und vollkommene Komplementärgüter

Es existieren zwei Sonderfälle von Präferenzen, die unsere Aufmerksamkeit verdienen. Bei *vollkommenen Substitutionsgütern* sind die Indifferenzkurven Geraden. Die GRS des Konsumenten bleibt gleich, unabhängig davon, über welche Menge eines Gutes er verfügt. Betrachten wir beispielsweise die Rate, mit der Sie Zehncentstücke gegen Fünfcentstücke eintauschen würden. Diese Rate sollte nicht davon abhängig sein, über wie viele Zehncentstücke und Fünfcentstücke Sie verfügen. Sie wären immer bereit, zwei Fünfcentstücke gegen ein Zehncentstück einzutauschen.

Bei *vollkommenen Komplementärgütern* bilden die Indifferenzkurven rechte Winkel. Betrachten wir beispielsweise Ihre Präferenzen im Hinblick auf verschiedene Kombinationen von rechten und linken Schuhen. Zur Steigerung Ihrer Befriedigung benötigen Sie eine größere Menge beider Güter – wenn Sie nur einen linken Schuh mehr haben, erreichen Sie damit keine höhere Indifferenzkurve. In diesem Fall ist die GRS, mit Ausnahme des Kurvenknicks, in dem sie nicht klar definiert ist, entweder unendlich (auf dem vertikalen Teil der Indifferenzkurve) oder gleich null (auf dem horizontalen Teil).

Übung

4. Zeichen Sie zwei typische Indifferenzkurven für jeden der folgenden Fälle. Beschreiben Sie die GRS für jeden Fall.
   a) Ein Markenaspirin und ein generisches Aspirin (eines anderen Herstellers) für einen Verbraucher, der die beiden Produkte als in jeder Hinsicht gleichwertig betrachtet.
   b) Rechte und linke Handschuhe für einen Verbraucher, der Handschuhe nur paarweise tragen will.
   c) Rechte und linke Handschuhe für einen Rockstar, der rechte Handschuhe als nutzlos ansieht. Dies bedeutet, es spielt für ihn keine Rolle, ob er rechte Handschuhe hat oder nicht, da er nur linke Handschuhe trägt.

3.2.3 Budgetbeschränkungen (Kapitel 3.2)

Im zweiten Teil von Kapitel 3 wird erörtert, was eine Konsumentin unter Berücksichtigung der gegebenen Marktpreise und ihres Einkommensniveaus kaufen kann. Die *Budgetbeschränkung*, mit der die Konsumentin konfrontiert wird, begrenzt ihre Ausgaben auf das Maximum dessen, was ihr Einkommen ermöglicht. Wenn F und C die Mengen der beiden Güter sind, ist die *Budgetgerade* gleich $P_F F + P_C C = I$, wobei P_F der Preis pro Einheit Lebensmittel und P_C der Preis pro Einheit Bekleidung und I das insgesamt verfügbare Einkommen ist. Wir schreiben die Beschränkung als Gleichheit, anstatt zu schreiben $P_F F + P_C C = I$, weil „mehr ist besser als weniger" bedeutet, dass die Konsumentin ihre Befriedigung immer steigert, indem sie einen Punkt *auf* der Budgetgeraden anstatt eines Punktes unter der Geraden wählt.

In Abbildung 3.3 wird eine typische Budgetgerade dargestellt. Die Achsenabschnitte der Budgetgeraden sind gleich I/P_C und I/P_F (die maximale Menge von Bekleidung oder Lebensmitteln, die gekauft werden kann, wenn das gesamte Einkommen für Bekleidung oder Lebensmittel ausgegeben wird). Die Steigung der Budgetgeraden ist gleich dem negativen Verhältnis der Preise, $-P_F/P_C$. Eine Änderung des Einkommens führt zu einer parallelen Verschiebung der Budgetgeraden. Durch eine Änderung der Preise wird der Anstieg der Budgetgeraden verändert.

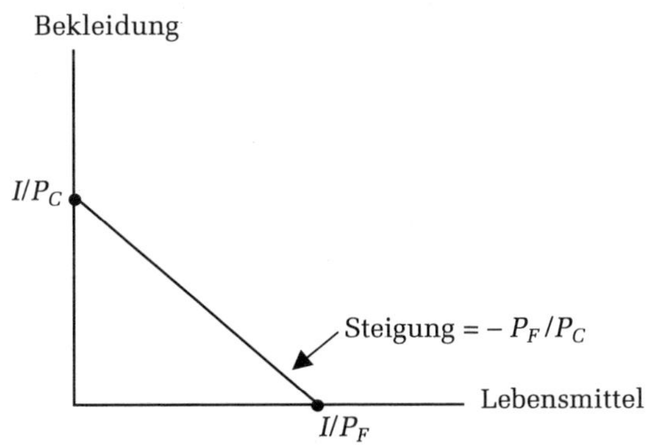

Abbildung 3.3

Es ist häufig am einfachsten, die Gleichung der Budgetgeraden mit dem auf der vertikalen Achse abgetragenen Gut auf der linken Seite der Gleichung zu schreiben. Da die Bekleidung auf der vertikalen Achse abgetragen wird, stellen wir die Gleichung in diesem Fall von

$$P_F F + P_C C = I$$

nach

$$C = I/P_C - (P_F/P_C)F$$

um. Es ist sofort zu erkennen, dass der vertikale Achsenabschnitt gleich I/P_C und die Steigung der Budgetgeraden gleich $-P_F/P_C$ ist. Der horizontale Achsenabschnitt, I/P_F, wird durch Nullsetzen von C bestimmt.

Übung

5. Zeichnen Sie die folgenden Budgetgeraden:

a) $10F + 20C = 400$

b) $5F + 10C = 400$

c) $10F + 10C = 400$

d) $20F + 20C = 400$

Vergleichen Sie a) mit b), a) mit c) und a) mit d). Welche Vergleiche spiegeln Veränderungen des Einkommens wider und welche stellen Änderungen des Preises dar?

3.2.4 Verbraucherentscheidung (Kapitel 3.3)

Welche Entscheidung trifft ein Konsument, der ja die Möglichkeit hat, jeden Warenkorb auszuwählen, der seine Budgetbeschränkung erfüllt? Erstens wird er sein gesamtes Einkommen ausgeben, da mehr besser ist als weniger. Zweitens wird er den Warenkorb auswählen, der ihm die am stärksten bevorzugte Kombination von Gütern verschafft. Dieser am stärksten bevorzugte Warenkorb liegt auf der höchsten Indifferenzkurve, mit der die Budgetbeschränkung noch erfüllt wird. Bei einer stetig verlaufenden Indifferenzkurve liegt der Warenkorb, mit dem der Nutzen in Abhängigkeit von der Budgetbeschränkung maximiert wird, in einem Punkt, in dem sich die Budgetgerade und die Indifferenzkurve berühren. In diesem Tangentialpunkt ist die Steigung der Budgetgeraden gleich der Steigung der Indifferenzkurve, also GRS = P_F/P_C. Mit anderen Worten ausgedrückt bedeutet dies, bei den gegebenen Marktpreisen ist in diesem Punkt die Rate, zu der der Verbraucher zu tauschen *bereit* ist, gleich der Rate, zu welcher der Verbraucher zu tauschen *in der Lage* ist.

Übung

6. Es sei angenommen, der Verbraucher befindet sich *nicht* in einem Tangentialpunkt. Der Vergleich zwischen der Steigung der Budgetgeraden und der GRS gibt uns an, in welche Richtung entlang der Budgetgeraden der Verbraucher sich bewegen will.

a) Es sei angenommen GRS = 5 und $P_F/P_C = 3$. Befindet sich der Verbraucher in einem Tangentialpunkt? Wenn dies nicht der Fall ist, bevorzugt der Konsument einen Warenkorb auf der Budgetgeraden mit mehr Lebensmitteln oder mit mehr Bekleidung?

b) Es sei angenommen GRS = 2 und $P_F/P_C = 3$. Befindet sich der Verbraucher in einem Tangentialpunkt? Wenn dies nicht der Fall ist, bevorzugt der Konsument einen Warenkorb auf der Budgetgeraden mit mehr Lebensmitteln oder mit mehr Bekleidung?

c) Es sei angenommen GRS = 3 und $P_F/P_C = 3$. Befindet sich der Verbraucher in einem Tangentialpunkt?

d) Zeichnen Sie eine Budgetgerade und Indifferenzkurven, um darzustellen, in welchem Punkt sich der Konsument befinden würde, wenn a), b) beziehungsweise c) zuträfen.

In einigen Sonderfällen, in denen die Indifferenzkurven keine glatten Kurven sind, kann es unter Umständen nicht zu einer Berührung zwischen der Indifferenzkurve und der Budgetgeraden kommen. In den nächsten zwei Übungen werden Fälle betrachtet, in denen für den am stärksten präferierten Warenkorb die GRS nicht gleich dem Verhältnis der Preise ist.

Übung

7. Zeichnen Sie eine Budgetgerade und eine Indifferenzkurvenschar für den Fall vollkommener Komplementärgüter. Welcher ist der am stärksten präferierte Warenkorb des Verbrauchers?

8. Zeichnen Sie eine Budgetgerade und eine Indifferenzkurvenschar für den Fall vollkommener Substitutionsgüter. Welcher ist der am stärksten präferierte Warenkorb des Verbrauchers? (Hinweis: Die Indifferenzkurven, die in diesem Fall Geraden sind, können eine andere Steigung aufweisen als die Budgetgerade.)

3.2.5 Offenbarte Präferenzen (Kapitel 3.4)

Selbst wenn wir die Präferenzen einer Konsumentin nicht im Detail kennen, können wir durch die Beobachtung ihrer Entscheidungen eine gewisse Beschreibung der Indifferenzkurven der Verbraucherin erhalten. Dies wird als Analyse der *offenbarten Präferenzen* bezeichnet. Die Verbraucherin offenbart ihre Präferenzen durch ihre Käufe als Reaktion auf Änderungen des Preises.

Betrachten wir zunächst die Situation in Abbildung 3.4a, in der die Konsumentin den Warenkorb A wählt. Was sagt dies aus? Wir wussten bereits, dass die Konsumentin A gegenüber allen Warenkörben mit einer geringeren Menge beider Güter bevorzugt. Nunmehr wissen wir auch, dass A jedem Warenkorb im schraffierten Bereich der Abbildung 3.4a *und* jedem Warenkorb auf der gleichen Budgetgeraden wie A vorgezogen wird. Da die Konsumentin A gewählt hat, als jeder Warenkorb auf der Budgetgeraden zur Verfügung stand, ist A *als* gegenüber den anderen Warenkörben *präferiert offenbart* worden. Im Allgemeinen bevorzugt der Verbraucher A gegenüber B, wenn der Warenkorb A gewählt worden ist, obwohl A und B zur Verfügung standen.

Wenn wir die Preise und das Einkommen des Verbrauchers variieren (die Budgetgerade auf unterschiedliche Art und Weise bewegen), können wir mehr über die Präferenzen der Verbraucher herausfinden. Bis jetzt wissen wir durch A nur sehr wenig über die Indifferenzkurve. Wir wissen noch nicht, ob diese wie die Indifferenzkurve in Abbildung 3.4a oder wie die in Abbildung 3.4b aussieht.

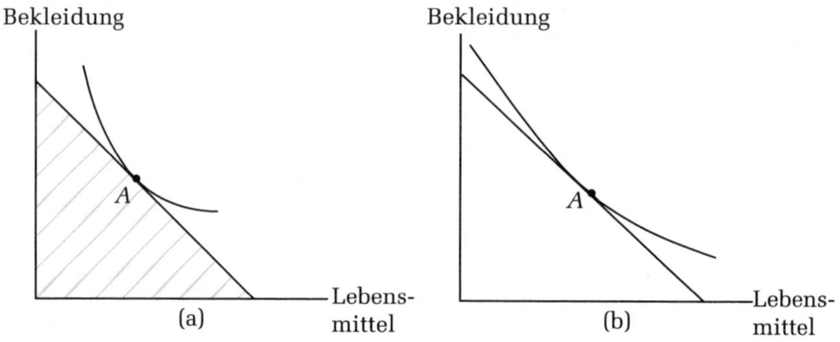

Abbildung 3.4

Es sei nun angenommen, dass wir beobachten, dass der Verbraucher in Abbildung 3.5 A wählt, wenn die Budgetgerade gleich l_1 ist, und dass er B wählt, wenn die Budgetgerade gleich l_2 ist. Da A und B beide auf l_1 liegen, wird A gegenüber B bevorzugt und B wird gegenüber allen Warenkörben auf beziehungsweise unterhalb von l_2 bevorzugt. Dies impliziert, dass A in Abbildung 3.5 gegenüber allen unterhalb von l_1 liegenden Warenkörben sowie gegenüber allen Warenkörben im schraffierten Bereich bevorzugt wird. Auf diese Art und Weise können wir weitere Warenkörbe bestimmen, die nicht gegenüber A bevorzugt werden.

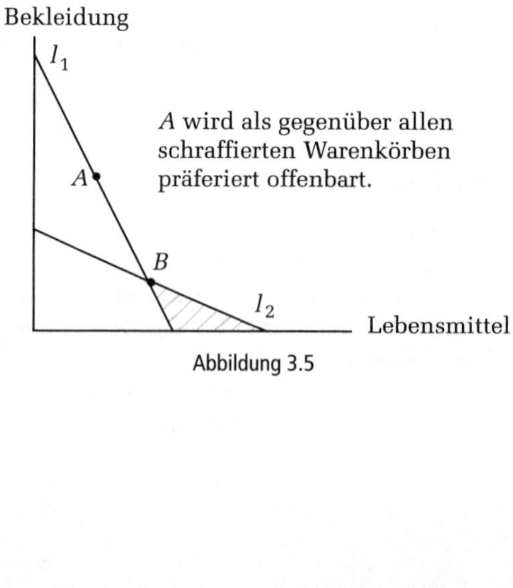

Abbildung 3.5

Darüber hinaus können wir auch versuchen, Warenkörbe zu bestimmen, die gegenüber A bevorzugt werden. Betrachten wir das Güterbündel G in Abbildung 3.6. G wird gegenüber A bevorzugt. Gemäß der Annahme der abnehmenden GRS wird jeder Warenkorb zwischen A und G ebenfalls gegenüber A vorgezogen. (Zeichnen Sie mehrere mögliche Indifferenzkurven, um sich selbst davon zu überzeugen. Beachten Sie dabei, dass sich Indifferenzkurven nicht schneiden dürfen.) Folglich können wir den Verlauf der Indifferenzkurven mithilfe der offenbarten Präferenzen einengen, obwohl wir den Verlauf nicht vollständig bestimmen können.

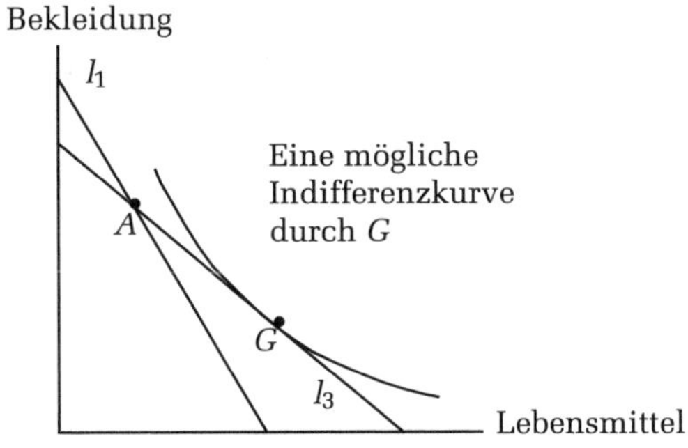

Abbildung 3.6

Übung

9. Lebensmittel und Bekleidung kosten jeweils € 10 pro Einheit. Susan verfügt über ein Einkommen von € 400 pro Monat. Bei diesem Einkommensniveau kauft sie 25 Einheiten Lebensmittel und 15 Einheiten Bekleidung.

a) Zeichnen Sie die ursprüngliche Budgetbeschränkung und zeichnen Sie Susans gegenwärtigen Warenkorb als Punkt A ein.

b) Im nächsten Jahr fällt Susans Einkommen auf € 350 pro Monat. Der Preis für Lebensmittel beträgt € 7 pro Einheit und der Preis für Bekleidung beträgt € 14 pro Einheit. Sie kauft 28 Einheiten Lebensmittel und 11 Einheiten Bekleidung. Bezeichnen Sie diesen Punkt als B. Ist Susan vor oder nach der Preisänderung besser gestellt?

c) Im folgenden Jahr steigt Susans Einkommen auf € 588 pro Monat. Die Preise betragen noch immer € 7 für Lebensmittel und € 14 für Bekleidung. Sie kauft 36 Einheiten Lebensmittel und 24 Einheiten Bekleidung. Bezeichnen Sie diesen Punkt als C. Ist sie jetzt besser gestellt oder war sie besser gestellt, als ihr Einkommen € 400 und beide Preise je € 10 betrugen?

3.2.6 Der Grenznutzen und die Verbraucherentscheidung (Kapitel 3.5)

Mit jedem Warenkorb auf einer Indifferenzkurve wird der gleiche Nutzen erzielt. Der *Nutzen* ist einfach ein Maß der Befriedigung, die eine Person durch den Konsum eines bestimmten Warenkorbs erzielt. Mit einer Nutzenfunktion werden Warenkörben Zahlen zugewiesen, sodass eine höhere Zahl für den Warenkorb A als für Warenkorb B

bedeutet, dass A gegenüber B bevorzugt wird. Der Nutzen steigt, wenn der Konsument eine größere Menge beider Güter erwirbt und auf eine höhere Indifferenzkurve wechselt. Für die Zwecke der Analyse von Indifferenzkurven sind die speziellen Zahlenwerte der Nutzenfunktion unwichtig, da es sich beim Nutzen nur um eine ordinale Rangordnung handelt. Die in Abbildung 3.7a und 3.7b dargestellten Präferenzen sind identisch, obwohl ihre Nutzenziffern sich unterscheiden.

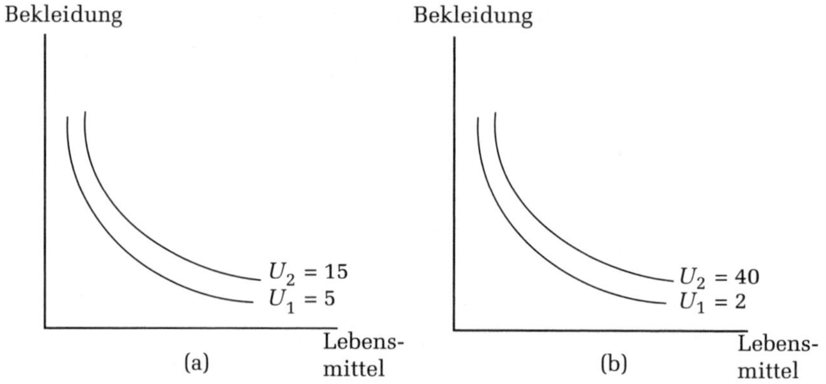

Abbildung 3.7

Für die Analyse des *Grenznutzens* spielen allerdings die tatsächlichen Nutzenziffern eine Rolle. Der Grenznutzen von Lebensmitteln, GU_F, entspricht dem zusätzlichen Nutzen, den der Verbraucher durch eine zusätzliche Einheit Lebensmittel zu seinem Warenkorb erzielt. GU_C ist der durch die Hinzufügung einer Einheit Bekleidung zum Warenkorb erzielte zusätzliche Nutzen. Hierbei ist zu beachten, dass einer zusätzlichen Einheit umso weniger Wert beigemessen wird, je mehr man von einem Gut bereits hat. Dies impliziert, dass der Grenznutzen davon abhängt, welche Mengen beider Güter sich gegenwärtig im Warenkorb befinden.

Die GRS ist gleich dem Verhältnis der Grenznutzen, das heißt $GRS = GU_F / GU_C$. Aus unserer Regel für die Nutzenmaximierung, $GRS = P_F / P_C$, folgt also $GU_F / GU_C = P_F / P_C$. Durch Umordnen erhalten wir $GU_F / P_F = GU_C / P_C$. Folglich erzielt der Verbraucher bei dem am stärksten präferierten Warenkorb aus dem für jedes der Güter ausgegebenen letzten Euro den gleichen Grenznutzen. Um bei einer Budgetbeschränkung den Nutzen zu maximieren, sollte der Verbraucher den Warenkorb auswählen, bei dem mit dem letzten Euro, unabhängig davon, ob dieser für F oder C ausgegeben wird, der gleiche Zuwachs des Nutzens erzielt würde. Wenn der Verbraucher an diesem Punkt angekommen ist, spielt es keine Rolle mehr, wofür der letzte Euro ausgegeben wird. Dies bedeutet, dass der Verbraucher einen Punkt erreicht hat, von dem er sich nicht wegbewegen möchte. Dies ist der Punkt des maximalen Nutzens. Wir können diese Regel für jede Anzahl von Gütern verwenden.

Übung

10. Beantworten Sie die folgenden Fragen über die Entscheidung eines Verbrauchers zwischen Bekleidung und Lebensmitteln mithilfe der Informationen in der unten stehenden Tabelle.

Tabelle 3.1

Bekleidung	GU_C	GU_C/P_C	Lebensmittel	GU_F	GU_F/P_F
1	60	6	1	115	5,75
2	55	–	2	105	–
3	51	–	3	98	–
4	48	–	4	94	–
5	47	–	5	92	–
6	46	–	6	90	–

a) Ergänzen Sie die in der Tabelle verbleibenden Lücken.

b) Es sei angenommen I = € 130, P_F = € 20 und P_C = € 10. Erfüllt der Warenkorb $C = 1$ und $F = 6$ die Budgetbeschränkung? Könnte es sich hierbei um den nutzenmaximierenden Warenkorb handeln? Wenn dies nicht der Fall ist, in welche Richtung würde der Verbraucher seine Käufe anders aufteilen wollen (also mehr Lebensmittel oder mehr Bekleidung)?

c) Bestimmen Sie mit I = € 130, P_F = € 20 und P_C = € 10 sowie mithilfe der Informationen aus der Tabelle den nutzenmaximierenden Warenkorb des Verbrauchers bei dieser Budgetbeschränkung.

3.2.7 Indizes der Lebenshaltungskosten (Kapitel 3.6)

Der (in Kapitel 1 bereits erörterte) Verbraucherpreisindex beziehungsweise CPI ist ein Beispiel für einen *Lebenshaltungskostenindex*. Er misst das Niveau der Preise insgesamt. Natürlich ist eine Definition der Bedeutung von „insgesamt" schwierig. In der Praxis wird es als das Preisniveau definiert, das für ein typisches Bündel von Konsumgütern (Waren und Dienstleistungen) gilt. Das US Bureau of Labor Statistics (BLS), die für die Berechnung des CPI zuständige US-amerikanische Behörde, befragt regelmäßig Verbraucher, um herauszufinden, welche Güter ein typisches Güterbündel von Verbrauchern umfasst und welcher Anteil eines typischen Verbraucherbudgets für jeden Artikel ausgegeben wird. Durch die Beobachtung der Kosten dieses Bündels versucht das BLS zu messen, wie viel Geld notwendig wäre, um die Verbraucher auf dem gleichen Befriedigungsniveau zu halten, während die Preise steigen. In Deutschland geht das Statistische Bundesamt ähnlich vor.

Allerdings ist das beste Maß der Kaufkraft nicht der CPI sondern ein *idealer Lebenshaltungskostenindex*, der als die Kosten der Erzielung eines bestimmten Nutzenniveaus zu Preisen des gegenwärtigen Jahres im Vergleich zu den Kosten der Erzielung des gleichen Nutzens zu Preisen eines Basisjahres definiert wird. Ein solcher idealer

Index ist nicht leicht in die Praxis umzusetzen. Es wäre unmöglich, die Niveaus der Konsumentenbefriedigung und die Präferenzen zu messen. Aus diesem Grund werden annähernde Lebenshaltungskostenindizes verwendet, um mit leichter verfügbaren Daten denselben Sachverhalt zu erfassen.

Die beiden am weitesten verbreiteten Lebenshaltungskostenindizes sind der *Laspeyres-Preisindex* (wie der CPI) und der *Paasche-Preisindex*. Diese Indizes messen die Kosten, die im Vergleich zum Basisjahr anfallen, um das Güterbündel von Waren und Dienstleistungen des Basisjahres zu den Preisen des gegenwärtigen Jahres zu kaufen. Die Formel für den Laspeyres-Index kann wie folgt geschrieben werden:

$$LI = \frac{\sum P_2 Q_1}{\sum P_1 Q_1}$$

Die tiefergestellte Zahl „1“ bezieht sich auf das Konsumbündel und die Preise im Jahr 1 (im Basisjahr) und „2“ bezieht sich auf das gegenwärtige Jahr. Betrachten wir ein vereinfachtes Beispiel: Es sei angenommen, ein Verbraucher verdient im Jahr 1999 € 10.000 und kauft in diesem Jahr nur Lebensmittel (zu € 10 pro Pfund Lebensmittel) und Bekleidung (zu € 30 pro Artikel). Im Jahr 1999 kaufte er 400 Pfund Lebensmittel und 200 Artikel Bekleidung. Im nächsten Jahr steigen die Preise – Lebensmittel kosten jetzt € 12 pro Pfund und Bekleidung kostet jetzt € 35 pro Artikel. Der Laspeyres-Index wäre dann gleich:

$$LI = \frac{\sum 12(400) + 35(200)}{\sum 10(400) + 30(200)} = \frac{11.800}{10.000} = 1{,}18.$$

In diesem Beispiel sind die Lebenshaltungskosten vom Jahr 1999 bis zum Jahr 2000 um 18 Prozent gestiegen.

Der Paasche-Index wird ähnlich definiert. Der Unterschied besteht darin, dass das Bündel von Waren und die Dienstleistungen des Verbrauchers hierbei nicht auf den Mengen des Basisjahres konstant gehalten wird, sondern dass dieser Index die Mengen des gegenwärtigen Jahres berücksichtigt. Um genauer zu sein, misst der Paasche-Index die Kosten des Kaufes des Bündels des gegenwärtigen Jahres zu Preisen des gegenwärtigen Jahres verglichen mit den Kosten dieses Bündels zu Preisen des Basisjahres. Dieser Index kann wie folgt geschrieben werden:

$$PI = \frac{\sum P_2 Q_2}{\sum P_1 Q_2}.$$

Aus einem wichtigen Grund handelt es sich weder beim Laspeyres-Index noch beim Paasche-Index um einen idealen Index: Beide dieser Indizes beruhen auf der Annahme, dass die Verbraucher bei Preisänderungen weiterhin das gleiche Bündel konsumieren. Obwohl dies zur Vereinfachung der Berechnungen und wegen der Kosten für die Datenerfassung eine notwendige Annahme darstellt, ist es unrealistisch. Bei Änderungen der Preise wechseln die Verbraucher von einem Gut zum anderen, sie ändern die konsumierten Mengen bestimmter Güter. Aus diesem Grund übertreibt der Laspeyres-Index die tatsächliche Änderung der Lebenshaltungskosten, während der Paasche-Index diese untertreibt. Den statistischen Ämtern ist dieses Problem (wie auch andere) bekannt und sie arbeiten ständig an der Verbesserung der Genauigkeit der von ihnen veröffentlichten Indizes der Lebenshaltungskosten.

Übung

11. Im Jahr 1999, als CDs € 18 pro Stück und Lebensmittel € 4 pro Pfund kosteten, kaufte Susan 30 CDs und 600 Pfund Lebensmittel. Im Jahr 2000 steigt der Preis für CDs auf € 24 pro Stück und der Preis für Lebensmittel steigt auf € 5 pro Pfund.

a) Berechnen Sie den Laspeyres-Index für Susan für das Jahr 2000 unter Verwendung des Jahres 1999 als Basisjahr.

b) Im Jahr 2000 ändert sich Susans Einkommen und sie kauft 35 CDs und 500 Pfund Lebensmittel. Berechnen Sie den Paasche-Preisindex für Susan für das Jahr 2000 unter Verwendung des Jahres 1999 als Basisjahr.

c) Können wir mit Sicherheit sagen, ob Susan im Jahr 1999 oder im Jahr 2000 besser gestellt war?

3.3 Übungsaufgaben

12. In einer Woche wird Philipp in einer Imbissstube ein Preis von € 0,30 für eine Flasche Limonade und ein Preis von € 0,10 für 30g Tortillachips berechnet. Philipp gibt sein gesamtes Einkommen für Limonade und Tortillachips aus und entscheidet sich, in der betreffenden Woche 6 Limonaden und 900g Tortillachips zu konsumieren. Eine Woche später sind die Preise auf € 0,75 pro Limonade und auf € 0,25 pro 30 Gramm Tortillachips gestiegen. Auch Philipps Einkommen hat sich verändert. Philipp kauft nun 3 Limonaden und 1080 g Tortillachips. Ist sein Verhalten in den beiden Wochen konsistent? In welcher Woche ist Philipp besser gestellt?

13. Eine Person konsumiert nur zwei Güter, Birnen und Kastanien. Diese Person bevorzugt ein Bündel mit sechs Birnen und zwei Kastanien gegenüber einem Bündel mit vier Birnen und sieben Kastanien. Allerdings bevorzugt diese Person ebenfalls ein Bündel mit zwei Birnen und acht Kastanien gegenüber einem Bündel mit sechs Birnen und zwei Kastanien. Entsprechen diese Präferenzen unseren Annahmen über die Verbraucherpräferenzen? (Hinweis: Zeichnen Sie ein Diagramm und stellen Sie diese Konsumbündel dar. Versuchen Sie dann, Indifferenzkurven so einzuzeichnen, dass sie die Annahmen der Verbrauchertheorie erfüllen.)

14. Joan kauft Benzin und Lebensmittel. Als der Preis für Benzin $ 1,00 pro Gallone beträgt, kauft sie 50 Gallonen Benzin pro Woche und gibt $ 50 pro Woche für Lebensmittel aus. Als Teil seiner Umweltpolitik will der Staat den Benzinverbrauch reduzieren und erwägt aus diesem Grund zwei Alternativen. Dabei handelt es sich um die folgenden: (a) Beschränkung der Anzahl Gallonen Benzin, die von jedem gekauft werden können, auf 40 Gallonen pro Woche und (2) Anhebung des Benzinpreises auf $ 1,25 pro Gallone. Aus Gründen der Vereinfachung sei angenommen, dass Lebensmittel immer $ 1 pro Einheit kosten.

a) Zeichnen Sie in einem Diagramm Joans anfängliche Budgetgerade sowie die Budgetgeraden unter Politik (1) und Politik (2) ein.

b) Es sei angenommen, dass Joans bevorzugter Warenkorb unter Politik (2) den Konsum von 40 Gallonen pro Woche umfasst. Zeigen Sie dies im Konsumdiagramm auf. Wäre Joan unter Politik (1) oder unter Politik (2) besser gestellt?

c) Nehmen wir stattdessen an, dass der von Joan unter Politik (2) bevorzugte Warenkorb den Konsum von 70 Gallonen pro Woche umfasst (wir wissen nicht, wie der ursprünglich bevorzugte Warenkorb aussah). Würde sich Ihre Antwort in Teil b) ändern?

15. Karens Grenzrate der Substitution von Bekleidung durch Lebensmittel ist 3/2, unabhängig davon, wie viele Einheiten jedes der beiden Güter sie gegenwärtig konsumiert. Zeichnen Sie mehrere ihrer Indifferenzkurven. Wenn ihr Einkommen € 100 beträgt, P_F = € 5 und P_C = € 10, wie sieht dann ihre Budgetgerade aus? Welcher ist dann ihr bevorzugter Warenkorb?

16. Artur konsumiert zwei Güter, Eistee und Zucker. Artur hat einen sehr feinen Geschmack und genießt sein Getränk nur, wenn pro 0,5 Liter Eistee zwei Teelöffel Zucker beigemischt werden.

a) Stellen Sie Arturs Präferenzen über 0,5 Liter Eistee und Teelöffel Zucker dar.

b) Wie sieht Arturs bevorzugter Warenkorb aus, wenn er € 4,00 ausgeben kann und Zucker € 0,05 pro Teelöffel und Eistee € 0,15 pro 0,5 Liter kostet?

c) Es sei stattdessen angenommen, dass Zucker € 0,10 pro Teelöffel und Eistee € 0,05 pro 0,5 Liter kostet. Wie sieht jetzt Arturs nutzenmaximierender Konsum aus?

17. Georg spielt gern Tennis und isst gern Käse. Gegenwärtig kostet ihn der Käse € 4 pro Pfund und er kann € 250 pro Woche ausgeben. Georg spielt 5 Stunden pro Woche Tennis. Leider lebt Georg in einer Stadt in Neuengland, in der es viel regnet, also muss er auf einem Court in einer Halle Tennis spielen. Gegenwärtig kostet die Miete für den Court € 11 pro Stunde.

a) Zeichnen Sie seine Budgetgerade und eine Indifferenzkurve, die seinen gegenwärtig bevorzugten Warenkorb aufzeigt.

b) Ein neuer Club wird eröffnet und unterbreitet Georg folgendes Angebot: Für eine Mitgliedsgebühr von € 30 pro Woche kann er so viel Tennis spielen, wie er will, und muss nur eine zusätzliche Gebühr von € 5 pro Stunde Platzmiete bezahlen. Zeichnen Sie die Budgetgerade für dieses Angebot unter der Annahme, dass Georg das Angebot annimmt.

c) Wird Georg in dem neuen Club Mitglied? Erklären Sie Ihre Antwort.

d) Es sei stattdessen angenommen, dass die Mitgliedsgebühr in dem neuen Club € 25 pro Woche beträgt. Georg kann den Court immer noch gegen eine Gebühr in Höhe von € 5 pro Stunde mieten. Wird Georg auf jeden Fall oder auf keinen Fall in diesen Club eintreten beziehungsweise ist dies unsicher? Wenn er dem Club beitritt, spielt er dann mehr Tennis oder weniger Tennis oder ist dies unsicher?

e) Es sei angenommen, die Mitgliedsgebühr in dem neuen Club beträgt € 40 pro Woche und die Miete für den Court beträgt weiterhin € 5 pro Stunde. Wird Georg auf jeden Fall oder auf keinen Fall in diesem Club Mitglied werden oder ist dies unsicher? Wenn er in den Club eintritt, spielt er mehr beziehungsweise weniger Tennis oder ist dies unsicher?

***18.** [Geknickte Budgetgerade] Ken hat eine Stelle, bei der er € 15 pro Stunde verdient. Wenn er mehr als 40 Stunden pro Woche arbeitet, bekommt er einen Überstundenzuschlag in Höhe von 50 Prozent, wodurch sich sein Lohn auf € 22,50 pro Stunde erhöht. Er hat Präferenzen für ein einziges Konsumgut und für Freizeit. Es sei angenommen, dass ihm 80 Stunden pro Woche zur Verfügung stehen (er verbringt die anderen 88 Stunden mit Schlafen und Pendeln). Zeichnen Sie seine Budgetgerade unter der Annahme, dass das einzelne Konsumgut € 6 pro Einheit kostet. Wird Ken jemals genau 40 Stunden pro Woche arbeiten? Warum ist dies so beziehungsweise warum ist dies nicht so?

19. Betrachten Sie einen Fall, in dem die beiden Güter Lebensmittel und Bekleidung sind und nehmen Sie an, dass die GRS in jedem Punkt zunimmt (das bedeutet die Indifferenzkurven sind zum Ursprung konkav). Welches Muster würden Sie für den Konsum von Lebensmitteln und Bekleidung erwarten?

20. Betrachten Sie das im Lehrbuch erörterte Problem eines Treuhandfonds für eine Hochschulausbildung (siehe Beispiel 3.4 und Abbildung 3.16). Zeichnen Sie die Budgetgeraden mit und ohne den Treuhandfonds. Zeichnen Sie nun so ein Paar Indifferenzkurven, dass die Studentin weniger für die Ausbildung ausgibt, wenn sie von dem Treuhandfonds profitiert. Weisen diese Indifferenzkurven eine abnehmende GRS auf?

3.4 Kontrollfragen

21. Welche Annahme über die Präferenzen wird durch die Indifferenzkurven in Abbildung 3.8 verletzt?

a) Vollständigkeit.

b) Transitivität.

c) Abnehmende Grenzrate der Substitution.

d) Alle drei Annahmen.

e) Keine dieser Annahmen.

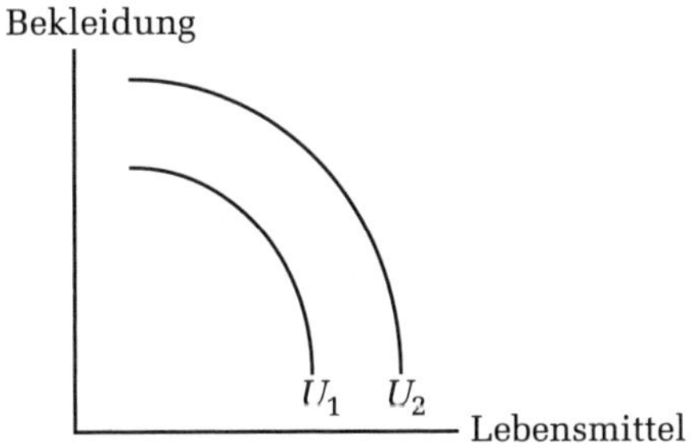

Abbildung 3.8

22. Aus den drei grundlegenden Annahmen über Präferenzen folgt, dass:

a) Indifferenzkurven sich nicht schneiden können,

b) nordöstlich gelegene Punkte auf Indifferenzkurven mit einer höheren Befriedigung liegen,

c) jeder Warenkorb auf genau einer Indifferenzkurve liegt,

d) nur a) und b) zutreffen,

e) a), b) und c) zutreffen.

23. Ray kennt den Unterschied zwischen Diät-Coca-Cola und Diät-Pepsi nicht. Für Ray sind diese Güter:

a) vollkommene Substitutionsgüter,

b) vollkommene Komplementärgüter,

c) intransitiv,

d) Notwendigkeitsgüter,

e) keine der oben stehenden Güter.

24. George Yuppie will sein kohlensäurehaltiges Mineralwasser unbedingt mit Himbeersirup trinken. Außerdem besteht er darauf, dass bei dieser Mischung genau 4 ml Himbeersirup auf 270 ml Mineralwasser kommen. Für Georg sind diese Güter:

a) vollkommene Substitutionsgüter,

b) vollkommene Komplementärgüter,

c) intransitiv,

d) Notwendigkeitsgüter,

e) keines der oben stehenden Güter.

25. Joes Budgetgerade ist gleich $15F + 45C = 900$. Wenn Joe seinen am stärksten präferierten Warenkorb auswählt, kauft er 10 Einheiten C. Deshalb kauft er auch:

a) 10 Einheiten F,

b) 30 Einheiten F,

c) 50 Einheiten F,

d) 60 Einheiten F,

e) keine der oben stehenden Mengen.

26. Kim kauft nur Kaffee und Compactdiscs. Kaffee kostet € 0,60 pro Tasse und CDs kosten jeweils € 12,00. Sie kann für diese beiden Güter € 18 pro Woche ausgeben. Wenn Kim ihren Nutzen maximiert, ist ihre Grenzrate der Substitution von Kaffee durch CDs gleich:

a) 0,05.

b) 20.

c) 18.

d) 1,50.

e) Sie entspricht keiner der oben angeführten.

27. Welche Annahme über die Präferenzen gibt an, dass der am stärksten präferierte Warenkorb eines Kunden auf der Budgetgeraden und nicht unterhalb der Budgetgeraden liegt?

a) Vollständigkeit.

b) Transitivität.

c) Mehr ist besser als weniger.

d) Abnehmende Grenzrate der Substitution.

e) Dies wird durch keine dieser Annahmen sichergestellt.

28. Wenn das Einkommen konstant gehalten wird, welche Änderung muss eingetreten sein, damit sich die Budgetgerade in Abbildung 3.9 von der alten Geraden (1) auf die neue Gerade (2) dreht?

a) Der Preis für Cola ist gesunken.

b) Der Preis für Pizza ist gesunken.

c) Der Preis für Pizza ist gestiegen.

d) Der Preis für Cola ist gestiegen.

e) b) und c).

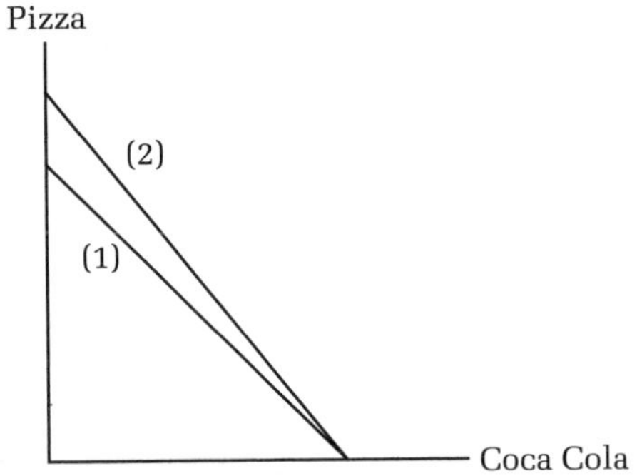

Abbildung 3.9

29. In Abbildung 3.10 hat Harold, als die Budgetgerade ursprünglich gleich $5F + 10C = 200$ war, 30 Einheiten F und 5 Einheiten C gekauft. Die Budgetgeraden (1) und (2) bestehen zu zwei späteren Zeitpunkten. In allen drei Fällen hatte Harold die gleichen Präferenzen. Welche Warenkörbe hätte er zu den späteren Zeitpunkten kaufen können?

a) A und B.

b) A und D.

c) B und E.

d) D und E.

e) Es sind weitere Informationen notwendig.

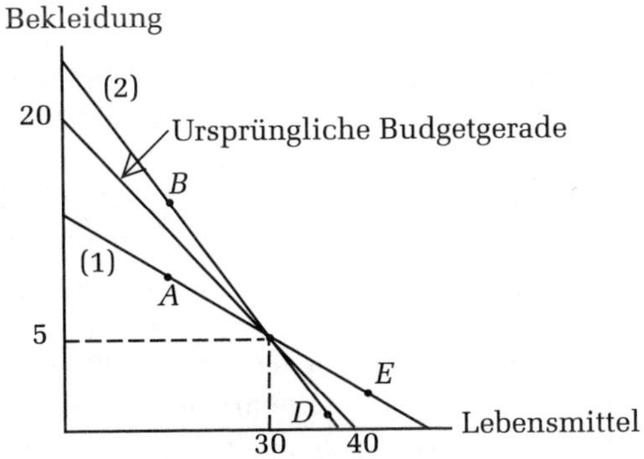

Abbildung 3.10

30. Für einen Laib Cheddarkäse bezahlt Carl $ 40 und für einen Abend in einer Broadway-Show bezahlt er $ 100 (einschließlich Eintrittskarte, Parkgebühr und so weiter). Wenn Carl seinen Nutzen maximiert, beträgt sein Grenznutzen aus dem Cheddarkäse 8 Nutzeneinheiten. Folglich ist der von ihm aus einer Broadway-Show erzielte Grenznutzen gleich:

a) 3,2.

b) 20.

c) 50.

d) 500.

e) Keiner der oben angeführten Grenznutzen trifft zu.

31. Lisa mag zwei verschiedene Arten von Sandwiches als Pausenbrot: Sandwiches mit Erdnussbutter und Frischkäse sowie Sandwiches mit Frischkäse und Gelee. Welche der folgenden Aussagen trifft auf Lisa zu?

a) Erdnussbutter und Gelee sind Komplementärgüter.

b) Frischkäse und Gelee sind Substitutionsgüter.

c) Erdnussbutter und Frischkäse sind Substitutionsgüter.

d) Erdnussbutter und Gelee sind Substitutionsgüter.

e) Keine der oben stehenden Aussagen trifft zu.

32. Sam entscheidet sich, sein gesamtes Einkommen für Lebensmittel auszugeben, und er kauft keine Bekleidung. Folglich müssen seine Indifferenzkurven:

a) vertikal verlaufen;

b) horizontal verlaufen;

c) in dem Punkt, in dem seine Budgetgerade die Lebensmittelachse schneidet, eine GRS aufweisen, die höher ist als das Verhältnis der Preise;

d) in dem Punkt, in dem seine Budgetgerade die Lebensmittelachse schneidet, eine GRS aufweisen, die niedriger ist als das Verhältnis der Preise;

e) keine der oben stehenden Aussagen trifft zu.

3.5 Internetübung

Gehen Sie zu *http://www.economagic.com/*, suchen Sie dort die Daten des US Bureau of Labor Statistics zum *Consumer Price Index by Item and Place* [Verbraucherpreisindex nach Artikel und Ort] und klicken dies an. Dort finden Sie Daten zum CPI für verschiedene Waren in unterschiedlichen Regionen der Vereinigten Staaten. Wir interessieren uns für die Benzinpreise in Honolulu, Hawaii. Scrollen Sie zu *CPI: Honolulu, HI* und klicken Sie dies an, um die benötigten Daten zu finden. Am unteren Ende der Liste *CPI: Honolulu, HI* sehen Sie die folgenden beiden Kategorien: *Gasoline, unleaded* [Benzin, unverbleit] und *Gasoline, unleaded premium* [Benzin, unverbleit Super].

a) Überprüfen Sie mithilfe der Daten für die beiden unterschiedlichen Arten von Benzin, ob die Grenzrate der Substitution von Superbenzin durch Normalbenzin von August 1983 bis Oktober 1983 gestiegen oder gefallen ist. Dabei sei angenommen, dass der Markt für Benzin sich in einem Wettbewerbsgleichgewicht befindet.

b) Erklären Sie, wie Sie auf der Grundlage der Daten zu der Schlussfolgerung kommen können, dass Normalbenzin und Superbenzin beinahe vollkommene Substitutionsgüter sind.

3.6 Lösungen zu den Übungen

1. a) Bei der Entscheidung zwischen *P* und *Q* wählt William *P* aus. Danach wählt er unter *P* und *R P* aus.

b) Bei der Entscheidung zwischen *Q* und *R* wählt er *Q* aus. Danach wählt er unter *P* und *Q P* aus.

c) Ja, Williams Präferenzen sind transitiv: Die Reihenfolge, in der ihm die drei Warenkörbe angeboten werden, beeinflusst seine Wahl nicht.

d) Bei diesen Präferenzen wählt er unter *P* und *Q P* aus. Danach wählt er zwischen *P* und *R R* aus. Alternativ dazu wählt er unter *Q* und *R Q* aus. Danach wählt er zwischen *P* und *Q P* aus. In diesem Fall beeinflusst die Reihenfolge der Entscheidungen den endgültigen Warenkorb, da diese Präferenzen die Annahme der Transitivität nicht erfüllen.

2. a) Siehe Abbildung 3A.1a. Da der Konsument keinen Unterschied zwischen den beiden Geschmacksrichtungen schmeckt, würde er sich nur um die Gesamtmenge Gelee kümmern, über die er verfügt.

b) Siehe Abbildung 3A.1b. Der Verbraucher wird durch einen Anstieg der Menge Apfelgelee nicht beeinflusst, da er es niemals isst.

c) Siehe Abbildung 3A.1c. In diesem Fall ist ein gemischtes Warenbündel besser als ein extremes, aber der Verbraucher ist bereit, die verschiedenen Geschmacksrichtungen gegeneinander einzutauschen.

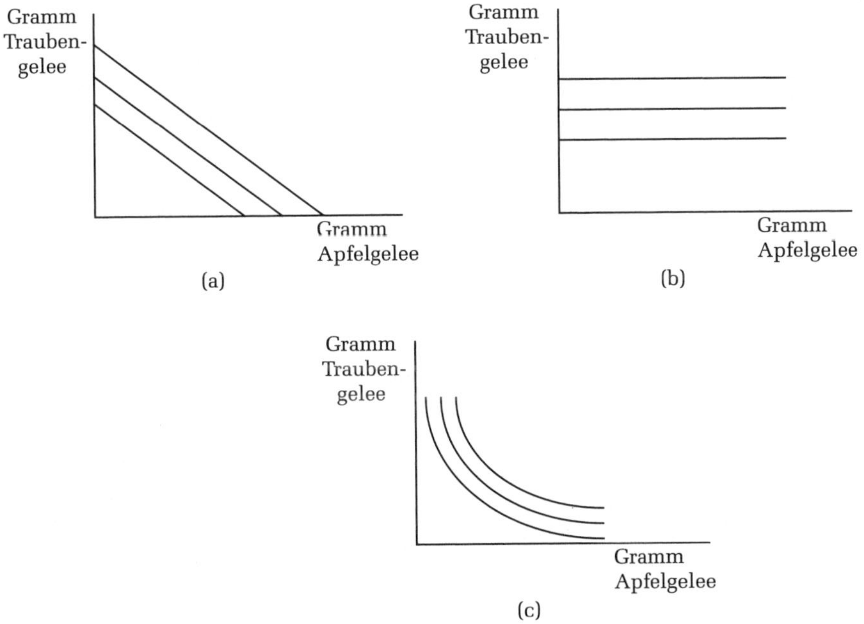

Abbildung 3A.1

3. a) Siehe Abbildung 3A.2.

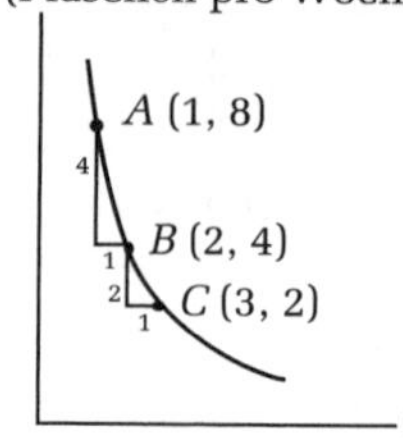

Abbildung 3A.2

b) $GRS_{A,B} = -(8-4)/(1-2) = 4$, $GRS_{B,C} = -(4-2)/(2-3) = 2$. Ja, diese Kurve erfüllt die Annahme einer abnehmenden GRS, da die GRS zurückgeht, während die Menge entlang der horizontalen Achse zunimmt.

4. a) Die beiden Güter sind für den beschriebenen Verbraucher vollkommene Substitutionsgüter. Siehe Abbildung 3A.3a. Dabei ist zu beachten, dass der Verbraucher bereit ist, mit einer konstanten Rate von eins zu eins Markenaspirin durch generisches Aspirin zu ersetzen. Folglich ist entlang jeder Indifferenzkurve die GRS = 1.

b) Die beiden Güter sind vollkommene Komplementärgüter. Der Verbraucher erreicht mit einem Paar Handschuhe ein bestimmtes Befriedigungsniveau; mit zwei Paar Handschuhen erreicht er ein höheres Befriedigungsniveau, aber durch eine ungleiche Anzahl von Handschuhen wird sein Nutzen nicht erhöht. Siehe Abbildung 3A.3b. Auf dem horizontalen Abschnitt der Indifferenzkurve gilt GRS = 0, während auf dem vertikalen Abschnitt gilt GRS = ∞.

c) Siehe Abbildung 3A.3c. Der Rockstar kann eine höhere Indifferenzkurve erreichen, indem er mehr linke Handschuhe hat. Zusätzliche rechte Handschuhe tragen weder zu einer Erhöhung noch zu einer Senkung seiner Befriedigung bei (für diesen Rockstar sind rechte Handschuhe ein neutrales Gut).

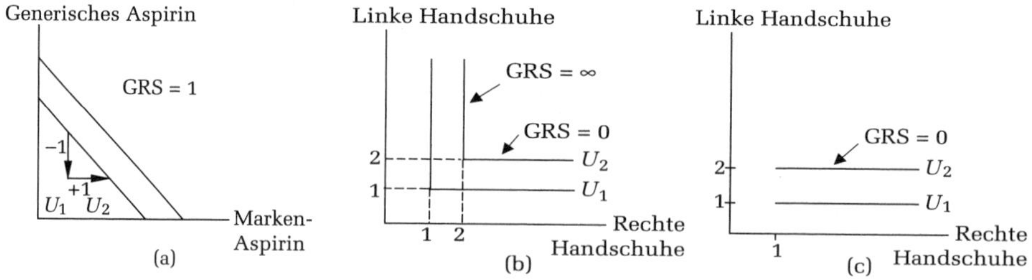

Abbildung 3A.3

5. Verwenden Sie die Gleichung $C = I/P_C - (P_F/P_C)F$. Danach können Sie die Achsenabschnitte herleiten und die Steigung wie in der unten stehenden Tabelle dargestellt:

Budgetgerade	Vertikaler Achsenabschnitt (I/P_C)	Horizontaler Achsenabschnitt (I/P_F)	Steigung (P_F/P_C)
a)	20	40	1/2
b)	40	80	1/2
c)	40	40	1
d)	20	20	1

Zwischen a) und b) bleibt die Steigung unverändert, aber die Budgetgerade ist nach außen verschoben. Dies spiegelt eine Einkommensänderung wider. Zwischen a) und c) hat sich die Steigung verändert, während sich der horizontale Achsenabschnitt nicht verändert hat. Also handelt es sich um eine Änderung des Preises von Gut C. Zwischen a) und d) ist der vertikale Achsenabschnitt unverändert, während sich die Steigung verändert hat. Somit handelt es sich um eine Änderung des Preises von Gut F.

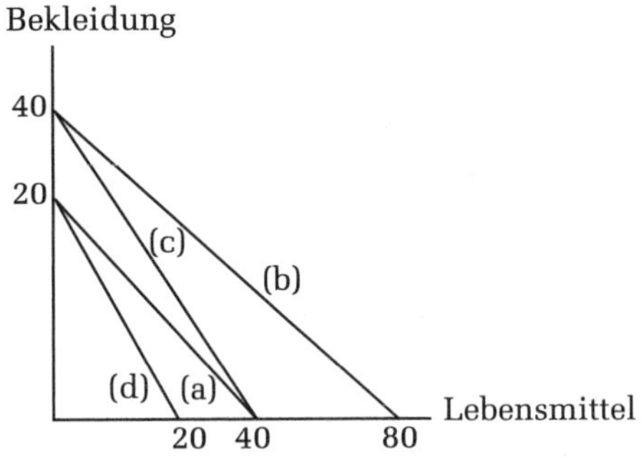

Abbildung 3A.4

6. a) GRS > P_F/P_C: Die Person sollte mehr F und weniger C kaufen (die Budgetgerade verläuft flacher als die Indifferenzkurve).

b) GRS < P_F/P_C: Die Person sollte weniger F und mehr C kaufen (die Indifferenzkurve verläuft flacher als die Budgetgerade).

c) GRS = P_F/P_C: Die Person befindet sich in einem Tangentialpunkt.

d) Siehe Abbildung 3A.5.

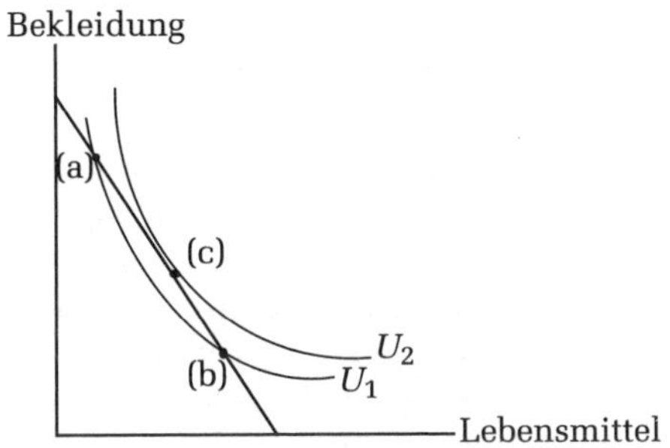

Abbildung 3A.5

7. Siehe Abbildung 3A.6. Bei jeder Budgetgeraden muss der am stärksten präferierte Warenkorb im Kurvenknick der Indifferenzkurve liegen.

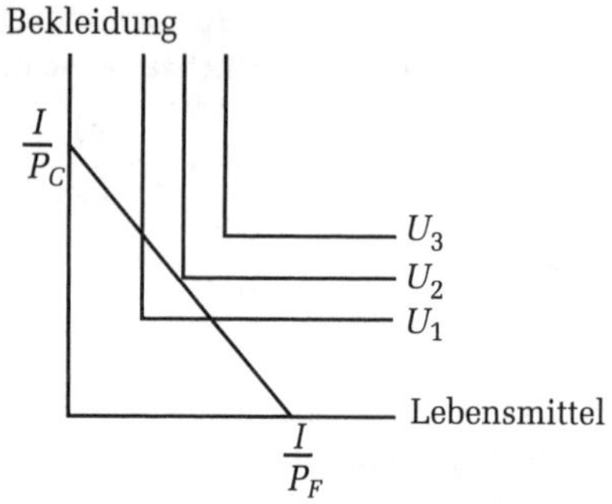

Abbildung 3A.6

8. Siehe Abbildung 3A.7. Wenn wie in Abbildung (a) GRS > P_F/P_C gilt, ist der Konsument am besten gestellt, wenn er nur F konsumiert. Wenn wie in Abbildung (b) GRS < P_F/P_C gilt, ist der Konsument am besten gestellt, wenn er nur C konsumiert. Abbildung (c) zeigt, dass der Verbraucher durch jeden Warenkorb auf der Budgetgeraden gleich gut gestellt ist, wenn GRS = P_F/P_C gilt.

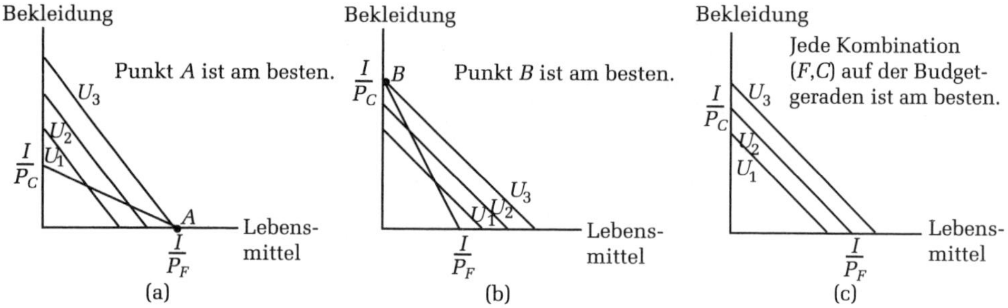

Abbildung 3A.7

9. a) Siehe Abbildung 3A.8. Die ursprüngliche Budgetgerade ist mit l_1 bezeichnet und Susans gegenwärtiger Warenkorb liegt im Punkt A. Da sowohl Lebensmittel als auch Bekleidung € 10 kosten, sind beide Achsenabschnitte von l_1 gleich 400/10 = 40.

b) Die neue Budgetgerade ist l_2. Der Warenkorb B (bei dem $F = 28$, $C = 11$) kostet nur € 350 und liegt unterhalb der ursprünglichen Budgetgeraden. Da Susan diesen Warenkorb bereits vorher hätte kaufen können und sich gegen diesen Kauf entschieden hat, muss sie nach der Veränderung schlechter gestellt sein.

c) Die letzte Budgetgerade ist l_3. Der Warenkorb C (bei dem $F = 36$, $C = 24$) umfasst eine größere Menge beider Güter als der ursprüngliche Warenkorb und liegt eindeutig auf einer höheren Indifferenzkurve, sodass Susan nach der Änderung des Preises besser gestellt ist. Dieser Warenkorb ist teurer als der ursprünglich gekaufte; diese Tatsache allerdings reicht nicht als Grund dazu aus, dass der neue Warenkorb bevorzugt wird, da wir den Verlauf von Susans Indifferenzkurven nicht genau kennen. Beispielsweise wäre der mit D bezeichnete Warenkorb auf der Budgetgeraden l_3 in Abbildung 3A.8 (bei dem $F = 10$ und $C = 37$) teurer als A, könnte aber, wie die als Verlängerung von U_1 eingezeichnete, gepunktete Linie andeutet, auf der gleichen Indifferenzkurve wie A liegen

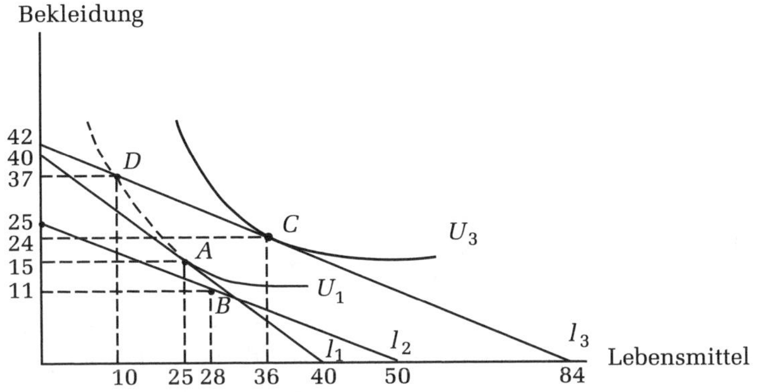

Abbildung 3A.8

10. a) Siehe Tabelle 3A.1.

b) Ja, 1(10) + 6(20) = € 130 = I, somit wird die Budgetbeschränkung mit diesem Warenkorb erfüllt. Dieser Warenkorb kann allerdings nicht nutzenmaximierend sein, da gilt: $(GU_C / P_C) = 6 > (GU_F / P_F) = 4{,}5$. Der Verbraucher kann seinen Nutzen steigern, indem er mehr Geld für Bekleidung ausgibt.

c) Der nutzenmaximierende Warenkorb sollte die Bedingung erfüllen, dass der Grenznutzen des letzten für C ausgegebenen Euros gleich dem Grenznutzen des letzten für F ausgegebenen Euros ist. In der Tabelle trifft dies auf einen Warenkorb mit $C = 5$ usnd $F = 4$ zu (wobei das Verhältnis des Grenznutzens zum Preis in beiden Fällen gleich 4,7 ist). Dieser Warenkorb erfüllt ebenfalls die Budgetbeschränkung, da gilt 5(10) + 4(20) = € 130. Hierbei ist zu beachten, dass auch bei $C = 6$ und $F = 5$ gilt $(GU_C/P_C) = (GU_F/P_F) = 4{,}6$. Dieser Warenkorb ist allerdings zu teuer, nämlich 6(10) + 5(20) = € 160.

Tabelle 3A.1

Bekleidung	GU_C	GU_C/P_C	Lebensmittel	GU_F	GU_F/P_F
1	60	6,00	1	115	5,75
2	55	5,50	2	105	5,25
3	51	5,10	3	98	4,90
4	48	4,80	4	94	4,70
5	47	4,70	5	92	4,60
6	46	4,60	6	90	4,50

11. a) $LI = \frac{\sum 24(30)+5(600)}{\sum 18(30)+4(600)} = \frac{€3.720}{€2.940} = 1{,}265.$

b) $PI = \frac{\sum 24(35)+5(500)}{\sum 18(35)+4(500)} = \frac{€3.340}{€2.630} = 1{,}27.$

c) Da die Kosten von Susans Konsum im Jahr 2000 zu Preisen des Jahres 1999 (€ 2.630) geringer als die Kosten ihres Konsums im Jahr 1999 zu Preisen des Jahres 1999 (€ 2.880) sind, muss sie im Jahr 1999 besser gestellt gewesen sein. Im Jahr 1999 hätte sie 35 CDs und 500 Pfund Lebensmittel kaufen können. Da sie eine andere Kombination gekauft hat, muss sie diese bevorzugt haben.

3.7 Lösungen zu den Übungsaufgaben

12. Die erste Budgetgerade ist gleich € $0{,}1T$ + € $0{,}3S$ = € 4,80, da € 4,80 die Kosten für 900 g Tortillas und 6 Limonaden sind. Die zweite Budgetgerade ist gleich € $0{,}25T$ + € $0{,}75S$ = € 11,25, da € 11,25 die Kosten für 1080 g Tortillas und 3 Limonaden sind. Diese Budgetgeraden werden in Abbildung 3A.9 dargestellt. Hierbei ist zu beachten, dass das Verhältnis der Preise (P_T/P_S) in beiden Fällen gleich 1/3 ist, sodass diese Geraden parallel verlaufen. Da er sich mit der zweiten Budgetgeraden den Kauf des ersten Warenkorbes nicht leisten kann, wird hiermit kein Widerspruch offen gelegt. Er ist eindeutig in der ersten Woche besser gestellt.

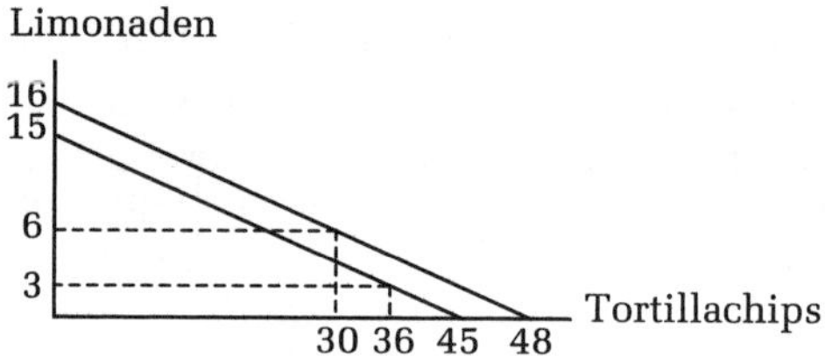

Abbildung 3A.9

13. Bei diesen Präferenzen sind „Mehr ist besser als weniger", Transitivität und eine abnehmende GRS unvereinbare Annahmen. Siehe Abbildung 3A.10. Wenn der Warenkorb *1* gegenüber Warenkorb *2* bevorzugt wird, und Warenkorb *3* gegenüber Warenkorb *1* bevorzugt wird, müssen sich die Indifferenzkurven schneiden, wenn diese den normalen Verlauf aufweisen.

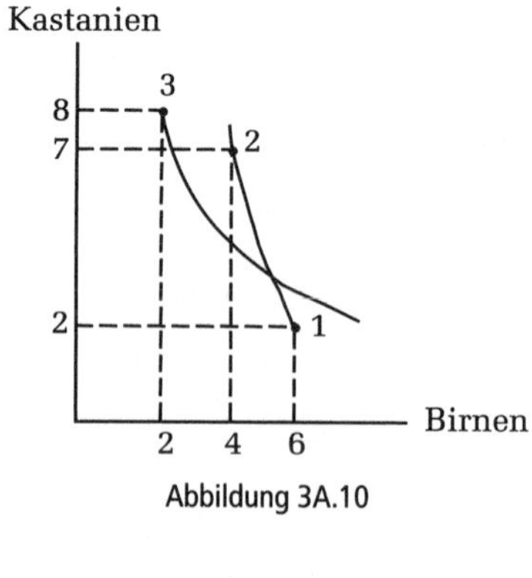

Abbildung 3A.10

14. a) Siehe Abbildung 3A.11a. Die ursprüngliche Budgetgerade ist mit L_0 bezeichnet. (Aufgrund der in der Aufgabenstellung gegebenen Informationen wissen wir, dass ihr Gesamteinkommen für Lebensmittel und Benzin gleich € 100 ist.) Unter der Politik der Rationierung ist Joans Budgetgerade gleich L_1, dies entspricht ihrer ursprünglichen Budgetgeraden, allerdings mit der Ausnahme, dass sie bei 40 Gallonen pro Woche aufhört. Dies kann graphisch durch das Einzeichnen der Budgetgeraden als Vertikale bei 40 dargestellt werden. Folglich kann sie € 60 für Lebensmittel ausgeben, wenn sie 40 Gallonen Benzin kauft. Die Auswirkungen der Politik (2) bestehen darin, dass die Budgetgerade nach innen auf L_2 (die maximale Menge Benzin, die sie jetzt kaufen kann, beträgt 100/1,25 = 80) gedreht wird.

b) Wenn sie sich bei der Preiserhöhung für den Kauf von 40 Gallonen entscheidet, bleiben ihr für den Kauf von Lebensmitteln nur € 50. Da mehr besser ist als weniger, sind 40 Gallonen und Lebensmittel für € 60 besser als 40 Gallonen und Lebensmittel für € 50. Daher bevorzugt Joan die Rationierungspolitik. Dies wird in Abbildung 3A.11a durch die Tatsache gezeigt, dass Joan unter der Rationierungspolitik eine höhere Indifferenzkurve (U_2) erreichen kann.

c) In diesem Fall würde Joan es wahrscheinlich bevorzugen, wenn ihr Benzinverbrauch *nicht* auf 40 Gallonen beschränkt wäre. Ein Beispiel dafür wird in Abbildung 3A.11b gegeben.

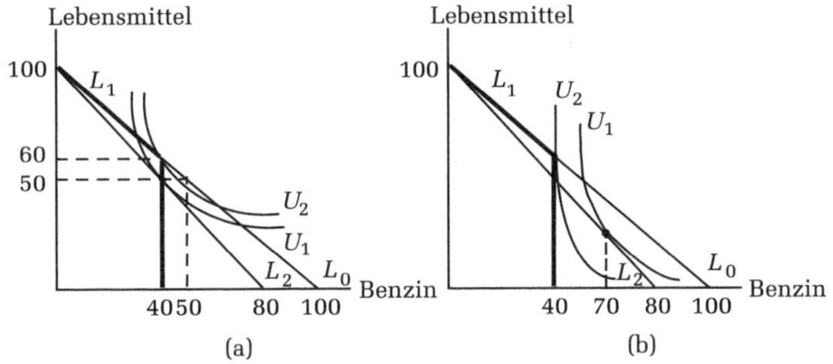

Abbildung 3A.11

15. In Abbildung 3A.12 werden Karens Indifferenzkurven dargestellt. Die (fettgedruckte) Budgetgerade ist gleich $5F + 10C = 100$. Da ihre GRS 3/2 beträgt und das Verhältnis der Preise gleich 1/2 ist, erreicht Karen die höchste Indifferenzkurve, indem sie nur Lebensmittel kauft (Punkt A).

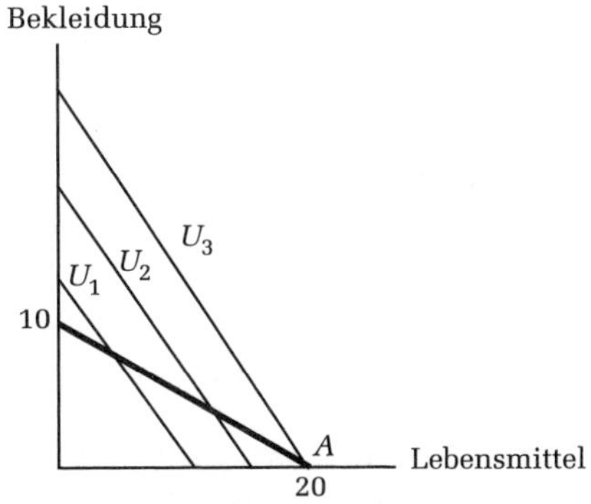

Abbildung 3A.12

16. a) In Abbildung 3A.13 werden Arturs Indifferenzkurven dargestellt. Da er nur im Verhältnis von 0,5 Liter Eistee zu zwei Teelöffeln Zucker konsumiert, bilden die Indifferenzkurven bei diesem Verhältnis einen rechten Winkel.

b) Bei Arturs Präferenz für den Konsum von jeweils einem halben Liter Eistee mit zwei Teelöffeln Zucker ist Arturs bester Warenkorb immer ein Warenkorb, für den $S = 2T$ gilt. Bei einer Budgetgeraden $0{,}05S + 0{,}15T = 4{,}0$ können wir nach T auflösen: $0{,}05(2T) + 0{,}15T = 4$ beziehungsweise $0{,}25T = 4$, sodass gilt $T^* = 16$. Dann ist $S^* = 32$. Wir können dies überprüfen, indem wir unsere Lösung wieder in die Gleichung für die Budgetgerade einsetzen: $0{,}05(32) + 0{,}15(16) = 4$.

c) Wenn $P_S = 0{,}10$ und $P_T = 0{,}05$, ist die Budgetgerade gleich $0{,}10S + 0{,}05T = 4$. Mithilfe von $S = 2T$ bestimmen wir $0{,}10(2T) + 0{,}05T = 40$ beziehungsweise $0{,}25T = 4$, sodass gilt $T^* = 16$. Hier gilt wiederum $S^* = 32$. Zur Überprüfung setzen wir ein: $0{,}10(32) + 0{,}05(16) = 4$. Die beiden Budgetgeraden verlaufen zufällig beide durch den gleichen „Knick" in der Indifferenzkurve.

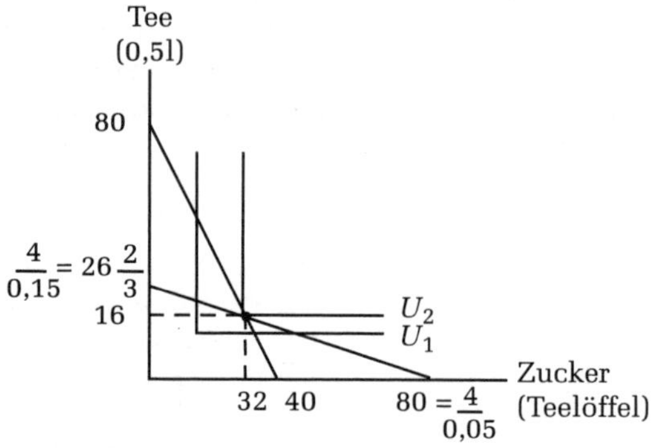

Abbildung 3A.13

17. a) Siehe Abbildung 3A.14. Georg gibt € 55 für Tennis aus und hat deshalb 250 – 55 = € 195 für Käse übrig. Folglich kauft er € 195/4 = 48,75 Pfund Käse.

b) Siehe Abbildung 3A.14. Die Mitgliedsgebühr von € 30 kommt direkt aus Georgs Einkommen, bevor er überhaupt Käse oder Tennis konsumiert. Folglich sinkt sein Einkommen von € 250 auf € 220. Die neue Budgetgerade ist gleich B_1.

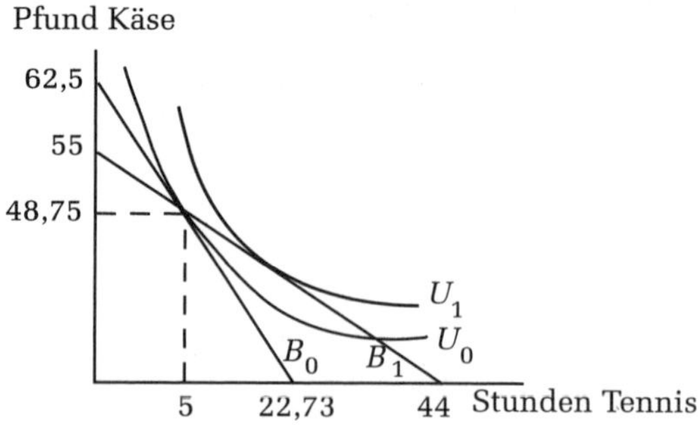

Abbildung 3A.14

c) Ja, Georg ist besser gestellt, wenn er das Angebot des neuen Clubs annimmt, sodass er eine höhere Indifferenzkurve (U_1) erreichen kann, die seine neue Budgetgerade B_1 berührt.

d) In diesem Fall liegt seine Budgetgerade oberhalb seines ursprünglichen Warenkorbs von (5,48,75). Er kann jetzt in den Club eintreten und mehr Tennis, mehr Käse oder mehr von beidem konsumieren. Wir können sicher sagen, dass er eintreten wird. Wir können aber nicht mit Sicherheit feststellen, ob er mehr Tennis spielen wird.

e) In diesem Fall liegt seine neue Budgetgerade unterhalb seines ursprünglichen Warenkorbs von (5,48,75). Die einzigen Punkte auf der neuen Budgetgeraden, die oberhalb der alten Budgetgeraden liegen, sind die Punkte mit mehr Tennis und weniger Käse. Ohne Georgs genaue Indifferenzkurven zu kennen, können wir nicht sagen, ob er auf der neuen Budgetgeraden besser oder schlechter gestellt ist. Wenn er allerdings in den Club eintritt, wird er sicherlich mehr als fünf Stunden Tennis spielen.

18. Die beiden Güter sind Freizeit und Konsum. Es sei angenommen, dass Kens Konsum gleich seinem Einkommen ist. Sein *maximales* Einkommen ist gleich $I = 15(40) + 22{,}5(40) = 1500$. Die Gleichung für die Budgetgerade hängt davon ab, ob Ken Überstunden leistet. Hierbei gilt H = gearbeitete Stunden, L = Stunden Freizeit und C = Konsum. Dann gilt, wenn $H < 40$, so ist die Budgetgerade gleich $15(L - 40) + 6C = 600$ und wenn $H > 40$ und der Preis der Freizeit gleich € 22,50 ist, so ist die Budgetgerade gleich $22{,}50L + 6C = 1500$.

In Abbildung 3A.15 wird die Budgetgerade dargestellt. Die Steigung ist gleich $P_L/P_C = 15/6 = 2{,}5$, wenn $H < 40$, und sie ist gleich $22{,}5/6 = 3{,}75$, wenn $H > 40$. Da die Budgetgerade genau in $H = 40$ einen Knick aufweist, will Ken in Abhängigkeit vom Verlauf seiner Indifferenzkurven entweder weniger als 40 Stunden oder mehr als 40 Stunden arbeiten. Mit stetigen Indifferenzkurven würde er niemals genau 40 Stunden arbeiten wollen.

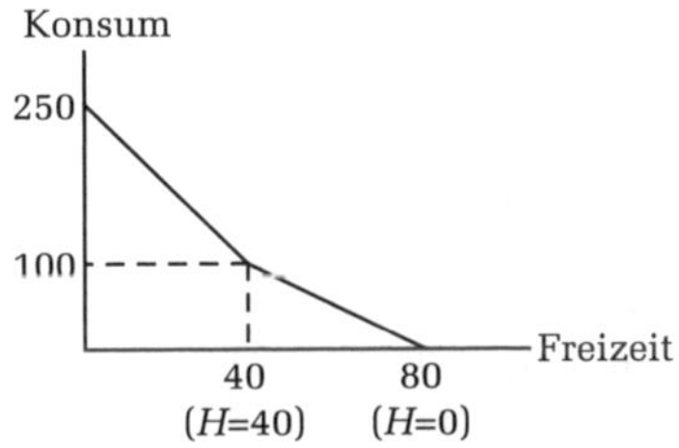

Abbildung 3A.15

19. Wenn die GRS stets steigt, konsumiert der Verbraucher immer an einem Rand. Der Tangentialpunkt, in dem die GRS gleich dem Verhältnis der Preise ist, ist in diesem Fall der am *wenigsten* präferierte Warenkorb auf der Budgetgeraden. Siehe Abbildung 3A.16.

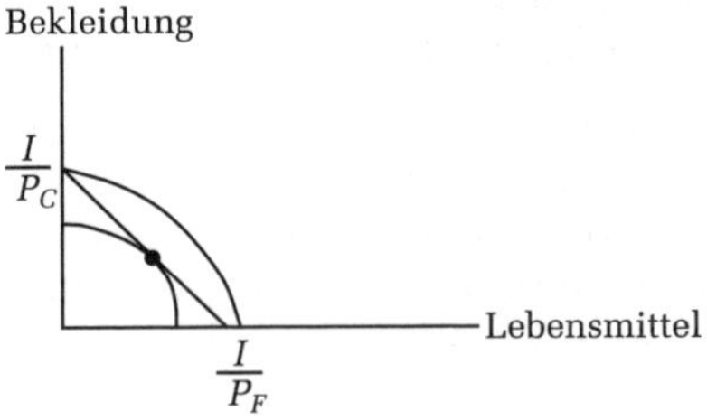

Abbildung 3A.16

20. Siehe Abbildung 3A.17. So lange E_0 (der ohne einen Treuhandfonds für die Ausbildung ausgegebene Betrag) den Betrag des Treuhandfonds übersteigt, können wir die Indifferenzkurven so zeichnen, dass sich der Verbraucher mit dem Treuhandfonds bei einer Randlösung befindet. Beide Kurven weisen eindeutig eine abnehmende GRS auf. Der geringe Betrag des Treuhandfonds wird die Studentin unter Umständen nicht dazu veranlassen, ihre Ausgaben für die Ausbildung zu erhöhen. E_1 muss E_0 nur übersteigen, wenn der Treuhandfonds größer als E_0 ist.

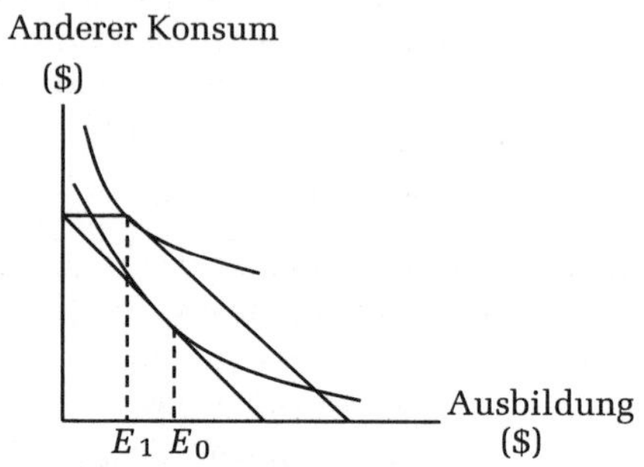

Abbildung 3A.17

3.8 Lösungen zu den Kontrollfragen

21. c) Die Indifferenzkurven in Abbildung 3.8 sind konkav anstatt konvex. Konkave Indifferenzkurven weisen eine zunehmende GRS auf. Eine abnehmende GRS bedeutet, dass die Indifferenzkurven flacher verlaufen, wenn die Menge auf der horizontalen Achse zunimmt.

22. e) Unter Berücksichtigung der grundlegenden Annahmen zum Verbraucherverhalten treffen sämtliche Aussagen zu.

23. a) Ray wäre immer bereit, eine Coca-Cola gegen eine Pepsi einzutauschen. Mit anderen Worten ausgedrückt bevorzugt er die beiden Güter gleichermaßen. Dies bedeutet, dass die beiden Güter vollkommene Substitutionsgüter und die Indifferenzkurven Geraden sind (die GRS ist eine Konstante).

24. b) Georg muss Himbeersaft und Mineralwasser *zusammen* in genau dem richtigen Verhältnis konsumieren. Dies bedeutet, dass Georgs Indifferenzkurven L-förmig verlaufen.

25. b) Wir nehmen an, dass Joe sein gesamtes Einkommen ausgibt. Wenn $C = 10$, dann $15F = 900 - 45(10) = 450$, sodass $F = 450/15 = 30$.

26. a) In Kims am stärksten präferierten Warenkorb ist ihre GRS gleich dem Verhältnis der Preise (P_{Kaffee},P_{CD}), das gleich 0,60/12 beziehungsweise 0,05 ist.

27. c) Vollständigkeit, Transitivität und eine abnehmende GRS beschreiben den Verlauf der Indifferenzkurven und deren Beziehung zueinander. Die Annahme „mehr ist besser als weniger“ stellt sicher, dass die Verbraucherin immer ihr gesamtes Einkommen ausgibt, um mehr Güter zu konsumieren (das heißt einen Punkt *auf* der Budgetgeraden zu erreichen).

28. b) Der horizontale Achsenabschnitt, I/P_C, ist unverändert, was darauf hindeutet, dass P_C sich nicht verändert haben kann (bei konstantem Einkommen). Da die Steigung P_P/P_C ist, bedeutet die Änderung der Steigung, dass der Preis für Pizza gefallen sein muss. Dies kann auch intuitiv aus Abbildung 3.9 abgelesen werden, da der Konsument jetzt mehr Pizza als vorher kaufen kann, wenn er sein gesamtes Einkommen für Pizza ausgibt.

29. c) Der Warenkorb (30,5) ist als gegenüber den Warenkörben *A* und *D* präferiert offenbart worden. Diese Warenkörbe lagen innerhalb der ursprünglichen Budgetbeschränkung, wurden allerdings nicht ausgewählt. Nur *B* und *E* wären konsistente Entscheidungen.

30. b) Im nutzenmaximierenden Punkt $GU_C/GU_B = P_C/P_B$, wobei C = Käse und B = Broadway-Show. Folglich gilt $8/GU_B = 40/100$ und $GU_B = 20$.

31. d) Da Lisa bereit ist, bei ihren Sandwiches Erdnussbutter durch Gelee zu ersetzen, sind diese beiden Güter Substitutionsgüter. Im Gegensatz dazu sind für Lisa Frischkäse und Erdnussbutter Komplementärgüter (sie konsumiert diese zusammen), genau wie Frischkäse und Gelee.

32. c) Für eine Randlösung ist es nur notwendig, dass die GRS das Verhältnis der Preise übersteigt.

3.9 Lösung zur Internetübung

a) Die Daten von der Webseite zum CPI lauten wie folgt: CPI-Normal, Oktober 1983 = 99,5, CPI-Normal, August 1983 = 99,6, CPI-Super, Oktober 1983 = 99,4 und CPI-Super, August 1983 = 99,6. Wir wissen, dass im Gleichgewicht gilt $GRS_{Super\ durch\ Normal} = P_{Normal}/P_{Super}$. Folglich gilt

$$\frac{GRS^{Oktober}_{Super\ durch\ Normal}}{GRS^{August}_{Super\ durch\ Normal}} = \frac{P^{Oktober}_{Normal}/P^{Oktober}_{Super}}{P^{August}_{Normal}/P^{August}_{Super}} = \frac{P^{Oktober}_{Normal}}{P^{August}_{Normal}} \cdot \frac{P^{August}_{Super}}{P^{Oktober}_{Super}} = \frac{CPI^{Oktober}_{Normal}}{CPI^{Oktober}_{Super}} \cdot \frac{CPI^{August}_{Super}}{CPI^{Oktober}_{Super}} =$$

$$= \frac{99{,}5}{99{,}6} \cdot \frac{99{,}6}{99{,}4} = 1{,}001 > 1\ .$$

b) Wenn Sie

$$\frac{GRS^{Monat,\ Jahr}_{Super\ durch\ Normal}}{GRS^{Basismonat,\ Basisjahr}_{Super\ durch\ Normal}}$$

für alle verfügbaren Monate und Jahre in der Tabelle berechnen, werden Sie feststellen, dass dieses Verhältnis für jedes Paar von „Monat, Jahr" sehr nahe bei 1 liegt. Deshalb können wir die Schlussfolgerung ziehen, dass auf dem Markt in Honolulu Normalbenzin und Superbenzin beinahe vollkommene Substitutionsgüter sind.

Die individuelle Nachfrage und die Marktnachfrage

4

Wichtige Begriffe

- Preis-Konsumkurve
- Einkommens-Konsumkurve
- Engelkurve
- Normale und inferiore Güter
- Einkommens- und Substitutionseffekte einer Preisänderung
- Das Giffen-Gut
- Preis-Elastizität der Nachfrage
  - Punktelastizität
  - Bogenelastizität
- Konsumentenrente
- Netzwerkexternalitäten
  - Der Mitläufereffekt (Bandwagon-Effekt)
  - Der Snobeffekt

ÜBERBLICK

4.1 Hauptthemen des Kapitels

Mithilfe der Kenntnisse zu Budgetgeraden und Indifferenzkurven, die wir bisher aufgebaut haben, können wir analysieren, wie Änderungen des Preises und des Einkommens die Entscheidung des Verbrauchers beeinflussen können. Als Erstes betrachten wir Änderungen des Preises eines Gutes, wobei das Einkommen und alle anderen Preise konstant gehalten werden. Während sich der Preis ändert, verändert sich auch der nutzenmaximierende Warenkorb. Aus dieser Beziehung zwischen Änderungen des Preises eines Gutes und der Nachfrage nach diesem Gut können wir sowohl die *Preis-Konsumkurve* (bei der die Mengen der beiden Güter auf den Achsen abgetragen werden) als auch die *Nachfragekurve* (bei der die Menge auf der einen Achse und der Preis auf der anderen abgetragen wird) herleiten. Als Zweites betrachten wir Änderungen des Einkommens, wobei alle Preise konstant gehalten werden. Bei einer Änderung des Einkommens ändert sich wiederum auch der nutzenmaximierende Warenkorb. Dann können wir sowohl die *Einkommens-Konsumkurve* (bei der die Mengen der beiden Güter auf den Achsen abgetragen werden) als auch die *Engel-Kurve* (bei der die Menge auf der einen Achse und das Einkommen auf der anderen abgetragen wird) herleiten. Wenn der Konsum sich erhöht, während das Einkommen steigt, beschreiben wir ein Gut als *normal*. Wenn der Konsum abnimmt, während das Einkommen steigt, handelt es sich bei dem Gut um ein *inferiores* Gut.

Eine Änderung des Preises eines Gutes hat tatsächlich zwei Auswirkungen. Erstens ändert sich die reale Kaufkraft. Zweitens ändern sich die relativen Preise. Der *Substitutionseffekt* einer Preisänderung bestimmt die Auswirkungen der Änderung der relativen Preise bei konstant gehaltenem Nutzen. Der *Einkommenseffekt* einer Preisänderung bestimmt die Auswirkungen einer Änderung der realen Kaufkraft beziehungsweise des realen Einkommens bei konstant gehaltenen relativen Preisen. Der *Gesamteffekt* einer Preisänderung ist gleich der Summe der Substitutions- und Einkommenseffekte. Wenn es sich um ein normales Gut handelt, gehen der Substitutions- und der Einkommenseffekt in die gleiche Richtung und die Nachfragekurve für das betreffende Gut ist negativ geneigt. Wenn es sich um ein inferiores Gut handelt, ist die Nachfragekurve für dieses Gut trotzdem noch negativ geneigt, solange der Substitutionseffekt den Einkommenseffekt (der in diesem Fall in die entgegengesetzte Richtung des Substitutionseffektes geht) übersteigt. Die Nachfragekurve für das betreffende Gut ist nur positiv geneigt, wenn es sich um ein inferiores Gut handelt und der Einkommenseffekt den Substitutionseffekt übersteigt. In diesem Fall wird das Gut als *Giffen-Gut* bezeichnet.

In diesem Kapitel wird die *Preiselastizität der Nachfrage* wiederholt, bei der es sich um die aus der prozentualen Änderung des Preises resultierende prozentuale Änderung der nachgefragten Menge handelt. Wir unterscheiden zwischen einer *Punktelastizität*, die in einem Punkt auf der Nachfragekurve gemessen wird, und einer *Bogenelastizität*, mit der die Elastizität zwischen zwei Punkten auf einer Nachfragekurve gemessen wird.

Die Arbeit mit Indifferenzkurven und Budgetgeraden ermöglicht es uns, direkt zu sehen, ob der Verbraucher als Ergebnis einer Änderung des Preises beziehungsweise des Einkommens besser oder schlechter gestellt ist. Die *Konsumentenrente* misst die Konsumentenwohlfahrt direkt aus der Nachfragekurve. Die Konsumentenrente ist gleich der Differenz zwischen der maximalen Summe, welche die Verbraucher für eine bestimmte nachgefragte Menge zu zahlen bereit sind, und dem von ihnen beim Kauf dieser Menge tatsächlich bezahlten Betrag. Ein Anstieg in der Konsumentenrente bedeutet, dass die Verbraucher besser gestellt sind.

Eine *Netzwerkexternalität* besteht, wenn die Nachfrage einer Person nach einem Gut von der Nachfrage anderer Menschen abhängt. Es werden zwei Arten von Netzwerkexternalitäten erörtert: Der *Mitläufereffekt* entsteht, wenn die Nachfrage einer Person nach einem Gut als Reaktion auf Käufe dieses Gutes durch andere Personen steigt, während der *Snobeffekt* entsteht, wenn die Nachfrage eines Individuums als Reaktion auf Käufe dieses Gutes durch andere Personen sinkt. Durch den Mitläufereffekt wird die Nachfragekurve elastischer. Dagegen wird die Nachfragekurve durch den Snobeffekt weniger elastisch.

4.2 Wiederholung und Übungen

4.2.1 Die individuelle Nachfrage (Kapitel 4.1)

Änderungen des Preises Die Volkswirte verwenden das Modell des Verbraucherverhaltens nur selten, um genau zu erklären, was ein Verbraucher kaufen wird. Häufiger wird das Modell des Verbraucherverhaltens eingesetzt, um zu erklären, wie die Verbraucher auf Änderungen in der Menge ihrer Konsummöglichkeiten reagieren. Betrachten wir beispielsweise den Verbraucher mit den in Abbildung 4.1 gegebenen Indifferenzkurven. Die beiden Güter sind Lebensmittel und Bekleidung, wobei $P_F = € 2$, $P_C = € 10$ und $I = € 100$. Wenn der Preis für Lebensmittel von € 2 auf € 1 fällt, dreht sich die Budgetgerade, wobei der gleiche vertikale Achsenabschnitt beibehalten wird. Auf jedem Niveau des Konsums von Bekleidung können mehr Lebensmittel als zuvor gekauft werden. Die Person ist offensichtlich besser gestellt, weil nun neue Möglichkeiten zur Verfügung stehen (und alle vorherigen Möglichkeiten weiter verfügbar bleiben). Der Verbraucher wechselt nun zu einem neuen, nutzenmaximierenden Warenkorb. Wie in Abbildung 4.1 dargestellt, konsumiert der Verbraucher nun mehr Lebensmittel und weniger Bekleidung.

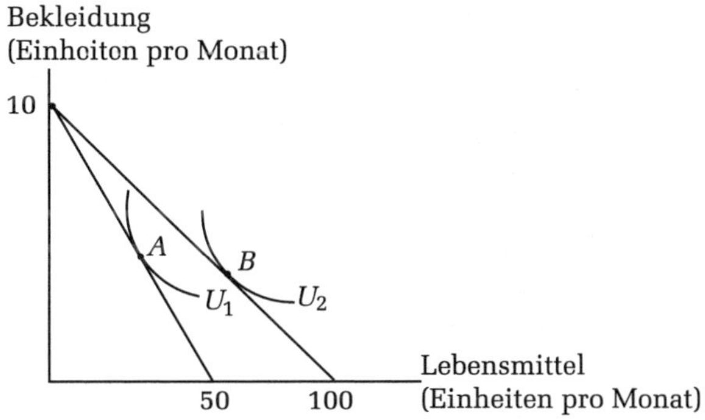

Abbildung 4.1

Übung

1. Wenn in Abbildung 4.1 der Preis für Lebensmittel ansteigt, steigt oder sinkt der Konsum von Lebensmitteln zwangsläufig? Steigt oder sinkt der Konsum von Bekleidung zwangsläufig?

Es sei nun angenommen, dass der Preis für Lebensmittel auf einer Reihe von Niveaus festgelegt ist, während der Preis für Bekleidung und das Einkommen konstant gehalten werden. Der Verbraucher wählt bei jedem Preis für Lebensmittel einen neuen präferierten Warenkorb. Der Ort all dieser Punkte, in denen die Befriedigung des Verbrauchers maximiert wird, ist die in Abbildung 4.2 dargestellte *Preis-Konsumkurve*. Die Preis-Konsumkurve ist die Gerade, mit der die Tangentialpunkte zwischen den Indifferenzkurven und den Budgetgeraden bei unterschiedlichen Preisen für Lebensmittel verbunden werden.

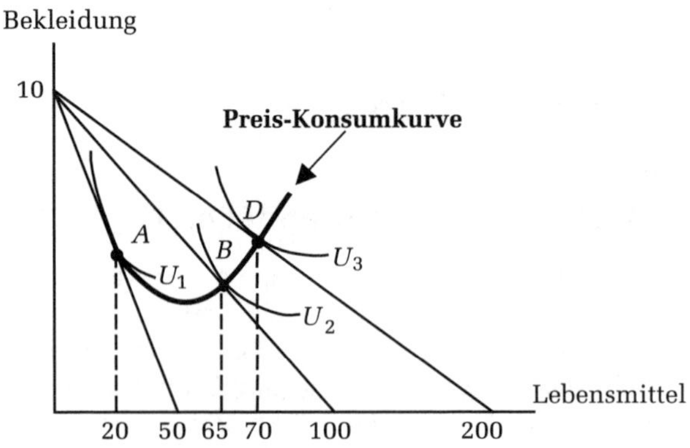

Abbildung 4.2

Obwohl die Preis-Konsumkurve zeigt, wie sich der Konsum von Lebensmitteln bei Änderungen des Preises für Lebensmittel ändert, ist sie schwierig einzusetzen, da der Preis für Lebensmittel nur implizit durch die Betrachtung der Steigung der Budgetgeraden abgelesen werden kann. Eine *Nachfragekurve* für Lebensmittel stellt den Preis für Lebensmittel gegenüber dem Konsum von Lebensmitteln dar.

Um von der Preis-Konsumkurve zur Nachfragekurve zu wechseln, stellen wir für jeden Warenkorb P_F, den Preis für Lebensmittel, und F, die Menge Lebensmittel, dar. (An dieser Stelle sei daran erinnert, dass P_C und I konstant gehalten werden.) Jede Budgetgerade in Abbildung 4.2 weist einen mit ihr verbundenen Wert für P_F auf. Die Nachfragekurve zeigt wie in Abbildung 4.3 die Menge Lebensmittel an, die ein Verbraucher zu jedem Lebensmittelpreis kaufen würde. Sollten sich P_C beziehungsweise I ändern, würden wir eine andere Nachfragekurve herleiten, die links oder rechts der ursprünglichen Nachfragekurve liegen würde.

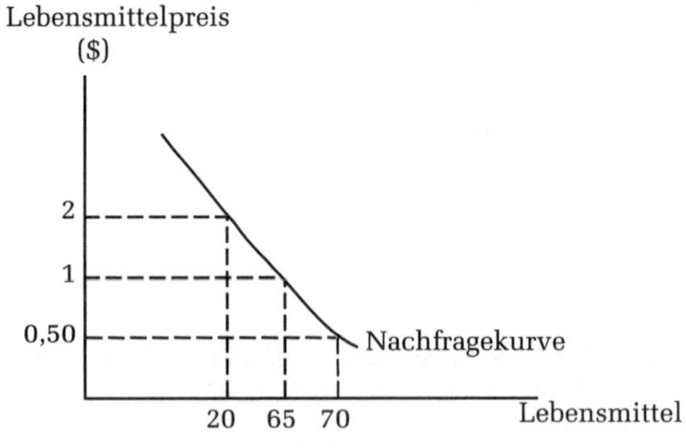

Abbildung 4.3

Änderungen des Einkommens Eine Änderung des Einkommens des Verbrauchers führt zu einer parallelen Verschiebung der Budgetgeraden. Der am stärksten präferierte Warenkorb nach einer Änderung des Einkommens ist der Tangentialpunkt zwischen einer Indifferenzkurve und der neuen Budgetgeraden. Der Ort aller Tangentialpunkte, in denen die Befriedigung des Verbrauchers bei sich ändernden Einkommensniveaus maximiert wird, ist die *Einkommens-Konsumkurve*. In Abbildung 4.4 wird ein Beispiel einer Einkommens-Konsumkurve dargestellt, wobei P_F = € 10, P_C = € 10 und I = € 100, € 200 und € 300. Wie die Preis-Konsumkurve wird auch die Einkommens-Konsumkurve mit den Mengen von Lebensmitteln und Bekleidung auf den beiden Achsen abgetragen. Wir können auch die *Engel-Kurve* zeichnen, die den Konsum eines Gutes direkt mit dem Einkommen des Verbrauchers in Beziehung setzt. Normalerweise ist, wie in Abbildung 4.5, auf der vertikalen Achse das Einkommensniveau und auf der horizontalen Achse das Konsumniveau abgetragen. Sowohl die Engel-Kurve als auch die Einkommens-Konsumkurve werden unter der Annahme gezeichnet, dass die Preise fix sind. Die Engel-Kurve verschiebt sich, wenn sich der Preis eines der beiden Güter verändert.

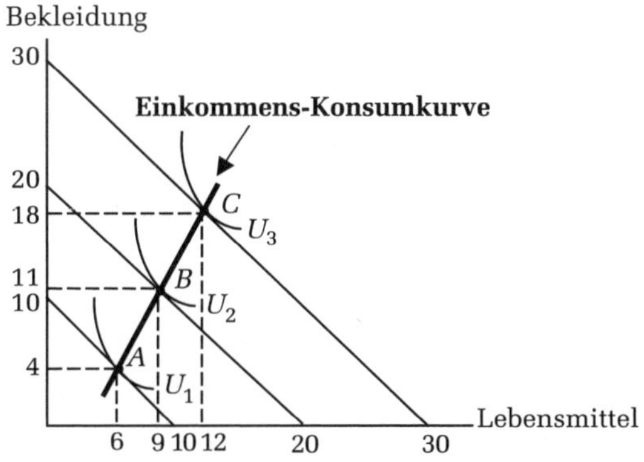

Abbildung 4.4

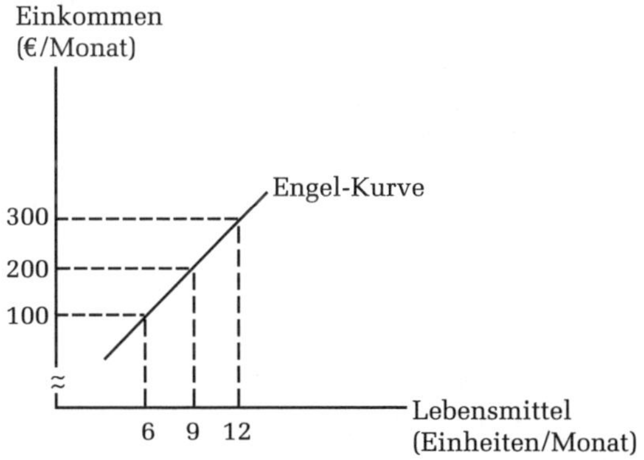

Abbildung 4.5

Wenn das Einkommen steigt, kann der Verbraucher entweder mehr oder weniger von einem Gut kaufen. Steigt der Konsum mit dem Einkommen, bezeichnen wir das Gut als *normales Gut* (beispielsweise Flugreisen). Sinkt der Konsum bei steigendem Einkommen, bezeichnen wir das Gut als *inferiores Gut* (beispielsweise Busreisen). Ein

Gut ist normal, wenn die Engel-Kurve positiv geneigt ist, und es ist inferior, wenn die Engel-Kurve negativ geneigt ist. Ein Gut kann in einigen Einkommensbereichen inferior, aber in anderen normal sein, deshalb ist es wichtig, die Einkommensbereiche zu definieren, in denen ein Gut normal beziehungsweise inferior ist.

Übung

2. a) Ist die Einkommens-Konsumkurve positiv oder negativ geneigt, wenn sowohl Lebensmittel als auch Bekleidung normale Güter sind?

b) Ist die Einkommens-Konsumkurve positiv oder negativ geneigt, wenn Lebensmittel ein normales Gut sind und Bekleidung ein inferiores Gut ist?

c) Wenn nur zwei Güter existieren, können dann beide Güter im gleichen Bereich inferiore Güter sein? Warum ist dies so beziehungsweise ist dies nicht so?

4.2.2 Einkommens- und Substitutionseffekte (Kapitel 4.2)

In diesem Kapitel wird untersucht, wie die Nachfrage nach einem Gut durch Änderungen der Preise anderer Güter beeinflusst wird. In Abbildung 4.6 konsumiert der Verbraucher zunächst im Punkt A, wenn der Preis für Lebensmittel gleich P_F^1 ist. Es sei angenommen, der Lebensmittelpreis *sinkt* auf P_F^2. Wenn der Preis eines Gutes sinkt, treten zwei Änderungen ein. Diese beiden Änderungen werden als *Einkommenseffekt* und *Substitutionseffekt* einer Preisänderung bezeichnet. Die erste Auswirkung eines Rückgangs von P_F besteht darin, dass die Budgetgerade des Verbrauchers weiter außen liegt, da das reale Einkommen beziehungsweise die Kaufkraft des Verbrauchers gestiegen ist. Zweitens wird die Steigung der Budgetgeraden flacher. Das bedeutet, der Endpunkt der Budgetgeraden entlang der horizontalen Achse wird nach außen verschoben. (An dieser Stelle sei daran erinnert, dass der Endpunkt mathematisch als I/P_F ausgedrückt wird, sodass der Endpunkt nach außen verschoben werden muss, wenn P_F fällt.) Durch die erste Änderung wird der Verbraucher besser gestellt, da nun Warenkörbe mit größeren Mengen beider Güter zur Verfügung stehen. Die zweite Änderung bedeutet, dass die relativen Marktpreise sich verändert haben, sodass sich die GRS des Verbrauchers im am stärksten präferierten Warenkorb nun auch verändern wird.

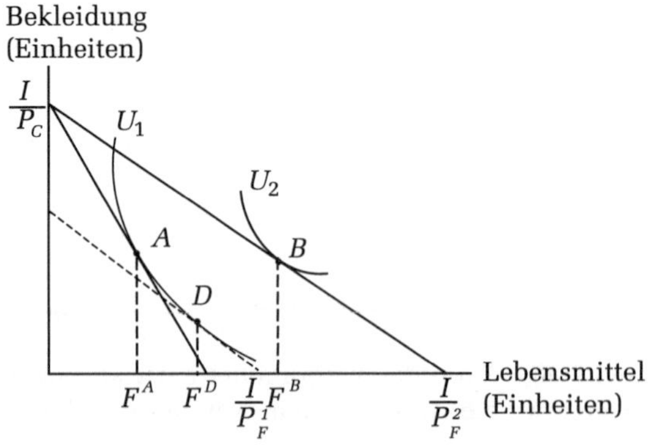

Abbildung 4.6

Um die Reaktion auf eine Preisänderung zu analysieren, können wir diese beiden Auswirkungen getrennt untersuchen. Beim Substitutionseffekt handelt es sich um die Änderung des Konsums von Lebensmitteln, die eintreten würde, wenn *sowohl* das Einkommen *als auch* der Preis für Lebensmittel sich auf die genau richtige Art und Weise ändern würden, sodass der am stärksten präferierte Warenkorb des Verbrauchers noch immer auf dessen *ursprünglicher* Indifferenzkurve läge. Der Substitutionseffekt wird durch das Einzeichnen einer hypothetischen, parallel zur *neuen* Budgetgeraden (in diesem Fall die Budgetgerade mit einem niedrigeren Preis für Lebensmittel) verlaufenden und die *ursprüngliche* Indifferenzkurve berührenden Budgetgeraden bestimmt. In Abbildung 4.6 ist die Änderung des Lebensmittelkonsums von Punkt A zu Punkt D, also $F^D - F^A$, gleich dem Substitutionseffekt eines Rückgangs des Lebensmittelpreises. Der Substitutionseffekt geht stets in die entgegengesetzte Richtung der Preisänderung. *Bei konstant gehaltenem Nutzen* führt ein Anstieg des Preises zu einem Rückgang des Konsums und umgekehrt. Wenn P_F sinkt, steigt F entlang der Indifferenzkurve. Wenn P_F ansteigt, fällt F entlang der Indifferenzkurve.

Wir wissen, dass der Verbraucher tatsächlich nicht im Punkt D bleiben kann, da wir mit dem Ziel, einen reinen Substitutionseffekt bei konstant gehaltenem Nutzen aufzuzeigen, das Einkommen *hypothetisch* geändert haben, um die Änderung des Preises auszugleichen. Der Einkommenseffekt zeigt, wie sich der Konsum verändert, wenn das Einkommen von diesem hypothetischen Niveau aus auf sein tatsächliches, endgültiges Niveau geändert wird. Der Einkommenseffekt entspricht der Änderung des Konsums von Lebensmitteln, die eintreten würde, wenn das Einkommen sich von dem hypothetischen Niveau im Punkt D in Abbildung 4.6 auf das der tatsächlichen Budgetgeraden nach der Preisänderung entsprechende Einkommensniveau verschieben würde: Dies ist der Warenkorb B in Abbildung 4.6. Folglich ist der Einkommenseffekt gleich $F^B - F^D$. Der Einkommenseffekt eines Preisrückgangs ist bei einem normalen Gut positiv und bei einem inferioren Gut negativ.

Durch die Kombination dieser beiden Effekte können wir den *Gesamteffekt* einer Preisänderung herleiten. Nach dem Gesamteffekt einer Preisänderung und den begleitenden Einkommenseffekten werden drei Arten von Gütern definiert. Dabei handelt es sich um *normale*, *inferiore* und *Giffen*-Güter.

Auswirkungen auf den Konsum bei fallendem P_F

Substitutionseffekt	Einkommenseffekt	Gesamteffekt	Art des Gutes	Steigung der Nachfragekurve
F steigt	F steigt	F steigt	normal	negativ
F steigt	F sinkt	F steigt	inferior	negativ
F steigt	F sinkt	F sinkt	Giffen	positiv

Der Konsum eines normalen Gutes steigt immer, wenn dessen Preis fällt, und er geht zurück, wenn dessen Preis steigt. *Die Nachfragekurve für ein normales Gut ist immer negativ geneigt.*

Bei einem inferioren Gut hängt der Gesamteffekt von den Ausmaßen des Einkommens- und Substitutionseffekts ab. Wenn das Gut inferior ist, kann der Gesamteffekt eines Preisrückgangs trotzdem noch ein Anstieg der Nachfrage sein, solange der Einkommenseffekt geringer als der Substitutionseffekt ist. Hingegen wird das Gut als Giffen-Gut bezeichnet, wenn der Einkommenseffekt eines inferioren Gutes den Substitutionseffekt übersteigt. Da die nachgefragte Menge steigt, wenn der Preis steigt, ist die Nachfragekurve bei einem Giffen-Gut positiv geneigt.

Übung

3. a) Betrachten Sie die Auswirkungen einer Umsatzsteuer in Höhe von 10 Prozent auf das Gut X, wenn X und Y die beiden einzigen Güter in der Volkswirtschaft sind. Beginnen Sie in einem anfänglichen nutzenmaximierenden Punkt und stellen Sie die Substitutions- und Einkommenseffekte der Änderung des Preises von X grafisch dar. Nehmen Sie an, dass X und Y normale Güter sind.

b) Es sei nun angenommen, dass eine Umsatzsteuer in Höhe von 10 Prozent auf X erhoben wird und dass dem Verbraucher gleichzeitig eine Einkommensteuerrückerstattung in genau der Höhe gewährt wird, die sicherstellt, dass der Verbraucher den ursprünglichen Warenkorb weiter konsumieren kann, wenn er dies wünscht. Stellen Sie die Auswirkungen der Kombination von Umsatzsteuer und Einkommensteuerrückerstattung auf die Budgetgeraden sowie die nutzenmaximierende Entscheidung des Verbrauchers grafisch dar. Ist die Differenz zwischen dem ursprünglichen und dem neuen Warenkorb gleich dem Einkommenseffekt aus Teil a)? Warum ist dies der Fall beziehungsweise warum ist dies nicht der Fall?

4.2.3 Die Marktnachfrage (Kapitel 4.3)

Die *Marktnachfragekurve* für ein Gut ist einfach die horizontale Addition der individuellen Nachfragekurven. Die Addition erfolgt horizontal, um die Tatsache widerzuspiegeln, dass wir zur Bestimmung der Marktnachfrage zu jedem Preis die von jedem Verbraucher auf dem Markt für ein bestimmtes Gut nachgefragte Menge addieren.

Übung

4. Abbotts Nachfragekurve für Ananas lautet: $Q_A = 15 - 5P$, wobei Q_A die von Abbott konsumierte Menge und P der Preis ist. Costellos Nachfragekurve für Ananas lautet: $Q_C = 20 - 2P$, wobei Q_C die von Costello konsumierte Menge ist. Es sei angenommen, dass diese beiden die einzigen Konsumenten von Ananas auf dem Markt sind. Zeichnen Sie die beiden individuellen Nachfragekurven in zwei separate Diagramme ein und leiten Sie dann grafisch die Marktnachfragekurve her.

Die Preiselastizität der Nachfrage In Kapitel 2 wurde die *Preiselastizität der Nachfrage*, $E_P = \%\Delta Q/\%\Delta P$, eingeführt. Die Elastizität der Nachfrage kann uns Informationen darüber liefern, wie sich der Gesamterlös bei einer Änderung des Preises verändert. Ist die Nachfrage *elastisch*, steigt bei einem Rückgang des Preises der Gesamterlös. In diesem Fall ist die Nachfrage sehr empfindlich gegenüber Änderungen des Preises. Bei einem Rückgang des Preises steigt der Gesamterlös, da durch den niedrigeren Preis ausreichend neue Kunden angezogen werden, sodass diese den durch die Senkung des Preises entgangenen Erlös pro verkaufter Einheit mehr als ausgleichen. Wenn die Nachfrage *unelastisch* ist, sinkt bei einem Rückgang des Preises der Gesamterlös. Bei einer unelastischen Nachfrage sind die Verbraucher gegenüber dem Preis sehr unempfindlich. Durch einen Rückgang des Preises sinkt der Erlös, da durch den niedrigeren Preis vergleichsweise wenig neue Kunden für den Markt gewonnen werden. In dem Sonderfall, in dem die Nachfrage *einselastisch* ist, werden durch einen Rückgang des Preises gerade genügend neue Kunden angezogen, dass der Gesamterlös unverändert bleibt.

Übung

5. Am 29. April 1991 berichtete das Wall Street Journal über die Auswirkungen einer neuen Steuer auf Luxusartikel, die zu Beginn des Jahres verabschiedet worden war. Die Luxussteuer in Höhe von 10 Prozent funktionierte wie eine Verbrauchssteuer auf für Luxusartikel bezahlte Beträge über $ 30.000. So mussten beispielsweise die Käufer eines Mercedes-Benz mit einem Preis von $ 50.000 zusätzliche $ 2.000 bezahlen. Zwischen Januar und April 1991 gingen die Verkäufe von Mercedes-Benz im Vergleich zum gleichen Zeitraum im Jahr 1990 um 27 Prozent zurück.

a) Schätzen Sie die Preiselastizität der Nachfrage nach Wagen von Mercedes-Benz mit einem Preis von $ 50.000. Es sei angenommen, dass die Luxussteuer im Zeitraum von 1990 bis 1991 die einzige Veränderung auf dem Markt gewesen ist.

b) Werden die Erlöse von Mercedes-Benz in Folge der Steuer steigen, fallen oder gleich bleiben?

6. Zeichnen Sie eine lineare Nachfragekurve. Erinnern Sie sich, dass die Nachfrage im oberen Teil der Nachfragekurve elastisch, im Mittelpunkt der Nachfragekurve einselastisch und im unteren Teil der Nachfragekurve unelastisch ist. Zeichnen Sie einen Preis und eine dementsprechende Menge im Mittelpunkt Ihrer Nachfragekurve ein. Schraffieren Sie die Fläche, die dem Gesamterlös entspricht. Zeigen Sie auf, wie sich diese Fläche bei einer Verdopplung beziehungsweise Halbierung des Preises ändert.

Wenn Volkswirte von der Elastizität der Nachfrage sprechen, beziehen sie sich gewöhnlich auf die *Punktelastizität*. Eine Punktelastizität verändert sich, wenn P und Q, die als Basis der Berechnung der prozentualen Änderungen verwendet werden, verändert werden. Die *Bogenelastizität* liefert ein alternatives Maß: Sie misst die Elastizität *zwischen* zwei Punkten. Bei der Änderung des Preises von P_1 auf P_2 ist die Bogenelastizität gleich:

$$E_P = \frac{(Q_2 - Q_1)/[(Q_1 + Q_2)/2]}{(P_2 - P_1)/[(P_1 + P_2)/2]} = \frac{\Delta Q}{\Delta P}\frac{\overline{P}}{\overline{Q}}\ .$$

Bei der Bogenelastizität wird zur Berechnung der Elastizität der Durchschnitt der alten und neuen Preise $P = (P_1 + P_2)/2$ und Mengen $Q = (Q_1 + Q_2)/2$ verwendet. Die Bogenelastizität weist die Eigenschaft auf, dass sie bei einem Anstieg des Preises von P_1 auf P_2 genauso hoch ist wie bei einem Rückgang des Preises von P_2 auf P_1. Bei geringfügigen Änderungen des Preises sind die Bogenelastizität und die Punktelastizität annähernd gleich. Bei großen Änderungen ist es häufig besser, die Bogenelastizität zu verwenden.

Übung

7. Betrachten Sie die Nachfragekurve $Q_D = 2.000 - 40P$. Berechnen Sie die Punktelastizität der Nachfrage, wenn P = € 10. Berechnen Sie die Punktelastizität der Nachfrage, wenn P = € 30. Wie lautet die Bogenelastizität bei einer Preissteigerung von € 10 auf € 30? Überprüfen Sie, dass die Bogenelastizität bei einem Rückgang des Preises von € 30 auf € 10 gleich hoch ist.

4.2.4 Die Konsumentenrente (Kapitel 4.4)

In Abbildung 4.7 wird die Nachfragekurve der Familie Smith für die Zeit, in welcher sie den Tennisplatz pro Woche mieten möchte (die Funktion, die ihre Zahlungsbereitschaft beschreibt), dargestellt. Wenn die Miete für den Tennisplatz € 15 pro Stunde beträgt, mieten sie den Platz nur für eine Stunde. Bei einem Mietsatz von € 12 pro Stunde mieten Sie den Tennisplatz für zwei Stunden. Wenn der Mietsatz für den Tennisplatz € 1 oder weniger pro Stunde beträgt, mieten sie den Platz für fünf Stunden pro Woche.

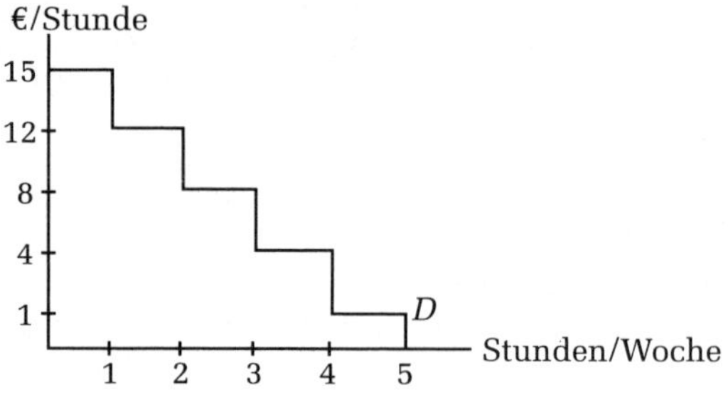

Abbildung 4.7

Es sei angenommen, der lokale Tennisplatz berechnet € 10 pro Stunde. Familie Smith mietet den Platz für zwei Stunden und zahlt € 20. Wenn dies allerdings der einzige Tennisplatz ist, auf dem Familie Smith spielen kann, wie viel wären Sie dann maximal für die zwei Stunden pro Woche auf dem Tennisplatz zu zahlen bereit? Aus ihrer Nachfragekurve erkennen wir, dass sie bereit sind, € 15 für die erste Stunde und € 12 für die zweite Stunde zu zahlen, sodass sie bereit sind, maximal € 27 für die beiden Stunden zu bezahlen.

Da ihre tatsächliche Zahlung von € 20 um € 7 (€ 27 – € 20) niedriger ist als das *Maximum*, das sie zu zahlen bereit sind, bleiben ihnen € 7, mit denen sie andere Güter kaufen können. Diese Differenz zwischen dem Maximalbetrag, den der Verbraucher zu zahlen bereit ist, und dem tatsächlich für ein Gut bezahlten Betrag wird als die *Konsu-*

mentenrente bezeichnet. Wir können die Konsumentenrente als die Differenz zwischen dem Reservationspreis des Verbrauchers und dem tatsächlich gezahlten Preis berechnen und diese für jede gekaufte Einheit zusammenaddieren. In diesem Fall erzielen sie aus der ersten Stunde € 15 – € 10 = € 5, aus der zweiten Stunde erzielen sie € 12 – € 10 = € 2, wodurch sich eine Konsumentenrente von insgesamt € 7 ergibt.

Übung

8. Familie Anderson weist die folgende Nachfrage nach Zeit auf dem Tennisplatz auf:

P **(€/Stunde)**	***Q*** **(Stunden/Woche)**
24	1
17	2
8	3
2	4
0	4

a) Wie hoch ist der Maximalbetrag, den Familie Anderson für eine Stunde/Woche, 2 Stunden/Woche, 3 Stunden/Woche sowie 4 Stunden/Woche zu zahlen bereit ist?

b) Wie hoch ist ihre Konsumentenrente, wenn der Marktpreis € 20, € 15 und € 7 beträgt?

c) Die Betriebsführungsgesellschaft des Tennisplatzes erwägt, die Mitglieder für eine wöchentliche Pauschalgebühr ohne nach Stunden berechnete Mietgebühren so viel Tennis spielen zu lassen, wie diese möchten. Wie hoch ist die maximale wöchentliche Gebühr, die Familie Anderson zu zahlen bereit wäre?

Es sei aus Gründen der Vereinfachung angenommen, dass wir die Nachfragekurve in Abbildung 4.7 zu einer Geraden, wie beispielsweise der in Abbildung 4.8 dargestellten Nachfragekurve für Lebensmittel, glätten. (Die einer geglätteten Nachfragekurve zugrunde liegende Annahme ist, dass der Verbraucher Bruchteile von Einheiten des betreffenden Gutes kaufen kann.) In Abbildung 4.8 kauft der Verbraucher 15 Einheiten *F*, wenn P_F = € 30. Da der Konsument bereit ist, zu Preisen von über € 30 eine positive Menge des Gutes *F* zu kaufen, muss er den ersten 15 Einheiten des Gutes einen Wert von mehr als € 30 pro Einheit beimessen. Der Betrag, den er für eine bestimmte Menge des Gutes *F* zu zahlen bereit ist, entspricht der gesamten Fläche unter der Nachfragekurve zwischen der vertikalen Achse und der konsumierten Menge. Der tatsächlich bezahlte Betrag ist einfach gleich dem Preis mal der Menge, was einem Rechteck entspricht. Die Konsumentenrente, die Differenz zwischen diesen beiden Beträgen, ist gleich der Fläche des durch die vertikale Achse, die Nachfragekurve und den Marktpreis begrenzten Dreiecks. Da die Fläche eines Dreiecks 1/2(Basis)(Höhe) ist, entspricht die Konsumentenrente bei *P* = € 30 (1/2)(15) (€ 50) = € 375. Zur Berechnung beziehungsweise Darstellung der Konsumentenrente bei einem bestimmten Preis muss zunächst festgestellt werden, welche Menge zu diesem

Preis nachgefragt werden wird. *Die Konsumentenrente ist dann gleich der Fläche über dem Marktpreis und unterhalb der Nachfragekurve, allerdings nur bis zu der zu diesem Preis nachgefragten Menge.*

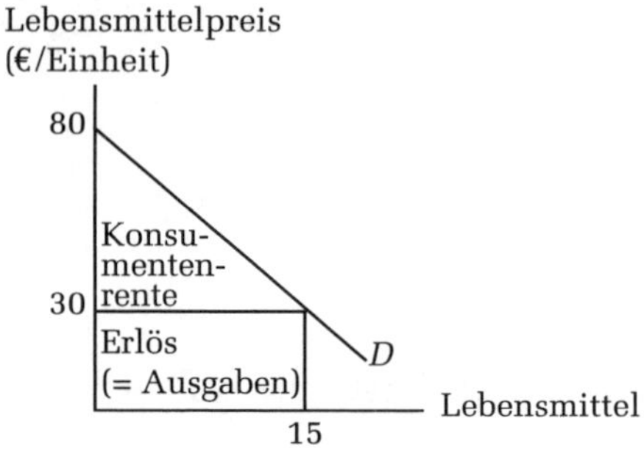

Abbildung 4.8

Übung

9. Eine Telefongesellschaft verlangt momentan für Ferngespräche innerhalb der USA nach ihrem neuen „Überall-Tarif" 20 Cent pro Minute. Das Unternehmen hat herausgefunden, dass die Verbraucher, die diesen Tarif benutzen, in zwei Gruppen eingeteilt werden können. Verbraucher vom Typ A haben die Nachfragekurve $Q = 40 - 0{,}5P$ und Verbraucher vom Typ B haben die Nachfragekurve $Q = 120 - P$, wobei Q die Minuten Ferngespräche pro Monat ist und P in Cent pro Minute gemessen wird. Es gibt eine gleich große Anzahl von Verbrauchern vom Typ A und vom Typ B.

a) Zeichnen Sie die beiden Nachfragekurven. Berechnen Sie die Konsumentenrente für die Verbraucher vom Typ A und für die Verbraucher vom Typ B sowie den Gesamterlös für die Telefongesellschaft.

b) Die Telefongesellschaft erwägt, zusätzlich zu den 20 Cent pro Minute eine Gebühr in Höhe von \$ 10 pro Monat zu erheben. Würden die Erlöse steigen oder sinken? Warum ist das so?

4.2.5 Netzwerkexternalitäten (Kapitel 4.5)

Die Nachfrage von Verbrauchern schwankt wahrscheinlich nicht nur in Abhängigkeit von Preis und Einkommen. In der Tat können in einigen Fällen die Entscheidungen anderer Verbraucher unsere Nachfrage nach einem Gut beeinflussen. Der *Mitläufereffekt* liegt vor, wenn ein Anstieg des Konsums eines Gutes durch andere Personen zu einer Verschiebung der Nachfragekurve eines Verbrauchers nach rechts führt. Wenn beispielsweise ein Kind das angesagteste Spielzeug des Jahres hat, wollen alle anderen Kinder im Viertel dieses Spielzeug auch haben. Ein Rückgang des Preises führt zunächst dazu, dass jeder Konsument mehr kauft, selbst wenn andere Konsumenten die gleiche Menge kaufen. Darüber hinaus verschiebt sich aber auch noch die Nachfragekurve jedes Verbrauchers nach rechts, weil andere Konsumenten eine größere Menge kaufen. Folglich verläuft die Marktnachfragekurve mit einem Mitläufereffekt verglichen mit der Nachfragekurve, bei der der Konsum der anderen konstant bleibt, flacher.

Der *Snobeffekt* liegt vor, wenn ein Anstieg des Konsums eines Gutes durch andere Personen zu einer Verschiebung der Nachfragekurve eines Verbrauchers nach links führt. Wenn jeder einen Cadillac besäße, würde es die Elite weniger attraktiv finden, ebenfalls einen solchen zu besitzen. Eine Marktnachfragekurve mit einem Snobeffekt verläuft verglichen mit einer Nachfragekurve, bei der der Konsum der anderen konstant gehalten wird, steiler.

Übung

10. Für den Mitläufer- und den Snobeffekt gibt es noch andere Gründe als Modewellen, Trends und die Verbraucherunsicherheit. Es existieren auch verschiedene Arten von Externalitäten beim Konsum von bestimmten Gütern. Erklären Sie, welcher dieser Effekte (Mitläufer- oder Snobeffekt) in den folgenden Fällen bestehen könnte:

a) Ein Restaurant, das oft voll besetzt ist.

b) Ein Softwareprodukt für Personalcomputer.

c) Ein Rockkonzert.

4.2.6 Empirische Schätzungen der Nachfrage (Kapitel 4.6)

Die statistische Schätzung von Nachfragekurven ist ein wichtiger Bereich der angewandten Mikroökonomie. Ein wichtiger Gesichtspunkt für die Schätzung ist die Form der Funktion. Zwei geeignete Formen sind die lineare Nachfragekurve:

$$Q_D = a - bP + cI,$$

wobei Q_D die nachgefragte Menge, P der Preis sowie I das Einkommen und a, b sowie c positive Konstanten sind, und
die logarithmische Nachfragekurve:

$$log(Q_D) = \alpha - \beta\ log(P) + \gamma\ log(I),$$

wobei α, β und γ positive Konstanten sind. Die logarithmische Form wird auch als isoelastische Nachfragekurve (mit konstanter Elastizität) bezeichnet. Um zu überprüfen, dass die Elastizität der Nachfrage sich in diesem Fall nicht mit dem Preis verändert, stellen wir zunächst die logarithmische Form der Nachfragekurve wieder auf Menge und Preis um:

$$Q_D = e^{\alpha} P^{-\beta} I^{\gamma}.$$

Mithilfe der Analysis bestimmen wir die Steigung der Nachfrage als:

$$\partial Q_D / \partial P = -\beta e^{\alpha} P^{(-\beta-1)} I^{\gamma}.$$

Somit ist die Elastizität der Nachfrage E_P gleich:

$$E_P = \left(\frac{\partial Q_D}{\partial P}\right)\left(\frac{P}{Q}\right) = \frac{-\beta e^{\alpha} P^{(-\beta-1)} I^{\gamma} P}{e^{\alpha} P^{-\beta} I^{\gamma}} = -\beta.$$

Bei einer Nachfragefunktion dieser Form hat die Preiselastizität, $-\beta$, in jedem Punkt auf der Nachfragekurve den gleichen Wert. Die Einkommenselastizität ist ebenfalls konstant und gleich γ.

Übung

***11.** Es sei angenommen, die Marketing-Abteilung Ihrer Firma, die Schallplattenspieler herstellt, schätzt die Nachfrage nach Ihrem Produkt auf $Q_R = e^{0,5}P_R^{-3}P_{CD}^{1,5}I^{1,1}$, wobei gilt R = Schallplatten, CD = Compactdiscs und I = Gesamteinkommen.

a) Wie hoch ist die geschätzte Eigenpreiselastizität für Schallplatten? Wie hoch ist die Kreuzpreiselastizität zwischen Schallplatten und Compactdiscs? Wie hoch ist die Einkommenselastizität von Schallplatten?

b) Ergeben diese Schätzungen volkswirtschaftlich Sinn?

4.3 Übungsaufgaben

12. Wimpy kauft weniger Hamburger, wenn sein Einkommen steigt. Als allerdings der Preis für Hamburger gestiegen ist, hat Wimpy mehr Hamburger gekauft. Ist ein solches Verhalten möglich? Welche grundlegenden Annahmen zum Verbraucherverhalten werden verletzt, wenn es nicht möglich ist? Können Sie bestimmen, welche Art von Gütern (normales, inferiores oder Giffen-Gut) Hamburger für Wimpy sind?

13. Connies Nachfrage nach Elektrizität wird durch die Gleichung $Q = 2.000 - 100P$ angegeben, wobei Q in Kilowattstunden pro Monat und P in Cent pro Kilowattstunde gemessen wird.

a) Berechnen Sie Connies Preiselastizität der Nachfrage in den Punkten $P = 9$, $P = 10$ und $P = 11$.

b) Wenn die Kosten gleich null wären und der Preis gegenwärtig bei $P = 11$ festgesetzt ist, würden Sie dem lokalen Stromversorgungsunternehmen empfehlen, den Preis anzuheben oder zu senken?

c) Viele lokale Stromversorger stellen für große Mengen an monatlich verbrauchten Kilowattstunden (kWh) einen höheren Preis in Rechnung, um so den Umweltschutz zu fördern. Es sei angenommen, für die ersten 500 im Monat konsumierten kWh gilt $P = 5$ und für alle verbleibenden nachgefragten kWh gilt $P = 10$. Wie hoch wäre Connies Konsumentenrente? Illustrieren Sie dies.

14. Der Konsum von Pfund Hamburgern pro Jahr durch einen typischen Verbraucher ist wie folgt geschätzt worden:

	Einkommen	
Preis	**\$ 20.000 pro Jahr**	**\$ 30.000 pro Jahr**
\$ 0,50	1.000 Pfund	1.500 Pfund
\$ 1,00	900	1.100
\$ 1,50	800	900

a) Es sei angenommen, Sie werden vom Verband der Hamburgerhersteller gebeten, die Preiselastizität der Nachfrage zu berechnen. Verwenden Sie Bogen- oder Punktelastizitäten? Warum? Berechnen Sie die Elastizitäten bei I = \$ 20.000 und I = \$ 30.000. Welches Muster beobachten Sie?

b) Zeichnen Sie die Engel-Kurven, die diesen Daten entsprechen.

15. Es sei angenommen, ein Verbraucher verfügt über ein Einkommen von € 600 pro Monat und gibt alles für zwei Güter, *X* und *Y*, aus. Der Preis für Gut *Y* beträgt € 20. Bei P_X = € 2 beträgt sein Konsum von *X* 240, bei P_X = € 3 beträgt sein Konsum von *X* 160 und bei P_X = € 4 beträgt sein Konsum von *X* 120 Einheiten pro Monat.

a) Zeichnen Sie die Preis-Konsumkurve für diesen Verbraucher. Wie hoch sind die Ausgaben für *X* bei Preisänderungen?

b) Ist die Nachfrage nach *X* elastisch, unelastisch oder einselastisch?

16. Eine Konsumentin sagt über die von ihr bevorzugten Arten mit Gelee bestrichenen Toastbrots, dass sie nur eine Eins-zu-eins-Mischung von Apfel- und Traubengelee mag. Zeichnen und bestimmen Sie die optimalen Kombinationen von Apfel- und Traubengelee bei Änderungen des Einkommens und der Preise für diese Konsumentin. Zeichnen Sie die Nachfragekurve für Traubengelee als Funktion des Preises von Traubengelee.

17. Die Federal Communications Commission, Fernsehsender und Hersteller haben einen Standard für digitales hochauflösendes Fernsehen (*HDTV*) vereinbart. Die qualitativ hochwertigeren Sendungen können nur mit einer neuen Art von Fernsehgerät gesehen werden und für diese Sendungen werden neue Fernsehkanäle eingesetzt.

a) Wird die Nachfragekurve für *HDTV*-Geräte den Effekt einer Netzwerkexternalität aufweisen? Handelt es sich dabei um einen Mitläufereffekt oder um einen Snobeffekt? Erklären Sie dies.

b) Was wird Ihrer Meinung nach mit den Verkäufen von normalen Fernsehgeräten in den letzten Jahren vor der Einführung von *HDTV* geschehen, nachdem die vollständigen Pläne für das *HDTV*-System bekannt gegeben worden sind (Zeitplan für die Einführung neuer Fernsehsender, Schätzungen der Preise für *HDTV*-Geräte und so weiter)?

18. Es sei angenommen, ein Verbraucher weist Indifferenzkurven auf, die auf jedem Strahl durch den Ursprung eine konstante Steigung haben, (sodass bei einer Verdopplung des Konsums beider Güter die GRS unverändert bleibt). Zeichnen Sie eine Budgetgerade und eine Indifferenzkurve mit Lebensmitteln auf der horizontalen Achse und Bekleidung auf der vertikalen Achse.

a) Weisen Sie nach, dass der Verbraucher weniger Einheiten Bekleidung kauft, wenn der Preis für Bekleidung steigt und das Geldeinkommen des Verbrauchers gleich bleibt.

b) Sind Lebensmittel und Bekleidung bei diesen Indifferenzkurven normale Güter?

4.4 Kontrollfragen

19. John kauft gegenwärtig 40 Dosen Limonade pro Monat. Zur Vermeidung von Umweltverschmutzungen durch Abfall erhebt der Staat eine Steuer *t* auf jede Getränkedose und verwendet das Aufkommen für Steuerrückerstattungen an die Verbraucher. Nach der Erhebung der Steuer, aber vor dem Erhalt der Steuerrückerstattung, würde John 34 Dosen im Monat kaufen. John erhält eine Steuerrückerstattung *r* pro Monat. Welche der folgenden Aussagen trifft zu?

a) Er war ohne die Steuer und ohne die Rückerstattung besser gestellt.

b) Er ist vor und nach der Steuer gleich gut gestellt.

c) Er ist ohne die Steuer und die Rückerstattung schlechter gestellt.

d) oder c) könnten zutreffen.

e) Es werden weitere Informationen benötigt.

20. Zu einem Preis von € 0,75 pro Pfund kauft Andy 10 Pfund Zwiebeln pro Monat. Als der Preis auf € 0,50 pro Pfund fällt, kauft er 30 Pfund Zwiebeln. Wie hoch ist seine Bogenelastizität der Nachfrage in diesem Preisbereich?

a) –1,33.

b) –2.

c) –2,5.

d) –6.

e) Keiner der oben stehenden Werte trifft zu.

21. Die Nachfrage nach Personalcomputern ist preiselastisch. Als der Preis für Personalcomputer in den 1980er Jahren fiel, während alle anderen Faktoren konstant blieben,

a) stieg die Konsumentenrente und die Gesamtausgaben gingen zurück,

b) sank die Konsumentenrente und die Gesamtausgaben gingen zurück,

c) stieg die Konsumentenrente und die Gesamtausgaben nahmen zu,

d) sank die Konsumentenrente und die Gesamtausgaben stiegen,

e) trat weder in der Konsumentenrente noch in den Gesamtausgaben eine Änderung ein.

22. Eine Engel-Kurve für ein Gut hat eine positive Steigung, wenn das Gut:

a) ein inferiores Gut ist,

b) ein Giffen-Gut ist,

c) ein normales Gut ist,

d) a), b) und c) treffen zu.

e) Keine der oben stehenden Aussagen trifft zu.

23. Welche der folgenden Güterpaare sind Komplementärgüter?

a) Hotdogs und Hühnchen.

b) Coca-Cola und Limonade.

c) Hotdogs und Hotdog-Brötchen.

d) Hühnchen und Steaks.

e) Alle dieser Güterpaare sind Komplementärgüter.

24. Welche der folgenden Aussagen trifft zu, wenn die Nachfragekurve für Steaks negativ geneigt ist?

a) Der Substitutions- und der Einkommenseffekt gehen in die gleiche Richtung.

b) Der Substitutions- und der Einkommenseffekt gehen in unterschiedliche Richtungen, wobei der Einkommenseffekt stärker ist.

c) Der Substitutions- und der Einkommenseffekt gehen in unterschiedliche Richtungen, wobei der Substitutionseffekt stärker ist.

d) a) oder b).

e) a) oder c).

Die nächsten beiden Fragen beziehen sich auf Janes in Abbildung 4.9 dargestellte Nachfragekurve für Racketball-Bälle.

25. Wenn Racketball-Bälle € 3 pro Stück kosten, ist Janes Konsumentenrente gleich:

a) € 0.
b) € 7.
c) € 15.
d) € 22.
e) € 31.

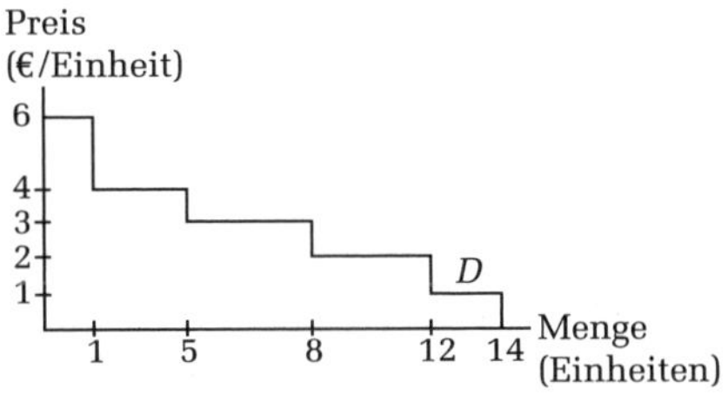

Abbildung 4.9

26. Wenn Racketball-Bälle € 2 pro Stück kosten, ist Janes Konsumentenrente gleich:

a) € 15.
b) € 21.
c) € 24.
d) € 39.
e) Keine der oben stehenden Angaben trifft zu.

27. Als kürzlich durch einen Frosteinbruch in Florida der Preis für Orangen anstieg, erhöhte sich der von den Orangenpflanzern erzielte Gesamterlös. Aus diesen Tatsachen können wir schließen, dass die Nachfrage nach Orangen

a) unelastisch ist,
b) einselastisch ist,
c) elastisch ist,
d) positiv geneigt ist,
e) unendlich elastisch ist.

Die nächsten beiden Fragen beziehen sich auf die folgenden Angaben: Opie und Gomer sind die beiden einzigen Konsumenten auf dem Markt für Leihvideos in Mayberry. Ihre Nachfragekurven pro Woche werden in Abbildung 4.10 dargestellt.

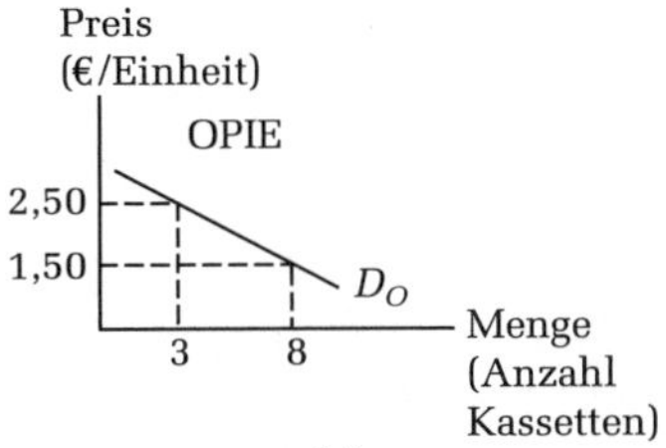

(a)

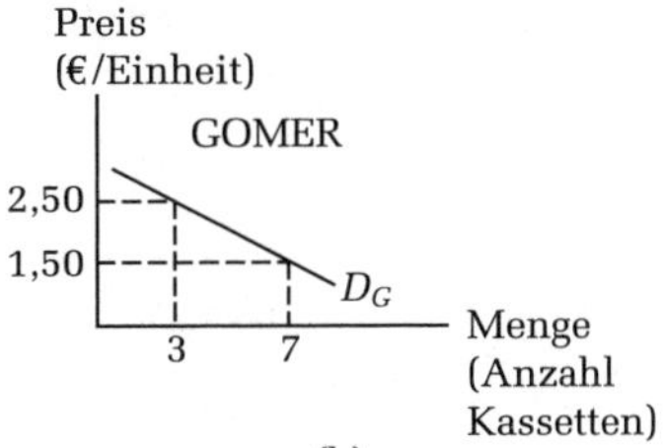

(b)

Abbildung 4.10

28. Wenn Leihvideos je € 2,50 kosten, beträgt die pro Woche auf dem Markt nachgefragte Menge:

a) 3.

b) 6.

c) 15.

d) 10.

e) Keine der oben stehenden Mengen trifft zu.

29. Bei einem Rückgang des Preises von € 2,50 auf € 1,50 ist die Marktnachfrage

a) elastisch,

b) einselastisch,

c) unelastisch,

d) vollkommen unelastisch,

e) Es werden weitere Informationen benötigt.

4.5 Internetübung

Gehen Sie auf die Webseite des Wirtschaftswissenschaftlichen Forschungsdienstes des US-amerikanischen Ministeriums für Landwirtschaft unter *http://www.ers.usda.gov/publications/sb965*. Suchen Sie den Link zu *Tables 99-100: Income & Expenditures, 1970-97*. Dort finden Sie die Tabelle 100, „Household expenditures for food in relation to income, after taxes, by income groups, 1996“ [„Haushaltsausgaben für Lebensmittel im Verhältnis zum Einkommen nach Steuern, nach Einkommensgruppen, 1996“].

a) Bestimmen Sie mithilfe der Daten für die Haushalte mit einem Jahreseinkommen im Bereich von $ 10.000 bis $ 69.999, ob Lebensmittel im Jahr 1996 ein inferiores oder ein normales Gut waren.

b) Berechnen Sie die Bogenelastizität der Nachfrage nach Lebensmitteln in Bezug auf das Einkommen für jede Einkommenskategorie zwischen $ 10.000 und $ 69.999. Welche Schlussfolgerung können Sie über die Beziehung zwischen dieser Elastizität und dem Einkommen ziehen?

Nehmen Sie für alle Berechnungen in den Aufgaben (a) und (b) an, dass die Personen in der Einkommensgruppe [$\$X,\$Y$] im Durchschnitt über ein Einkommen von $\$(X+Y)/2$, gerundet auf die nächsten Hundert, verfügen. So beträgt beispielsweise für die Gruppe von $ 10.000 bis $ 14.999 das durchschnittliche Einkommen $ 12.500 und für die Gruppe von $ 20.000 bis $ 29.999 beträgt das durchschnittliche Einkommen $ 25.000.

4.6 Lösungen zu den Übungen

1. Wenn der Preis für F steigt, würde der Konsum von F normalerweise zurückgehen. Es ist allerdings möglich, dass Lebensmittel ein Giffen-Gut sind und der Konsum ansteigt, wenn der Preis sich erhöht. Wenn der Preis von F ansteigt, kann der Konsum von C entweder zunehmen oder abnehmen, ohne dass Lebensmittel oder Bekleidung Giffen-Güter sein müssen.

2. a) In Abbildung 4A.1a wird dargestellt, dass die Einkommens-Konsumkurve nach oben geneigt (positiv geneigt) ist; ein höheres Einkommen bedeutet, dass größere Mengen beider Güter gekauft werden.

b) Wenn Bekleidung ein inferiores Gut ist, weist die Einkommens-Konsumkurve eine negative Steigung auf. Bei einem höheren Einkommen steigt der Konsum von Lebensmitteln, während der Konsum von Bekleidung zurückgeht. Siehe Abbildung 4A.1b.

c) Nein, wenn beide Güter inferior wären, würde sowohl der Konsum von Lebensmitteln als auch der Konsum von Bekleidung bei einem Anstieg des Einkommens zurückgehen. In diesem Fall würde der Konsument weniger ausgeben, wenn das Einkommen steigt. Dies verstößt gegen die Annahme „mehr ist besser als weniger".

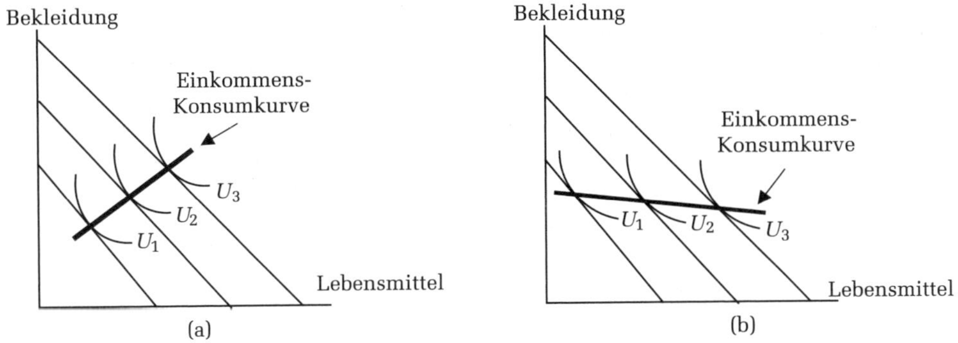

Abbildung 4A.1

3. a) Durch eine Umsatzsteuer auf X in Höhe von 10 Prozent wird die Budgetgerade in Abbildung 4A.2a entlang der X-Achse nach innen gedreht. Der Substitutionseffekt ist die Bewegung vom ursprünglichen nutzenmaximierenden Punkt A, zum hypothetischen nutzenmaximierenden Punkt D. Dieser Punkt D wird durch das Einzeichnen einer neuen, die ursprüngliche Indifferenzkurve U_1 berührenden Budgetgeraden bestimmt, die allerdings den neuen Preis für X widerspiegelt (das heißt parallel zur tatsächlichen neuen Budgetgeraden verläuft). Der Einkommenseffekt ist die Bewegung von Punkt D zum tatsächlichen nutzenmaximierenden Punkt B, der den aus dem Anstieg des Preises für X resultierenden Rückgang des realen Einkommens widerspiegelt. Wenn wir annehmen, dass X und Y normale Güter sind, muss der Konsum sowohl von X als auch von Y von D auf B sinken. Der Gesamteffekt der Preisänderung besteht in einer Reduzierung des Konsums von X von X_1 auf X_2.

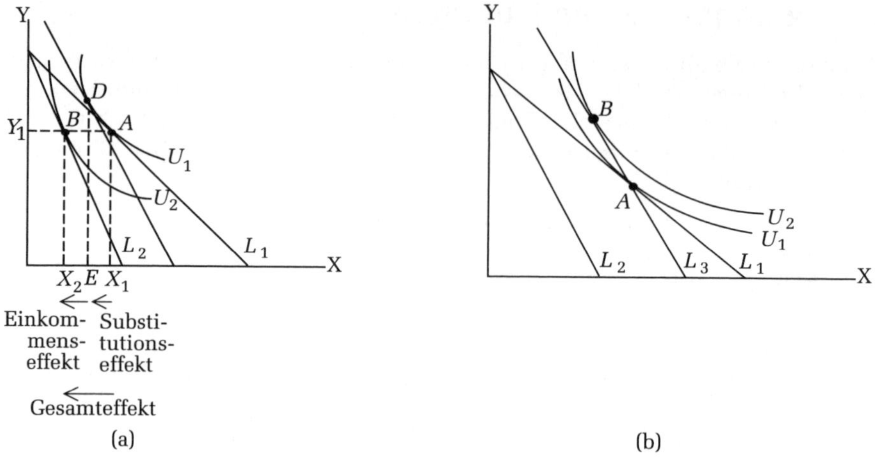

Abbildung 4A.2

b) Eine Einkommensteuerrückerstattung, die diesem Verbraucher den Konsum seines ursprünglichen Warenkorbs A ermöglicht, bedeutet, dass wir die neue Budgetgerade, wie in Abbildung 4A.2b dargestellt, *durch A verlaufend* einzeichnen müssen. Dabei handelt es sich nicht um dieselbe Budgetgerade, die wir in Abbildung 4A.2a als Tangente an U_1 konstruiert haben. Der neue nutzenmaximierende Warenkorb ist ein Punkt, wie zum Beispiel B, auf einer höheren Indifferenzkurve U_2. Bei einem für den Kauf von Warenkorb A ausreichenden Einkommen entscheidet sich der Verbraucher dafür, einen Teil dieses Einkommens zur Ersetzung von X durch das vergleichsweise billigere Gut Y zu verwenden.

4. Wenn der Marktpreis auf über 3 steigt, beträgt Abbotts Nachfrage nach Ananas null. Folglich ist die zu jedem Preis nachgefragte Gesamtmenge gleich:

$Q_T = 35 - 7P$, wenn $P \leq 3$ (Addition von Q_A und Q_C),

und

$Q_T = 20 - 2P$, wenn $P > 3$.

Siehe Abbildung 4A.3

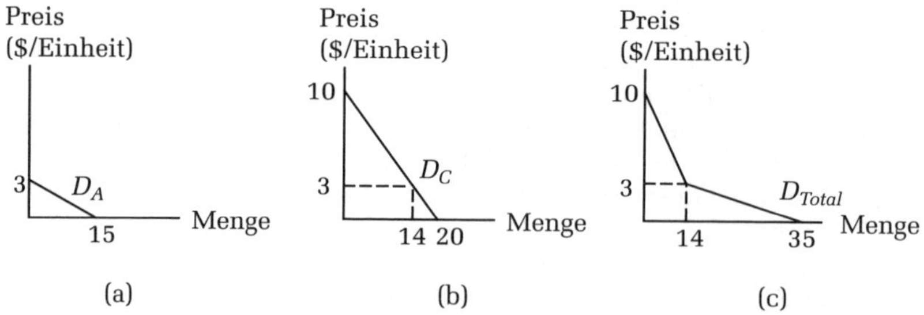

Abbildung 4A.3

5. a) Der Preisanstieg um $ 2.000 aufgrund der Steuer entspricht einem Anstieg des Endpreises des Autos um 4 Prozent, da die Steuer nur oberhalb einer bestimmten Grenze Anwendung findet, gilt: $E_P = \%\Delta Q/\%\Delta P = -27/4 = -6{,}75$.

b) Da gilt $|E_P| > 1$, fällt der Gesamterlös, wenn der Preis steigt.

6. Der Gesamterlös wird durch die Fläche des Rechtecks zwischen dem Ursprung und dem Punkt auf der Nachfragekurve gegeben. Siehe Abbildung 4A.4. Bis zum Mittelpunkt der Kurve abwärts wächst das Rechteck, wenn P fällt. Danach verringert sich die Fläche, wenn P weiter in Richtung null fällt.

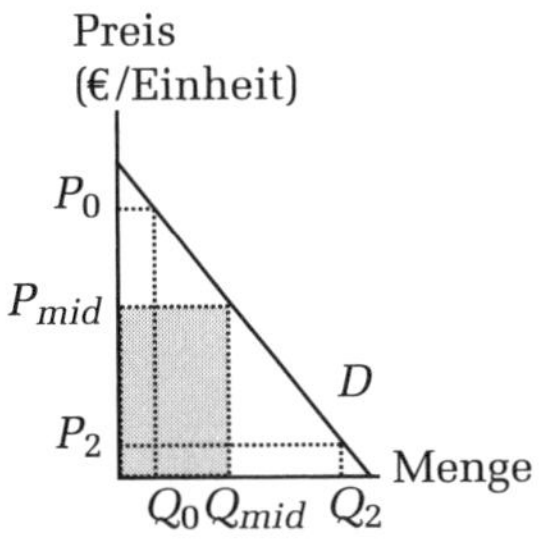

Abbildung 4A.4

7. Die Punktelastizität lautet $E_P = -bP/Q$, wobei $-b$ die Steigung der Nachfragekurve ist.

Bei $P = 10$, $E_P = -40(10)/[2.000 - 40(10)] = -400/1.600 = -1/4$.

Bei $P = 30$, $E_P = -40(30)/[2.000 - 40(30)] = -1.200/800 = -1{,}5$.

Für die Bogenelastizität verwenden wir die Formel:

$$E_P = \frac{\Delta Q}{\Delta P} \cdot \frac{(P_1 + P_2)/2}{(Q_1 + Q_2)/2} = \frac{-b(P_1 + P_2)/2}{(Q_1 + Q_2)/2}.$$

Folglich ist die Bogenelastizität bei einer Änderung von $P = 10$ und $Q = 2.000 - 40(10) = 1.600$ auf $P = 30$ und $Q = 2.000 - 40(30) = 800$ gleich:

$$E_P = \frac{-40(10+30)/2}{(1.600+800)/2} = \frac{-800}{1.200} = -0{,}67.$$

Bei einer Änderung des Preises in die entgegengesetzte Richtung ist die Formel der Bogenelastizität genau gleich.

8. a) Bei einer Stunde pro Woche sind sie bereit, € 24 zu bezahlen. Bei zwei Stunden sind sie bereit, € 24 für die erste Stunde plus € 17 für die zweite Stunde, also insgesamt € 41 zu bezahlen. Bei drei Stunden sind es € 24 für die erste Stunde plus € 17 für die zweite plus € 8 für die dritte, also insgesamt € 49. Bei vier Stunden sind es € 24 für die erste Stunde plus € 17 für die zweite plus € 8 für die dritte plus € 2 für die vierte, also € 51 insgesamt.

b) Wenn $P =$ € 20, spielen sie eine Stunde. Da sie bereit sind € 24 zu zahlen, erzielen sie eine Konsumentenrente von € 4.

Wenn $P =$ € 15, kaufen sie zwei Stunden und zahlen € 30. Da sie bereit sind € 41 zu bezahlen, erzielen sie eine Konsumentenrente von € 11.

Wenn $P =$ € 7, kaufen sie drei Stunden und zahlen € 21. Da sie bereit sind € 49 zu zahlen, erzielen sie eine Konsumentenrente von € 28.

c) Zu $P = 0$ würden sie vier Stunden lang spielen. Da sie bereit sind € 51 für vier Stunden zu bezahlen, könnte die wöchentliche Gebühr bis zu € 51 pro Woche betragen.

9. a) Für den Verbraucher A gilt: $Q = 40 - 0{,}5P$. Siehe die in Abbildung 4A.5a eingezeichnete Nachfragekurve. Bei $P = 20$ gilt $Q = 30$. Folglich gilt für die Konsumentenrente $KR_A = 0{,}5(30)(80 - 20) = 900$ Cent oder \$ 9.

Für den Verbraucher B gilt: $Q = 120 - P$. Siehe die in Abbildung 4A.5b eingezeichnete Nachfragekurve. Bei $P = 20$ gilt $Q = 100$. Folglich gilt $KR_B = 0{,}5(100)(120 - 20) = 5.000$ Cent oder \$ 50.

Gesamterlös = 20(30) + 20(100) = 2.600 Cent oder \$ 26.

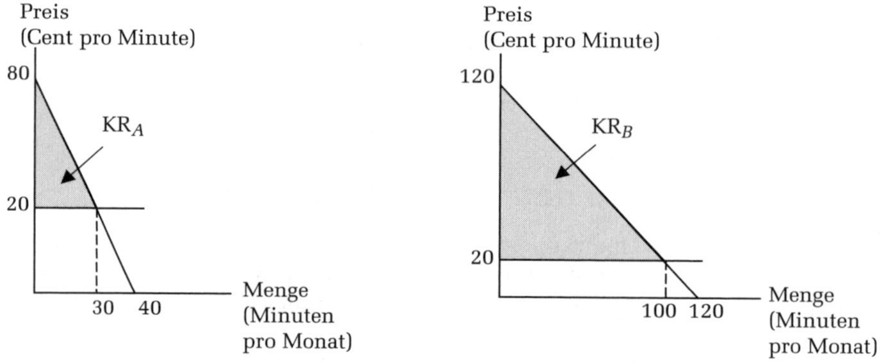

Abbildung 4A.5

b) Es sei angenommen, dass der Einkommenseffekt der monatlichen Gebühr in Höhe von \$ 10 so gering ist, dass sich die Nachfragekurven nicht verschieben. Da KR_A nur \$ 9 beträgt, sind die Konsumenten vom Typ A nicht bereit, die monatliche Gebühr in Höhe von \$ 10 zu zahlen und verlassen den Markt. Die Verbraucher vom Typ B, die zu einem Preis von 20 Cent pro Minute eine Konsumentenrente von \$ 50 erzielen, sind bereit, den höheren Preis zu bezahlen und maximieren weiterhin ihren Nutzen durch den Konsum von $Q = 100$ (da die optimale nachgefragte Menge nur vom Preis pro Einheit und nicht von der pauschalen Gebühr abhängt). Deshalb gibt jeder Verbraucher vom Typ B nun 20(100) + 1.000 = 3.000 Cent oder \$ 30 aus. Vorher erhielt die Firma von jedem Verbraucher vom Typ A \$ 6 und von jedem Verbraucher vom Typ B \$ 20. Bei einer gleichen Anzahl an Konsumenten von Typ A und Typ B würde sich, trotz der Tatsache, dass einige Verbraucher den Markt verlassen, mit der Gebühr der Gesamterlös erhöhen (von \$ 26 pro Paar Verbraucher auf \$ 30).

10. a) Durch einen Rückgang des Preises werden mehr Kunden angezogen, aber durch die Überfüllung (längere Schlangen, schlechterer Service) werden andere abgeschreckt. Dies würde einem Snobeffekt ähneln.

b) Je größer die Anzahl der Menschen ist, von denen Sie erwarten, dass sie ein Softwareprodukt kaufen, umso wahrscheinlicher ist es, dass Sie einen anderen erfahrenen Benutzer finden, dem Sie dazu Fragen stellen können. Darüber hinaus ist es auch umso wahrscheinlicher, dass ein Computerbuchladen Publikationen über die Benutzung der betreffenden Software führt. Folglich würden wir einen Mitläufereffekt erwarten.

c) In diesem Fall könnten durch die Überfüllung einige Verbraucher abgeschreckt werden. Da allerdings ein Teil des Genusses eines Konzertes darin besteht, die Band zusammen mit anderen Fans zu sehen, könnten wir einen Mitläufereffekt beobachten.

11. a) $E_R = -3$; $E_{R,CD} = 1{,}5$; $E_I = 1{,}1$

b) Wir würden erwarten, dass die Nachfrage nach Schallplatten (preis)elastisch ist (da es viele Substitutionsgüter, darunter Radio, Kassetten und Compactdiscs, gibt). Die Kreuz(preis)elastizität zwischen Schallplatten und CDs sollte positiv sein, was bedeutet, dass diese Güter Substitutionsgüter sind. Allerdings ist es nicht überraschend, dass sie nicht hochgradig elastisch ist, da CDs viele Besonderheiten aufweisen, die von den Verbrauchern geschätzt werden. Die Einkommenselastizität ist positiv, was darauf hindeutet, dass Schallplatten ein normales Gut sind, und sie ist geringfügig höher als eins. Dies zeigt, dass die Käufe von Schallplatten leicht einkommenselastisch sind. Obwohl dies zutreffend war, bevor die CDs den Markt dominierten, ist es schwer anzugeben, welche Höhe der Einkommenselastizität für Schallplatten heute zu erwarten wäre.

4.7 Lösungen zu den Übungsaufgaben

12. Für Wimpy sind Hamburger ein Giffen-Gut, da die von ihm nachgefragte Menge zunimmt, wenn der Preis zunimmt. Dies kann passieren, wenn Hamburger für Wimpy ein stark inferiores Gut sind (das heißt der Einkommenseffekt übersteigt den Substitutionseffekt). Damit dieses Nachfrageverhalten auftritt, müssen unsere grundlegenden Annahmen über die Präferenzen nicht verletzt sein.

13. a) Wenn $Q = a - bP$, dann $E_P = -b(P/Q)$. In $P = 9$, $E_P = -100(9/1.100) = -0{,}82$. In $P = 10$, $E_P = -100(10/1.000) = -1{,}00$. In $P = 11$, $E_P = -100(11/900) = -1{,}22$.

b) In $P = 11$, $E_P = -1{,}22$. Aus diesem Grund werden die Erlöse steigen, wenn der Preis gesenkt wird (da die Nachfrage in $P = 11$ elastisch ist). In der Tat könnten Sie den Stromversorgern eine Senkung des Preises auf 10 Cent pro *kWh* empfehlen. Würde der Preis noch weiter gesenkt, begännen die Erlöse zu sinken, da die Nachfrage unelastisch wird.

c) Die Konsumentenrente ist gleich der schraffierten Fläche in Abbildung 4A.6.

KR = (10 – 5) 500 + 0,5(1.000)(20 – 10) = 7.500 Cent oder € 75.

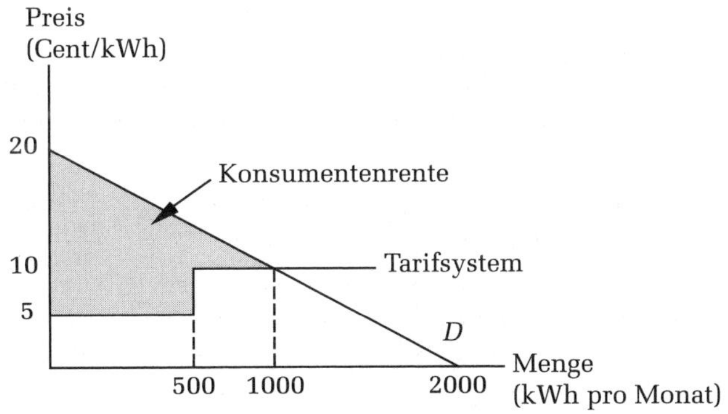

Abbildung 4A.6

14. a) Die Daten ermöglichen uns nur die Betrachtung von Änderungen des Preises um jeweils 50 Cent. In diesem Fall wäre es am besten, Bogenelastizitäten zu berechnen. Bei I = € 20.000:

$$E_P = \frac{\Delta Q}{\Delta P} \cdot \frac{\overline{P}}{\overline{Q}} = \left(\frac{1.000-900}{0,50-1,00}\right)\left(\frac{0,75}{950}\right) = -0,16 \text{ von } P = 0,50 \text{ bis } 1,00.$$

$$E_P = \left(\frac{900-800}{1,00-1,50}\right)\left(\frac{1,25}{850}\right) = -0,29 \text{ von } P = 1,00 \text{ bis } 1,50.$$

Bei I = € 30.000:

$$E_P = \left(\frac{1.500-1.000}{0,50-1,00}\right)\left(\frac{0,75}{1.300}\right) = -0,46 \text{ von } P = 0,50 \text{ bis } 1,00.$$

$$E_P = \left(\frac{1.100-900}{1,00-1,50}\right)\left(\frac{1,25}{1.000}\right) = -0,50 \text{ von } P = 1,00 \text{ bis } 1,50.$$

Folglich ist die Nachfrage unelastisch. Allerdings ist die Nachfrage bei höheren Einkommensniveaus weniger unelastisch.

b) Siehe Abbildung 4A.7.

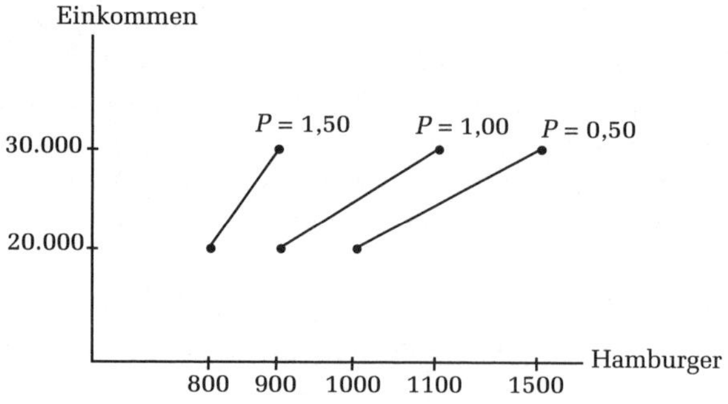

Abbildung 4A.7

15. a) Siehe Abbildung 4A.8. Die Ausgaben für X betragen immer € 480, folglich muss das konsumierte Y immer gleich 6 sein. Die entsprechende Preis-Konsumkurve verläuft horizontal.

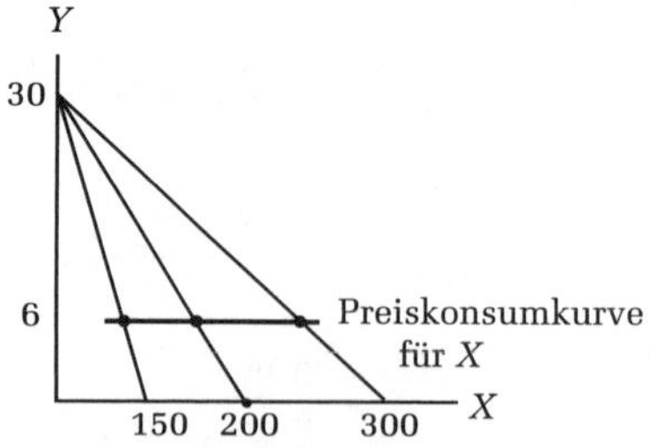

Abbildung 4A.8

b) Die Nachfrage nach X ist einselastisch, da die Gesamtausgaben gleich bleiben, während sich der Preis für X ändert.

16. Da die Konsumentin nur gleiche Mengen von Apfel- und Traubengelee isst, bilden diese vollkommene Komplementärgüter. Folglich gilt $A = G$, wenn die Konsumentin für jedes Einkommensniveau und für jedes Preisverhältnis ihren optimalen Warenkorb auswählt. Somit bilden die Einkommens-Konsumkurve und die Preis-Konsumkurve eine Gerade mit 45° Steigung. Durch Einsetzen von $A = G$ in die Budgetbeschränkung $P_A A + P_G G = I$ erhalten wir $G = I/(P_A + P_G)$. Siehe Abbildung 4A.9(a-c).

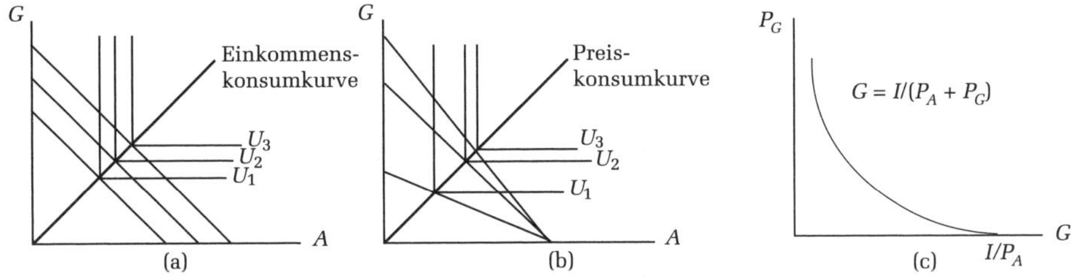

Abbildung 4A.9

17. a) Die Fernsehsender werden erst beginnen, *HDTV* einzusetzen, wenn es einen Markt von Verbrauchern gibt, die Programme in dem neuen Format sehen können. Je mehr Konsumenten *HDTV*-Geräte kaufen, desto mehr *HDTV*-Programme wird es geben. Hierbei handelt es sich um einen Mitläufereffekt (eine positive Netzwerkexternalität).

b) Nachdem die Zukunft von *HDTV* geklärt ist, werden zumindest einige Verbraucher den Kauf neuer nicht *HDTV*-fähiger Großbildschirmfernseher beziehungsweise anderer teurer Fernsehgeräte aufschieben, mit denen ein schärferes Bild erzielt werden soll. Folglich könnten die Verkäufe solcher gewöhnlichen Fernsehgeräte zurückgehen.

18. a) In Abbildung 4A.10 wird dargestellt, dass der Tangentialpunkt auf der Budgetgeraden nach dem Anstieg des Preises für Bekleidung unterhalb des den Ursprung und den ursprünglich bevorzugten Warenkorb verbindenden Strahls liegen muss. Da die Indifferenzkurven in jedem Punkt auf dem Strahl durch den ursprünglich bevorzugten Warenkorb die gleiche Steigung aufweisen, kauft der Konsument mehr Lebensmittel und weniger Bekleidung als in dem Punkt auf dem Strahl.

b) Der Einkommenseffekt wird durch eine parallele Verschiebung der Budgetgeraden bestimmt. Da die GRS entlang eines Strahls durch den Ursprung gleich bleibt, kauft der Verbraucher eine geringere Menge beider Güter, wenn sein Einkommen sinkt. Folglich sind beide Güter normale Güter.

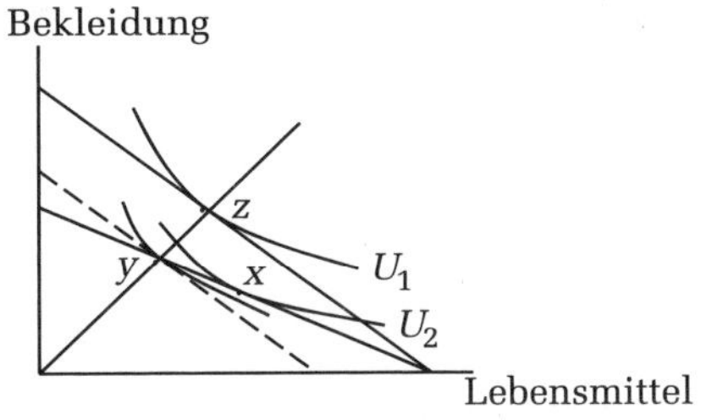

Abbildung 4A.10

4.8 Lösungen zu den Kontrollfragen

19. e) Nach der Erhebung der Steuer ist John eindeutig schlechter gestellt. Allerdings können wir nicht bestimmen, ob er nach der Gewährung der Rückerstattung besser oder schlechter gestellt ist, da wir den Betrag der Rückerstattung nicht kennen.

20. c) Mithilfe der Formel für die Bogenelastizität ermitteln wir:

$$E_P = \frac{\Delta Q}{\Delta P} \times \frac{\overline{P}}{\overline{Q}} = \frac{(30-10)}{(0,50-0,75)} \times \frac{(0,50+0,75)/2}{(30+10)/2} = -2,5.$$

21. c) Die Konsumentenrente steigt, wenn der Preis fällt (solange wir wissen, dass die Nachfragekurve stabil ist, deshalb ist die Annahme „bei ansonsten gleichen Bedingungen" wichtig). Wenn die Nachfrage preiselastisch ist, steigen die Gesamtausgaben für das Produkt bei einem Rückgang des Preises.

22. c) Inferiore Güter und Giffen-Güter weisen Engel-Kurven mit negativer Steigung auf.

23. c) Hotdogs und Hotdog-Brötchen werden häufig zusammen konsumiert (sie sind Komplementärgüter beim Verbrauch). Durch einen Rückgang des Preises für eines der beiden Güter steigt die Nachfrage nach beiden Gütern. Die anderen Paare sind beim Verbrauch Alternativen beziehungsweise Substitutionsgüter.

24. e) Eine negativ geneigte Nachfrage kann zustande kommen, wenn entweder der Einkommens- und der Substitutionseffekt in dieselbe Richtung gehen (was bei normalen Gütern geschieht) oder wenn im Fall eines inferioren Gutes der Substitutionseffekt den Einkommenseffekt übersteigt.

25. b) Zu P = € 3 kauft Jane 8 Racketball-Bälle und gibt € 24 aus. Ihre gesamte Zahlungsbereitschaft ist gleich € 31 (6(1) + 4(5 – 1) + 3(8 – 5)). Die Differenz entspricht ihrer Konsumentenrente: KR = 31 – 24 = € 7.

26. a) Zu P = € 2 kauft Jane 12 Bälle und gibt € 24 aus. Ihre gesamte Zahlungsbereitschaft ist gleich € 39 (31 + 2(12 – 8)). Die Differenz entspricht ihrer Konsumentenrente: KR = 39 – 24 = € 15.

27. a) Wenn bei einem Anstieg des Preises der Erlös steigt, ist die Nachfrage unelastisch.

28. b) Zur Bestimmung der Marktnachfragekurve addieren wir horizontal. Bei P = € 2,50, $Q_O = 3$ und $Q_G = 3$ ergibt sich eine nachgefragte Gesamtmenge von 6 Einheiten.

29. a) Die Nachfrage ist preiselastisch:

$E_P = \%\Delta Q / \%\Delta P = [(15-6)/6]/[(2,50-1,50)/2,50] = -3,75$

4.9 Lösung zur Internetübung

a) In Tabelle 100 werden die Ausgaben für Lebensmittel als prozentualer Anteil des verfügbaren Einkommens (Einkommen nach Steuern) angegeben. Deshalb müssen wir zunächst die Ausgaben für Lebensmittel absolut (in Dollar) bestimmen, indem wir das durchschnittliche Einkommen pro Gruppe mit dem Prozentsatz der Ausgaben für Lebensmittel in dieser Gruppe multiplizieren. Damit erhalten wir die folgende Tabelle:

	Einkommensgruppe *(aus Tabelle 100)*	**Durchschnittliches Einkommen pro Gruppe** *(berechnet)*	**Ausgaben für Lebensmittel als Prozentsatz des Einkommens nach Steuern** *(aus Tabelle 100)*	**Ausgaben für Lebensmittel** *(berechnet)*
1)	\$ 10.000 – 14.999	\$ 12.500	0,267	\$ 3337,5
2)	\$ 15.000 – 19.999	\$ 17.500	0,213	\$ 3727,5
3)	\$ 20.000 – 29.999	\$ 25.000	0,177	\$ 4425
4)	\$ 30.000 – 39.999	\$ 35.000	0,154	\$ 5390
5)	\$ 40.000 – 49.999	\$ 45.000	0,137	\$ 6165
6)	\$ 50.000 – 69.999	\$ 60.000	0,120	\$ 7200

Die Ausgaben für Lebensmittel (absolut in Dollar ausgedrückt) steigen mit dem Einkommen. Deshalb können wir folgern, dass Lebensmittel ein normales Gut sind.

b) Mithilfe der Formel für die Bogeneinkommenselastizität der Nachfrage

$$\varepsilon = \frac{(I_i + I_{i+1})/2}{(Q_i + Q_{i+1})/2} \times \frac{Q_{i+1} - Q_i}{I_{i+1} - I_i}$$

(wobei I_i das durchschnittliche Einkommen der Personen in der Einkommensgruppe i und Q_i die Ausgaben für Lebensmittel von Personen in der Einkommensgruppe i sind), können wir Folgendes bestimmen:

	Einkommensgruppe	**Durchschnittliches Einkommen**	**Ausgaben für Lebensmittel**	**Einkommenselastizität**
1)	\$ 10.000 – 14.999	\$ 12.500	\$ 3337,5	0,33
2)	\$ 15.000 – 19.999	\$ 17.500	\$ 3727,5	0,48
3)	\$ 20.000 – 29.999	\$ 25.000	\$ 4425,0	0,59
4)	\$ 30.000 – 39.999	\$ 35.000	\$ 5390,0	0,54
5)	\$ 40.000 – 49.999	\$ 45.000	\$ 6165,0	0,54
6)	\$ 50.000 – 69.999	\$ 60.000	\$ 7200,0	

Aus dieser Tabelle können wir erkennen, dass im Jahr 1996 keine klare Beziehung zwischen dem verfügbaren Einkommen und der Bogeneinkommenselastizität der Nachfrage bestand, dass diese aber für die Einkommensgruppen zwischen \$ 20.000 und \$ 49.999 am höchsten zu sein scheint.

Unsicherheit und Verbraucherverhalten

5

ÜBERBLICK

Wichtige Begriffe

- Wahrscheinlichkeit
- Auszahlung
- Erwartungswert
- Varianz (Standardabweichung)
- Erwartungsnutzen
- Risikopräferenzen (risikoscheu, risikofreudig, risikoneutral)
- Risikoprämie
- Die Beziehung zwischen Risiko und Ertrag

5.1 Hauptthemen des Kapitels

Entscheidungen, die unter Bedingungen absoluter Sicherheit getroffen werden, sind selten. Es geschieht sehr viel häufiger, dass sich die Menschen in Situationen befinden, in denen mehr als ein zukünftiges Ergebnis möglich ist. Im vorliegenden Kapitel werden Entscheidungen bei Unsicherheit untersucht: Wie das Risiko beschrieben werden kann, wie sich die Menschen in ihren Haltungen gegenüber dem Risiko unterscheiden und wie die Menschen mit dem Risiko umgehen können.

Riskante Situationen werden durch die Auflistung der möglichen Ergebnisse (die auch als Ereignisse oder Zustände der Umwelt bezeichnet werden), die eintreten könnten, und zusätzlich durch eine Bewertung der Wahrscheinlichkeit des Eintretens jedes Ereignisses beschrieben. Die *Wahrscheinlichkeit* bezeichnet die Möglichkeit des Eintretens eines Ereignisses. Die mit jedem Ereignis verbundene Wahrscheinlichkeit muss einen Wert zwischen null und eins aufweisen. Bei der mit jedem Ergebnis verbundenen *Auszahlung* handelt es sich einfach um den (in Euro gemessenen) Wert dieses Ergebnisses. Die beiden Maße des Risikos, auf die wir uns im vorliegenden Kapitel konzentrieren, sind der *Erwartungswert* und die *Varianz*. Mit dem Erwartungswert wird die durchschnittliche Auszahlung und mit der Varianz die Variabilität der möglichen Auszahlungen gemessen.

Die Haltungen gegenüber Risiken unterscheiden sich von Person zu Person und sie beeinflussen die Entscheidungen der Menschen. Wir unterscheiden zwischen verschiedenen Haltungen gegenüber dem Risiko, indem wir uns auf den Nutzen konzentrieren, den die Verbraucher aus den verschiedenen von ihnen getroffenen Entscheidungen ziehen. Insbesondere betrachten wir den Nutzen eines sicheren (garantierten) Einkommens und vergleichen diesen mit dem *erwarteten Nutzen, der erreicht wird, wenn* wir uns in eine unsichere Situation begeben. Beim erwarteten Nutzen handelt es sich um den gewichteten Durchschnitt der Nutzen für jedes Ergebnis, wobei die Gewichte die mit jedem Ergebnis verbundenen Wahrscheinlichkeiten sind. Es handelt sich hierbei um die durchschnittlichen Auszahlungen, die in Nutzeneinheiten statt in Euro gemessen werden. Eine *risikoscheue* Person bevorzugt ein sicheres Einkommen gegenüber einem Glücksspiel, mit dem sie das gleiche erwartete Einkommen erzielt. Eine *risikofreudige* Person bevorzugt das Glücksspiel gegenüber dem gleichen mit Sicherheit erzielten Einkommen. Eine *risikoneutrale* Person ist zwischen einem sicheren Einkommen und einem unsicheren Einkommen mit dem gleichen Erwartungswert indifferent.

Die meisten Menschen sind bereit, für die Vermeidung eines Risikos Geld zu zahlen, insbesondere bei hohen negativen Risiken (beispielsweise im Fall eines Brandes oder eines Erdbebens). Die *Risikoprämie* entspricht dem Geldbetrag, den eine risikoscheue Person zur Vermeidung eines Risikos zu zahlen bereit ist. Je risikoscheuer eine Person und je höher die Varianz der Ergebnisse ist, desto höher ist die Risikoprämie (bei ansonsten gleichen Bedingungen).

Verschiedene riskante Anlagen weisen unterschiedliche erwartete Erträge auf. Der risikoscheue Investor wählt ein Anlagenportfolio, bei dem der erwartete Ertrag das Risiko ausgleicht. Je höher der erwartete Ertrag einer Anlage ist, desto höher ist das Risiko (gemessen an der Standardabweichung des Ertrags), das der Investor akzeptieren muss. Dieser Tradeoff kann als Budgetgerade ausgedrückt werden. Indifferenzkurven können zur Beschreibung der verschiedenen Kombinationen von Risiko und Ertrag verwendet werden, bei denen der Investor gleichermaßen zufrieden ist. Der Investor maximiert seinen Nutzen durch die Auswahl einer Kombination von Risiko und Ertrag, bei der die Indifferenzkurve und die Budgetgerade sich berühren.

5.2 Wiederholung und Übungen

5.2.1 Beschreibung des Risikos (Kapitel 5.1)

Die *Wahrscheinlichkeit* bildet das grundlegende Instrument für die Beschreibung von Situationen, die ein Risiko beinhalten. Die Wahrscheinlichkeit eines Ereignisses entspricht einfach der Häufigkeit, mit der dessen Eintreten erwartet wird. In einigen Fällen, wie zum Beispiel dem Werfen einer Münze, kann die (objektive) Wahrscheinlichkeit von Kopf direkt durch wiederholte Versuche bestimmt werden. In anderen Fällen, wie beispielsweise der Frage, ob der Dow Jones Index von 30 Aktien morgen steigen wird, kann die Wahrscheinlichkeit nur ein subjektives Maß der Möglichkeit des Auftretens eines Ereignisses sein. Bei den meisten volkswirtschaftlichen Fragestellungen können wir nur subjektive Wahrscheinlichkeiten (die von Person zu Person schwanken können) bestimmen. Zum Fällen von Entscheidungen kann jede der beiden Arten der Wahrscheinlichkeit herangezogen werden.

Die grundlegende Beschreibung eines einem Risiko unterworfenen Ereignisses umfasst eine Liste aller möglichen Ergebnisse (die sich gegenseitig ausschließen) sowie der Wahrscheinlichkeit des Eintretens jedes Ergebnisses. Da eines dieser Ereignisse in der Zukunft eintreten *muss*, summieren sich die Wahrscheinlichkeiten aller möglichen Ereignisse auf eins. Betrachten wir beispielsweise einen Bauern, der mit der Entscheidung konfrontiert wird, ob er die Kosten dafür aufwenden sollte, seine Felder mit Insektiziden besprühen zu lassen. Im einfachsten Fall sind die beiden möglichen Ergebnisse, dass (1) seine Ernte in diesem Jahr nicht durch Insekten beschädigt wird und dass (2) die Insekten seine Ernte zerstören. Die Wahrscheinlichkeit des guten Ergebnisses könnte 70 Prozent (0,70) betragen. Dies würde bedeuten, dass die Wahrscheinlichkeit des negativen Ergebnisses 30 Prozent (0,30) beträgt, sodass gilt 0,70 + 0,30 = 1. Wenn wir das Problem realistischer betrachten, könnte es sechs mögliche Ergebnisse geben: (1) keine Beschädigung der Ernte durch Insekten, (2) die Insekten zerstören 20 Prozent der Ernte, (3) die Insekten zerstören 40 Prozent der Ernte, (4) die Insekten zerstören 60 Prozent der Ernte, (5) die Insekten zerstören 80 Prozent der Ernte und (6) die Insekten zerstören 100 Prozent der Ernte. Die Summe der Möglichkeiten über alle sechs Ereignisse muss eins ergeben.

Beträgt beispielsweise die Wahrscheinlichkeit des ersten Ereignisses 25 Prozent und sind die Ereignisse (2) – (6) gleich wahrscheinlich, hätten wir: 0,25 + 0,15 + 0,15 + 0,15 + 0,15 + 0,15 = 1.

Der mit einer unsicheren Situation verbundene *Erwartungswert* ist gleich der Summe der Auszahlungen in jedem möglichen Zustand der Umwelt, gewichtet mit den damit jeweils verbundenen Wahrscheinlichkeiten. Wenn Pr_i der Wahrscheinlichkeit des Erhalts von X_i Euro entspricht und es drei mögliche Ergebnisse gibt, wird der Erwartungswert wie folgt angegeben:

$$\text{Erwartungswert} = E(X) = Pr_1X_1 + Pr_2X_2 + Pr_3X_3.$$

Die *Varianz* misst die Streuung der möglichen Ergebnisse. Wenn es beispielsweise drei mögliche Ergebnisse gibt, ist die Varianz gleich:

$$\text{Varianz} = \sigma^2 = Pr_1[X_1 - E(X)]^2 + Pr_2[X_2 - E(X)]^2 + Pr_3[X_3 - E(X)]^2.$$

Die *Standardabweichung* entspricht einfach der Quadratwurzel der Varianz:

$$\text{Standardabweichung} = \sigma = \sqrt{\sigma^2}.$$

Beispielsweise ist der Erwartungswert eines Lotterieloses, wenn wir damit mit einer Wahrscheinlichkeit von 0,001 € 500.000, mit einer Wahrscheinlichkeit von 0,02 € 200 und mit einer Wahrscheinlichkeit von 0,979 € 0 erzielen, gleich:

$$E(X) = 0{,}001\,(€\,500.000) + 0{,}02\,(€\,200) + 0{,}979\,(€\,0) = €\,500 + €\,4 + €\,0 = €\,504.$$

Die Varianz der Ergebnisse des Lotterieloses wäre:

$$\sigma^2 = 0{,}001(€\,500.000 - €\,504)^2 + 0{,}02\,(€\,200 - €\,504)^2 + 0{,}979\,(€\,0 - €\,504)^2$$
$$= €\,249.746.784.$$

Übung

1. Jeff lebt in Kalifornien. Im nächsten Jahr wird sich sein gesamtes Vermögen, einschließlich seines Hauses, auf € 500.000 belaufen. Es besteht eine Chance von 10 Prozent, dass im nächsten Jahr ein großes Erdbeben geschieht und sein Haus zerstört wird, das auf € 200.000 geschätzt wird. Wie groß wird Jeffs Vermögen im nächsten Jahr sein, wenn er sich gegen den Kauf einer Versicherung entscheidet?
2. Lauren macht in diesem Semester ihren Abschluss an der Hochschule. Ihr ist eine Stelle mit einem Gehalt von € 24.000 angeboten worden. Sie hat sich auch auf eine Stelle mit einem Jahresgehalt von € 32.000 beworben. Wenn die Wahrscheinlichkeit, dass ihr die bessere Stelle angeboten wird, 3/4 beträgt, wie hoch ist dann ihr erwartetes Einkommen im nächsten Jahr? Wie hoch sind die Varianz und die Standardabweichung ihres Einkommens im nächsten Jahr?

5.2.2 Risikopräferenzen (Kapitel 5.2)

Zur Bewertung der Einstellung einer Person im Hinblick auf riskante Situationen berechnen wir den *Erwartungsnutzen*. Wenn $u(X)$ der Nutzen ist, den eine Person aus einem Einkommen von € X erzielt, ist der erwartete Nutzen gleich:

$$E(u) = Pr_1u(X_1) + Pr_2u(X_2) + Pr_3u(X_3),$$

wobei X_1, X_2 und X_3 die drei möglichen Ergebnisse sind. Der erwartete Nutzen wird genauso berechnet wie der Erwartungswert. Der einzige Unterschied besteht darin, dass hier jede Wahrscheinlichkeit mit dem *Nutzen* des Ergebnisses anstatt mit dem Wert des Ergebnisses in Euro multipliziert werden muss.

Die Vorlieben im Hinblick auf das Risiko unterscheidet sich, genauso wie sich der Geschmack im Hinblick auf bestimmte Güter von Person zu Person unterscheidet. Wir können drei Arten von Präferenzen im Hinblick auf das Risiko unterscheiden: *risikoscheue*, *risikoneutrale* und *risikofreudige*. Wenn risikoscheuen Personen die Wahl zwischen einem Glücksspiel mit einer erwarteten Auszahlung von € 100 und sicheren € 100 geboten wird, werden diese Personen die sichere Variante wählen. Unter ansonsten gleichen Voraussetzungen bevorzugen diese Personen die „sichere" gegenüber der riskanten Alternative. Mit anderen Worten ausgedrückt, messen risikoscheue Personen riskanten Situationen einen negativen Nutzen bei. Wenn einer risikoneutralen Person die gleichen zwei Auswahlmöglichkeiten angeboten werden (ein Glücksspiel mit einer erwarteten Auszahlung von € 100 oder sichere € 100), wäre diese indifferent – für eine risikoneutrale Person ist die Auszahlung in Euro das *Einzige*, das eine Rolle spielt, nicht aber das mit dem Ergebnis verbundene Risiko. Eine risikofreudige Person, der die gleichen zwei Wahlmöglichkeiten geboten werden, würde sich stets für das Glücksspiel entscheiden. Solche Personen messen riskanten Situationen einen positiven Nutzen bei.

Sowohl risikoscheue als auch risikofreudige Verbraucher entscheiden sich für die Option, mit der sie den höchsten erwarteten Nutzen erzielen. Im Gegensatz dazu entscheiden sich risikoneutrale Personen immer für die Option, mit der sie den höchsten erwarteten Wert in Euro erzielen. In Abbildung 5.1 werden die Nutzenkurven dargestellt, mit denen diese drei verschiedenen Arten von Präferenzen im Hinblick auf das Risiko beschrieben werden.

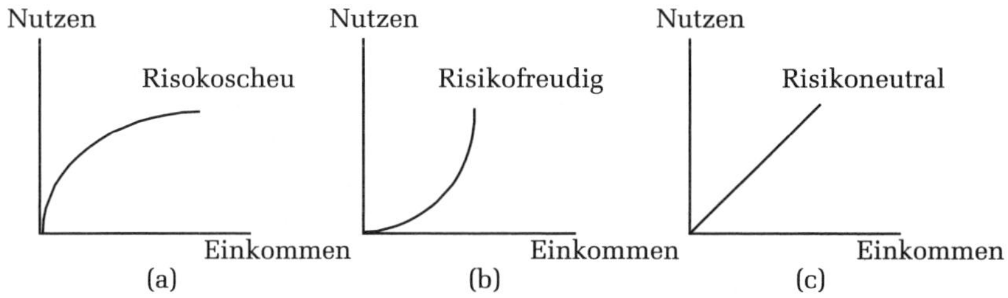

Abbildung 5.1

Hierbei ist zu beachten, dass risikoscheue Personen einen *abnehmenden Grenznutzen des Einkommens* aufweisen – obwohl der Gesamtnutzen bei steigendem Einkommen immer steigt, sinkt die Rate des Anstiegs des Nutzens mit höheren Einkommensniveaus. Stellen wir uns eine risikoscheue Person in einem bestimmten Punkt in Abbildung 5.1(a) vor. Ein Einkommensverlust von diesem Punkt aus führt zu einem starken Rückgang des Nutzens. Ein Anstieg des Einkommens von diesem Punkt aus führt zu einem geringen Anstieg des Nutzens. Dies erklärt, warum risikoscheue Präferenzen durch konvexe Nutzenkurven beschrieben werden: Risikoscheue Menschen mögen kein „negatives" Risiko.

Die Präferenzen einer Person im Hinblick auf das Risiko können in Abhängigkeit von deren Einkommensniveau variieren. Die Person, deren Präferenzen im Hinblick auf das Risiko in Abbildung 5.2 dargestellt werden, ist bei niedrigen Einkommensniveaus risikoscheu und bei hohen Einkommensniveaus risikofreudig.

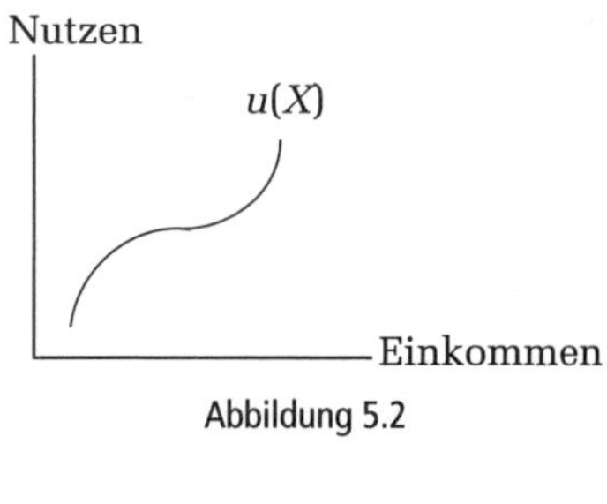

Abbildung 5.2

Übung

3. Es sei angenommen, Jeffs Nutzenfunktion wird durch die Gleichung $u(W) = W^{0{,}5}$ angegeben, wobei W sein Gesamtvermögen in Tausend Euro angibt. Ist Jeff risikoscheu, risikofreudig oder risikoneutral?

Viele Menschen schließen Versicherungen ab oder kaufen Garantien. Welchen Preis zahlen sie für eine solche Versicherung? Ein Maß des Niveaus der Risikoaversion ist die *Risikoprämie*. Es sei angenommen, Sie haben die Nutzenfunktion $u(X)$ in Abbildung 5.3 mit zwei möglichen Einkommensniveaus, X_1 und X_2. $E(X)$ ist der Erwartungswert des Einkommens, er ist gleich $Pr_1X_1 + Pr_2X_2$. Punkt (F) auf der Kurve bezeichnet den Nutzen, $E(X)$ *garantiert* zu haben. Aber Sie erzielen tatsächlich nicht mit Sicherheit $E(X)$. Der erwartete Nutzen, $E(u)$, den Sie durch das Spiel zwischen A und B erzielen, wird durch den Punkt D angegeben. Da gilt $E(u) = Pr_1u(X_1) + Pr_2u(X_2)$, gibt Punkt D den erwarteten Nutzen eines Spiels zwischen X_1 und X_2 mit einem erwarteten Wert von $E(X)$ an. Betrachten wir nun das auf der Kurve als X^* dargestellte Einkommensniveau. Im *sicheren* Einkommensniveau X^* befindet sich der Verbraucher *auf* seiner Nutzenkurve: Sein Nutzen aus einem sicheren Einkommen von X^* ist gleich $u(X^*)$. Im Punkt D ist der Nutzen des Verbrauchers aus einem Spiel zwischen X_1 und X_2 gleich $E(u)$, was gleich $u(X^*)$ ist. Dabei ist zu beachten, dass wir X^* so ausgewählt haben, dass die Punkte C und D horizontal in einer Linie liegen. Der Wert von X^* erfüllt die Bedingung $u(X^*) = E(u)$. *Die Risikoprämie ist gleich dem horizontalen Abstand zwischen C und D beziehungsweise $E(X) - X^*$.* Sie misst den maximalen Einkommensbetrag, auf den eine Person verzichten würde, sodass sie genau indifferent zwischen einer riskanten Wahl und einer sicheren Wahl wäre. Der vertikale Abstand von D nach F misst die Risikoaversion des Verbrauchers. Der horizontale Abstand von D nach C erfasst den gleichen Faktor der Risikoaversion, aber ausgedrückt als Geldbetrag.

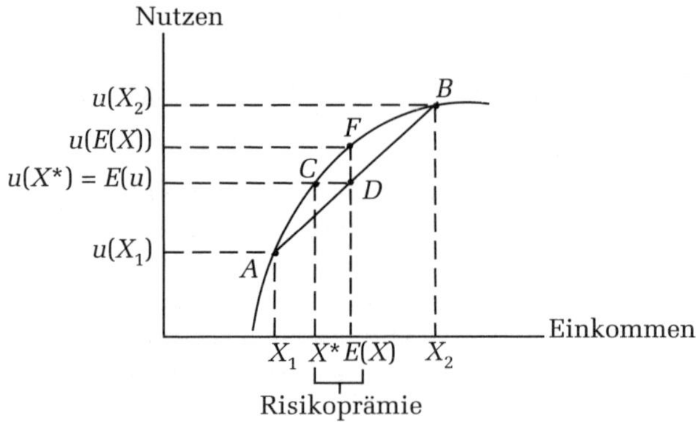

Abbildung 5.3

Übung

4. Betrachten wir Jeffs Problem weiter. Wenn er sich entscheidet, keine Versicherung abzuschließen, beträgt sein Vermögen im nächsten Jahr € 500.000, wenn es nicht zu einem Erdbeben kommt, und € 300.000, wenn es zu einem Erdbeben kommt und er sein Haus verliert. Die Wahrscheinlichkeit eines Erdbebens liegt bei 10 Prozent. Seine Nutzenfunktion ist gleich $u(W) = W^{0,5}$, wobei W sein gesamtes Vermögen im nächsten Jahr darstellt.

Jeff hat die Möglichkeit, sich gegen diesen potentiellen Verlust in Höhe von € 200.000 zu versichern. Wie hoch ist Jeffs Risikoprämie?

5.2.3 Risikoabbau (Kapitel 5.3)

Wenn Individuen bereit sind, zur Vermeidung eines Risikos auf Einkommen zu verzichten, verfügen sie über eine positive Risikoprämie. Die Entscheidung, eine Versicherung abzuschließen, ist eine Möglichkeit, ihren erwarteten Einkommensfluss zu verstetigen. Obwohl sie auf jeden Fall auf einen bestimmten Teil ihres Einkommens verzichten, indem sie die Versicherungsprämien bezahlen, ist ihnen garantiert, dass die Versicherungsgesellschaft ihnen ihre Verluste ersetzen wird, falls ein „negatives“ Ereignis eintritt. Durch den Kauf einer Versicherung sinkt die Varianz des zukünftigen Einkommens, dies erhöht den erwarteten Nutzen für risikoscheue Personen.

Wie verdienen die Versicherungsgesellschaften dann Geld? Zur Vermeidung eines Risikos sind risikoscheue Personen bereit, für die Versicherung mehr als den erwarteten Wert ihrer Verluste zu zahlen. Infolgedessen können die Versicherungsgesellschaften für die Übernahme des Risikos plus die Kosten der Bearbeitung von Schadensfällen und so weiter entschädigt werden. Darüber hinaus betreiben die Versicherungsgesellschaften Risikostreuung, sodass die Varianz ihrer Verluste verglichen mit der Gesamtzahl der versicherten Risiken gering ist.

Übung

5. Es sei angenommen, dass der Eigentümer eines kleinen Unternehmens mit einer Wahrscheinlichkeit von 5 Prozent damit rechnen muss, dass einer seiner Mitarbeiter in diesem Jahr im Dienst verletzt wird und medizinische Hilfe benötigt. Die Aufwendungen für die medizinische Behandlung dieses Mitarbeiters würden € 400 betragen. Nehmen Sie an, dass der Eigentümer in diesem Jahr einen Gewinn in Höhe von € 15.000 erzielen wird und dass die Kosten der vollständigen Versicherung gegen die Möglichkeit einer Verletzung dem erwarteten Verlust in Euro (erwartete Kosten für die medizinische Behandlung) entsprechen. Demonstrieren Sie, dass sich durch die Entscheidung für die Versicherung das erwartete Vermögen des Eigentümers nicht verändert.

Der Kauf einer Versicherung bildet eine Möglichkeit zum Risikoabbau. Eine weitere Möglichkeit dazu besteht im Kauf von Informationen. Dann können diese Informationen dazu verwendet werden, die Unsicherheit vor einer Entscheidung zu reduzieren. Der *Wert vollständiger Information* entspricht der Differenz zwischen dem Erwartungswert einer Entscheidung bei vollständiger Information und dem Erwartungswert bei unvollständiger Information.

Die leichteste Methode, ein Verständnis für die Berechnung des Wertes vollständiger Information zu entwickeln, besteht darin, eine Fragestellung durchzuarbeiten. Wir betrachten hier noch einmal die in Tabelle 5.7 des Lehrbuchs dargestellte Fragestellung und setzen dies im Anschluss mit einer Übung fort, sodass Sie die gleiche Fragestellung mit anderen Wahrscheinlichkeiten durcharbeiten können. Nehmen wir an, dass Sie der Geschäftsführer eines Bekleidungsgeschäfts sind, das Anzüge zu einem Preis von € 300 pro Stück verkauft. Sie versuchen zu entscheiden, wie viele Anzüge Sie für die Herbstsaison bestellen sollen, aber Sie sind sich nicht sicher, ob es eine gute Saison oder eine schlechte Saison wird (oder die Wirtschaftslage im Allgemeinen gut oder schlecht sein wird). Die Menge der von Ihnen verkauften Anzüge beträgt 100, wenn die Wirtschaftslage gut ist und 50, wenn die Wirtschaftslage schlecht ist. Sie bezahlen € 180 pro Anzug, wenn Sie 100 Anzüge bestellen, und € 200 pro Anzug, wenn Sie nur 50 Anzüge bestellen. Wenn Sie 100 Anzüge bestellen, aber nur 50 verkaufen, können Sie die verbleibenden 50 Anzüge zurückschicken und eine Rückerstattung in Höhe von € 90 pro Anzug erzielen. Sie sind der Ansicht, dass jeweils eine Wahrscheinlichkeit von 0,5 besteht, dass 100 und dass 50 Anzüge verkauft werden. Wenn wir annehmen, dass Sie risikoneutral sind, wie viel wären Sie für eine genaue Umsatzprognose zu zahlen bereit?

In Tabelle 5.1 werden die Gewinne für jedes Ergebnis dargestellt:

Tabelle 5.1

Entscheidung	Verkauf von 50 (Pr = 0,5)	Verkauf von 100 (Pr = 0,5)	E (Gewinn)
Kauf von 50 Anzügen	€ 5.000	€ 5.000	€ 5.000
Kauf von 100 Anzügen	€ 1.500	€ 12.000	€ 6.750

Da Sie risikoneutral sind, treffen Sie die Entscheidung, mit der Ihre erwartete Auszahlung maximiert wird. Folglich entscheiden Sie sich bei unvollständiger Information für den Kauf von 100 Anzügen (€ 6.750 > € 5.000) und Ihr erwarteter Gewinn beträgt € 6.750.

Zur Berechnung der erwarteten Gewinne bei vollständigen Informationen betrachten wir den folgenden Aspekt: Die von ihnen bezahlten Informationen geben Ihnen eine genaue Prognose darüber, ob der Absatz in der kommenden Herbstsaison gut oder schlecht sein wird. Trotzdem wird es allerdings noch gute und schlechte Jahre geben. Wenn Sie sich vorstellen, dass Sie über einen Zeitraum von zehn Jahren hinweg in dem Geschäft tätig sind, könnte es fünf gute Jahre und fünf schlechte Jahre geben. Der Vorteil vollständiger Informationen besteht darin, im Voraus zu wissen, wann es sich um ein gutes oder ein schlechtes Jahr handelt. Trotzdem muss aber noch immer der Gewinn in jedem Jahr mit den Wahrscheinlichkeiten gewichtet werden. Folglich sind die erwarteten Gewinne bei vollständiger Information: 0,5(5.000) + 0,5(12.000) = € 8.500. (Wenn es Ihnen hilft, stellen Sie sich vor, den Erwartungswert entlang der Diagonalen von Tabelle 5.1 zu berechnen. Wenn Sie *wissen*, dass es ein schlechtes Jahr wird, bestellen Sie 50 Anzüge und verdienen € 5.000. Wenn Sie *wissen*, dass es ein gutes Jahr wird, bestellen Sie 100 Anzüge und verdienen € 12.000.) *Der Wert vollständiger Informationen ist gleich der Differenz zwischen dem Erwartungswert des Gewinns mit und ohne vollständige Informationen*: 8.500 – 6.750 = € 1.750. Dies ist der maximale Betrag, den Sie für einen Abbau der Unsicherheit, mit der Sie konfrontiert werden, (für eine Marketing-Studie oder eine Wirtschaftsprognose) zu zahlen bereit wären.

Übung

6. Arbeiten Sie ein zu dem oben stehenden identisches Problem unter der Annahme durch, dass eine Wahrscheinlichkeit von 0,6 besteht, dass im Herbst 100 Anzüge verkauft werden, und dass eine Wahrscheinlichkeit von 0,4 besteht, dass 50 Anzüge verkauft werden. Wenn wir annehmen, dass Sie risikoneutral sind, wie viel wären Sie zu zahlen bereit, um eine genaue Prognose über die Verkäufe zu erhalten?

5.2.4 Die Nachfrage nach riskanten Anlagen (Kapitel 5.4)

Eine *riskante Anlage* ist eine Investition, aus der ein einem Risiko unterliegender Geldstrom erwächst. Wenn das Risiko von zwei Anlagen gleich hoch ist, bevorzugt ein risikoscheuer Investor wie jeder andere die Anlage, die einen höheren erwarteten Ertrag erzielt. Wenn zwei Anlagen den gleichen erwarteten Ertrag aufweisen, bevorzugt ein risikoscheuer Investor ebenfalls wie jeder andere die Anlage mit dem geringeren Risiko. Wirkliche Entscheidungen sind zwischen Anlagen mit geringem (oder fehlendem) Risiko und einem niedrigen Ertrag und solchen mit einem hohen Risiko und einem hohen Ertrag zu treffen. *Selbst ein risikoscheuer Investor kann sich für die Investition in eine riskante Anlage entscheiden, wenn ihr erwarteter Ertrag im Vergleich zum Ertrag einer sicheren Anlage hoch genug ist.*

Der erwartete Ertrag eines Portfolios mit einer vollkommen sicheren Anlage und einer riskanten Anlage entspricht dem gewichteten Durchschnitt der beiden Erträge:

$$E_P = bE_m + (1 - b)E_f,$$

wobei E_m der erwartete Ertrag auf das Aktienportfolio (eine riskante Anlage) und E_f der Ertrag auf die risikofreie Anlage ist, und $0 \leq b \leq 1$ den an der Börse investierten Anteil des Portfolios beschreibt.

Die Standardabweichung des Ertrags auf das Portfolio ist gleich:

$$\sigma_p = b\sigma_m + (1 - b)0 = b\sigma_m,$$

da nur das Börsenportfolio einem Risiko unterliegt. Dies besagt, dass $b = \sigma_p/\sigma_m$.

Durch Umschreiben des erwarteten Ertrags auf das Gesamtportfolio als $E_p = E_f + b(E_m - E_f)$ können wir zur Bestimmung der Budgetgeraden den Ausdruck für b einsetzen:

$$E_p = E_f + \frac{E_m - E_f}{\sigma_m}\sigma_p .$$

Der erwartete Ertrag des Portfolios steigt, wenn die Standardabweichung des Ertrags des Portfolios zunimmt. In *Risiko-Ertrags-Diagrammen* wie in Abbildung 5.4 ist die Budgetgerade eine positiv geneigte Gerade und die Indifferenzkurven sind positiv geneigt und konvex. Der konvexe Verlauf der Indifferenzkurven rührt aus der Tatsache her, dass der Investor bei einem bestimmten Anstieg des Risikos einen umso größeren Anstieg des erwarteten Ertrags erwartet, je höher das von ihm gegenwärtig schon getragene Risiko ist.

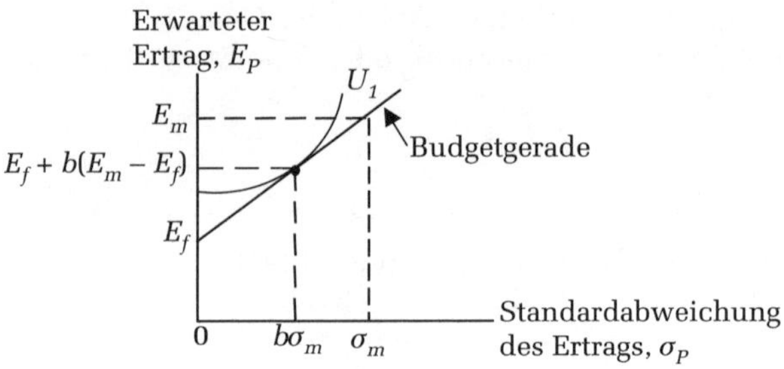

Abbildung 5.4

Wie bei der Nachfrage nach normalen Gütern befindet sich das optimale Portfolio des Investors in einem Tangentialpunkt zwischen der Indifferenzkurve und der Budgetgeraden. Wie in Abbildung 5.5 dargestellt, bestimmt der genaue Verlauf der Indifferenzkurve, ob der Investor mehr oder weniger Vermögen in den riskanten Anlagen anlegt. Investor *A* ist äußerst risikoscheu: Bei Zunahmen des Risikos ist ein relativ hoher Anstieg des erwarteten Ertrags notwendig, um das gleiche Nutzenniveau beizubehalten. Investor *B* ist weniger risikoscheu und wählt ein optimales Portfolio aus, das ein höheres Risiko beinhaltet (Punkt *B*).

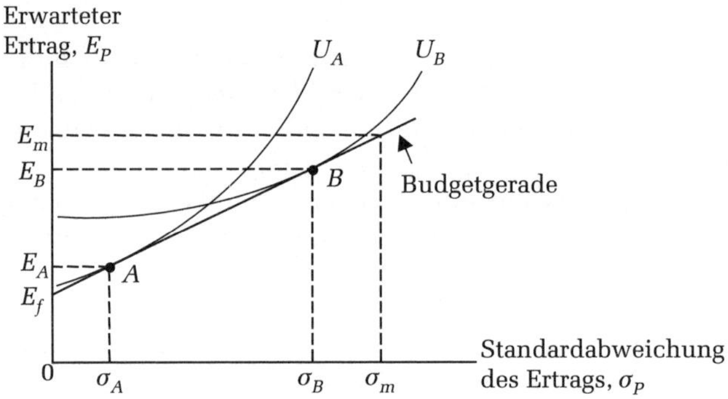

Abbildung 5.5

5.3 Übungsaufgaben

7. Bei einem normalen Würfel befinden sich die Ziffern 1 bis 6 auf den sechs Seiten. Bei jedem Wurf besteht für jede Seite die gleiche Wahrscheinlichkeit, geworfen zu werden. Wie hoch ist die bei einem Wurf erwartete Anzahl geworfener Punkte? Wie hoch sind die Varianz und die Standardabweichung der Anzahl der bei einem Wurf erzielten Punkte?

8. Eine leitende Angestellte hat die Möglichkeit, sich für Anlage A zu entscheiden, bei der eine Chance von 60 Prozent auf einen Gewinn in Höhe von € 30.000 und eine Chance von 40 Prozent auf die Erzielung der Kostendeckung (€ 0 Gewinn) besteht. Alternativ kann die leitende Angestellte die Anlage B wählen, mit der sie einen sicheren Gewinn von € 10.000 erzielt. Sie wählt Anlage B. Kann die Präferenz dieser Person im Hinblick auf das Risiko bestimmt werden?

***9.** [Mathematisch] Im nächsten Jahr hat eine Verbraucherin ein Einkommen in Höhe von € 14.400, mit einer Wahrscheinlichkeit von 1/2 könnte sie allerdings aufgrund einer Erkrankung einen finanziellen Verlust von € 4.400 erleiden. Durch die Erkrankung kommt es zu keinen weiteren Nutzenverlusten. Ihre Nutzenfunktion ist gleich $\sqrt{X}$, wobei X der Betrag des Einkommens, abzüglich eines eventuellen Verlustes, ist.

a) Wie lautet der erwartete Nutzen dieser Verbraucherin?

b) Wie hoch ist der erwartete Verlust in Euro? Wie hoch ist ihr erwartetes Einkommen? Wie hoch ist das minimale sichere Einkommen, das sie zur Vermeidung dieses Risikos akzeptieren würde (also um sich vollständig zu versichern)? Wie hoch ist ihre Risikoprämie? Stellen Sie Ihre Antwort grafisch dar.

c) Wiederholen Sie die Berechnungen unter (a) und (b) mit einer Wahrscheinlichkeit eines Verlusts in Höhe von 1/4.

10. Die Geschäftsführung von Free & Lite Products erwägt die Einführung eines fettfreien Frühstückswürstchens. Auf der Grundlage einiger Verbrauchertests, die unterschiedliche Ergebnisse hatten, schätzt F&L, dass eine sechzigprozentige Chance besteht, dass das Produkt ein Hit wird. Wenn das Produkt ein Hit wird, verkauft das Unternehmen 500.000 Würstchen pro Jahr. Wenn das Produkt kein Hit wird, verkauft es 250.000 Würstchen pro Jahr. F&L hat die Gewinne für das erste Jahr des Verkaufs der Würstchen in Abhängigkeit von der Größe der Anlage, für deren Bau es sich entscheidet, geschätzt. Wenn es eine kleine Anlage baut, werden die Gewinne € 62.500 betragen, unabhängig davon, ob die Nachfrage nach den fettfreien Würstchen 250.000 oder 500.000 beträgt. Wenn es eine große Anlage baut, beträgt der Gewinn – € 12.500, wenn die Nachfrage nur 250.000 umfasst, und € 150.000, wenn die Nachfrage 500.000 umfasst. Wenn wir annehmen, dass die Geschäftsführung von F&L risikoneutral ist, wie viel wäre sie dann bereit, einem Marketingunternehmen für vollständige Informationen über die Verkäufe ihres Produktes zu zahlen?

***11.** [Nachfrage nach riskanten Anlagen] Finanzanalysten empfehlen häufig, dass Privatpersonen, wenn sie unter 40 Jahre alt sind, einen Großteil ihrer Ersparnisse in Aktien investieren sollten, dass sie im mittleren Lebensalter ihre Ersparnisse dann zwischen Aktien und Rentenpapieren aufteilen sollten und dass sie, wenn sie sich dem Rentenalter nähern, einen Großteil ihrer Ersparnisse in Rentenpapiere investieren sollten. Das Modell von Risiko und Ertrag zeigt, dass Privatpersonen ihre Anlagen in Abhängigkeit von ihrem Grad der Risikoaversion aufteilen sollten. Wenn der Rat der Finanzanalysten angemessen ist, kann man dies darauf zurückführen, dass sich das Ausmaß der Risikoaversion einer Person über deren Lebenszeit ändert? Oder gibt es eine Erklärung, die mit einer über die Lebenszeit der Personen hinweg gleichbleibenden Risikoaversion vereinbar ist?

5.4 Kontrollfragen

12. Wenn Martha bereit ist, bis zu € 300 für eine Versicherung gegen einen Verlust von € 8.000 zu zahlen, der mit einer Wahrscheinlichkeit von 4 Prozent eintreten wird, ist sie:

a) risikoneutral,
b) risikoscheu,
c) risikofreudig,
d) irrational.
e) Für eine Entscheidung stehen nicht ausreichend Informationen zur Verfügung.

13. Nanette hat im nächsten Jahr ein unsicheres Einkommen. Wenn ihr erwarteter Nutzen geringer ist als der Nutzen ihres erwarteten Einkommens, ist sie:

a) risikoscheu,
b) risikofreudig,
c) risikoneutral,
d) a) oder c),
e) b) oder c).

14. In Abbildung 5.6 wird Toms Nutzen als Funktion seines Einkommens dargestellt. Welche Aussage trifft zu?

a) Bei niedrigen Einkommensniveaus ist er risikoneutral. Bei höheren Einkommensniveaus ist er risikofreudig.
b) Bei niedrigen Einkommensniveaus ist er risikofreudig. Bei höheren Einkommensniveaus ist er risikoscheu.
c) Bei niedrigen Einkommensniveaus ist er risikoscheu. Bei höheren Einkommensniveaus ist er risikofreudig.
d) Bei niedrigen Einkommensniveaus ist er risikofreudig. Bei höheren Einkommensniveaus ist er risikoneutral.

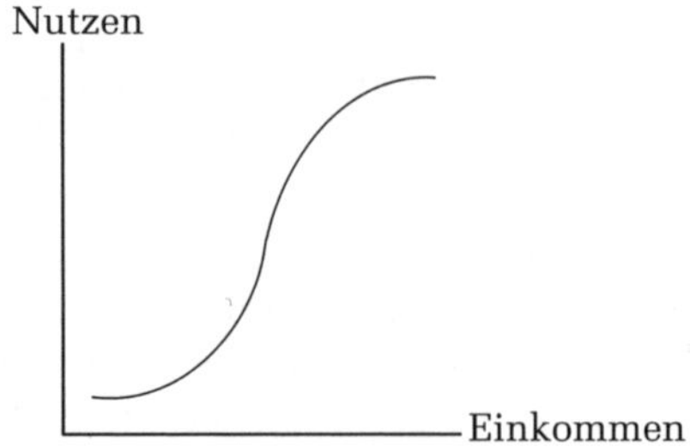

Abbildung 5.6

15. Die meisten Investoren sind risikoscheu (zumindest bis zu einem gewissen Maß). Aus diesem Grund haben Anlagen mit höheren erwarteten Erträgen:

a) geringere Varianzen,
b) höhere Varianzen,
c) keine besonderen Varianzmuster,
d) a) oder c).
e) Keine der oben stehenden Aussagen trifft zu.

Die nächsten beiden Fragen beziehen sich auf das folgende Problem: Ein Anleger hat € 60.000. Wenn er eine Videothek oder ein Geschäft für Sportartikel eröffnet, kostet dies € 30.000. Die Gewinne für jedes der beiden Geschäfte in diesem Sommer hängen vom Wetter ab. Wenn das Wetter in diesem Sommer gut ist, erzielt jede Videothek einen Gewinn von € 40.000 und jedes Sportgeschäft erzielt einen Gewinn von € 90.000. Wenn das Wetter im Sommer schlecht ist, erzielt jede Videothek einen Gewinn von € 80.000 und jedes Sportgeschäft erzielt einen Gewinn von € 30.000.

16. Wenn die Wahrscheinlichkeit für schlechtes Wetter 1/2 beträgt, eröffnet ein risikoscheuer Investor:

a) zwei Videotheken,

b) eine Videothek und ein Sportgeschäft,

c) zwei Sportgeschäfte,

d) a) oder c).

e) Es werden weitere Informationen benötigt.

17. Ein risikoneutraler Investor eröffnet zwei Sportgeschäfte, wenn die Wahrscheinlichkeit für gutes Wetter:

a) größer als 1/2 ist,

b) größer als 3/4 ist,

c) kleiner als 1/2 ist,

d) kleiner als 1/4 ist.

e) Es werden weitere Informationen benötigt.

5.5 Internetübung

a) Gehen Sie zu *http://www.economagic.com/*. Klicken Sie *Consumer Credit* an, klicken Sie danach *Terms of Credit: Commercial Bank Interest Rates, NSA* an und scrollen Sie nach unten zu den Daten über die Zinssätze für *24-month personal credit*. Suchen Sie die Zinssätze für Februar 1989 und Februar 1999. Können Sie bestimmen, ob die Wahrscheinlichkeit eines Zahlungsversäumnisses im Februar 1989 oder im Februar 1999 höher war?

b) Gehen Sie zurück zu *http://www.economagic.com/* und klicken Sie auf *Interest Rates*. Scrollen Sie zu *2-Year Treasury Constant Maturity Rate*, klicken Sie dies an und suchen Sie die Zinssätze für Februar 1989 und Februar 1999. Nehmen Sie an, dass der Zinssatz für Schatzwechsel mit einer Laufzeit von 2 Jahren risikofrei ist und dass die Gläubiger im Fall eines Zahlungsversäumnisses bei einem Privatkredit mit einer Laufzeit von 24 Monaten nichts erhalten. Berechnen Sie die Wahrscheinlichkeit eines Zahlungsversäumnisses bei einem Privatkredit mit einer Laufzeit von 24 Monaten. Ist die Wahrscheinlichkeit eines Zahlungsversäumnisses im Februar 1989 oder im Februar 1999 höher?

5.6 Lösungen zu den Übungen

1. Jeffs erwartetes Vermögen entspricht einem gewichteten Durchschnitt der Wahrscheinlichkeit, dass kein Erdbeben auftritt, multipliziert mit seinem Vermögen in diesem Fall plus der Wahrscheinlichkeit, dass ein Erdbeben geschieht, multipliziert mit seinem Vermögen nach dem Verlust des Hauses:

$$E\,(\text{Vermögen}) = 0{,}90(500.000) + 0{,}10(300.000) = € \ 480.000.$$

2. Ihr erwartetes Einkommen ist gleich:

$$E\,(X) = (1/4)(€ \ 24.000) + (3/4)(€ \ 32.000) = € \ 30.000.$$

Die Varianz ihres Einkommens ist gleich:

$$\sigma^2 = (1/4)(24.000 - 30.000)^2 + (3/4)\,(32.000 - 30.000)^2 = € \ 12.000.000.$$

Die Standardabweichung ihres Einkommens ist gleich: $\sqrt{\sigma^2} = \ 3.464{,}10.$

3. Jeff ist risikoscheu. Zur Bestimmung dieser Antwort gibt es zwei Möglichkeiten:

a) Zeichnen Sie, wie in Abbildung 5A.1 dargestellt, die Funktion für einige Werte. Dabei wird deutlich, dass die Krümmung der Kurve für risikoscheue Personen charakteristisch ist.

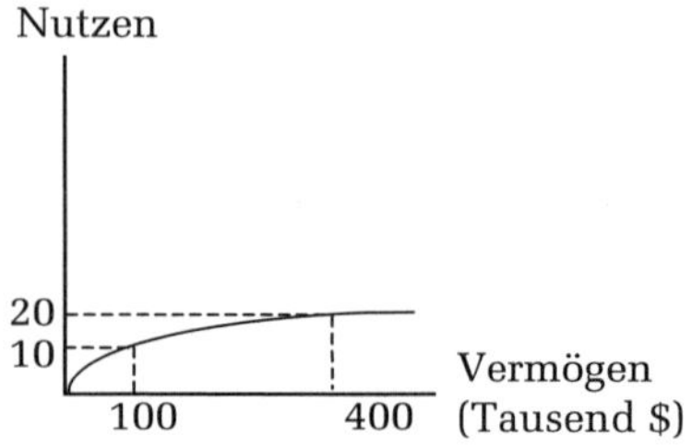

Abbildung 5A.1

b) [Analysis] Ermitteln Sie die erste und zweite Ableitung von $u(W) = W^{0,5}$:

$$\frac{\partial u}{\partial W} = 0{,}5W^{-0{,}5}, \quad \frac{\partial^2 u}{\partial W^2} = -0{,}25W^{-1{,}5}\,.$$

Da die erste Ableitung positiv und die zweite Ableitung negativ ist, wird die Nutzenkurve durch einen abnehmenden Grenznutzen gekennzeichnet. Mit anderen Worten ausgedrückt, steigt die Nutzenkurve mit einer abnehmenden Rate, sodass diese bei höheren Vermögensniveaus flacher verläuft. Dies tritt nur bei risikoscheuen Personen auf.

4. In Übung 1 haben wir für Jeffs erwartetes Vermögen einen Wert von € 480.000 berechnet. Bei Jeffs Nutzenfunktion von $u = \sqrt{W}$ ist sein erwarteter Nutzen (gerundet auf zwei Nachkommastellen) gleich:

$$E\,(u) = 0{,}90u(500.000) + 0{,}10u(300.000)$$

$$= 0{,}90\sqrt{500.000} + 0{,}10\sqrt{300.000}$$

$$= 0{,}90(707{,}11) + 0{,}10(547{,}72) = 691{,}17.$$

In Abbildung 5A.2 wird dargestellt, dass die von uns zu bestimmende Risikoprämie dem Abstand zwischen den Punkten *C* und *D* entspricht.

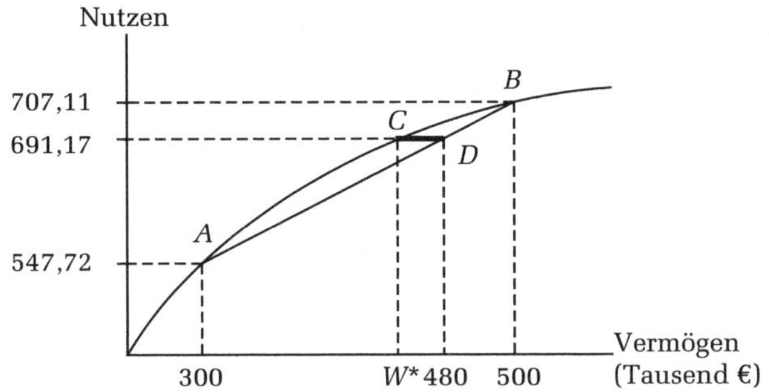

Abbildung 5A.2

Im Punkt *C* gilt: $u(W^*) = 691{,}17$

bzw. $\sqrt{W^*} = 691{,}17$

bzw. $W^* = 477.715{,}96$ (gerundet).

Folglich ist Jeffs Risikoprämie gleich 480.000 – 477.715,96 = € 2.284,04.

5. Siehe Tabelle 5A.1. Der erwartete Verlust in Euro ist gleich (0,05)(€ 400) = € 20. Kauft der Eigentümer keine Versicherung und wird ein Mitarbeiter verletzt, beträgt sein Vermögen € 15.000 – € 400 = € 14.600. Ohne die Versicherung beträgt sein erwartetes Vermögen folglich $E(W)$ = 0,05(14.600) + 0,95(15.000) = € 14.980. Wenn der Eigentümer für € 20 die Versicherung abschließt, ist sein Vermögen in beiden Fällen gleich hoch. Folglich verändert sich durch die Entscheidung für die Aufnahme der Versicherung sein erwartetes Vermögen nicht.

Tabelle 5.A1

Vollständige Versicherung	Verletzung (Pr = 0,05)	Keine Verletzung (Pr = 0,95)	Erwartetes Vermögen
Nein	€ 14.600	€ 15.000	€ 14.980
Ja	€ 14.980	€ 14.980	€ 14.980

6. In Tabelle 5A.2 werden die Gewinne für jedes Ergebnis dargestellt:

Tabelle 5.A2

Entscheidung	Verkauf von 50 Anzügen (Pr = 0,4)	Verkauf von 100 Anzügen (Pr = 0,6)	E (Gewinn)
Kauf von 50 Anzügen	€ 5.000	€ 5.000	€ 5.000
Kauf von 100 Anzügen	€ 1.500	€ 12.000	€ 7.800

Bei unvollständiger Information entscheidet sich eine risikoscheue Person für die Bestellung von 100 Anzügen. Der erwartete Gewinn bei unvollständiger Information ist gleich 0,4(1.500) + 0,6(12.000) = € 7.800. Mit vollständiger Information ist der erwartete Gewinn gleich: 0,4(5.000) + 0,6(12.000) = € 9.200. Folglich ist der Wert vollständiger Information gleich 9.200 – 7.800 = € 1.400.

5.7 Lösungen zu den Übungsaufgaben

7. Bei einem normalen Würfel besteht für jedes der sechs Ergebnisse 1,2...6 eine Wahrscheinlichkeit von 1/6. Der Erwartungswert eines Wurfes ist folglich:

$E(X) = (1/6)(1 + 2 + 3 + 4 + 5 + 6) = 3{,}5.$

Die Varianz ist gleich:

$\sigma^2 = (1/6)[(-2{,}5)^2 + (-1{,}5)^2 + (-0{,}5)^2 + (0{,}5)^2 + (1{,}5)^2 + (2{,}5)^2] = 2{,}92.$

Die Standardabweichung ist gleich: $\sigma = \sqrt{\sigma^2} = 1{,}71.$

8. E (Ertrag auf A) = 0,60(30.000) + 0,40 (0) = € 18.000.

E (Ertrag auf B) = € 10.000.

Die leitende Angestellte ist risikoscheu. Wäre sie risikoneutral, würde sie die Auszahlung in Höhe von € 18.000 bevorzugen. Auch eine risikofreudige leitende Angestellte würde die Anlage A bevorzugen. Eine risikoscheue Person kann, in Abhängigkeit davon, *wie* risikoscheu sie ist, die Anlage A mit einer hoch riskanten Auszahlung bevorzugen oder auch nicht. Da B gewählt wird, muss dies darauf zurückzuführen sein, dass die leitende Angestellte risikoscheu ist.

9. a) Wenn kein Verlust eintritt, hat die Verbraucherin ein Einkommen in Höhe von € 14.400, mit dem sie einen Nutzen von $\sqrt{14.400} = 120$ erzielt. Wenn sie erkrankt, beträgt ihr Einkommen € 10.000 mit einem Nutzen in Höhe von 100. Folglich gilt: $E(u) = (1/2)(120) + (1/2)(100) = 110.$

b) Ihr erwarteter Verlust beträgt (1/2)(€ 14.400 – € 10.000) = € 2.200. Ihr erwartetes Einkommen beträgt (1/2)(€ 14.400 + € 10.000) = € 12.200. Das minimale sichere Einkommen, das sie zur Vermeidung des Risikos akzeptieren würde, wird durch die Lösung der Gleichung $u(X^*) = \sqrt{X^*} = 110$ bzw. X^* = € 12.100 gegeben. Die Risikoprämie ist gleich € 12.200 – € 12.100 = € 100. Siehe Abbildung 5A.3.

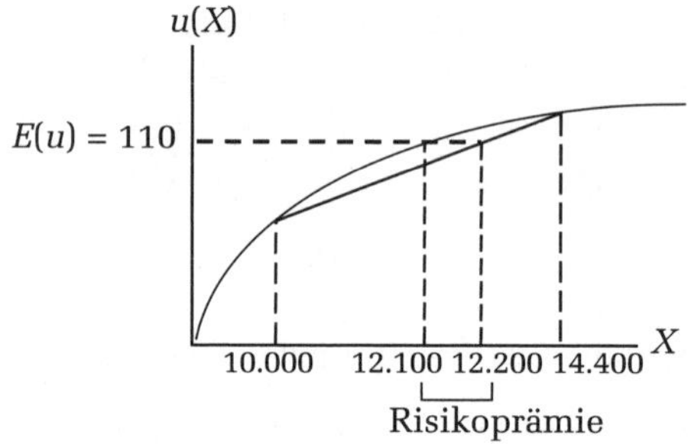

Abbildung 5A.3

c) Mit den neuen Wahrscheinlichkeiten gilt: $E(u) = (3/4)120 + (1/4)100 = 115.$

Das minimale sichere Einkommen, das sie zur Vermeidung des Risikos akzeptieren würde, wird durch die Lösung der Gleichung $u(X^*) = \sqrt{X^*} = 115$ bzw. X^* = € 13.225 gegeben.

Ihr erwartetes Einkommen beträgt (3/4) (€ 14.400) + (1/4) (€ 10.000) = € 13.300.

Die Risikoprämie ist gleich € 13.300 – € 13.225 = € 75. Verglichen mit Teil (*b*) ist die Prämie, die sie zu zahlen bereit ist, aufgrund der niedrigeren Wahrscheinlichkeit eines Verlustes gesunken.

10. In Tabelle 5A.3 werden die Gewinne für jedes Ergebnis dargestellt:

Tabelle 5.A3

Entscheidung	Geringe Nachfrage (Pr = 0,4)	Hohe Nachfrage (Pr = 0,6)	Erwarteter Gewinn
Kleine Anlage	€ 62.500	€ 62.500	€ 62.500
Große Anlage	– € 12.500	€ 150.000	€ 85.000

Da F&L risikoneutral ist, entscheidet sich das Unternehmen bei unvollständiger Information für den Bau einer großen Anlage. Seine erwarteten Gewinne werden dadurch maximiert und sind dann gleich: 0,4(– 12.500) + 0,6(150.000) = € 85.000. Die erwarteten Gewinne bei vollständigen Informationen sind gleich: 0,4(62.500) + 0,6(150.000) = € 115.000. Folglich wäre der maximale Betrag, den das Unternehmen für vollständige Informationen zu zahlen bereit wäre, gleich € 115.000 – € 85.000 = € 30.000.

11. In der mikroökonomischen Theorie zögern wir häufig, eine Änderung der Präferenzen von Individuen in Betracht zu ziehen. Häufiger ändern sich Möglichkeiten oder Informationen. In diesem Fall sind die Personen möglicherweise in einem jüngeren Alter bereit, riskantere Portfolios zu halten, da die Möglichkeit für sie größer ist, ihr Portfolio anzupassen, wenn die Erträge niedrig sind. So könnte beispielsweise eine jüngere Person, die stark in Aktien investiert und Geld verliert, einige Jahre lang einen größeren Anteil ihres Einkommens sparen, um den Vermögensverlust auszugleichen. Je älter die Person wird, desto weniger Jahre blieben ihr, in denen sie diese Anpassung vornehmen könnte.

5.8 Lösungen zu den Kontrollfragen

12. c) Ihr erwarteter Verlust beträgt 0,01(€ 8.000) = € 320. Da sie nur bereit ist, € 300 zu zahlen, was geringer als der Erwartungswert ihres Verlustes ist, muss sie risikofreudig sein.

13. a) Nanette weist einen abnehmenden Grenznutzen des Einkommens auf, somit ist sie risikoscheu.

14. b) Sein Grenznutzen des Einkommens steigt zunächst (risikofreudig), danach nimmt er ab (risikoscheu).

15. b) In Risiko-Ertragskurven sind die Indifferenzkurven eines Investors positiv geneigt. Wenn verschiedene Arten von Anlagen gehalten werden, sind für die Anlagen mit höheren Varianzen höhere erwartete Erträge notwendig.

16. b) Alle drei Optionen (2 Videotheken, 2 Sportgeschäfte sowie jeweils ein Geschäft) weisen Erträge in Höhe von € 120.000 auf. Wenn wir alle Werte in Euro in Tausend ausdrücken, gilt.

E (Gewinn mit 2 Videotheken) = 0,5(40 + 40) + 0,5(80 + 80) = 120.

E (Gewinn mit 2 Sportgeschäften) = 0,5(90 + 90) + 0,5(30 + 30) = 120.

E (Gewinn mit einer Videothek und einem Sportgeschäft) = 0,5(40 + 90) + 0,5(80 + 30) = 120.

Allerdings wird durch eine Diversifizierung mit je einem Geschäft jedes Typs eine niedrigere Varianz der Erlöse erzielt:

Varianz (2 Videotheken) = $0{,}5(80 - 120)^2 + 0{,}5(160 - 120)^2 = 1.600$.

Varianz (2 Sportgeschäfte) = $0{,}5(180 - 120)^2 + 0{,}5(60 - 120)^2 = 3.600$.

Varianz (1 Videothek und 1 Sportgeschäft) = $0{,}5[(40 - 90) - 120]^2 + 0{,}5[(80 + 30) - 120]^2 = 100$.

Folglich entscheidet sich der risikoscheue Investor für die Eröffnung je eines Geschäfts jedes Typs.

17. a) Der risikoneutrale Investor eröffnet zwei Sportgeschäfte, wenn der erwartete Ertrag aus diesem Schritt höher als der Ertrag der Alternativen ist. P sei die Wahrscheinlichkeit für gutes Wetter. In diesem Fall lauten die beiden Bedingungen, die zutreffen müssen:

$P(180) + (1 - P)(60) > P(80) + (1 - P)(160)$ und

$P(180) + (1 - P)(60) > P(130) + (1 - P)(110)$.

Durch Auflösen beider Gleichungen nach P erhalten wir:

$200P > 100$ bzw. $P > 1/2$ und $100\,P > 50$ bzw. $P > 1/2$.

5.9 Lösung zur Internetübung

a) Es gilt p = Wahrscheinlichkeit eines Zahlungsversäumnisses, r_p = Zinssatz für den Privatkredit mit einer Laufzeit von 24 Monaten, r_f = risikofreier Zinssatz. Im Gleichgewicht sollte der erwartete Ertrag auf den Privatkredit gleich dem risikofreien Zinssatz sein, das heißt:

$$\left(1 + r_p\right) \times (1 - p) + 0 \times p = 1 + r_f.$$

Folglich ist die Wahrscheinlichkeit eines Zahlungsversäumnisses gleich:

$$p = 1 - \frac{1 + r_f}{1 + r_p}.$$

Daher können wir, wenn wir nur über Informationen zu den Zinssätzen für Privatkredite mit einer Laufzeit von 24 Monaten verfügen, keine Aussagen über die Wahrscheinlichkeit eines Zahlungsversäumnisses treffen.

b) Wir nehmen an, dass der Zinssatz auf die Schatzwechsel mit einer Laufzeit von zwei Jahren ein risikoloser Zinssatz von $r_f = 0{,}0937$ im Februar 1989 und $r_f = 0{,}0488$ im Februar 1999 ist. Aus den in Teil (a) ermittelten Informationen erhalten wir für Februar 1989 $r_p = 0{,}1565$ und für Februar 1999 $r_p = 0{,}1326$. Folglich war die Wahrscheinlichkeit eines Zahlungsversäumnisses im Februar 1989 gleich

$$p_{1989} = 1 - \frac{1 + 0{,}0937}{1 + 0{,}1565} = 0{,}0540$$

und die Wahrscheinlichkeit eines Zahlungsversäumnisses im Februar 1999 gleich

$$p_{1999} = 1 - \frac{1 + 0{,}0488}{1 + 0{,}1326} = 0{,}0740.$$

Somit war die Wahrscheinlichkeit eines Zahlungsversäumnisses im Jahr 1999 höher.

Die Produktion

6

ÜBERBLICK

Wichtige Begriffe

- Produktionsfunktion
- Isoquanten
- Grenzrate der technischen Substitution
- Die kurze und die lange Frist
- Gesamtprodukt, Durchschnittsprodukt, Grenzprodukt
- Gesetz der abnehmenden Grenzerträge
- Zunehmende, abnehmende und konstante Skalenerträge

6.1 Hauptthemen des Kapitels

Die *Produktionsfunktion* stellt die Beziehung zwischen den Mengen verschiedener eingesetzter Inputs und dem maximalen (technisch machbaren) Output dar, der mit diesen Inputs produziert werden kann. Die Inputs, auf die wir uns meist konzentrieren, sind Kapital (Gebäude, Maschinen) und Arbeit (gelernte und ungelernte Arbeitskräfte). Material sowie Grund und Boden sind weitere wichtige Inputs. Die Produktionsfunktion wird als $Q = F(K,L)$ geschrieben. Die Produktionsfunktionen unterscheiden sich in den Branchen und können sich über die Zeit hinweg ändern, wenn sich die Technologie ändert.

Wenn wir uns auf die Betrachtung von zwei variablen Produktionsfaktoren, beispielsweise Arbeit und Kapital, beschränken, können wir eine *Isoquante* verwenden, um zusammenzufassen, wie verschiedene Niveaus dieser Inputs zur Produktion eines bestimmten Outputniveaus kombiniert werden können. Jede Isoquante bildet eine Kurve, mit der alle möglichen Kombinationen von Arbeit und Kapital dargestellt werden, die zur Produktion einer fixen Outputmenge eingesetzt werden können – eine höhere Isoquante entspricht einem höheren Outputniveau. Der konvexe Verlauf einer Isoquanten bedeutet, dass der Produktionsprozess flexibel genug ist, um zur Erzielung des gleichen Outputniveaus eine Substitution von Arbeit und Kapital (in einem bestimmten Verhältnis) zu ermöglichen.

Die *Grenzrate der technischen Substitution* (*GRTS*) beschreibt, wie Kapital und Arbeit gegeneinander ausgetauscht werden können, sodass der Output konstant bleibt. Die GRTS ist die negative Steigung einer bestimmten Isoquanten in einem bestimmten Punkt (oder bei geringfügigen Änderungen des Kapitals und der Arbeit entlang einer Isoquanten). Bei einer konvexen Isoquante nimmt die GRTS ab, wenn wir uns entlang einer Isoquanten bewegen und dabei einen Input durch einen anderen ersetzen (die Isoquante verläuft flacher, wenn wir uns entlang der horizontalen Achse bewegen). Im Extremfall von Inputs, die vollkommene Substitutionsgüter oder vollkommene Komplementärgüter bilden, verlaufen die Isoquanten als Geraden beziehungsweise L-förmig.

In der *kurzen Frist* gibt es mindestens einen Produktionsfaktor, der fix ist (der nicht verändert werden kann). Normalerweise nehmen wir an, dass das Kapital eines Unternehmens kurzfristig fix ist, da es nicht leicht verändert werden kann. So dauert es beispielsweise einige Zeit, ein neues Werk zu errichten oder auch eine neue Maschine zu installieren. Die *lange Frist* ist der Zeitraum, der benötigt wird, um alle Inputs variabel zu machen.

Die Analyse des Produktionsprozesses eines Unternehmens erfordert die Feststellung des genauen Charakters der Technologie bei sich ändernden Inputs. Das *Grenzprodukt der Arbeit* ($\Delta Q/\Delta L$) ist der zusätzliche Output (oder das *Gesamtprodukt*), der (oder das) produziert wird, wenn der Arbeitseinsatz um eine Einheit erhöht wird. Das *Durchschnittsprodukt der Arbeit* ist als Q/L definiert. Das Durchschnittsprodukt und das Grenzprodukt des Kapitals können ähnlich definiert werden, wenn wir die Arbeit fix halten und das Kapital verändern.

Das *Gesetz der abnehmenden Grenzerträge* beschreibt ein Muster, das in den meisten Produktionsprozessen zu beobachten ist: Wenn alle Inputs bis auf einen fix gehalten werden und der verbleibende Input beständig erhöht wird, erreichen wir schließlich einen Punkt, in dem die Rate des Anstiegs des Outputs zu fallen beginnt. Dabei ist zu beachten, dass das Gesetz der abnehmenden Grenzerträge nicht bedeutet, dass der Output sinkt, wenn ein zusätzlicher Input hinzugefügt wird. Es besagt nur, dass die Rate des Anstiegs des Outputs nach einem bestimmten Punkt beginnt, geringer zu werden, wenn ein zusätzlicher Input hinzugefügt wird.

Abnehmende Grenzerträge sind nicht das gleiche wie *Skalenerträge*. Die Frage, mit der wir uns bei der Erörterung von Skalenerträgen beschäftigen müssen, lautet: „Was geschieht mit dem Output, wenn *alle* Inputs proportional erhöht werden?" Wenn eine Verdoppelung aller Inputs dazu führt, dass sich der Output mehr als verdoppelt, bestehen *zunehmende Skalenerträge*. Wenn eine Verdoppelung aller Inputs dazu führt, dass sich der Output verdoppelt, bestehen *konstante Skalenerträge*. Wenn eine Verdoppelung aller Inputs dazu führt, dass sich der Output weniger als verdoppelt, bestehen *abnehmende Skalenerträge*. Die meisten Unternehmen weisen über einen anfänglichen Outputbereich hinweg zunehmende Skalenerträge auf; wenn sie dann zu Großunternehmen werden, können sie eventuell abnehmende Skalenerträge aufweisen.

6.2 Wiederholung und Übungen

6.2.1 Die Produktionstechnologie (Kapitel 6.1)

In der Volkswirtschaftslehre ist die Technologie eines Unternehmens der Prozess, mit dem Inputs (Produktionsfaktoren) in Outputs (Produkte für den Verkauf auf dem Markt) verwandelt werden. Inputs, zu denen Arbeitskräfte, Ausrüstungen und Rohstoffe gehören, werden normalerweise zusammenfassend als Arbeit, Kapital und Material (Vorleistungen) bezeichnet. Das Produkt kann ein an die Verbraucher verkauftes Endprodukt oder ein Zwischenprodukt, das heißt von anderen Unternehmen eingesetztes Kapital oder Material, sein. Wir beschreiben diese Technologie mit einer *Produktionsfunktion*, mit der die Menge des Output für jede spezifizierte Kombination von Inputs angegeben wird.

Zur Vereinfachung der Darstellung betrachten wir häufig nur zwei Inputs, Arbeit und Kapital. In der Tat bedeutet dies, dass wir den Materialinput für das Endprodukt konstant halten. Mit dieser Vereinfachung können wir die Produktionsfunktion für ein bestimmtes Niveau der Technologie als $Q = F(K,L)$ schreiben. Obwohl es in der Realität technische Ineffizienz (ein geringerer Output mit den gleichen Inputs) geben kann, nehmen wir in diesem Kapitel an, dass die Unternehmen effizient produzieren. Dies bedeutet, dass das Unternehmen so viel Output erzielt, wie mit einem gegebenen Inputniveau technisch erreichbar ist.

6.2.2 Die Produktion mit einem variablen Input (Arbeit) (Kapitel 6.2)

Zur Einführung verschiedener Konzepte in Zusammenhang mit der Technologie des Unternehmens betrachten wir die Daten in Tabelle 6.1. Ein Unternehmen setzt zur Produktion seines Outputs zwei Inputs ein – Kapital, das fix ist, und Arbeit, die variabel ist. In der unten stehenden Tabelle wird angegeben, wie sich der Output verändert, wenn sich der Arbeitseinsatz ändert.

Tabelle 6.1

Täglicher Output von Kupferdraht einer Anlage

(1) Arbeit (Arbeitsstunden) L	(2) Kapital (Maschinenstunden) K	(3) Output (Pfund) Q	(4) Durchschnittsprodukt (Pfund pro Arbeitsstunde) Q/L	(5) Grenzprodukt (Pfund pro Arbeitsstunde) $\Delta Q/\Delta L$
10	40	200	20	–
11	40	231	21	31
12	40	264	22	33
13	40	286	22	22
14	40	294	21	8
15	40	300	20	6

In den ersten beiden Spalten werden die Inputniveaus angegeben. Das Kapital wird bei 40 Einheiten konstant gehalten, sodass wir uns auf die Auswirkungen der Änderung des Niveaus des Arbeitseinsatzes konzentrieren können. Die letzten drei Spalten sind Maße der Produktivität. In Spalte (3) wird der mit diesen Inputs produzierte Output angegeben. In der vierten Spalte wird das *Durchschnittsprodukt der Arbeit* (DP_L), dargestellt, das gleich dem Output pro Einheit Arbeit ist. Das Durchschnittsprodukt der Arbeit für eine Branche oder die Volkswirtschaft wird als „Arbeitsproduktivität" bezeichnet. Trends im Wachstum der Arbeitsproduktivität sind wichtig für die Bestimmung der Frage, wie schnell sich die Lebensstandards erhöhen.

In Spalte (5) wird das *Grenzprodukt der Arbeit* (GP_L) dargestellt, bei dem es sich um den zusätzlichen Output handelt, der aus dem Einsatz einer weiteren Einheit Arbeit resultiert, also $\Delta Q/\Delta L$. So ist beispielsweise das Grenzprodukt der Arbeit zwischen 12 und 13 Stunden Arbeit gleich 22 Pfund (286 – 264). Wenn folglich gegenwärtig 12 Arbeitsstunden eingesetzt werden, würde durch die Aufwendung einer weiteren Stunde Arbeit der Output um 22 Einheiten erhöht werden.

Die Daten in der Tabelle beschreiben eine allgemeine Beziehung zwischen GP_L und DP_L. Wenn gilt $GP_L > DP_L$, steigt DP_L bei zunehmendem Arbeitseinsatz. Wenn $GP_L = DP_L$, dann ist DP_L konstant. Wenn $GP_L < DP_L$, fällt DP_L bei steigendem Arbeitseinsatz. Beispielsweise ist bei $L = 11$ $DP_L = 21$ und das GP_L der nächsten Arbeitskraft ist gleich 33. Da 33 größer als 21 ist, wissen wir, dass DP_L steigen muss, was durch die Betrachtung der Spalte (4) bestätigt wird.

Da sich das Niveau des Kapitaleinsatzes in der gesamten Tabelle 6.1 nicht ändert, können wir den mit verschiedenen Arbeitseinsätzen erzielten Output in zwei Dimensionen graphisch darstellen. In Abbildung 6.1a wird der Output gegenüber dem Arbeitseinsatz für die Daten aus Tabelle 6.1 dargestellt. Diese Kurve wird als *Gesamtproduktkurve der Arbeit* bezeichnet. In Abbildung 6.1b wird die Kurve des Grenzprodukts und des Durchschnittsprodukts der Arbeit dargestellt.

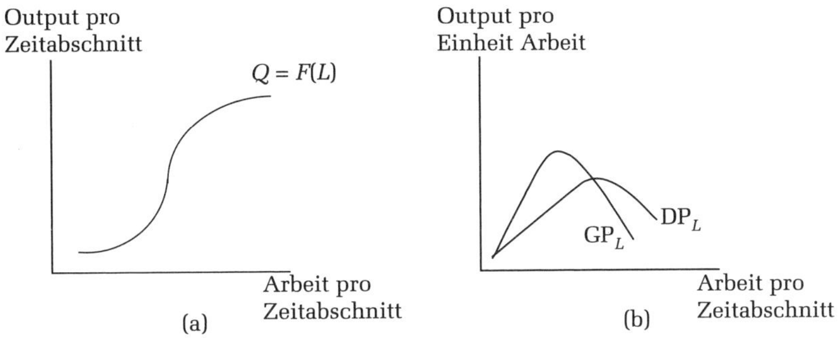

Abbildung 6.1

Übung

1. a) Füllen Sie die Lücken in der folgenden Tabelle mit Produktionsdaten aus:

Tabelle 6.2

Arbeit L	Kapital K	Output Q	Durchschnittsprodukt Q/L	Grenzprodukt $\Delta Q/\Delta L$
3	8	33		Nicht verfügbar.
4	8		9	
5	8			4
6	8		7,5	5

b) Zeichnen Sie wie in Abbildung 6.1a die Gesamtproduktkurve der Arbeit mit dem Output (Q) als Funktion des Arbeitseinsatzes (L).

c) Zeichnen Sie wie in Abbildung 6.1b die DP_L- und GP_L-Kurven als Funktion des Arbeitseinsatzes.

2. Wenn GP_L sinkt, geht DP_L in diesem Bereich des Outputs immer zurück? Warum ist dies der Fall beziehungsweise warum nicht?

Das Gesetz der abnehmenden Grenzerträge Wenn das Niveau des Kapitals fix ist, kann regelmäßig beobachtet werden, dass GP_L letztendlich zu sinken beginnt, wenn der Arbeitseinsatz kontinuierlich erhöht wird. Dies entspricht dem *Gesetz der abnehmenden Grenzerträge*. Kurzfristig treten abnehmende Grenzerträge auf, wenn kontinuierliche Zuwächse der Arbeit bei einem fixem Niveau des Kapitals zu immer kleineren Erhöhungen des Gesamtoutputs führen. Bei den abnehmenden Grenzerträgen handelt es sich um ein kurzfristiges Konzept, da es sich mit der Reaktion des Outputs auf Änderungen in einem einzigen Input beschäftigt; langfristig kann ein Unternehmen all seine Inputs ändern. Dieses Konzept darf nicht mit Skalenerträgen (die an späterer Stelle des vorliegenden Kapitels behandelt werden) verwechselt werden, mit denen beschrieben wird, wie sich der Output verändert, wenn *alle* Inputs proportional verändert werden.

Übung

3. In Abbildung 6.2 wird die Gesamtproduktkurve für den Quik Image Copyshop dargestellt. Der Copyshop hat gegenwärtig zwei Kopiergeräte.

a) Treten abnehmende Erträge im Punkt *A*, *B*, *C*, *D* oder *E* ein, wenn Quik Image die Anzahl der Arbeitskräfte bei einer fixen Anzahl von Kopiergeräten erhöht?

b) Zeichnen Sie die neue Gesamtproduktkurve, wenn Quik Image ein weiteres Kopiergerät erwirbt. Bleibt der Punkt der abnehmenden Erträge gleich? Erklären Sie Ihre Antwort.

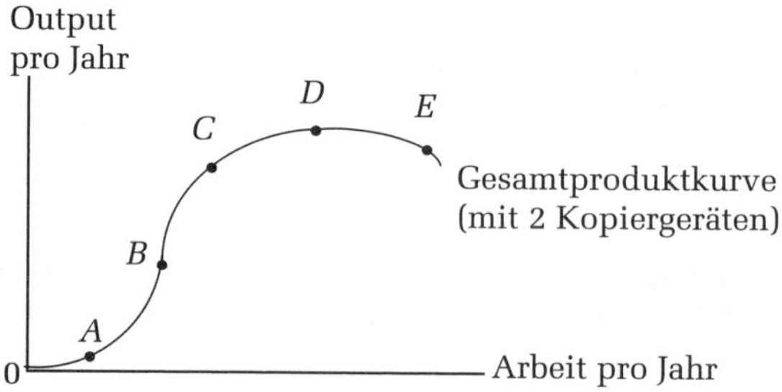

Abbildung 6.2

6.2.3 Die Produktion mit zwei variablen Inputs (Kapitel 6.3)

Wenn mehr als ein Inputniveau frei angepasst werden können, wird das Unternehmen mit der Frage konfrontiert, welche die beste einzusetzende Kombination von Inputs ist. In diesem Abschnitt werden die verschiedenen Wahlmöglichkeiten analysiert, mit denen das Unternehmen konfrontiert wird, wenn es entscheiden muss, wie ein bestimmtes Outputniveau erzielt werden soll.

Bei zwei Inputs können wir die Isoquanten der Produktionsfunktion in zwei Dimensionen darstellen. Genau wie mit einer Indifferenzkurve alle Kombinationen von zwei Gütern dargestellt werden, mit denen ein Verbraucher ein bestimmtes Befriedigungsniveau erreicht, stellt eine Isoquante alle Kombinationen von Arbeit und Kapital dar, mit denen das gleiche Outputniveau erzielt wird. Die Isoquanten unterscheiden sich von den Indifferenzkurven in einer wichtigen Hinsicht: Wir können den Output beobachten und messen, wogegen wir den Nutzen bei ordinalen Präferenzen nicht messen könnten. Die Isoquanten sind negativ geneigt – ein Unternehmen kann den gleichen Output produzieren, wenn es das Niveau eines Inputs reduziert, während es das Niveau des anderen Inputs erhöht.

In Abbildung 6.3 werden zwei typische Isoquanten für die Weizenernte mit zwei variablen Inputs, Erntemaschinen und Arbeit, dargestellt. Die Isoquante Q_1 umfasst all die Kombinationen von Arbeitskräften und Erntemaschinen pro Jahr, mit denen 100 Tonnen Weizen produziert werden können, zum Beispiel die Punkte *A* und *B*. Der Punkt *C*, der einem höheren Einsatz *sowohl* von Arbeit *als auch* von Kapital entspricht, liegt auf einer höheren Isoquanten, Q_2.

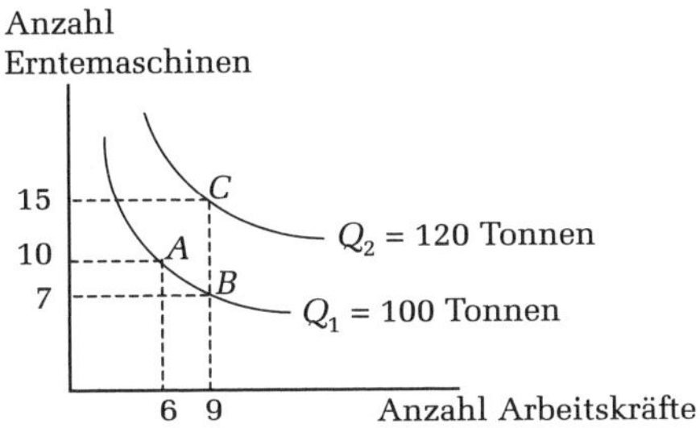

Abbildung 6.3

Übung

4. Es sei angenommen, eine Isoquante für einen bestimmten Produktionsprozess weise eine so enge Kurve auf, dass sie beinahe L-förmig ist. Was würde dies über die Technologie aussagen?

Die Grenzrate der technischen Substitution Genau wie die Grenzrate der Substitution die Bereitschaft eines Verbrauchers beschreibt, Güter gegeneinander auszutauschen und dabei einen genauso präferierten Warenkorb zu erzielen, beschreibt die *Grenzrate der technischen Substitution* (*GRTS*), wie das Unternehmen einen Input durch einen anderen ersetzen und dabei noch immer den gleichen Output erzielen kann. Die GRTS ist gleich der negativen Steigung der Isoquanten beziehungsweise $-\Delta K/\Delta L$ bei konstantem Q. Die GRTS ist ebenfalls gleich dem Verhältnis des Grenzproduktes der Arbeit zum Grenzprodukt des Kapitals, GP_L/GP_K. In die Richtung, in die die Arbeit entlang einer Isoquanten zu und das Kapital abnimmt, bedeutet der konvexe Verlauf der Isoquanten, dass die GRTS abnimmt. (An dieser Stelle sei daran erinnert, dass eine Kurve mit negativem Anstieg konvex verläuft, wenn sie flacher wird, während wir uns entlang der Kurve nach unten bewegen.)

Zwei Sonderfälle von Isoquanten sind wichtig. In einem Extremfall bilden die Isoquanten parallele Geraden und die GRTS ist konstant, wenn die Inputs vollkommene Substitutionsgüter sind. So kann beispielsweise an einem Montageband ein Bauteil leicht entweder durch eine Arbeitskraft oder durch eine Maschine montiert werden. In dem anderen Extremfall verlaufen die Isoquanten L-förmig, nämlich bei einer Produktionsfunktion mit festem Einsatzverhältnis. So kann beispielsweise nur jeweils eine Person auf einer Tastatur schreiben. Ohne eine zweite Arbeitskraft ist eine zweite Tastatur nutzlos.

Übung

5. Zeichnen Sie die den folgenden Situationen entsprechenden Isoquanten:

a) Die Produktion von Thermosflaschen mit den Flaschen auf der x-Achse (als einem Input) und den Deckeln für die Flaschen (als dem anderen Input) auf der y-Achse. (Es sei angenommen, der Kapitaleinsatz ist konstant.)

b) Die Errichtung von Bürogebäuden mit Arbeit auf der x-Achse und Kapital auf der y-Achse.

c) Die Produktion von Hamburgern mithilfe von entweder gasbetriebenen Grills (x-Achse) oder Elektrogrills (y-Achse) unter der Annahme, dass die beiden Arten von Grills vollkommene Substitutionsgüter sind.

Die kurze und die lange Frist Der Unterschied zwischen der kurzen und der langen Frist beruht nicht wirklich auf der Zeit. Er hängt vielmehr von den Charakteristika der Produktionsfaktoren ab. In der *kurzen Frist* kann die Verwendung von mindestens einem Produktionsfaktor nicht angepasst werden. Deswegen weist das Unternehmen in der kurzen Frist einige fixe Inputs auf. Gewöhnlich ist das Kapital der Input, der in der kurzen Frist fix ist. In der *langen Frist* können alle Inputniveaus angepasst werden. Die Zeithorizonte für diese Fristen unterscheiden sich zwischen Unternehmen und Branchen. Das Kapitalniveau einer chemischen Reinigung kann in zwei Monaten angepasst werden, wogegen eine umfangreiche Aufstockung des Kapitals in einem Aluminiumwerk zwei bis drei Jahre dauern kann. Unabhängig davon, ob als kurze Frist zwei Monate oder zwei Jahre angesehen werden, muss es laut der Definition ein Inputniveau geben, das innerhalb dieses Zeitraums nicht verändert werden kann.

6.2.4 Skalenerträge (Kapitel 6.4)

Übung

6. In Tabelle 6.3 werden Daten zu Arbeit, Kapital und Output für vier verschiedene Isoquanten angegeben.

a) Berechnen Sie die prozentualen Änderungen der Inputs von Arbeit und Kapital, die beim Wechsel von den Inputkombinationen *A* zu *B*, *B* zu *C* und *C* zu *D* auftreten.

b) Bestehen zwischen *A* und *B* zunehmende, abnehmende oder konstante Skalenerträge? Zwischen *B* und *C*? Zwischen *C* und *D*?

Tabelle 6.3

Inputkombination	Output	Arbeit	Kapital
A	100	20	40
B	250	40	80
C	600	90	180
D	810	126	252

Wenn alle Produktionsfaktoren proportional erhöht werden, beschreiben wir das Ausmaß der sich daraus ergebenden Änderung des Outputs mithilfe des Konzeptes der *Skalenerträge*. Wenn eine Verdopplung aller Inputs dazu führt, dass sich der Output mehr als verdoppelt, weist die Produktionsfunktion *zunehmende Skalenerträge* auf. Die Spezialisierung der Arbeit ist eine wichtige Quelle zunehmender Skalenerträge – wenn das Unternehmen wächst, müssen die Arbeitskräfte nicht mehr verschiedene Aufgaben ausführen und können effizienter werden. Eine weitere wichtige Quelle ist der effizientere Einsatz großtechnischer Ausrüstungen – wenn Sie den Durchmesser einer Pipeline verdoppeln, sind beispielsweise die Materialkosten für den Bau der größeren Pipeline gering im Vergleich zur Steigerung des Volumens, das durch die Pipeline gepumpt werden kann. Wenn eine Verdopplung aller Inputs genau zu einer Verdoppelung des Outputs führt, bestehen *konstante Skalenerträge*. Die meisten

Unternehmen erzielen zunächst zunehmende Skalenerträge, wenn sie wachsen, aber es bestehen Grenzen dafür: Wenn eine Verdoppelung aller Inputs zu einer Erhöhung des Outputs um weniger als das Doppelte führt, bestehen *abnehmende Skalenerträge*. Eine häufige Quelle für abnehmende Skalenerträge sind Schwierigkeiten in der Unternehmensführung, wenn das Unternehmen komplexer wird.

6.3 Übungsaufgaben

7. Warum ist die Gesamtproduktkurve der Arbeit niemals negativ geneigt?

8. Die Produktionsfunktion für ein bestimmtes Produkt ist gleich $Q = F(K,L) = 0,5L + \sqrt{K}$.

a) Welche Art von Skalenerträgen weist diese Produktionsfunktion auf?

b) Wie hoch ist das Durchschnittsprodukt der Arbeit, wenn $K = 4$?

c) Wie hoch ist das kurzfristige Grenzprodukt der Arbeit, wenn $K = 4$?

9. Es sei angenommen, einem Unternehmen stehen gegenwärtig 100 Maschinen für seinen Produktionsprozess zur Verfügung. Bei der Verwendung von 100 Stunden wird der Output pro Arbeitsstunde durch die folgende Funktion beschrieben:

$Q = -50 + 10L - 0,02L^2$.

Bei dieser Gesamtproduktkurve ist das Grenzprodukt der Arbeit gleich:

$GP_L = 10 - 0,04L$,

und das Durchschnittsprodukt der Arbeit ist gleich:

$DP_L = -50/L + 10 - 0,02L$.

a) Zeichnen Sie die DP_L-Kurve über den Bereich von $L = 10$ bis $L = 70$. (Bestimmen Sie DP_L zwischen 10 und 70 Arbeitsstunden in Abständen von 10 Arbeitsstunden und zeichnen Sie die Punkte ein.)

b) Auf welchem Niveau des Arbeitseinsatzes erreicht die DP_L-Kurve ihr Maximum? (Verwenden Sie zur Bestimmung den Graph oder lösen Sie die Aufgabe algebraisch.) Wie hoch ist das Grenzprodukt der Arbeit bei diesem Inputniveau?

10. Sie sind Abteilungsleiter bei einem großen Unternehmen. Vor zwei Jahren hatten Sie 20 Mitarbeiter und produzierten 40.000 Einheiten. Im letzten Jahr hat das Unternehmen Ihrer Abteilung 10 weitere Arbeitskräfte zugewiesen und der Output stieg auf 45.000. Sie haben eben eine Mitteilung von Ihrem Chef erhalten, die darauf hindeutet, dass er sehr über den Rückgang der durchschnittlichen Produktivität Ihrer Mitarbeiter um 500 Einheiten besorgt ist. Wie können Sie sich verteidigen?

11. Die Herstellung Ihres Produktes umfasst zwei Schritte. Zunächst durchläuft das Metallblech eine Stanzmaschine, mit der die einzelnen Teile ausgeschnitten werden. Danach durchlaufen die Teile eine Fließbandpresse, mit der sie zu dem Produkt montiert werden. Für jedes Produkt wird eine Einheit Metallblech benötigt. Außerdem kann die Stanze pro Woche die Teile für 3.000 Stück schneiden und mit der Presse können pro Woche 2.000 Stück dieses Artikels montiert werden. Die Maschinen stehen nur in ganzzahligen Einheiten zur Verfügung.

a) Wie viele Maschinen jeder Art und wie viel Material wird mindestens für die Produktion von 9.000 Stück pro Woche benötigt? Und wie viele für die Produktion von 12.000 Stück pro Woche?

b) Weist der Produktionsprozess in diesem Outputbereich zunehmende, konstante oder abnehmende Skalenerträge auf?

12. Bestimmen Sie alle Outputniveaus in Abbildung 6.4, in denen gilt $DP_L = GP_L$. Auf welchem dieser Outputniveaus erreicht DP_L seinen Maximalwert?

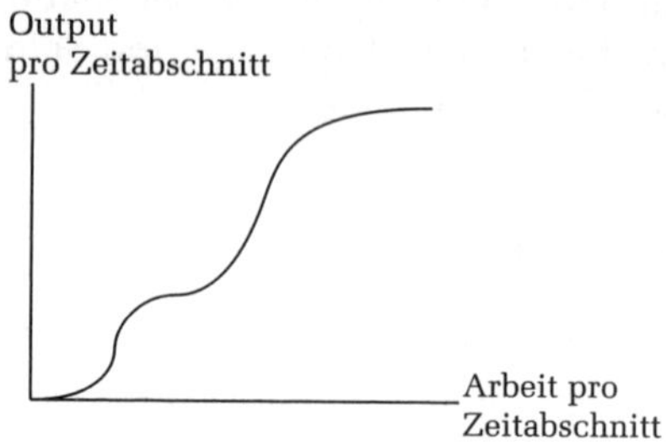

Abbildung 6.4

6.4 Kontrollfragen

13. Die Produktionsfunktion eines Unternehmens beschreibt:

a) Die Menge, die zur Gewinnmaximierung produziert werden sollte;
b) was technisch machbar ist, wenn das Unternehmen effizient produziert;
c) den von einem effizient produzierenden Unternehmen erzielten Erlös;
d) die tatsächliche Produktion des Unternehmens mit gegebenen Inputs.
e) Alle der oben stehenden Aussagen treffen zu.

14. Eine Produktionsisoquante beschreibt:

a) Alle bei Änderungen des Arbeitseinsatzes möglichen unterschiedlichen Outputniveaus;
b) alle bei Änderungen des Kapitaleinsatzes möglichen unterschiedlichen Outputniveaus;
c) alle Kombinationen von Arbeit und Kapital, mit denen das gleiche Outputniveau erzielt wird;
d) alle Kombinationen von Arbeit und Kapital, mit denen der Gewinn maximiert wird.
e) Keine der oben stehenden Aussagen trifft zu.

15. In der kurzen Frist:

a) Gibt es keine fixen Inputs;
b) sind alle Inputs fix;
c) kann mindestens ein Input nicht verändert werden;
d) kann der Arbeitseinsatz nicht verändert werden;
e) b) und d).

16. Das Grenzprodukt der Arbeit ist gleich:

a) Output geteilt durch Arbeitseinsatz (Q/L);
b) dem mit dem Einsatz der letzten Einheit Arbeit erzielten zusätzlichen Output ($\Delta Q/\Delta L$);
c) dem Arbeitseinsatz geteilt durch den Kapitaleinsatz (L/K);
d) dem für die letzte Einheit des Outputs benötigten Arbeitseinsatz ($\Delta L/\Delta Q$).
e) Keine der oben stehenden Aussagen ist zutreffend.

17. Abnehmende Grenzerträge bedeuten, dass:

a) GP_K sinkt, wenn in der Produktion bei konstant gehaltenem Arbeitseinsatz mehr Kapital eingesetzt wird;

b) die GRTS zunimmt, wenn entlang einer gegebenen Isoquanten die Arbeit zunimmt und das Kapital abnimmt;

c) sich der Output um weniger als das Doppelte erhöht, wenn sich der Einsatz der Inputs Kapital und Arbeit verdoppelt;

d) a) und c);

e) a) und b).

Die nächsten beiden Fragen beziehen sich auf die folgende Tabelle:

Arbeitseinsatz (Arbeitsstunden) L	**Kapitaleinsatz (Maschinenstunden)** K	**Output (Pfund)** Q
35	40	210
36	40	252
37	40	266

18. Das Grenzprodukt der 36. Arbeitsstunde ist gleich:

a) 42.

b) 40.

c) 14.

d) 6.

e) Keiner der oben stehenden Werte trifft zu.

19. Beim Einsatz von 37 Arbeitsstunden ist das Durchschnittsprodukt der Arbeit gleich:

a) 7.

b) 7,2.

c) 14.

d) 6,65.

e) Keiner der oben stehenden Werte trifft zu.

20. Abnehmende Skalenerträge können aufgrund der folgenden Ursachen auftreten:

a) Spezialisierung der Inputs.

b) Verdopplung der Anlage und der Ausrüstung zu gleichen Kosten.

c) Unwirtschaftlichkeiten in der Unternehmensführung.

d) Einsatz von Inputs in ungleichen Verhältnissen.

e) Abnehmendes Grenzprodukt des Kapitals.

21. Wenn Arbeit der einzige variable Input ist, erreicht das Grenzprodukt sein Maximum:

a) in dem Punkt, in dem die Durchschnittsproduktkurve horizontal verläuft;

b) in dem Punkt, in dem das Durchschnittsprodukt gleich dem Grenzprodukt ist;

c) im Punkt der Beugung der Gesamtproduktkurve;

d) in dem Punkt, in dem sich die Gesamtproduktkurve nach unten neigt.

e) Keine der oben stehenden Aussagen trifft zu.

22. Ein Produktionsprozess weist zunehmende Skalenerträge auf, wenn:

a) durch die Hinzufügung einer kompletten zweiten Schicht der Output um weniger als 100 Prozent gesteigert wird;

b) zu einer Verdopplung des Outputs weniger als das Doppelte an Energie benötigt wird;

c) der Output durch die Inbetriebnahme eines zweiten Montagebandes um 100 Prozent gesteigert wird;

d) die Produktion durch die Bepflanzung einer doppelt so großen Fläche und die Verdopplung aller anderen Inputs um weniger als 100 Prozent gesteigert wird.

e) Keine der oben stehenden Aussagen trifft zu.

23. Wenn ein Unternehmen, das nur Kapital und Arbeit einsetzt, seinen Arbeitseinsatz verdoppelt und der Output sich um weniger als 100 Prozent erhöht,

a) weist die Produktion abnehmende Skalenerträge auf;

b) weist die Produktion zunehmende Skalenerträge auf;

c) weist die Produktion abnehmende Grenzerträge auf;

d) a) und c);

e) b) und c).

6.5 Internetübung

Der volkswirtschaftliche Forschungsdienst des US-amerikanischen Landwirtschaftsministeriums betreibt eine Webseite mit der folgenden Adresse: *http://www.ers.usda.gov.* Diese Seite enthält eine Vielzahl von Informationen zu den ökonomischen Aspekten des US-amerikanischen Agrarsektors (Datenreihen, Veröffentlichungen von Nachrichten, Forschungspublikationen und so weiter). Geben Sie folgende Adresse ein: *http://www.ers.usda.gov/publications/agoutlook/mar1997/.* Klicken Sie auf *In this Issue...* Dort finden Sie unter dem Titel *CHINA: A RETREAT FROM AG REFORMS?* [China: Rückzug von den Agrarreformen?] die Zusammenfassung eines Artikels. Diese Zusammenfassung beinhaltet eine Aussage zur kurzfristigen Getreideproduktion. Wie würden Sie für diesen Fall die kurze Frist definieren?

6.6 Lösungen zu den Übungen

1. a) Siehe Tabelle 6A.1. Wenn $L = 3$, $DP_L = Q/L = 33/3 = 11$. Wenn $L = 4$, $DP_L = 9$, sodass $Q = (DP_L)L = 9(4) = 36$. Zwischen 3 und 4 ist GP_L gleich $36 - 33 = 3$. Da GP_L zwischen 4 und 5 gleich 4 ist, gilt $Q = 40$, wenn $L = 5$. Folglich ist DP_L gleich $40/5 = 8$. Durch die Hinzufügung einer weiteren Einheit Arbeit wird der Output um 5 Einheiten gesteigert, sodass gilt $Q = 45$, wenn $L = 5$. Dies können wir auch mithilfe von $Q = (DP_L)L = 7{,}5(6) = 45$ bestimmen.

Tabelle 6A.1

Arbeit L	**Kapital** K	**Output** Q	**Durchschnittsprodukt** Q/L	**Grenzprodukt** $\Delta Q/\Delta L$
3	8	33	11	Nicht verfügbar
4	8	36	9	3
5	8	40	8	4
6	8	45	7,5	5

b) Siehe Abbildung 6A.1a.

c) Siehe Abbildung 6A.1b.

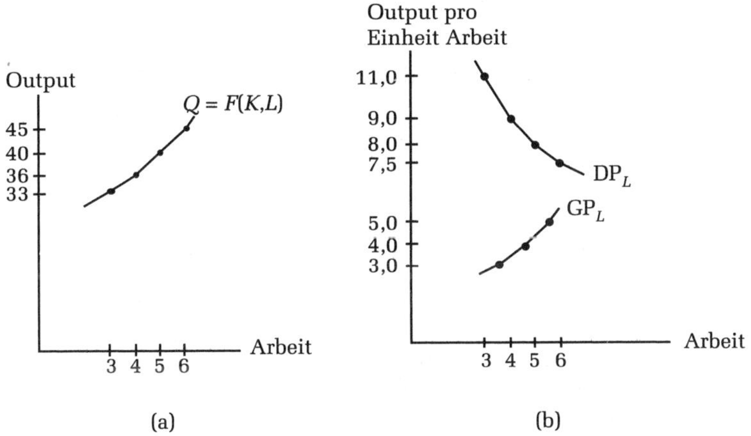

Abbildung 6A.1

2. Wenn das Grenzprodukt der Arbeit fällt, kann das Durchschnittsprodukt der Arbeit steigen oder fallen. Die Steigung der DP_L-Kurve hängt nicht von der Steigung der GP_L-Kurve ab, sondern davon, ob die GP_L-Kurve oberhalb oder unterhalb der DP_L-Kurve liegt.

3. a) Die abnehmenden Grenzerträge setzen in Punkt *B* ein, in dem das Grenzprodukt der Arbeit (die Steigung der Gesamtproduktkurve mit fixem Kapital) beginnt, mit abnehmender Geschwindigkeit zuzunehmen. Eine häufige, aber falsche Antwort auf diese Frage wäre Punkt *D*, in dem GP_L von positiv zu negativ wechselt. Für abnehmende Grenzerträge ist kein negatives GP_L notwendig. Dazu ist es nur nötig, dass zusätzliche Einheiten eines Inputs weniger produktiv werden, obwohl sie den Output trotzdem noch immer erhöhen.

b) Siehe Abbildung 6A.2. Durch zusätzliches Kapital wird die gesamte Gesamtproduktkurve verschoben. Der Punkt abnehmender Grenzerträge tritt bei einem höheren Niveau des Arbeitseinsatzes ein, da die zusätzlichen Arbeitskräfte eine zusätzliche Maschine haben, mit der sie arbeiten können.

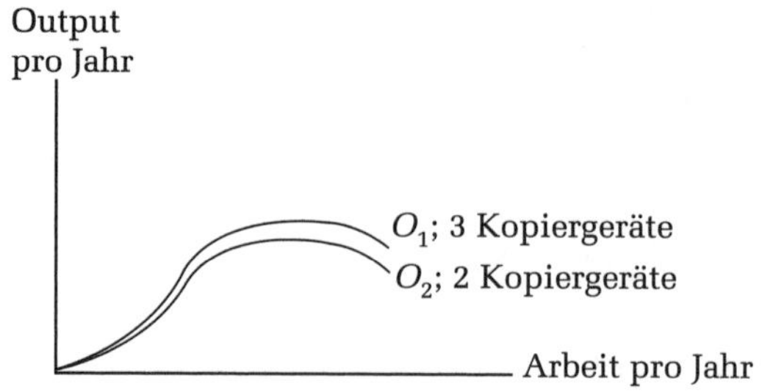

Abbildung 6A.2

4. In Abbildung 6A.3 wird eine Isoquante mit einer engen Kurve dargestellt. In diesem Fall ist das Unternehmen bei der Substitution von Kapital durch Arbeit (oder umgekehrt), sodass weiterhin ein Output von Q_1 produziert wird, relativ unflexibel. Wenn das Unternehmen im Punkt *A* wäre und versuchen würde, einige Arbeitskräfte zu entlassen, müsste es zum Ausgleich des Verlustes an Arbeit eine große Anzahl an Maschinen kaufen (auf Punkt *B* wechseln), um weiterhin Q_1 produzieren zu können. Die mit der gepunkteten Linie eingezeichnete Isoquante weist einen weniger engen Kurvenverlauf auf und stellt folglich eine flexiblere Produktionstechnologie dar: Arbeit kann unter Wahrung eines Outputniveaus Q_1 leichter durch Kapital ersetzt werden (durch einen Wechsel von Punkt *A* zu Punkt *C*).

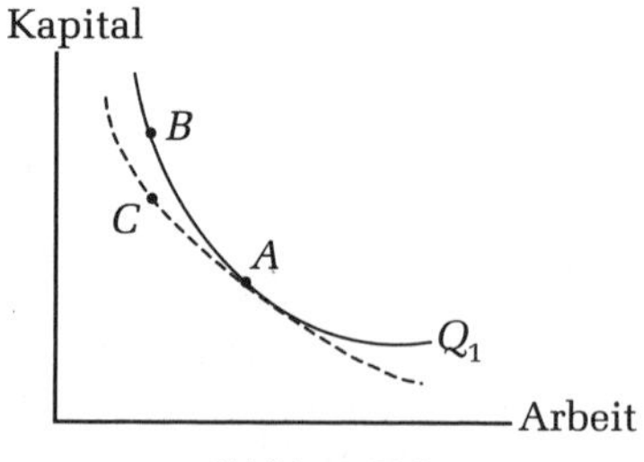

Abbildung 6A.3

5. a) Deckel und Flaschen sind vollkommene Komplementärgüter. Zur Herstellung des Produkts werden beide Inputs (in einem Verhältnis von eins zu eins) benötigt.

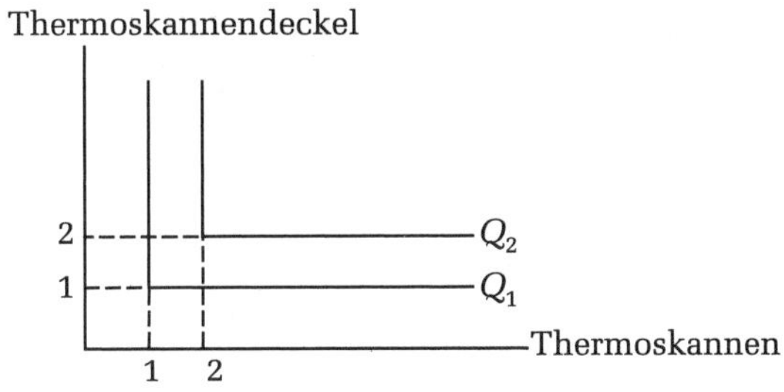

Abbildung 6A.4a

b) Die Krümmung dieser Isoquanten hängt davon ab, wie austauschbar Arbeit und Kapital bei der Errichtung von Bürogebäuden sind.

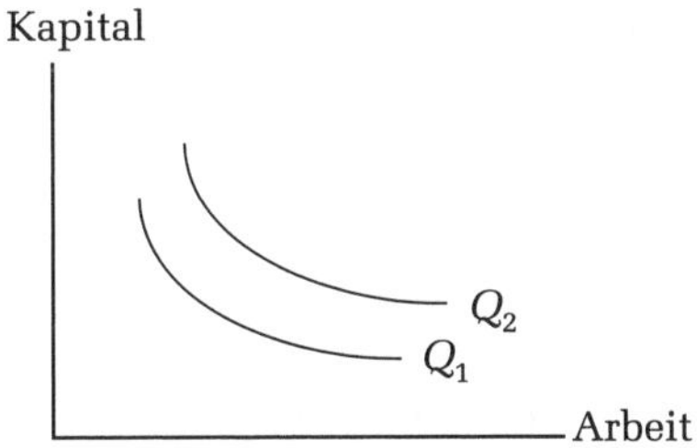

Abbildung 6A.4b

c) Wenn mit Gas betriebene und Elektrogrills vollkommene Substitutionsgüter sind, bilden die Isoquanten Geraden.

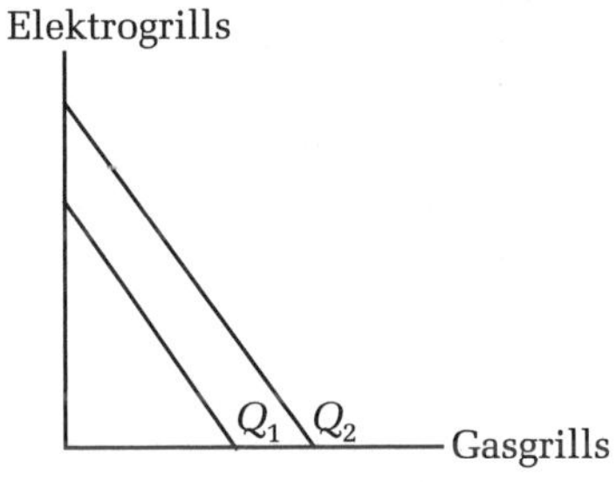

Abbildung 6A.4c

6. a) Zwischen *A* und *B* steigen sowohl der Arbeits- als auch der Kapitaleinsatz um 100 Prozent. Zwischen *B* und *C* steigen sie um 125 Prozent und zwischen *C* und *D* steigen sie um 40 Prozent.

b) Zwischen *A* und *B*, *B* und *C* sowie *C* und *D* steigt der Output um 150 Prozent, 140 Prozent beziehungsweise 35 Prozent. Dies bedeutet, dass zwischen *A* und *B* zunehmende Skalenerträge bestehen, da die Inputs um 100 Prozent steigen und der Output um 150 Prozent steigt. Entsprechend können wir folgern, dass zwischen *B* und *C* (140 Prozent > 125 Prozent) zunehmende Skalenerträge und zwischen *C* und *D* (35 Prozent < 40 Prozent) abnehmende Skalenerträge bestehen.

6.7 Lösungen zu den Übungsaufgaben

7. Die Gesamtproduktkurve der Arbeit ist die Darstellung der Produktionsfunktion mit nur einem variablen Input. Da die Produktionsfunktion den maximalen Output für jedes Inputniveau angibt und das Unternehmen sich immer entscheiden könnte, nur einen Teil seines Arbeitsinputs einzusetzen, sinkt der maximale Output bei einer Erhöhung des Inputs niemals. Mit anderen Worten ausgedrückt bedeutet dies, ein rationales Unternehmens würde sich nicht für den Einsatz zusätzlicher Arbeit entscheiden, wenn dieser zu einem Rückgang des Gesamtoutputs führen würde.

8. a) Die einfachste Methode zur Bestimmung der Skalenerträge besteht im Vergleich der Outputs bei zwei unterschiedlichen Inputniveaus, wobei das zweite Inputniveau eine höhere Menge beider Inputs im gleichen Verhältnis umfasst. Analytisch vergleichen wir $Q^* = F(K^*,L^*)$ und $Q^{**} = F(cK^*,cL^*)$, wobei c eine Konstante ist. In diesem Fall gilt $Q^* = 0{,}5L^* + \sqrt{K^*}$ und $Q^{**} = 0{,}5(cL^*) + \sqrt{cK^*}$. Bei $c > 1$ (einem Anstieg der Inputniveaus) gilt $Q^{**} < cQ^*$. (Warum ist dies so? Der erste Term erhöht sich proportional, der zweite Term erhöht sich allerdings nur um $\sqrt{c}$, was weniger als proportional ist.) Da gilt $Q^{**} < cQ^*$, bestehen abnehmende Skalenerträge. (Zur Beantwortung der Frage wäre es auch möglich, Zahlen für verschiedene Niveaus von L und K einzusetzen.)

b) Wenn K fix bei 4 ist, lautet die kurzfristige Produktionsfunktion $F(4,L) = 0{,}5L + \sqrt{4} = 0{,}5L + 2$ $DP_L = F(4,L)/L = 0{,}5 + 2/L$.

c) Das Grenzprodukt der Arbeit ist die erste Ableitung des Gesamtproduktes bezüglich der Arbeit beziehungsweise $\partial F(4,L)/\partial L = 0{,}5$. (Dies kann auch durch Messen von $F(4,L)$ und $F(4,L-1)$ bestimmt werden.)

9. a) In Tabelle 6A.2 werden die Werte für das DP_L angegeben und in Abbildung 6A.5 werden diese Werte dargestellt.

Tabelle 6A.2

L	$DP_L = Q/L$
10	4,80
20	7,10
30	7,73
40	7,95
50	8,00
60	7,97
70	7,89

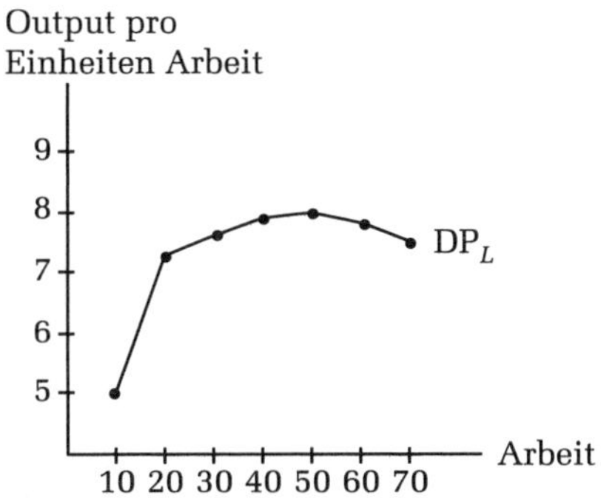

Abbildung 6A.5

b) Die oben stehende Tabelle zeigt, dass DP_L bei $L = 50$ sein Maximum erreicht. Wir sollten allerdings das Maximum algebraisch überprüfen, für den Fall, dass es zwischen 50 und 60 liegt. DP_L erreicht sein Maximum, wenn gilt $DP_L = GP_L$:

$-50/L + 10 - 0{,}02L = 10 - 0{,}04L$ bzw. $-0{,}02L^2 = -500$, sodass $L^2 = 2.500$ bzw. $L = 50$.

Folglich erreicht DP_L genau bei $L = 50$ sein Maximum.

Bei $L = 50$ gilt $GP_L = 10 - 0{,}04(50) = 8$.

10. Da Ihrer Abteilung mehr Mitarbeiter, aber nicht mehr Kapital zugeteilt wurde, ergibt sich aufgrund des Gesetzes der abnehmenden Grenzerträge, dass der von den letzten Ihnen zugeteilten Mitarbeitern erzielte zusätzliche Output niedriger sein könnte. Wenn das Grenzprodukt niedriger als das Durchschnittsprodukt ist, fällt das Durchschnittsprodukt. Folglich ist der Rückgang wahrscheinlich einfach auf technische Fragen und nicht auf Managementprobleme zurückzuführen. Hier wäre es sinnvoll, über eine zukünftige Erhöhung des Verhältnisses von Kapital zu Arbeit in der Abteilung nachzudenken.

11. a) 9.000 Stück: 9.000 Einheiten Material, 3 Stanzen, 5 Pressen.

12.000 Stück: 12.000 Einheiten Material, 4 Stanzen, 6 Pressen.

b) Wenn der Materialeinsatz um 33 Prozent zunimmt, die Zahl der Stanzen um 33 Prozent und die der Pressen um 20 Prozent erhöht werden, steigt der Output um 33 Prozent. Folglich ist zu einer Erhöhung des Outputs um 33 Prozent weniger als ein Anstieg aller Inputs um 33 Prozent notwendig. Somit weist der Produktionsprozess in diesem Outputbereich zunehmende Skalenerträge auf.

12. Siehe Abbildung 6A.6. Wenn ein Strahl aus dem Ursprung (dessen Steigung gleich DP_L ist) auch in einem Punkt eine Tangente an die Gesamtproduktkurve bildet, ist bei dieser Menge $DP_L = GP_L$. Der steilste dieser Strahlen ist dann der Maximalwert von DP_L. In diesem Fall tritt dies ein, wenn $L = L_3$.

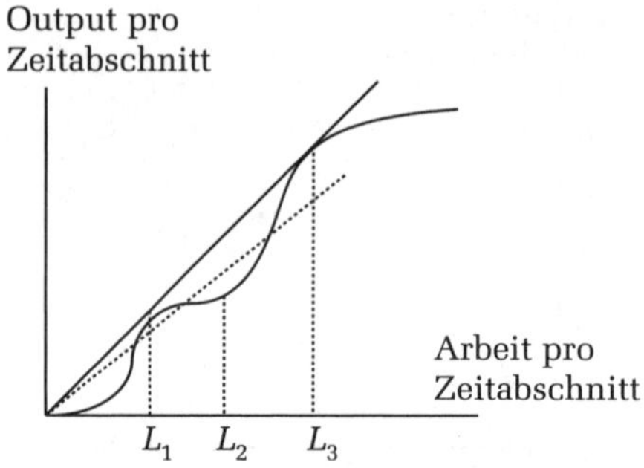

Abbildung 6A.6

6.8 Lösungen zu den Kontrollfragen

13. b) Die Produktionsfunktion beschreibt die spezielle Technologie des Unternehmens, wenn diese am effizientesten eingesetzt wird.

14. c) Dies ist die Definition für eine Isoquante.

15. c) Der grundlegenden Definition der „kurzen Frist" zufolge muss ein Input in der kurzen Frist fix sein. In der langen Frist sind laut der Definition alle Inputs variabel.

16. b) Dies ist die Definition für GP_L.

17. a) Abnehmende Grenzerträge beziehen sich auf die Erhöhung eines Inputs, während die anderen fix gehalten werden. Lösung b) beschreibt eine Bewegung entlang einer Isoquanten, was bedeutet, dass beide Inputs verändert werden. Lösung c) beschreibt abnehmende Skalenerträge.

18. a) $GP_L = Q(40{,}36) - Q(40{,}35) = 252 - 210 = 42$.

19. b) $DP_L = 266/37 = 7{,}2$ (gerundet)

20. c) Lösung a) beschreibt eine Ursache von zunehmenden Skalenerträgen. Lösung b) beschreibt konstante Skalenerträge.

21. c) Dies ist der Punkt, in dem die Steigung der Gesamtproduktkurve, die gleich dem Grenzprodukt ist, am höchsten (die Gesamtproduktkurve am steilsten) ist.

22. b) Die anderen Lösungen entsprechen alle konstanten oder abnehmenden Skalenerträgen.

23. c) Skalenerträge beziehen sich auf eine proportionale Erhöhung *aller* Inputs.

6.9 Lösung zur Internetübung

Der Abschnitt auf der Webseite lautet wie folgt, wobei die relevante Aussage über die kurze Frist kursiv dargestellt wird: „Während die Kräfte des Marktes in der Volkswirtschaft Chinas zunehmend an Bedeutung gewonnen haben, hat der Staat seit 1994 seine Rolle auf den Märkten für verschiedene Agrarrohstoffe verstärkt. Diese Umkehrung der Politik – die zu einem Anstieg der Getreideproduktion und einer Reduzierung der Importe geführt hat – erfolgte als Reaktion auf eine höhere Inflation, Sorgen um die Eigenversorgung mit Lebensmitteln und einen Rückgang der Anbauflächen für Getreide. *Durch den Erfolg der chinesischen Politik zur Steigerung der Getreideproduktion kann die weltweite Nachfrage nach diesen Agrarprodukten kurzfristig gedämpft werden.* Auf der Grundlage der projizierten Zunahme der Bevölkerung und der Nachfrage nach Getreide über die nächsten zehn Jahre wird allerdings Chinas Nachfrage nach Getreide die Produktion übertreffen, wodurch höhere Importe notwendig werden."

Im Allgemeinen bezieht sich die kurze Frist auf den Zeitraum, während dessen mindestens ein Produktionsfaktor fix ist. In der Landwirtschaft ist der wichtigste fixe Faktor die Fläche Land, die für den Anbau einer bestimmten Feldfrucht bestimmt ist. Es kann mindestens ein Jahr, wenn nicht sogar noch länger dauern, bis das gegenwärtig für den Anbau anderer Feldfrüchte verwendete Land auf die Produktion von Getreide umgestellt werden kann.

Die Kosten der Produktion

7

Wichtige Begriffe

- Opportunitätskosten
- Ökonomische Kosten und buchhalterische Kosten
- Unterschied zwischen Fixkosten und variablen Kosten
- Unterschied zwischen Fixkosten und versunkenen Kosten
- Grenzkosten, durchschnittliche variable Kosten, durchschnittliche Gesamtkosten
- Größenvorteile (Economies of scale)
- Isokostengerade
- Expansionspfad
- Verbundvorteile (Economies of scope)
- Lernkurve

ÜBERBLICK

7.1 Hauptthemen des Kapitels

Zur Beantwortung einer Reihe verschiedener Fragen, die für Unternehmen wichtig sind, werden verschiedene Kostenkonzepte verwendet: Sollte das Unternehmen in einen Markt eintreten? Wie hoch ist das optimale kurzfristige Produktionsniveau? Wie hoch ist das optimale langfristige Produktionsniveau? Wann sollte das Unternehmen den Markt verlassen? Das erste Kostenkonzept, mit dem wir uns vertraut machen sollten, ist die Unterscheidung zwischen *ökonomischen Kosten* und *buchhalterischen Kosten*. Die ökonomischen Kosten sind zukunftsorientiert, während die buchhalterischen Kosten tendenziell zurückblickend sind. Die Ökonomen berücksichtigen, dass jede Entscheidung auch *Opportunitätskosten* des nicht gewählten Weges verursacht. Bei den Opportunitätskosten handelt es sich um die mit versäumten Möglichkeiten verbundenen Kosten, wenn die Ressourcen eines Unternehmens nicht der Verwendung mit dem höchstmöglichen Wert zugeführt werden. *Versunkene Kosten* sind die Aufwendungen, die bereits getätigt worden sind und nicht rückgängig gemacht werden können. Folglich sollten versunkene Kosten bei zukunftsorientierten Entscheidungen nicht berücksichtigt werden (da die Vergangenheit nicht geändert werden kann, ganz gleich, welche Entscheidung in der Gegenwart getroffen wird).

In der kurzen Frist gibt es sowohl fixe als auch variable Inputs. Die Unterscheidung zwischen der kurzen Frist und der langen Frist führt zu einer Vielzahl unterschiedlicher Konzepte, mit denen die Kosten der Produktion beschrieben werden: *Fixkosten, variable Kosten, Gesamtkosten, durchschnittliche Fixkosten, durchschnittliche variable Kosten, durchschnittliche Gesamtkosten* und *Grenzkosten*. Jeder dieser Begriffe wird im unten stehenden Abschnitt zur Wiederholung definiert. Das Konzept der *Größenvorteile* ist mit dem Verlauf der langfristigen Durchschnittskostenkurve verbunden. Größenvorteile entstehen, wenn eine Verdopplung der Produktion dazu führt, dass die Gesamtkosten sich weniger als verdoppeln, was zu einem Rückgang der Durchschnittskosten führt. Größennachteile entstehen, wenn eine Verdopplung der Produktion zu einem Anstieg der Gesamtkosten um mehr als das Doppelte führt, wodurch es zu einem Anstieg der Durchschnittskosten kommt. Wenn die langfristige Durchschnittskostenkurve U-förmig verläuft, weist das Unternehmen bei vergleichsweise niedrigen Produktionsniveaus Größenvorteile und bei höheren Produktionsniveaus Größennachteile auf.

Die *Isokostengerade* stellt alle möglichen Kombinationen von Arbeit und Kapital dar, die zu bestimmten Gesamtkosten gekauft werden können. Zur Auswahl der kostenminimierenden Inputmischung wählt das Unternehmen die niedrigste Isokostengerade, die die Isoquante für das angestrebte Produktionsniveau gerade noch berührt. In diesem Tangentialpunkt ist die Steigung der Isoquante gleich der Steigung der Isokostengerade beziehungsweise GRTS = w/r, wobei w der Preis der Arbeit (der Lohnsatz) und r der Preis des Kapitals (der Mietsatz der Maschinen) ist. Durch die Verbindung der Tangentialpunkte für verschiedene Produktionsniveaus erhalten wir den *Expansionspfad* des Unternehmens.

Verbundvorteile beschreiben, was mit den Kosten geschieht, wenn das Unternehmen unter einem Dach mehr als ein Produkt herstellt. Verbundvorteile treten auf, wenn ein einziges Unternehmen, das mehrere Produkte gemeinsam herstellt, diese zu niedrigeren Kosten produzieren kann als mehrere Unternehmen, die jeweils nur eines der Produkte herstellen.

Bei vielen Produktionsprozessen, insbesondere bei den komplexeren, sinken die Produktionskosten, wenn die Unternehmensführung und die Arbeitskräfte effektiver werden und Erfahrung und Kenntnisse auf dem Gebiet der Organisation und der Technologie der Produktion sammeln. *Lernkurveneffekte* erfassen, was mit den Kosten geschieht, wenn das Unternehmen im Laufe der Zeit Erfahrungen mit dem Produktionsprozess sammelt. Eine Lernkurve beschreibt die Beziehung zwischen dem kumulierten Output eines Unternehmens (der gesamte von diesem Unternehmen seit der Aufnahme seines Betriebs produzierte Output) und der zur Produktion einer Outputeinheit benötigten Menge von Inputs.

7.2 Wiederholung und Übungen

7.2.1 Die Messung der Kosten: Welche Kosten spielen eine Rolle? (Kapitel 7.1)

Bei den *buchhalterischen Kosten* (welche die tatsächlichen Ausgaben sowie die Abschreibungen auf Anlagegüter umfassen) handelt es sich oftmals um historische Kosten. Unternehmen, die Entscheidungen für die Zukunft treffen, müssen sich aber auf Kosten konzentrieren, welche die relevanten zukünftigen Aufwendungen erfassen. Der Schlüssel für das Verständnis der ökonomischen Kosten besteht darin, dass die Entscheidung, etwas zu tun, implizit auch eine Entscheidung ist, etwas anderes nicht zu tun. Die Vorstellung von *Opportunitätskosten* erfasst dieses Prinzip: Die Opportunitätskosten des Einsatzes einer Ressource entsprechen dem entgangenen Wert, wenn die Ressource nicht der Verwendung mit dem höchstmöglichen Wert zugeführt wird. Beispielsweise umfassen die ökonomischen Kosten einer Ausbildung die Kosten für Studiengebühren, Bücher, Lebensmittel und Unterkunft zuzüglich des Gehalts, das erzielt worden wäre, wenn man stattdessen einer Arbeit nachgegangen wäre. Dieses entgangene Gehalt bildet die Opportunitätskosten für die zur Ausbildung aufgewandten Zeit und diese sollten als Teil der ökonomischen Kosten berücksichtigt werden. Für Unternehmen sind zwei wichtige Formen der Opportunitätskosten der Wert der Zeit des Eigentümers und der Wert jeglichen in dem Geschäft eingesetzten Kapitals.

Übung

1. Im Jahr 1970 bezahlte ein Kunstsammler € 10.000 für ein Bild von Andy Warhol. Seit dieser Zeit ist der Wert von Bildern des Künstlers gestiegen. Richtig oder falsch: Die Opportunitätskosten des Besitzes des Bildes in diesem Jahr sind gleich den Zinsen, die der Sammler auf die € 10.000, die er in das Bild investiert hat, hätte erzielen können.
2. Josh, ein MBA-Student im zweiten Studienjahr, nimmt sich an einem Abend drei Stunden frei und nimmt sein Auto, um mit einem Freund ins Kino zu fahren. Die Kinokarte kostet Josh € 5, das Benzin für die Fahrt zum Kino kostet € 1 und John hat darauf verzichtet, am Abend einem Studenten zum Preis von € 10 pro Stunde 3 Nachhilfestunden zu geben. Er hätte die drei Stunden auch dafür verwenden können, für einen Professor für € 15 pro Stunde Arbeiten zu kontrollieren. Wie hoch sind die ökonomischen Kosten des Kinobesuchs für Josh?

Versunkene Kosten sind unwiederbringliche Kosten in der Vergangenheit. Versunken nennt man Ausgaben, die bereits getätigt worden sind und die nicht rückgängig gemacht werden können. Bei gegenwärtigen ökonomischen Entscheidungen sollten nur zukünftige Vorteile und zukünftige Kosten, nicht aber die versunkenen Kosten berücksichtigt werden. Ausgaben für Werbung beziehungsweise für Forschung und Entwicklung bilden häufig Beispiele für versunkene Kosten. Sie können nicht verändert oder vermieden werden (da sie bereits ausgegeben worden sind!) und sollten folglich die zukünftigen Entscheidungen des Unternehmens nicht beeinflussen.

Übung

3. Die Quick Corp. hatte eine phantastische Geschäftsidee: Sie wollte ein freiverkäufliches Schmerzmittel produzieren und zu einem niedrigeren als dem vom Marktführer berechneten Preis verkaufen. Zu diesem Preis hätte das Unternehmen einen normalen Ertrag auf die Anlaufkosten (hauptsächlich Werbekosten) zuzüglich eines ökonomischen Gewinns erzielt. Nachdem sie das Produkt auf den Markt gebracht hat, war dieses so erfolgreich, dass der Marktführer seinen Preis bis auf den Preis von Quick Corp. senkte. Danach fiel der Umsatz von Quick Corp. fast auf null. Daraufhin fand das Unternehmen mithilfe der Marktforschung heraus, dass der Verkauf zu einem noch niedrigeren Preis es in die Lage versetzen würde, sämtliche Produktionskosten zu decken, aber das Unternehmen würde einen unterdurchschnittlichen Ertrag auf seine Anlaufkosten erzielen, die es nunmehr als versunkene Kosten betrachtet. Sollte das Unternehmen in dem Geschäft bleiben oder diese Produktlinie aufgeben?

7.2.2 Die Kosten in der kurzen Frist (Kapitel 7.2)

Wir erinnern uns, dass es sich bei der kurzen Frist für ein Unternehmen um den Zeithorizont handelt, bei dem ein Input konstant gehalten wird. Zur Untersuchung der kurzfristigen Kosten halten wir das Kapitalniveau fix und untersuchen die Änderungen der Anzahl eingestellter Arbeitskräfte. Hierbei ist es wichtig, zwischen zwei Arten von Kosten zu unterscheiden – *Fixkosten*, die sich nicht mit dem Output verändern, und *variable Kosten*, die vom Outputniveau des Unternehmens abhängig sind. Die *Gesamtkosten* sind gleich der Summe der Fixkosten und der variablen Kosten. Aus den Gesamtkosten können wir die *durchschnittlichen Gesamtkosten* (die Kosten pro Outputeinheit) und die *Grenzkosten* (die Kosten einer zusätzlichen Outputeinheit) bestimmen. Die *durchschnittlichen variablen Kosten* entsprechen den variablen Kosten pro Outputeinheit, wogegen die *durchschnittlichen Fixkosten* den Fixkosten geteilt durch den Gesamtoutput entsprechen. Dabei ist zu beachten, dass die Fixkosten *nicht* gleich den versunkenen Kosten sind. Fixkosten entsprechen einer Verpflichtung, unabhängig vom Outputniveau eine bestimmte Summe zu bezahlen. So müssen beispielsweise Zinszahlungen auf einen Kredit geleistet werden, selbst wenn die Produktion auf null sinkt. Diese Zinszahlungen sind allerdings keine versunkenen Kosten, da sie noch nicht bezahlt worden sind. In der kurzen Frist verändern sich die Fixkosten nicht mit der Produktion (da das Unternehmen sich laut Definition auf bestimmte Zahlungen festgelegt hat), sie können aber in der langen Frist vermieden werden.

Betrachten Sie die Daten für einen Stahlproduzenten in Tabelle 7.1:

Tabelle 7.1

(1) **Output (Tonnen) Q**	(2) **Gesamtkosten (€)** TK = FK + VK	(3) **Variable Kosten (€) VK**	(4) **Fixkosten (€) FK**	(5) **Durchschnittliche Gesamtkosten (€/Tonne)** TDK = TK/Q	(6) **Durchschnittliche variable Kosten (€/Tonne)** VDK = VK/Q	(7) **Grenzkosten (€/Tonne)** GK = ΔTK/ΔQ
8	2.800	800	2.000	350	100	Nicht verfügbar
9	2.880	880	2.000	320	97,8	80
10	2.980	980	2.000	298	98	100
11	3.100	1.100	2.000	281,8	100	120

Die beiden zentralen Spalten dieser Tabelle sind die Spalten (3) und (4), die variablen Kosten und die Fixkosten. Aus diesen beiden Spalten können wir alle anderen Einträge herleiten. Die Gesamtkosten entsprechen einfach der Summe der Fixkosten und der variablen Kosten: TK(Q) = FK + VK(Q). Die durchschnittlichen Gesamtkosten, TDK(Q), sind gleich TK(Q)/Q, und die durchschnittlichen variablen Kosten, VDK(Q), sind gleich VK(Q)/Q. Darüber hinaus können wir auch die durchschnittlichen Fixkosten beziehungsweise FDK(Q) berechnen, die gleich FK/Q sind. Die Grenzkosten entsprechen dem Anstieg der Kosten, der aus der Produktion einer zusätzlichen Outputeinheit resultiert beziehungsweise GK = ΔVK/ΔQ. Geometrisch ausgedrückt sind die GK bei jedem gegebenen Outputniveau gleich der Steigung der Tangente an die Gesamtkostenkurve bei diesem Output. (Dabei ist zu beachten, dass wir alle Kostendefinitionen mit Ausnahme der gesamten Fixkosten als Funktionen von Q geschrieben haben. Im Folgenden lassen wir gewöhnlich diese Funktionsschreibweise aus, müssen aber trotzdem berücksichtigen, dass alle Kosten mit Ausnahme der Fixkosten von Q abhängig sind.)

Übung

4. Berechnen Sie mithilfe der Daten aus Tabelle 7.1 FDK bei Q = 8, 9, 10 und 11. Überprüfen Sie, dass diese bei jeder Menge gleich TDK – VDK sind.

5. Sinken die durchschnittlichen Fixkosten bei Steigerungen des Outputs immer? Warum ist dies so beziehungsweise warum nicht?

Bei wachsendem Output weist die Durchschnittskostenkurve normalerweise einen U-förmigen Verlauf auf, das heißt sie sinkt zunächst und steigt danach wieder an. Die Kurve fällt, wenn GK < VDK, und steigt, wenn GK > VDK. Wenn GK < VDK, wird der Durchschnitt durch niedrige Grenzkosten „nach unten gezogen“, und wenn GK > VDK, wird der Durchschnitt durch vergleichsweise hohe Grenzkosten „nach oben gezogen“.

(Wir haben bereits in Kapitel 6 eine ähnliche Beziehung zwischen dem Grenz- und Durchschnittsprodukt beobachtet.) Hierbei ist auch zu beachten, dass die TDK-Kurve normalerweise einen U-förmigen Verlauf aufweist und dass die TDK Kurve fällt, wenn GK < TDK, und steigt, wenn GK > TDK.

Übung

6. In Tabelle 7.2 werden ähnliche Kostendaten wie in Tabelle 7.1 dargestellt. Diese Daten stammen allerdings von einem anderen Stahlproduzenten. Füllen Sie mithilfe der gegebenen Informationen die Lücken in Tabelle 7.2 aus.

Tabelle 7.2

Output Q	Fixkosten FK	Variable Kosten VK	Gesamtkosten TK	Durchschnittliche variable Kosten VDK	Durchschnittliche Gesamtkosten TDK	Grenzkosten GK
13	1.125	975				Nicht verfügbar
14		1.120				
15		1.275				
16				90		
17				95		

Es besteht eine direkte Verbindung zwischen der Produktivität der Inputs und den Kosten für das Unternehmen. Es sei angenommen, dass Arbeit der einzige variable Input ist. Damit das Unternehmen den Output steigern kann, muss es zusätzliche Arbeitskräfte einstellen. Durch jede Einheit Arbeit wird der Output um das Grenzprodukt der Arbeit, GP_L, erhöht. Folglich muss das Unternehmen zur Produktion einer zusätzlichen Outputeinheit $1/GP_L$ Einheiten Arbeit einstellen. Somit werden die Grenzkosten bei einem Lohnsatz von w durch die folgende Gleichung angegeben:

$$GK = w/GP_L.$$

Da GP_L irgendwann sinken muss (an dieser Stelle sei an das Gesetz der abnehmenden Grenzerträge erinnert), steigen die GK schließlich. Wenn Arbeit der einzige variable Input ist, gilt $VDK = VK/Q = wL/Q$ beziehungsweise $VDK = w/DP_L$. Da DP_L schließlich sinkt, steigen die VDK schließlich. Aufgrund des Einflusses der steigenden VDK steigt auch TDK schließlich, obwohl FDK immer sinkt.

Der typische Verlauf für die Durchschnitts- und Grenzkostenkurven wird im Lehrbuch in der Abbildung 7.1(b) gezeigt, die hier noch einmal dargestellt wird:

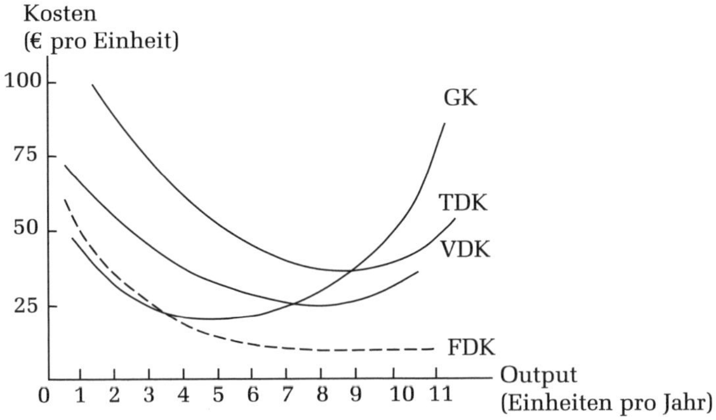

Abbildung 7.1b

Hierbei ist zu beachten, dass in der oben stehenden Abbildung die GK-Kurve sowohl die VDK-Kurve als auch die TDK-Kurve in ihren jeweiligen Minima schneidet. Intuitiv ist klar, dass sich der Durchschnitt, wenn die Grenzkosten genau gleich dem gegenwärtigen Durchschnitt sind, durch eine Addierung der Grenzkosten nicht verändert. Folglich hört der Durchschnitt auf zu fallen, wenn die GK- und die VDK-Kurven sich schneiden (beziehungsweise wenn sich die GK- und die TDK-Kurve schneiden). Sobald GK über VDK oder TDK steigt, beginnen die Durchschnittswerte zuzunehmen.

7.2.3 Die Kosten in der langen Frist (Kapitel 7.3)

In der langen Frist kann das Unternehmen *all* seine Inputniveaus ändern. Diese Flexibilität spiegelt sich in dem vom Unternehmen zu lösenden langfristigen Problem wider. Die Frage hierbei ist, welche *Mischung* von Inputs das Unternehmen zur Minimierung der Kosten auswählen sollte. Mithilfe von *Isokostengeraden* kann dieses Problem gelöst werden. Die Isokostengeraden stellen alle mit bestimmten Gesamtkosten verbundenen Inputkombinationen dar.

Wir nehmen an, dass das Unternehmen seine Inputs auf Wettbewerbsmärkten mietet. Der Lohnsatz, w, entspricht den Kosten pro Einheit Arbeit (Arbeitsstunden) und der Mietsatz, r, entspricht den Kosten pro Einheit Kapital (Maschinenstunden). Beim Mietsatz handelt es sich um die Opportunitätskosten einer Einheit Kapital. Bei jedem Inputniveau sind die Gesamtkosten der Produktion gleich $C = wL + rK$ beziehungsweise $K = C/r - (w/r)L$. Für jeden Wert der Gesamtkosten, C, können wir eine Isokostengerade in ein Diagramm von Arbeit und Kapital, wie das in Abbildung 7.1 dargestellte, einzeichnen. Unabhängig davon, wie hoch das Niveau der Gesamtkosten ist, weist eine Isokostengerade die Steigung $-w/r$ (das negative Verhältnis von Lohnsatz zu Mietsatz) auf. Da die Inputpreise fix sind, verlaufen alle Isokostengeraden parallel (sie weisen den gleichen Anstieg auf). Eine Isokostengerade mit höheren Kosten verläuft weiter vom Ursprung entfernt.

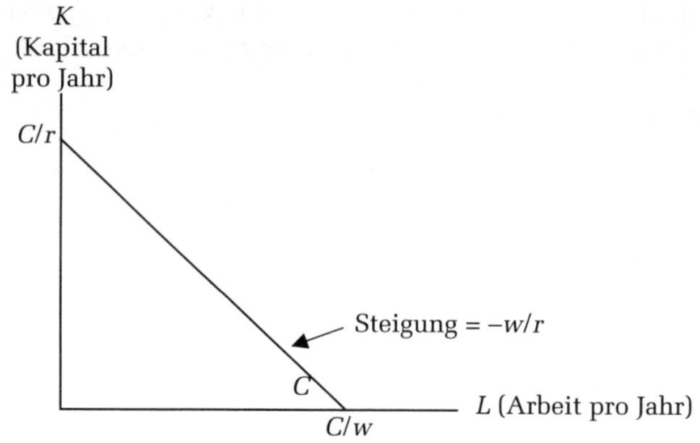

Abbildung 7.2

Übung

7. a) Zeichnen Sie die Isokostengerade für $C = 200$, $w = 20$ und $r = 40$.
b) Zeichnen Sie die Isokostengerade für $C = 300$, $w = 20$ und $r = 40$.
c) Zeichnen Sie die Isokostengerade für $C = 300$, $w = 30$ und $r = 40$.

Das Problem für das Unternehmen besteht in der Auswahl der richtigen Kombination von Inputs zur Minimierung der Produktionskosten eines angestrebten Outputniveaus, wobei das Unternehmen berücksichtigen muss, dass die Technologie (die Produktionsfunktion) die Möglichkeiten, wie die Inputs gemischt werden können, beschränkt. Das Unternehmen will bei der Produktion eines angestrebten Outputniveaus $\overline{Q}$ $C = wL + rK$ minimieren.

Graphisch betrachtet besteht das Problem darin, die Isokostengerade zu bestimmen, die am nächsten zum Ursprung verläuft (die niedrigste Kostengerade) und die Isoquante $\overline{Q}$ berührt. Die kostenminimierende Inputkombination befindet sich in einem Tangentialpunkt zwischen einer Isokostengeraden und der Isoquanten $\overline{Q}$, wie beispielsweise im Punkt A in Abbildung 7.2. Die Inputkombination in den Punkten B oder D könnte verwendet werden, damit würden allerdings die Kosten nicht minimiert ($C_1 > C_0$). Die Steigung der Isoquanten (die Grenzrate der technischen Substitution) ist nur im Punkt A gleich der Steigung der Isokostengeraden.

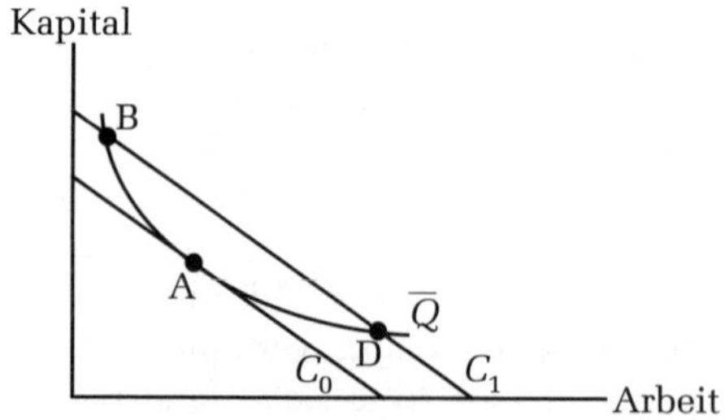

Abbildung 7.3

Mit anderen Worten ausgedrückt *minimiert das Unternehmen bei jedem Outputniveau seine Produktionskosten, indem es in dem Punkt operiert, in dem gilt GRTS = w/r.* Der Punkt B ist nicht optimal, da in diesem Punkt GRTS > w/r, während Punkt D nicht optimal ist, weil dort GRTS < w/r gilt.

Wenn wir dies wieder in die Produktionsfunktion einsetzen, erhalten wir:

$$\text{GRTS} = -\Delta K/\Delta L = \text{GP}_L/\text{GP}_K = w/r.$$

Durch Umstellen dieser Gleichung erhalten wir $\text{GP}_L/w = \text{GP}_K/r$. Folglich werden die Kosten minimiert, wenn die Inputniveaus so gewählt werden, dass durch den letzten, für jeden der Inputs aufgewendeten Euro die gleiche Menge Output hinzugefügt wird. Wenn wir die Inputpreise konstant halten, können wir den Output verändern, um zu bestimmen, wie das Unternehmen seine Inputs dann zur Herstellung verschiedener Outputniveaus mischt. Jede optimale Inputmischung für ein bestimmtes Outputniveau bildet einen Tangentialpunkt zwischen einer Isokostengeraden und einer Isoquante. Die Kurve, die all diese Tangentialpunkte verbindet, bildet den *Expansionspfad* des Unternehmens. Dieser gibt an, wie das Unternehmen seine Inputs auswählt, um langfristig zu minimalen Kosten verschiedene Outputniveaus zu produzieren. Bildet der Expansionspfad keine Gerade, verändert sich bei Änderungen des Output das kostenminimierende Verhältnis von Kapital zu Arbeit.

Übung

8. Ein Unternehmen setzt zur Herstellung seines Produkts zwei Inputs, ungelernte Arbeit (L) und Kapital (K), ein. Der Lohnsatz für eine Einheit Arbeit beträgt € 5, während Kapitaleinheiten € 20 kosten.

a) Stellen Sie die Isokostengerade für Ausgaben des Unternehmens für seine Inputs in Höhe von € 1.000 dar. Bezeichnen Sie die Achsenabschnitte. Zeichnen Sie eine typische Isoquante für ein Outputniveau Q_0 und stellen Sie die optimalen Inputniveaus von L und K dar.

b) Es sei angenommen, die Bundesregierung führt einen Mindestlohn für ungelernte Arbeit in Höhe von € 6 pro Einheit ein. Zeigen Sie graphisch, wie viel es das Unternehmen in der kurzen Frist bei einem bei K fixen Kapitaleinsatz kosten würde, seinen Output bei Q_0 konstant zu halten.

c) Zeigen Sie die optimale Faktormischung, die das Unternehmen bei dem angegebenen Mindestlohn langfristig zur Produktion von Q_0 einsetzen würde.

7.2.4 Langfristige und kurzfristige Kostenkurven (Kapitel 7.4)

Die langfristigen Kosten der Produktion eines gegebenen Outputniveaus entsprechen immer dem niedrigsten Wert der kurzfristigen Gesamtkosten der Produktion des betreffenden Outputs. In Abbildung 7.3a wird der Fall eines Unternehmens dargestellt, das drei mögliche Anlagengrößen bauen könnte. Wenn das Unternehmen weiß, dass der Output immer kleiner als q_L sein wird, sollte es die Anlage 1 bauen. Wenn der Output zwischen q_L und q_H liegt, sollte es die Anlage 2 bauen und so weiter. Die langfristige Durchschnittskostenkurve (LDC) in Abbildung 7.3a entspricht den dunkel schraffierten Teilen der SDC-Kurven. Die LDC-Kurve enthält die günstigsten Kosten aus jeder SDC-Kurve, da das Unternehmen langfristig über die Flexibilität verfügt, für jeden erwarteten

Output die optimale Anlagengröße zu wählen. Durch die zusätzliche Flexibilität in der langen Frist kann das Unternehmen nicht geschädigt werden (durch Flexibilität werden die Kosten sicher nicht steigen).

In Abbildung 7.3b wird eine glatte LDC-Kurve unter der Annahme dargestellt, dass das Unternehmen über ein Kontinuum von Anlagegrößen verfügt, unter denen es auswählen kann. Hierbei ist zu beachten, dass die Kurve der langfristigen Grenzkosten (LGK) durch das Minimum der LDC-Kurve verläuft, genau wie in der kurzen Frist. Der einzige Unterschied besteht darin, dass die LGK-Kurve flacher als die SGK-Kurve verläuft, was wiederum die Flexibilität bei der Anlagengröße in der langen Frist widerspiegelt.

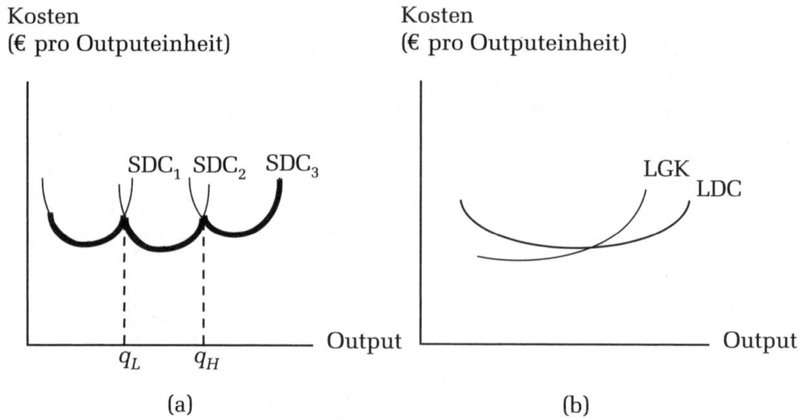

Abbildung 7.4

Die Steigung der langfristigen Durchschnittskostenkurve, LDC, gibt für jedes Outputniveau an, ob Größenvorteile oder Größennachteile bestehen. So bestehen, wenn die LDC sinkt, Größenvorteile, und es bestehen Größennachteile, wenn die LDC steigt. Bei konstanten Skalenerträgen verläuft die Gesamtkostenkurve horizontal.

Übung

9. Ein Unternehmen mit einem U-förmigen Verlauf der langfristigen durchschnittlichen Gesamtkosten will das Produktionsniveau bestimmen, bei dem die LDC minimiert werden. Gegenwärtig produziert das Unternehmen auf einem Outputniveau, auf dem gilt LGK > LDC. Sollte das Unternehmen seinen Output erhöhen oder senken?

10. Es sei angenommen, die langfristigen Durchschnittskosten für ein Unternehmen werden durch LDC = $100 + (150 - Q)^2$ gegeben. Bestehen bei $Q < 150$ Größenvorteile oder Größennachteile? Und bei $Q > 150$?

7.2.5 Die Produktion mit zwei Outputs – Verbundvorteile (Kapitel 7.5)

Verbundvorteile bestehen, wenn der gemeinsame Output eines einzelnen Unternehmens größer ist als der Output, der durch zwei verschiedene Unternehmen, die jeweils ein einzelnes Produkt herstellen, erzielt werden könnte. Wenn der gemeinsame Output eines Unternehmens geringer ist als der, der durch unterschiedliche Unternehmen erzielt werden könnte, bestehen *Verbundnachteile*.

Der Grad der Verbundvorteile (SC) misst die prozentualen Kosteneinsparungen, wenn zwei (oder mehr) Produkte gemeinsam anstatt einzeln hergestellt werden:

$$\text{SC} = \frac{C(Q_1) + C(Q_2) - C(Q_1,Q_2)}{C(Q_1,Q_2)}.$$

Wenn Verbundvorteile bestehen, ist SC > 0, da gilt $C(Q_1,Q_2) < [C(Q_1) + C(Q_2)]$. Wenn Verbundnachteile bestehen, ist SC < 0.

Übung

11. Im Beispiel 7.5 im Lehrbuch werden Verbundvorteile und Größenvorteile in der Transportbranche erörtert. Die gemeinsame Produktion in einer großen Spedition umfasst die Durchführung von sowohl schnellen Direkttransporten als auch von langsameren, indirekten (aber weniger teuren) Transporten. In einer Studie aus dem Jahr 1985 wurde geschätzt, dass für ein mittelgroßes Unternehmen gilt: SC = 1,576, und dass bei einem sehr großen Unternehmen gilt: SC = 0,104.

a) Interpretieren Sie die geschätzten SC (den Grad der Verbundvorteile) für „mittelgroße" und „sehr große" Speditionsunternehmen.

b) In der Erörterung im Lehrbuch wird erwähnt, dass mit der Führung sehr großer Unternehmen Nachteile verbunden sind. Erklärt dies den Rückgang der SC bei sehr großen Unternehmen?

7.2.6 Dynamische Kostenänderungen – Die Lernkurve (Kapitel 7.6)

„Learning by doing" ist eine der herausragendsten Eigenschaften der Produktion. Die Fertigkeiten der Arbeitskräfte verbessern sich durch Übung. Im Laufe der Zeit entwickelt sich eine bessere Arbeitsorganisation, wenn neue Ideen ausprobiert werden. Diese Ideen werden dann dauerhaft umgesetzt, wenn sie erfolgreich zur Kostensenkung beitragen. Die *Lernkurve* beschreibt die Kostenreduzierung, die auftritt, wenn das Unternehmen Erfahrungen sammelt und im Laufe der Zeit eine effizientere Produktion entwickelt. Im Diagramm der Lernkurve sind der *bisherige kumulierte Output* auf der horizontalen Achse und die Arbeitsstunden pro Outputeinheit (beziehungsweise die durchschnittlichen variablen Kosten) auf der vertikalen Achse abgetragen. Im Gegensatz dazu ist bei den Kurven der Durchschnitts- und Grenzkosten der *Output pro Periode* auf der horizontalen Achse abgetragen.

Beim Phänomen der Lernkurve handelt es sich um ein dynamisches Konzept, das von Skalenerträgen unabhängig ist. Graphisch ausgedrückt weist ein Unternehmen zunehmende Skalenerträge auf, wenn es sich entlang einer Durchschnittskostenkurve mit negativer Steigung nach unten bewegt. Wenn hingegen das Unternehmen einen Lerneffekt aufweist, verschiebt sich die *gesamte Durchschnittskostenkurve nach unten.*

Übung

***12.** Ein Chemie-Unternehmen schätzte im letzten Jahr seine Durchschnittskostenkurve und stellte fest, dass DC = 1.000 – 0,05Q. In diesem Jahr hat es seine Durchschnittskosten geschätzt und festgestellt, dass diese gleich DC = 900 – 0,05Q waren.

a) Bestehen zunehmende oder abnehmende Skalenerträge?

b) Besteht ein Lernkurveneffekt?

7.2.7 Schätzung und Prognose der Kosten (Kapitel 7.7)

Die Funktion der variablen Kosten für ein Unternehmen kann mithilfe von Daten der variablen Produktionskosten bei verschiedenen Outputniveaus geschätzt werden. (Obwohl im Prinzip auch die Gesamtkostenfunktion geschätzt werden könnte, ist es oft schwierig zu wissen, wie bei einem Unternehmen mit mehreren Produkten die Fixkosten auf die verschiedenen Produkte aufgeteilt werden müssen.) Hierbei können unterschiedliche Funktionsformen verwendet werden, je nachdem, welche sich am besten an die Daten anpasst:

- Lineare Funktion: $VK = \alpha + bQ$.
- Quadratische Funktion: $VK = \alpha + bQ + \gamma Q^2$.
- Funktion dritten Grades: $VK = a + bQ + \gamma Q^2 + \delta Q^3$.

Die Wahl der Form der Funktion hängt vom Verlauf ab, den Sie für die VDK und GK in Betracht ziehen wollen. So impliziert beispielsweise die lineare Kostenkurve konstante GK. Die quadratische Funktion und die Funktion dritten Grades implizieren lineare beziehungsweise U-förmig verlaufende Grenzkostenkurven.

Zum Beispiel wurde für das Jahr 1975 eine langfristige, quadratische Durchschnittskostenfunktion für die amerikanischen Bausparkassen geschätzt (siehe Beispiel 7.8 im Lehrbuch):

$$LDC = 2{,}38 - 0{,}6153Q + 0{,}0536Q^2.$$

Der Output wird durch die Bilanzsumme der 86 untersuchten Bausparkassen und die LDC werden durch die durchschnittlichen Betriebsausgaben gemessen. Sowohl Q als auch LDC wurden in Hundert Millionen Dollar gemessen. In der nächsten Übung betrachten wir diese geschätzte Kostenfunktion näher.

Übung

13. a) Die oben erörterte geschätzte langfristige Durchschnittskostenkurve verläuft U-förmig mit einem Minimum bei einer Bilanzsumme von Q = \$ 5,74 (das heißt Q = \$ 574 Millionen). Würden (bei diesen LDC) Kosteneinsparungen auftreten, wenn zwei Unternehmen mit einem Kapital von jeweils \$ 287 Millionen fusionieren?

b) Es sei angenommen, Sie beobachten eine bestimmte Bausparkasse, die bei Q = \$ 5,74 mit LDC = 0,75 (das heißt mit durchschnittlichen Betriebsausgaben in Höhe von \$ 75 Millionen) operiert. Arbeitet diese Bausparkasse effizient?

7.3 Übungsaufgaben

14. Ihre Universität verkauft für Fußballspiele Eintrittskarten für Studenten zu je € 6. Um ein Ticket zu erhalten, müssen Sie allerdings eine halbe Stunde lang Schlange stehen. Glücklicherweise leben Sie in einem Land, in dem der Weiterverkauf von Eintrittskarten legal ist. Fans, die keine Studenten sind, wären bereit, € 20 für Ihre Karte zu bezahlen. Der Besuch des Spiels wird ungefähr vier Stunden in Anspruch nehmen. Sie haben einen Teilzeitjob, bei dem Sie sich Ihre Arbeitsstunden einteilen können und bei dem Sie € 8 pro Stunde erhalten.

a) Wie hoch sind die ökonomischen Kosten des Kaufes einer Karte?

b) Wie hoch sind die Durchschnittskosten des Besuchs des Spiels?

c) Sollten Sie eine Karte kaufen, um diese dann weiterzuverkaufen, wenn Sie wissen, dass Sie am Tag des Spiels arbeiten müssen?

15. Ein großes Immobilienbüro will ein neues Kopiergerät mieten. Ein Tischgerät kostet € 200 pro Monat Miete sowie € 0,035 pro Kopie. Ein anderes, größeres Modell kostet € 400 pro Monat Miete und € 0,02 pro Kopie. Gegenwärtig werden im Büro monatlich ungefähr 15.000 Kopien angefertigt. Welche Maschine sollte das Unternehmen mieten? Wie hoch ist die niedrigste Anzahl von Kopien pro Monat, bei der es wünschenswert wäre, das größere Modell zu mieten?

16. Ein Unternehmen weist die folgenden Kostendaten auf:

Output	Gesamtkosten	Variable Kosten
100	€ 7.000	€ 3.000
101	€ 7.400	€ 3.400
102	€ 7.900	€ 3.900

Wie hoch sind TDK, FDK, VDK und GK bei diesen Outputniveaus?

***17.** [Analysis] Es sei angenommen, dass die kurzfristige Gesamtkostenfunktion des Produzenten eines bestimmten Produkts lautet:

TK = 300 + 3Q + 0,02Q^2, wenn $Q > 0$; und TK = 0, wenn $Q = 0$,

wobei TK die Gesamtkosten in Euro und Q die Anzahl an produzierten Kisten des Produkts sind.

Wie lauten die entsprechenden TDK-, VDK- und GK-Funktionen?

18. Ein Unternehmen hat eine langfristige Gesamtkostenfunktion von $C(Q)$ = 180.000 + 30Q + 2Q^2 für $Q > 0$ und von $C(0) = 0$, wobei GK(Q) = 30 + 4Q.

a) Wie lautet die Funktion der durchschnittlichen Gesamtkosten?

b) Bei welcher Menge wird TDK minimiert?

19. Ein Hersteller von Digitalkameras hat eine Kostenfunktion, die seine Durchschnittskosten der Produktion (TDK) mit seinem kumulierten Output (*CUMQ*) und seiner Produktion pro Jahr (Q) in Beziehung setzt:

DC = 22.000 – 0,5 · € *CUMQ* – 0.2 · Q.

Diese Kostenkurve gilt innerhalb eines Produktionsbereiches von 10.000 bis 30.000 Kameras.

a) Bestehen für dieses Unternehmen Größenvorteile oder Größennachteile?

b) Profitiert das Unternehmen gegenwärtig von einem Lernkurveneffekt?

20. Es sei angenommen, Wallys Widgets hat eine Produktionsfunktion mit festem Einsatzverhältnis der Inputs. Gegenwärtig liefert das Unternehmen 1.000 Stück eines Produktes pro Monat an seinen einzigen Kunden. Momentan betragen Wallys Kosten € 2.000 pro Monat und Maschine und € 4.000 pro Monat und Arbeitskraft. Zur Produktion von 1.000 Stück im Monat setzt Wally 20 Maschinen und 10 Arbeitskräfte ein. Was geschieht mit den Gesamtkosten des Unternehmens, wenn die Kosten der Maschinen auf € 1.600 pro Monat fallen und Wally auch weiterhin 1.000 Artikel produziert? Stellen Sie dies mithilfe einer Isoquanten und eines Paars Isokostengeraden graphisch dar. (Hinweis: Welches sind die horizontalen Achsenabschnitte der alten und neuen Isokostengeraden?)

7.4 Kontrollfragen

21. Phyllis will zwei Eintrittskarten für ein Konzert kaufen. Die Karten kosten je € 15 und sie rechnet damit, für den Kauf der Karten 30 Minuten Schlange stehen zu müssen. Wenn ihr Lohn € 16 pro Stunde beträgt, betragen die ökonomischen Kosten der Karten:

a) € 15.

b) € 30.

c) € 38.

d) € 46.

e) Keine der obenstehenden Angaben trifft zu.

22. Wenn in der kurzen Frist das Kapital fix ist, sind die Grenzkosten gleich:

a) GP_L.

b) w (dem Lohnsatz).

c) $(w)(GP_L)$.

d) w/GP_L.

e) GP_L/w.

23. Wenn GK > VDK:

a) Muss FDK mit dem Output zunehmen;

b) muss TDK mit dem Output zunehmen;

c) muss VDK mit dem Output zunehmen;

d) b) und c);

e) a), b) und c).

24. Es sei angenommen, dass der Kapitaleinsatz auf der vertikalen Achse und der Arbeitseinsatz auf der horizontalen Achse abgetragen werden. Wenn Maschinenstunden für € 8 pro Stunde gemietet werden können und Arbeit für € 32 pro Stunde gemietet werden kann, ist die Steigung der Isokostengeraden gleich:

a) – 4.

b) – 1/4.

c) – P, wobei P der Preis einer Outputeinheit ist.

d) – $4P$.

e) Es sind weitere Informationen notwendig.

25. Das Unternehmen aus der oben stehenden Frage sollte seine Inputs so wählen, dass:

a) die GRTS gleich 4 ist;

b) die GRTS gleich 1/4 ist;

c) die GRTS gleich $P/4$ ist;

d) die GRTS gleich $4P$ ist.

e) Keine der oben stehenden Lösungen trifft zu.

26. Wenn der Expansionspfad eine Gerade durch den Ursprung bildet,

a) weist die Produktionsfunktion konstante Skalenerträge auf;

b) steigt das Verhältnis von Kapital zu Arbeit bei steigendem Output,

c) verändert sich das Verhältnis von Kapital zu Arbeit bei steigendem Output nicht,

d) weist die Produktionsfunktion abnehmende Skalenerträge auf;

e) treffen a) und c) zu.

27. Ein Mineralwasserproduzent stellt fest, dass die Produktion von 2.000 Gebinden Mineralwasser in Dosen und 3.000 Kästen Mineralwasser in Flaschen in einem Werk weniger kostenaufwendig ist als die Produktion des gleichen Outputs unter Verwendung von zwei separaten Werken. Dieser Produktionsprozess weist:

a) zunehmende Skalenerträge auf;

b) Verbundvorteile auf;

c) abnehmende Grenzerträge auf,

d) a) und b);

e) b) und c).

28. Seit ihrer Markeinführung in den späten 1970er Jahren ist der Preis von Videorecordern dramatisch gefallen. Die Produktionskosten pro Einheit sind gefallen, während der kumulierte Gesamtoutput gewachsen ist. Hierbei handelt es sich um ein Beispiel für:

a) Verbundvorteile;

b) zunehmende Skalenerträge;

c) die Lernkurve;

d) a) und b);

e) a) und c).

29. Bei konstanten Skalenerträgen sind die langfristigen durchschnittlichen Gesamtkosten:

a) konstant;

b) gleich den langfristigen Grenzkosten;

c) gleich den kurzfristigen Grenzkosten;

d) a) und b);

e) a) und c).

30. Wenn die GRTS höher als das Verhältnis von Lohnsatz zu Mietsatz (w/r) ist, sollte das Unternehmen zur Minimierung der Kosten:

a) K erhöhen und L reduzieren;

b) K reduzieren und L erhöhen;

c) sowohl K als auch L erhöhen;

d) sowohl K als auch L reduzieren;

e) entweder b) oder d) wählen.

31. Wenn die Unternehmen in einer neuen Branche jeweils eine Lernkurve im Hinblick auf ihren eigenen Output aufweisen:

a) hat das Unternehmen, das in der Vergangenheit den höchsten Umsatz erzielt hat, heute die höchsten Durchschnittskosten;

b) hat das Unternehmen, das gegenwärtig den höchsten Umsatz erzielt, heute die höchsten Durchschnittskosten;

c) hat das Unternehmen, das in der Vergangenheit den höchsten Umsatz erzielt hat, heute die niedrigsten Durchschnittskosten;

d) hat das Unternehmen, das gegenwärtig den höchsten Umsatz erzielt, heute die niedrigsten Durchschnittskosten;

e) c) und d).

32. Welche der folgenden Aussagen trifft zu?

a) Wenn die Fixkosten positiv sind, rücken die VDK- und TDK-Kurven bei steigendem Output näher zusammen.

b) Wenn es keine Fixkosten gibt, bildet die TDK-Kurve eine horizontale Linie.

c) Wenn die Fixkosten positiv sind, ist der Output, bei dem die TDK minimiert werden, kleiner als der Output, bei dem die VDK minimiert werden.

d) a) und b).

e) a), b) und c).

7.5 Internetübung

Gehen Sie auf die Webseite des New Rules Project, eines Interessenverbandes, der an der Implementation eines neuen Regulierungsmodells interessiert ist, unter *http://www.newrules.org*. Suchen Sie über die Suchmaske oben rechts den Bericht vom Juli 2007 „Wind and Ethanol Economies and Diseconomies of Scale“ von John Farrell, oder laden Sie das Dokument direkt herunter unter *www.newrules.org/energy/publications/wind-and-ethanol-economics-and-diseconomics-scale*. Dieser Bericht listet verschiedene Faktoren auf, die entweder zu Größenvorteilen oder -nachteilen bei zwei erneuerbaren Energietechnologien führen: Windkraft und Biotreibstoffe.

Obgleich der Report viele verschiedene Ursachen von Größenvorteilen für diese beiden verschiedenen Technologien auflistet, konzentriert sich diese Frage auf zwei bestimmte Ursachen: 1) Auf Seite 3 des Berichts wird erklärt, dass die Installation einer Windkraftturbine mit größerem Rotordurchmesser die Kosten der Energieproduktion verringern wird, und 2) auf den Seiten 6 und 7 wird behauptet, dass größere Bioethanol-Produktionsanlagen einen Nutzen aus relativ niedrigeren Lohn- und Verwaltungskosten ziehen könnten.

Beide Faktoren liefern Größenvorteile, doch tun sie dies durch Veränderung verschiedener Kostenelemente des Unternehmens. Erklären Sie, ob jeder dieser Faktoren die Fixkosten oder die variablen Kosten verändert, und weshalb dieser Faktor eine Ursache von Größenvorteilen ist.

7.6 Lösungen zu den Übungen

1. Falsch. Die Opportunitätskosten entsprechen den Zinsen, die der Sammler auf den gegenwärtigen Marktpreis des Bildes hätte erzielen können.
2. Seine ökonomischen Kosten sind gleich 5 + 1 + 3(15) = € 51. Das Einkommen, das verloren ging, weil Josh keine Nachhilfestunden gegeben hat, wird ignoriert, da es sich hierbei nicht um die Nutzung seiner Zeit mit dem höchstmöglichen Wert handelt.
3. Die Quick Corp. sollte in dem Geschäft bleiben. Die Anlaufkosten sind nunmehr versunkene Kosten. Quick erzielt auf die zukunftsorientierten Produktionskosten einen normalen Ertrag. Im Nachhinein betrachtet, war der Markteintritt keine gute Idee, aber von diesem Punkt in die Zukunft schauend ist es eine gute Idee, im Geschäft zu bleiben.
4. Da die Fixkosten bei allen Outputs € 2.000 betragen, ist FDK = FK/Q = 2.000/Q. Bei Q = 8, FDK = 2.000/8 = € 250. Bei Q = 9, FDK = 2.000/9 = € 222,2. Bei Q = 10, FDK = € 200 und bei Q = 11, FDK = € 181,8.

   Bei Q = 8, TDK – VDK = 350 – 100 = € 250. Bei Q = 9, TDK – VDK = 320 – 97,8 = € 222,2. Bei Q = 10, TDK – VDK = 298 – 98 = € 200. Bei Q = 11, TDK – VDK = 281,8 – 100 = € 181,8. Folglich erhalten wir mit jeder der Methoden zur Herleitung von FDK die gleiche Antwort.
5. Die durchschnittlichen Fixkosten, FDK = FK/Q, gehen bei steigendem Output immer zurück. Da die FK definitionsgemäß eine Konstante sind und da deshalb die FDK gleich einer durch Q geteilten Konstanten sind, sinken die FDK bei steigendem Q immer.
6. Siehe Tabelle 7A.1.

   Laut der Definition sind die Fixkosten auf allen Outputniveaus gleich 1.125.

   Bei Q = 13 sind die TK gleich 1.125 + 975 = 2.100.

   Bei Q = 14 sind die TK gleich 1.125 + 1.120 = 2.245.

   Bei Q = 15 sind die TK gleich 1.125 + 1.275 = 2.400.

   Bei Q = 16 sind die VK gleich VDK · Q = 90(16) = 1.440, was bedeutet, dass TK = 1.125 + 1.440 = 2.565.

   Bei Q = 17 sind die VK gleich VDK · Q = 95(17) = 1.615, was bedeutet, dass TK = 2.740.

   Mit diesen Informationen können Sie nun VDK = VK/Q, TDK = TK/Q und GK = ΔVK/ΔQ herleiten. Beispielsweise sind die GK von Q = 13 auf Q = 14 gleich 1.120 – 975 = 145.

Tabelle 7A.1

Q	FK	VK	TK	VDK	TDK	GK
13	1.125	975	2.000	75	161,5	–
14	1.125	1.120	2.245	80	160,4	145
15	1.125	1.275	2.400	85	160	155
16	1.125	1.440	2.565	90	160,3	165
17	1.125	1.615	2.740	95	161,2	175

7. Siehe Abbildung 7A.1 für eine Isokostengerade, mit der die in a), b) und c) gegebenen Informationen dargestellt werden. Die Steigung von a) ist gleich $-w/r = -0{,}5$. Die Steigung von b) ist ebenfalls gleich $-0{,}5$. Die Steigung von c) ist gleich $-30/40 = -0{,}75$. Hierbei ist zu beachten, dass a) und b) parallel sind, entsprechend ihren identischen Steigungen, wobei b) aufgrund höherer Gesamtkosten der Produktion weiter nach außen verschoben ist.

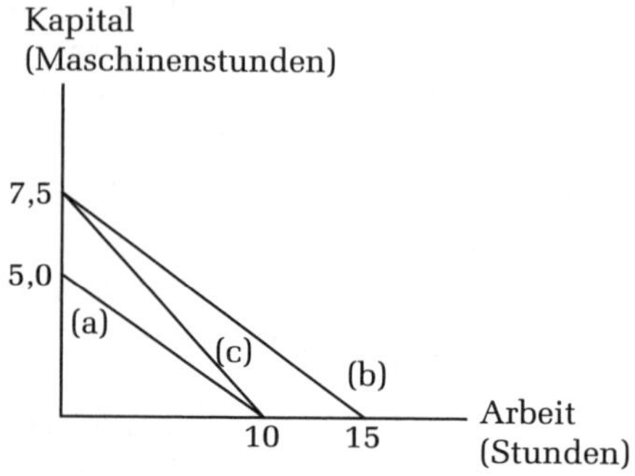

Abbildung 7A.1

8. a) Siehe Abbildung 7A.2. Die Gerade (a) ist gleich $1.000 = 5L + 20K$ bzw. $K = 50 - 0{,}25L$. Die optimale Inputmischung für Q_0 ist mit E_0 bezeichnet.

b) Bei fixem Kapital von K muss das Unternehmen zur Produktion von Q_0 auch weiterhin L^* Einheiten Arbeit einsetzen. L kostet jetzt allerdings € 6 pro Einheit. Wie in Abbildung 7A.2 dargestellt ist die Steigung der neuen Isokostengeraden (b) steiler: $6/20 = 0{,}30 > 0{,}25 = 5/20$.

c) Wenn das Unternehmen sein Kapital anpassen kann, verschiebt es den Einsatz der Produktionsfaktoren vom vergleichsweise teuren Arbeitseinsatz hin zum Kapitaleinsatz. In der neuen Situation ist das langfristige kostenminimierende Bündel in Abbildung 7A.2 E_1, in dem die ursprüngliche Isoquante die niedrigste erreichbare Isokostengerade (c) berührt, die den höheren Lohnsatz widerspiegelt. Da E_1 über der ursprünglichen Isokostengeraden liegt, sind die Kosten der Produktion von Q_0 im Vergleich zur ursprünglichen Situation gestiegen, aber im Vergleich zu Teil b) sind sie gefallen. Das heißt $C_2 < C_1$.

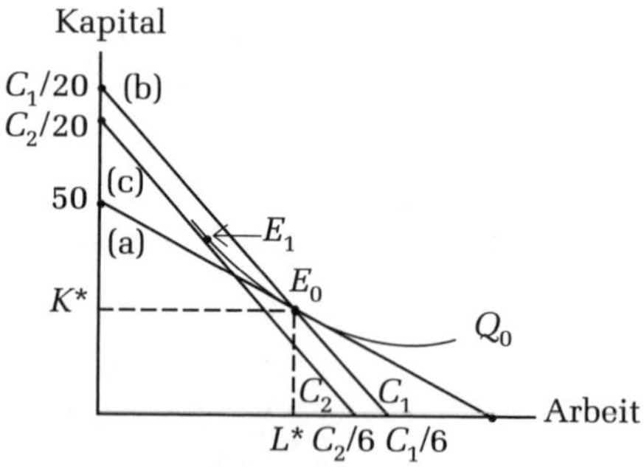

Abbildung 7A.2

9. Wenn LGK > LDC und die langfristige Durchschnittskostenkurve U-förmig verläuft, muss sich das Unternehmen gegenwärtig rechts der minimalen langfristigen Durchschnittskosten befinden. Das Unternehmen sollte den Output reduzieren.

10. Diese langfristige Durchschnittskostenkurve verläuft U-förmig mit einem Minimum bei $Q = 150$. Folglich bestehen bei $Q < 150$ Größenvorteile und bei $Q > 150$ Größennachteile.

11. a) Die geschätzten SCs sind beide größer als null, was bedeutet, dass Verbundvorteile bestehen. Da der SC bei mittelgroßen Unternehmen größer ist (1,576 > 0,104), sind die Verbundvorteile bei mittelgroßen Unternehmen größer als bei sehr großen Unternehmen.

b) Schwierigkeiten der Unternehmensführung bilden eine Quelle für Größennachteile, die bei sehr großen Unternehmen zusammen mit Verbundnachteilen bestehen können.

12. a) Es bestehen offensichtlich zunehmende Skalenerträge, da die Steigung der DC-Kurve negativ ist.

b) Es könnte ein Lernkurveneffekt bestehen. Die DC-Kurve hat sich in diesem Jahr nach unten verschoben (der Achsenabschnitt ist von 1.000 auf 900 gesunken). Wir können allerdings nicht mit Sicherheit bestimmen, ob dies auf einen Lerneffekt oder technologischen Wandel zurückzuführen ist.

13. a) Auf der Grundlage dieser geschätzten LDC würde die Fusion zu einer Kostensenkung führen. Die beiden Bausparkassen agieren in einem Bereich mit zunehmenden Skalenerträgen (dem negativ geneigten Teil der U-förmigen LDC-Kurve).

b) Bei $Q = 5{,}74$, LDC = 0,61. Folglich operiert ein Unternehmen, das bei $Q = 5{,}74$ mit LDC = 0,75 arbeitet, nicht mit minimalen Durchschnittskosten.

7.7 Lösungen zu den Übungsaufgaben

14. a) Die ökonomischen Kosten des Kaufes einer Karte betragen € 10: € 6 für das Ticket und € 4, die während der halben Stunde des Schlangestehens als Verdienst erzielt werden könnten.

b) Da Sie die Karte für € 20 verkaufen und während des Spiels vier Stunden arbeiten könnten, betragen die ökonomischen Kosten des Spielbesuchs € 20 + € 8(4) = € 52.

c) Ja, da die ökonomischen Kosten des Kaufes einer Karte im Wert von € 20 nur € 10 betragen.

15. Die Gesamtkostenkurven werden in Abbildung 7A.3 dargestellt. Die Anfertigung von 15.000 Kopien pro Monat kostet auf dem kleinen Gerät [200 + 0,035(15.000)] = € 725 und auf dem großen Gerät [400 + 0,02(15.000)] = € 700. Also sollte das Büro das größere Gerät mieten.

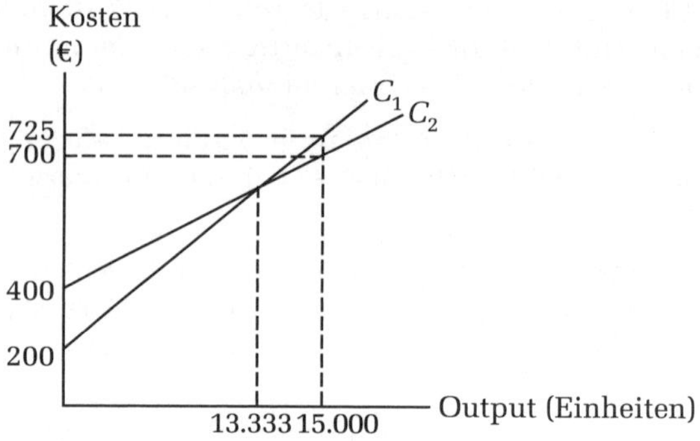

Abbildung 7A.3

Zur Bestimmung der Rentabilitätsgrenze (Break-even-Point) setzen wir $200 + 0{,}035Q = 400 + 0{,}02Q$ und lösen nach Q auf. Die Rentabilitätsgrenze liegt bei $Q = 13.333{,}33$. Dies ist die kleinste Anzahl Kopien, bei der es vorteilhaft wäre, das größere Gerät zu mieten.

16. Die Fixkosten sind gleich TK – VK beziehungsweise 4.000. FDK(100) = 4.000/100 = 40; FDK(101) = 4.000/101 = 39,6 und FDK(102) = 39,22. VDK(100) = 3.000/100 = 30; VDK (101) = 33,66 und VDK(102) = 38,24. TDK(100) = FDK(100) + VDK(100) = 70; TDK(101) = 73,27 und TDK(102) = 77,45. Zwischen 100 und 101 ist GK = $C(101) - C(100) = 400$, zwischen 101 und 102 ist GK = 500.

17. TDK = TK/Q = $300/Q + 3 + 0{,}02Q$; VDK = VK/Q = $[3Q + 0{,}02Q^2]/Q = 3 + 0{,}02Q$ und GK = dTK/dQ = $3 + 0{,}04Q$.

18. a) TDK = $180.000/Q + 30 + 2Q$. (Hinweis: Bei $Q = 0$ ist TDK = $\frac{0}{0}$, also ist es nicht definiert.)

b) Das Minimum der TDK-Kurve liegt bei

TDK = GK: $180.000/Q + 30 + 2Q = 30 + 4Q$ beziehungsweise

$Q^2 = 90.000$, sodass $Q^* = 300$. Bei $Q = 300$ gilt GK = $30 + 4(300) = 1.230$, somit sind die minimalen durchschnittlichen Gesamtkosten gleich 1.230.

19. a) Es bestehen Größenvorteile, da die Kurve der langfristigen durchschnittlichen Gesamtkosten bei steigendem Output eine negative Steigung aufweist. Dies ist am leichtesten am negativen Vorzeichen vor dem Term des Outputs ($-0{,}2Q$) zu erkennen. Sie könnten die Kurve auch graphisch mit konstant gehaltenen *CUMQ* darstellen und erkennen, dass es sich nicht um die typische U-förmige Kostenkurve, sondern um eine Gerade mit einer Steigung von – 0,2 handelt.

b) Die Durchschnittskosten nehmen mit dem kumulierten Output ab (beachten Sie das negative Vorzeichen vor dem *CUMQ*-Term). Folglich besteht ein Lernkurveneffekt.

20. Siehe Abbildung 7A.4. Die Steigung der Isokostengeraden verändert sich von – 2 auf – 2,5. Da die neue Isokostengerade trotzdem noch durch den Punkt ($L = 10$, $K = 20$) verlaufen muss, liegt der horizontale Achsenabschnitt für die neue Isokostengerade bei 18 Arbeitskräften pro Monat verglichen mit einem horizontalen Achsenabschnitt von 20 Arbeitskräften pro Monat auf der ursprünglichen Isokostengeraden. Da w unverändert bleibt, sinken die Gesamtkosten um 10 Prozent.

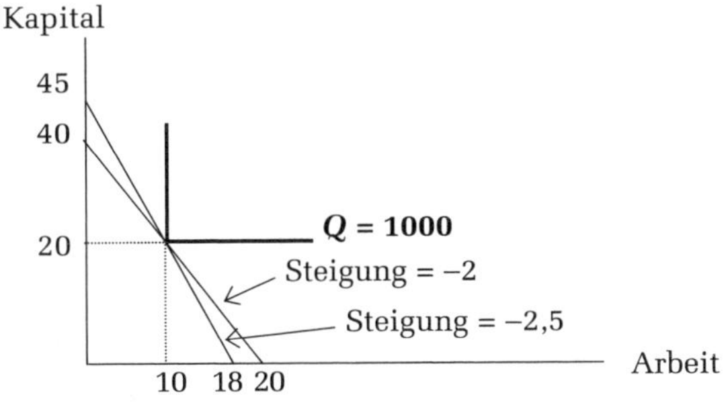

Abbildung 7A.4

7.8 Lösungen zu den Kontrollfragen

21. c) Für den Kauf von zwei Karten muss Phyllis € 30 für die Karten plus der halben Stunde an Wartezeit aufwenden. Bei einem Wert der Zeit in Höhe von € 16 pro Stunde ist diese halbe Stunde mit Opportunitätskosten in Höhe von € 8 verbunden, sodass die ökonomischen Gesamtkosten € 38 betragen.

22. d) Bei den Grenzkosten handelt es sich um die Kosten der Produktion einer zusätzlichen Outputeinheit. Die Kosten einer Einheit Arbeit sind gleich w. Mit der zusätzlichen Einheit Arbeit werden GP_L Outputeinheiten produziert. Die Grenzkosten sind folglich gleich w/GP_L.

23. c) Dies ist die einzige Aussage, die durch GK > VDK garantiert wird. Lösung a) ist ausgeschlossen, da die FDK bei steigendem Output immer abnehmen. Da TDK und GK sich rechts der minimalen VDK schneiden, könnte die TDK-Kurve sinken, wodurch b) ausgeschlossen wird.

24. a) Die Steigung der Isokostengeraden ist gleich $-w/r = -32/8 = -4$.

25. a) Das Unternehmen sollte so arbeiten, dass die GRTS gleich dem Verhältnis von Lohnsatz zu Mietsatz ist.

26. c) K/L ist in diesem Fall konstant. Der Expansionspfad sagt nichts über Skalenerträge.

27. b) Verbundvorteile sind ein Konzept, das wir zum Vergleich der getrennten Produktion mit der gemeinsamen Produktion mehrerer Produkte einsetzen.

28. c) Die Lernkurve bezieht sich auf Änderungen der Kosten bei einer Zunahme der kumulierten Produktion.

29. d) Skalenerträge schlagen sich im Verlauf der langfristigen Kostenkurven nieder. Bestehen konstante Skalenerträge, bilden die LDC und die LGK die gleiche horizontale Gerade. Die SGK werden mit fixem Kapital gemessen, also sagen die Skalenerträge nichts über die SGK aus.

30. b) Die Kosten werden minimiert, wenn gilt GRTS = w/r. Folglich sollte das Unternehmen in Abbildung 7A.5 von Punkt A auf Punkt B wechseln.

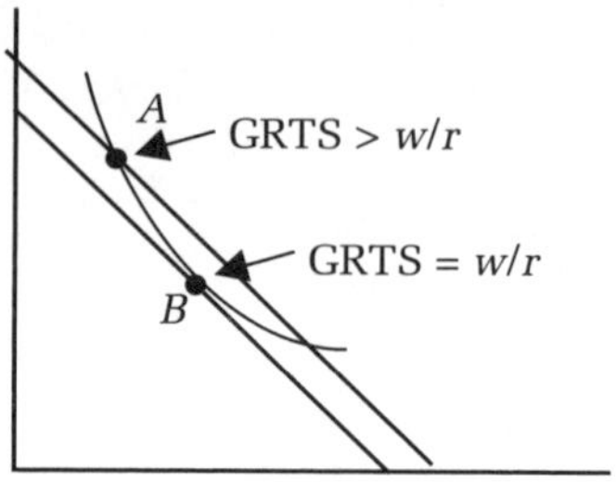

Abbildung 7A.5

31. c) Gemäß der Definition der Lernkurve sinken die Durchschnittskosten mit dem kumulierten Output. Lösung d) bezieht sich auf Größenvorteile und wir wissen nicht, ob die Produktion in dieser Branche Größenvorteile aufweist.

32. a) Selbst wenn keine Fixkosten bestehen, kann die TDK-Kurve U-förmig verlaufen, wenn die VDK-Kurve U-förmig verläuft (da in diesem Fall die beiden Kurven identisch wären), sodass Lösung b) ausgeschlossen ist. Lösung c) ist ebenfalls falsch, da die FDK bei steigendem Output sinken, was bedeutet, dass die minimalen TDK bei einem höheren Outputniveau als den minimalen VDK eintreten.

7.9 Lösung zur Internetübung

Für die Erzeugung von Windenergie bedeutet der Bau einer Turbine mit größerem Rotordurchmesser eine größere einmalige Ausgabe. Dieser höhere Fixkostenaufwand wird jedoch zu einer Verringerung der langfristigen Durchschnittskosten führen, da ein größerer Rotor gleichbedeutend ist mit einer drastisch erhöhten Energieerzeugung. Im aufgeführten Bericht heißt es auf Seite 3: „Power generation increases by the square of the increase of the rotor diameter“ („Die Menge an erzeugter Energie erhöht sich im Quadrat zur Größe des Rotordurchmessers“).

Im Falle der Ethanolproduktion wird es zu Veränderungen sowohl bei den Fixkosten als auch bei den variablen Kosten kommen, die sich aus niedrigeren Lohn- und Verwaltungskosten ergeben. Die Lohnkosten können sowohl Fixkosten (fest angestellte Mitarbeiter) als auch variable Kosten (Mitarbeiter auf Stundenbasis) sein. Verwaltungskosten sind gewöhnlich Fixkosten. Wenn eine Erhöhung der Ethanolproduktion zu niedrigeren Lohn- und Verwaltungskosten führt, bedeutet dies, dass sich die variablen Kosten des Betriebs verringern, da sich die Produktionsmenge erhöht und die Fixkosten sich über eine größere Erzeugungsmenge verteilen. Beide Faktoren werden zu niedrigeren langfristigen Durchschnittskosten und deshalb zu Größenvorteilen führen

Gewinnmaximierung und Wettbewerbsangebot

8

Wichtige Begriffe

- Annahmen vollkommenen Wettbewerbs
- Grenzerlös und Grenzkosten (GE und GK)
- Regel für die kurzfristige Gewinnmaximierung (P = GK)
- Herleitung der kurzfristigen Angebotskurve
- Kurzfristige Schließungsregel
- Herleitung der langfristigen Angebotskurve
- Langfristiges Wettbewerbsgleichgewicht (P = LGK und P = LDC)
- Produzentenrente
- Ökonomische Rente
- Branchen mit konstanten Kosten, zunehmenden Kosten und abnehmenden Kosten

ÜBERBLICK

8.1 Hauptthemen des Kapitels

In diesem Kapitel wird die Gewinnmaximierung auf einem vollkommenen Wettbewerbsmarkt analysiert. Die erste Bedingung, die für einen vollkommenen Wettbewerb zutreffen muss, ist Preisnehmerverhalten – kein einzelnes Unternehmen verfügt über genügend Macht, um einen anderen Preis als den Marktpreis festzulegen, ohne dabei einen Großteil beziehungsweise alle seiner Kunden zu verlieren. Zweitens verkaufen alle Unternehmen ein homogenes (nicht differenziertes) Gut. Schließlich muss die Bedingung zutreffen, dass langfristig alle Unternehmen frei in den Markt ein- und aus diesem austreten können.

Wir nehmen an, dass die Motivation für einen Markteintritt beziehungsweise Marktaustritt der Gewinn ist. Unternehmen treten in eine Branche ein, wenn sie einen ökonomischen Gewinn, der größer als null ist, erzielen können und sie treten aus der Branche aus, wenn sie Geld verlieren. Obwohl die Unternehmensleitung nicht immer die Gewinnmaximierung zum Ziel hat, ist die Gewinnmaximierung eine angemessene Annahme, die auf die meisten Unternehmen zutrifft, die in Wettbewerbsbranchen operieren. Zur Bestimmung des Outputniveaus, bei dem die Gewinne eines Unternehmens maximiert werden, könnten wir natürlich den Erlös bei jedem Outputniveau berechnen und diesen von den Kosten für jedes Outputniveau abziehen, um so den Output zu bestimmen, bei dem die Differenz zwischen dem Gesamterlös und den Gesamtkosten maximiert wird. Obwohl dies sicher funktioniert, gibt es eine einfachere Methode der analytischen Bestimmung, bei der wir den *Grenzerlös* (*GE*; die Änderung des Erlöses bei einer Erhöhung des Outputs um eine Einheit) und die *Grenzkosten* (*GK*; die Änderung der Kosten bei einer Erhöhung des Outputs um eine Einheit) betrachten.

Wenn das Unternehmen in einem Punkt arbeitet, in dem der Grenzerlös höher als die Grenzkosten ist, sollte es offensichtlich weitermachen und die nächste Einheit produzieren. Wenn das Unternehmen in einem Punkt arbeitet, in dem der Grenzerlös niedriger als die Grenzkosten ist, hat es offensichtlich mindestens eine Einheit zu viel produziert (das Unternehmen verdient durch eine Senkung des Outputs mehr Geld). Folglich wird der Gewinn durch eine weitere Erhöhung des Output maximiert, so lange gilt GE > GK. Zur mathematischen Vereinfachung sagen wir, dass das Unternehmen bis zu dem Punkt produzieren sollte, in dem GE = GK (obwohl das Unternehmen bei der letzten Einheit die Kostendeckung erreicht). Dies ist ein allgemeines Ergebnis. Im Sonderfall des vollkommenen Wettbewerbs lautet die gewinnmaximierende Bedingung P = GK. Dies ist auf die Tatsache zurückzuführen, dass die Nachfragekurve, mit der ein einzelnes Wettbewerbsunternehmen konfrontiert wird, auf dem Niveau des gegenwärtigen Marktpreises, P, horizontal (vollkommen elastisch) verläuft. Mit jeder von einem einzelnen Unternehmen verkauften Outputeinheit werden P Euro Erlös erzielt.

Wenn das Unternehmen in dem Punkt, in dem P = GK gilt, seine Fixkosten nicht deckt, aber einen ausreichenden Erlös zur Abdeckung seiner variablen Kosten erzielt, sollte es den Betrieb in der kurzen Frist aufrechterhalten. Wenn allerdings das Unternehmen weder seine Fixkosten noch seine variablen Kosten deckt, sollte es kurzfristig schließen. Die *kurzfristige Schließungsregel* gibt an, dass das Unternehmen nur dann im Geschäft bleiben sollte, wenn der Preis höher als die minimalen durchschnittlichen variablen Kosten ist.

Da das Wettbewerbsunternehmen bis zu dem Punkt produziert, in dem gilt P = GK, bildet die Grenzkostenkurve die *kurzfristige Angebotskurve* für das Unternehmen. Dabei besteht allerdings eine Einschränkung: das Unternehmen bleibt nur bei Preisen oberhalb der minimalen durchschnittlichen variablen Kosten im Geschäft und folglich entspricht die kurzfristige Angebotskurve nur dem Teil der Grenzkosten oberhalb der minimalen durchschnittlichen variablen Kosten. Die kurzfristige Marktangebotskurve ist gleich der Summe der kurzfristigen Angebotskurven der einzelnen Unternehmen. Durch jegliche Umstände, welche die Grenzkosten des Unternehmens beeinflussen, wird auch die Marktangebotskurve verschoben.

Langfristig setzt das Unternehmen einen Output fest, bei dem der Preis gleich den langfristigen Grenzkosten (LGK) ist. Dadurch wird für das einzelne Unternehmen die Gewinnmaximierung erreicht, das *langfristige Gleichgewicht* auf dem Markt wird allerdings dadurch nicht sichergestellt. Eine der Eigenschaften eines vollkommenen Wettbewerbs ist langfristig der freie Markteintritt und Marktaustritt. Wenn die ökonomischen Gewinne größer als null sind (wenn die Unternehmen in der Branche mehr als eine normale Ertragsrate auf ihre Investition erzielen), werden auch andere Unternehmen in diese Branche gelockt. Durch das zusätzliche Angebot wird der Preis nach unten gedrückt. Sind die ökonomischen Gewinne kleiner als null, wollen die Unternehmen aus dieser Branche austreten. Dadurch wird der Marktpreis nach oben verschoben. Die Branche erreicht erst dann ihr langfristiges Gleichgewicht, wenn die ökonomischen Gewinne gleich null sind. Dies geschieht, wenn der Marktpreis gleich den langfristigen Durchschnittskosten (LDC) ist. Um sowohl P = LGK als auch P = LDC zu erzielen, muss jedes Unternehmen zu minimalen langfristigen Durchschnittskosten produzieren.

Die *ökonomische Rente* wird als die Differenz zwischen dem Betrag, den die Unternehmen für einen Produktionsfaktor zu zahlen bereit sind, und dem von ihnen für den Kauf dieses Inputs benötigten minimalen Betrag definiert. Die *Produzentenrente* misst die Differenz zwischen dem Marktpreis, den ein Produzent erhält, und den Grenzkosten der Produktion. Langfristig umfasst die von einem Unternehmen erzielte Produzentenrente die ökonomischen Renten, die es aus all seinen knappen Produktionsfaktoren erzielt.

Obwohl die *langfristige Angebotskurve* für das Unternehmen gleich der langfristigen Grenzkostenkurve oberhalb der minimalen langfristigen Durchschnittskosten ist, entspricht die langfristige Angebotskurve der Branche nicht einfach der Summe der einzelnen Kurven. Der Verlauf der langfristigen Angebotskurve einer Branche hängt davon ab, inwieweit Zunahmen beziehungsweise Reduzierungen des Branchenoutputs die von den Unternehmen für ihre Produktionsfaktoren zu zahlenden Preise beeinflussen. Wenn sich die Inputpreise bei Änderungen der Bedingungen auf dem Outputmarkt nicht verändern, bildet die langfristige Angebotskurve eine horizontale Gerade, die bei einem Preis verläuft, der den minimalen LDC entspricht. Dies wird als *Branche mit konstanten Kosten* bezeichnet. Wenn sich die Inputpreise bei steigendem Output erhöhen – man spricht dann von einer *Branche mit zunehmenden Kosten* –, ist die langfristige Branchenangebotskurve positiv geneigt. In einer *Branche mit abnehmenden Kosten* sinken die Inputpreise bei steigendem Output und die langfristige Branchenangebotskurve ist negativ geneigt.

8.2 Wiederholung und Übungen

8.2.1 Vollkommene Wettbewerbsmärkte (Kapitel 8.1)

Das Modell des vollkommenen Wettbewerbs beruht auf mehreren strengen Annahmen. Die drei grundlegenden Annahmen sind *Preisnehmerverhalten*, *Produkthomogenität* und *freier Markteintritt und -austritt*:

1. Preisnehmerverhalten: Jedes Unternehmen akzeptiert den gegenwärtigen Marktpreis als gegeben und tut alles in seinen Kräften stehende, um die Gewinne zu maximieren. Wenn ein Unternehmen versucht, einen höheren Preis festzusetzen, verliert es seinen gesamten Umsatz. Denn die Konsumenten wissen, dass sie bei einer anderen Firma zu einem niedrigeren Preis kaufen können.
2. Produkthomogenität: Wir nehmen an, dass alle Unternehmen ein identisches Produkt produzieren. Die Verbraucher sehen das von einem Unternehmen angebotene Produkt als vollkommenes Substitutionsgut für das von jedem anderen Unternehmen auf dem Markt angebotene Produkt.
3. Freier Markteintritt und -austritt: Die Unternehmen können ohne Kosten in einen vollkommenen Wettbewerbsmarkt eintreten, wenn dort eine Gewinnmöglichkeit besteht, und sie können den Markt verlassen, wenn ihnen Verluste entstehen. Bei der kurzfristigen Analyse des vollkommenen Wettbewerbs nehmen wir an, dass die Anzahl von Unternehmen fix ist. Langfristig sind allerdings der freie Markteintritt und der freie Marktaustritt ein entscheidender Bestandteil unserer Analyse. Dieser Strom von Unternehmen in die Branche und aus dieser heraus treibt die ökonomischen Gewinne auf vollkommenen Wettbewerbsmärkten langfristig auf null.

Wir verwenden diese Annahmen als Ausgangspunkt unserer Analyse der Marktstruktur und des Firmenverhaltens. Obwohl diese Annahmen nur selten genauso erfüllt werden, wie sie in einem Lehrbuch der Volkswirtschaftslehre dargestellt werden, gibt es Märkte, die viele dieser Eigenschaften aufweisen. Solche Märkte werden als *hochgradige Wettbewerbsmärkte* bezeichnet: die Produkte können fast Substitutionsgüter sein, der Markteintritt kann zu relativ niedrigen Kosten möglich sein und so weiter. Durch die explosionsartige Entwicklung des Internets und des Internethandels beispielsweise sind für manche Produkte hochgradige Wettbewerbsmärkte entstanden. Die Verbraucher können leichter nach Preisinformationen suchen. Das heißt, sie können beim Einkaufen viel leichter vergleichen und den Kauf bei einem Unternehmen ablehnen, wenn dieses den Preis erhöht. Die Fähigkeit eines Unternehmens, einen erheblich höheren Preis als die Konkurrenten festzusetzen, ist sehr viel begrenzter als dies der Fall war, solange das Internet noch nicht umfassend für kommerzielle Zwecke eingesetzt wurde.

Übung

1. Die Annahme von Preisnehmerverhalten auf vollkommenen Wettbewerbsmärkten ist berechtigt, wenn es eine große Anzahl von Käufern und Verkäufern auf dem Markt gibt. In großen Städten gibt es viele Restaurants und viele Radiostationen. Würden Sie den Markt für Restaurants und den Markt für Radiowerbung als vollkommene Wettbewerbsmärkte beschreiben? Erklären Sie, ob die anderen Annahmen erfüllt werden.

8.2.2 Gewinnmaximierung (Kapitel 8.2)

Ökonomische Gewinne entsprechen dem Gesamtgewinn minus der gesamten ökonomischen Kosten (Opportunitätskosten). Unsere grundlegende Annahme über das Verhalten von Unternehmen ist, dass diese versuchen, den ökonomischen Gewinn zu maximieren. Im Allgemeinen kann ein Unternehmen, das seinen Gewinn nicht maximiert, den Wettbewerb nicht überleben.

Unsere Annahme, dass Unternehmen ihren Gewinn maximieren, bedeutet einfach, dass die Unternehmen ihre Ressourcen der Verwendung mit dem höchstmöglichen Wert zuführen. Wenn die Führungskräfte eines Unternehmens die Inputs nicht effizient nutzen, kann es zur Insolvenz kommen, da die Produktionskosten des Unternehmens höher sind als der Gleichgewichtspreis des Marktes. Wenn ein anderes Unternehmen erkennt, dass die gegenwärtige Unternehmensführung die Ressourcen eines Unternehmens nicht effizient einsetzt, können die nicht effizient arbeitenden Führungskräfte im Zuge einer Firmenübernahme ausgetauscht werden.

Übung

2. Die Cummins Engine Co. ist ein erfolgreicher Produzent von Dieselmotoren für Lastkraftwagen und stationäre Stromquellen. Seit den 1950er Jahren hat Cummins Architektenhonorare für öffentliche Gebäude in Columbus, Indiana, dem Standort seines Hauptwerkes und der Firmenzentrale, bezahlt. Warum kann dies mit langfristiger Gewinnmaximierung vereinbar sein?

8.2.3 Grenzerlös, Grenzkosten und Gewinnmaximierung (Kapitel 8.3)

In Tabelle 8.1 werden die Kostendaten des Unternehmens untersucht. Das Unternehmen kann jede von ihm gewünschte Menge zum gegenwärtigen Marktpreis von € 170 pro Einheit verkaufen.

Tabelle 8.1

Output q	Erlös E (€ $170 \cdot q$)	Gesamtkosten TK	Gewinn π	Durchschnittl. Gesamtkosten TDK	Durchschnittl. variable Kosten VDK	Grenzkosten GK
13	2.210	2.100	110	161,54	75	–
14	2.380	2.245	135	160,36	80	145
15	2.550	2.400	150	160,00	85	155
16	2.720	2.565	155	160,31	90	165
17	2.890	2.740	150	161,18	95	175

Sie sollten an dieser Stelle bereits mit den in Tabelle 8.1 aufgeführten Kostenkonzepten vertraut sein. Die beiden neuen Konzepte, die wir in diesem Kapitel einführen, sind Erlös und Gewinn. Der Erlös entspricht dem Preis pro Einheit mal der verkauften Menge. Der Gewinn ist gleich dem Gesamterlös minus den Gesamtkosten. Da, gemäß der Annahme, ein einzelnes Wettbewerbsunternehmen den Marktpreis nicht beeinflussen kann, wird mit jeder zusätzlich verkauften Einheit für das Unternehmen der gleiche zusätzliche Erlös oder *Grenzerlös* erzielt: GE = $\Delta E/\Delta Q$. Der Grenzerlös für das Wettbewerbsunternehmen ist genau gleich dem Marktpreis: für jede von dem Unternehmen verkaufte Einheit ist der erzielte Erlös gleich *P*. (Aber hierbei ist zu beachten: Die Nachfragekurve für das *Unternehmen* ist bei vollkommenem Wettbewerb horizontal, während die *Marktnachfragekurve* trotzdem noch negativ geneigt ist.)

Wie hoch ist der gewinnmaximierende Output des Unternehmens? In Tabelle 8.1 würde sich das Unternehmen für den Verkauf von 16 Outputeinheiten entscheiden und dabei einen maximalen Gewinn von € 155 erzielen. Wenn das Unternehmen eine weitere Outputeinheit produziert und verkauft, erhöht sich der Erlös des Unternehmens um € 170 (den Marktpreis), aber seine Kosten würden dann um € 175 (seine Grenzkosten) steigen. Folglich führt eine Erhöhung der Produktion von 16 auf 17 Einheiten zu einem Rückgang des Gewinns um € 5.

Wir können die Gewinne auch vergleichen, wenn das Unternehmen 15 anstatt 16 Einheiten produziert. Wenn wir von einem Output von 15 Einheiten ausgehen, wird durch den Verkauf einer weiteren Outputeinheit ein zusätzlicher Erlös von € 170 erzielt, dadurch entstehen allerdings dem Unternehmen nur Kosten in Höhe von € 165. Der Gewinn steigt um € 5, wenn das Unternehmen den Output von 15 auf 16 Einheiten erhöht. Daher sollte das Unternehmen auf jeden Fall seinen Output von 15 auf 16 erhöhen. Wenn der Output bei $q = 15$ nicht weiter erhöht wird, würde der Gesamtgewinn nicht maximiert.

Das oben erörterte Beispiel beschreibt eine allgemeine Regel für die kurzfristige Outputwahl, wenn diskrete Outputniveaus bestehen – es sollte bis zu dem Output produziert werden, bei dem die Grenzkosten der nächsten Einheit den Grenzerlös übersteigen. In diesem Beispiel steigen die Grenzkosten zwischen den Outputniveaus sprunghaft an. Allerdings ist die Regel einfacher, wenn der Output auch in Teilen von Einheiten produziert werden kann, wie im Lehrbuch angenommen: *Ein Unternehmen maximiert seine Gewinne, indem es den Output produziert, bei dem der Grenzerlös gleich den Grenzkosten ist.* Oder wir könnten sagen, dass ein Unternehmen *bis zu dem Punkt weiterproduzieren* sollte, in dem gilt GE = GK. Da der Grenzerlös bei einem Wettbewerbsunternehmen gleich dem Preis ist, können wir die Bedingung für die Gewinnmaximierung eines vollkommenen Wettbewerbsunternehmens wie folgt umformulieren: *Ein vollkommenes Wettbewerbsunternehmen maximiert seinen Gewinn, indem es den Output produziert, bei dem der Preis gleich den Grenzkosten ist.*

Mit anderen Worten ausgedrückt, ist bei gegebener Nachfrage und Kostenbedingungen die Ausdehnung der Produktion bis zu dem Punkt, in dem P = GK, das Beste, was ein Unternehmen tun kann. Wenn aber das Unternehmen in diesem Punkt Geld verliert, ist es unter Umständen besser gestellt, wenn es die Produktion einstellt (wir werden dies im nächsten Abschnitt detaillierter betrachten). In Tabelle 8.1 erzielt das Unternehmen bei einem Verkauf von 16 Einheiten einen positiven Gewinn, also wird es sich natürlich dafür entscheiden, in dem Geschäft zu bleiben.

Übung

3. Tabelle 8.2 enthält die gleichen Informationen zu den Kosten wie Tabelle 8.1. Füllen Sie die Lücken aus und bestimmen Sie dann das gewinnmaximierende (oder verlustminimierende) Outputniveau bei P = € 150.

Tabelle 8.2

Output q	Erlös E (€ 150·q)	Gesamtkosten TK	Gewinn π	Durchschnittl. Gesamtkosten TDK	Durchschnittl. variable Kosten VDK	Grenzkosten GK
13		2.100		161,54	75	Nicht verfügbar
14		2.245		160,36	80	145
15		2.400		160,00	85	155
16		2.565		160,31	90	165
17		2.740		161,18	95	175

Obwohl das Unternehmen in der in Tabelle 8.2 dargestellten Situation Geld verliert (π = – € 145 beim optimalen Output von 14), entstehen dem Unternehmen die *geringsten* Verluste, wenn es 14 Einheiten produziert. Wenn das Unternehmen kurzfristig keinen Output produziert, müsste es trotzdem noch seine Fixkosten in Höhe von € 1.125 bezahlen, was einem erheblich höheren Verlust als € 145 entspricht. Folglich wird das Unternehmen kurzfristig weiterproduzieren. Allerdings wird das Unternehmen bei einem Preis von € 150 langfristig das Geschäft aufgeben (es sei denn, es kann seine Fixkosten senken), da es seine Opportunitätskosten nicht decken kann – die Ressourcen des Unternehmens können anderweitig profitabler eingesetzt werden.

Übung

4. Der Verkäufer einer Frühstücksflockenmarke, Boasties, weiß, dass er mit dem Verkauf einer zusätzlichen Fahrzeugladung des Produktes einen zusätzlichen Erlös in Höhe von € 43.020 erzielen würde. Der Werksleiter weiß, dass die Produktion einer zusätzlichen Fahrzeugladung das Unternehmen € 29.754 kosten würde. Würde durch den Verkauf einer zusätzlichen Fahrzeugladung der Gewinn des Unternehmens vom gegenwärtigen Niveau in Höhe von € 895.000 erhöht werden? Um wie viel würde der Gewinn steigen oder fallen? Sollte der Werksleiter die Produktion um eine Fahrzeugladung erhöhen?

5. Es sei angenommen, dass die Grenzkosten in einem Punkt, in dem gilt, GK(q^*) = P, wie in Punkt A in Abbildung 8.1. fallen. Warum erhöht das Unternehmen seinen Gewinn durch die Produktion eines höheren Outputs (bis zum Punkt B)?

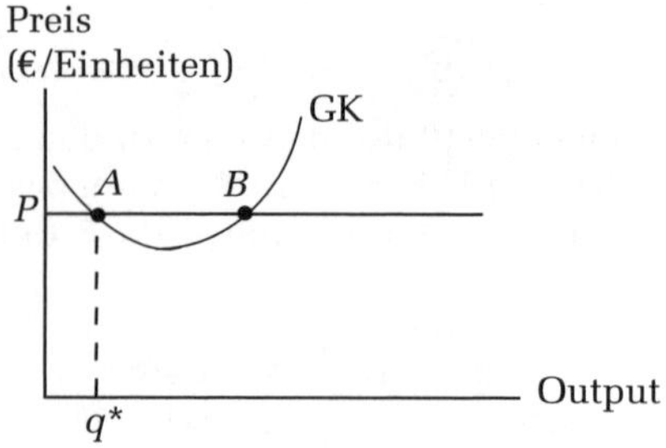

Abbildung 8.1

An dieser Stelle sei noch einmal wiederholt, dass sich bei der Produktion einer zusätzlichen Outputeinheit der Gewinn des Unternehmens um $\Delta\pi/\Delta q$ = GE – GK ändert. Wenn GE > GK, kann das Unternehmen seinen Gewinn erhöhen, indem es seinen Output erhöht. Wenn GE < GK, kann das Unternehmen den Gewinn erhöhen, indem es seinen Output verringert. Das Unternehmen maximiert den Gewinn bei seinem gegenwärtigen Output nur bei GE = GK. Folglich sollte ein gewinnmaximierendes Unternehmen q so wählen, dass GE = GK. Ein gewinnmaximierendes Wettbewerbsunternehmen sollte q so wählen, dass gilt P = GK, da in diesem Fall GE = P.

8.2.4 Die kurzfristige Outputentscheidung (Kapitel 8.4)

Um formal zu bestimmen, ob ein Wettbewerbsunternehmen eine positive Menge produzieren sollte, betrachten wir ein Wettbewerbsunternehmen mit den in Abbildung 8.2 dargestellten TDK-, VDK- und GK-Kurven. Wenn der Preis gleich P_1 ist, setzt das Unternehmen GK = P_1, indem es q_1 produziert. Der Gewinn kann wie folgt geschrieben werden: $\pi(q_1) = [P_1 - \text{TDK}(q_1)]q_1$. Da $P_1 > \text{TDK}(q_1)$, $\pi(q_1) > 0$. Folglich stellt sich das Unternehmen durch den Verkauf von q_1 besser als durch den Verkauf von null. Zur Verallgemeinerung dieses Ergebnisses für alle Preise ist zu beachten, dass, da das Unternehmen auf dem positiv geneigten Teil seiner GK-Kurve produziert, beim gewinnmaximierenden Output $\pi(q) > 0$, wenn P > Minimum der TDK. Also müssen wir nur überprüfen, ob P > Minimum der TDK, um festzustellen, ob das Unternehmen langfristig noch produzieren wird.

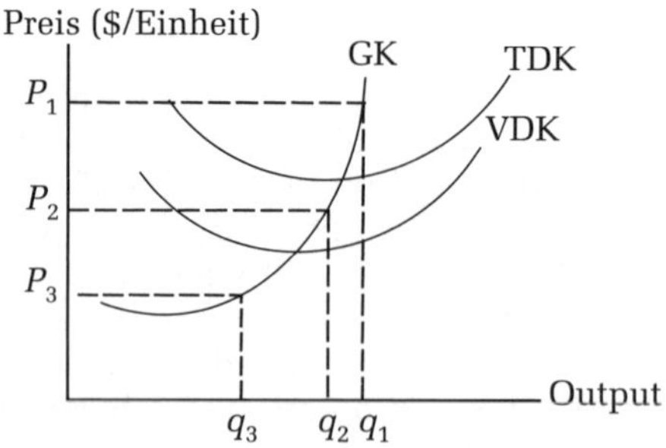

Abbildung 8.2

Es sei nun aber angenommen, dass der Preis gleich P_2 in Abbildung 8.2 ist. Dann setzt das Unternehmen GK = P_2, indem es q_2 produziert. Da $P_2 < \text{TDK}(q_2)$, $\pi(q_2) = [P_2 - \text{TDK}(q_2)]\, q_2 < 0$. Sollte das Unternehmen q_2 oder null produzieren? Um dies zu beantworten, müssen wir einen weiteren Vergleich ausführen. Durch Umschreiben des Gewinns bestimmen wir $\pi(q_2) = [P_2 - \text{VDK}(q_2)]q_2 - \text{FK}$. Da $P_2 > \text{VDK}(q_2)$, verliert das Unternehmen weniger als seine Fixkosten, wenn es bei q_2 operiert. Wenn das Unternehmen einen Output von null verkauft, würde es seine *gesamten* Fixkosten verlieren. Folglich stellt sich ein Unternehmen bei P_2 am besten, wenn es weiterproduziert. Da Fixkosten kurzfristig unvermeidlich sind, sollte das Unternehmen diese bei der Entscheidung für oder gegen die Produktion ignorieren. Daher müssen wir nur *überprüfen*, ob $P >$ Minimum der VDK, um festzustellen, ob das Unternehmen kurzfristig produzieren wird. Hierbei handelt es sich um die *kurzfristige Schließungsregel.*

Schließlich sei angenommen, dass der Preis gleich P_3 in Abbildung 8.2 ist. Dann setzt das Unternehmen GK = P_3, indem es q_3 produziert. Hier gilt $\text{VDK}(q_3) > P_3$. Da $\pi(q_3) = [P_3 - \text{VDK}(q_3)]\, q_3 - \text{FK}$, ist der Verlust größer als die Fixkosten des Unternehmens (das heißt das Unternehmen kann es sich nicht nur nicht leisten, seine Fixkosten zu bezahlen, es verdient auch nicht genug, um seine Rohstoffe und Arbeitskräfte zu bezahlen!). Das Unternehmen könnte null produzieren und nur seine Fixkosten verlieren, somit wäre es besser gestellt, wenn es schließt. Durch die Produktion eines Output von null beschränkt das Unternehmen seine Verluste auf seine Fixkosten.

Übung

6. Ihre Firma, die Kaffeebecher herstellt, produziert gegenwärtig bei einem Produktionsniveau von 200 Einheiten pro Monat. Die Fixkosten sind gleich € 500 pro Monat. Beim gegenwärtigen Outputniveau wissen Sie, dass die Grenzkosten gleich € 10 und gleich den durchschnittlichen Gesamtkosten sind. Sie haben ermittelt, dass bei einem Outputniveau von 150 die Grenzkosten € 6 betragen und gleich den durchschnittlichen variablen Kosten sind. Der Marktpreis für Ihre Kaffeebecher beträgt € 8. Wenn Ihr Ziel die Gewinnmaximierung ist, sollten Sie bei $q = 200$ weiterproduzieren, sollten Sie q auf über 200 erhöhen oder sollten Sie q auf unter 200 senken? Wären Sie besser gestellt, wenn Sie das Geschäft aufgeben?

8.2.5 Die kurzfristige Angebotskurve eines Wettbewerbsunternehmens (Kapitel 8.5)

Die *kurzfristige Angebotskurve eines Unternehmens* gibt uns die Outputmenge an, die zu jedem Preis produziert wird. Wir haben demonstriert, dass das Unternehmen eine Menge anbieten wird, sodass gilt $P = \text{GK}$, solange in der kurzen Frist $P >$ Minimum der VDK. Folglich ist die kurzfristige Angebotskurve der Teil der Grenzkostenkurve über dem Minimum der VDK-Kurve. Es sei angenommen, dass wie in Abbildung 8.3 dargestellt das Minimum von VDK = 10 und GK = $2q$. Dann entspricht die Angebotskurve dem Teil der GK-Kurve oberhalb von $P = 10$. Die Gleichung der Angebotskurve des Unternehmens wird als $q = P/2$ bei allen $P = 10$ geschrieben.

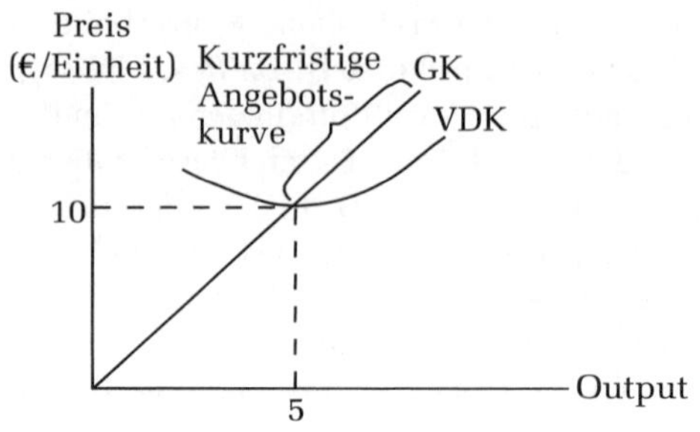

Abbildung 8.3

Inputpreisveränderungen führen zu einer Verschiebung der GK- und VDK-Kurven und somit zu einer Verschiebung der kurzfristigen Angebotskurve. Die TDK-Kurve verschiebt sich ebenfalls in Folge einer Änderung der Inputpreise.

8.2.6 Die kurzfristige Marktangebotskurve (Kapitel 8.6)

Bei der *kurzfristigen Marktangebotskurve* handelt es sich einfach um die horizontale Summe der kurzfristigen Angebotskurven der einzelnen Unternehmen. In der nächsten Übung wird dargestellt, wie die Marktangebotskurve bestimmt wird.

Übung

7. Es sei angenommen, dass es in einer Branche acht Unternehmen gibt. Für fünf Unternehmen gilt GK = $5q$ und Minimum der VDK = 15. Für die anderen drei Unternehmen gilt GK = $4q$ und Minimum der VDK = 20. Wie lautet die Gleichung für die Marktangebotskurve in der kurzen Frist? (Hinweis: Schreiben Sie die gelieferte Menge als Funktion des Preises.) Zeichnen Sie sorgfältig die Angebotskurve.

Eine negativ geneigte Nachfragekurve gibt an, dass ein Verbraucher den ersten Einheiten eines Produktes einen höheren Wert beimisst als den letzten gekauften Einheiten. Durch den Kauf aller Einheiten zum Marktpreis erzielt der Verbraucher somit eine Konsumentenrente beziehungsweise Gewinne aus dem Handel. Für ein Unternehmen zeigt eine positiv geneigte Angebotskurve ein analoges Konzept – die *Produzentenrente*. Bei der kurzfristigen Konsumentenrente für ein einzelnes Unternehmen handelt es sich um den Überschuss der Erlöse gegenüber den variablen Kosten, der entweder unter Verwendung der Grenzkostenkurve oder der Kurve der durchschnittlichen variablen Kosten gemessen werden kann. Beispielsweise maximiert das Unternehmen in Abbildung 8.4 seinen Gewinn, indem es, wenn der Preis gleich P_1 ist, einen Output von q_1 festlegt. Die Produzentenrente ist gleich der Differenz zwischen dem Preis, den das Unternehmen tatsächlich für das Gut (P_1) erzielt, und dem minimalen Preis, den das Unternehmen zu akzeptieren bereit gewesen wäre (der durch GK zu jeder Menge q bestimmt ist), summiert über alle Einheiten zwischen null und q_1. Die schraffierte Fläche in Abbildung 8.4 stellt die Produzentenrente dar. Alternativ könnte man sich die Produzentenrente PR auch als den Gewinn oberhalb der variablen Kosten vorstellen: PR = Gesamterlös – variable Kosten. (Dabei ist zu beachten, dass zur Berechnung des Gewinns anders als bei der Produzentenrente auch noch die Fixkosten abgezogen werden müssten.) Für die Branche insgesamt entspricht die kurzfristige Produzentenrente dem Bereich unterhalb des Marktpreises und oberhalb der Marktangebotskurve (die aus den Grenzkostenkurven der einzelnen Unternehmen hergeleitet ist).

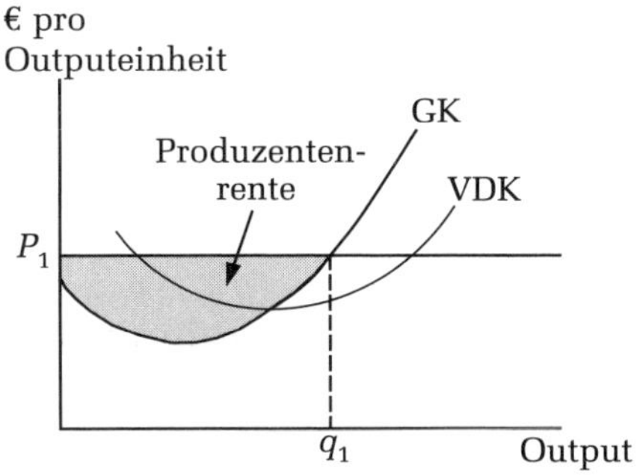

Abbildung 8.4

Übung

8. Die Nick and Nora Company weist die in Abbildung 8.5 dargestellte kurzfristige Angebotskurve auf. Welche kurzfristige Produzentenrente erzielt das Unternehmen, wenn $P = 40$?

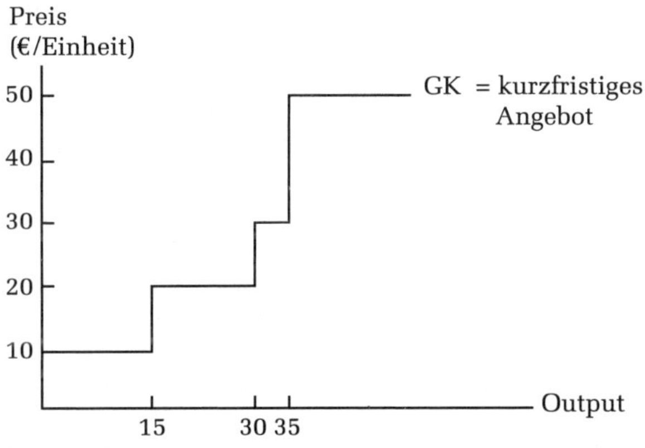

Abbildung 8.5

Die langfristige Produzentenrente ist gleich dem Überschuss des Erlöses gegenüber den langfristigen Opportunitätskosten. Wenn wir die Fläche unter der GK-Kurve als das Maß der Opportunitätskosten verwenden, müssen wir davon jede Fläche abziehen, für die gilt GK > P, wie beispielsweise die Fläche B in Abbildung 8.6. In der Abbildung 8.6 ist die langfristige Produzentenrente gleich $A - B$.

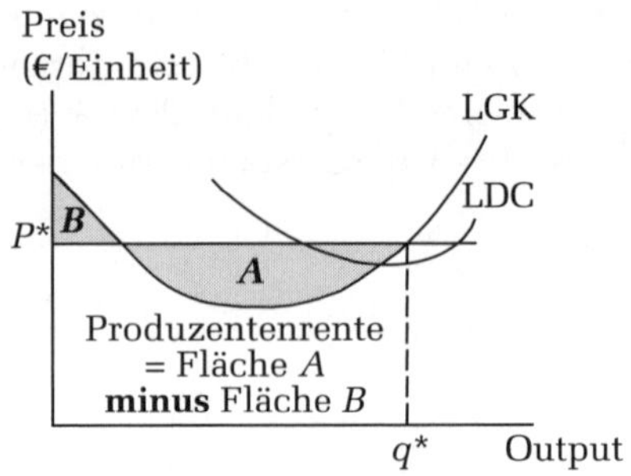

Abbildung 8.6

8.2.7 Die langfristige Outputentscheidung (Kapitel 8.7)

Langfristig entscheidet sich das Unternehmen für die Produktion eines Outputs, bei dem die langfristigen Grenzkosten gleich dem Preis sind, solange der Gewinn größer als oder gleich null ist. Daher muss der Preis mindestens so hoch sein wie die minimalen durchschnittlichen Gesamtkosten, damit das Unternehmen langfristig produziert.

Langfristig verlassen Unternehmen, die Geld verlieren, die Branche. Wenn die Unternehmen die Branche verlassen, sinkt das Marktangebot, wodurch der Preis bis zu dem Punkt in die Höhe getrieben wird, in dem die Gewinne gleich null sind. Wenn die Unternehmen positive Gewinne erzielen, kommt es langfristig zum Markteintritt. Der Markteintritt hört auf, wenn die Gewinne wieder auf null gefallen sind. Daher erzielen die Unternehmen im langfristigen Gleichgewicht ökonomische Gewinne von null.

Es bestehen zwei Bedingungen für das langfristige Gleichgewicht: 1) P = LGK stellt die Gewinnmaximierung des einzelnen Unternehmens sicher und 2) P = LDC stellt sicher, dass kein Anreiz für einen Markteintritt beziehungsweise Marktaustritt besteht (ökonomische Gewinne von null). Hierbei ist zu beachten, dass die Unternehmen nicht *versuchen*, ökonomische Gewinne von null (das heißt eine normale Ertragsrate) zu erzielen. Sie versuchen vielmehr, höchstmögliche Gewinne zu erzielen. Es ist der freie Markteintritt und -austritt von Unternehmen, der im langfristigen Gleichgewicht die ökonomischen Gewinne auf null verschiebt (P = LDC). Durch eine Verbindung der beiden Bedingungen, P = LGK und P = LDC, kommen wir zu der Schlussfolgerung, dass *der Output des Unternehmens im langfristigen Gleichgewicht in dem Punkt festgelegt wird, in dem P = minimale LDC.*

Langfristig müssen keine weiteren Kosten getragen werden, wenn das Unternehmen das Geschäft aufgibt – alle Kosten sind variabel, da alle Inputentscheidungen geändert werden können. Infolgedessen muss das Unternehmen entweder kostendeckend arbeiten oder einen positiven Gewinn erzielen, um im Geschäft zu bleiben. Die Bedingung $\pi(q) \geq 0$ bedeutet, dass $[P - \text{LDC}]q \geq 0$ zutreffen muss. Wie auch bei der kurzfristigen Angebotskurve muss die gewählte Menge auf dem positiv geneigten Teil der Angebotskurve liegen. Zusammen bedeuten diese beiden Bedingungen, dass auf der Angebotskurve $P \geq$ Minimum der LDC. Die *langfristige Angebotskurve des Unternehmens* entspricht dem steigenden Teil der GK-Kurve eines Unternehmens oberhalb des Minimums der LDC.

Warum ist die Bedingung nur $\pi(q) \geq 0$ und nicht $\pi(q) > 0$? Warum sollte ein Unternehmen mit Gewinnen von Null zufrieden sein? Hier sei daran erinnert, dass die ökonomischen Gewinne alle Opportunitätskosten decken. Dies bedeutet, dass *ökonomische Gewinne von Null einen normalen Ertrag auf die Investition umfassen*. (In der Tat können Sie immer die Formulierung „Erzielen einer normalen Ertragsrate" einsetzen, wenn wir von ökonomischen Gewinnen von Null sprechen, falls es dieses Konzept weniger verwirrend macht.) In einer hochgradigen Wettbewerbsbranche können ökonomische Gewinne von Null das Beste sein, was das Unternehmen erzielen kann. Das Unternehmen kann sich nicht besser stellen, indem es diese Branche verlässt und in eine andere Wettbewerbsbranche eintritt.

Übung

9. Es sei angenommen, die Lizenzgebühren für Bauunternehmen in Michigan verdoppeln sich. Jedes Jahr muss an den Bundesstaat eine Lizenzgebühr gezahlt werden, bevor das Bauunternehmen Arbeiten ausführen darf. Welche Auswirkungen wird die erhöhte Gebühr auf die Anzahl der Unternehmen, den Marktpreis und den Output sowie auf die ökonomischen Gewinne haben, wenn wir annehmen, dass es sich bei dem Markt um einen vollkommenen Wettbewerbsmarkt handelt?

8.2.8 Ökonomische Rente

Aus der Perspektive eines Unternehmens entspricht die *ökonomische Rente* der Differenz zwischen dem Betrag, den ein Unternehmen für einen Input zu zahlen bereit ist, und dem zum Kauf des Inputs notwendigen minimalen Betrages. Die ökonomische Rente für eine Branche ist ein anderer Begriff für die langfristige Produzentenrente. Es sei beispielsweise angenommen, dass Ihnen eine Gruppe von Holunderbüschen gehört, mit denen sie im langfristigen Gleichgewicht eine Produzentenrente in Höhe von € 100 pro Jahr erzielen. Sie wären bereit, die Büsche zu verkaufen, wenn sie den Erlös investieren und Zinszahlungen in Höhe von € 100 pro Jahr auf die Anlage erzielen könnten. Folglich ist die von Ihnen für die Lieferung des Holunders erzielte Produzentenrente in Höhe von € 100 nur der Ausgleich der Opportunitätskosten des Nicht-Verkaufs der Sträucher (die Kosten der zweitbesten Verwendung der Ressourcen, die sie in das Geschäft mit dem Mesquite investiert haben). Die Produzentenrente ist im Wert der Gruppe der Holunderbüsche kapitalisiert.

8.2.9 Die langfristige Branchenangebotskurve (Kapitel 8.8)

Die Steigung der *langfristigen Branchenangebotskurve* hängt davon, ab, wie sich die Kosten für *alle* Unternehmen mit dem Markteintritt neuer Unternehmen ändern. Wenn die Inputkosten sich mit dem Markteintritt neuer Unternehmen nicht ändern, ist die langfristige Branchenangebotskurve horizontal. Dies entspricht der Definition einer *Branche mit konstanten Kosten* und es ist eine angemessene Annahme, wenn das Unternehmen keine spezialisierten Inputs verwendet. Wenn allerdings die Inputpreise mit dem Branchenoutput steigen, verläuft die langfristige Angebotskurve positiv geneigt (eine *Branche mit zunehmenden Kosten*). Wenn umgekehrt die Inputpreise bei steigendem Output sinken, verläuft die Angebotskurve negativ geneigt und die Branche wird als *Branche mit abnehmenden Kosten* bezeichnet.

Beginnen wir mit der Annahme, dass es sich bei der Branche um eine Branche mit konstanten Kosten handelt. Es sei angenommen, die gegenwärtigen Produzenten erzielen zunächst, wie bei P_2 in Abbildung 8.7a, positive Gewinne. Dies bedeutet, dass sich die Branche nicht im langfristigen Gleichgewicht befindet. Unternehmer werden entdecken, dass sie in die Branche eintreten und auch positive Gewinne erzielen können. Durch die Markteintritte verschiebt sich die kurzfristige Angebotskurve in Abbildung 8.7b auf S_2. Die Markteintritte setzen sich so lange fort, bis bei einem Preis von P_1 das langfristige Gleichgewicht erreicht wird. Bei P_1 sind die ökonomischen Gewinne gleich null und es besteht kein weiterer Anreiz für einen Eintritt in diese Branche. Die langfristige Branchenangebotskurve verläuft, wie in Abbildung 8.7b dargestellt, horizontal. Bei jedem Preis über P_1, dem Preis, der gleich den minimalen langfristigen Durchschnittskosten ist, besteht ein Anreiz für einen Markteintritt; desgleichen führt jeder Preis unter P_1 dazu, dass Unternehmen den Markt verlassen. Aber durch diese Markteintritte beziehungsweise Marktaustritte wird die DC-Kurve nicht verschoben, sodass die langfristige Angebotskurve immer wieder auf einen Preis von P_1 zurückkehren wird.

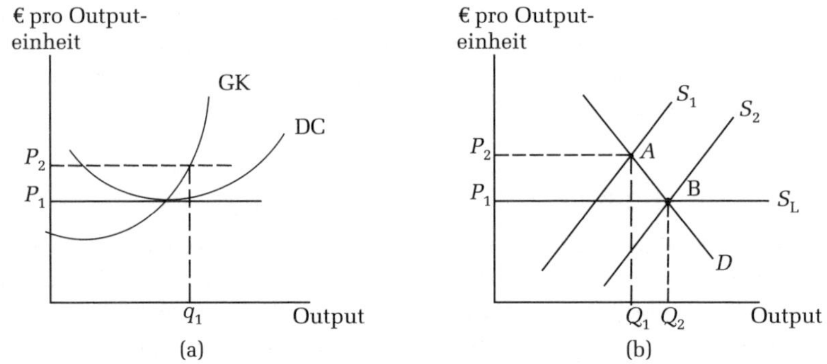

Abbildung 8.7

Übung

10. Wie sehen in einer Branche mit konstanten Kosten die langfristigen Auswirkungen einer Verschiebung der Nachfrage nach rechts aus? Steigt oder sinkt der Preis im Vergleich zum vorherigen Gleichgewicht beziehungsweise bleibt er langfristig unverändert? Welche Auswirkungen hat eine solche Verschiebung auf die langfristige Gleichgewichtsmenge?

Wenn eine Branche spezialisierte Inputs verwendet, für die ein knappes Angebot besteht, führt der Markteintritt neuer Unternehmen (oder eine Erhöhung des Outputs durch bestehende Unternehmen) zu einem Anstieg der Inputpreise. Selbst wenn die Produktionsfunktion jedes Unternehmens konstante Skalenerträge aufweist, können positiv geneigte Angebotskurven für Inputs zu zunehmenden Kosten in einer Branche führen. Im Fall einer Branche mit zunehmenden Kosten führt eine Verschiebung der Marktnachfragekurve nach rechts ebenfalls zu Markteintritten. Wenn es allerdings zu diesen Markteintritten kommt, steigt die Nachfrage nach Inputs und das wiederum führt zu einem Anstieg der Inputpreise. Im neuen Gleichgewicht sind die Gewinne für alle Unternehmen wieder gleich null – aber bei einem höheren Preis als zuvor. Deshalb ist die langfristige Branchenangebotskurve positiv geneigt.

Übung

11. Wie verändert sich in einer Branche mit zunehmenden Kosten der langfristige Gleichgewichtspreis, wenn sich die Nachfragekurve nach rechts verschiebt? Und wie verändert er sich bei einer Verschiebung nach links?

8.3 Übungsaufgaben

12. Ein Unternehmen hat kurzfristige Gesamtkosten, die durch die folgende Gleichung angegeben werden:

$C(q) = 100 + 2q + q^2$,

wobei die Grenzkosten GK = $2 + 2q$ sind.

a) Bestimmen Sie die durchschnittlichen Gesamtkosten und die durchschnittlichen variablen Kosten als Funktion des Outputniveaus.

b) Wie viel produziert das Unternehmen kurzfristig, wenn gilt $P = 25$?

c) Wie viel produziert das Unternehmen kurzfristig, wenn gilt $P = 20$?

d) Wie viel produziert das Unternehmen langfristig, wenn wir annehmen, dass es langfristig die gleichen Kostenkurven für $q > 0$ hat und $C(0) = 0$ gilt?

13. Ein Unternehmen hat Grenzkosten, die durch GK = $10 + q$ angegeben werden, und variable Kosten, die durch VDK = $10 + q/2$ angegeben werden. Bestimmen Sie den maximalen Gewinn des Unternehmens, wenn die Fixkosten € 5.000 betragen und der Marktpreis gleich € 100 ist. Wird das Unternehmen in der kurzen Frist die Produktion fortsetzen? Wird es dies auch langfristig tun? Erklären Sie Ihre Antwort.

14. Es sei angenommen, ein Unternehmen hat bei $q > 0$ langfristige Gesamtkosten von $C(q) = 300 + 5q + 3q^2$ und $C(0) = 0$. Die Grenzkosten sind gleich GK = $5 + 6q$. Die minimalen durchschnittlichen Gesamtkosten werden bei $q = 10$ erreicht und sind gleich € 65. Jetzt wird dem Unternehmen eine Steuer auferlegt – für jede produzierte Outputeinheit muss es € 15 Steuern bezahlen. Leiten Sie die neue GK-Kurve her. Wie hoch sind die minimalen durchschnittlichen Gesamtkosten? Bei welchem Output treten diese ein? Wie lautete die ursprüngliche Angebotskurve des Unternehmens? Wie lautet die neue Angebotskurve des Unternehmens?

15. Die Kurve der gesamten variablen Kosten einer Zuckerfabrik ist in Abbildung 8.8 dargestellt. Erklären Sie, warum es eine ganze Reihe von Preisen gibt, bei denen das Unternehmen Q^* Outputeinheiten produziert.

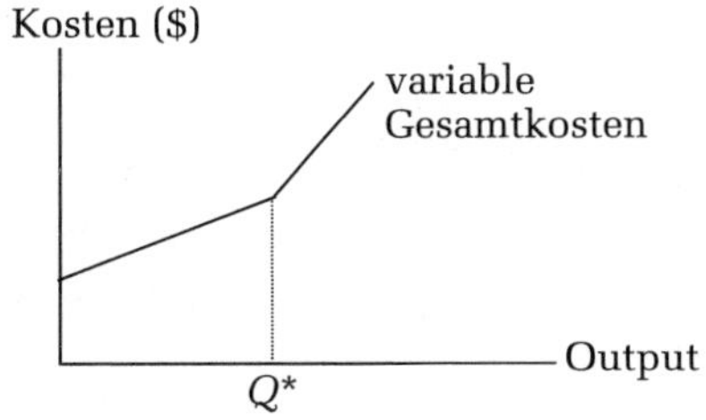

Abbildung 8.8

*16. [Analysis] Eine Branche besteht aus identischen Firmen mit Gesamtkosten von $C(q_i) = 2q_i^2 + 6q_i + 18$ bei $q_i > 0$ und $C(0) = 0$, wobei q_i der Output des Unternehmens i ist. Die Grenzkosten für jedes Unternehmen sind gleich $GK(q_i) = 4q_i + 6$.

a) Zeichnen Sie die FDK-, VDK- und GK-Kurven für ein einzelnes Unternehmen.

b) Es sei angenommen, gegenwärtig gibt es in der Branche 100 Unternehmen. Wie lautet die kurzfristige Angebotskurve für die Branche (wobei die Menge als Funktion des Preises ausgedrückt wird)?

c) Wie lautet die langfristige Angebotskurve bei freiem Markteintritt? (Nehmen Sie dazu an, dass es sich um eine Branche mit konstanten Kosten handelt.)

d) Es sei angenommen, die Nachfragekurve für die Branche ist gleich $Q_D = 660 - 20P$, wobei P der Marktpreis ist. Wie lauten der langfristige Gleichgewichtspreis und -output?

e) Es sei angenommen, die Nachfragekurve verschiebt sich auf $Q_D = 840 - 20P$. Was geschieht kurzfristig mit dem Preis, dem Output und dem Gewinn?

f) Was geschieht langfristig mit dem Preis, dem Output und dem Gewinn?

17. [Analysis] Es sei angenommen, die Gesamtkostenfunktion des Produzenten eines Produktes ist gleich $C(q) = 500 + 7q + 0{,}04q^2$ bei $q > 0$ und $C(0) = 0$, wobei C die Gesamtkosten in Euro und q die Anzahl der hergestellten Kisten des Produkts ist. Wie lauten die entsprechenden TDK-, VDK- und GK-Funktionen? Wie hoch ist der langfristige Marktgleichgewichtspreis, wenn die Branche durch freien Markteintritt charakterisiert wird?

8.4 Kontrollfragen

18. Die Preiselastizität der Nachfragekurve, mit der ein vollkommenes Wettbewerbsunternehmen konfrontiert wird, ist gleich:

a) 0,

b) –1,

c) $-\infty$,

d) der Preiselastizität der Marknachfragekurve,

e) Keine der oben stehenden Aussagen trifft zu.

19. Die Smith Company produziert ein bestimmtes Produkt. Die durchschnittlichen variablen Kosten des Unternehmens bei seinem gegenwärtigen Outputniveau betragen € 30 pro Einheit. Seine gegenwärtigen durchschnittlichen Gesamtkosten pro Einheit betragen € 60 pro Einheit. Wenn der Marktpreis gleich € 45 ist:

a) sollte das Unternehmen eine Menge produzieren, bei der die Grenzkosten minimiert werden;

b) sollte das Unternehmen sofort das Geschäft aufgeben;

c) sollte das Unternehmen kurzfristig in dem Geschäft bleiben;

d) sollte das Unternehmen eine Menge produzieren, bei der die durchschnittlichen variablen Kosten minimiert werden;

e) a) und c).

20. Ein gewinnmaximierendes Wettbewerbsunternehmen, das positive ökonomische Gewinne erzielt, produziert kurzfristig bis zu dem Punkt, in dem:

a) der Gesamterlös maximiert wird;

b) die Grenzkosten minimiert werden;

c) der Grenzerlös maximiert wird;

d) der durchschnittliche Erlös gleich den durchschnittlichen Gesamtkosten ist;

e) der Grenzerlös gleich den Grenzkosten ist.

21. Ein Wettbewerbsunternehmen, das Gewinne von Null erzielt, sollte:

a) die Branche verlassen und eine lukrativere Verwendung für die eingesetzten Ressourcen finden;

b) die Produktion ausweiten, um zu versuchen, einen positiven Gewinn zu erzielen;

c) das fortführen, was es gegenwärtig tut;

d) seinen Preis erhöhen;

e) b) oder d).

22. In einer Branche mit konstanten Kosten ist die Elastizität des langfristigen Branchenangebots gleich:

a) $+\infty$,

b) 1,

c) 0,

d) der Elastizität des langfristigen Angebots des Unternehmens.

e) Es werden weitere Informationen benötigt.

23. Wieviel sollte das vollkommene Wettbewerbsunternehmen bei $P = 110$ kurzfristig produzieren, wenn $\text{GK} = 50 + 6q$ und $\text{VDK} = 50 + 3q$?

a) 0.

b) 10.

c) 20.

d) 30.

e) Keine der oben stehenden Aussagen trifft zu.

24. Wenn $\text{GK} = 50 + 6q$ und $\text{TDK} = 50 + 3q + 675/q$ und wenn der gegenwärtige Preis $P = 140$ ist, sollte das Unternehmen kurzfristig ________ und langfristig ________ produzieren.

a) 0 und 0.

b) 15 und 15.

c) 25 und 0.

d) 15 und 0.

e) Keine der oben stehenden Lösungen trifft zu.

25. Die Hemdenbranche besteht aus Unternehmen mit U-förmigen durchschnittlichen Gesamtkostenkurven und befindet sich im langfristigen Gleichgewicht. Welche der folgenden Aussagen trifft zu, wenn der Kongress von den Lieferanten eine Stücksteuer für jedes produzierte Hemd erhebt? (Hinweis: Verschieben sich die GK aufgrund der Stücksteuer *f*? Verändert sich aufgrund der Stücksteuer die Menge, bei der die durchschnittlichen Gesamtkosten minimiert werden?)

a) Die Anzahl der Unternehmen wird sinken, aber der Gesamtoutput bleibt gleich.
b) Die Anzahl der Unternehmen geht zurück, aber der Output pro Unternehmen bleibt gleich.
c) Die Anzahl der Unternehmen bleibt gleich, aber der Gesamtoutput sinkt.
d) Der Gesamtoutput sinkt, während der Output für jedes Unternehmen steigen oder sinken kann.
e) Keine der oben stehenden Aussagen trifft zu.

26. Wenn die Führungskräfte eines Wettbewerbsunternehmens ihre Gewinne nicht maximieren:

a) werden die Aktionäre sie austauschen;
b) kann das Unternehmen im Rahmen einer Übernahme aufgekauft werden;
c) wird das Unternehmen nicht in der Lage sein, Kapital anzuziehen, um zu expandieren.
d) Alle der oben stehenden Lösungen sind mögliche Konsequenzen.
e) Keine der oben stehenden Lösungen trifft zu.

27. Wenn der Preis bei einem Unternehmen gleich dem Grenzerlös ist:

a) maximiert es seinen Gewinn;
b) wird es mit einer horizontalen Nachfragekurve konfrontiert;
c) sollte es null produzieren;
d) sollte es so viel wie möglich produzieren;
e) a) und b).

Die nächsten beiden Fragen beziehen sich auf ein Unternehmen in einer Branche mit konstanten Kosten mit TDK(q) = 2.000/q + 100 + 5q und GK(q) = 100 + 10q.

28. Der langfristige Gleichgewichtspreis ist gleich:

a) € 100.
b) € 200.
c) € 300.
d) € 500.
e) Keine der oben stehenden Lösungen trifft zu.

29. Die Nachfrage nach dem Branchenoutput ist gestiegen. Wenn der Marktpreis zunächst auf € 600 steigt, produziert jedes Unternehmen langfristig:

a) 20 Einheiten.
b) 50 Einheiten.
c) 88,7 Einheiten.
d) 100 Einheiten.
e) Es werden weitere Informationen benötigt.

8.5 Internetübung

Gehen Sie auf die Internetseite *http://www.economagic.com*. Auf dieser Internetseite wird eine Vielzahl von Quellen für volkswirtschaftliche Daten der USA (die amerikanische Zentralbank, das statistische Bundesamt, das Amt für Arbeitsmarktstatistiken und so weiter) aufgeführt. Gehen Sie zu *Department of Energy: Monthly Energy* und klicken dies an. Scrollen Sie nach unten und suchen Sie die Tabelle 9.9, Average Electricity *Retail Prices* [Endverbraucherpreise für Strom]. Betrachten Sie die separaten Tabellen, in denen jährliche Preisdaten für *Privat-, Geschäfts- und industrielle Kunden (Residential, Commercial, Industrial)* aufgeführt werden. Ist dieses Preismuster mit der Annahme vereinbar, dass der Strommarkt ein vollkommener Wettbewerbsmarkt ist?

8.6 Lösungen zu den Übungen

1. Keiner dieser Märkte erfüllt alle Bedingungen für den vollkommenen Wettbewerb. Der Restaurantmarkt weist keine Produkthomogenität auf – die unterschiedlichen Unternehmen bieten verschiedene Arten von Speisen an, haben unterschiedliche Standorte und bieten ein unterschiedliches Maß an Komfort und Eleganz. Die Werbetreibenden wissen, dass die Radiostationen sich darin unterschieden, welche Arten von Hörern sie ansprechen, also ist auch hier das Produkt nicht homogen. Da Radiostationen außerdem eine Lizenz benötigen, wäre auch die Bedingung des freien Markteintritts nicht erfüllt.

2. Ein Grund könnte darin bestehen, die Atmosphäre in der Stadt zu verbessern. Das Unternehmen könnte dann möglicherweise leichter Führungskräfte gewinnen. Im Allgemeinen kann die langfristige Gewinnmaximierung sehr wohl mit Spenden für karitative Zwecke und mit anderen Aktivitäten vereinbar sein, mit denen keine kurzfristigen Erlöse für das Unternehmen erzielt werden, wenn diese den Ruf des Unternehmens verbessern und langfristig zu erhöhten Erlösen führen.

3. Die Spalten des Gesamterlöses, der Gesamtkosten und des Gewinns für Tabelle 8.2 gestalten sich wie folgt:

Output	Erlös	Gesamtkosten	Gewinn
13	1.950	2.100	– 150
14	2.100	2.245	– 145
15	2.250	2.400	– 150
16	2.400	2.565	– 165
17	2.550	2.740	– 190

Das gewinnmaximierende Outputniveau ist gleich $q = 14$. Wenn das Unternehmen die Produktion um eine zusätzliche Einheit auf 15 Einheiten erhöht, erzielt es einen zusätzlichen Erlös von € 150, wird allerdings für die Produktion zusätzliche Kosten in Höhe von € 155 haben. Also führt eine Erhöhung des Outputs auf 15 Einheiten dazu, dass das Unternehmen zusätzliche € 5 an Gewinn verliert. Desgleichen gilt, dass das Unternehmen, wenn es den Output um eine Einheit auf 13 senkt, € 145 an Kosten spart, aber auf einen Erlös von € 150 verzichtet. Folglich würde der Gewinn im Vergleich zur Produktion von 14 Outputeinheiten um € 5 sinken. Zwar sind die Gewinne negativ (– € 145), aber es ist offensichtlich, dass diese Verluste bei $q = 14$ minimiert werden.

4. Ja, das Unternehmen erzielt durch den Verkauf einer zusätzlichen Fahrzeugladung einen Gewinn. Der Gewinn erhöht sich um € 43.020 – € 29.754 = € 13.266. Das Unternehmen sollte die Produktion erhöhen.

5. Es sei angenommen, das Unternehmen erhöht seinen Output von q^* um einen geringen Betrag. Die Fläche unter der GK-Kurve entspricht den Gesamtkosten der Erhöhung des Outputs. Die Fläche unter der Nachfragekurve (horizontal bei P) stellt den durch die Steigerung des Outputs erzielten Zuwachs des Erlöses dar. Da bei einem kleinen Anstieg des Outputs über q gilt GK < P, erzielt das Unternehmen einen Gewinn durch die Erhöhung des Outputs auf den Punkt B, in dem bei positiv geneigter GK-Kurve P = GK gilt.

6. Siehe Abbildung 8A.1. Gegenwärtig produzieren Sie in dem Punkt, in dem gilt GK = 10 und $P = 8$. Sie sollten den Output bis auf den Punkt reduzieren, in dem gilt P = GK. Ohne weitere Informationen können wir den gewinnmaximierenden Output nicht berechnen. Allerdings wissen wir, dass (1) das optimale q irgendwo zwischen $q = 150$ und $q = 200$ liegt und dass Sie (2) kurzfristig das Geschäft nicht aufgeben sollten, da die variablen Kosten gedeckt werden.

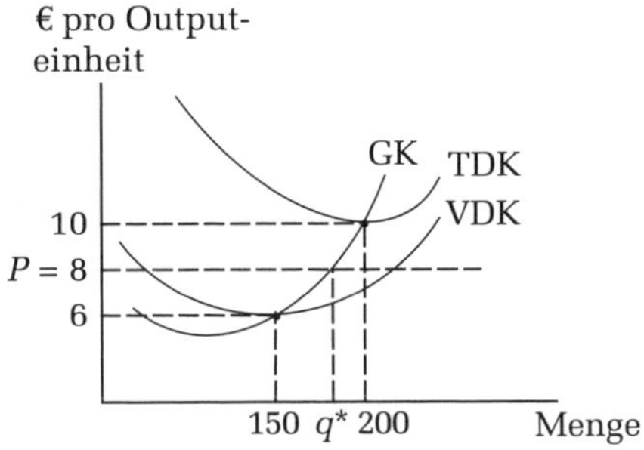

Abbildung 8A.1

7. Bei den ersten fünf Unternehmen bedeutet GK = $5q_i = P$, dass $q_i = P/5$. Diese fünf Unternehmen haben Angebotskurven von

$q_i = P/5$, wenn $P > 15$, und $q_i = 0$, wenn $P < 15$ (da das Minimum der VDK = 15).

Bei den anderen drei Unternehmen bedeutet GK = $4q_j = P$, dass $q_j = P/4$. Diese drei Unternehmen haben Angebotskurven von:

$q_j = P/4$, wenn $P = 20$, und von $q_j = 0$, wenn $P < 20$ (da das Minimum der VDK = 20).

Die kurzfristige Marktangebotskurve ist gleich der horizontalen Summe der Angebotskurven der acht einzelnen Unternehmen. Folglich lautet die (in Abbildung 8A.2 dargestellte) kurzfristige Marktangebotskurve:

$$Q = \begin{cases} 0, \text{ wenn } P < 15, \\ P, \text{ wenn } 15 < P < 20, \text{ da } P = 5(P/5), \\ 7P/4, \text{ wenn } P > 20, \text{ da } 7P/4 = 5(P/5) + 3(P/4) \end{cases}$$

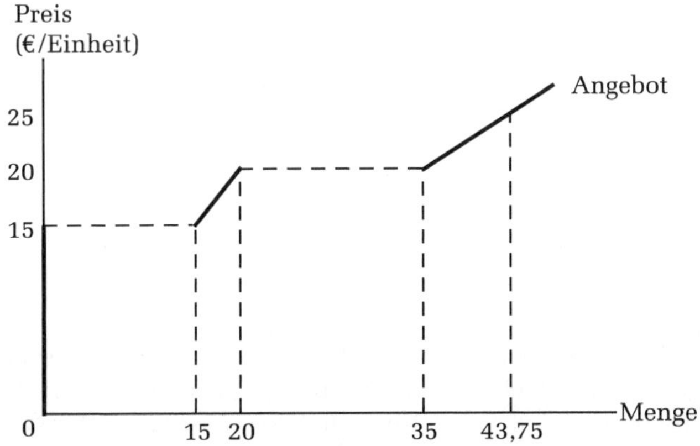

Abbildung 8A.2

8. Bei $P = 40$ produziert das Unternehmen 35 Einheiten. Die schraffierte Fläche in Abbildung 8A.3 ist gleich der Gesamtrente. Die ersten 15 Einheiten kosten jeweils € 10, sodass die auf diese Einheiten erzielte Rente gleich (30)15 = € 450 ist. Die nächsten 15 Einheiten kosten jeweils € 20, sodass die auf diese Einheiten erzielte Rente gleich (20)15 = € 300 ist. Die letzten fünf Einheiten kosten jeweils € 30, sodass die Rente gleich 10(5) = € 50 ist. Folglich ist die Gesamtrente gleich € 800.

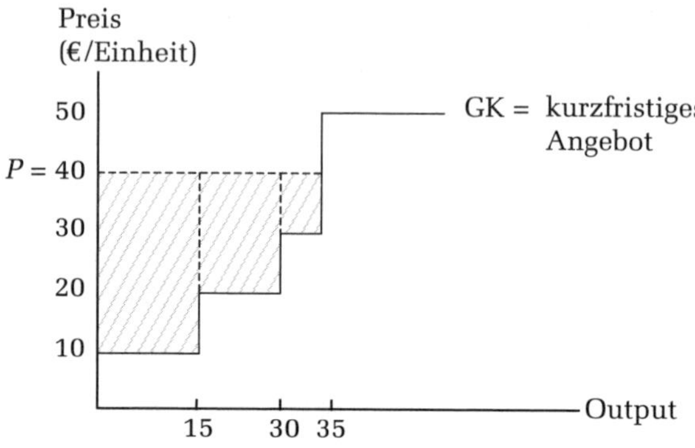

Abbildung 8A.3

9. Der Anstieg der Lizenzgebühren stellt einen Anstieg der Fixkosten dar. Dieser Anstieg führt zu einer Verschiebung der LDC-Kurve nach oben, wie in Abbildung 8A.4a dargestellt. Unternehmen werden aus dem Markt austreten, die kurzfristige Marktangebotskurve in Abbildung 8A.4b wird sich nach links verschieben und es wird weniger Unternehmen geben, die jeweils einen höheren Einzeloutput produzieren, aber zusammen betrachtet produzieren sie einen kleineren *Gesamtoutput*. Dieser Prozess setzt sich so lange fort, bis der Preis auf P_1 = Minimum der LDC_1 steigt und die ökonomischen Gewinne letztendlich wieder null erreichen.

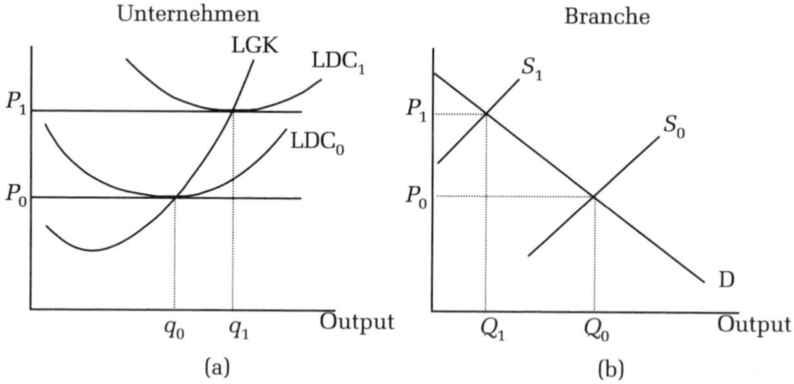

Abbildung 8A.4

10. In einer Branche mit konstanten Kosten verläuft die langfristige Branchenangebotskurve waagerecht. Verschiebt sich die Nachfrage nach rechts, liegt der Schnittpunkt der Nachfragekurve mit der langfristigen Branchenangebotskurve beim gleichen Preis wie vor der Verschiebung der Nachfrage (der Punkt minimaler TDK für alle Unternehmen). Die verkaufte Menge und die Anzahl der Unternehmen steigen, aber der Preis, obwohl er sich in der kurzen Frist erhöhen wird, erreicht langfristig wieder sein ursprüngliches Niveau.

11. Bei einer Branche mit zunehmenden Kosten verläuft die langfristige Angebotskurve positiv geneigt. Die Verschiebung der Nachfragekurve nach rechts führt zu einem Anstieg des Outputs und des Preises (siehe Abbildung 8A.5a). Durch eine Verschiebung der Nachfragekurve nach links sinken der Preis und der Output (siehe Abbildung 8A.5b).

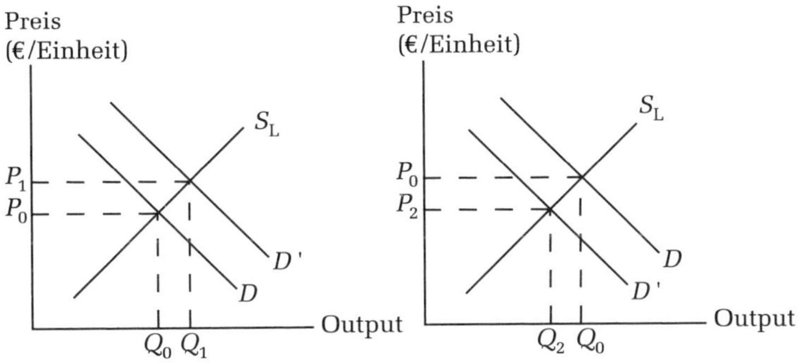

(a) (b)

Abbildung 8A.5

8.7 Lösungen zu den Übungsaufgaben

12. a) TDK = $C(q)/q = 100/q + 2 + q$; VDK = VK/q = $(2q + q^2)/q = 2 + q$.

b) GK = P bedeutet, dass $2 + 2q = 25$ beziehungsweise $q = 23/2 = 11{,}5$. Das Minimum der VDK tritt bei $q = 0$ ein (zeichnen Sie die GK- und die VDK-Kurve, um dies zu überprüfen), sodass kein Zweifel daran besteht, dass das Unternehmen weiter im Geschäft bleibt und 11,5 Einheiten produziert.

c) Wenn $P = 20$, bedeutet GK = P, dass $2 + 2q = 20$, sodass gilt $q = 18/2 = 9$.

d) In der langen Frist ist P = Minimum der TDK ebenfalls eine notwendige Bedingung. TDK wird in dem Punkt minimiert, in dem gilt TDK = GK beziehungsweise $100/q^* + 2 + q^* = 2 + 2q^*$ beziehungsweise $q^* = 10$. Folglich ist Minimum der TDK = TDK(10) = 100/ 10 +2 +10 = 22. Langfristig produziert das Unternehmen 10, wenn $P = 22$, und es produziert gar nichts, wenn gilt $P < 22$.

13. Kurzfristig ist bei allen $q > 0$ GK > VDK. Bei $P = 100$ erhalten wir durch Einsetzen von GK = 100 10 + q = 100 beziehungsweise $q = 90$. Der maximale Gewinn ist gleich $\pi(q) = E - TK = 100(90) - (10 + 90/2)90 - 5.000 = -€\ 950$.

Kurzfristig sind die Verluste in Höhe von € 950, die aus dem Betrieb des Geschäfts entstehen, geringer als der Verlust in Höhe von € 5.000, der entsteht, wenn das Unternehmen im Geschäft bleibt und Fixkosten bezahlen muss, ohne jegliche Erlöse für das Geschäft zu erzielen. Folglich wird das Unternehmen nicht schließen. Aber langfristig wird das Unternehmen das Geschäft aufgeben.

14. Nach der Einführung der Steuer sind die neuen Gesamtkosten durch die ursprünglichen Gesamtkosten zuzüglich der gezahlten Steuern gegeben. Wir definieren $C'(q) = C(q) + 15q = 300 + 20q + 3q^2$. GK' = $20 + 6q$ und TDK' = $300/q + 20 + 3q$. Wir bestimmen die Menge, bei der TDK' minimiert wird, durch Gleichsetzen von GK' und TDK'. Dann erhalten wir $20 + 6q = 300/q + 20 + 3q$ beziehungsweise $q = 10$. (Hierbei ist zu beachten, dass die Verschiebung der Kosten aufgrund der Steuer die effiziente Größe des Unternehmens nicht verändert.) Mit der Steuer ist das Minimum der TDK' $= 30 + 20 + 3(10) = 80$.

Die langfristige Angebotskurve vor der Einführung der Steuer wird durch die Betrachtung der GK-Kurve über dem Minimum der TDK ermittelt. Da GK $= 5 + 6q$ und Minimum der TDK $= 65$, bestimmen wir die Angebotskurve durch Gleichsetzen von $5 + 6q = P$ und Umstellen nach $q = (P - 5)/6$. Das Abschneiden der GK-Kurve unter dem Minimum der TDK bedeutet, dass die Angebotskurve gleich $q_s = (P - 5)/6$ ist, wenn gilt $P = 65$, und $q_s = 0$, wenn gilt $P < 65$.

Durch Gleichsetzen von GK' und P beziehungsweise $20 + 6q = P$ ermitteln wir eine langfristige Angebotskurve nach der Einführung der Steuer von $q_s = (P - 20)/6$, wenn $P = 80$, und $q_s = 0$, wenn $P < 80$.

15. In Abbildung 8A.6 wird die Grenzkostenkurve für die Raffinerie dargestellt. Der Knick in der Kurve der variablen Kosten bedeutet, dass es einen Sprung in der Grenzkostenkurve gibt. Zu jedem Preis zwischen P_0 und P_1 produziert das Unternehmen Q^* Einheiten, um die Bedingung GK(Q) = P zu erfüllen.

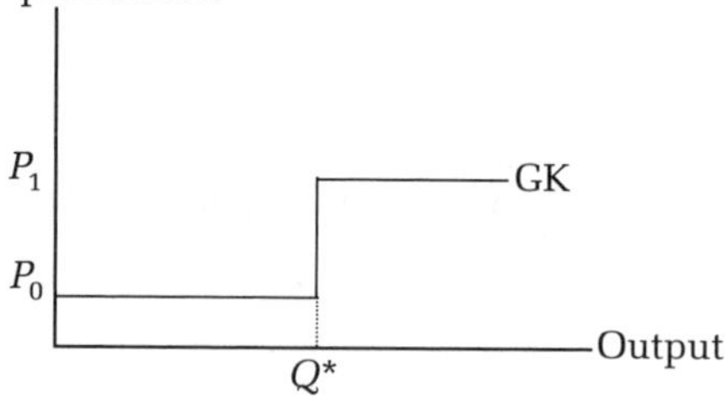

Abbildung 8A.6

16. a) VDK $= 2q_i + 6$ und GK $= \partial C(q_i)/\partial q_i = 4q_i + 6$. Bei allen $q_i > 0$ gilt GK > VDK. FDK $= 18/q_i$. Siehe Abbildung 8A.7. Die U-förmige TDK-Kurve gibt an, dass zunächst zunehmende Skalenerträge, dann im Punkt des VDK Minimums konstante Skalenerträge und schließlich abnehmende Skalenerträge bestehen.

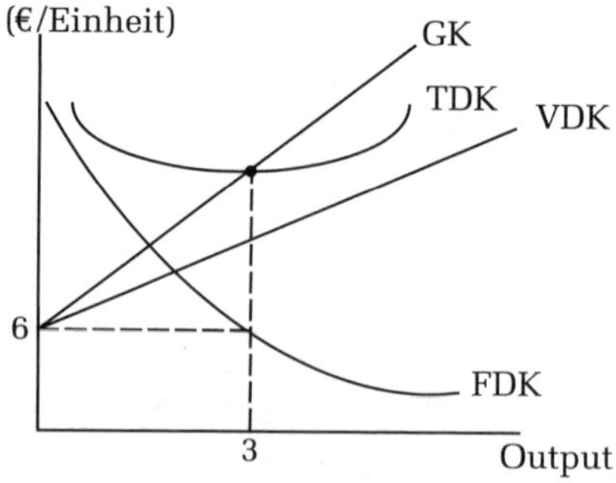

Abbildung 8A.7

b) Für jedes Unternehmen bedeutet GK = *P*, dass $4q_i + 6 = P$ beziehungsweise $q_i = (P - 6)/4$. Dies trifft für alle $P > 6$ zu, da das VDK Minimum bei $q_i = 0$ eintritt. In der kurzen Frist ist die Marktangebotskurve (mit 100 Unternehmen) gleich $Q_S = 100[(P - 6)/4] = 25(P - 6) = 25P - 150$.

c) Das Minimum der TDK kann durch Gleichsetzen von TDK und GK bestimmt werden: $2q_i + 6 + 18/q_i = 4q_i + 6$ bedeutet, dass $q_i^* = 3$ und TDK(3) = GK(3) = 18. Folglich ist der langfristige Gleichgewichtspreis gleich € 18. Die langfristige Angebotskurve verläuft bei *P* = € 18 konstant, wenn es sich um eine Branche mit konstanten Kosten handelt.

d) Aus dem langfristigen Gleichgewichtspreis von € 18 wird eine Nachfrage von

$Q_D = 660 - 20P = 660 - 20(18) = 300$

ermittelt. Da jedes Unternehmen bei *P* = 18 drei Einheiten produziert, werden in der Branche 100 Unternehmen tätig sein.

e) Nach der Verschiebung der Nachfragekurve können wir den kurzfristigen Gleichgewichtspreis und -output durch Gleichsetzen von Q_D und Q_s ermitteln: $840 - 20P = 25P - 150$ beziehungsweise P^* = € 22. Wenn P^* = € 22, $Q^* = 400$. Jedes Unternehmen produziert $q_i^* = 4$. Der von jedem Unternehmen erzielte Gewinn ist gleich:

$\pi(4) = 22(4) - [2(4)^2 + 6(4) + 18] = 88 - 74 =$ € 14.

Der Gesamtgewinn der Branche ist gleich 100(14) = € 1.400.

f) In der langen Frist ist P^* wieder gleich € 18 (der Preis steigt kurzfristig an, muss aber langfristig wieder auf die minimalen langfristigen Durchschnittskosten sinken) und jedes Unternehmen produziert 3 Einheiten. Die Marktnachfrage ist gleich $Q_D = 840 - 20(18) = 480$. Der Gewinn ist für alle Unternehmen gleich null $(0 = 18(3) - [2(3)^2 + 6(3) + 18])$ und in der Branche sind 160 (= 480/3) Unternehmen tätig.

17. $\text{TDK}(q) = 500/q + 7 + 0{,}04q$. $\text{VDK}(q) = 7 + 0{,}04q$ und $\text{GK}(q) = 7 + 0{,}08q$ (leiten Sie die Gesamtkosten nach *q* ab). Der Punkt, in dem TDK sein Minimum erreicht, kann ermittelt werden, indem die Menge bestimmt wird, bei der GK und TDK gleich sind:

$$7 + 0{,}08q = 500/q + 7 + 0{,}04q \text{ ergibt } q^* = \sqrt{12.500}$$

beziehungsweise $q^* = 111{,}80$. Wir können auch das Minimum der TDK bestimmen, indem wir die Ableitung der TDK bilden und diese gleich null setzen: $-500q^{-2} + 0{,}04 = 0$ ergibt $q^* = 111{,}80$. Bei freiem Markteintritt ist der Gleichgewichtspreis des Marktes gleich dem Minimum der TDK beziehungsweise € 15,94.

8.8 Lösungen zu den Kontrollaufgaben

18. c) Jedes vollkommene Wettbewerbsunternehmen nimmt den Marktpreis als gegeben. Dies bedeutet, dass jedes Unternehmen mit einer horizontalen Nachfragekurve konfrontiert wird, obwohl die Marktnachfragekurve negativ geneigt ist. Eine horizontale Nachfragekurve weist eine Elastizität von $-\infty$ auf.

19. c) In der gegenwärtigen Situation deckt die Smith Company ihre gesamten variablen Kosten, aber nur einen Teil ihrer Fixkosten. Wenn das Unternehmen sofort schließen würde, wäre der erzielte Erlös gleich null und es wäre nicht in der Lage, einen Teil seiner Fixkosten zu decken. Das Unternehmen sollte in der kurzen Frist im Geschäft bleiben, aber an einer Senkung seiner Fixkosten arbeiten.

20. e) Das Unternehmen sollte bis zu dem Punkt produzieren, in dem gilt GE = GK. (Für vollkommenen Wettbewerb gilt auch P = GE, sodass wir die Bedingung für die Gewinnmaximierung ebenso als „Produktion bis zu dem Punkt, in dem gilt P = GK" angeben können. Aber auch die allgemeinere Bedingung, GE = GK, trifft zu.)

21. c) Die Lösung d) ist für ein vollkommenes Wettbewerbsunternehmen nicht möglich und b) trifft nicht zu, wenn der Gewinn bereits maximiert wird (wie wir annehmen). Da das Unternehmen seine Opportunitätskosten deckt, sollte es im Geschäft bleiben.

22. a) Die Angebotskurve verläuft horizontal, sodass gilt $E_S = \infty$.

23. b) Für die kurze Frist setzen wir zur Bestimmung von q^* GK gleich P. In diesem Fall bedeutet $50 + 6q = 110$, dass $q^* = 10$. Das Unternehmen bleibt in der kurzen Frist im Geschäft, wenn bei q^* $P >$ VDK. Bei $q^* = 10$ ist VDK = 80, was niedriger als der Preis von 110 ist. Das Unternehmen sollte im Geschäft bleiben (mit anderen Worten ausgedrückt ist q^* in der Tat gleich 10 und nicht gleich 0).

24. b) Durch Gleichsetzen von P und GK bestimmen wir den kurzfristigen gewinnmaximierende Output $q^* = 15$. Langfristig stellt sich der Preis in Höhe der minimalen langfristigen Durchschnittskosten ein. Durch Gleichsetzen von TDK und GK können wir die Menge bestimmen, bei der die langfristigen Durchschnittskosten minimiert werden, die als $q^* = 15$ bestimmt werden. ($P = 140$ ist der langfristige Gleichgewichtspreis.)

25. b) Durch eine Stücksteuer verschieben sich sowohl die GK als auch die TDK, aber die Menge, bei der die TDK minimiert werden, verschiebt sich dadurch nicht. (Um dies im Kontext eines speziellen numerischen Beispiels zu überprüfen, betrachten wir die GK- und TDK-Gleichungen der oben stehenden Frage, bei der GK = $50 + 6q$ und TDK = $50 + 3q + 675/q$. Es sei angenommen, durch die Steuer werden sowohl zu den GK als auch zu den TDK 10 hinzugefügt. Zur Ermittlung des neuen Minimums der TDK setzen wir GK = TDK beziehungsweise $60 + 6q = 60 + 3q + 675/q$. Die „60" fällt heraus und die TDK werden noch immer bei $q = 15$ minimiert.) Durch die Verschiebung der GK und der TDK wird folglich das langfristige Outputniveau für jedes Unternehmen nicht verändert, aber langfristig werden ein höherer Preis, ein niedrigerer Branchenoutput sowie weniger Unternehmen bestehen.

26. d) Obwohl die Führungskräfte andere Ziele als die Gewinnmaximierung verfolgen können, ist dies langfristig nur begrenzt möglich. Die Aktionäre überwachen die Leistung des Unternehmens sorgfältig und können Führungskräfte ersetzen, wenn das Unternehmen über einen zu langen Zeitraum hinweg schlechte Leistungen aufweist. Das Unternehmen kann beispielsweise zum Ziel einer Übernahme werden. Oder es gelingt dem Unternehmen nicht, neue Investoren anzuziehen. Einer oder alle dieser Fälle sind möglich.

27. b) P ist nur gleich GE, wenn die Nachfrage horizontal ist. Lösung (a) trifft nicht zu, da wir nicht wissen, ob das Unternehmen P = GK gesetzt hat. Aus dem gleichen Grund wissen wir nicht, ob (c) zutrifft. Im Allgemeinen sollte das Unternehmen nicht einfach so viel wie möglich, sondern seinen gewinnmaximierenden Output produzieren (Lösung (d)) .

28. c) Durch Gleichsetzen von TDK und GK wird das Minimum der TDK bestimmt. Hierbei ermitteln wir $q = 20$. Durch Einsetzen von $q = 20$ in die TDK-Gleichung bestimmen wir den langfristigen Gleichgewichtspreis von € 300.

29. a) Im langfristigen Gleichgewicht produziert wiederum jedes Unternehmen zu minimalen TDK. Wie in Frage 28 produziert jedes Unternehmen 20 Einheiten.

8.9 Lösung zur Internetübung

Die Daten zeigen, dass die Strompreise für industrielle Verbraucher sehr viel niedriger als für Privat- oder Geschäftskunden sind. Die Annahmen des Modells des vollkommenen Wettbewerbs besagen, dass für alle Verbraucher ein einheitlicher Wettbewerbspreis bestehen sollte. Wir können daher schlussfolgern, dass der Strommarkt kein vollkommener Wettbewerbsmarkt ist (oder jedenfalls einem vollkommenen Wettbewerbsmarkt nicht genau entspricht).

Die Analyse von Wettbewerbsmärkten

9

Wichtige Begriffe

- Wohlfahrtswirkungen
- Ökonomische Effizienz
- Preisregulierungen
- Mindestpreise
- Nettowohlfahrtsverlust (Deadweight-Verlust)
- Preisstützungen
- Produktionsquoten
- Anbauflächenbegrenzungen
- Zölle
- Quoten
- Steuern
- Subventionen
- Überwälzungsanteil einer Steuer

9.1 Hauptthemen des Kapitels

Mithilfe des Instrumentariums von Nachfrage und Angebot und mit einem grundlegenden Verständnis von Wettbewerbsmärkten ausgerüstet, können wir nun analysieren, wie Märkte auf verschiedene staatliche Politiken reagieren. Die Analyse von Angebot und Nachfrage kann nicht nur dazu verwendet werden, Prognosen darüber abzugeben, wie sich der Gleichgewichtspreis und die Gleichgewichtsmenge verändern werden, sondern auch um zu bewerten, wer von einer bestimmten Politik profitiert und wer dabei verliert und ob die Gesellschaft insgesamt davon profitiert oder dabei verliert. Der Gewinn beziehungsweise Verlust einer Gesellschaft insgesamt wird als *Wohlfahrtswirkung* einer Politik bezeichnet. Die Änderung der Gesamtwohlfahrt der Konsumenten und der Produzenten spiegelt die *ökonomische Effizienz* des Marktes wider. Obwohl die Ökonomen Änderungen der ökonomischen Effizienz messen und dies als Maßstab für die Bewertung einer Politik als gut oder schlecht verwenden können, ist es wichtig zu erkennen, dass die ökonomische Effizienz unter Umständen nicht das Ziel der politischen Entscheidungsträger ist. Andere Ziele, wie beispielsweise das der Einkommensstabilität für Landwirte (wie im Fall von Agrarpreisstützungen) oder eine Umverteilung des Einkommens von den Vermietern auf die Mieter (wie im Fall von Gesetzen zur Mietpreisregulierung), können mitunter wichtiger sein.

Wenn beispielsweise der Staat einen *Höchstpreis* (einen Preis unterhalb des Marktgleichgewichtspreises) festsetzt, wird es zu einem Verlust an Konsumentenrente derjenigen Verbraucher kommen, die das Gut nicht mehr kaufen können. Andererseits kommt es zu einem Zuwachs an Konsumentenrente für die Verbraucher, die das Gut zu dem neuen, niedrigeren Preis kaufen. Auf der Seite der Produzenten kommt es eindeutig zu einem Verlust an Produzentenrente, da (1) einige Produzenten aus dem Markt austreten werden und (2) die Produzenten, die noch verkaufen, gezwungen sind, einen niedrigeren Preis zu akzeptieren. Das Nettoergebnis ist ein *Nettowohlfahrtsverlust* (ein Verlust an Gesamtrente, das heißt Konsumentenrente plus Produzentenrente). Aus einer *Mindestpreis*politik des Staates (bei welcher der Preis oberhalb des Gleichgewichtspreises gehalten wird) resultiert ein ähnlicher Nettowohlfahrtsverlust. Im Allgemeinen entsteht immer dann ein Nettowohlfahrtsverlust, wenn durch Regulierung ein anderer Preis als der Gleichgewichtspreis des Wettbewerbsmarktes zustande kommt und sich die auf dem Markt umgesetzte Menge von der Gleichgewichtsmenge des Wettbewerbsmarktes unterscheidet.

Auf Agrarmärkten werden die Mindestpreisprogramme des Staates als Programme zur *Preisstützung* bezeichnet. Bei einem Preisstützungssystem verspricht der Staat, den durch den oberhalb des Gleichgewichtspreises festgelegten Preis verursachten Angebotsüberschuss, aufzukaufen. Bei dieser Politik gewinnen eindeutig die Produzenten und die Konsumenten verlieren. Der Staat muss dann häufig sehr viel Geld für den Aufkauf des Überschussangebots ausgeben und der Nettowohlfahrtsverlust (Deadweight-Verlust) kann sehr hoch sein. Um dies zu vermeiden, kombiniert der Staat mitunter Preisstützungen mit Maßnahmen zur Reduzierung des Angebots. Zwei häufig dazu verwendete Methoden sind die Festlegung von *Produktionsquoten* und die Einführung eines *Anbauflächenbegrenzungsprogramms*, bei dem die Landwirte einen finanziellen Anreiz dafür erhalten, einen Teil ihrer Anbauflächen brach liegen zu lassen.

Das Instrumentarium von Angebot und Nachfrage kann auch verwendet werden, um die Auswirkungen von *Zoll*- oder *Quoten*politiken zu analysieren, die (zumindest zum Teil) zur Beschränkung ausländischen Wettbewerbs dienen. Im Fall einer Importquote wird das Angebot durch eine direkte Beschränkung der Menge der Importe reduziert. Im Fall eines Zolles wird das Angebot im Wesentlichen durch eine Besteuerung der Importe reduziert. Der Preis steigt und das Importangebot wird verringert. In beiden Fällen kommt es zu einem Nettowohlfahrtsverlust für die Gesellschaft. Die Politiken unterscheiden sich darin, dass der heimische Staat aus einem Zoll Erlöse erzielt, während bei einer Quote das gleiche Geld in Form höherer Gewinne an die ausländischen Produzenten geleitet wird.

Steuern und *Subventionen* bilden eine andere Form von staatlichen Interventionen auf Märkten. Im Fall einer Stücksteuer (das heißt einer Steuer in Höhe eines bestimmten Geldbetrags pro verkaufter Einheit) übersteigt der Preis, den der Verbraucher zahlt, den vom Verkäufer erzielten Nettopreis um den Steuersatz. Obwohl Steuern auch zu Nettowohlfahrtsverlusten führen, liegt das Augenmerk der Analyse im vorliegenden Kapitel auf der Frage, ob die Konsumenten oder die Produzenten die Last der Steuer tragen. Wir messen die Last einer Steuer mithilfe des *Überwälzungsanteils*, der auf den Angebots- und Nachfrageelastizitäten beruht. Eine Steuer entfällt hauptsächlich auf den Käufer, wenn die Nachfrageelastizität im Vergleich zur Angebotselastizität relativ gering ist. Im umgekehrten Fall entfällt die Last der Steuer größtenteils auf den Verkäufer. Eine Subvention kann als negative Steuer betrachtet werden und wird auf sehr ähnliche Art wie eine Steuer analysiert.

9.2 Wiederholung und Übungen

9.2.1 Die Bewertung der Gewinne und Verluste staatlicher Eingriffe – die Konsumenten- und die Produzentenrente (Kapitel 9.1)

Im Gleichgewicht eines Wettbewerbsmarktes ist die Fläche zwischen der Nachfragekurve und dem Marktpreis gleich der Konsumentenrente und die Fläche zwischen der Angebotskurve und dem Marktpreis ist gleich der Produzentenrente. Die Gesamtrente entspricht der Summe der Konsumenten- und der Produzentenrente.

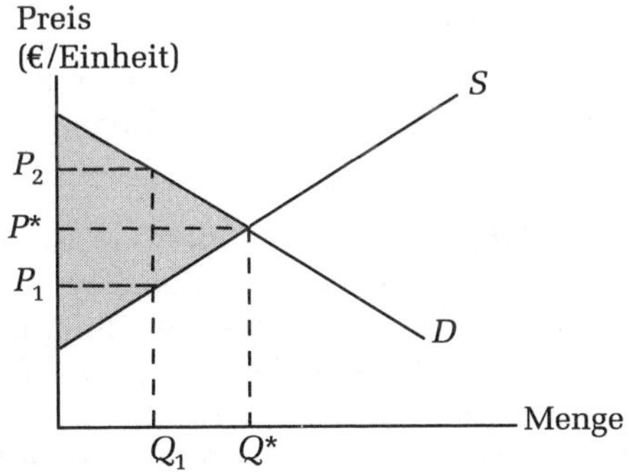

Abbildung 9.1

In Abbildung 9.1 wird die Gesamtrente in einem Wettbewerbsgleichgewicht aber mit einer etwas anderen Interpretation dargestellt. Es sei angenommen, gegenwärtig werden Q_1 Outputeinheiten verkauft. Um eine weitere Einheit zu produzieren, muss ein

Produzent mindestens P_1 (den Preis auf der Angebotskurve bei dieser Menge) erzielen. Ein Konsument, der eine zusätzliche Einheit erwirbt, ist bereit, den Preis P_2 (den Preis auf der Nachfragekurve bei dieser Menge) zu bezahlen. Wenn P^* der tatsächliche Preis für diese Einheit ist, beträgt der Gewinn des Konsumenten $P_2 - P^*$ und der Gewinn des Produzenten beträgt $P^* - P_1$. Der *Gesamt*gewinn für den Produzenten und den Konsumenten ist (unabhängig vom Niveau von P^*) gleich $P_2 - P_1$. Durch die Addierung des Gesamtgewinns der Produzenten und Konsumenten für alle bis Q^* verkauften Einheiten erhalten wir die Gesamtgewinne aus dem Handel auf dem Markt (die gleich der Summe der Konsumenten- und der Produzentenrente sind). Dies entspricht der schraffierten Fläche in Abbildung 9.1. *Effizienz* bedeutet, dass die Summe der Konsumenten- und Produzentenrente maximiert wird. Nur in einem Wettbewerbsgleichgewicht ist die Allokation der Güter effizient. Sofern kein Marktversagen auftritt (was beispielsweise dadurch verursacht werden kann, dass die Konsumenten keine angemessenen Informationen über das Produkt haben, sodass sie keine gewinnmaximierenden Entscheidungen treffen können), stellt sich ohne Regulierung ein Marktgleichgewicht beim effizienten Preis und Output ein.

Anders ausgedrückt wird bei der Gleichgewichtsmenge Q^* die Summe der Konsumenten- und Produzentenrente maximiert. Bei jedem anderen Preis als dem Gleichgewichtspreis ist die produzierte und konsumierte Menge kleiner als Q^*, da entweder die Produzenten nicht bereit sind, eine größere Menge zu verkaufen, oder die Konsumenten nicht bereit sind, eine größere Menge zu kaufen. Ein anderer Preis als P^* ist *ineffizient*, da die Gesamtgewinne aus dem Handel geringer als der maximal mögliche Betrag sind.

Übung

1. Die Nachfrage nach Milch in den Vereinigten Staaten wird durch $Q_D = 152 - 20P$ gegeben und das Angebot von Milch in den Vereinigten Staaten ist gleich $Q_S = -4 + 188P$, wobei Q in Milliarden Gallonen pro Jahr und P in Dollar pro Gallone gemessen wird.
   a) Berechnen Sie den Gleichgewichtspreis und die Gleichgewichtsmenge auf einem Wettbewerbsmarkt sowie die Gesamtrente zu diesem Preis. Stellen Sie Ihre Antwort graphisch dar.
   b) Weisen Sie nach, dass die Gesamtrente bei einem Preis von $ 1,00 pro Gallone niedriger als die Gesamtrente zum Gleichgewichtspreis ist.

Ein *Höchstpreis* ist eine gesetzliche Obergrenze des Preises pro Einheit, den ein Produzent verlangen kann. Dieser Höchstpreis wird als „bindend" bezeichnet, wenn er, wie in Abbildung 9.2, in der P_{max} der Höchstpreis ist, unterhalb des Gleichgewichtspreises liegt. Die gekaufte Menge ist gleich der Menge, welche die Produzenten zum Höchstpreis anzubieten bereit sind (Q_1). Zur Berechnung des *Nettowohlfahrtsverlustes* durch den Höchstpreis vergleichen wir die Gesamtrente bei einem Preis von P_0 (dem nicht regulierten Gleichgewichtspreis auf einem Wettbewerbsmarkt) mit der Gesamtrente beim regulierten Preis P_{max}. Die Konsumentenrente bei P_0 und Q_0 ist gleich der Fläche $B + D$. Die Produzentenrente bei P_0 und Q_0 ist gleich der Fläche $A + C + E$. Bei einem Höchstpreis ist die Konsumentenrente gleich der Fläche $A + D$. Die Konsumenten, die das Gut nicht mehr kaufen können, verlieren die Fläche B, während diejenigen, die zuvor Q_1 zu P_0 gekauft haben und nun Q_1 zu P_{max} kaufen, die Fläche *A* gewinnen. Ein Höchstpreis führt zu einer Produzentenrente, die nur die Fläche *E* umfasst. Die Produzenten verlieren die Fläche *A* an die Konsumenten sowie die Fläche *C* aufgrund eines Rückgangs der Produktion. Im Vergleich zum Wettbewerbsgleichgewicht verlieren die Konsumenten und die Produzenten zusammen die Flächen *B* und *C*. Bei der Fläche *A* handelt es sich um eine Verschiebung der Rente von den Produzenten zu den Konsumenten. Dieser wird nicht als Bestandteil des Nettowohlfahrtsverlustes berücksichtigt. Folglich wird der Nettowohlfahrtsverlust des Höchstpreises durch die Fläche $B + C$ gemessen.

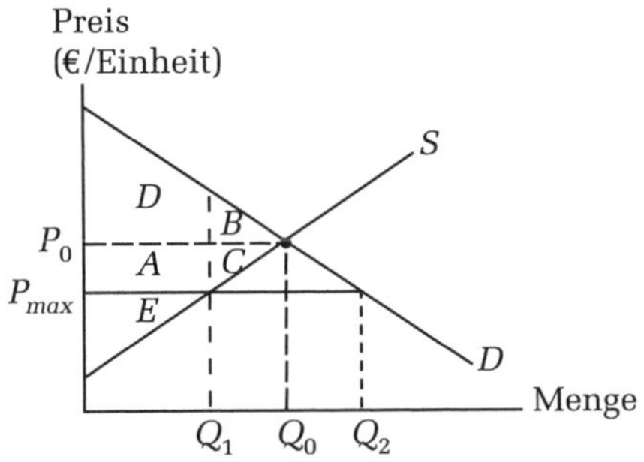

Abbildung 9.2

Übung

2. Zeichnen Sie ein Diagramm wie in Abbildung 9.2, aber mit einer vergleichsweise unelastischen Angebotskurve. Können Sie aus der Zeichnung ablesen, ob die Konsumenten aufgrund der Festsetzung eines Höchstpreises netto einen Gewinn oder einen Verlust erzielen? Erscheint Ihre Antwort intuitiv sinnvoll?

Ein weiterer Faktor kann den mit einem Höchstpreis verbundenen Nettowohlfahrtsverlust erhöhen. Bei P_{max} in Abbildung 9.2 möchten die Konsumenten Q_2 Einheiten kaufen. Wie können wir, da nur Q_1 Einheiten produziert werden, wissen, *welche* Konsumenten das Gut kaufen und wie viele Einheiten jeder Konsument kauft? Zum Gleichgewichtspreis auf einem unregulierten Markt P_0 kaufen alle Konsumenten, deren Reservationspreis höher oder gleich P_0 ist, zu diesem Preis so viel, wie sie möchten. Bei dem Höchstpreis muss es allerdings zu einer Form der Rationierung kommen. Unsere Berechnung des Nettowohlfahrtsverlustes beruht auf der Grundlage, dass diejenigen, die dem Gut den höchsten Wert beimessen, es auch kaufen können. Wenn dies nicht der Fall ist, untertreibt die Berechnung der aus dem Höchstpreis resultierenden Verluste den Nettowohlfahrtsverlust. Nehmen wir beispielsweise an, einige Konsumenten können zum Höchstpreis so viel kaufen, wie sie wollen. Dann ist der Wert, den sie den letzten gekauften Einheiten beimessen, niedriger als der Wert, den andere Konsumenten, die nicht so viel kaufen können wie sie wollen, diesen beimessen. In einem solchen Fall wird – neben der Ineffizienz der zu geringen Produktion – die Menge, die produziert wird, auch noch ineffizient verteilt.

9.2.2 Mindestpreise (Kapitel 9.3)

Mindestpreise sind gesetzliche Preisuntergrenzen. Beispiele dafür bilden von der Bundesregierung verabschiedete Mindestlohngesetze sowie lokal regulierte Preise für Taxifahrten in vielen Städten. Eine Mindestpreisregulierung, mit welcher der Preis über das Gleichgewichtsniveau angehoben wird, führt zu einem Überschussangebot auf dem Markt. Die Konsumenten verlieren dabei immer, da sie eine kleinere Menge zu einem höheren Preis kaufen. Die Verkäufer können dabei, in Abhängigkeit von den Kosten der Produktion des Outputs, der zum Mindestpreis nicht verkauft werden kann, gewinnen oder verlieren.

Übung

3. a) Zeichnen Sie ein Diagramm analog zu Abbildung 9.2, stellen Sie aber dabei den Nettowohlfahrtsverlust infolge eines Mindestpreises und nicht infolge eines Höchstpreises dar.

b) Wir kehren zu den in Übung 1 gegebenen Nachfrage- und Angebotsgleichungen für Milch zurück:

$Q_D = 152 - 20P$ und $Q_S = -4 + 188P$.

Berechnen Sie den aus einem bei $P = \$\ 1{,}00$ festgesetzten Mindestpreis resultierenden Nettowohlfahrtsverlust.

9.2.3 Preisstützungen und Produktionsquoten (Kapitel 9.4)

Preisstützungen bilden ein wichtiges Element der Agrarpolitik. Die Regierung verwendet Preisstützungen, um die Preise zu erhöhen und das Einkommen der Landwirte anzuheben. Dazu wird eine Reihe verschiedener Politikmaßnahmen eingesetzt. Für einige Agrarprodukte legt der Staat einen Stützungspreis fest und kauft den gesamten Output, der gekauft werden muss, um den Marktpreis auf diesem Niveau zu halten. In diesem Fall produzieren die Landwirte mehr, als die Bürger nachfragen, und der Staat kauft das Überschussangebot auf. Ein solches Programm kann sehr kostspielig werden, da der Staat die Landwirte dafür bezahlt, dass diese einen Output produzieren, den niemand konsumiert. In Abbildung 9.3 werden die Kosten gezeigt, die dem Staat entstehen, wenn ein Stützungspreis P_S festgesetzt wird. Die Konsumenten fragen Q_1 nach, die Produzenten bieten allerdings Q_2 an. Um die Preise auf P_S zu halten, muss der Staat $Q_g = Q_2 - Q_1$ aufkaufen. Wenn er dies nicht täte, würde der Preis wieder auf den Gleichgewichtspreis, P_0, zurückfallen. Diese Nachfrage des Staates, Q_g, wird der Nachfrage der Konsumenten hinzugefügt. Für das Überschussangebot zahlt der Staat $P_S(Q_2 - Q_1)$. Diese Kosten für den Staat entsprechen der schraffierten Fläche in Abbildung 9.3.

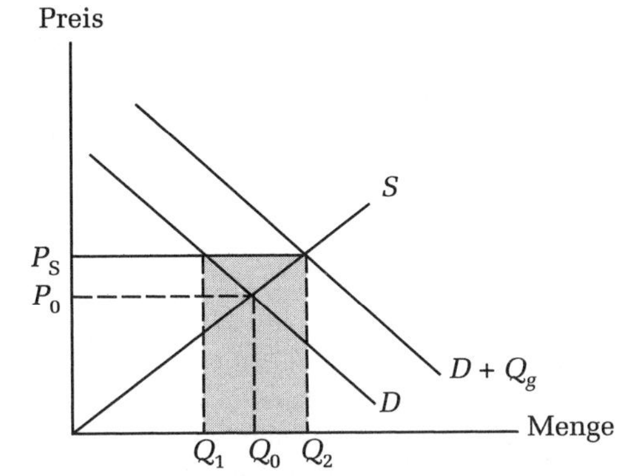

Abbildung 9.3

In Abbildung 9.4 wird die Verschiebung der Angebotskurve von S_0 auf S_1 dargestellt, die auftritt, wenn der Staat den Produzenten einen finanziellen Anreiz für die Reduzierung des Outputs von Q_0 auf Q_1 gibt. Hierbei ist zu beachten, dass sich bei den Preisen unterhalb von P' die Produzenten von sich aus für die Produktion einer geringeren Menge als Q_1 entscheiden würden. Erst wenn der Marktpreis über P' steigt, würden die Produzenten eine Menge $Q > Q_1$ produzieren wollen. Durch eine Beschränkung der Produktion auf Q_1 wird die Angebotskurve bei Q_1 vollkommen unelastisch. Bei P_0 betrug die Produzentenrente $E + C + F$. *Ohne* Anbauflächenbegrenzungen wäre die Produzentenrente bei P_S gleich $E + C + F + A + B + D$ (es sei an dieser Stelle daran erinnert, dass die Produzentenrente immer die Fläche zwischen dem Preis und der Angebotskurve bis zu der verkauften Menge, in diesem Fall Q_2, ist). Bei einem Preis P_S und einer Menge Q_1 (das heißt *mit* einer Anbauflächenbegrenzung) wäre die Produzentenrente gleich $A + E + F$. Folglich sind die (minimalen) Kosten, mit denen der Staat die Landwirte dazu motiviert, zu P_S nur Q_1 zu produzieren, gleich $C + B + D$. Sowohl bei Preisstützungen als auch bei Produktionsquoten übersteigen die Kosten des Programms die Kosten einer einfachen direkten Geldauszahlung an die Landwirte.

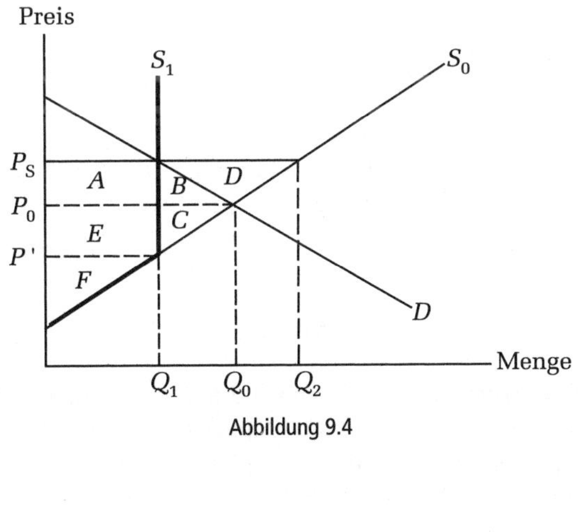

Abbildung 9.4

Übung

4. Setzen wir das Beispiel mit den Milchprodukten fort:
$Q_D = 152 - 20P$ und $Q_S = -4 + 188P$.

a) Wie hoch sind die Kosten des Aufkaufs des Überschussangebots für den Staat, wenn eine Preisstützung bei P_S = \$ 1,25 festgelegt wird?

b) Wie viel müsste der Staat den Milchproduzenten zahlen, damit für diese ein Anreiz besteht, ihre Produktion auf $Q = 127$ beschränken?

c) Die amerikanische Lebensmittelbehörde hat ein Wachstumshormon für Rinder zugelassen, mit dem, zu geringen zusätzlichen Kosten, die Milchproduktion um bis zu 30 Prozent gesteigert werden kann. Erörtern Sie die Auswirkungen, die eine Einführung dieses Wachstumshormons auf die Kosten der Politiken des Staates in Teil a) und b) haben wird, wenn der gestützte Preis unverändert bleiben soll.

9.2.4 Importquoten und Zölle (Kapitel 9.5)

Wenn auf einem Markt zusätzlich Importgüter angeboten werden, müssen Veränderungen der konsumierten Menge nicht gleich den Änderungen der im Inland produzierten Menge sein. Aus Gründen der Vereinfachung betrachten wir den Fall einer horizontalen Importangebotskurve – diese tritt auf, wenn der Weltmarktpreis nicht durch Änderungen des Binnenangebots und der Binnennachfrage beeinflusst wird. Folglich kann das Land zum Weltmarktpreis so viel importieren, wie es möchte. In Abbildung 9.5a wird die Weltangebotskurve auf S'_w verschoben, um einen Zoll in Höhe von € t pro Einheit widerzuspiegeln. Der Binnenpreis steigt von P_w auf P'_w, wobei $t = P'_w - P_w$ ist. Das Dreieck A ist ein Bestandteil des durch den Zoll verursachten Nettowohlfahrtsverlustes, da die Gleichgewichtsmenge von Q_0 auf Q_1 sinkt. Mit anderen Worten ausgedrückt, ist A der Verlust der inländischen Gesellschaft aufgrund eines zu niedrigen Konsums.

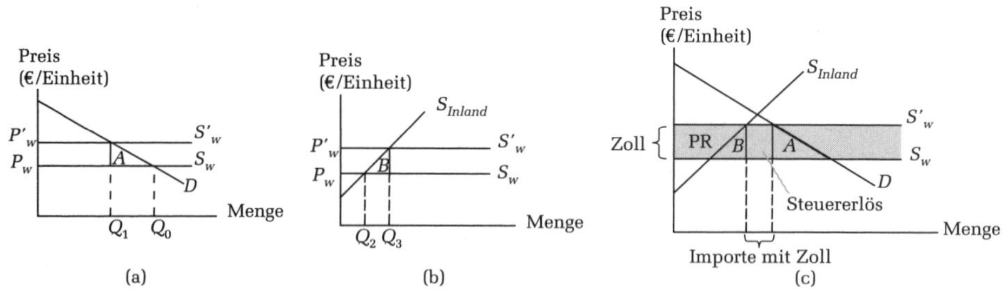

Abbildung 9.5

Der Zoll hat noch eine weitere Auswirkung – durch den Anstieg des Gleichgewichtspreises steigt die von den inländischen Unternehmen angebotene Gleichgewichtsmenge. In Abbildung 9.5b ist das Dreieck B gleich dem aus der inländischen Überproduktion resultierenden Nettowohlfahrtsverlust. Dieser Nettowohlfahrtsverlust entsteht, weil die inländischen Unternehmen bei der Bereitstellung des zusätzlichen

Inputs ineffizient sind. (Es sei an dieser Stelle daran erinnert, dass die Angebotskurve aus der Grenzkostenkurve abgeleitet ist. Die Fläche *B* stellt einen Nettowohlfahrtsverlust dar, da die inländischen Produzenten durch die Erhöhung des Angebots von Q_2 auf Q_3 mehr Ressourcen verbrauchen, als ausländische Unternehmen dies tun würden.) Folglich entspricht der gesamte Nettowohlfahrtsverlust aus dem Zoll der Summe der Flächen der Dreiecke *A* und *B*.

In Abbildung 9.5c wird der gleiche Nettowohlfahrtsverlust anders dargestellt. Der Verlust an Konsumentenrente durch den Zoll entspricht der schraffierten Fläche. Ein Teil dieses Verlustes wird durch einen Anstieg der Produzentenrente (in Abbildung 9.5c mit PR bezeichnet) und den Anstieg der vom Staat aus dem Zoll erzielten Erlöse (in Abbildung 9.5c mit *Steuererlös* bezeichnet) ausgeglichen. Der *Nettoverlust* an Gesamtrente ist folglich gleich den Flächen *A* und *B*.

Zölle bilden ein vom Staat zum Schutz der inländischen Branchen und/oder zur Bestrafung ausländischer Branchen und Staaten eingesetztes Mittel. Quoten, ein weiteres häufig eingesetztes politisches Mittel, sind Mengenbeschränkungen für Importe. Betrachten wir eine Quote, mit der das gleiche Ergebnis wie mit einem Zoll erzielt werden soll. Sind die produzierten und importierten Mengen genauso hoch wie bei dem Zoll, sind die Gewinne der inländischen Produzenten und die Verluste der inländischen Konsumenten bei einer Quote identisch. Allerdings ist das Ergebnis für die Nation insgesamt bei der Verwendung von Quoten schlechter, da den ausländischen Produzenten die zusätzlichen Gewinne zufallen, die mit einem Preisanstieg aufgrund der durch die Quote geschaffenen Beschränkung des Angebots verbunden sind. Dadurch wird der Nettowohlfahrtsverlust in Abbildung 9.5c auf $A + B +$ *Steuererlös* erhöht.

Übung

5. Der Weltproduzentenpreis für Baseballbälle beträgt $ 24 pro Dutzend und fast die gesamte Menge wird außerhalb der Vereinigten Staaten produziert. Es sei angenommen, die US-amerikanische Nachfrage ist gleich $Q_D = 100.000 - 2.000P$, wobei *P* der Preis pro Dutzend ist und *Q* in Dutzend gemessen wird. Die US-amerikanische Binnenangebotskurve ist gleich $Q_S = -10.000 + 1.000P$.

a) Wie hoch ist der US-amerikanische Gleichgewichtspreis vor der Erhebung eines Zolles? Wie hoch ist der Binnenkonsum? Wie hoch ist die Binnenproduktion? Wie hoch sind die Importe?

b) Der Kongress hat beschlossen, die Baseballbälle herstellende Branche durch die Erhebung eines Zolles in Höhe von $ 6 pro Dutzend zu unterstützen. Wie hoch sind der neue Gleichgewichtspreis, der neue Binnenkonsum, die neue Binnenproduktion und die neuen Importe?

c) Wie hoch sind die Verluste für die US-amerikanischen Konsumenten, wie hoch sind die Gewinne für die US-amerikanischen Produzenten und wie hoch ist der Nettwohlfahrtsverlust? (Hinweis: Die Fläche eines Trapezes ist gleich (Höhe)(Basis1 + Basis2)/2, wobei Basis 1 und Basis 2 die parallelen Seiten des Trapezes sind.)

d) Welches Niveau einer Quote hätte die gleichen Auswirkungen auf den Preis wie der Zoll in Höhe von $ 6?

e) Wie hoch ist der aus der Quote resultierende Nettowohlfahrtsverlust?

9.2.5 Die Auswirkungen einer Steuer oder einer Subvention (Kapitel 9.6)

Auch Steuern und Subventionen beeinflussen die Effizienz von Wettbewerbsmärkten. Wir betrachten im Folgenden eine Stücksteuer, die einem fixen Geldbetrag pro verkaufte Einheit entspricht. In Abbildung 9.6a wird das ursprüngliche Marktgleichgewicht vor der Erhebung der Steuer dargestellt.

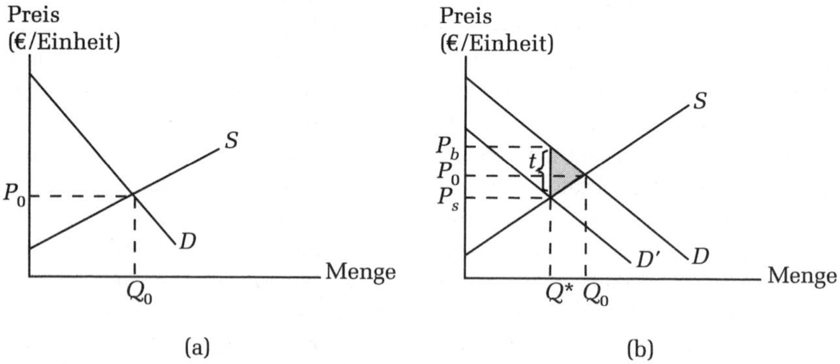

Abbildung 9.6

Die Marktnachfragekurve sei gleich $Q_D = a - bP$, wobei der Preis in Euro gemessen wird. Die Marktangebotskurve sei gleich $Q_S = c + dP$. Was geschieht bei einer Steuer von € t pro Einheit mit dem Gleichgewichtspreis und der Gleichgewichtsmenge? Es gibt nunmehr zwei „Marktpreise“: den einen, vom Konsumenten gezahlten, und den anderen, von den Verkäufern erzielten. Der von den Konsumenten gezahlte Preis entspricht P_b und der von den Verkäufern erzielte Preis entspricht P_s. Es gilt $P_b - P_s = t$, der Steuersatz. Der vom Käufer gezahlte Preis ist gleich $P_b = P_s + t$. (Ohne die Steuer sind diese beiden Preise gleich.) Der Staat erzielt ein Steueraufkommen in Höhe von t mal der nach der Erhebung der Steuer verkauften Menge. Wir schreiben die Nachfragekurve als Funktion von P_s und t (und nicht von P_b) um:

$$Q_D(P_b) = a - b(P_s + t) = a - bt - bP_s.$$

In Abbildung 9.6b wird das Gleichgewicht nach der Erhebung der Steuer dargestellt. Die Kurve D' gibt uns die zu jedem Verkäuferpreis nachgefragte Menge an. Q^* ist die Menge, bei der die Kurve D' die Angebotskurve schneidet. Hierbei ist zu beachten, dass P_b höher als P_0, der ursprüngliche Gleichgewichtspreis, ist, und dass P_s niedriger als P_0 ist. Durch die Steuer verlieren sowohl die Konsumenten als auch die Produzenten, was nicht überrascht, da der Staat Erlöse in Höhe von $(P_b - P_s)Q^*$, dem Steuersatz mal der Anzahl der verkauften Einheiten, erzielt. Allerdings ist der Zuwachs des Steueraufkommens niedriger als der Verlust an Rente für die Konsumenten und die Produzenten, sodass eine Steuer zu einer Ineffizienz führt. Die schraffierte Fläche in Abbildung 9.6b entspricht dem Nettowohlfahrtsverlust der Steuer. Dieser entsteht, da nach der Erhebung der Steuer weniger Einheiten verkauft werden (im Vergleich zum Wettbewerbsgleichgewicht ohne Steuern).

Übung

6. Durch eine den Anbietern auferlegte Stücksteuer wird die Angebotskurve um den Steuersatz nach oben verschoben. Illustrieren Sie den aus der Steuer resultierenden Nettowohlfahrtsverlust.
7. Wird es einen Nettowohlfahrtsverlust für die Gesellschaft geben, wenn die Angebotskurve vollkommen unelastisch ist und von den Konsumenten eine Stücksteuer erhoben wird? Warum ist dies so beziehungsweise warum ist dies nicht so?
8. Es sei angenommen, $Q_D = 100 - 2P$ und $Q_S = -50 + 3P$.
   a) Wie hoch sind der ursprüngliche Marktgleichgewichtspreis und die ursprüngliche Marktgleichgewichtsmenge?
   b) Der Staat erhebt eine Steuer in Höhe von € 1 pro Einheit. Berechnen Sie das Gleichgewicht nach der Erhebung der Steuer. Wie hoch sind der neue Gleichgewichtspreis und die neue Gleichgewichtsmenge? Wie viel Steuereinnahmen erzielt der Staat?
   c) Wie hoch ist der Nettowohlfahrtsverlust?
   d) Anstatt $Q_D(P_b) = a - b(P_s + t)$ zu verwenden, verschieben wir die Angebotskurve, sodass gilt $Q_S\,(P_s) = c + d(P_b - t)$. Demonstrieren Sie, dass, unabhängig davon, ob Sie die Nachfragekurve oder die Angebotskurve verschieben, das Gleichgewicht nach der Steuer gleich ist.
   e) Was sagt dies über die Auswirkungen einer von den Käufern gezahlten Steuer im Vergleich zu einer von den Verkäufern gezahlten Steuer aus?

Durch eine Steuer steigt der Preis für die Käufer und der Preis für die Verkäufer sinkt, solange die Nachfragekurve negativ und die Angebotskurve positiv geneigt ist. Die Verteilung der Steuerlast hängt von den Elastizitäten des Angebots und der Nachfrage ab. Der von den Konsumenten getragene Teil der Steuer wird als *Überwälzungsanteil* bezeichnet. Dieser ist gleich $E_S/(E_S - E_D)$, wobei E_S und E_D die Preiselastizitäten des Angebots und der Nachfrage sind. Die elastischere Seite des Marktes trägt immer einen geringeren Anteil der Steuer. Bei einer horizontalen Angebotskurve ist $E_S = \infty$ und der Überwälzungsanteil ist gleich 1. Folglich wird die gesamte Steuer von den Konsumenten getragen und der von den Verkäufern erzielte Preis wird nicht durch die Steuer beeinflusst. Folglich bestehen in einer Branche mit konstanten Kosten die langfristigen Auswirkungen der Steuer in einer Reduzierung der verkauften Menge, wobei der von den Verkäufern erzielte Preis sich nicht verändert. Wenn ein Gut eine vertikale Angebotskurve aufweist, ist $E_S = 0$ und der Überwälzungsanteil ist gleich 0. In diesem Fall verändert sich die verkaufte Menge nicht, sodass es nicht zu einem Nettowohlfahrtsverlust kommt und der von den Verkäufern erzielte Preis um den vollen Steuersatz sinkt.

9.3 Übungsaufgaben

9. Der Markt für Hockeyspieler in Hochschulmannschaften wird durch die folgenden Angebots- und Nachfragekurven gegeben, wobei Q die Anzahl der Spieler und P der wöchentliche Lohn zusätzlich zu ihren Stipendien ist:

$Q_D = 1.600 - 20P,$

$Q_S = -900 + 30P.$

a) Es sei angenommen, dass ein vollkommen freier Markt besteht. Wie hoch ist der wöchentliche Gleichgewichtslohn? Wie viele Spieler werden eingestellt?

b) Nehmen wir nun an, dass die National Collegiate Athletic Association (NCAA) interveniert und beschließt, scharf gegen die Zahlungen an die Spieler vorzugehen. Die NCAA hat aber nichts gegen die Existenz dieser Zahlungen, sondern nur gegen deren Höhe, also beschränkt sie die Zahlungen an die Spieler dahingehend, dass ihnen nicht mehr als $ 35 pro Woche zusätzlich zu ihren Stipendien bezahlt wird. Wie viele Spieler werden nun eingestellt?

c) Wie hoch ist die Änderung der Produzentenrente (das heißt die Rente der Spieler) in Folge der Preisregulierung?

d) Wie viel geben die Hochschulen verglichen mit dem Gleichgewicht auf dem freien Markt jetzt für Spieler aus?

e) Wie hoch ist der aus dem Höchstpreis resultierende Nettowohlfahrtsverlust?

10. Es sei angenommen, dass ein Höchstpreis für ein Gut festgelegt wird und dass die Rationierung so wirkt, dass die Konsumenten Schlange stehen müssen, um das Gut zu kaufen. Wie würde dies den mit dem Höchstpreis verbundenen Nettowohlfahrtsverlust beeinflussen?

11. Nach einem Frosteinbruch im späten Winter im Florida wurde die Angebotskurve für zu Beginn der Saison geerntete Blaubeeren wie folgt geschätzt:

$Q_S = -500 + 5.000P,$

wobei P in Dollar und Q in Pfund gemessen wird. Die Nachfragekurve für Blaubeeren ist gleich:

$Q_D = 19.000 - 1.500P.$

a) Vor dem Frosteinbruch betrug der Gleichgewichtspreis $ 0,5 pro Pfund. Bestimmen Sie den Gleichgewichtspreis und die Gleichgewichtsmenge nach dem Frosteinbruch.

b) Es besteht ein Höchstpreis von $ 1,00 pro Pfund. Wie viele Pfund Blaubeeren werden verkauft, wenn es keinen illegalen Handel gibt?

c) Wenn so viele Blaubeeren (wie in b) verkauft würden, wie hoch wäre dann der markträumende Preis?

d) Es sei angenommen, dass die Blaubeerenverkäufer $ 0,50 pro Pfund für das Pflücken der Beeren aufwenden müssen. Die Verkäufer versuchen nun, den Höchstpreis zu umgehen, indem sie nur Blaubeeren zum Selbstpflücken verkaufen. Aufgrund der Opportunitätskosten der Zeit für das Pflücken messen die Konsumenten Blaubeeren zum Selbstpflücken einen um $ 0,50 niedrigeren Wert pro Pfund bei. Wenn alle verkauften Blaubeeren selbst gepflückte Beeren sind, wie viel Pfund Blaubeeren werden dann verkauft?

e) Wie lautet der Gleichgewichtspreis für Blaubeeren zum Selbstpflücken?

f) Ist das Ergebnis in d) höher als das Ergebnis in b)?

12. Die University Athletic Association (UAA) hat unter Studenten mit Saisonkarten 2.000 Karten für den Sugar Bowl aufgeteilt. Dazu mussten die Studenten, nachdem ihnen Nummern zugeteilt worden waren, Schlange stehen. Die UAA konnte für ein Ticket höchstens $ 75 verlangen. Ein Wiederverkauf der Karten war verboten.

a) Wie hoch war der Wohlfahrtsverlust dieses Zuteilungssystems?

b) Würde die Durchführung einer Lotterie für Karten zum Sugar Bowl unter den Studenten mit Saisonkarten eine höhere oder niedrigere Wohlfahrt ergeben?

c) Welches Zuteilungssystem würden die Studenten bevorzugen?

13. Die Angebots- und Nachfragekurven für Wickets sind gleich:

$Q_S = -800 + 15P$ und $Q_D = 3200 - 25P$.

a) Wie lauten der Marktgleichgewichtspreis und die Marktgleichgewichtsmenge?

b) Nehmen wir nun an, dass von den Konsumenten eine Steuer von € 20 pro Einheit erhoben wird. Wie lauten der neue Gleichgewichtspreis des Käufers, der neue Gleichgewichtspreis des Verkäufers und die neue Gleichgewichtsmenge? Wie hoch sind die Steuereinnahmen? Stellen Sie Ihre Antwort graphisch dar.

c) Berechnen Sie die Verluste an Konsumentenrente und an Produzentenrente. Wie hoch ist der aus der Steuer resultierende Nettowohlfahrtverlust? (An dieser Stelle sei daran erinnert, dass die Fläche eines Dreiecks gleich 1/2 (Basis)(Höhe) ist und dass die Fläche eines Trapezes gleich (Höhe)(Durchschnitt der Basen) ist.)

d) Erklären Sie, in welchem Zusammenhang die Preisänderungen für die Käufer und die Verkäufer mit den Angebots- und Nachfragelastizitäten stehen.

14. Ein Stadtrat erwägt die Einführung einer Politik zur Mietregulierung. Er sorgt sich über die Menge der Überschussnachfrage nach Wohnungen mit regulierten Mieten, von der er weiß, dass sie entstehen wird. Ist die Menge der Überschussnachfrage *bei ansonsten gleichen Voraussetzungen* niedriger, wenn die Nachfrage weniger elastisch oder elastischer ist? Ist die Menge der Überschussnachfrage niedriger, wenn das Angebot weniger elastisch oder elastischer ist? Erläutern Sie Ihre Antwort.

9.4 Kontrollaufgaben

15. Höchstpreise sind ineffizient, weil:

a) sowohl die Produzenten als auch die Konsumenten verlieren;

b) die Produzenten verlieren, die Konsumenten gewinnen oder verlieren können, aber netto ein Verlust eintritt;

c) die Produzenten verlieren, die Konsumenten gewinnen, aber netto ein Verlust eintritt;

d) die Produzenten und Konsumenten gewinnen oder verlieren können, aber netto ein Verlust eintritt.

e) Keine der oben stehenden Aussagen trifft zu.

16. Mindestpreise sind ineffizient, weil:

a) sowohl die Konsumenten als auch die Produzenten verlieren;

b) die Konsumenten verlieren, die Produzenten gewinnen, aber netto ein Verlust eintritt;

c) die Konsumenten verlieren, die Produzenten gewinnen oder verlieren können, aber netto ein Verlust eintritt;
d) die Konsumenten und Produzenten gewinnen oder verlieren können, aber netto ein Verlust eintritt.
e) Keine der oben stehenden Aussagen trifft zu.

17. Wenn die Nachfrage nach Baseballbällen elastischer als das Angebot ist, steigt der Verbraucherpreis bei einer Steuer in Höhe von $ 3 pro Baseball um:

a) $ 3;
b) mehr als $ 1,50 aber um weniger als $ 3;
c) $ 1,50;
d) weniger als $ 1,50;
e) $ 0 (der Preis für die Konsumenten ändert sich nicht).

18. Wenn das Angebot von Basketballbällen vollkommen elastisch ist, steigt der Verbraucherpreis bei einer Steuer in Höhe von $ 3 pro Basketball um:

a) $ 3;
b) mehr als $ 1,50 aber um weniger als $ 3;
c) $ 1,50;
d) weniger als $ 1,50;
e) $ 0 (der Preis für die Konsumenten ändert sich nicht).

19. Einige ausländische Produzenten bevorzugen eine Importquote gegenüber einem Zoll, da:

a) mit dem Zoll kein Erlös erzielt wird;
b) einige ausländische Produzenten bei einer Quote einen niedrigeren Preis erzielen;
c) einige ausländische Produzenten bei einer Quote einen höheren Preis erzielen;
d) die inländischen Produzenten die Quote bevorzugen.
e) Keiner der oben stehenden Lösungsvorschläge ist korrekt: Die ausländischen Produzenten bevorzugen immer einen Zoll gegenüber einer Quote.

Die nächsten drei Fragen beziehen sich auf den in Abbildung 9.7 beschriebenen Luzernemarkt. Der Staat versucht, den Marktpreis zu stützen.

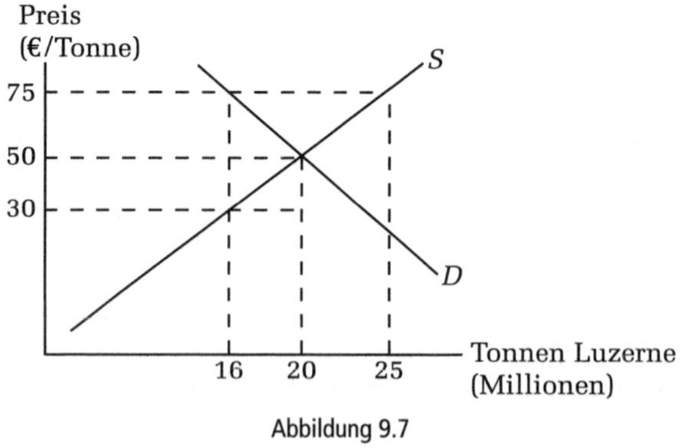

Abbildung 9.7

20. Wenn der Staat genügend Luzerne aufkauft, um den Preis von € 50 pro Tonne auf € 75 pro Tonne anzuheben, sind die Kosten dieses Programms gleich:

a) € 100 Millionen.

b) € 225 Millionen.

c) € 315 Millionen.

d) € 675 Millionen.

e) Keiner der oben stehenden Lösungsvorschläge trifft zu.

21. Wenn der Staat den Preis auf € 75 pro Tonne anhebt, steigt die Produzentenrente um:

a) € 400 Millionen.

b) € 500 Millionen.

c) € 562,5 Millionen.

d) € 1.875 Millionen.

e) Keiner der oben stehenden Lösungsvorschläge trifft zu.

22. Es sei angenommen, dass der Staat beschließt, einen Preis von € 75 pro Tonne zu stützen, indem er die Produzenten dafür bezahlt, dass diese das überschüssige Luzerneangebot (das gleich 25 – 16 = 9 Millionen Tonnen ist) *nicht* produzieren. Die minimalen Kosten dieses Programms sind gleich:

a) € 157,5 Millionen.

b) € 202,5 Millionen.

c) € 315 Millionen.

d) € 1,875 Millionen.

e) Keiner der oben stehenden Lösungsvorschläge trifft zu.

23. Die US-amerikanischen Angebots- und Nachfragekurven für Sojabohnen werden durch die folgenden Gleichungen gegeben:

$Q_D = 1400 - 4P$

$Q_S = 4P,$

wobei Q in Tonnen Sojabohnen pro Jahr angegeben wird und P der Preis pro Tonne in Dollar ist. Der Wettbewerbsweltmarktpreis ist gleich \$ 75 pro Tonne und die USA sind auf dem Weltmarkt ein Preisnehmer. Gegenwärtig bestehen keine Schranken für den Handel. Der US-amerikanische Staat erwägt eine Schließung seiner Grenzen für den Handel mit Sojabohnen. Um die Importe von Sojabohnen vollständig zu verhindern, müssten die USA einen Zoll in folgender Höhe erheben:

a) \$ 350 pro Tonne.

b) \$ 175 pro Tonne.

c) \$ 100 pro Tonne.

d) \$ 75 pro Tonne.

e) \$ 0 pro Tonne – der US-amerikanische Markt befindet sich bereits im Gleichgewicht.

24. Durch Erhöhungen des Mindestlohnes:

a) erhöhen sich die Gesamtlohnzahlungen an die ungelernten Arbeitskräfte, wenn die Nachfrage nach ungelernten Arbeitskräften unelastisch ist;

b) erhöhen sich die Gesamtlohnzahlungen an die ungelernten Arbeitskräfte, wenn die Nachfrage nach ungelernten Arbeitskräften elastisch ist;

c) könnten Arbeitskräfte mit einer niedrigen Qualifikation dazu ermutigt werden, mehr Fertigkeiten zu erwerben, um Arbeitsplätze zu finden;

d) a) und c);

e) b) und c).

25. Wenn der Staat auf Wettbewerbsmärkten eine Steuer erhebt,

a) steigt der Preis des Gutes um einen größeren Anteil der Steuer, wenn die Nachfrage elastischer als das Angebot ist;

b) steigt der Preis des Gutes um einen größeren Anteil der Steuer, wenn die Nachfrage weniger elastisch als das Angebot ist;

c) steigen die Preise für Komplementärgüter;

d) fallen die Preise für Substitutionsgüter;

e) a) und d).

9.5 Internetübung

Gehen Sie auf die Webseite der Welthandelsorganisation unter *http://www.wto.org* und auf die folgende Reihe von Links: *trade topics: trade policy reviews: list of reviews since 1995*. Scrollen Sie nach unten zu *October 1999 Romanian "first press release"*. Sie können diese Pressemitteilung auch direkt aufrufen, indem Sie auf die folgende Adresse gehen: *http://www.wto.org/english/tratop_e/tpr_e/tp115_e.htm*. Lesen Sie die Einführung, um sich mit den Fragen vertraut zu machen, und gehen Sie dann weiter unten im Text zum Abschnitt *Sectoral Developments* und lesen Sie nur diesen Abschnitt. (Oder lesen Sie das gesamte Dokument, wenn Sie gern mehr über handelspolitische Fragen erfahren wollen.) Im letzten Absatz in diesem Abschnitt wird über Effizienz gesprochen. In welchem Zusammenhang steht diese Erörterung mit den in diesem Kapitel diskutierten Konzepten der ökonomischen Effizienz und des Nettowohlfahrtsverlustes?

9.6 Lösungen zu den Übungen

1. a) Siehe Abbildung 9A.1a. Der Marktgleichgewichtspreis und die Marktgleichgewichtsmenge werden durch Gleichsetzen von Nachfrage und Angebot bestimmt:

$152 - 20P = -4 + 188P$ beziehungsweise

$P^* = 0{,}75$.

Durch Einsetzen von $P^* = 0{,}75$ in die Nachfrage- oder Angebotskurve erhalten wir $Q^* = 137$. Dann ermitteln wir:

KR* = 0,5(137)(7,6 – 0,75) = $ 469,225

und PR* = 0,5(137)(0,75 – 0,02) = $ 50,005.

Die Gesamtrente ist gleich KR* + PR* = $ 519,23 (alle Überschusseinheiten werden in Milliarden Dollar pro Jahr angegeben).

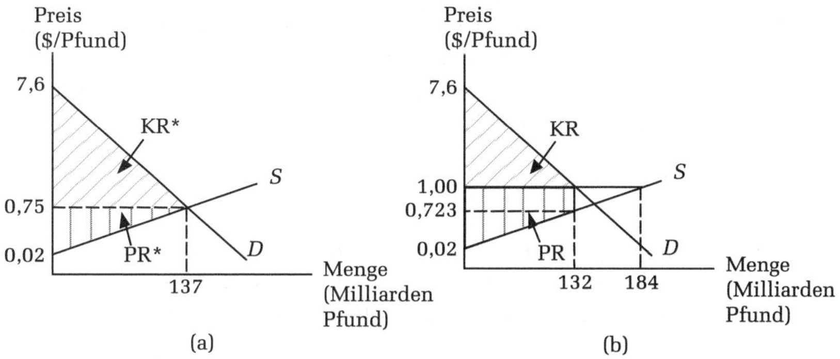

Abbildung 9A.1

b) Die Produzenten wollen zu P = $ 1,00 Q = 184 verkaufen, es werden aber nur 132 Einheiten nachgefragt. Sie können die Antwort graphisch ermitteln, indem sie die schraffierte Fläche (die Gesamtrente) in Abbildung 9A.1b mit der analogen Fläche in Abbildung 9A.1a vergleichen. Die Gesamtrente ist bei P = $ 1,00 eindeutig kleiner. Dies kann durch eine Berechnung der Flächen überprüft werden:

KR = 0,5(132)(7,6 – 1) = $ 435,6 und

PR = 0,5(132)(0,723 – 0,02) + 132(1 – 0,723) = $ 82,96.

Folglich ist die Gesamtrente gleich $ 518,56. Dies ist niedriger als die Gesamtrente von $ 519,13 aus Teil a), obwohl die Gesamtrente in diesem speziellen Fall nicht sehr viel geringer ist.

2. Siehe Abbildung 9A.2. Die Konsumenten gewinnen die Fläche A und verlieren die Fläche B (das kleine Dreieck), sodass sie netto gewinnen, wenn das Angebot relativ unelastisch ist. Dies ergibt intuitiv Sinn, da eine unelastische Angebotskurve bedeutet, dass die angebotene Menge relativ unempfindlich gegenüber Änderungen des Preises ist. Wenn P_{max} festgelegt wird, müssen nur sehr wenige Konsumenten den Markt verlassen, da die Produktion kaum sinkt und all diejenigen, die bleiben, zahlen einen niedrigeren Preis. Die Konsumentenrente steigt netto.

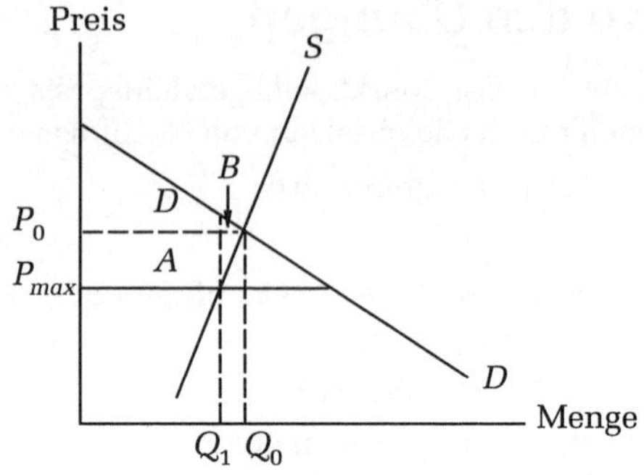

Abbildung 9A.2

3. a) Siehe Abbildung 9A.3. Hierbei ist zu beachten, dass bei P_{min} nur Q_1 Einheiten tatsächlich verkauft werden, da dies die gesamte Menge ist, welche die Konsumenten bei einem so hohen Preis nachfragen.

Konsumentenrente bei $P_0 = A + B + D$.

Produzentenrente bei $P_0 = E + C$.

Konsumentenrente bei $P_{min} = D$.

Produzentenrente bei $P_{min} = A + E$.

Folglich verlieren die Konsumenten $A + B$ und die Produzenten verlieren C und gewinnen A. Die Fläche A ist eine Verschiebung an Rente und wird nicht als Nettowohlfahrtsverlust gezählt. Damit besteht ein Nettowohlfahrtsverlust von $B + C$.

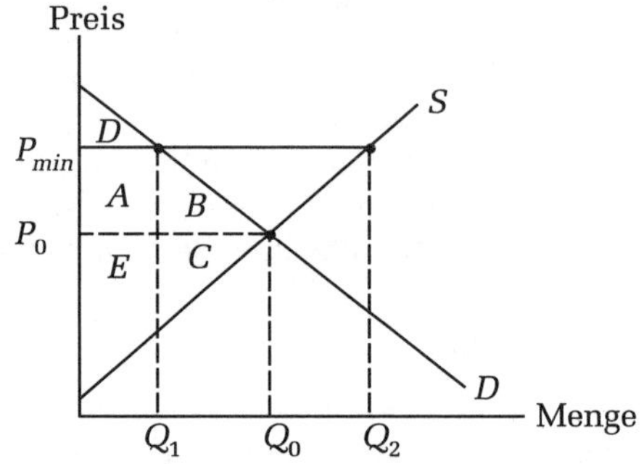

Abbildung 9A.3

b) Unter Bezug auf Abbildung 9A.3 müssen wir die beiden Dreiecke $B + C$ berechnen, um den Nettowohlfahrtsverlust zu bestimmen.

In diesem numerischen Beispiel gilt $P_0 = 0{,}75$, $Q_0 = 137$ (aus Übung 1a), $P_{min} =$ \$ 1,00 und $Q_1 = 132$ (Einsetzen von $P = 1{,}00$ in die Nachfragegleichung).

Daraus folgt, dass

Fläche $B = 0{,}5(137 - 132)\ (1 - 0{,}75) =$ \$ 0,625.

Zur Bestimmung der Fläche C benötigen wir einen weiteren Punkt: Setzen Sie $Q_1 = 132$ in die Angebotsgleichung ein, um den minimalen Preis zu bestimmen, den die Produzenten für Q_1 zu akzeptieren bereit gewesen wären. Die Antwort lautet $P = 0{,}723$ (ungefähr). Folglich gilt:

Fläche $C = 0{,}5(137 - 132)(0{,}75 - 0723) = \$ \ 0{,}0675$.

Der gesamte Nettowohlfahrtsverlust ist gleich $B + C = \$ \ 0{,}6925$.

4. a) Bei $P_S = 1{,}25$, $Q_D = 152 - 20(1{,}25) = 127$ und $Q_S = -4 + 188(1{,}25) = 231$. Das Überschussangebot ist gleich $Q_S - Q_D = 231 - 127 = 104$. Der Staat zahlt bei den in Übung 1 gegebenen Bedingungen 1,25(104) = \$ 130 Milliarden pro Jahr.

b) Siehe Abbildung 9A.4. Das Gleichgewicht liegt auf diesem Markt bei $P^* = 0{,}75$ und $Q^* = 137$ (Gleichsetzen von Q_D und Q_S). Durch Einsetzen von $Q_S = 127$ in die Angebotsgleichung bestimmen wir $P = 0{,}70$. Die Kosten für den Staat sind gleich $B + C + D$:

$B = 0{,}5(137 - 127)(1{,}25 - 0{,}75) = \$ \ 2{,}5$

$C = 0{,}5(137 - 127)(0{,}75 - 0{,}70) = \$ \ 0{,}25$

$D = 0{,}5(231 - 137)(1{,}25 - 0{,}75) + 0{,}5(137 - 127)(1{,}25 - 0{,}75) = \$ \ 26$.

Folglich gilt $B + C + D = \$ \ 28{,}75$.

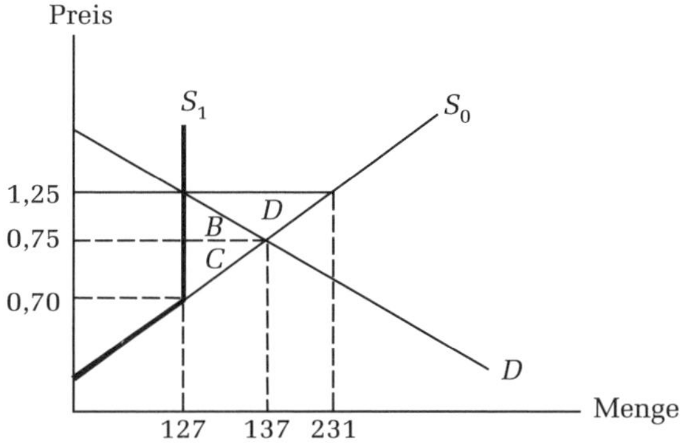

Abbildung 9A.4

c) Durch das Wachstumshormon für Rinder steigt die Produktivität und die Angebotskurve S_0 verschiebt sich nach rechts, da zu jedem gegebenen Preis mehr Milch angeboten werden kann. Dadurch steigen die Kosten sowohl für die Durchführung eines Preisstützungsprogramms als auch für die Durchführung eines Produktionsquotenprogramms (bei dem die Produzenten für die Begrenzung ihrer Produktion bezahlt werden).

5. a) Ohne einen Zoll ist der inländische Gleichgewichtspreis gleich dem Weltmarktpreis von \$ 24. Die inländische Konsumnachfrage ist gleich $Q_D = 100.000 - 2.000(24) = 52.000$. Das Binnenangebot ist gleich $Q_S = -10.000 + 1.000(24) = 14.000$. Die Importe sind gleich 52.000 – 14.000 = 38.000.

b) Der neue Gleichgewichtspreis nach der Erhebung des Zolls ist gleich 24 + 6 = \$ 30. Die Binnennachfrage ist gleich

$Q_D = 100.000 - 2.000(30) = 40.000$

und das Binnenangebot ist gleich

$Q_S = -10.000 + 1.000(30) = 20.000$.

Folglich fallen die Importe auf 20.000.

c) In Abbildung 9A.5 ist der Verlust an Konsumentenrente gleich der Fläche des Trapezes *acdh* = $ 6(40.000 + 52.000)/2 = $ 276.000. Der Zuwachs der Produzentenrente ist gleich der Fläche des Trapezes *abgh* = $ 6(20.000 + 14.000)/2 = $ 102.000. Das vom Staat aus dem Zoll erzielte Aufkommen ist gleich dem Zollsatz mal den Importen nach der Erhebung des Zolls beziehungsweise $ 6(40.000 – 20.000) = $ 120.000 (angegeben durch das Rechteck *bcef*). Der Nettowohlfahrtsverlust (angegeben durch die beiden Dreiecke *bgf* und *cde*) ist folglich gleich $ 276.000 – $ 102.000 – $ 120.000 beziehungsweise $ 54.000. (Beachten Sie, dass Sie die Fläche eines Trapezes immer in ein Rechteck und ein Dreieck aufteilen und diese Flächen berechnen können, wenn Ihnen dies leichter fällt.)

d) Wenn die Quote bei 20.000 festgesetzt wird (der Differenz zwischen 40.000 und 20.000 in Abbildung 9A.5), steigt der Preis von $ 24 auf $ 30.

e) Der Nettwohlfahrtsverlust umfasst die Flächen *bgf* + *cde*, wie zuvor, aber er umfasst jetzt auch die Fläche *bfec* beziehungsweise den Betrag von $ 120.000, die in Teil c) das Aufkommen aus dem Zoll ausgemacht hat. Folglich ist der Nettowohlfahrtsverlust gleich 18.000 + 36.000 + 120.000 = $ 174.000. (Die gleiche Antwort kann auch unter Verwendung der Antwort aus Teil c), die $ 54.000 lautete, unter Hinzufügung von $ 120.000 ermittelt werden.)

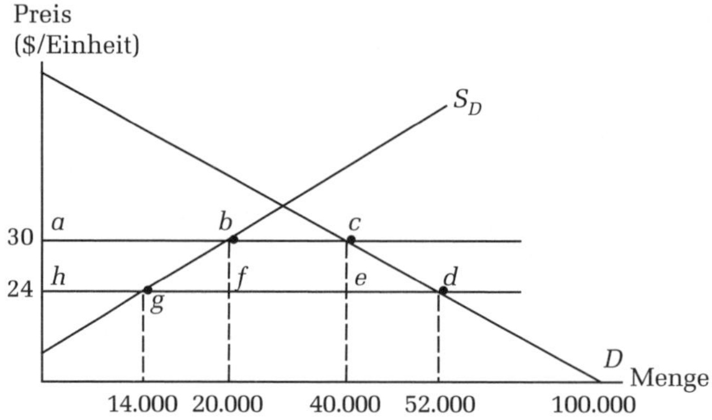

Abbildung 9A.5

6. In Abbildung 9A.6 ist die Änderung der Konsumentenrente gleich der Fläche *abce* und die Änderung der Produzentenrente ist gleich *ecgf*. Da der Staat ein Steueraufkommen erzielt, das gleich der Fläche *abgf* ist, entspricht der Nettwohlfahrtsverlust der Fläche des Dreiecks *bcg*. Ohne die Steuer werden Q_0 Einheiten gehandelt, während nach der Steuer nur Q^* Einheiten gehandelt werden. Folglich sind die Vorteile aus dem Handel, die verloren sind, gleich der Fläche zwischen den Nachfrage- und Angebotskurven zwischen diesen beiden Outputniveaus beziehungsweise die Fläche *bcg*.

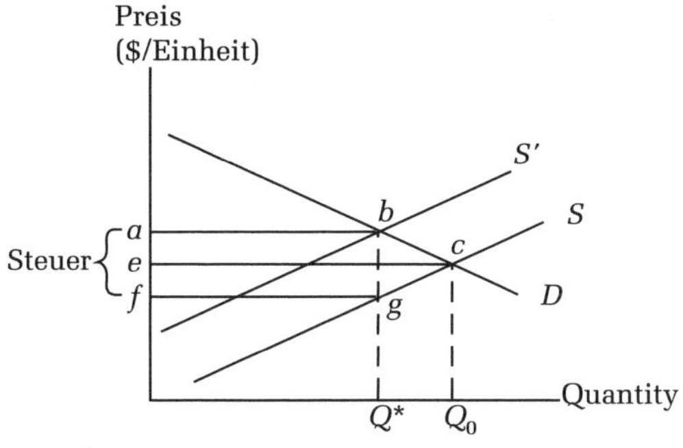

Abbildung 9A.6

7. Nein. Wenn das Angebot vollkommen unelastisch ist, kommt es bei der Erhebung der Steuer nicht zu einem Rückgang der Anzahl der gehandelten Einheiten und folglich auch nicht zu einem Nettowohlfahrtsverlust.

8. a) Wenn wir Q_D und Q_S gleichsetzen, ist das ursprüngliche Gleichgewicht die Lösung für $100 - 2P = -50 + 3P$ beziehungsweise $P_0 = € 30$ und $Q_0 = 40$.

   b) Nachdem eine Steuer in Höhe von € 1 erhoben worden ist, können wir nach dem von den Verkäufern erzielten Preis auflösen, indem wir die Gleichung $Q_D(P_b) = a - b(P_S + t)$ verwenden.

   Dann gilt $100 - 2(P_S + 1) = -50 + 3P_S$ beziehungsweise $P_S = 148/5 = € 29{,}60$. Der von den Käufern gezahlte Preis ist gleich 29,60 + 1 = € 30,60. Die neue Menge ist $Q^* = 38{,}8$.

   Der Staat erzielt ein Aufkommen von € 1(38,8) = $ 38.80.

   c) Der Nettowohlfahrtsverlust entspricht dem schraffierten Dreieck in Abbildung 9A.7 mit einer Basis von € 1 (dem Steuersatz) und einer Höhe von $Q_0 - Q^*$ (40 – 38,8 = 1,2). Folglich ist der Nettowohlfahrtsverlust gleich 0,5(1)(1,2) = € 0,60.

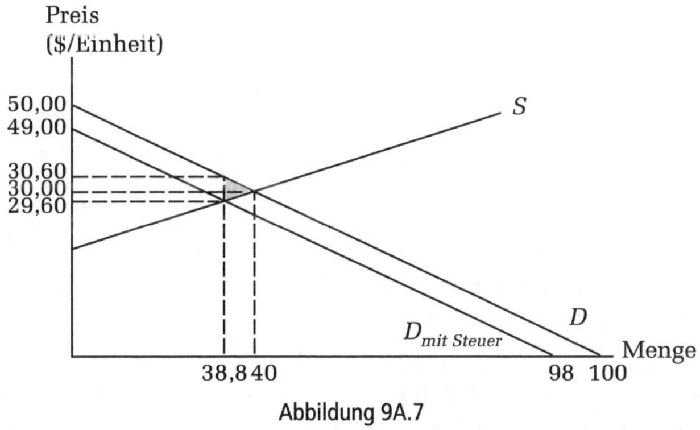

Abbildung 9A.7

   d) $Q_S = c + dP_b - dt = -50 + 3P_b - 3(\$\ 1) = -53 + 3P_b$. Durch Gleichsetzen von Nachfrage und Angebot erhalten wir $100 - 2P_b = -53 + 3P_b$ beziehungsweise $P_b = 30{,}6$. Folglich ist $P_b^* = € 30{,}60$ und $Q^* = 38{,}8$, was dem Marktgleichgewicht in Antwort b) entspricht.

   e) Ob die Steuer den Käufern oder den Verkäufern auferlegt wird, verändert das Marktgleichgewicht nicht.

9.7 Lösungen zu den Übungsaufgaben

9. a) Durch Gleichsetzen von Q_D und Q_S erhalten wir $1600 - 20P = -900 + 30P$ oder $P^* = \$\ 50$ und $Q^* = 60$.

b) Wenn $P_{max} = \$\ 35$, $Q_S = -900 + 39(35) = 150$. (Da $P_{max} < P^*$, kommt es bei diesem Preis zu einer Überschussnachfrage, sodass die angebotene Menge gehandelt wird und 150 Spieler eingestellt werden.)

c) In Abbildung 9A.8 entspricht die Änderung der Produzentenrente der Fläche des Trapezes *bcef*. Diese Fläche ist gleich (\$ 50 – \$ 35)(150 + 600)/2 = \$ 5.625.

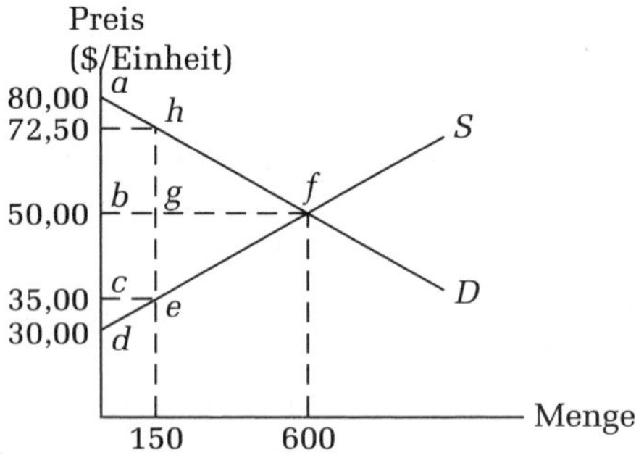

Abbildung 9A.8

d) Die Hochschulen geben im Vergleich zu \$ 50(600) = \$ 30.000 vorher nun \$ 35(150) = \$ 5.250 pro Woche für Spieler aus.

e) Der Nettowohlfahrtsverlust ist gleich der Fläche des Dreiecks *hef*. Bei $Q = 150$ ist der Preis auf der Nachfragekurve gleich \$ 72,50 (da gilt 1.600 – 20(72,5) = 150). Die Fläche ist gleich

1/2(\$ 72,5 – \$ 35)(600 – 150) = \$ 8.437,5.

10. In Abbildung 9A.9 wird auf dem Markt ein Höchstpreis von P_0 festgesetzt und Q_0 Einheiten werden angeboten. Der markträumende Preis für Q_0 Einheiten ist gleich P_1, also sind die Konsumenten, deren Zahlungsbereitschaft gleich oder höher als P_1 ist, bereit, mindestens $P_1 - P_0$ pro Einheit an Wartezeit aufzuwenden (wobei ihre Wartezeit in deren Opportunitätskosten in Euro umgerechnet wird). Da es sich bei diesen Kosten nicht um eine Zahlung an eine andere Person handelt, sollten diese zum sonst üblicherweise erfassten Dreieck des Nettowohlfahrtsverlustes hinzuaddiert werden, um den tatsächlichen Nettowohlfahrtsverlust für die Gesellschaft wiederzugeben. Das schraffierte Rechteck bildet die Untergrenze dieser Kosten der Wartezeit in der Schlange.

Wenn die Konsumenten nicht über genaue Informationen über die Nachfragekurve verfügen, sind sie unter Umständen nicht in der Lage, P_1 genau zu berechnen. In diesem Fall könnten sie Wartezeit bis zur Differenz zwischen ihrer vollen Zahlungsbereitschaft und P_0 aufwenden. In diesem Fall wäre das Dreieck oberhalb des schraffierten Rechtecks auch ein Bestandteil des Nettowohlfahrtsverlustes.

Da die Bereitschaft, sich in der Schlange anzustellen, von den Opportunitätskosten der Zeit eines Konsumenten abhängt, wäre es auch möglich, dass einige erfolgreiche Käufer dem Gut einen niedrigeren Wert als P_1 beimessen, während einige Konsumenten, die dem Gut einen höheren Wert als P_1 beimessen, letztendlich nicht in den Genuss des Gutes kommen (dies würde auch geschehen, wenn die Menge von Q_0 Einheiten den Konsumenten wahllos zugeteilt würde). Dann wäre der Nettowohlfahrtsverlust sogar noch größer.

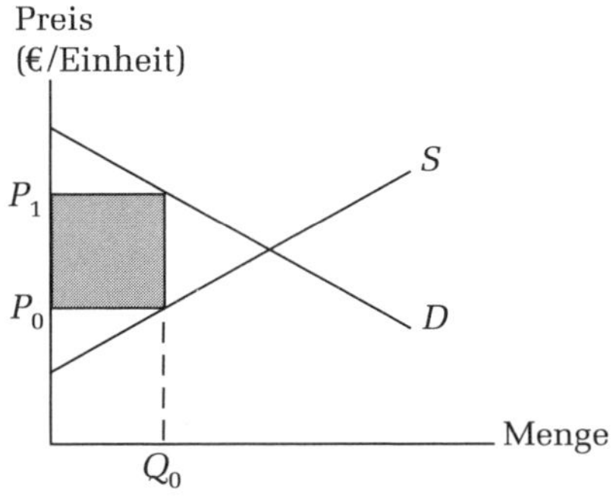

Abbildung 9A.9

11. a) Wir setzen Nachfrage und Angebot gleich: – 500 + 5.000P = 19.000 – 1.500P und finden P^* = \$ 3 und Q^* = 14.500.

b) Zu P = \$ 1 werden Q = –500 + 5.000(1) = 4.500 Pfund Blaubeeren verkauft.

c) Wenn Q_D = 4.500, P = 14.500/1.500 oder \$ 9,67. Folglich wäre der markträumende Preis für 4.500 Pfund gleich \$ 9,67.

d) Wir schreiben die Angebotskurve als $P = 0{,}10 + 0{,}0002Q_S$ um. Da die Verkäufer bei Verkäufen von Blaubeeren zum Selbstpflücken \$ 0,50 einsparen, lautet die Angebotskurve für selbst gepflückte Blaubeeren:

$P + 0{,}50 = 0{,}10 + 0{,}0002Q_S$ beziehungsweise

$P = -0{,}40 + 0{,}0002Q_S.$

Bei dem Höchstpreis gilt P = \$ 1,00, sodass Q_S = 7.000.

e) Die Nachfragekurve für Blaubeeren zum Selbstpflücken lautet $Q_D = 19.000 - 1.500(P + 0{,}50) = 18.250 - 1.500P$. Die Angebotskurve für Blaubeeren zum Selbstpflücken lautet:

$P = -0{,}40 + 0{,}0002Q_S$ beziehungsweise

$Q_S = 2.000 + 5.000P.$

Durch Gleichsetzen von Q_S und Q_D für Blaubeeren zum Selbstpflücken erhalten wir: 2.000 + 5.000P = 18.250 – 1.500P, sodass P = \$ 2,50.

f) Es werden mehr Blaubeeren zum Selbstpflücken verkauft, sodass das Ergebnis näher am Gleichgewichtsergebnis liegt. Da die Käufer und die Verkäufer dem Pflücken jeweils einen Wert von \$ 0,50 pro Pfund beimessen, besteht beim Wechsel zum Selbstpflücken zur Vermeidung des Höchstpreises keine Ineffizienz. Daher ist Selbstpflücken bei dem Höchstpreis effizienter.

12. a) Der Effizienzverlust des Zuteilungssystems entsteht daraus, dass das Warten die kartenkaufenden Studenten Zeit kostet, aber niemandem einen Erlös oder einen Vorteil einbringt.

b) Durch die Lotterie wird das Warten vermieden, aber es entstehen Verwaltungskosten. Natürlich entstehen auch bei der Ausgabe der Nummern für die Wartenden gewisse Verwaltungskosten, trotzdem ist das Lotteriesystem wahrscheinlich insgesamt effizienter.

c) Nur die Studenten mit dem niedrigsten Wert der Zeit beziehungsweise den höchsten Reservationspreisen für die Karten könnten das Schlangestehen gegenüber der Lotterie vorziehen.

13. a) Durch Gleichsetzen von Q_D und Q_S erhalten wir $-800 + 15P = 3200 - 25P$ beziehungsweise $P^* = \$\ 100$ und $Q^* = 700$.

b) Die Nachfragekurve verschiebt sich wie in Abbildung 9A.10a dargestellt um € 20 nach unten. Wir lösen mithilfe der Gleichung $P_B = P_S + 20$ nach dem von den Käufern und Verkäufern erzielten Preis auf. Im neuen Gleichgewicht gilt $-800 + 15P_S = 3200 - 25(P_S + 20)$ beziehungsweise $P_S = \$\ 87{,}50$, $P_B = \$\ 107{,}50$ und $Q^T = 512{,}50$. Das Steueraufkommen ist gleich (512,50)(20) = 10.250.

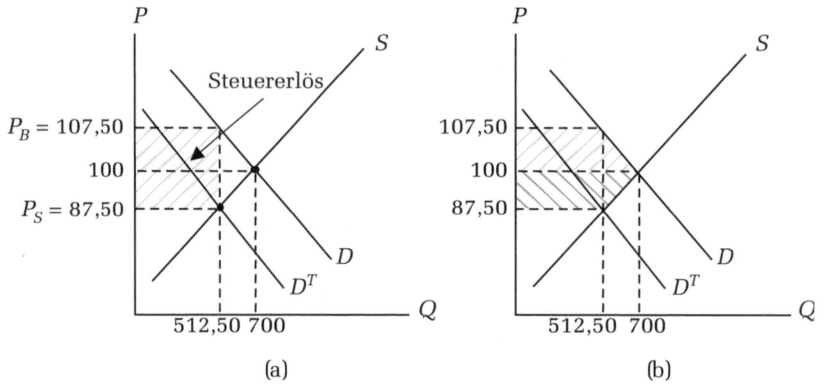

Abbildung 9A.10

c) Die verlorene Konsumentenrente entspricht der hell schraffierten Fläche in Abbildung 9A.10b. Mathematisch können wir diese Konsumentenrente mithilfe der Formel für die Fläche eines Trapezes bestimmen:

$$\left[(107{,}50 - 100)\cdot\left(\frac{512{,}50 + 700}{2}\right)\right] = €\ 4.546{,}88$$

Die entgangene Produzentenrente, die dunkler schraffierte Fläche, kann ähnlich bestimmt werden:

$$\left[(100 - 87{,}50)\cdot\left(\frac{512{,}50 + 700}{2}\right)\right] = €\ 7.578{,}13$$

Der Nettowohlfahrtsverlust ist gleich dem Verlust an Konsumentenrente plus dem Verlust an Produzentenrente abzüglich des Steueraufkommens: (4.546,88 + 7.578,13) – 10.250 = € 1.875,01.

d) Zum ursprünglichen Gleichgewichtspreis ist die Nachfrage elastischer als das Angebot, sodass die Änderung des von den Verkäufern erzielten Preises größer ist als die Änderung des von den Käufern bezahlten Preises.

14. In Abbildung 9A.11 ist der Höchstpreis bei P_1 festgesetzt. Der Betrag der durch den Höchstpreis geschaffenen Überschussnachfrage ist am kleinsten, wenn das Angebot und die Nachfrage zu den vorherrschenden Preisen und Mengen vergleichsweise weniger elastisch sind. In Abbildung 9A.11a wird dargestellt, dass bei ansonsten gleichen Voraussetzungen die Überschussnachfrage geringer ist, wenn die Nachfrage weniger elastisch ist (wodurch die Nachfrage im ursprünglichen Gleichgewichtspreis P^* gedreht wird). In Abbildung 9A.11b wird der entsprechende Effekt auf der Angebotsseite dargestellt.

(XSD = Überschussnachfrage)

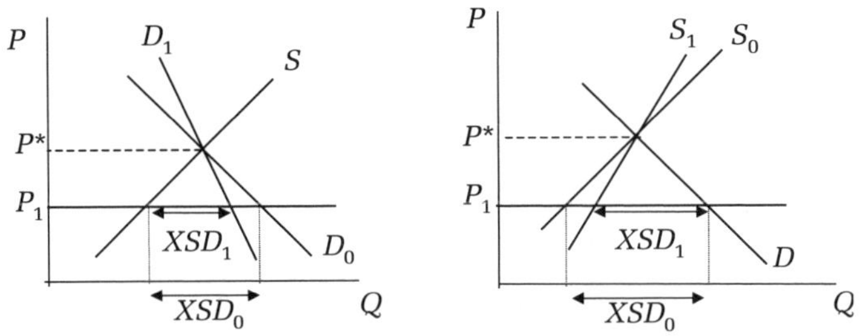

Abbildung 9A.11

9.8 Lösungen zu den Kontrollfragen

15. b) Die Konsumenten erzielen aus dem niedrigeren Preis einen Gewinn, aber sie verlieren, da sie nun weniger kaufen können. Die Produzenten verlieren eindeutig aufgrund des regulierten Preises. Aus Höchstpreisen resultiert immer ein Wohlfahrtsverlust (wenn der Höchstpreis bindend ist).

16. c) Die Produzenten erzielen einen Gewinn aus dem höheren Preis, aber sie verlieren, da sie weniger verkaufen. Die Konsumenten verlieren eindeutig, wenn der Preis oberhalb des Gleichgewichtspreises festgelegt ist. Aus Mindestpreisen resultiert immer ein Nettowohlfahrtsverlust (wenn der Mindestpreis bindend ist).

17. d) Wenn das Angebot weniger elastisch als die Nachfrage ist, wird die Last der Steuer von den Anbietern getragen. Das bedeutet, dass für die Konsumenten der Preis um weniger als die Hälfte des Steuersatzes ansteigt.

18. a) Bei einem vollkommen elastischen Angebot wird die gesamte Steuer auf die Konsumenten abgewälzt.

19. c) Einige ausländische Produzenten (diejenigen mit Quotenrechten) können bei einer Quote das Gut zu den höheren inländischen Preisen verkaufen.

20. d) Der Staat zahlt € 75 pro Tonne für den Überschuss in Höhe von 25 – 16 = 9 Millionen Tonnen: 75(9) = € 675 Millionen.

21. c) Die Produzentenrente erhöht sich um die Fläche des Trapezes zwischen P = € 50 und P = € 75 sowie Q = 20 und Q = 25 Millionen: € 25(20 + 25)/2 = € 562,5 Millionen.

22. b) Damit die Landwirte Anbaufläche brach liegen lassen, muss ihnen mindestens die schraffierte Fläche in Abbildung 9A.12 gezahlt werden: 0,5(25 – 16) (75 – 30) = € 202,5 Millionen.

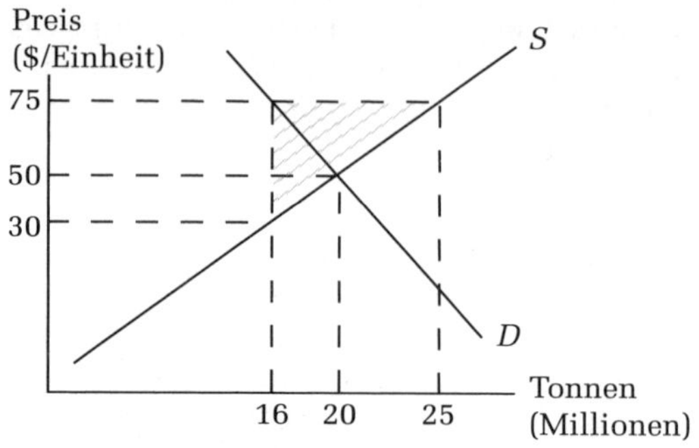

Abbildung 9A.12

23. c) Der inländische Gleichgewichtspreis, den die USA nur durch das Schließen ihrer Grenzen für den gesamten Handel erreichen könnten, wird durch Gleichsetzen der US-amerikanischen Nachfrage mit dem US-amerikanischen Angebot bestimmt, wodurch wir $Q = 700$ und $P = 175$ erhalten. Durch einen Zoll in Höhe von $ 100 wird der inländische Preis von $ 75 auf $ 175 angehoben; dann werden keine Sojabohnen mehr importiert.

24. d) Durch einen Anstieg des Preises (im vorliegenden Fall: durch einen Anstieg des Lohnes) steigt der Gesamterlös, wenn die Nachfrage unelastisch ist, also trifft a) zu. Eine Erhöhung des Mindestlohnes führt sicherlich zu einem Anstieg der Arbeitslosigkeit um einen gewissen Betrag. Wenn die Arbeitslosigkeit bei ungelernten Arbeitskräften erheblich ansteigt, könnten einige Arbeitskräfte versuchen, ihre Fertigkeiten zu verbessern, also trifft auch c) zu.

25. b) Der auf die Konsumenten abgewälzte Anteil der Steuer ist gleich $E_S/(E_S - E_D)$.

9.9 Lösung zur Internetübung

Der betreffende Abschnitt aus der WTO Publikation lautet:

Eine entscheidende Komponente der Entwicklung des privaten Sektors ist die effizientere Bereitstellung von unternehmensbezogenen Dienstleistungen, ein Sektor, der in der Planwirtschaft unterdrückt wurde. Die Behörden haben Änderungen von Regulierungen, der Privatisierung und angemessenen Wettbewerbspolitiken in den Dienstleistungsbereichen Priorität eingeräumt, um sicherzustellen, dass wichtige Dienstleistungen so effizient wie möglich zur Verfügung gestellt werden und dass sich diese Effizienz in niedrigeren Preisen widerspiegelt. Zu diesem Zweck ist Rumänien im Dienstleistungsabkommen der Welthandelsorganisation (GATS) erhebliche Verpflichtungen im Hinblick auf die Marktöffnung eingegangen. Insbesondere auf dem Gebiet der Finanzdienstleistungen verfolgt Rumänien eine Politik des offenen, nicht diskriminierenden Zugangs zur Gründung von Banken nach Maßgabe umsichtiger Regulierungen. Ab dem Jahr 2003 wird der rumänische Markt für grundlegende Telekommunikationsdienstleistungen für den Wettbewerb geöffnet und Rumänien hat bereits den Markt für die digitale Mobiltelephonie geöffnet. Die Privatisierung der staatseigenen

Dienstleistungsunternehmen begann im Jahr 1998 und das Programm Rumäniens für das Jahr 1999 umfasst die Privatisierung von Anteilen an wichtigen staatseigenen Banken, Transport- und Versorgungsunternehmen. Entschiedene Maßnahmen zur Privatisierung im Dienstleistungssektor ebenso wie in der Landwirtschaft und Industrie sowie die Schließung nicht sanierungsfähiger Unternehmen in Verbindung mit einer verbesserten makroökonomischen Bilanz werden Rumänien bei der Vollendung des Übergangs zur Marktwirtschaft unterstützen.

Der Bericht bezieht sich direkt auf die in diesem Kapitel erörterten Konzepte. Die effiziente Bereitstellung von Dienstleistungen zu niedrigeren Preisen (die vermutlich niedriger als die staatlich regulierten Preise sind) wird erörtert. Wenn dies erreicht wird, sollte es zu einem Zuwachs an Gesamtrente kommen. Anders ausgedrückt, wird ein Teil der Wohlfahrtsverluste vermieden. Durch die Öffnung des rumänischen Marktes für grundlegende Telekommunikationsleistungen für Wettbewerb sollten die Preise ebenfalls reduziert und der Nettowohlfahrtsverlust aufgrund der Preisregulierung vermieden werden. Zusätzlich dazu werden die Produzenten durch den Wettbewerb wahrscheinlich effizienter, da sie Möglichkeiten zur Kostensenkung finden werden, um sicherzustellen, dass sie sich im Wettbewerb erfolgreicher behaupten können.

TEIL III

Marktstruktur und Wettbewerbsstrategie

Marktmacht: Monopol und Monopson

10

Wichtige Begriffe

- Der Begriff Monopol
- Markteintrittsbeschränkungen
- Grenzerlös des Monopolisten
- Faustregel zur Preisbildung
- Monopol mit mehreren Betriebsstätten
- Monopolmacht
- Lerners Maß der Monopolmacht
- Wohlfahrtsverlust beim Monopol
- Preisregulierung
- Natürliches Monopol
- Monopson
  - Grenzausgaben
  - Grenzwert
- Kartellgesetze

10.1 Hauptthemen des Kapitels

Auf der Nachfrageseite sehen die meisten Märkte gleich aus. Auf der Angebotsseite dagegen können Märkte ganz verschieden aussehen. Ein *Monopol* ist ein Markt, auf dem es nur einen Verkäufer, jedoch viele Käufer gibt. Der Monopolist muss – als einziger Verkäufer – bei seiner Entscheidung über Verkaufspreis und -menge die gesamte Marktnachfragekurve berücksichtigen, um seine Gewinne zu maximieren. Anders als ein einzelnes Wettbewerbsunternehmen, das sich einer vollständig horizontal verlaufenden Nachfragekurve gegenübersieht, hat es der Monopolist mit einer fallenden Nachfragekurve zu tun.

Die Veränderung des Erlöses aufgrund einer Veränderung der Produktionsmenge um eine Einheit nennt man den *Grenzerlös*. Im vollkommenen Wettbewerb entspricht der Grenzerlös dem Marktpreis. Verläuft die Nachfragekurve fallend, gilt das nicht mehr. Für den Monopolisten ist der Grenzerlös geringer als der Marktpreis. Um seine Gewinne zu maximieren, sollte der Monopolist seine Produktionsmenge so festlegen, dass der Grenzerlös den Grenzkosten entspricht. Dies führt dazu, dass seine Produktionsmenge geringer und sein Preis höher ist als bei vollkommenem Wettbewerb. Unter Anwendung der Bedingung, dass der Grenzerlös am Punkt der Gewinnmaximierung den Grenzkosten entspricht, können wir die *Faustregel zur Preisbildung* ableiten: $(P - \text{GK})/P = -1/E_d$, wobei E_d die Nachfrageelastizität ist. Dieser Term kann auch so umgeformt werden, dass er direkt den Aufschlag auf die Grenzkosten zeigt: $P = \text{GK}/[1 + (1/E_d)]$.

Ein Monopolist mit mehreren Betriebsstätten teilt seine Produktion so zwischen seinen Betrieben auf, dass die Grenzkosten in allen Betrieben gleich sind. Dann wird die Gesamtproduktionsmenge so festgelegt, dass der Grenzerlös den gemeinsamen Grenzkosten entspricht.

Mit dem Modell des reinen Monopols lässt sich zwar leicht theoretisch arbeiten, doch es gibt nur sehr wenige Märkte, auf denen es tatsächlich herrscht. Häufiger sind dagegen Märkte, auf denen es zwar kein reines Monopol, aber sehr wohl *Monopolmacht* gibt. Auf solchen Märkten kann es zum Beispiel mehrere Unternehmen geben, von denen jedes einen Preis oberhalb der Grenzkosten verlangen kann. Jedes dieser Unternehmen hat eine fallend verlaufende Nachfragekurve. Je geringer die Elastizität der Nachfragekurve des jeweiligen Unternehmens, desto mehr Monopolmacht besitzt es. Die Elastizität der Nachfragekurven der einzelnen Unternehmen hängt von der Elastizität der Marktnachfragekurve, von der Anzahl der Unternehmen auf dem Markt und vom Verhalten der Unternehmen untereinander ab (das heißt davon, ob sie in aggressivem Wettbewerb stehen oder kooperieren). Zur Messung des Grades an Monopolmacht verwenden wir den *Lerner-Index*: $L = (P - \text{GK})/P$. Für ein Unternehmen im vollkommenen Wettbewerb gilt $L = 0$ (da dort bei der gewinnmaximierenden Produktionsmenge der Preis den Grenzkosten entspricht). In Wirtschaftsbereichen, in denen mehr Monopolmacht herrscht, ist der Lerner-Index höher. Er liegt immer zwischen null und eins.

Die Gesamtrente auf einem Markt sinkt, wenn er monopolisiert wird. Wenn wir die Konsumenten- und Produzentenrente im vollkommenen Wettbewerb mit denen beim Monopol vergleichen, erkennen wir einen Nettoverlust bei der Gesamtrente. Anders ausgedrückt kommt es zu einem *Wohlfahrtsverlust* aufgrund von Monopolmacht. Diese Ineffizienz ergibt sich, da die Produktionsmenge beim Monopol niedriger ist, als sie es unter vollkommenen Wettbewerbsbedingungen wäre. Eine *Preisregulierung* kann diesen Wohlfahrtsverlust mindern oder manchmal sogar eliminieren. Im Fall eines *natürlichen Monopols*, bei dem die Durchschnittskosten ständig sinken, wird die Regulierungsbehörde den Preis dort festlegen wollen, wo die Durchschnittskosten dem Durchschnittserlös (der Nachfragekurve) entsprechen.

Ein *Monopson* ist ein Markt mit vielen Verkäufern und nur einem Käufer. Ursachen für Monopsonmacht liegen in der Elastizität des Marktangebots, der Anzahl der Käufer auf einem Markt und den Beziehungen zwischen diesen Käufern. Auf einem Wettbewerbsmarkt entsprechen die Grenzausgaben (der Preis, der für die letzte Einheit bezahlt wird) dem Marktpreis. Im Fall eines Monopsons nennen wir die Nachfragekurve *Grenzwertkurve* und unterscheiden sie von der *Grenzausgabenkurve*. Auf einem Markt, auf dem es nur einen Käufer gibt, zeigt die Angebotskurve die Durchschnittsausgaben und die Grenzausgabenkurve liegt oberhalb der Angebotskurve. Will der Monopsonist also eine zusätzliche Einheit kaufen, muss er für alle gekauften Einheiten einen höheren Preis bezahlen. Er maximiert seine Gewinne, indem er so viele Einheiten kauft, bis die Grenzausgaben dem Grenzwert entsprechen. Es entsteht ein Wohlfahrtsverlust aufgrund von Monopsonmacht, da der Monopsonist einen geringeren Preis für das Produkt bezahlt und weniger Einheiten verkauft werden, als dies auf einem Wettbewerbsmarkt der Fall wäre.

Kartellgesetze zielen darauf ab, den Wettbewerb in einer Volkswirtschaft zu fördern und Wohlfahrtsverluste durch Monopol- und Monopsonmacht zu begrenzen. In den USA verbietet Abschnitt 1 des Sherman Act, der 1890 verabschiedet wurde, Absprachen, die den Handel einschränken würden. Abschnitt 2 des Sherman-Gesetzes verbietet Bestrebungen, einen Markt zu monopolisieren. Andere Gesetze, wie etwa der Clayton Act (1914) und der Robinson-Pacton Act (1936), verbieten Verdrängungswettbewerb, Fusionen, die zu einem Monopol führen könnten, und Preisdiskriminierung. In Deutschland finden sich ähnliche Regelungen im Gesetz gegen Wettbewerbsbeschränkungen.

10.2 Wiederholung und Übungen

10.2.1 Monopol (Kapitel 10.1)

Während man auf manchen Märkten durchaus von einem vollkommenen Wettbewerb ausgehen kann, ist diese Annahme für andere Märkte völlig unangemessen. In diesem Kapitel betrachten wir den unvollkommenen Wettbewerb, Märkte also, auf denen Käufer oder Verkäufer die Preise nicht als gegeben hinnehmen. So verliert der regionale Elektrizitätsversorger nicht automatisch alle seine Kunden, wenn er die Preise geringfügig anhebt. Der Elektrizitätsversorger ist kein passiver Preisnehmer, denn er sieht sich keiner horizontal verlaufenden Nachfragekurve nach seinem Produkt gegenüber.

Ein *reiner Monopolist* ist der einzige Verkäufer in seinem Markt. Obwohl der Monopolist seinen Preis frei wählen kann, gibt es keine Garantie dafür, dass die Verbraucher zu diesem Preis auch etwas nachfragen werden. Wenn ein Monopolist die Preise erhöht, sinkt die Verkaufsmenge (es sei denn, die Nachfrage ist vollkommen unelastisch). Ein Monopolist kann also entweder den Preis oder die Verkaufsmenge frei wählen, aber nie beides. Ein Monopolist, der keine Preisdiskriminierung betreibt, muss für seine *gesamte* Produktionsmenge einen geringeren Preis verlangen, wenn er mehr verkaufen möchte.

Ein Monopolist maximiert seinen Gewinn, indem er die Produktionsmenge bis zu dem Punkt steigert, an dem der Grenzerlös den Grenzkosten entspricht. Die Logik hinter der vom Monopolisten gewählten gewinnmaximierenden Produktionsmenge ist die gleiche wie für ein Unternehmen im vollkommenen Wettbewerb. Beim vollkommenen Wettbewerb entspricht allerdings der Grenzerlös dem Marktpreis. Wir werden sehen, dass das für den Monopolisten, der eine fallend verlaufende Nachfragekurve hat, nicht mehr gilt.

Betrachten wir einen Monopolisten, für dessen Nachfragekurve folgende in Tabelle 10.1 gegebene Informationen gelten.

Tabelle 10.1

Produktionsmenge Q	Preis P	Erlös $E = P \cdot Q$	Grenzerlös GE = $\Delta E/\Delta Q$
1	10	10	–
2	8	16	6
3	6	18	2
4	4	16	–2
5	2	10	–6

Die Tabelle zeigt verschiedene Produktionsmengen und die Preise, zu denen diese Mengen verkauft werden können. Die Erlösspalte zeigt den Gesamterlös des Monopolisten bei jeder Produktionsmenge. Die Grenzerlösspalte gibt den zusätzlichen Erlös an, der sich aus dem Verkauf einer zusätzlichen Einheit ergibt.

Betrachten wir, was mit dem Grenzerlös geschieht, wenn der Monopolist den Preis senkt. Abbildung 10.1 zeigt die Nachfragekurve gemäß der Informationen in Tabelle 10.1. In Abbildung 10.1 unterscheiden wir zwischen zwei Bestandteilen des Grenzerlöses des Monopolisten. Der erste Bestandteil ist der Preis, den er für eine zusätzliche verkaufte Produktionseinheit erhält; der zweite Bestandteil ist der verlorene Erlös aufgrund des nun geringeren Preises für alle anderen Einheiten. Nehmen wir beispielsweise an, der ursprüngliche Preis des Monopolisten sei € 8. Er verkauft 2 Einheiten, sodass sein Erlös € 16 beträgt. Senkt er seinen Preis auf € 6, steigt sein Absatz um 1 Einheit und sein zusätzlicher Erlös für diese Einheit beträgt € 6. Allerdings ist der Erlös der ersten beiden verkauften Einheiten gleichzeitig auf € 12 gefallen (da er alle Einheiten zum neuen Preis von € 6 verkaufen muss). Der Grenzerlös der dritten verkauften Einheit beträgt also GE = € 6 – (€ 16 – € 12) = € 2. Der Gesamterlös steigt also von € 16 auf € 18, wenn der Preis von € 8 auf € 6 sinkt. Immer wenn die Nachfragekurve fallend verläuft, ist der Grenzerlös geringer als der Preis (in diesem Fall € 2 < € 6), und zwar aufgrund der zweiten Komponente von GE.

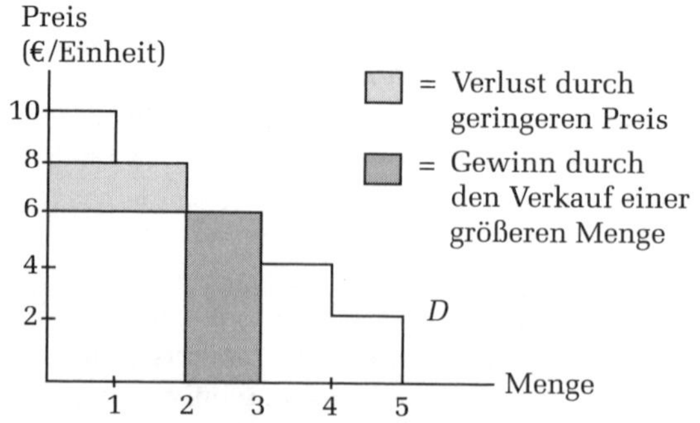

Abbildung 10.1

Der verlorene Erlös durch den niedrigeren Preis für alle Einheiten, und nicht nur für die letzte verkaufte Einheit, lässt einen Unterschied zwischen dem erzielten Preis und dem Grenzerlös entstehen.

Übung

1. Wie hoch ist für das Unternehmen mit der in Abbildung 10.1 dargestellten Nachfragekurve der Grenzerlös, wenn der Absatz von 3 auf 4 Produktionseinheiten erhöht wird?

Nehmen wir nun an, dass das Unternehmen auch Teileinheiten seiner Produkte verkaufen kann. In Symbolen geschrieben können wir den Grenzerlös als GE = $P + (\Delta P/\Delta Q)Q$ ausdrücken, wobei $\Delta P/\Delta Q$ der Steigung der Nachfragekurve entspricht, wenn die Verkaufsmenge auf der x-Achse dargestellt wird. P ist der Preis für die letzte verkaufte Einheit; $(\Delta P/\Delta Q)Q$ ist der verlorene Erlös aufgrund des geringeren Preises, der nun für alle anderen Einheiten verlangt wird. Wenn wir eine linear verlaufende Nachfragekurve annehmen, die in allgemeiner Form als $P(Q) = a - bQ$ ausgedrückt werden kann, erhalten wir GE = $P(Q) + (\Delta P/\Delta Q)Q = P(Q) - bQ$, da $\Delta P/\Delta Q = -b$. Also ergibt sich GE = $(a - bQ) - bQ = a - 2bQ$. Dies ist eine allgemeine Regel, die wir auf lineare Nachfragekurven anwenden können; *die Grenzerlöskurve hat den gleichen vertikalen Achsenschnittpunkt wie die Nachfragekurve und die doppelte Steigung der Nachfragekurve.* (Denken Sie aber daran, dass diese Beziehung zwischen Nachfrage und Grenzerlös nur gilt, wenn wir den Preis als Funktion der Produktionsmenge ausdrücken.)

Wenn beispielsweise gilt, dass $P = 100 - 2Q$, dann gilt GE = $100 - 4Q$. Abbildung 10.2 zeigt die Nachfrage- und Grenzerlöskurve für dieses Beispiel. Graphisch dargestellt hat die Grenzerlöskurve den gleichen vertikalen Achsenschnittpunkt wie die Nachfragekurve und einen horizontalen Achsenschnittpunkt, der halb so weit rechts liegt wie der horizontale Achsenschnittpunkt der Nachfragekurve. (Da die GE-Kurve die *doppelte* Steigung der Nachfragekurve hat, erreicht sie die horizontale Achse *doppelt* so schnell.)

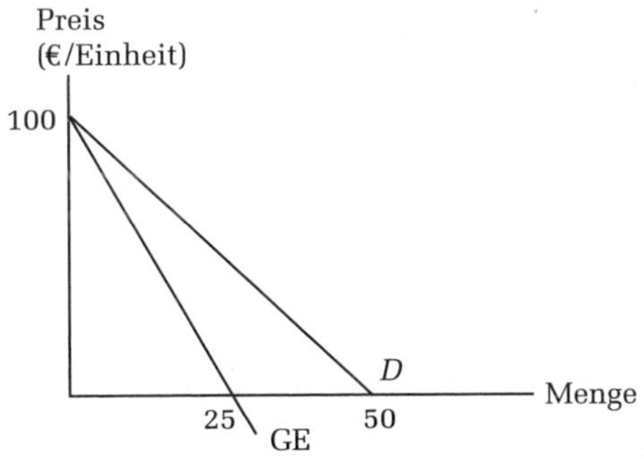

Abbildung 10.2

Übung

2. Ein Monopolist hat folgende Nachfragekurve: $Q = 75 - P/4$. Ermitteln Sie die Gleichung für die Grenzerlöskurve.

Nun können wir untersuchen, welches Produktionsniveau ein Monopolist wählen würde, um seinen Gewinn zu maximieren. Betrachten wir einen Monopolisten mit den in Tabelle 10.2 dargestellten Daten zu Nachfrage und Kosten.

Tabelle 10.2

Produktionsmenge Q	Preis P	Gesamterlös E	Grenzerlös GE	Gesamtkosten TK	Grenzkosten GK	Gewinn π
18	146	2.628	–	1.080	–	1.548
19	143	2.717	89	1.125	45	1.592
20	140	2.800	83	1.200	75	1.600
21	137	2.877	77	1.285	85	1.592
22	134	2.948	71	1.383	98	1.565

Dieser Monopolist verdient den höchstmöglichen Gewinn, wenn er 20 Produktionseinheiten verkauft. Wird die Produktion auf 19 Einheiten reduziert, sinkt der Erlös um € 83 (der Grenzerlös der 20. verkauften Einheit), doch die Gesamtkosten sinken nur um € 75 (die Grenzkosten der 20. verkauften Einheit). Da der Grenzerlös dieser letzten Einheit ihre Grenzkosten übersteigt, gewinnt das Unternehmen € 8, indem es nicht 19, sondern 20 Einheiten produziert. Sehen wir nun, was geschieht, wenn die Produktion von 20 auf 21 Einheiten erhöht wird. Diese Steigerung würde den Erlös um € 77 erhöhen (der Grenzerlös der 21. verkauften Einheit), die Kosten würden aber um € 85 steigen (die Grenzkosten der 21. verkauften Einheit). Also gewinnt das Unternehmen € 8, wenn es nicht 21, sondern 20 Einheiten verkauft. Die gewinnmaximierende Produktionsmenge ist also $Q = 20$.

Da der Gewinn einfach nur dem Erlös minus den Gesamtkosten entspricht, können wir die Veränderung des Gewinns aufgrund einer Veränderung der Produktionsmenge auch ganz allgemein folgendermaßen ausdrücken: $\Delta\pi = \Delta E - \Delta C$. Teilen wir den Term durch ΔQ, die Veränderung der Produktionsmenge, ergibt sich $\Delta\pi/\Delta Q = \Delta E/\Delta Q - \Delta C/\Delta Q = \text{GE} - \text{GK}$. Also entspricht die Veränderung des Gewinns aufgrund einer Steigerung der Produktionsmenge um eine Einheit dem Grenzerlös minus den Grenzkosten. Ausgehend von $Q = 0$ kann der Monopolist seinen Gewinn steigern ($\Delta\pi/\Delta Q > 0$), solange GE > GK ist. *Der Monopolist wird seine Produktionsmenge nicht weiter steigern, sobald* GE = GK *ist. Ein Monopolist maximiert seinen Gewinn, indem er seine Produktionsmenge so wählt, dass der Grenzerlös den Grenzkosten entspricht, wenn also* GE = GK. (Bedenken wir: Obwohl es natürlicher erscheint, dass der Monopolist den Preis frei wählt, können wir ebenso davon ausgehen, dass er eine bestimmte Verkaufsmenge wählt und es den Verbrauchern überlässt, gemäß ihrer Zahlungsbereitschaft für diese Menge den Marktpreis festzulegen. Wenn wir davon ausgehen, dass der Monopolist die Verkaufsmenge bestimmt, können wir diesen Fall leichter mit dem Wettbewerbsmarkt vergleichen.)

Die Regel, dass beim vollkommenen Wettbewerb GK = P ist einfach ein Sonderfall von GE = GK. Für ein Wettbewerbsunternehmen, dass den Marktpreis nicht dadurch beeinflussen kann, dass es zusätzliche Einheiten verkauft, gilt $\Delta P/\Delta q = 0$ und GE = P. Ein Wettbewerbsunternehmen nimmt den *Preis* als gegeben hin; ein Monopolist nimmt seine *Gesamtnachfragekurve* als gegeben hin, wenn er seine Produktionsmenge festlegt.

Erinnern wir uns, dass GK keine Fixkosten mit erfasst. Wenn die Fixkosten sehr hoch sind, könnte es vorteilhafter sein, die Produktion einzustellen. Deshalb muss immer geprüft werden, ob bei der gewinnmaximierenden Produktionsmenge, die mithilfe von GE = GK ermittelt wird, der Gewinn auch positiv ist.

Wir haben bisher noch nicht über die Angebotskurve des Monopolisten gesprochen. Das kommt daher, dass er keine Angebotskurve hat. Der Monopolist wählt seine Angebotsmenge aufgrund von GK und GE, der sich seinerseits aus der Nachfragekurve ableitet. Verschiebt sich die Nachfragekurve, so zieht der Monopolist die neue GE- und seine GK-Kurve heran, um einen Punkt auf der neuen Nachfragekurve zu wählen. Der Monopolist verfügt also über ein Verfahren, aufgrund der Nachfrage und aufgrund seiner Grenzkosten sein Angebot zu bestimmen, aber es existiert keine festgelegte Angebotskurve.

Übung

3. a) Ein Monopolist mit der Nachfragekurve $P = 300 - 4Q$ hat konstante variable Durchschnittskosten von 100 und Fixkosten von 50. Wie hoch sind der gewinnmaximierende Preis und die entsprechende Produktionsmenge?

b) Wie hoch wäre der gewinnmaximierende Preis und die entsprechende Produktionsmenge, wenn die Fixkosten 2.600 betragen würden?

c) Wie hoch ist die gewinnmaximierende Produktionsmenge, wenn VDK = 200 und FK = 50?

Wenn wir den Grenzerlös auf andere Weise ausdrücken, können wir ihn in direkten Bezug zur Elastizität der Marktnachfrage setzen: $GE = P + (\Delta P/\Delta Q)Q = P[1 + (Q/P)(\Delta P/\Delta Q)]$. Der zweite Term in Klammern ist der Kehrwert der Nachfrageelastizität, denn $E_d = (P/Q)\,\Delta Q/\Delta P$. Also können wir schreiben $GE = P[1 + 1/E_d]$. Wir sehen, dass, wenn $E_d > -1$, $GE < 0$. Wenn also die Nachfrage unelastisch ist, ist der Grenzerlös negativ. Daraus können wir unmittelbar schließen, dass ein Monopolist seine Produktionsmenge nie so wählen würde, dass er sich damit auf dem unelastischen Teil der Nachfragekurve befindet.

Übung

4. Ein Monopolist, der Kunststoffe produziert, sieht sich der Nachfragekurve $P = 180 - Q$ gegenüber, wobei Q in Tausend Kilogramm pro Jahr und P in Euro pro Kilogramm gemessen wird. Die Grenzkosten liegen konstant bei GK = € 60 pro Kilogramm.

a) Finden Sie den gewinnmaximierenden Preis und die entsprechende Produktionsmenge des Monopolisten. Wie hoch ist die Nachfrageelastizität beim gewinnmaximierenden Preis?

b) Nehmen wir an, dass GK = 0. Finden Sie den gewinnmaximierenden Preis und die entsprechende Produktionsmenge des Monopolisten sowie die Preiselastizität im Gewinnmaximum.

Da beim gewinnmaximierenden Produktionsniveau des Monopolisten gilt, dass GE = GK, können wir die Formel GE = $P[1+1/E_d]$ anwenden, um Folgendes zu erhalten:

$$\frac{P-\text{GK}}{P}=-\frac{1}{E_d}.$$

Diese Faustregel zur Preisbildung besagt, dass die Differenz zwischen Preis und Grenzkosten im Verhältnis zum Preis (der Preisaufschlag) gleich dem negativen Kehrwert der Nachfrageelastizität ist. Alternativ können wir schreiben:

$$P=\frac{\text{GK}}{1+1/E_d}.$$

Wenn zum Beispiel $E_d = -2$ und GK = 5, dann sollte der Preis € 5/(1– 1/2) = € 10 pro Einheit sein. Diese „Aufschlagsgleichung“ zeigt, dass der Monopolist einen Preisaufschlag auf die Grenzkosten verlangt, der umgekehrt mit der Nachfrageelastizität variiert.

Die Auswirkung einer Steuer In Kapitel 9 analysierten wir mithilfe von Angebots- und Nachfragekurven, wer in einem Wettbewerbsmarkt die Last einer Produktsteuer trägt. Da der Monopolist keine Angebotskurve hat, verläuft in diesem Fall unsere Untersuchung über die Auswirkung einer Steuer anders. Um die Auswirkungen einer Steuer auf einem Wettbewerbsmarkt und einem monopolistischen Markt leichter vergleichen zu können, betrachten wir eine Branche mit konstanten Kosten und einer horizontal verlaufenden langfristigen Angebotskurve. Diese langfristige Angebotskurve des Wettbewerbsmarktes ist gleichzeitig die (horizontale) Grenzkostenkurve des Monopolisten.

Man könnte eine Steuer analysieren, die bei den Konsumenten, oder eine, die bei den Unternehmen erhoben wird, aber es ist einfacher, die Grenzkostenkurve und nicht die Nachfragekurve zu verschieben. Daher beschränken wir uns auf die Untersuchung einer Steuer, die auf das Angebot erhoben wird. Im vollkommenen Wettbewerb verursacht diese Steuer eine Verschiebung der Angebotskurve nach oben. Ausgehend von unserer Annahme einer langfristig horizontal verlaufenden Angebotskurve würden die Verbraucher die gesamte Steuerlast tragen. Verschieben wir unter Monopolbedingungen die Grenzkostenkurve um den Steuersatz nach oben, können wir die Auswirkung auf den Preis nicht direkt sehen. Wir müssen zunächst nach dem Schnittpunkt der neuen GK-Kurve (inklusive Steuer) mit der GE-Kurve suchen, dann das neue gewinnmaximierende Produktionsniveau ermitteln und danach den Preis herausfinden, den die Verbraucher bei dieser Produktionsmenge zu zahlen bereit sind. In Abbildung 10.3 ist die Verkaufsmenge vor der Steuer Q_0, nach der Steuer liegt die Verkaufsmenge bei Q^*. Um wie viel hat sich der Preis verändert? Abbildung 10.3 zeigt, dass der Preis nicht um den vollen Steuersatz angestiegen ist. Der Monopolist trägt also einen Teil der gestiegenen Kosten.

Um zu verstehen, warum der Preis um weniger als den gesamten Steuersatz ansteigt, müssen wir uns daran erinnern, dass der Monopolist dafür sorgt, dass GE = GK, um seinen Gewinn zu maximieren. Wenn GK aufgrund der Steuer ansteigt, muss auch GE ansteigen, um dem neuen GK-Wert zu entsprechen. Die GE-Kurve verläuft aber doppelt so steil wie die Nachfragekurve, also steigt der Preis bei einem bestimmten Anstieg von GE um die Hälfte dieses Betrags. Dies bedeutet, dass *bei linearer Nachfrage unter monopolistischen Bedingungen die Preissteigerung für den Verbraucher der Hälfte des Steuersatzes entspricht.* Die Differenz zwischen altem und neuem Preis lässt sich durch folgende Regel ermitteln: Die Steigung von GE multipliziert mit der Veränderung der Produktionsmenge (also $Q^* - Q_0$) entspricht dem Steuersatz.

Dieses scheinbar überraschende Ergebnis wird plausibel, wenn wir das Problem des Monopolisten betrachten. Vor der Steuer war der Preis des Monopolisten hoch genug, damit er seine Gewinne maximieren konnte. Folglich gibt es eine Obergrenze dessen, was der Verbraucher nach Einführung der Steuer zu zahlen bereit ist. Das spezielle numerische Ergebnis, das besagt, dass der Monopolist gerade die Hälfte der Steuer an die Verbraucher weitergeben kann, hängt entscheidend davon ab, dass die Nachfragekurve linear verläuft. Wenn die Nachfragekurve nicht linear verläuft, kann der Preis sogar über den Steuersatz hinaus ansteigen.

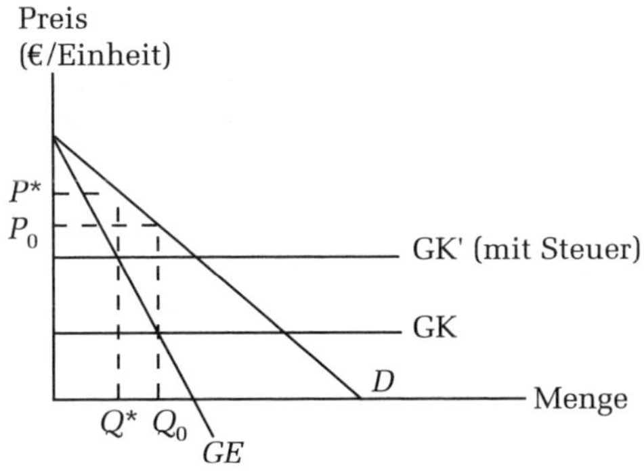

Abbildung 10.3

Übung

5. a) Die Nachfrage nach Geräten beträgt $Q_D = 1.000 - 50P$. Die langfristigen Grenzkosten und die durchschnittlichen Gesamtkosten betragen € 10 pro Einheit. Wie lauten der Gleichgewichtspreis und die Gleichgewichtsmenge bei Wettbewerb und beim Monopol?

b) Nehmen wir nun an, dass eine Steuer von € 2 pro Einheit erhoben wird (wodurch sich die Grenzkostenkurve verschiebt). Wie lauten der neue Gleichgewichtspreis und die neue Gleichgewichtsmenge bei Wettbewerb? Beim Monopol?

c) Welcher Anteil der Steuer wurde unter Wettbewerbsbedingungen an den Verbraucher weitergegeben? Wie hoch ist der Anteil beim Monopol?

6. [Mathematisch] Analysieren Sie die Auswirkung einer Steuer pro Produktionseinheit in Aufgabe 5 auf den Monopolisten durch Verschiebung der Nachfragekurve anstelle der Grenzkostenkurve. Denken Sie daran, nach der Verschiebung der Nachfragekurve die neue Grenzerlöskurve abzuleiten. Stellen Sie Ihre Antwort graphisch dar.

***Ein Unternehmen mit mehreren Produktionsstätten** Ein Monopolist mit mehreren Betrieben wendet zur Gewinnmaximierung die gleichen Prinzipien an wie ein Monopolist mit nur einer Produktionsstätte. Die beiden Probleme, die das Unternehmen zu lösen hat, bestehen darin, das optimale Produktionsniveau des gesamten Unternehmens zu bestimmen und festzulegen, wie viele Einheiten in jedem Betrieb produziert werden sollten. Wenn die Grenzkosten der Produktion in einem Betrieb höher sind als die Grenzkosten in einem anderen Betrieb, sollte das Unternehmen einen Teil seiner Produktion in den letzteren Betrieb verlegen, um die gesamten Produktionskosten zu senken. Ein Monopolist mit mehreren Produktionsstätten minimiert seine Produktionskosten für ein bestimmtes Produktionsniveau, wenn er seine Produktion so zwischen seinen Betrieben aufteilt, dass die Grenzkosten in jedem Betrieb gleich sind. Dann sollte er zur Gewinnmaximierung sein Produktionsniveau so wählen, dass der Grenzerlös den in allen Betrieben einheitlichen Grenzkosten entspricht.

Übung

7. Jones Industries ist ein Monopolist auf dem Markt für Lacrosse-Bälle in Podunk. Lacrosse ist ein sehr beliebtes Spiel. Jones besitzt zwei Betriebe, für einen gilt $GK_1 = 0{,}005Q_1$, für den anderen $GK_2 = 6$. Die Fixkosten jedes Betriebes sind null. Jones produziert zurzeit in Betrieb 1 1.400 Bälle und in Betrieb 2 800 Bälle. Was könnte Jones Industries tun, um bei *demselben* Produktionsniveau Produktionskosten zu sparen?

In Übung 7 nahmen wir an, die Produktionsmenge sei auf 2.200 festgelegt. Was aber, wenn sich der Monopolist nicht sicher ist, ob 2.200 das gewinnmaximierende Produktionsniveau ist? Der Monopolist kann dieses Problem in zwei Schritten lösen: Zunächst sollte er die Produktionsmenge in jedem Betrieb so wählen, dass die Grenzkosten in jedem Betrieb gleich hoch sind; danach sollte er die Gesamtproduktionsmenge so festlegen, dass der Grenzerlös den Grenzkosten entspricht.

Übung

8. Jones Industries hat folgende Nachfragekurve: $Q_D = 6.000 - 20P$. Die Grenzkosten jedes Betriebes sind die gleichen wie in Übung 7. Wie viele Lacrosse-Bälle sollte Jones produzieren? Wie sollte diese Produktionsmenge auf die beiden Betriebe verteilt werden?

10.2.2 Monopolmacht (Kapitel 10.2)

Ein Unternehmen kann selbst dann für sein Produkt eine fallend verlaufende Nachfragekurve haben, wenn auch andere Unternehmen auf diesem Markt aktiv sind. Solange seine Nachfragekurve nicht vollkommen elastisch ist, sollte das Unternehmen so viel produzieren, dass der Grenzerlös den Grenzkosten entspricht. Ein solches Unternehmen übt *Monopolmacht* aus, obwohl es kein reiner Monopolist ist. Monopolmacht (oder Marktmacht) ist die Fähigkeit, zusätzlich zu den Grenzkosten einen Preisaufschlag zu verlangen, ohne Markteintritte hervorzurufen. Ein Maß der Monopolmacht ist der *Lerner-Index*, $L = (P - GK)/P$, wobei P der Preis ist, den das Unternehmen verlangt. Je höher der Preisaufschlag auf die Grenzkosten, desto größer ist auch L, und desto mehr Monopolmacht hat das Unternehmen. Erinnern wir uns, dass GE = $P[1+1/E_d]$ bedeutet, dass wir den Term GE = GK auch folgendermaßen schreiben können: P = GK/$[1+1/E_d]$. Schreiben wir diese Gleichung um, sodass gilt $P + P/E_d$ = GK, ergibt sich $L = -1/E_d$, wobei E_d die Preiselastizität der Nachfrage für das Produkt des Unternehmens ist. Dieses Maß beschreibt die Abweichung des Monopols vom Ergebnis beim vollkommenen Wettbewerb. Da L steigt, wenn E_d fällt, verlangt ein Monopolist ceteris paribus einen höheren Preisaufschlag, wenn er sich einer weniger elastischen Nachfragekurve gegenübersieht. (Wenn wir von einer linearen Nachfrage ausgehen, wird der Monopolist immer ein Produktionsniveau wählen, das auf dem elastischen Teil der Nachfragekurve liegt.)

Es ist wichtig zu erkennen, dass ein Unternehmen mit Monopolmacht nicht unbedingt große – relative oder absolute – Gewinne macht. Allgemein gilt, je höher die Fixkosten, desto geringer der Gewinn des Unternehmens. Nehmen wir zum Beispiel an, dass zwei Unternehmen mit identischen Grenzkosten und der gleichen Nachfragekurve den gleichen Preisaufschlag auf die Grenzkosten verlangen. Das Unternehmen mit höheren Fixkosten wird dann weniger Gewinn machen als das Unternehmen mit geringeren Fixkosten.

Übung

9. Wenn ein Unternehmen den gewinnmaximierenden Preis verlangt und eine Preis-Kosten-Marge von 45 Prozent hat, wie hoch ist die Nachfrageelastizität bei diesem Preis?

10.2.3 Die gesellschaftlichen Kosten von Monopolmacht (Kapitel 10.4)

Anhand von Abbildung 10.4 können wir die Gesamtrente bei Versorgung des Marktes durch einen Monopolisten (bei GE = GK) mit der Gesamtrente bei der Versorgung des Marktes durch ein Wettbewerbsunternehmens (bei P^* = GK) vergleichen. Aufgrund der Annahme einer horizontalen GK-Kurve bleibt die Analyse einfach, zeigt aber doch deutlich die Grundidee. Die Gleichgewichtsproduktionsmenge bei vollkommenem Wettbewerb ist Q^*; hier schneidet die Nachfragekurve die Angebotskurve (die mit der Grenzkostenkurve des Monopolisten identisch ist). Die Produktionsmenge auf einem monopolistischen Markt liegt bei Q_1. Der Monopolist könnte $Q^* - Q_1$ zusätzliche Produktionseinheiten bereitstellen, dies würde aber einen geringeren Preis für die ursprüngliche Menge Q_1 bedeuten. Bewegt sich der Markt vom vollkommenen Wettbewerb in Richtung eines Monopols, verlieren die Verbraucher Renten im Umfang der Flächen A (Rechteck) und B (Dreieck). Bei horizontalen GK ist die Produzentenrente auf dem Wettbewerbsmarkt gleich null. Auf dem Monopolmarkt ist die Produzentenrente die Fläche A. Die Fläche A ist also der Teil der Konsumentenrente, der zum Monopolisten transferiert wird. Fläche B ist der Wohlfahrtsverlust (der Netto-Verlust an Gesamtrente). Verglichen mit dem Ideal des vollkommenen Wettbewerbs ergeben sich auf einem Monopolmarkt also gesellschaftliche Kosten, weil der Verlust an Konsumentenrente aufgrund des höheren Preises und der Produktionseinschränkung größer ist als die zusätzliche Produzentenrente aufgrund des höheren Preises.

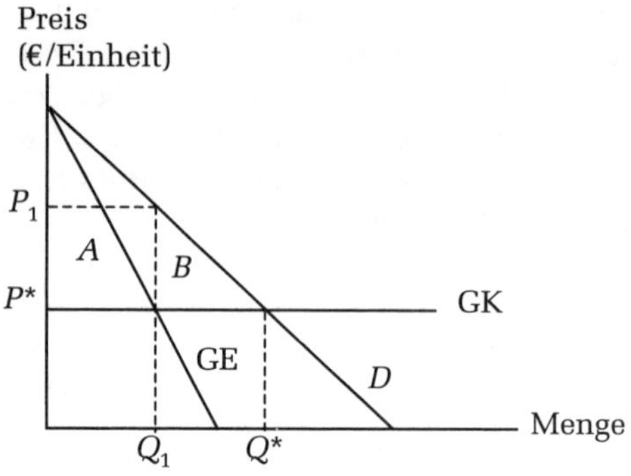

Abbildung 10.4

Diese Berechnung des Wohlfahrtsverlusts kann sogar die tatsächlichen gesellschaftlichen Kosten aufgrund eines Monopols unterschätzen, denn der Monopolist könnte einen Teil seines Monopolgewinns aufwenden, um seine Monopolposition zu erreichen oder zu verteidigen. Solche Aufwendungen (zum Beispiel in Form von Lobby-Aktivitäten zum Schutz gegen Importe) werden als verschwenderisch oder unproduktiv angesehen, da sie lediglich dazu dienen, die Marktmacht des Monopolisten aufrechtzuerhalten. Daher sind einige Wirtschaftswissenschaftler der Ansicht, dass wir zur Ermittlung der gesamten gesellschaftlichen Kosten eines Monopols nicht nur den Wohlfahrtverlust (B), sondern auch den Gewinn des Monopolisten (A) einbeziehen sollten.

Übung

10. Der Plastik-Monopolist aus Übung 4 sah sich einer Nachfragekurve von $P = 180 - Q$ gegenüber und hatte konstante Grenzkosten von € 60 pro Einheit.

a) Berechnen Sie den Wohlfahrtsverlust aufgrund dieses Monopols und stellen Sie ihn graphisch dar.

b) Nehmen wir an, dass die Grenzkosten der Produktion GK = $60 + 2Q$ betragen. Erklären Sie den Wohlfahrtsverlust aufgrund des Monopols in diesem Fall, in dem die Grenzkostenkurve ansteigend verläuft, berechnen Sie ihn und stellen Sie ihn graphisch dar.

Preisregulierung Wie kann man diese gesellschaftlichen Verluste aufgrund von Monopolen vermeiden? Eine mögliche Lösung bestünde darin, das monopolistische Unternehmen in eine Reihe einzelner Unternehmen aufzuspalten – dies ist zum Beispiel dann möglich, wenn das Monopol aus vielen einzelnen Produktionsstätten besteht. Eine andere Lösung ist es, dem Monopolisten vorzuschreiben, welchen Preis er maximal verlangen darf. Wenn das in Abbildung 10.5 dargestellte Unternehmen einen unregulierten Monopolpreis verlangen könnte, würde es P_m festlegen und Q_m Einheiten verkaufen. Nehmen wir nun an, das Unternehmen dürfe höchstens P_1 verlangen. Jetzt verläuft die Nachfragekurve geknickt (die fett gedruckte Linie). Die Grenzerlöskurve verläuft dann diskontinuierlich (die graue gepunktete Linie). Der Grenzerlös ist nun bis zum Punkt Q_1 gleich P_1, für $Q > Q_1$ entspricht er dem ursprünglichen Wert. Bevor wir mit dieser Analyse fortfahren, untersucht die nächste Übung, warum GE am Knick der Nachfragekurve sinkt.

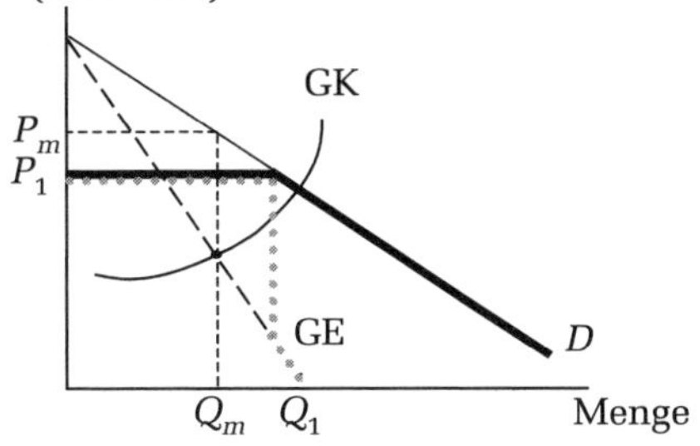

Abbildung 10.5

Übung

11. In Abbildung 10.6 knickt die Nachfragekurve am Punkt Q^* ab und ist rechts von Q^* steiler als links davon. Was geschieht mit GE am Punkt Q^*? (Hinweis: Denken Sie an die Definition von GE.)

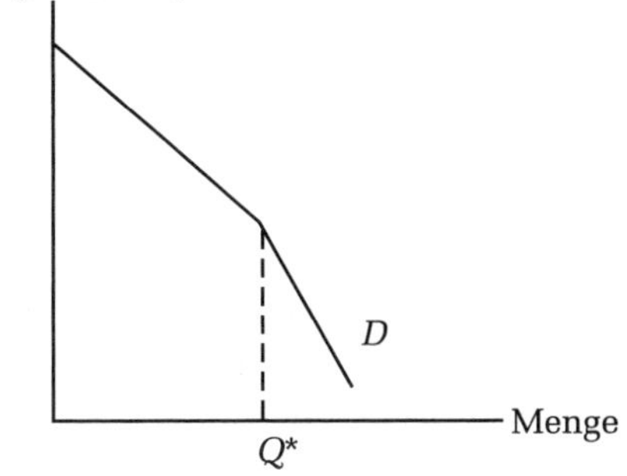

Abbildung 10.6

Betrachten wir nun nochmals Abbildung 10.5. Da Preis und Grenzerlös bei allen Q-Werten, die kleiner als Q_1 sind, die Grenzkosten übersteigen, und da die Grenzkosten für alle Q-Werte, die größer als Q_1 sind, den Grenzerlös übersteigen, maximiert das Unternehmen seinen Gewinn, indem es genau Q_1 produziert. Daher stieg aufgrund der Preisregulierung die Produktionsmenge von Q_m auf Q_1 an, und der Preis sank von P_m auf P_1. Deshalb ist die Regulierung des maximalen Monopolpreises eine Möglichkeit, den Wohlfahrtsverlust aufgrund des Monopols zu senken.

Übung

12. Gehen wir von einer linearen Nachfragekurve und einer steigend verlaufenden Grenzkostenkurve aus. Zeigen Sie, dass es immer einen Höchstpreis unterhalb des Monopolpreises gibt, der zu einer Produktionssteigerung führt.

13. Welcher Höchstpreis führt zur größten Verringerung des Wohlfahrtsverlusts in Abbildung 10.5? Warum ist ein noch niedrigerer Höchstpreis ineffizient?

Abbildung 10.7 zeigt ein *natürliches Monopol* (etwa ein öffentliches Versorgungsunternehmen), bei dem die durchschnittlichen Gesamtkosten mit steigendem Produktionsniveau ständig sinken und daher höher sind als die Grenzkosten. In diesem Fall würde ein Höchstpreis bei P_c, wo sich GK und die Nachfragekurve schneiden, zu Verlusten für das Unternehmen führen. Eine Lösung ohne jeglichen Wohlfahrtsverlust ist hier unmöglich. Abbildung 10.7 zeigt, dass ein Höchstpreis bei P_c das Unternehmen langfristig zur Produktionseinstellung zwingen würde (da $P <$ DC bei Q_c). Eine mögliche Lösung wäre es, dem Monopolisten eine Subvention zu zahlen. Diese Lösung bringt aber leider andere Probleme mit sich, denn die Finanzierung der Subvention kann ebenfalls zu Ineffizienzen führen. Eine zweitbeste Lösung besteht darin, einen Höchstpreis bei P_r festzulegen. Dies ist der niedrigst mögliche Preis, bei dem sich für den Monopolisten ein Gewinn größer oder gleich null ergibt. Dies entspricht der Aussage, dass *der Höchstpreis dort festgelegt werden soll, wo die Nachfragekurve die Kurve der durchschnittlichen Gesamtkosten schneidet.* Wenn $P =$ TDK, so ist der volkswirtschaftliche Gewinn gleich null.

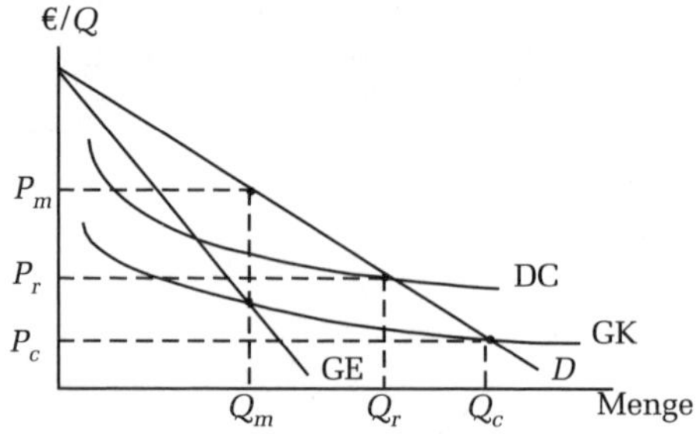

Abbildung 10.7

In der Praxis bestimmt man bei der *Rentabilitätsraten-Regulierung* den Höchstpreis, indem man eine „faire" oder „wettbewerbsgerechte" Rentabilitätsrate auf das Unternehmenskapital festsetzt und dann einen Preis festlegt, der diese Rentabilitätsrate ermöglicht.

Übung

14. Ein reguliertes öffentliches Versorgungsunternehmen sieht sich der Nachfragekurve $P = 100 - 0{,}5Q$ gegenüber. Die Durchschnittskosten betragen DC $= 70 - 0{,}25Q$ und die Grenzkosten GK $= 60 - 0{,}25Q$. Welchen Preis würden Sie festsetzen wollen, wenn es Ihr Ziel wäre, die Konsumentenrente zu maximieren und gleichzeitig dem Unternehmen eine Deckung seiner Kosten (einen volkswirtschaftlichen Gewinn von null) zu ermöglichen? Warum kann der Regulierer nicht den Wettbewerbspreis erreichen?

10.2.4 Monopson (Kapitel 10.5)

Ein *Monopson* ist ein Markt mit nur einem Käufer. Vieles von dem, was wir bereits zur Analyse des Monopolmarktes gehört haben, gilt auch für Märkte, auf denen ein Monopson herrscht. Während sich ein Monopolist der gesamten Nachfragekurve gegenübersieht, hat es ein Monopsonist mit der gesamten Angebotskurve zu tun. Und diese Angebotskurve stellt für den Monopsonisten bei seiner Preis-Mengen-Wahl eine Beschränkung dar, genauso wie die Nachfragekurve für den Monopolisten.

Der Preis auf der Angebotskurve gibt die Durchschnittsausgaben an. Die *Grenzausgaben*, die zusätzlichen Kosten, um noch eine weitere Einheit zu kaufen, übersteigen den Preis, wenn die Angebotskurve ansteigend verläuft. Will der Monopsonist eine größere Menge kaufen, muss er für alle Einheiten mehr bezahlen. Nur wenn die Angebotskurve horizontal verläuft, entsprechen die Grenzausgaben dem Preis. Nehmen wir an, $V(Q)$ ist der Nutzen für das Unternehmen, wenn es Q Input-Einheiten kauft. (Wir können uns $V(Q)$ als den Gewinn vorstellen, der aus der Nutzung von Q Input-Einheiten entsteht.) Der Grenznutzen der letzten Einheit ist der *Grenzwert* oder MV(Q).

Der Monopsonist maximiert seinen Gewinn, indem er seine gekaufte Menge so wählt, dass seine Grenzausgaben seinem Grenzwert entsprechen. In Abbildung 10.8 sehen wir, dass ein Unterschied besteht zwischen der gewinnmaximierenden Kaufmenge des Monopsonisten, Q_m, und der Gleichgewichtsmenge auf dem Wettbewerbsmarkt, Q_c. (Erinnern wir uns, dass die Marktangebotskurve auch die Durchschnittsausgabenkurve des Monopsonisten, AE, ist.) Der Wohlfahrtsverlust aufgrund des Monopsons entspricht der Fläche der Dreiecke B und C, wobei A (das Rechteck) und B den Verlust an Produzentenrente darstellen und A der Gewinn des Monopsonisten gegenüber dem Wettbewerbsergebnis ist. Die gesellschaftlichen Kosten durch Monopsonmacht entstehen, weil Verkäufer mehr Produzentenrente verlieren, als der Monopsonist durch die Bezahlung eines geringeren Preises gewinnt.

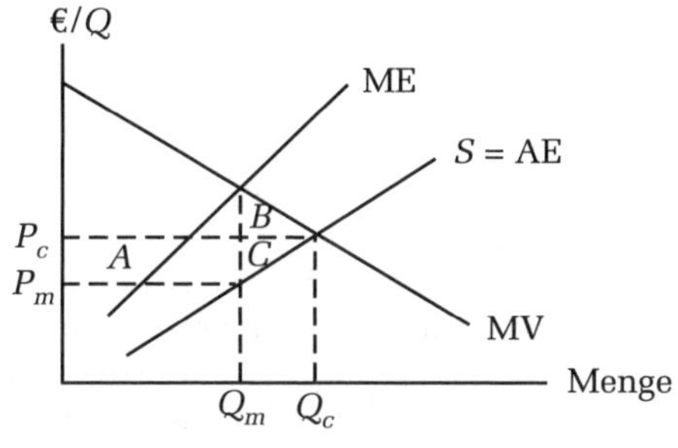

Abbildung 10.8

Auch wenn ein Unternehmen kein reiner Monopsonist ist, kann es Monopsonmacht haben, wenn es auf dem Markt nur wenige Käufer gibt. Die Monopsonmacht hängt von der Elastizität des Marktangebots, von der Anzahl der Käufer und vom Verhalten der Käufer untereinander ab.

Übung

15. Nehmen wir an, ein Monopsonist sieht sich einer horizontalen Angebotskurve gegenüber und hat eine fallend verlaufende Grenzwertkurve. Was gewinnt er, wenn er sich als Monopsonist und nicht wie ein Käufer auf einem Wettbewerbsmarkt verhält? (Hinweis: Was ist in diesem Fall die Grenzausgabenkurve?)

10.2.5 Beschränkung der Marktmacht: Die Kartellgesetze (Kapitel 10.7)

Kartellgesetze zielen darauf ab, Monopolmacht und wettbewerbsbeschränkendes Verhalten zu verhindern. Diese Gesetze beziehen sich sowohl auf die Marktstruktur (die Anzahl an Unternehmen in einem Sektor) als auch auf das Marktverhalten (vor allem die Preisbildung). In den Vereinigten Staaten ist der Sherman Act (1890) das wichtigste Kartellgesetz. Dessen Einhaltung wird von der Kartellbehörde des US-Justizministeriums überwacht. Abschnitt 1 verbietet Preisabsprachen. Abschnitt 2 verbietet eine Monopolisierung von Märkten. Wichtig hierbei ist, dass eine „Monopolisierung" und nicht ein „Monopol" illegal ist. Diese Formulierung führte über die Jahre hinweg bei gerichtlichen Entscheidungen immer wieder zu Spannungen: ist es in Ordnung, eine Monopolstellung zu besitzen, solange man sie nicht aggressiv anstrebt?

Mit dem Clayton Act (1914) entstand die Federal Trade Commission, der zweite große Wettbewerbshüter der USA, der über die Einhaltung dieses Gesetzes und seiner Zusätze wacht. Der Clayton Act verbietet beispielsweise exklusive Handelsverträge und Fusionen, die im Ergebnis „den Wettbewerb erheblich mindern würden oder zu einem Monopol führen könnten". Die Federal Trade Commission überwacht auch die Einhaltung von Gesetzen gegen irreführende Werbung und gegen viele andere wettbewerbsbeschränkende Maßnahmen.

Übung

16. Laut Sherman Act ist eine ausdrückliche Preisabsprache „an sich" illegal, das heißt Unternehmen können nicht argumentieren, dass der daraus entstehende Nutzen für die Volkswirtschaft größer sei als die Kosten. Im Falle einer Monopolisierung sind die Gerichte jedoch bereit, Argumente, die in beide Richtungen zielen (also für Kosten und für Nutzen), zu berücksichtigen. Erörtern Sie, warum der Wohlfahrtsverlust aufgrund einer Preisabsprache offensichtlicher ist als der Wohlfahrtsverlust aufgrund einer Monopolisierung.

10.3 Übungsaufgaben

17. Ein Monopolist verkauft gegenwärtig 400 Einheiten zum Preis von je € 20. Die Nachfrageelastizität beträgt –2. Würde dieses Unternehmen eine weitere Einheit für € 19,50 verkaufen wollen, wenn es dazu nicht den Preis für die ersten verkauften 400 Einheiten senken müsste? Würde ein Unternehmen auf einem vollkommenen Wettbewerbsmarkt überhaupt eine weitere Einheit zu einem geringeren Preis verkaufen wollen? Warum oder warum nicht?

18. Zeichnen Sie eine Graphik mit linearer Nachfrage- und Grenzerlöskurve und einer horizontalen GK-Kurve. Ermitteln Sie den gewinnmaximierenden Preis (P^*) und das gewinnmaximierende Produktionsniveau (Q^*) des Monopolisten. Verändern Sie nun die Nachfragekurve, indem Sie sie im Uhrzeigersinn durch den Punkt (Q^*, P^*) drehen (und sie damit steiler werden lassen). Wie lauten der neue gewinnmaximierende Preis und die entsprechende Menge? Ist der Preis höher oder geringer? Nehmen Sie bei Ihrer Antwort Bezug darauf, dass ein Monopolist keine Angebotskurve hat.

19. Ein Monopolist hat die Gesamtkostenfunktion $C = 3Q^2$ und seine Grenzkosten betragen GK = $6Q$. Er sieht sich der Nachfragekurve $P = 1.200 - Q$ gegenüber.

a) Wie lauten der gewinnmaximierende Preis und die gewinnmaximierende Produktionsmenge? Wie hoch ist der Gesamtgewinn?

b) Was wird der Monopolist tun, wenn er mit einer Pauschalsteuer von € 50.000 belegt wird? Was, wenn die Steuer € 100.000 beträgt?

c) Welcher Höchstpreis würde die Gesamtrente (Verbraucher- und Produzentenrente) maximieren?

d) Was wird der Monopolist tun, wenn er eine Steuer von € 40 pro Produktionseinheit zahlen muss? Wie hoch ist sein Gewinn jetzt?

20. Tinytown ist eine kleine Gemeinde, in der die Einwohnerstruktur ziemlich homogen ist und die Einwohner ziemlich wohlhabend sind. Tinytown Power, der lokale Elektrizitätsversorger, ist ein natürliches Monopol, denn die Fixkosten zur Unterhaltung des Elektrizitätswerks und des Vertriebsnetzes sind hoch. Die Tinytown Utility Commission (TUC), deren Hauptziel es ist, die Konsumentenrente zu maximieren, ist die für Tinytown Power zuständige Regulierungsbehörde. Die TUC möchte auch mögliche Wohlfahrtsverluste beschränken, solange sich das mit ihrem Hauptziel vereinbaren lässt. In der Vergangenheit hat TUC meist vorgeschrieben, dass Tinytown Power die Preise in Höhe seiner Durchschnittskosten festsetzt.

a) Für Tinytown Power wäre es sehr leicht, jedem Verbraucher für jeden Rechnungszeitraum zusätzlich zum Preis pro Einheit eine Pauschalgebühr zu berechnen. Angenommen alle Verbraucher könnten sich eine solche Gebühr leicht leisten, ist P = TDK das Beste, das die TUC tun kann? Wenn ja, warum? Wenn nein, warum; und wie nahe kann die Kommission dem effizienten Ergebnis (ohne Wohlfahrtsverlust) kommen? Verwenden Sie einen Graph, um Ihre Antwort zu illustrieren.

b) Als die TUC diesen Vorschlag einer Pauschalgebühr und eines geringeren Preises pro Stromeinheit erörtert, gehen die Mitglieder davon aus, dass die Gebühr etwa 10 Prozent der mittleren Stromrechnung betragen würde. Mit der Reduktion des Preises pro Stromeinheit würde keine Verbraucherrechnung um mehr als 10 Prozent steigen. Halten Sie es für wahrscheinlich, dass die Kommission dem neuen Preissystem zustimmen wird?

c) Nach genauerer Untersuchung des neuen Preisvorschlags erfährt die TUC, dass die Gebühr 80 Prozent der mittleren Stromrechnung betragen würde, dass 60 Prozent der Verbraucher im neuen System mehr bezahlen müssten und dass die Rechnungen einiger Verbraucher um mehr als 100 Prozent steigen würden. Halten Sie es für wahrscheinlich, dass die TUC nun das neue Preissystem akzeptiert?

21. Der Markt für Ambosse hat eine Nachfragekurve von $Q_D = 1.400 - 50P$. Die Unternehmen der Branche produzieren Ambosse mit konstanten langfristigen durchschnittlichen Gesamtkosten (die den Grenzkosten entsprechen) von € 8 pro Einheit.

a) Wie hoch ist der Gleichgewichtspreis pro Amboss und wie viele werden produziert, wenn die Produzenten im vollkommenen Wettbewerb stehen?

b) Wie hoch ist der Gleichgewichtspreis, der von den Käufern gezahlt wird, und wie hoch der neue Preis, den die Produzenten erhalten, wenn eine Steuer von € 12 pro Amboss erhoben wird? Wie viele Ambosse werden nun produziert?

c) Der Anderson Amboss Company gelingt es, alle Konkurrenten aufzukaufen und den Markt zu monopolisieren. Die Kostensituation ist die gleiche wie auf dem Wettbewerbsmarkt ohne Steuern. Wie hoch ist der von Anderson erhobene Gleichgewichtspreis und wie viele Ambosse werden verkauft?

d) Wird nun eine Steuer von € 12 erhoben, was geschieht dann mit dem Monopolpreis und der Produktionsmenge?

22. Zwei Unternehmen sind monopolistische Verkäufer maßgefertigter Küchenschränke in zwei verschiedenen Städten. Die Unternehmen haben identische horizontale Grenzkostenkurven (GK = LDC). Die Nachfragekurve jedes Marktes verläuft linear. Die Nachfragekurve von Unternehmen 1 schneidet die Preisachse bei einem höheren Preis als die Nachfragekurve von Unternehmen 2, und die Nachfragekurve von Unternehmen 1 schneidet die Mengenachse bei einer geringeren Menge als die Nachfragekurve von Unternehmen 2. Welcher Monopolist wird einen höheren Preis verlangen?

10.4 Kontrollfragen

23. Ihre Beraterfirma hat ermittelt, dass die Preiselastizität der Nachfrage für das Produkt Ihres Kunden – 0,6 beträgt. Ihr Kunde ist Grand Canyon Adventures, die einzige Firma, die berechtigt ist, geführte Touren durch den Grand Canyon anzubieten. Ungeführte Wanderungen sind nicht erlaubt. Sie empfehlen, dass Ihr Kunde seinen Gewinn steigern kann, indem er

a) seine Produktion (die Anzahl der Touren pro Woche) erhöht,

b) seinen Preis senkt,

c) seine Produktion verringert,

d) sein Produktionsniveau so wählt, dass Grenzkosten gleich Preis sind,

e) sein Produktionsniveau so wählt, dass Durchschnittskosten gleich Preis sind.

24. Warum wird ein Monopolist nie eine Produktionsmenge wählen, die auf dem unelastischen Abschnitt der Nachfragekurve liegt?

a) In diesem Fall gilt $P >$ GK.

b) In diesem Fall gilt GE > GK.

c) In diesem Fall gilt GE < 0.

d) In diesem Fall gilt $P <$ TDK.

e) Ein Monopolist wählt oft ein Produktionsniveau, bei dem die Nachfrage unelastisch ist.

25. Lerners Index der Monopolmacht ist $L = (P - \text{GK})/P$. Dies bedeutet, dass

a) für ein Unternehmen im vollkommenen Wettbewerb $L = 0$ gilt,

b) je größer L, desto geringer der Grad der Monopolmacht,

c) L immer zwischen 0 und 1 liegt,

d) je größer L, desto höher die Gewinne,

e) a) und c).

26. Wenn die Grenzkosten bei € 40 liegen und die Nachfrageelastizität bei – 5, wird ein Monopolist, der seine Gewinne maximiert, folgenden Preis verlangen:

a) € 200.

b) € 80.

c) € 73,33.

d) € 50.

e) Keiner der oben genannten Preise ist korrekt.

27. Welche der folgenden Aktivitäten sind nach den US-Kartellgesetzen illegal?

a) Preisabsprachen zwischen Konkurrenten.

b) Fusionen von Unternehmen, die zu einem Monopol führen.

c) Ein Patent zu besitzen, das zur alleinigen Herstellung eines Produkts berechtigt.

d) Nur a) und b).

e) a), b) und c).

28. Bei einem natürlichen Monopol besteht die beste Politik einer Regulierungsbehörde darin, den Preis so festzusetzen, dass

a) P = GK.

b) P = VDK.

c) P = TDK, aber P > GK.

d) P < GK, aber P > TDK.

e) Keine der oben genannten Lösungen ist korrekt.

Die nächsten vier Fragen beziehen sich auf die Zwift Corporation, die ein Monopol auf dem Zouvenir Markt von Zuburbia besitzt. Zwift hat konstante durchschnittliche variable Kosten von € 5 pro Einheit und keine Fixkosten. Es sieht sich der Nachfragekurve $P = 85 - 2Q$ gegenüber, wobei P in Euro gemessen wird.

29. Zwift sollte folgende Produktionsmenge wählen:

a) 42,5 Einheiten.

b) 40 Einheiten.

c) 20 Einheiten.

d) 10 Einheiten.

e) Keine der oben genannten Lösungen ist korrekt.

30. Zwift sollte folgenden Preis pro Einheit verlangen:

a) € 45.

b) € 5.

c) € 85.

d) € 10.

e) Keine der oben genannten Lösungen ist korrekt.

31. Bei gewinnmaximierendem Produktionsniveau verdient das Unternehmen einen Gewinn von:

a) € 1.700.

b) € 1.600.

c) € 800.

d) € 400.

e) Keine der oben genannten Lösungen ist korrekt.

32. Der Wohlfahrtsverlust aufgrund der Monopolstellung von Zwift beträgt:

a) € 400.

b) € 800.

c) € 900.

d) € 1.600.

e) € 1.806,25.

33. Ein Monopolist, der seine Gewinne maximiert und konstante Grenzkosten von € 20 pro Einheit hat, sieht sich der Nachfragekurve $P = 60 - 2Q$ gegenüber. Eine Umsatzsteuer von € 4 pro Einheit erhöht den Preis des Monopolisten um:

a) € 1.

b) € 2.

c) € 4.

d) € 8.

e) € 20.

34. Der Wohlfahrtsverlust aufgrund von Monopolmacht

a) entspricht dem Wert des Monopolgewinns;

b) entspricht der Übertragung von Renten von den Verbrauchern auf den Monopolisten, die dadurch zustande kommt, dass der Monopolist seine Preise über die Grenzkosten erhöht;

c) entsteht, weil der Monopolist seine Produktion auf ein Niveau unterhalb des Wettbewerbsniveaus beschränkt;

d) wird kurzfristig von Veränderungen von Pauschalsteuern beeinflusst;

e) c) und d).

10.5 Internetübung

Der Wirtschaftsbericht des US-amerikanischen Präsidenten aus dem Jahr 1999 enthält im 5. Kapitel („Regulation and Innovation“) eine Abhandlung über Unternehmenskonzentration und Forschung und Entwicklung. (Das gesamte Kapitel finden Sie unter *http://www.gpoaccess.gov/eop/download.html*, wo Sie den Wirtschaftsbericht des Präsidenten aus dem Jahre 1999 herunterladen können.) Der Bericht weist darauf hin, dass die steigende Unternehmenskonzentration zwar negative Auswirkungen haben könnte, dass sie aber auch zu höheren Forschungs- und Entwicklungsausgaben und daher langfristig zu einem höheren Wirtschaftswachstum führen könnte. Erörtern Sie, wieso größere Unternehmen stärkere Anreize haben könnten, in F&E zu investieren.

10.6 Lösungen zu den Übungen

1. Der Gesamterlös aus dem Verkauf von 3 Einheiten beträgt € 6(3) = € 18. Der Gesamterlös aus dem Verkauf von 4 Einheiten beträgt € 4(4) = € 16. Der Grenzerlös beträgt also – € 2. Die letzte verkaufte Einheit bringt dem Unternehmen € 4, doch es muss die anderen 3 Einheiten ebenfalls für € 4 verkaufen, was einen Verlust von € 2 pro Einheit bedeutet (der Preis muss von € 6 auf € 4 fallen, damit der gesamte Absatz von 3 auf 4 steigt.) Der Grenzerlös kann also als € 4 – € 2(3) = –€ 2 dargestellt werden.

2. Bei der Darstellung der Marktnachfragekurve steht die Menge üblicherweise auf der linken Seite der Gleichung. Um die Grenzerlöskurve zu ermitteln, müssen wir die Nachfragekurve zunächst so umschreiben, dass links der Preis steht (umgekehrte Nachfragekurve). Wenn wir die Marktnachfragekurve $Q = 75 - P/4$ umschreiben, ergibt sich $P = 300 - 4Q$, und die Gleichung des Grenzerlöses lautet GE $= 300 - 8Q$ (die Grenzerlöskurve hat den gleichen Achsenschnittpunkt und die doppelte Steigung der umgekehrten Nachfragekurve.)

3. a) Da die durchschnittlichen variablen Kosten konstant sind, entsprechen die Grenzkosten den durchschnittlichen variablen Kosten, also gilt GK = 100. Um seinen Gewinn zu maximieren, setzt ein Monopolist GE = GK. Also ist das gewinnmaximierende Produktionsniveau die Lösung der Gleichung $300 - 8Q = 100$ oder $Q^* = 25$. Setzt man Q^* wieder in die umgekehrte Nachfragekurve ein, so ergibt sich $P^* = 300 - 4Q^* = 300 - 4(25) =$ € 200.

   Wir müssen prüfen, ob der Gewinn positiv ist, ansonsten würde der Monopolist besser daran tun, seine Produktion einzustellen. Wir können den Gewinn als $\pi = [P - \text{VDK}]Q - \text{FK}$ darstellen. Da die Fixkosten gleich 50 sind, beträgt der Gewinn:

   $\pi = [200 - 100]25 - 50 = 2.500 - 50 =$ € 2.450.

   Der Monopolist macht beim Verkauf von 25 Einheiten einen positiven Gewinn.

   b) Wenn die Fixkosten gleich € 2.600 sind, so sind GE = GK ebenso hoch wie oben ($Q^* = 25$), der Gewinn lautet aber:

   $\pi = [200 - 100]25 - 2.600 = 2.500 - 2.600 = -$ € 100.

   Der Monopolist verliert Geld und sollte die Produktion einstellen. Selbst Monopolmacht kann manchmal nicht genügen, ein Unternehmen rentabel zu machen, wenn die Fixkosten im Verhältnis zur Größe des Marktes hoch sind.

   c) GE = GK ist $300 - 8Q = 200$ oder $Q^* = 12{,}5$ und $P^* = 300 - 4(12{,}5) =$ € 250. Der Gewinn beträgt $(250 - 200)12{,}5 - 50 =$ € 575. Der Monopolist bleibt auf dem Markt und produziert 12,5 Einheiten.

4. a) Setzen Sie GE = GK, oder $180 - 2Q = 60$, um $Q^* = 60$ und $P^* = 180 - 60 = 120$ zu ermitteln. Die Punktelastizität der Nachfrage bei $P^* = 120$ beträgt $E_d = -bP/Q = -1(120/60) = -2$. Wie immer bei linearer Nachfrage produziert der Monopolist auch hier im elastischen Bereich der Nachfragekurve.

   b) Setzen Sie GE = GK, oder $180 - 2Q = 0$, um $Q^* = 90$ und $P^* = 180 - 90 = 90$ zu ermitteln. Die Punktelastizität der Nachfrage bei $P^* = 90$ beträgt $E_d = -bP/Q = -1(90/90) = -1$. Nur wenn GK = 0 ist, produziert der Monopolist am Mittelpunkt der Nachfragekurve, an dem die Elastizität immer –1 ist.

5. a) GK = TDK = 10, also muss auf dem Wettbewerbsmarkt der Gleichgewichtspreis € 10 und die Gleichgewichtsmenge $Q_D = 1.000 - 50(10) = 500$ sein. Dies ist in Abbildung 10A.1a dargestellt.

Unter Monopolbedingungen ist die gewinnmaximierende Produktionsmenge die Lösung der Gleichung GE = GK. Leiten Sie zunächst die umgekehrte Nachfragekurve $P = 20 - Q/50$ her. Der Grenzerlös beträgt GE = $20 - Q/25$ (diese Kurve verläuft doppelt so steil wie die umgekehrte Nachfragekurve). Wenn wir GE = GK setzen, erhalten wir $20 - Q/25 = 10$, also gilt $Q^* = 250$. Bei dieser Produktionsmenge gilt $P^* = 20 - 250/50 = 15$. Siehe Abbildung 10A.1b.

b) Mit der Steuer von € 2 pro Einheit steigt auf einem Wettbewerbsmarkt der Käuferpreis auf € 12 und der Verkäuferpreis bleibt unverändert bei € 10. Die Gleichgewichtsmenge fällt auf $Q_D = 1.000 - 50(12) = 400$, wie in Abbildung 10A.1a gezeigt.

Für den Monopolmarkt besteht der einfachste Lösungsansatz darin, die Grenzkostenkurve zu verschieben, sodass sie die Steuer von € 2 enthält. Setzen Sie nun GE = GK', um $20 - Q/25 = 12$ oder $Q' = 200$ zu erhalten. Der Preis für Käufer beträgt nun $P' = 20 - 200/50 =$ € 16.

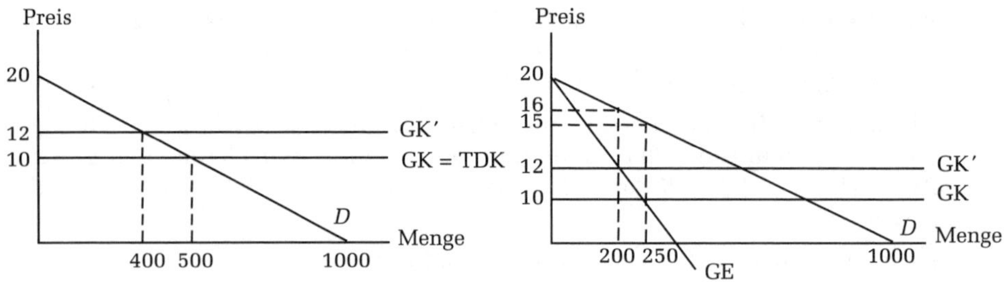

(a) Vollkommener Wettbewerb (b) Monopol

Abbildung 10A.1

c) Der Preis für den Verkäufer beträgt € 16 – € 2 = € 14. Der Preis für die Käufer ist um € 1 gestiegen (die Hälfte der Steuer) und der Preis für den Verkäufer ist um € 1 gesunken (die Hälfte der Steuer). Im Gegensatz dazu mussten beim vollkommenen Wettbewerb die Käufer die gesamte Steuerlast tragen. Siehe Abbildung 10A.1b.

6. Die ursprüngliche Nachfragekurve war $P(Q) = 20 - Q/50$. Um die Nachfragekurve zu verschieben, können wir Folgendes schreiben: $P_b - t = P'(Q)$, wobei P_b der Preis der Käufer und $P'(Q)$ die Nachfragekurve des Monopolisten nach Erhebung der Steuer ist. In diesem Fall gilt $P'(Q) = 20 - Q/50 - 2 = 18 - Q/50$. Der Grenzerlös hat sich nun verschoben: GE' = $18 - Q/25$. Wenn wir GE' = GK setzen, erhalten wir $18 - Q/25 = 10$, oder $Q' = 200$. Wenn wir jetzt die Formel für $P'(Q)$ anwenden, erhalten wir $P = 18 - 200/50 =$ € 14. Dies ist der gleiche Verkäuferpreis, den wir durch die Verschiebung der Grenzkostenkurve ermittelt haben. Siehe Abbildung 10A.2.

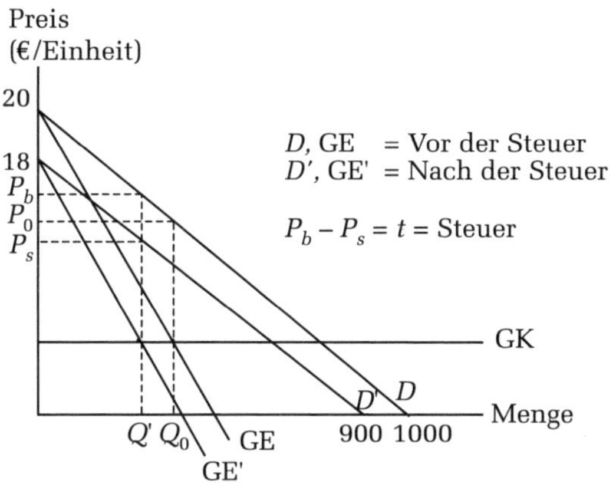

Abbildung 10A.2

7. Die gesamte Produktionsmenge ist $Q_1 + Q_2 = 1.400 + 800 = 2.200$. Die beiden Grenzkostenkurven sind in Abbildung 10A.3 eingezeichnet. Wir sehen, dass $GK_1(1400) = 7$. Das Unternehmen sollte Betrieb 1 bis zu dem Punkt nutzen, an dem $GK_1(Q^*_1) = 6$. Die übrige Produktion sollte in Betrieb 2 stattfinden. Das minimiert die gesamten Produktionskosten. $GK_1 = 6$, wenn $Q_1 = 1.200$, also sollte das Unternehmen $Q_1 = 1.200$ und $Q_2 = 1.000$ festlegen. (Hinweis: Da dadurch die Produktionskosten sinken, möchte das Unternehmen nun die Produktion eventuell erhöhen.)

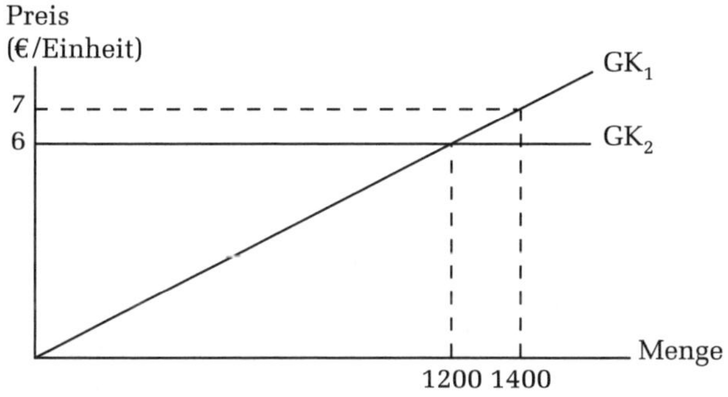

Abbildung 10A.3

8. $P = 300 - Q/20$, also gilt $GE = 300 - Q/10$. Die Grenzkosten können wie folgt ermittelt werden: Betrieb 1 sollte ausgelastet werden bis $GK_1 = 6$, die restliche Produktion sollte in Betrieb 2 erstellt werden. Das bedeutet:

$$GK = \begin{cases} 0{,}005 & \text{für } Q < 1.200 \\ 6 & \text{wenn } Q = 1.200 \end{cases}$$

Eine Möglichkeit, dieses Problem zu lösen, besteht darin, $GE = 6$ auszuprobieren und zu prüfen, ob bei der entsprechenden Lösung die Produktionsmenge größer als 1.200 ist (wenn ja, ist dies die Lösung, da die Grenzkosten bei geringeren Produktionsmengen geringer sind als 6). Wenn wir dies ausprobieren, erhalten wir $300 - Q/10 = 6$, oder $Q^* = 2.940$. $Q_1^* = 6/0{,}005 = 1.200$ und $Q_2^* = 2.940 - 1.200 = 1.740$. Dann gilt $P^* = 300 - (2.940/20) = € 153$.

9. Die Faustregel lautet, dass die Preis-Kosten-Marge dem negativen Wert der umgekehrten Nachfrageelastizität entspricht, also bedeutet eine Marge von 45 Prozent, dass 0,45 = $-1/E_d$ oder $E_d = -2{,}22$.

10. a) Ermitteln Sie zunächst den Wettbewerbspreis und die entsprechende Menge: P^* = GK = 60 und 60 = 180 – Q, oder Q^* = 120. Finden Sie nun die Lösung für ein Monopol: GE = GK, oder 180 – 2Q = 60, oder Q^M = 60. Daher gilt P^* = 180 – 60 oder P^M = 120. Der Wohlfahrtsverlust ist die Fläche des schattierten Dreiecks in Abbildung 10A.4a oder 0,5(120 – 60)(120 – 60) = 1.800.

b) Bei Wettbewerb: P = GK oder 180 – Q = 60 + 2Q, oder Q^* = 40 und P^* = 180 – 40 = € 140. Beim Monopol: GE = GK oder 180 – 2Q = 60 + 2Q, oder Q^M = 30 und P^M = 180 – 30 = € 150. Die schattierte Fläche in Abbildung 10A.4b ist der Wohlfahrtsverlust: DWV = 0,5(40 – 30)(150 – 120) = € 150. Der Grund, warum diese Fläche dem Wohlfahrtsverlust entspricht, ist folgender: Beim Wettbewerb entspricht der Konsumentenrente (KR) die Fläche *acf*. Beim Monopol ist KR die Fläche *abh*. Deshalb ist der Verlust an KR aufgrund von Monopolmacht die Fläche *bcfh*. Die Produzentenrente (PR) bei Wettbewerb ist *cjf*. PR beim Monopol ist *bjeh*. Es findet ein Transfer von den Verbrauchern zu den Produzenten statt, der *bcgh* entspricht. Der Rest der Fläche, der vorher entweder PR oder KR war (die schattierte Fläche in Abbildung 10A.4b), ist DWV.

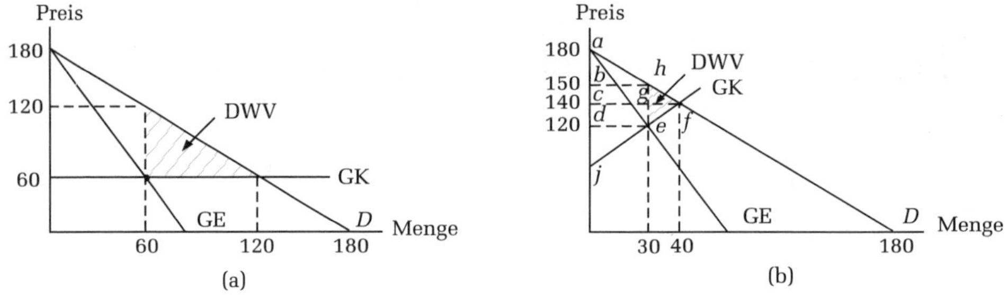

Abbildung 10A.4

11. Betrachten Sie Abbildung 10A.5. Erinnern Sie sich, dass die Definition des Grenzerlöses GE(Q) = $P(Q)$ + $[\Delta P/\Delta Q]Q$ ist. Bei Q^* wird die Steigung der umgekehrten Nachfragekurve stärker negativ, daher fällt GE. Das können wir auch sehen, wenn wir beide Abschnitte der Nachfragekurve bis zur Preisachse verlängern und dann die Grenzerlöskurve abschnittsweise konstruieren. Die GE-Kurve ist durch GE_1 gegeben, wenn D_1 der relevante Abschnitt ist, und durch GE_2, wenn D_2 der relevante Abschnitt ist.

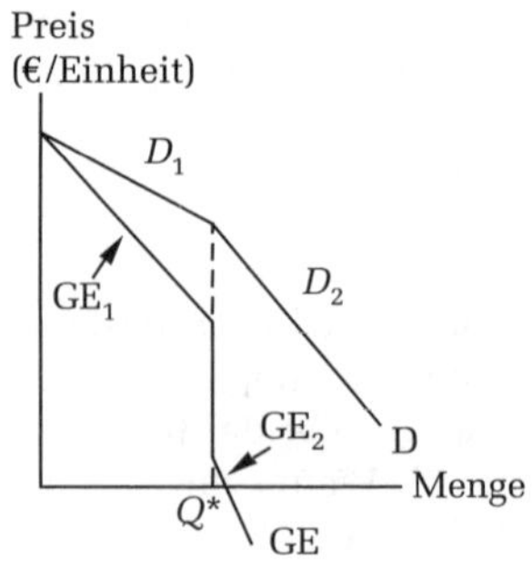

Abbildung 10A.5

12. Betrachten Sie Abbildung 10A.6. Ein Höchstpreis (P_C) unterhalb von P_m bedeutet, dass der Monopolist niemals P_m verlangen kann, deshalb muss der Preis sinken. Welche Produktionsmenge wird er wählen? Erinnern wir uns, dass GE = P_C für alle Werte von Q, die geringer sind als die nachgefragte Menge bei P_C. Entweder das Unternehmen entscheidet sich dafür, die zu $\overline{P}$ nachgefragte Menge zu produzieren (wie bei P_{C1}), oder es entscheidet sich, die Menge so zu wählen, dass GK = P_C gilt (wie bei P_{C2}). Ein zu niedriger Höchstpreis, wie etwa P_{C2} in Abbildung 10A.6, könnte sogar zu einer Produktionsmenge unterhalb von Q_m führen. Beachten Sie, dass jede Festlegung von P_C auch nur geringfügig unterhalb von P_m den Monopolisten immer dazu bringt, mehr als Q_m zu produzieren.

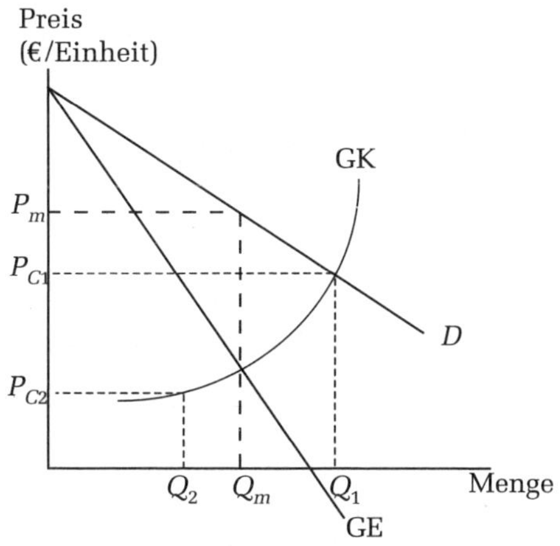

Abbildung 10A.6

13. Die maximale Produktionsmenge, zu der ein Höchstpreis einen Monopolisten veranlassen kann, ist durch den Preis bestimmt, bei dem P = GK ist. Bei jeder geringeren Produktionsmenge gilt P > GK, und es kommt zu Wohlfahrtsverlusten. Der Wohlfahrtsverlust ist gleich null bei P = GK, solange der Höchstpreis das Unternehmen nicht zwingt, die Produktion einzustellen.

14. Der beste (niedrigste) Preis für die Verbraucher, bei dem das Unternehmen einen volkswirtschaftlichen Gewinn von null macht, ist P = DC. Lösen Sie die Gleichung $100 - 0{,}5Q = 70 - 0{,}25Q$, um $Q^* = 120$ zu erhalten. Wenn wir Q^* in die Nachfragegleichung einsetzen, erhalten wir $P^* = 100 - 0{,}5(120) = 40$. Daher sollten wir P^* = € 40 festlegen. Die GK-Kurve liegt bei jedem Produktionsniveau unterhalb der DC-Kurve, also ergäbe eine Festlegung von P = GK (des Wettbewerbspreises) $Q = 160$ und $P = 20$. Wenn aber $Q = 160$, so gilt DC = 30, dieser Wert liegt über dem Preis; das Unternehmen würde bei diesem Produktionsniveau Geld verlieren.

15. Betrachten Sie Abbildung 10A.7. Sie sehen, dass die ME-Kurve in diesem Fall mit der Angebotskurve identisch ist. Bei horizontaler Angebotskurve entspricht der Preis dem Wettbewerbspreis. Für den Monopsonisten entsteht kein zusätzlicher Gewinn.

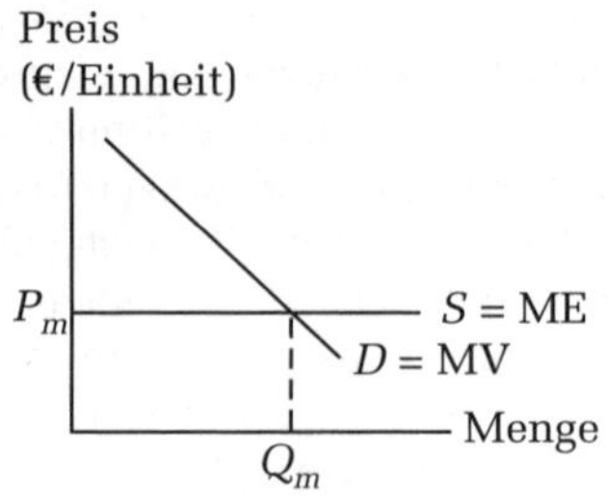

Abbildung 10A.7

16. Durch Preisabsprachen entsteht ein klarer Wohlfahrtsverlust ohne Effizienzgewinn. Dies kommt daher, dass die kooperierenden Unternehmen sich nicht zusammenschließen, um Kosten zu sparen. Sie erhöhen lediglich den Preis über den Wettbewerbspreis. Monopole können effizient sein, wenn es beispielsweise erhebliche Größenvorteile bei der Produktion gibt oder wenn eine gewisse Marktmacht es erleichtert, Innovationen zu finanzieren.

10.7 Lösungen zu den Übungsaufgaben

17. Die Faustregel besagt, dass $(P - \text{GK})/P = -1/E_d$. Dies bedeutet, dass die Preis-Kosten-Marge 50 Prozent beträgt, wenn die Nachfrageelastizität –2 ist. Die Grenzkosten müssen also € 10 betragen (da P = € 20). Wenn das Unternehmen zum Preis von € 19,50 mehr Produkte verkaufen könnte, ohne den Preis der vorher verkauften Einheiten senken zu müssen, wäre das ein Vorteil für den Monopolisten. Diese Möglichkeit, zusätzlichen Konsumentenüberschuss abzuschöpfen, lässt Unternehmen nach Möglichkeiten suchen, Preisdiskriminierung zu betreiben (das Thema von Kapitel 11).

Ein Unternehmen im vollkommenen Wettbewerb wählt seine Produktionsmenge so, dass P = GK. Es kann zum gegebenen Preis so viel verkaufen, wie es will. Folglich hat ein Wettbewerbsunternehmen keinen Anreiz, zusätzliche Produktionseinheiten zu einem geringeren Preis zu verkaufen.

18. Der Monopolist wird es vorziehen, seine Produktionsmenge zu senken. Betrachten wir Abbildung 10A.8. Hier verlangt der Monopolist ursprünglich P^* und verkauft Q^*. Wird die Nachfragekurve auf D' gedreht, verschiebt sich die GE-Kurve nach GE'. Der Schnittpunkt von GE' und GK ergibt das neue gewünschte Produktionsniveau Q'. Der Preis ist nun höher und die Menge ist geringer, obwohl wir die Nachfragekurve durch den ursprünglichen Punkt der Gewinnmaximierung gedreht haben. Dies zeigt, dass der Monopolist keine Angebotskurve hat, die unabhängig von der Nachfragekurve dargestellt werden kann.

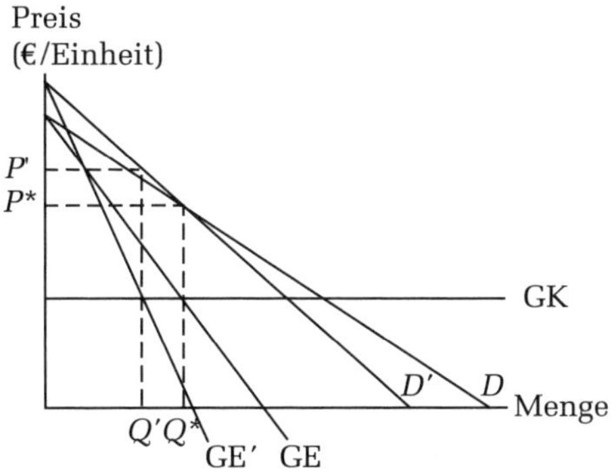

Abbildung 10A.8

19. a) Da die Nachfragekurve $P = 1.200 - Q$ ist, lautet die Grenzerlöskurve GE = 1.200 – $2Q$. Wenn wir nach der Menge auflösen, die GE und GK gleich setzt, erhalten wir $1.200 - 2Q = 6Q$ oder $Q^* = 150$ und $P^* = 1.200 - 150 =$ € 1.050.

Der Gewinn ist $\pi(150) = 1.050(150) - 3(150)^2 = 157.500 - 67.500 =$ € 90.000.

b) Mit einer Pauschalsteuer von € 50.000 beträgt der Gewinn des Monopolisten nach Steuern € 40.000, er bleibt also im Markt. Da die Pauschalsteuer zu den Fixkosten zählt, verkauft das Unternehmen weiterhin 150 Einheiten (GE und GK bleiben unverändert). Bei einer Pauschalsteuer von € 100.000 ist der Gewinn nach Steuern – € 10.000, also ist es für das Unternehmen langfristig besser, die Produktion einzustellen.

c) Der beste Höchstpreis ist der, bei dem die Produktionsmenge maximiert wird. Er entspricht dann dem Wettbewerbspreis. Die Verkaufsmenge bei einem Höchstpreis (unterhalb des Optimalpreises des Monopolisten) ist der kleinere Wert der zu diesem Preis nachgefragten Menge und der Menge, bei der die Grenzkosten dem Preis entsprechen. Wenn wir Preis und Grenzkosten gleichsetzen, um den Schnittpunkt von GK und der Nachfragekurve zu ermitteln, erhalten wir $1.200 - Q = 6Q$ oder $Q_c = 171{,}43$ und $P_c =$ € 1.028,57.

d) Es ist am einfachsten, die Grenzkostenkurve zu verschieben, um die neue gewinnmaximierende Produktionsmenge zu ermitteln. Bei einer Steuer von € 40 pro Einheit ergibt sich $GK'(Q) = 6Q + 40$. Setzen wir GK' und GE gleich, so erhalten wir $1.200 - 2Q = 40 + 6Q$ oder $Q' = 145$ und $P' =$ € 1.055. Ziehen wir die Steuer vom Käuferpreis ab, erhalten wir $P'_s =$ € 1.015. Der Gewinn des Unternehmens beträgt nun $\pi'(145) = 1.015(145) - 3(145)^2 =$ € 84.100. Der Verbraucher trägt also € 5 der 40-€-Steuer und der Monopolist trägt € 35. (Vergleichen Sie mit Teilaufgabe a).

20. a) P = TDK ist nicht die beste Möglichkeit für die Kommission. Sie könnte P = GK setzen und die Pauschalgebühr gerade so hoch ansetzen, dass der Gewinn gleich null ist. Das verwandelt den Wohlfahrtsverlust in Konsumentenrente. Abbildung 10A.9 verdeutlicht dies für die einfache Kostenfunktion $C(q) = F + cq$, wobei F die Fixkosten und c die konstanten Grenzkosten sind. Fläche A entspricht den Fixkosten. Wenn es n Bewohner gäbe, würde die Pauschalgebühr A/n betragen. Der Preis wäre € c pro Einheit. Dies würde den Wohlfahrtsverlust, der entsteht, wenn P = TDK, (Fläche B) in Konsumentenrente umwandeln.

b) Wird das neue Preissystem eingesetzt, gibt es dadurch Gewinner und Verlierer. Abbildung 10A.9 zeigt, dass die gesamte Konsumentenrente ansteigt. Da die Veränderung niemandem wirklich wehtut, ist es wahrscheinlich, dass die Kommission dieses neue Preissystem einführt.

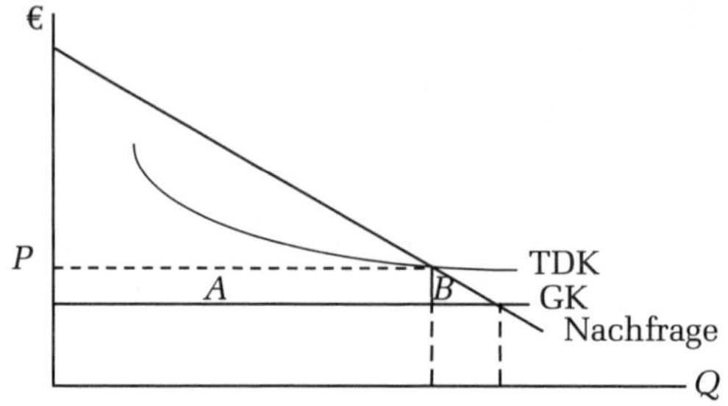

Abbildung 10A.9

c) Jetzt gibt es nicht nur einige Verlierer, die sehr viel schlechter dran sind, sondern die meisten Menschen verlieren bei diesem neuen System. Da die Kunden, die am wenigsten Elektrizität verbrauchen, auch tendenziell ärmer sind, könnte die Kommission vielleicht davon absehen wollen, ihnen diese Bürde aufzuerlegen. Da außerdem die Mehrzahl der Menschen verlieren würde, wird die TUC hohen politischen Druck erfahren, das alte Preissystem beizubehalten, selbst wenn das neue System zu einem höheren Gesamtüberschuss führt.

21. a) Im Gleichgewicht entspricht der Preis den Grenzkosten, also € 8 pro Einheit. Also wäre die produzierte Menge 1.400 – 50(8) = 1.000 Ambosse.

b) Nun zahlen die Käufer GK plus Steuer. Sie zahlen also € 20 pro Einheit und der Verkäufer erhält € 8 pro Amboss. Die Produktionsmenge ist 1.400 – 50(20) = 400 Ambosse.

c) Zur Ermittlung der Monopol-Produktionsmenge setzen wir GE = GK. Da $Q = 1.400 - 50P$ ist, ermitteln wir $P = 28 - Q/50$. Da die GE-Kurve doppelt so steil ist wie die umgekehrte Nachfragekurve, ergibt sich GE = 28 – $Q/25$. Aus der Gleichsetzung von GE und GK erhalten wir 28 – $Q/25$ = 8, oder $Q^* = 500$. Setzen wir dies in die umgekehrte Nachfragekurve ein, erhalten wir P^* = € 18 pro Einheit.

d) Hier gilt GE = (GK+Steuer). Also gilt GE = 28 – $Q/25$ = 8 + 12. Also ist $Q' = 200$ und P' = € 24 pro Einheit. Beachten Sie, dass die Preisveränderungen beim Monopol und beim vollkommenen Wettbewerb voneinander abweichen.

22. Betrachten Sie Abbildung 10A.10. Bei linearer Nachfragekurve ist die Grenzerlöskurve mit gleichem Achsenschnittpunkt doppelt so steil. Also gilt GE = GK bei einer Menge, die halb so groß ist wie bei D = GK, und der Monopolpreis liegt genau in der Mitte zwischen dem vertikalen Achsenschnittpunkt und GK. Da D_1 einen höheren Achsenschnittpunkt hat als D_2, verlangt Unternehmen 1 den höheren Preis.

Dies kann man auch algebraisch darstellen: Wenn $P = a - bQ$, dann GE = $a - 2bQ$. Es gilt GK = c (eine Konstante). Wenn wir GE = GK setzen, heißt das $b = (a+c)/2$. Da $a_1 > a_2$, gilt $P_1 > P_2$.

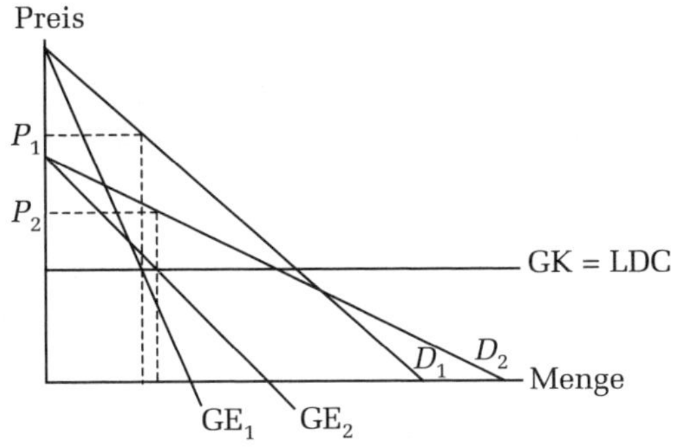

Abbildung 10A.10

10.8 Lösungen zu den Kontrollfragen

23. c) Ein Monopolist sollte auf dem elastischen Abschnitt der Nachfragekurve produzieren. Der Preis (von Grand Canyon Adventures) ist zu niedrig und die Menge ist zu groß.

24. c) Wenn die Nachfrage unelastisch ist, so ist der Grenzerlös negativ. Erinnern wir uns, dass GE = $P(1+1/E_d)$. Wenn $-1 < E_d < 0$, dann GE < 0.

25. e) Erinnern wir uns, dass für ein Wettbewerbsunternehmen P = GK, also ist in diesem Fall $L = 0$. Im Allgemeinen gilt $0 < L < 1$.

26. d) Aufgrund der Preisaufschlagsregel beim Monopol P = GK/$(1+1/E_d)$ gilt $P = 40/[1+1/(-5)] = 40/[4/5]$ = € 50.

27. d) Patente sind legale Monopole, welche die Regierung Erfindern zugestehen. Preisabsprachen und Fusionen zur Monopolisierung sind illegal gemäß Abschnitt 1 beziehungsweise 2 des Sherman Acts.

28. c) Bei – mit zunehmender Produktion – ständig sinkenden TDK würde P = GK zu Verlusten für das Unternehmen führen. P = TDK ist der Höchstpreis mit dem geringsten Wohlfahrtsverlust, der es dem Unternehmen gerade noch ermöglicht, eine normale Ertragsrate (volkswirtschaftlicher Gewinn gleich null) zu erreichen.

29. c) GE = $85 - 4Q$. Bei GE = GK gilt $85 - 4Q = 5$, oder $Q^* = 20$.

30. a) Bei $Q^* = 20$, $P^* = 85 - 2(20)$ = € 45.

31. c) Bei Fixkosten von null gilt TDK = VDK und der Gewinn entspricht E – TK = 45(20) – 5(20) = € 800.

32. a) Der Wettbewerbspreis und die entsprechende Menge wären P^* = GK = 5 und daher $5 = 85 - 2Q$ oder $Q^* = 40$. Der Wohlfahrtsverlust entspricht dann der Fläche des Dreiecks, das von den Ergebnissen bei Wettbewerb und bei Monopol begrenzt wird: 0,5(40 – 20)(45 – 5) = € 400.

33. b) Finden wir zunächst den ursprünglichen Monopolpreis: GE = GK bedeutet $60 - 4Q = 20$ oder $Q^* = 10$, was wiederum bedeutet, dass $P^* = 60 - 2(10) =$ € 40. Nach der Steuer ergibt sich aus GE = GK', dass $60 - 4Q = 24$ oder $Q' = 9$. Das ergibt einen Preis nach Steuern von $P' = 60 - 2(9) =$ € 42. Der Preis ist um € 2 angestiegen.

34. c) Dies ist die Definition des Wohlfahrtsverlusts. (Die Pauschalsteuer in Antwortmöglichkeit d) verändert das gewinnmaximierende Produktionsniveau nicht, da sie keinen Einfluss auf die Grenzkosten hat; daher bleibt der Wohlfahrtsverlust unverändert.)

10.9 Lösung zur Internetübung

Es gibt mindestens vier mögliche Gründe, warum größere Firmen einen größeren Anreiz haben könnten, in F&E zu investieren.

1. Steigende Skalenerträge in F&E-Einrichtungen: Manchmal sinken die durchschnittlichen F&E-Kosten, wenn die F&E-Aktivitäten ausgeweitet werden.
2. Risikodiversifizierung: F&E-Investitionen sind risikoreich. Kleinere Unternehmen könnten es verwerfen, eine bestimmte F&E-Investition zu tätigen, selbst wenn der erwartete Ertrag daraus positiv ist. Große Unternehmen können dagegen mehrere F&E-Projekte gleichzeitig in Angriff nehmen und so ihre Risiken diversifizieren.
3. Marktmacht: Wenn ein kleines Unternehmen in einer Wettbewerbsbranche Innovationen einführt, können andere Firmen der Branche diese Innovationen oft sehr schnell nachahmen. Selbst wenn die Innovation patentiert ist, könnten andere Unternehmen ähnliche Ideen entwickeln, die das Patent nicht berühren. Der Ertrag des kleinen Unternehmens könnte also nicht groß genug sein, als dass sich eine Innovation lohnen würde.
4. Ein großes, diversifiziertes Unternehmen könnte mehr Möglichkeiten haben, die durch F&E erzielten Ergebnisse (z.B. bei mehreren Produkten) zu nutzen.

Preisbildung bei Marktmacht

11

Wichtige Begriffe

- Definition von Preisdiskriminierung
- Preisdiskriminierung ersten Grades
- Preisdiskriminierung zweiten Grades
- Preisdiskriminierung dritten Grades
- Intertemporale Preisdiskriminierung
- Spitzenlast-Preisbildung
- Zweistufige Gebühren
  - Eintrittsgebühr
  - Nutzungsgebühr
- Bündelung
- Koppelung
- Werbung
  - Gesamte Grenzkosten der Werbung

11.1 Hauptthemen des Kapitels

Ein Unternehmen mit Monopolmacht muss nicht immer von allen Verbrauchern den gleichen Preis verlangen. Berechnet es verschiedenen Kunden unterschiedliche Preise für das gleiche Produkt, so nennt man das *Preisdiskriminierung*. Dies ist eine häufig verwendete Preisstrategie, um Konsumentenrente abzuschöpfen und diese auf die Produzenten zu übertragen. Es gibt drei Hauptformen der Preisdiskriminierung, die alle in diesem Kapitel behandelt werden. Bei der *Preisdiskriminierung ersten Grades* (auch vollkommene Preisdiskriminierung genannt) wird jedem Verbraucher für jede verkaufte Einheit der maximale Preis berechnet, den er zu zahlen bereit ist. Das Unternehmen weitet seine Verkaufsmenge aus, solange es einen Preis erlangen kann, der oberhalb der Grenzkosten liegt. Dies ist die bestmögliche Alternative für das Unternehmen: indem es allen Kunden ihren jeweiligen Reservationspreis berechnet (den maximalen Preis, den die Kunden jeweils zahlen wollen und können), schöpft es die *gesamte* Konsumentenrente ab. In der Praxis ist diese Form der Preisdiskriminierung wegen des hohen Informationsbedarfs über die Zahlungsbereitschaft der einzelnen Kunden jedoch schwer durchführbar.

Bei der *Preisdiskriminierung zweiten Grades* (auch Paketpreisbildung genannt) werden den einzelnen Kunden unterschiedliche Preise berechnet, die sich danach richten, wie viel sie kaufen. Diese Form der Preisbildung kann eine, muss aber keine Preisdiskriminierung darstellen. Wenn es beispielsweise kostengünstiger ist, bestimmte Produkte als Paket zu verkaufen, dann stellt die Berechnung eines geringeren Preises für solche Paketkäufe keine Preisdiskriminierung dar.

Wenn es unterschiedliche Arten von Kunden auf dem Markt gibt (zum Beispiel Geschäftsreisende und Urlaubsreisende), sollte ein Unternehmen seine gewinnmaximierende Produktionsmenge so wählen, dass der Grenzerlös über alle unterschiedlichen Käufergruppen hinweg gleich ist und außerdem den Grenzkosten entspricht. Erfüllt das Unternehmen bei der Preisbildung diese beiden Bedingungen, so wird es auf den Marktsegmenten mit der weniger elastischen Nachfrage einen höheren Preis festlegen. Eine Marktsegmentierung ist nur dann möglich, wenn sich Arbitrage zwischen den einzelnen Kundengruppen verhindern lässt.

Es gibt noch weitere Formen der „uneinheitlichen Preisbildung", die in diesem Kapitel behandelt werden:

1. *Intertemporale Preisdiskriminierung*: Die Verbraucher ordnen sich selbst in unterschiedliche Marktsegmente ein, indem man ihnen zu verschiedenen Zeitpunkten verschiedene Preise berechnet.
2. *Spitzenlast-Preisbildung*: Das Unternehmen verlangt zu Spitzenzeiten (zum Beispiel an einem bestimmten Wochentag, zu einer bestimmten Tageszeit oder sogar in einer bestimmten Jahreszeit) einen höheren Preis. Die Spitzenlast-Preisbildung unterscheidet sich von der Preisdiskriminierung dritten Grades, denn die Grenzkosten der Versorgung der Kunden unterscheiden sich zwischen Spitzenzeiten und anderen Zeiten.
3. *Zweistufige Gebühren*: Verbraucher bezahlen für das Recht, ein Gut konsumieren zu können, im Voraus eine Pauschalgebühr (die *Eintrittsgebühr*) und zusätzlich einen Stückpreis (die *Nutzungsgebühr*) für jede Einheit, die sie kaufen.
4. *Bündelung*: Manchmal verkaufen Unternehmen zwei Produkte gemeinsam als Bündel. Dies ist gewinnbringend, wenn die Verbraucher heterogene Nachfragefunktionen haben (unterschiedliche Reservationspreise für die beiden gebündelten Produkte) und wenn das Unternehmen keine Preisdiskriminierung betreiben kann (das

heißt wenn es verschiedenen Kunden keine unterschiedlichen Preise berechnen kann). *Gemischte Bündelung* bedeutet, dass die Kunden die Wahl haben, ob sie die beiden Produkte einzeln oder als Bündel kaufen wollen.

5. *Koppelung*: Dies ist ein allgemeiner Begriff, der Situationen beschreibt, in denen Verbraucher ein bestimmtes Produkt nur dann kaufen können, wenn sie vom gleichen Unternehmen ein zweites Produkt kaufen. Eine häufig eingesetzte Form der Bündelung besteht darin, dass Kunden, die ein Gebrauchsgut kaufen möchten (etwa einen Computer oder einen Drucker), auch das nötige Zubehör (zum Beispiel Software oder Druckerpatronen) beim gleichen Unternehmen kaufen müssen.

Das Kapitel endet mit einer Abhandlung darüber, wie ein Unternehmen mit Marktmacht den optimalen Aufwand für *Werbung* festlegen sollte. Macht man mehr Werbung, so verschiebt sich die Nachfragekurve nach außen, und dies führt zu einer Steigerung der Produktionsmenge. Diese Produktionssteigerung führt wiederum zu höheren Produktionskosten. Diese Kosten und Nutzen gesteigerter Werbung müssen gegeneinander abgewogen werden, um das gewinnmaximierende Niveau an Werbeausgaben zu ermitteln.

11.2 Wiederholung und Übungen

11.2.1 Abschöpfung der Konsumentenrente (Kapitel 11.1)

Für ein Unternehmen mit Marktmacht kann es sich lohnen, unterschiedlichen Kunden verschiedene Preise zu berechnen, obwohl die Produktion für jeden Kunden gleich viel kostet. Durch diese *Preisdiskriminierung* kann das Unternehmen zusätzliche Konsumentenrente abschöpfen.

Sehen wir uns diese Motivation zur Preisdiskriminierung genauer an. Ein Monopolist, der einen einheitlichen Preis verlangt und seine Produktion ausweiten will, indem er einem Kunden einen niedrigeren Preis anbietet, muss den gleichen niedrigeren Preis auch allen anderen Kunden anbieten. Abbildung 11.1 zeigt den Tradeoff eines Monopolisten mit einem einheitlichen Preis, wenn er diesen Preis von P_0 auf P_1 herabsetzt. Der Gesamterlös geht um die Fläche *abed* zurück (die „alten" Kunden, die früher P_0 bezahlten und nun P_1 bezahlen) und steigt um die Fläche *efgc* (zusätzliche Einheiten, die von neuen Kunden gekauft werden). Ein Monopolist, der Preisdiskriminierung betreibt, kann ein besseres Ergebnis erzielen, denn er kann den Tradeoff eliminieren: Er kann den alten Kunden weiterhin P_0 berechnen und neue Kunden mit dem neuen Preis P_1 gewinnen. In diesem Fall steigt der Erlös um *efgc*.

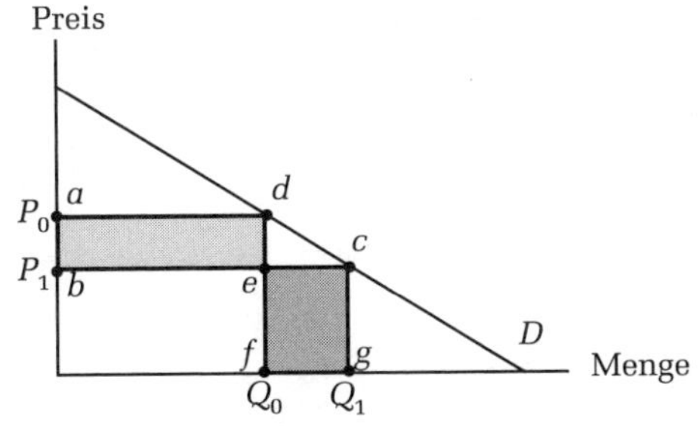

Abbildung 11.1

Wenn die Preisdiskriminierung zu solchen Gewinnsteigerungen verhilft, warum wenden sie dann nicht alle Unternehmen an? Die Antwort auf diese Frage finden wir, wenn wir uns klarmachen, dass bestimmte Voraussetzungen gegeben sein müssen, damit ein Unternehmen Preisdiskriminierung betreiben kann. Es gibt drei grundlegende Bedingungen: (1) das Unternehmen muss eine gewisse Monopolmacht besitzen, (2) die Verbraucher müssen eine unterschiedliche Zahlungsbereitschaft haben und (3) das Unternehmen muss in der Lage sein, einen Wiederverkauf (Arbitrage) zu verhindern oder einzuschränken. Ist die erste Bedingung nicht erfüllt, kann es nur einen Marktpreis geben und eine Preisdiskriminierung ist nicht möglich. Ein Wettbewerbsunternehmen kann keine wirksame Preisdiskriminierung betreiben, denn die Kunden finden immer einen Konkurrenten, der bereit ist, an alle Kunden zum Marktpreis zu verkaufen. Wenn die zweite Bedingung nicht erfüllt ist, können Unternehmen zwar Preisdiskriminierung betreiben, machen aber keinen Gewinn damit. Die dritte Bedingung schließlich sorgt dafür, dass die Kunden nicht untereinander handeln und so die Preispolitik des Unternehmens unterlaufen können.

11.2.2 Preisdiskriminierung (Kapitel 11.2)

Preisdiskriminierung ersten Grades Die Preisdiskriminierung ersten Grades (oder die vollkommene Preisdiskriminierung) ist die weitestgehende Form der Preisdiskriminierung. Hier verlangt das Unternehmen von jedem Kunden den maximalen Preis, den er zu zahlen bereit ist. Stellen wir uns vor, dass die Kunden in Abbildung 11.2 an der horizontalen Achse entlang aufgereiht sind, wobei jeder Kunde gerne eine Produktionseinheit kaufen möchte. Der erste Kunde hat den höchsten Reservationspreis, der zweite Kunde den zweithöchsten und so weiter. Die Punkte entlang der Nachfragekurve in Abbildung 11.2 stellen die verschiedenen Preise dar, die von jedem Kunden für eine Einheit verlangt werden. Das Unternehmen weitet seine Produktion aus, solange es für jede Einheit einen Preis verlangen kann, der über den Grenzkosten der Produktion dieser Einheit liegt. Daher wird ein Unternehmen, das Preisdiskriminierung ersten Grades betreibt, seine Gewinne dann maximieren, wenn es seine Produktionsmenge bei Q^* in Abbildung 11.2 festlegt und die gesamte Reihe unterschiedlicher Preise verlangt, wie (grob) durch die Punkte auf der Nachfragekurve dargestellt.

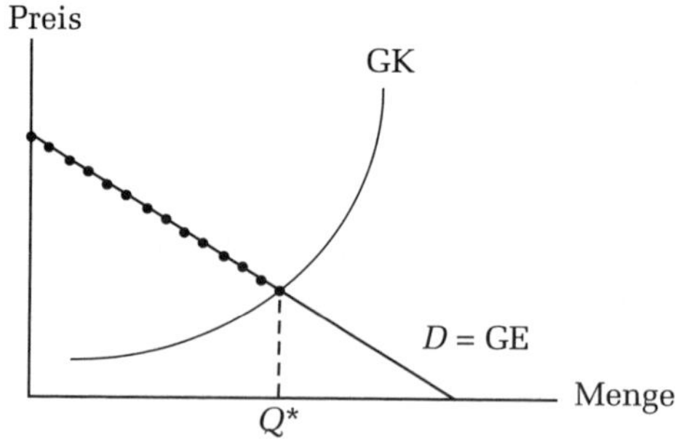

Abbildung 11.2

Diese Vorgehensweise, jedem Kunden seinen Reservationspreis zu berechnen, hat mehrere interessante Auswirkungen. Zunächst entspricht der zusätzliche (Grenz-)Erlös aus dem Verkauf einer weiteren Einheit genau dem Preis, der für diese Einheit berechnet wird. Das bedeutet, dass die Grenzerlöskurve des Monopolisten, der vollkommene Preisdiskriminierung betreibt, der Nachfragekurve entspricht. (Die gewinnmaximierende Produktionsmenge findet man, wie immer, indem man GE = GK setzt.) Außerdem schöpft diese Form der Preisdiskriminierung die *gesamte* Konsumentenrente der Verbraucher ab, denn jedem Verbraucher wird der Maximalpreis berechnet, den er zu zahlen bereit ist. Des Weiteren führt die Preisdiskriminierung ersten Grades zum selben Produktionsniveau wie Wettbewerb (also zum effizienten Produktionsniveau). Es gibt keinen Wohlfahrtsverlust. Wenn Sie die GK-Kurve in Abbildung 11.2 als Angebotskurve auf einem Wettbewerbsmarkt verstehen, entspricht Q^* genau dem Produktionsniveau unter Wettbewerbsbedingungen. Obwohl die Preisdiskriminierung ersten Grades also zu einer besonders ungleichen Verteilung der Tauschgewinne führt (das Unternehmen bekommt alles, während die Verbraucher leer ausgehen), ist sie aus volkswirtschaftlicher Sicht effizient.

Übung

1. Stehen einige Verbraucher schlechter da, wenn ein Unternehmen Preisdiskriminierung ersten Grades betreibt, als dann, wenn es den üblichen einheitlichen Monopolpreis verlangt? Zeigen Sie in Abbildung 11.3 auf, welche Verbraucher gewinnen und welche verlieren.

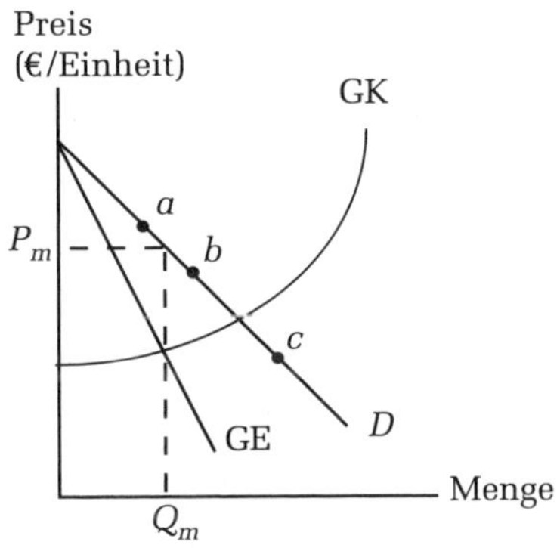

Abbildung 11.3

Preisdiskriminierung zweiten Grades Wenn ein Unternehmen entsprechend der von jedem Verbraucher gekauften Menge Preisdiskriminierung betreibt, nennt man das *Preisdiskriminierung zweiten Grades*. Ein einfaches Diagramm der Preisdiskriminierung zweiten Grades zeigt die Abbildung 11.4. Es gibt dann keinen einheitlichen Preis mehr, sondern stattdessen eine Preisstaffel. Im Vergleich zum Einheitspreis P_0 für alle Q_0 Einheiten wird hier die Konsumentenrente reduziert, sinkt jedoch nicht ganz auf null. Die schattierte Fläche in Abbildung 11.4 zeigt die Konsumentenrente, welche die Verbraucher behalten, die das Produkt kaufen. Auf dem Elektrizitätsmarkt nennt man die Preisdiskriminierung zweiten Grades Paketpreisbildung (auch Blockpreisbildung).

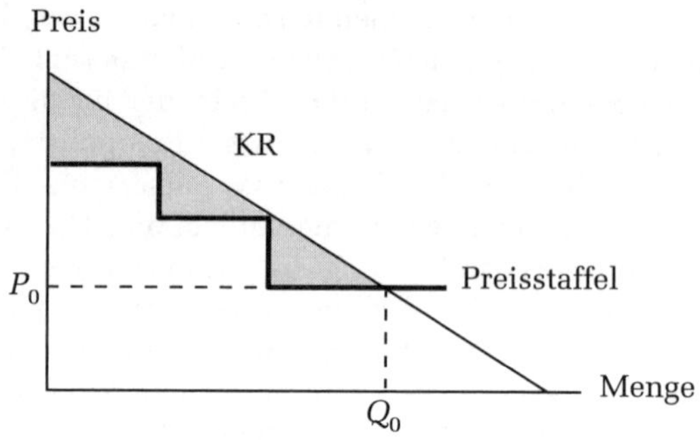

Abbildung 11.4

Bevor wir fortfahren, hier noch ein Hinweis: Auch die Gewährung von Mengenrabatten kann eine Form der Preisdiskriminierung sein, wenn die Preisnachlässe nicht auf Kostenunterschieden beruhen. Wenn die Kosten sich unterscheiden, je nachdem welchen Kunden man bedient, so ist es dagegen keine Diskriminierung, unterschiedliche Preise zu verlangen.

Übung

2. Abbildung 11.5 zeigt die Nachfragekurven von vier Einzelpersonen. Welche Menge wird jeder Verbraucher kaufen? Erläutern Sie Ihre Antwort.

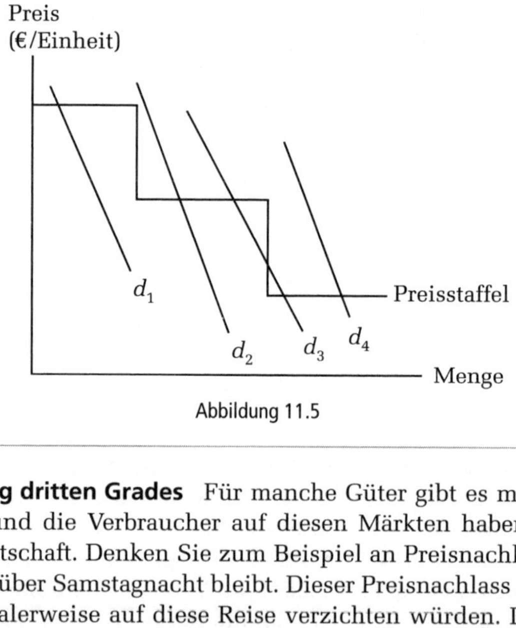

Abbildung 11.5

Preisdiskriminierung dritten Grades Für manche Güter gibt es mehrere voneinander getrennte Märkte, und die Verbraucher auf diesen Märkten haben eine unterschiedliche Zahlungsbereitschaft. Denken Sie zum Beispiel an Preisnachlässe für Flugreisen, wenn der Reisende über Samstagnacht bleibt. Dieser Preisnachlass könnte Verbraucher anziehen, die normalerweise auf diese Reise verzichten würden. Dies ist ein Beispiel der *Preisdiskriminierung dritten Grades*. Weitere Beispiele sind Sonderpreise für Kinokarten (für Kinder und Senioren). Bei dieser Form der Preisdiskriminierung teilt der

Monopolist den Markt in verschiedene Segmente ein und verlangt in jedem Marktsegment einen anderen Preis. Gelingt es einem Unternehmen, den Markt in zwei (oder mehr) Segmente zu unterteilen, kann es höhere Gewinne erzielen, indem es, je nach Nachfrageelastizität jedes Segments, unterschiedliche Preise verlangt.

Übung

3. a) Zahlreiche Restaurants gewähren ihren Gästen zwischen 16 und 18 Uhr Preisnachlässe. Erklären Sie, warum dies eine Form der Preisdiskriminierung dritten Grades ist und wie der Markt segmentiert wird. Wer wird dieses Angebot höchstwahrscheinlich nutzen?

b) In Ihrer Antwort zu Teil a) sollten Sie auch auf Senioren als Zielgruppe der Preisnachlässe eingegangen sein. Warum bieten andere Geschäfte älteren Mitmenschen (meistens) keine derartigen Preisnachlässe an?

Um die optimale Preisstrategie eines Monopolisten, der Preisdiskriminierung dritten Grades betreiben möchte, formal zu analysieren, müssen wir die beiden Entscheidungen genauer betrachten, die das Unternehmen treffen muss: zunächst geht es darum, wie eine gegebene gesamte Produktionsmenge auf die Marktsegmente aufgeteilt werden sollte, und zweitens darum, wo das gewinnmaximierende Produktionsniveau liegt. Beginnen wir zunächst mit einer gegebenen Gesamtproduktionsmenge. Das Unternehmen hat zwei unterschiedliche Nachfragekurven, die jeweils einem Marktsegment entsprechen, und jede Nachfragekurve hat eine eigene Grenzerlöskurve. Dann sollte das Unternehmen seine Produktionsmenge so auf die beiden Segmente aufteilen, dass gilt $GE_1 = GE_2$. Denn wenn $GE_1 > GE_2$, dann könnte das Unternehmen höhere Erlöse erzielen, wenn es bei gleicher Gesamtproduktionsmenge mehr im ersten Marktsegment und weniger im zweiten Marktsegment verkauft. Entsprechend verhält es sich, wenn $GE_1 < GE_2$, denn dann sollte die Verkaufsmenge zugunsten des zweiten Segments umverteilt werden. Daher muss zur Gewinnmaximierung $GE_1 = GE_2$ gelten.

Wie legen wir nun das gesamte Produktionsniveau fest? Dazu greifen wir wieder auf die uns vertraute Bedingung zurück, dass GE = GK gelten muss. Wenn wir beide Bedingungen kombinieren, ergibt sich, dass Preise und Produktionsmenge so gewählt werden müssen, dass gilt:

$$GE_1 = GE_2 = GK.$$

Da $GE_1 = P_1(1 + 1/E_1)$ und $GE_2 = P_2(1 + 1/E_2)$, wobei E_i die Nachfrageelastizität auf dem Markt i ist, so gilt:

$$P_1/P_2 = (1 + 1/E_2)/(1 + 1/E_1).$$

Daher wird der Preis auf dem Markt mit der geringeren Nachfrageelastizität höher angesetzt.

Beachten Sie, dass man dieses Problem bei konstanten GK (zum Beispiel GK = 5) so behandeln kann, als gäbe es zwei separate Monopolmärkte. Wir können $GE_1 = GK$ und $GE_2 = GK$ setzen und jede Gleichung separat lösen, um für jedes Marktsegment den Preis und die entsprechende Produktionsmenge zu finden.

Übung

4. Nehmen wir an, dass die Eau d'Stars Corporation das Markenparfum „Lassie" zum Preis von € 3 pro Flasche und das Markenparfum „Marilyn" zum Preis von € 27 pro Flasche verkauft. Beide Parfums basieren auf genau der gleichen Formel und die Herstellung beider Produkte kostet gleich viel. Die Kunden wissen dies jedoch nicht. Wenn wir annehmen, dass die Eau d'Stars Corporation ihre Gewinne maximiert, was können Sie dann über das Verhältnis der Nachfrageelastizitäten sagen? Wenn die Grenzkosten für jedes Parfum € 1 betragen, wie hoch sind dann die Preiselastizitäten?

5. Betrachten wird die Preisstrategie einer Fluggesellschaft für die Plätze der ersten und der Touristenklasse auf einer Strecke, auf der die Gesellschaft als Monopolist auftritt. Hier ein einfaches Beispiel: Angenommen GK = 100 und die Nachfrage nach Tickets erster Klasse sei $P = 1.000 - 5Q$. Die Nachfrage nach Tickets der Touristenklasse sei dagegen $P = 500 - Q$.

   a) Ermitteln Sie den Monopolpreis für die Tickets in der ersten und in der Touristenkasse.

   b) Wie hoch ist die Nachfrageelastizität auf jedem Marktsegment bei den gewinnmaximierenden Preisen, die Sie in Teilaufgabe a) ermittelt haben? Ergeben die Werte Sinn?

11.2.3 Intertemporale Preisdiskriminierung und Spitzenlast-Preisbildung (Kapitel 11.3)

Eine gewinnbringende Möglichkeit, bestimmte Märkte zu segmentieren, besteht darin, ein Produkt zu verschiedenen Zeiten zu unterschiedlichen Preisen anzubieten. Die Verbraucher teilen sich so selbst in verschiedene Segmente ein, je nachdem, wann sie das Produkt nutzen möchten und welchen Preis sie zu zahlen bereit sind. Nehmen wir an, ein Unternehmen mit einem neuen Produkt glaubt, dass einige Verbraucher für dieses Produkt jetzt einen höheren Preis zahlen würden, auch wenn sie genau wissen, dass sie es später zu einem niedrigeren Preis kaufen könnten. Für diese Verbraucher ist es anscheinend ein großer Vorteil, dieses Produkt „als Erste" zu besitzen. Wenn diejenigen Verbraucher, die gerne die Ersten sein möchten, eine Nachfrage haben, die weniger elastisch ist als die der Konsumenten, denen es nichts ausmacht zu warten, dann kann das Unternehmen *intertemporale Preisdiskriminierung* (eine Form der Preisdiskriminierung dritten Grades) betreiben. Um seine Gewinne zu maximieren, sollte das Unternehmen das Produkt zu einem hohen Preis auf den Markt bringen und später den Preis senken, um auch diejenigen Verbraucher zu erreichen, die diesen hohen Preis nicht bezahlen möchten. Beispiele für diese Strategie sind Autos (Preise von neuen Modellen sinken für gewöhnlich im Laufe des ersten Jahres) und Modebekleidung (Preise sinken meist am Ende der Saison).

Die Nachfrage nach manchen Produkten folgt einem bestimmten Rhythmus mit Spitzenzeiten und Normalzeiten. So ist die Nachfrage nach Elektrizität zum Beispiel am Abend am höchsten. Die Nachfrage nach Geschäftsflügen ist an Wochentagen um die Mittagszeit und am Wochenende am geringsten. Auch die Grenzkosten sind in Spitzenzeiten höher als zu Normalzeiten, da während der Spitzenzeiten die Kapazitäten stark ausgelastet sind. Bei der *Spitzenlast-Preisbildung* wird während der Spitzenzeiten ein höherer Preis verlangt. Dies ist jedoch keine Form der reinen Preisdiskriminierung, denn die Grenzkosten unterscheiden sich je nach Zeitpunkt der Dienstleistung. Wenn die Grenzkosten zu Spitzenzeiten ebenfalls höher sind, dann sollten auch die Preise in diesen Zeiten höher sein.

Die Spitzenlast-Preisbildung ähnelt also der intertemporalen Preisdiskriminierung, sie ist aber aufgrund der Kosten gerechtfertigt. Ein Monopol, das Spitzenlast-Preisbildung betreibt, setzt seinen Grenzerlös in jedem Zeitabschnitt den Grenzkosten gleich, ebenso wie das ein Monopolist tun würde, der viele verschiedene Produkte verkauft. Wenn man Dienstleistungen, die zu verschiedenen Zeiten erbracht werden, als unterschiedliche Produkte auffasst, macht das die Analyse der Spitzenlast-Preisbildung leichter.

Übung

6. Ein regulierter Elektrizitätsversorger hat Spitzenlast-Nachfrage einerseits und normal hohe Nachfrage andererseits. Die regulierende Behörde möchte die Preise so festlegen, dass das Unternehmen kostendeckend wirtschaftet. Die Marktnachfrage- und Kostenkurven sind in Abbildung 11.6 dargestellt.

a) Nehmen wir an, die regulierende Behörde setzt für Spitzen- und Normalzeiten den gleichen Preis fest. Dieser Preis wird so festgelegt, dass das Unternehmen in Normalzeiten ohne Verlust arbeitet. Tragen Sie diesen Preis in Abbildung 11.6 ein. Wird das Unternehmen zu Spitzenzeiten Gewinn oder Verlust machen?

b) Wenn die regulierende Behörde für Spitzenzeiten einen anderen Preis festlegen möchte, damit das Unternehmen auch jetzt kostendeckend arbeitet, wo läge dieser Preis?

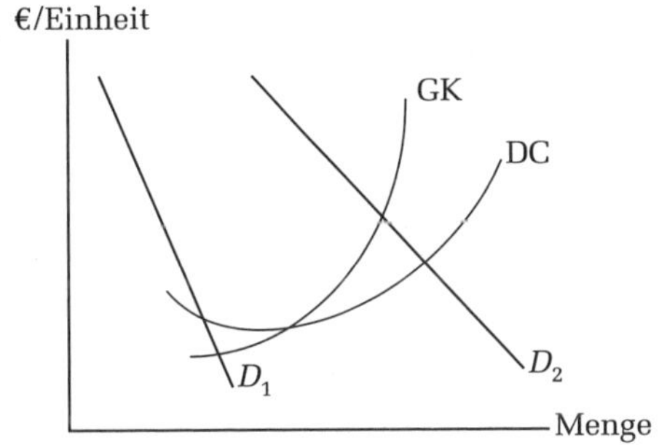

Abbildung 11.6

11.2.4 Die zweistufige Gebühr (Kapitel 11.4)

Eine Sonderform des Mengenrabatts ist die *zweistufige Gebühr*, denn sie umfasst zwei verschiedene Zahlungen, um ein einziges Produkt nutzen zu können. Verbraucher müssen eine Gebühr bezahlen, um das Recht zu erwerben, ein Produkt zu nutzen (die *Eintrittsgebühr*), und eine weitere Gebühr für jede gekaufte Einheit (die *Nutzungsgebühr*). Telefongesellschaften verlangen oft schon für die Bereitstellung des Telefonanschlusses eine monatliche Gebühr, gleichgültig, ob man nun einen Anruf macht oder nicht. Zusätzlich werden für jeden Anruf Gebühren berechnet. (Zwar kann es für diese Strategie auch eine Kosten-Rechtfertigung geben, wir konzentrieren uns hier aber auf das Motiv der Diskriminierung.)

Betrachten wir den Fall identischer Verbraucher in einem einfachen Beispiel. Die Nachfrage jedes Verbrauchers nach Besuchen im Golfclub ist $P = 100 - Q$, wobei Q die Anzahl an Besuchen pro Jahr und P der Preis pro Besuch ist. Nehmen wir an, die Grenzkosten liegen konstant bei € 10 pro Besuch. Wenn der Golfclub Monopolmacht besitzt und als Monopolist mit nur einem Preis auftritt, könnte er den Preis pro Besuch (die Nutzungsgebühr) wie in Abbildung 11.7 gezeigt festlegen: GE = GK bedeutet $100 - 2Q = 10$ oder $Q_m = 45$ und $P_m = 100 - 45 =$ € 55. Der Gewinn ist demnach $55(45) - 10(45) =$ € 2.025. Dies entspricht dem Rechteck *bced* in Abbildung 11.7.

Der Golfclub würde besser abschneiden, wenn er eine zweistufige Gebühr verlangt. Nehmen wir an, er berechnet einen jährlichen Mitgliedsbeitrag, T, welcher der Konsumentenrente bei $Q = 45$ und $P = 55$ entspricht (das schattierte Dreieck *abd*) plus € 55 pro Besuch. Der Gewinn würde um $T = 1/2(45)(45) =$ € 1.012,50 ansteigen, sodass der Gesamtgewinn auf € 3.037,50 anwachsen würde. Diese Veränderung der Preisstrategie bringt zwar schon eine Gewinnsteigerung, der Golfclub könnte es jedoch noch geschickter machen. Die beste Strategie ist es, eine Besuchergebühr zu verlangen, die GK, also € 10, entspricht, und den jährlichen Mitgliedsbeitrag mit der Konsumentenrente bei $P = 10$ (das Dreieck *acf*) gleichzusetzen. Dann würden die Gewinne auf $[(10(90) - 10(90)) + 0{,}5(90)(100 - 10)] =$ € 4.050 ansteigen.

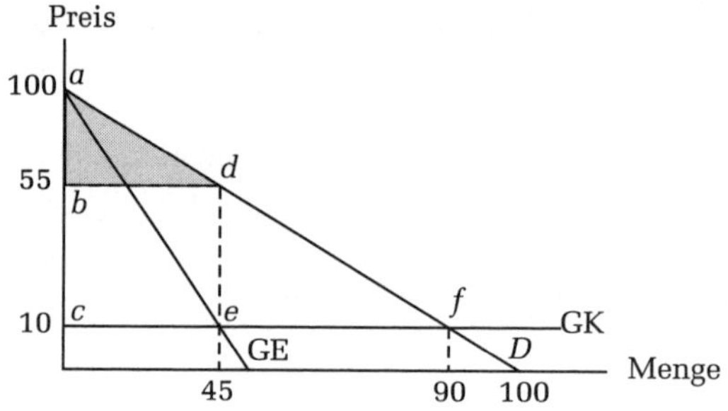

Abbildung 11.7

Auch wenn der Golfclub bei einer Nutzungsgebühr von P = GK kostendeckend arbeitet, kann er mithilfe des jährlichen Mitgliedsbeitrags einen erheblichen zusätzlichen Erlös realisieren.

Übung

7. Würde der Golfclub im Beispiel oben, bei $Q = 100 - P$ und GK = 10, noch mehr Gewinn machen, wenn er $P = 0$ setzen und einen jährlichen Mitgliedsbeitrag verlangen würde, welcher der gesamten Konsumentenrente bei diesem Preis entspricht?

Zusammenfassend lässt sich sagen: Wenn alle Verbraucher identisch sind, sollte das Unternehmen P^* = GK pro verkaufte Einheit festlegen und für jeden Verbraucher eine Eintrittsgebühr berechnen, die der gesamten Konsumentenrente entspricht. Wenn alle Verbraucher identisch sind, kann ein Unternehmen mithilfe dieser Preisstrategie die gesamte Konsumentenrente abschöpfen.

Sind die Verbraucher nicht identisch, wird das Problem um einiges komplizierter. Ist die Pauschalgebühr zu hoch, hält das einige Verbraucher davon ab, das Produkt zu kaufen. Ist die Gebühr aber zu niedrig, verbleibt zu viel Konsumentenrente bei den Verbrauchern. Es ergibt sich, dass die optimale Nutzungsgebühr in diesem Fall oberhalb der Grenzkosten liegt. Die nächste Übung enthält ein numerisches Beispiel, das Ihnen zeigen soll, welcher Tradeoff ins Spiel kommt, wenn die Verbraucher unterschiedlich sind.

Übung

8. Nehmen wir an, es gibt zwei Arten von Verbrauchern (dabei jeweils gleich viele), doch das Unternehmen muss allen den gleichen Preis berechnen. Jeder Verbraucher mit „hoher Nachfrage" hat eine Nachfragekurve von $Q_H = 130 - P$, und jeder Verbraucher mit „geringer Nachfrage" hat eine Nachfragekurve von $Q_L = 100 - P$. Die Grenzkosten liegen konstant bei € 10. Berechnen Sie den Gewinn des Unternehmens, wenn es die zweistufige Gebühr bei P = € 10 und T = Konsumentenrente der Verbraucher mit „geringer Nachfrage" festlegt. Berechnen Sie dann den Gewinn, wenn P = € 15 und T = Konsumentenrente der Verbraucher mit „geringer Nachfrage". Welche Preisstrategie bringt höhere Gewinne?

*11.2.5 Bündelung (Kapitel 11.5)

Ein Unternehmen betreibt *Bündelung*, wenn es zwei Produkte zusammen als Paket verkauft. Restaurants bieten oft Sonderangebote an, wobei sie ein Hauptgericht zusammen mit einer Vor- und einer Nachspeise zum Pauschalpreis verkaufen. Manche Restaurants bieten nur ganze Menüs an (*reine Bündelung*), andere dagegen bieten sowohl Menüs als auch Essen à la carte an (*gemischte Bündelung*).

Die Bündelung ermöglicht es einem Monopolisten, die Tatsache auszunutzen, dass Verbraucher für verschiedene Produkte unterschiedliche Reservationspreise haben. Bündelung kann dann rentabel sein, wenn die Nachfragen eine negative Korrelation aufweisen, das heißt wenn die Verbraucher mit höheren Reservationspreisen für das eine Produkt meist niedrigere Reservationspreise für das andere Produkt haben.

Übung

9. Ein Kosmetikhersteller führt eine neue Feuchtigkeitscreme ein. Das Unternehmen hat sich entschlossen, das neue Produkt im Rahmen eines Pakets zusammen mit einem Designerschal anzubieten. Die Produktionskosten der Creme betragen € 3 pro Stück, die Produktionskosten des Schals sind € 7 pro Stück. Die Reservationspreise von fünf Konsumenten sind unten angegeben.

a) Wo liegen die gewinnmaximierenden Preise, wenn das Unternehmen die Preise der beiden Produkte separat festlegt?

b) Wo liegt der gewinnmaximierende Preis, wenn die Produkte als Bündel angeboten werden?

c) Welche Preisstrategie bringt den höheren Gewinn?

Verbraucher	Feuchtigkeitscreme	Schal
1	€ 20	€ 5
2	€ 18	€ 12
3	€ 12	€ 18
4	€ 9	€ 21
5	€ 4	€ 24

Gemischte Bündelung kann auf ähnliche Weise analysiert werden. Nehmen wir an, der Monopolist bietet dem Verbraucher beide Optionen an – er kann also das Paket oder jedes Produkt einzeln kaufen. Das Paket ist nur dann eine lohnende Option, wenn der Bündel- oder Paketpreis unterhalb der Summe der beiden Einzelpreise liegt. Damit der Verbraucher das Bündel kauft, muss er dies lieber tun, als eines der beiden Produkte einzeln zu kaufen. Wenn die beiden Einzelpreise jeweils P_1 und P_2 und der Bündelpreis P_B ist, würde ein Verbraucher mit den Reservationspreisen r_1 und r_2 nur Produkt 1 kaufen, wenn seine Rente aus dem Kauf von Produkt 1 allein höher ist als die Rente aus dem Kauf des Bündels, wenn also $r_1 - P_1 > r_1 + r_2 - P_B$, oder $P_B - P_1 > r_2$. Abbildung 11.8 zeigt die Entscheidungen der verschiedenen Verbraucher, wenn das Unternehmen eine gemischte Bündelung vornimmt. Beachten Sie, dass einige Verbraucher, für welche die Summe der Reservationspreise den Preis des Bündels übersteigt, sich dafür entscheiden, nur eines der Produkte zu kaufen. Für diese Verbraucher sind die zusätzlichen Kosten für das Bündel gegenüber den Kosten für den Kauf nur eines Produkts höher als ihr Reservationspreis für das andere Produkt.

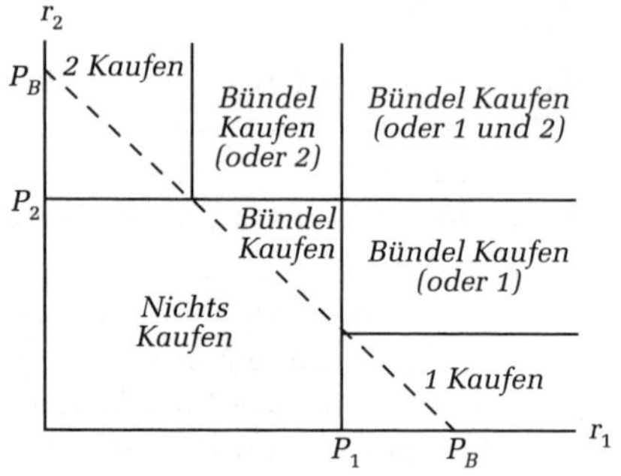

Abbildung 11.8

Übung

10. Nachdem die Feuchtigkeitscreme erfolgreich auf den Markt gebracht wurde, entscheidet sich das Unternehmen, eine andere Preisstrategie zu verfolgen. Nun möchte es die Creme alleine oder zusammen mit dem Schal zum Verkauf anbieten. Der Schal soll auch einzeln gekauft werden können. Die Grenzkosten betragen € 3 pro Stück für die Feuchtigkeitscreme und € 7 pro Stück für den Schal. Welche Preispolitik (Einzelpreise, reine oder gemischte Bündelung) ist die beste angesichts folgender Reservationspreise der Verbraucher?

Verbraucher	Feuchtigkeitscreme	Schal
1	€ 22	€ 4
2	€ 17	€ 12
3	€ 13	€ 18
4	€ 12	€ 21
5	€ 5	€ 24
6	€ 8	€ 30
7	€ 12	€ 12

Einer *Koppelung* liegt vor, wenn ein Unternehmen von seinen Kunden, die eines seiner Produkte kaufen (das Kopplungsprodukt), *verlangt*, gleichzeitig ein anderes seiner Produkte zu kaufen (das gekoppelte Produkt). Früher verlangte zum Beispiel Xerox von seinen Kunden, die ein Xerox-Kopiergerät leasten, dass sie auch nur Xerox-Kopierpapier verwendeten. Die Koppelung unterscheidet sich von der Bündelung, denn die Menge, in der das gekoppelte Produkt gekauft wird, ist bei jedem Verbraucher unterschiedlich hoch. Im Beispiel Xerox benötigt jeder Verbraucher eine andere Menge an Kopierpapier. Die Koppelung kann also eingesetzt werden, um (bei Gebrauchsgütern) die Nutzungsintensität zu messen, denn Verbraucher, die ihr Kopiergerät intensiv nutzen, benötigen auch eine größere Menge des gekoppelten Produkts. Außerdem kann man durch Koppelung auch die Kundenbindung an eine Marke schützen. Unternehmen, die ein hoch spezialisiertes Produkt verkaufen, können zum Beispiel von ihren Kunden verlangen, mit dem gleichen Haus einen Servicevertrag abzuschließen, sodass das Unternehmen sicherstellen kann, dass Reparaturen fachgerecht ausgeführt werden und der Kunde mit dem Produkt zufrieden ist.

Die Koppelung unterscheidet sich auch darin von der Bündelung, dass das erste Produkt (das Xerox-Kopiergerät) ohne das gekoppelte Produkt (das Papier) völlig nutzlos ist. Nur auf dem Markt für Kopiergeräte hat das Unternehmen Monopolmacht; um also auch das gekoppelte Produkt zu einem Preis oberhalb der Grenzkosten verkaufen zu können, muss es die beiden Produkte aneinander koppeln. Wenn das gekoppelte Produkt zu einem Preis oberhalb der Grenzkosten verkauft wird, zahlen unterschiedliche Kunden effektiv verschiedene Preise für das monopolisierte Produkt (Verbraucher mit höherem Bedarf an Verbrauchsmaterial sind wahrscheinlich bereit, für das Gerät mehr zu bezahlen).

11.2.6 Werbung (Kapitel 11.6)

Eine erfolgreiche Werbekampagne führt dazu, dass sich die Nachfragekurve nach rechts verschiebt. Werbung erhöht zwar die Fixkosten, die Grenzkosten aber bleiben unverändert. Da für ein Unternehmen mit Monopolmacht die Grenzkosten geringer sind als der Preis, erhöht sich der Gewinn, wenn das Unternehmen eine zusätzliche Einheit zum gleichen Preis verkaufen kann.

Übung

11. a) Warum wird ein Weizenfarmer aus Kansas keine Werbekampagne starten, um seine Kunden zu ermuntern, mehr Weizen zu kaufen, oder sie daran zu erinnern, wie gut hausgemachtes Brot schmeckt? Wer gewinnt, wenn sich die Marktnachfragekurve für Weizen aufgrund der Werbung verschiebt?

b) Trotz der in Teil a) aufgeworfenen Problematik werden einige Produkte, die auf Wettbewerbsmärkten verkauft werden, auch beworben, so zum Beispiel Milch oder Fleisch. Wie, glauben Sie, werden diese Werbekampagnen finanziert? Erklären Sie, wie die Produzenten insgesamt davon profitieren könnten, auch wenn einzelne Produzenten nicht gewinnbringend Werbung machen können.

Wenn wir Werbung mathematisch analysieren wollen, gehen wir davon aus, dass die Nachfragekurve eines Unternehmens eine Funktion von Preis und Werbung ist. Zur Vereinfachung messen wir Werbung (A) in Euro, sodass die Kosten pro Einheit 1 betragen. Wir können den Gewinn folgendermaßen ausdrücken:

$$\pi(P,A) = PQ(P,A) - C(Q) - A.$$

Wenn wir die Differentialrechnung anwenden und $\partial\pi/\partial A = 0$ setzen, so erfüllt die gewinnmaximierende Wahl der Werbung folgende Gleichung:

$$P(\partial Q/\partial A) - (dC/dQ)(\partial Q/\partial A) - 1 = 0, \text{ oder}$$

$$\mathrm{GE}_{Ads} = \mathrm{GK}(\partial Q/\partial A) + 1.$$

Der Term links ist der Grenzerlös der Werbung. Der Term rechts entspricht den *gesamten Grenzkosten der Werbung* (GK der Produktion mal zusätzliche Produktionseinheiten, die nötig waren, um die zusätzliche Nachfrage zu befriedigen, plus die Direktkosten der Werbung). Ein Unternehmen sollte also seine Werbung so lange steigern, bis der Grenzerlös aus einem zusätzlichen Werbeeuro den gesamten Grenzkosten der Werbung entspricht (inklusive den Grenzkosten der Produktion für die zusätzlich verkauften Einheiten aufgrund der gesteigerten Werbung).

Wenn wir die Gleichung, welche das Optimum an Werbung beschreibt, umformen, erhalten wir:

$$A/PQ = -E_A/E_P.$$

Deshalb lautet die Faustregel für die Bestimmung der gewinnmaximierenden Werbeausgaben, dass das Verhältnis von Werbeausgaben zu Umsätzen eines Unternehmens dem negativen Wert des Verhältnisses von Werbe- zu Preiselastizitäten der Nachfrage entsprechen sollte.

Übung

***12.** Verkauft ein Monopolist zwei Produkte, die in Bezug auf die Werbeausgaben die gleiche Nachfrageelastizität haben ($E_A^1 = E_A^2$), von denen eines aber eine höhere Preis-Kosten-Marge hat ($[P_1 - \mathrm{GK}_1]/P_1 > [P_2 - \mathrm{GK}_2]/P_2$), für welches der beiden Produkte sollte das Unternehmen einen höheren Anteil der Umsatzerlöse für Werbung ausgeben?

11.3 Übungsaufgaben

13. Ein Monopolist verkauft Frisbees auf zwei unterschiedlichen Märkten – für Frisbee-Turniere (Markt 1) und für das Freizeitspiel am Strand (Markt 2). Die Nachfragekurven der beiden Märkte lauten:

$$P_1 = 200 - Q_1 \text{ und } P_2 = 190 - 3Q_2.$$

Die Kostenfunktion für die Produktion der Frisbees für beide Märkte lautet:

$$C(Q) = 500 + 40Q, \text{ wobei } Q = Q_1 + Q_2.$$

a) Wie lauten die gewinnmaximierenden Preise und Mengen des Monopolisten, wenn er auf den beiden Märkten zu unterschiedlichen Preisen verkaufen kann?

b) Nehmen wir an, alle Verbraucher erfahren durch einen Warentest, dass die Frisbees, die auf den beiden Märkten verkauft werden, identisch sind. Wie sieht nun die Gesamtnachfragekurve aus? Wie hoch sind Preis und Produktionsmenge des Monopolisten jetzt? (Hinweis: Schreiben Sie die Nachfragekurven jeweils mit dem Preis rechts und zählen Sie sie dann zusammen, um die Gesamtnachfrage zu erhalten.)

14. [Bündelung] Ein Unternehmen verkauft zwei verschiedene Produkte auf einem Markt mit drei verschiedenen Kundengruppen, die jeweils unterschiedliche Reservationspreise haben. Die Verbraucher in Gruppe X haben einen Reservationspreis von € 15 für Produkt 1 und von € 85 für Produkt 2. Die Verbraucher in Gruppe Y haben einen Reservationspreis von € 60 für Produkt 1 und von € 55 für Produkt 2. Und die Verbraucher in Gruppe Z haben einen Reservationspreis von € 75 für Produkt 1 und von € 25 für Produkt 2. Die Produktionskosten für beide Produkte liegen bei € 20 pro Einheit.

a) Wenn das Unternehmen beide Produkte separat verkauft, welche Preise sollte es dann für Produkt 1 und Produkt 2 verlangen? Welchen Gewinn wird das Unternehmen damit erzielen?

b) Nehmen wir an, das Unternehmen stellt einen Wirtschaftsstudenten ein, der vorschlägt, beide Produkte zu bündeln und als Paket zu verkaufen. Welchen Preis sollte das Unternehmen bei reiner Bündelung verlangen (wenn die Produkte nur als Bündel zu haben sind)? Welchen Gewinn macht das Unternehmen jetzt?

c) Schneidet das Unternehmen noch besser ab, wenn es gemischte Bündelung betreibt?

15. Matt Campbell hat einen Nachhilfeservice eingerichtet und organisiert Repetitorien vor Wirtschaftsprüfungen. Das nötige Material kostet ihn € 5 pro Student, der Raum und die Entlohnung des Trainers kosten pro Kurs € 200.

Matt bietet seinen Service an zwei verschiedenen Universitäten an. Da die beiden Universitäten sehr weit auseinander liegen und die Kurse dort auch jeweils unterschiedliche Inhalte haben, besuchen die Studenten nur die Kurse an ihrer jeweiligen Hochschule.

a) An der Enorm-Universität lautet die Nachfragekurve der Studenten $p_1 = 41 - 0{,}15q_1$. Wie hoch sind der gewinnmaximierende Preis und die entsprechende Menge?

b) An der Mittel-Universität lautet die Nachfragekurve der Studenten $p_2 = 47 - 0{,}3q_2$. Wie hoch sind der gewinnmaximierende Preis und die entsprechende Menge?

c) Vergleichen Sie die beiden Lösungen. Erklären Sie, warum der Preis auf einem der Märkte höher ist.

16. Nehmen wir an, alle Verbraucher sind identisch. Ist unter diesen Bedingungen eine optimale zweistufige Gebühr weniger effizient (erzeugt also mehr Wohlfahrtsverlust) als vollkommener Wettbewerb? Illustrieren Sie Ihre Antwort.

17. Abbildung 11.9 zeigt die Nachfragekurven von Verbrauchern mit geringer Nachfrage (Typ 1) und mit hoher Nachfrage (Typ 2). N_1 Verbraucher haben die Nachfragekurve D_1 und N_2 Verbraucher die Nachfragekurve D_2. Diese Nachfragekurven können folgendermaßen geschrieben werden:

$$(D_1)\ p_1 = a_1 - bq_1,$$

$$(D_2)\ p_2 = a_2 - bq_2.$$

Typ 1 sind die Verbraucher mit geringer Nachfrage, Typ 2 sind die Verbraucher mit hoher Nachfrage. Die Nachfragekurven haben die gleiche Steigung, aber es gilt $a_2 > a_1$. Die Grenzkosten und die durchschnittlichen Gesamtkosten sind beide gleich k. Der Monopolist bietet zwei verschiedene Kombinationen an Stückpreisen und Gebühren an. Die Verbraucher können wählen, ob sie eine Gebühr F_1 bezahlen möchten, die sie berechtigt, beliebig viele Einheiten zum Preis von jeweils p_1 zu kaufen. Oder sie können eine Gebühr F_2 bezahlen und danach beliebig viele Einheiten zum Stückpreis von p_2 kaufen. Also zahlt ein Verbraucher, der x Einheiten kauft, entweder $F_1 + p_1x$ oder $F_2 + p_2x$. Nehmen wir an, dass $F_1 < F_2$ und $p_2 < p_1$.

a) Was ist bei einem beliebigen Wert für p_1 die höchste Gebühr, die Verbraucher des Typs 1 bezahlen würden? Zeigen Sie diese in einem Diagramm.

b) Bei $p_2 < p_1$ und F_1 gleich der höchsten Gebühr, die Verbraucher des Typs 1 bezahlen würden, was ist die maximale Gebühr, die Verbraucher des Typs 2 bezahlen würden, um einen Preis pro Einheit zahlen zu können, der p_2 entspricht?

c) Was ist der gewinnmaximierende Wert für p_2? Erklären Sie warum.

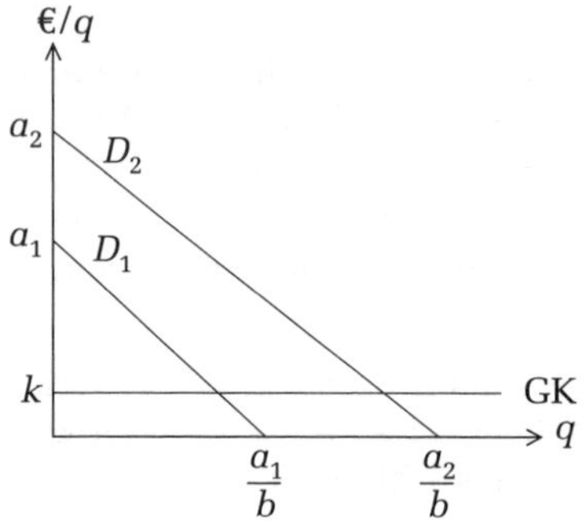

Abbildung 11.9

18. Ein Monopolist, der in Amos, Iowa, Geräte verkauft, hat eine konstante Grenzkostenkurve. Amos ist eine Universitätsstadt und der Monopolist hat zwei verschiedene Kundengruppen, Studenten und Einheimische. Die Nachfragekurve der Einheimischen und die Grenzkostenkurve sind in Abbildung 11.10 angegeben.

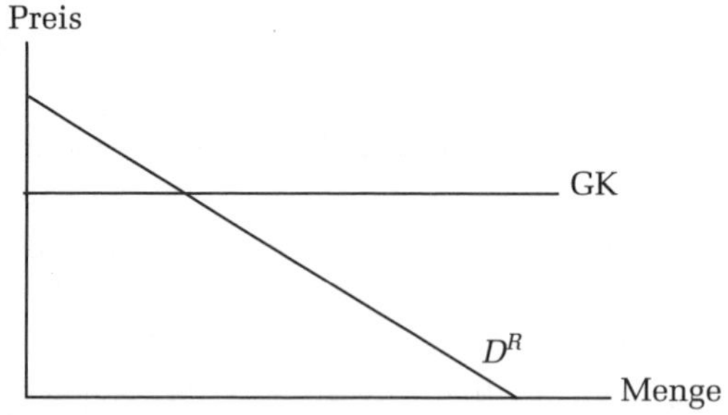

Abbildung 11.10

a) Zeichnen Sie eine lineare Nachfragekurve für die Studenten so ein, dass der Monopolist keines seiner Produkte an Studenten verkauft, wenn er beiden Gruppen den gleichen Preis berechnen muss.

b) Nehmen wir nun an, dass der Monopolist erkennen kann, welcher Käufer Student ist und welcher nicht. Zeichnen Sie eine lineare Nachfragekurve für Studenten so ein, dass der Monopolist keines seiner Produkte an Studenten verkauft, wenn er beiden Gruppen unterschiedliche Preise berechnen kann.

11.4 Kontrollfragen

19. Ein Juwelier setzt keine festen Preise für seine Produkte an. Stattdessen entscheidet der Manager, wie viel jedem Käufer für das jeweilige Stück berechnet wird. In diesem Fall betreibt das Unternehmen:

a) Preisdiskriminierung ersten Grades.

b) Preisdiskriminierung zweiten Grades.

c) Preisdiskriminierung dritten Grades.

d) Koppelung.

e) Keine der Antworten ist korrekt.

20. Während seines jährlichen Ausverkaufs gewährt ein Supermarkt einen Rabatt von 10 Prozent auf jede Flasche Wein, wenn man eine bis fünf Kisten kauft, und 20 Prozent pro Flasche, wenn man mehr als fünf Kisten kauft. Das Unternehmen betreibt:

a) Preisdiskriminierung ersten Grades.

b) Preisdiskriminierung zweiten Grades.

c) Preisdiskriminierung dritten Grades.

d) Bündelung.

e) Keine der Antworten ist korrekt.

21. Ein Hersteller von Pestiziden verkauft sein Produkt in zwei Varianten. Es gibt eine schwächere Formel zum Verkauf im Einzelhandel in Gärtnereien und eine starke Formel zum Verkauf an professionelle Gärtner. Der Preis pro einzelner Pestizidanwendung ist für professionelle Gärtner günstiger. Dieses Unternehmen betreibt:

a) Intertemporale Preisdiskriminierung.

b) Preisdiskriminierung zweiten Grades.

c) Preisdiskriminierung dritten Grades.

d) Spitzenlast-Preisbildung.

e) Keine der Antworten ist korrekt.

22. Wenn der Pestizidhersteller aus der Frage oben seinen Gewinn maximiert, dann gilt:

a) Professionelle Gärtner müssen eine elastischere Nachfrage haben als Hobbygärtner.

b) Professionelle Gärtner müssen eine weniger elastische Nachfrage haben als Hobbygärtner.

c) Professionelle Gärtner müssen kleinere Mengen an Pestiziden kaufen als Hobbygärtner.

d) Professionelle Gärtner reagieren eher auf Werbung.

e) Keine der Antworten ist korrekt.

23. Skipässe sind am Wochenende teurer als unter der Woche. Eine Erklärung dafür lautet:

a) Spitzenlast-Preisbildung,

b) weniger elastische Nachfrage am Wochenende als unter der Woche,

c) elastischere Nachfrage am Wochenende als unter der Woche,

d) a) und b),

e) b) und c).

24. Zweistufige Gebühren sind:

a) eine Form der Bündelung;

b) gewinnsteigernd, wenn die Verbraucher verschiedene Nachfragekurven haben;

c) ineffizient, wenn die Verbraucher identisch sind;

d) eine ungewöhnliche Preisstrategie.

e) Keine der Antworten ist korrekt.

25. Ein Monopolist, der Preisdiskriminierung dritten Grades betreibt, maximiert seine Gewinne, indem er

a) auf dem Marktsegment einen höheren Preis verlangt, wo die Nachfrage elastischer ist;

b) dafür sorgt, dass die Preis-Kosten-Marge in allen Segmenten gleich ist;

c) Preise verlangt, die zu gleichen Grenzerlösen auf den verschiedenen Märkten führen;

d) eine Eintrittsgebühr festlegt, welche die gesamte Konsumentenrente abschöpft;

e) einen Preis verlangt, der den Grenzkosten entspricht.

Die nächsten beiden Fragen basieren auf den folgenden Daten: 40.000 potentielle Kunden eines Anbieters von Kabelfernsehen sind bereit, jeweils € 6 pro Monat für einen Dokumentationskanal und € 6 pro Monat für einen Spielfilmkanal zu bezahlen. 20.000 potentielle Kunden würden für den Dokumentationskanal € 10 pro Monat und für den Spielfilmkanal € 3 bezahlen. Nehmen wir an, die Kosten sind null.

26. Wenn der Zugang zu beiden Kanälen separat verkauft würde, sollte der Anbieter für den Dokumentationskanal _______ und für den Spielfilmkanal ________ verlangen.

a) € 10 und € 6.

b) € 6 und € 6.

c) € 6 und € 10.

d) € 6 und € 3.

e) € 10 und € 3.

***27.** [Bündelung] Wenn der Anbieter beide Kanäle als Bündel verkauft, sollte er folgenden Preis berechnen:

a) € 16.

b) € 13.

c) € 12.

d) € 10.

e) € 9.

*28. [Werbung] Das Unternehmen Bester Bäcker in Podunk bietet ein beliebtes Sandwichbrötchen an. Das Unternehmen gibt 5 Prozent des Umsatzerlöses für Werbung aus. Es verkauft seine Brötchen für € 0,35, wobei die Grenzkosten pro Brötchen bei € 0,25 liegen. Wenn das Unternehmen seinen Gewinn maximiert, beträgt die Werbungs-Elastizität der Nachfrage:

a) 0,2.

b) 0,175.

c) 0,143.

d) 0,125.

e) Zusätzliche Informationen sind notwendig.

29. Wenn man die Preisdiskriminierung ersten Grades mit vollkommenem Wettbewerb vergleicht, kann man schließen, dass:

a) die gesamte Rente beim Wettbewerb höher ist;

b) die gesamte Rente beim Wettbewerb geringer ist;

c) beim Wettbewerb die Produzentenrente geringer und die Konsumentenrente höher ist;

d) beim Wettbewerb der Grenzerlös dem Preis entspricht, während das bei der Preisdiskriminierung ersten Grades nicht der Fall ist;

e) der Wohlfahrtsverlust beim Wettbewerb geringer ist.

30. Unternehmen mit Marktmacht versuchen, mithilfe verschiedener Preisdiskriminierungsstrategien Konsumentenrente abzuschöpfen. Es kann aber auch kostenbezogene Erklärungen für Preisunterschiede geben. Welche der folgenden Strategien sind wahrscheinlich durch Kostenunterschiede gerechtfertigt?

a) Ein Hersteller verkauft Markenzigaretten zu einem höheren Preis als identische No-Name-Zigaretten.

b) Ein großes Unternehmen gibt Kostenersparnisse bei großen Bestellungen in Form von Mengenrabatten an seine Kunden weiter.

c) Ein Unternehmen passt sein Produkt oder seine Dienstleistung genau den Wünschen eines bestimmten Käufers an und verlangt dafür mehr.

d) Alle Antworten sind korrekt.

e) a) und c) sind korrekt.

11.5 Internetübung

Öffnen Sie die Seite *http://www.economagic.com*. Wandern Sie nach unten und klicken Sie auf *Department of Energy: Monthly Energy*. Finden Sie *Table 9.8. No. 2 Distillate Prices to Residences*. Sehen Sie sich die Benzinpreise von 1998 in Illinois und Washington an. Können Sie daraus ableiten, dass die Benzinbranche eine Wettbewerbsbranche ist? Wenn ja, erklären Sie die Preisunterschiede in den verschiedenen Bundesstaaten. Wenn nein, glauben Sie, dass hier irgendeine Form der Preisdiskriminierung vorliegt?

11.6 Lösungen zu den Übungen

1. Die vollkommene Preisdiskriminierung ersten Grades schadet den Verbrauchern (wie *a*) mit Reservationspreisen oberhalb von P_m (der reine Monopolpreis), da sie nun mehr bezahlen. Verbraucher mit Reservationspreisen unterhalb von P_m, aber über GK (wie *b*), bekommen das Produkt nun zu ihrem Reservationspreis angeboten, also sind sie weder besser noch schlechter dran als vorher (das heißt sie haben zuvor nichts gekauft, kaufen jetzt zwar, haben aber keine Konsumentenrente). Verbraucher, deren Reservationspreis unter GK liegt (wie *c*), kaufen das Produkt weder mit noch ohne Preisdiskriminierung.

2. Verbraucher 1, 2 und 4 kaufen jeweils die Produktionsmenge, bei der die Nachfragekurve die Preisstaffel schneidet. Verbraucher 3 ist ein schwierigerer Fall, denn seine Nachfragekurve schneidet die Preisstaffel mehrere Male. In Abbildung 11A.1 haben wir die Nachfragekurve von Verbraucher 3 dargestellt. Welcher Schnittpunkt der beste ist, hängt von der zusätzlichen *Nettorente* ab, die der Verbraucher aus dem Kauf der größten Menge (q_C) anstelle der kleinsten Menge (q_A) erlangt. (Der Verbraucher würde niemals bei q_B aufhören, denn $KR_A + KR_B < KR_A$.) Da KR_B negativ ist, wird der Verbraucher q_A wählen, wenn $KR_B + KR_C < 0$ (wenn die verlorene Konsumentenrente aufgrund der Bewegung von q_A nach q_C größer ist als die dadurch gewonnene Rente). Der Verbraucher wird q_C wählen, wenn $KR_B + KR_C > 0$ (wenn die gewonnene Konsumentenrente aufgrund der Bewegung von q_A nach q_C größer ist als die dadurch verlorene Rente). In diesem Fall und für diese Zeichnung gilt $KR_B + KR_C < 0$ und der Verbraucher sollte sich für q_A entscheiden.

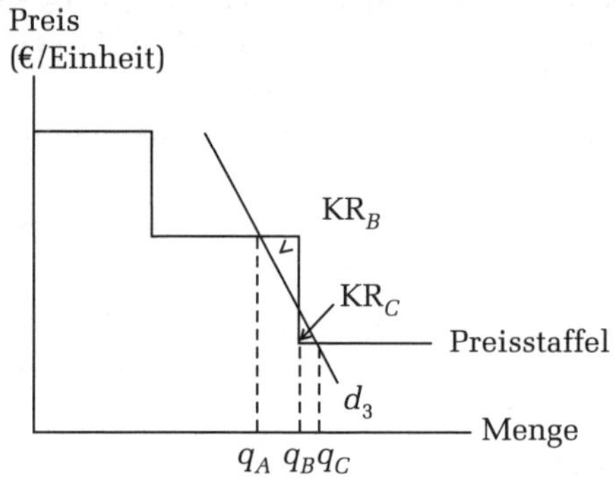

Abbildung 11A.1

3. a) Restaurants legen ihre Preisstrategie meist zur Segmentierung des Marktes in arbeitende und nichtarbeitende Kunden fest. Obwohl auch Studenten und Kinder und diejenigen, die zu Hause arbeiten, von den Sonderangeboten am frühen Abend profitieren könnten, ist das wichtigste Marktsegment doch das der Senioren. Sie sind flexibel genug, um früher oder später essen zu können, und damit ist ihre Nachfrage elastischer. Bietet man ihnen zwischen 16 und 18 Uhr einen 50-prozentigen Rabatt an, werden viele dieses Angebot nutzen.

   b) Vielen anderen Geschäften wäre es nicht möglich, die Senioren daran zu hindern, zuerst billig einzukaufen und die Ware dann an jüngere Menschen weiterzuverkaufen. Selbst bei Restaurants, die dieselbe Preisstrategie auch auf Gerichte zum Mitnehmen anwenden, die zwischen 16 und 18 Uhr gekauft werden, könnte

Arbitrage zu leicht durchzuführen sein und zu wenig Kunden würden Gerichte zum Mitnehmen nach 18 Uhr kaufen. (Natürlich bringt dies auch Arbitrage-Kosten mit sich, die in Betracht gezogen werden müssten.)

4. Erinnern wir uns an die Faustregel zur Preisbildung aus Kapitel 10. Wenn wir die Grenzkosten aus der Gleichung eliminieren, erhalten wir das Preisverhältnis als Funktion der Nachfrageelastizitäten. Da gilt $(P_i - \text{GK})/P_i = -1/E_i$, wobei E_i die Nachfrageelastizität auf dem Markt i ist, ermitteln wir $(3 - \text{GK})/3 = -1/E_R$ und $(27 - \text{GK})/27 = -1/E_D$, also hat das „Lassie“-Parfüm eine elastischere Nachfrage.

Wenn GK = 1, dann gilt $(3 - 1)/3 = -1/E_R$ oder $E_R = -3/2$ und $(27 - 1)27 = -1/E_D$ oder $E_D = -27/26$. Erinnern wir uns, dass der Monopolist immer einen Preis wählt, der auf dem elastischen Bereich der linearen Marktnachfragekurve liegt.

5. a) Setzen Sie GE = GK in jedem Marktsegment. (Erinnern wir uns, dass GE denselben Achsenschnittpunkt und die doppelte Steigung der linearen Nachfragekurve hat.)

Erste Klasse: $1.000 - 10Q = 100 \Rightarrow Q = 90$ und $P = € 550$, wobei der Preis mithilfe der Nachfragegleichung bestimmt wird.

Touristenklasse: $500 - 2Q = 100 \Rightarrow Q = 200$ und $P = € 300$.

b) $E_{Erste\ Klasse} = -bP/Q = -(1/5)(550/90) = -1{,}2$ (wobei $-b$ die Steigung der Nachfragegleichung $Q = a - bP$ ist).

$E_{Touristenklasse} = -bP/Q = -1(300/200) = -1{,}5$.

Ja, diese Werte der Nachfrageelastizitäten in den beiden Marktsegmenten machen Sinn, da auf dem Segment mit der geringeren Nachfrageelastizität der höhere Preis berechnet wird.

6. a) Abbildung 11A.2 zeigt den Preis P_1, der zu Normalzeiten berechnet wird. Er ist so gewählt, dass die DC-Kurve D_1 schneidet. Das Werk arbeitet zu Normalzeiten gerade ohne Verluste. In Spitzenzeiten aber, wenn die Nachfrage auf D_2 steigt, steigt die Menge auf Q_2 und das Unternehmen verliert Geld, denn DC ist bei Q_2 oberhalb von P_1.

b) Damit das Werk auch in Spitzenzeiten gerade ohne Verluste arbeiten kann, muss der Spitzenpreis auf P_2 erhöht werden, wo D_2 die DC-Kurve schneidet.

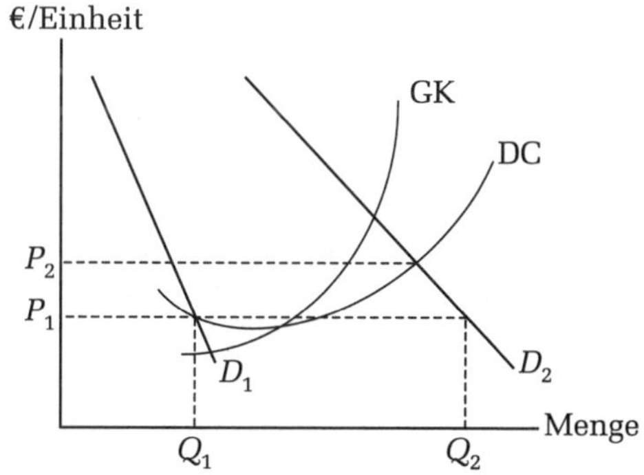

Abbildung 11A.2

7. Wenn der Golfclub $P^* = 0$ setzt, würden die Verbraucher $Q^* = 100$ nachfragen. Die Konsumentenrente würde 0,5(100)(100) = € 5.000 betragen; dies wäre die Eintrittsgebühr oder der jährliche Mitgliedsbeitrag. Die Gewinne würden also 0(100) – 10(100) + 5.000 = € 4.000 betragen. Dies ist weniger als der Gewinn von € 4.050, der erzielt wird, wenn $P^* = 10$ und $T^* =$ € 4.050.

8. Bei $P = 10$ und $T =$ KR für die Verbraucher mit „geringer Nachfrage" haben wir, wie in Abbildung 11A.3 gezeigt, $Q_H = 120$, $Q_L = 90$ und $KR_L = 0{,}5(90)(90) =$ € 4.050. Da das Unternehmen pro Einheit einen Preis berechnet, der den Grenzkosten entspricht, kommen seine Gewinne nur von der Eintrittsgebühr: $\pi = 2T = 2(4.050) =$ € 8.100.

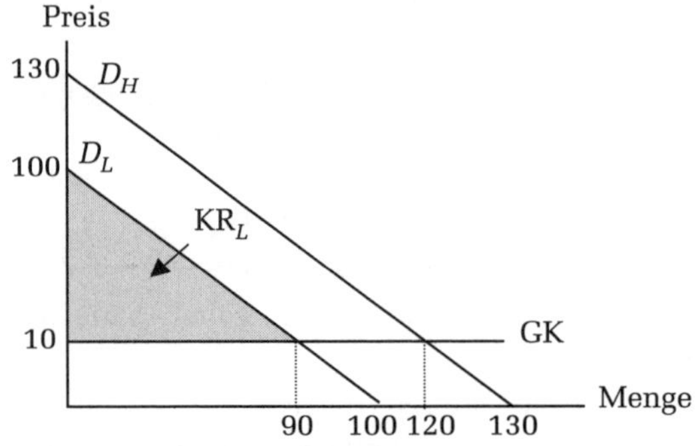

Abbildung 11A.3

Wenn $P = 15$, dann sind $Q_H = 115$, $Q_L = 85$ und $KR_L = 0{,}5(85)(85) =$ € 3.612,50. Die Gewinne sind $\pi = (P - GK)Q + 2T = (15 - 10)(115 + 85) + 2(3.612{,}5) =$ € 8.225. Das heißt, bei unterschiedlichen Kunden maximiert die Firma ihren Gewinn, wenn sie einen Preis, der über GK liegt, und eine etwas geringere Eintrittsgebühr berechnet.

9. a) Um ein Bündelungs-Problem zu lösen, müssen wir jeden möglichen Preis prüfen. Dies wird aber vereinfacht, denn das Unternehmen profitiert nur von einer Senkung der Preise, wenn das zusätzliche Kunden anzieht. Nehmen wir an, ein Verbraucher kauft, solange der Preis *geringer* ist als sein Reservationspreis oder diesem *entspricht* (wenn der Preis strikt unter dem Reservationspreis liegen soll, müssen wir genau festlegen, was die geringstmögliche Preisveränderung sein darf).

Prüfen wir für die Feuchtigkeitscreme folgende Preise: € 20, € 18, € 12, € 9 und € 4. Wenn $P =$ € 20, dann ist der Gewinn € 20 – € 3 = € 17, denn nur der erste Verbraucher kauft die Creme. Bei $P =$ € 18 ist der Gewinn 2(€ 18 – € 3) = € 30, denn jetzt kaufen zwei Verbraucher. Für $P =$ € 12, € 9 und € 4 gilt die gleiche Logik: $\pi(12) = 3($€ 12 – € 3$) =$ € 27; $\pi(9) = 4($€ 9 – € 3$) =$ € 24 und $\pi(4) = 5($€ 4 – € 3$) =$ € 5. Also ist der beste Preis für die Feuchtigkeitscreme allein € 18.

Für den Schal haben wir $\pi(24) =$ € 24 – € 7 = € 17, da nur der fünfte Kunde kauft. Ähnlich gilt $\pi(21) = 2($€ 21 – € 7$) =$ € 28; $\pi(18) = 2($€ 18 – € 7$) =$ € 33; $\pi(12) = 2($€ 12 – € 7$) =$ € 20 und $\pi(5) = 2($€ 5 – € 7$) =$ –€ 10. Also ist der beste Preis für den Schal allein € 18.

Der Gesamtgewinn aus dem separaten Verkauf beträgt also € 30 + € 33 = € 63.

b) Addieren Sie für die reine Bündelung die beiden Reservationspreise jedes Verbrauchers und prüfen Sie dann den Gewinn bei jedem relevanten Bündelpreis. Die Grenzkosten des Bündels sind € 10, die Summe der Grenzkosten der beiden Einzelprodukte. P_B sei der Preis für das Bündel. Für P_B = € 30 ist der Gewinn $\pi_B(30)$ = 3(€ 30 – € 10) = € 60, denn der zweite, dritte und vierte Verbraucher kaufen das Bündel zu diesem Preis. Bei P_B = € 28 gilt $\pi_B(28)$ = 4(€ 28 – € 10) = € 72 und $\pi_B(25)$ = 5(€ 25 – € 10) = € 75. Daher ist der beste Preis für das Bündel € 25 und der Gewinn beträgt € 75.

c) Der Gewinn ist bei Bündelung höher (€ 75 > € 63).

10. Bei der separaten Preisbildung und der reinen Bündelung führen wir die gleiche Analyse durch wie oben. Zunächst ermitteln wir für jeden relevanten Preis den Gewinn für die beiden Produkte separat und für das Bündel.

Verkauft man die Feuchtigkeitscreme separat, so ist $\pi(12)$ = 5(€ 12 – € 3) = € 45 der maximal mögliche Gewinn. Verkauft man den Schal separat, so ist $\pi(18)$ = 4(€ 18 – € 7) = € 44 der maximal mögliche Gewinn. Also beträgt der Gesamtgewinn beim separaten Verkauf € 45 + € 44 = € 89.

Bei der reinen Bündelung sind die relevanten Preise, die wir prüfen müssen € 38, € 33, € 31, € 29, € 26 und € 24. Der Gewinn aus reiner Bündelung ist für P_B = € 24 am höchsten, denn dann kaufen alle 7 Kunden das Bündel, das ergibt einen Gewinn von $\pi_B(24)$ = 7(€ 24 – € 10) = € 98.

Die Analyse der gemischten Bündelung ist etwas komplexer. Bei jedem Bündelpreis hängt die Anzahl der Verbraucher, die das Bündel kaufen, von den Preisen ab, die für die Produkte separat berechnet werden. Nehmen wir zur Vereinfachung an 1 = Feuchtigkeitscreme und 2 = Schal:

Bei P_B = € 38 wäre nur der sechste Kunde bereit, das Bündel zu kaufen und nur dann, wenn P_1 = € 8 und P_2 = € 30. In diesem Fall sind die besten Preise für die beiden Produkte separat P_1 = € 12 und P_2 > € 30. Der sechste Verbraucher wird so das Bündel kaufen und Verbraucher 1, 2, 3, 4 und 7 werden Produkt 1 kaufen. Den Gewinn aus der gemischten Bündelung können wir folgendermaßen schreiben: $\pi_M(P_B, P_1, P_2)$. Also gilt π_M(38,12,31) = (€ 38 – € 10) + 5(€ 12 – € 3) = € 73.

π_M(33,12,31) = 2(€ 33 – € 10) + 4(€ 12 – € 3) = € 82, denn Verbraucher 4 und 6 werden das Bündel kaufen und Verbraucher 1, 2, 3 und 7 kaufen Produkt 1. Kein Verbraucher kauft nur Produkt 2.

π_M(31,17,24) = 3(€ 31 – € 10) + 2(€ 17 – € 3) + (€ 24 – € 7) = € 108, denn Verbraucher 3, 4 und 6 kaufen das Bündel, Verbraucher 1 und 2 kaufen Produkt 1 und Verbraucher 5 kauft Produkt 2. Beachten Sie, dass eine Preissenkung bei Produkt 1 auf € 12 Verbraucher 3 dazu veranlassen würde, anstatt des Bündels nur Produkt 1 zu kaufen, sodass dies keine gewinnbringende Alternative ist.

π_M(29,22,31) = 5(€ 29 – € 10) + (€ 22 – € 3) = € 114, denn Verbraucher 2, 3, 4, 5 und 6 kaufen das Bündel und Verbraucher 1 kauft nur Produkt 1.

π_M(24,19,31) = 6(€ 24 – € 10) + (€ 19 – € 3) = € 100, denn alle Verbraucher kaufen das Bündel außer Verbraucher 1, der nur Produkt 1 kauft. Man kann Verbraucher 1 nicht seinen Reservationspreis für Produkt 1 berechnen, denn dann würde er das Bündel kaufen. Angesichts der Kosten für Produkt 2 ist es für das Unternehmen rentabler, ihm nur Produkt 1 zu verkaufen.

Die gemischte Bündelung ist die beste Alternative (€ 114 > € 98 > € 89).

11. a) Der Weizenfarmer auf dem Wettbewerbsmarkt produziert bis zu dem Punkt, wo P = GK gilt. Der Farmer verkauft bereits die gewinnmaximierende Menge und möchte zum herrschenden Marktpreis nicht mehr Weizen verkaufen. Wenn Werbung den Weizenpreis nach oben treiben würde, würden alle Weizenfarmer davon profitieren.

b) Diese Kampagnen werden von Handelsverbänden finanziert. Das heißt, eine Reihe von Produzenten bringt die Gelder für die Werbung gemeinsam auf. Wenn diese Verbände aus allen Produzenten bestehen, profitieren alle davon, dass sich die Nachfragekurve nach rechts verschiebt, da die Gewinne steigen (solange die Angebotskurve ansteigend verläuft). Beachten Sie, dass bei horizontaler Angebotskurve eine Verschiebung der Nachfragekurve nach rechts die Gewinne nicht beeinflussen würde.

12. Das Unternehmen sollte auf dem Markt mit der höheren Preis-Kosten-Marge einen größeren Anteil seiner Erlöse für Werbung ausgeben. Das ist der Markt mit der geringeren Nachfrageelastizität (der absolute Wert von E_P ist geringer). Aufgrund der Faustregel $A/PQ = -E_A/E_P$ sollte das Unternehmen auf Markt 1 mehr ausgeben.

11.7 Lösungen zu den Übungsaufgaben

13. a) Zunächst ermitteln wir den Grenzerlös auf jedem Markt: $GE_1 = 200 - 2Q_1$ und $GE_2 = 190 - 6Q_2$. Da die Grenzkosten konstant bei € 40 liegen, können wir auf jedem Markt getrennt nach Menge und Preis auflösen.

In Markt 1 bedeutet GE_1 = GK, dass $200 - 2Q_1 = 40$ oder $Q^*_1 = 80$ und P^*_1 = € 120. In Markt 2 gilt GE_2 = GK, also $190 - 6Q_2 = 40$ oder $Q^*_2 = 25$ und P^*_2 = € 115.

b) Wenn das Unternehmen keine Preisdiskriminierung betreiben kann, so gilt $P_1 = P_2$. Um die Marktnachfrage zu erhalten, müssen wir die Nachfragekurven so umschreiben, dass Q auf der linken Seite steht und dann beide Kurven addieren. $Q_1 = 200 - P_1$ und $Q_2 = 63{,}33 - P_2/3$. Bei gleichen Preisen gilt $Q = Q_1 + Q_2 = 263{,}33 - 4P/3$. Die umgekehrte Nachfragekurve ist daher $P = 197{,}5 - 0{,}75Q$. Die Grenzerlöskurve ohne Diskriminierung lautet $GE = 197{,}5 - 1{,}5Q$. Wenn wir GE = GK setzen, erhalten wir $197{,}5 - 1{,}5Q = 40$ oder $Q^* = 105$ und $P^* = 118{,}75$.

14. a) Werden die Produkte separat verkauft, so sind die besten Preise $P_1 = 60$ und $P_2 = 55$. Das Unternehmen verkauft jedes Produkt an zwei Kunden. Der Gesamtgewinn beträgt $\pi_1 + \pi_2 = 2(60 - 20) + 2(55 - 20) = 150$.

b) Bei der reinen Bündelung müssen nur zwei Bündelpreise geprüft werden: 115 und 100. Bei $P_B = 115$ wird nur ein Bündel verkauft. Bei $P_B = 100$ werden drei Bündel verkauft: $\pi_B(100) = 3(100 - 40) = 180$.

c) Bei der gemischten Bündelung besteht eine Möglichkeit darin, das Bündel für € 115, Produkt 1 für € 75 und Produkt 2 für € 85 zu verkaufen. $\pi_M(115{,}75{,}85) = (115 - 40) + (75 - 20) + (85 - 20) = 195$. Wenn der Bündelpreis auf 100 sinkt, kaufen alle Verbraucher das Bündel, also läge der Gewinn bei 180. Das beste Ergebnis erzielt das Unternehmen mit gemischter Bündelung.

15. a) $GE_1 = 41 - 0{,}3q_1$. Wenn wir GE_1 = GK setzen, erhalten wir $41 - 0{,}3q_1 = 5$ oder $q_1 = 63/0{,}3 = 120$. Setzen wir dies in die Nachfragekurve ein, erhalten wir $p_1 = 41 - 0{,}15(120)$ = € 23.

b) $GE_2 = 47 - 0{,}6q_2$. Wenn wir GE_2 = GK setzen, erhalten wir $47 - 0{,}6q_2 = 5$ oder $q_2 = 42/0{,}6 = 70$. Setzen wir dies in die Nachfragekurve ein, erhalten wir $p_2 = 47 - 0{,}3(70)$ = € 26.

c) Markt 2 hat den höheren Preis und es wird eine kleinere Menge verkauft. Entscheidend ist der Vergleich der Elastizitäten der beiden Märkte, um zu sehen, auf welchem der höhere Preis gilt: $E^1_d = -(1/0{,}15)(23/120) = -1{,}28$ und $E^2_d = -(1/0{,}3)(26/70) = -1{,}24$. Also sehen wir, dass der Markt mit der geringeren Nachfrageelastizität den höheren Preis hat.

16. Eine optimale zweistufige Gebühr mit nur einer Kundengruppe besteht aus $P^* = GK$ und einer Eintrittsgebühr T, die der gesamten Konsumentenrente zu diesem Preis entspricht, wie in Abbildung 11A.4 dargestellt. Es gibt keinen Wohlfahrtsverlust, denn Q^* ist die gleiche Menge wie unter Wettbewerbsbedingungen.

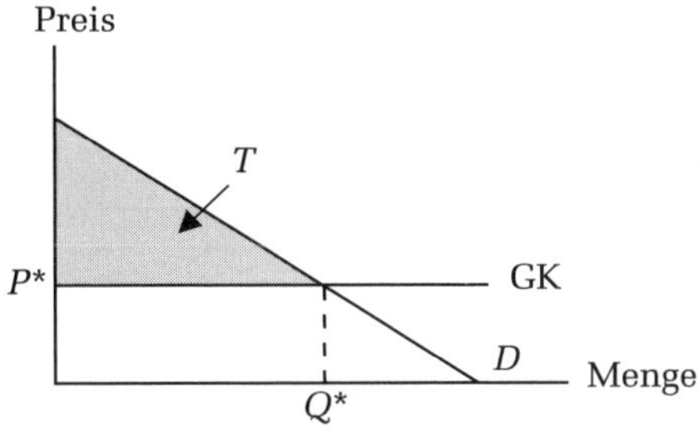

Abbildung 11A.4

17. a) Siehe Abbildung 11A.5a. Bei jedem beliebigen Preis pro Einheit p_1 werden die Verbraucher mit geringer Nachfrage ihre gesamte Konsumentenrente als Gebühr bezahlen.

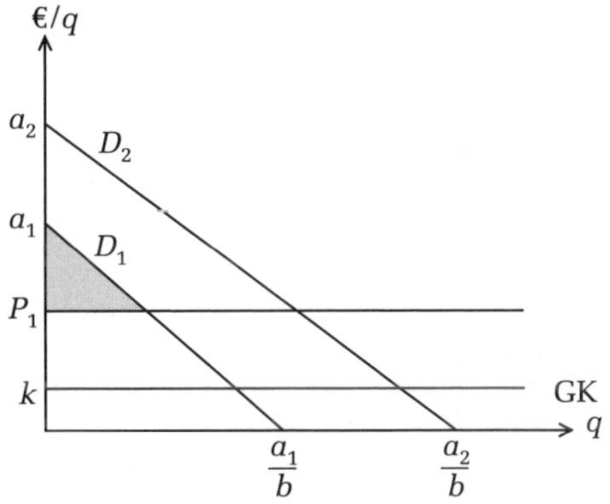

Abbildung 11A.5a

b) Der Monopolist kann nicht die gesamte Konsumentenrente von Verbrauchern mit hoher Nachfrage abschöpfen, denn diese Personen könnten die (F_1, p_1) Kombination wählen, die ihnen eine positive Konsumentenrente bringt. Also entspricht die schattierte Fläche in Abbildung 11A.5b der maximalen Eintrittsgebühr, die Verbraucher mit hoher Nachfrage zu zahlen bereit wären, um dann pro Einheit eine Nutzungsgebühr von p_2 zu bezahlen.

c) Der gewinnmaximierende Wert für p_2 ist k. Wie bei identischen Verbrauchern, hat auch hier eine Senkung von p_2 in Richtung k eine Erhöhung der Konsumentenrente zur Folge, die höher ist als die Kosten der Bereitstellung zusätzlicher Produktionseinheiten und die dann als Gebühr abgeschöpft werden kann.

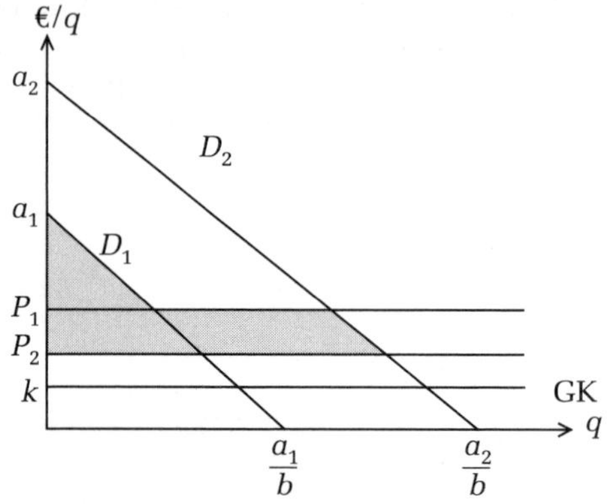

Abbildung 11A.5b

18. a) Beginnen wir mit der Abbildung 11A.6a, wo D^R die Nachfrage der Einheimischen, D^S die Nachfrage der Studenten und D^T die gesamte Nachfrage ist (die etwas fetter gedruckte Linie, die D^R bis P_0 folgt und unter P_0 dann die horizontale Summe von D^R und D^S ist). Der Grenzerlös aus der D^T-Nachfragekurve hat zwei Teile. Der erste Teil folgt der GE^R-Kurve bis zu Q_0, denn nur die DR-Kurve ist für Mengen zwischen null und Q_0 relevant. Der zweite Teil (für Mengen über Q_0) folgt der GE^T-Kurve, die sich ergeben würde, wenn D^T die einzig relevante Nachfragekurve wäre. Stellen wir uns anders ausgedrückt vor, dass D^T bis zur vertikalen Achse verlängert würde und zeichnen wir dann GE^T mit dem selben Achsenschnittpunkt und der doppelten Steigung wie D^T. Fügen wir beide Teile zusammen, so erhalten wir die endgültige GE^T-Kurve wie sie Abbildung 11A.6a zeigt (die kräftig fett gedruckte Linie).

Nun da wir GE^T ermittelt haben, können wir die gesuchte D^S-Kurve finden, die dazu führt, dass der Monopolist nichts an die Studenten verkauft, wenn er beiden Gruppen den gleichen Preis berechnen muss. Intuitiv ist einsichtig, dass es keine Verkäufe an Studenten gibt, wenn der Preis, P^*, auf der DR-Nachfragekurve, aber nicht auf der D^T-Kurve liegt. Abbildung 11A.6b stellt diesen Fall dar. P^* ist der Monopolpreis (ermittelt aufgrund des Schnittpunkts von GE^T und GK bei Q^*), der diese Bedingung erfüllt. Ohne Preisdiskriminierung wird an Studenten nichts verkauft, wenn der einzige Schnittpunkt von GE^T (die Grenzerlöskurve für beide Gruppen zusammen) und GK der gleiche ist wie der Schnittpunkt von GE^R und GK.

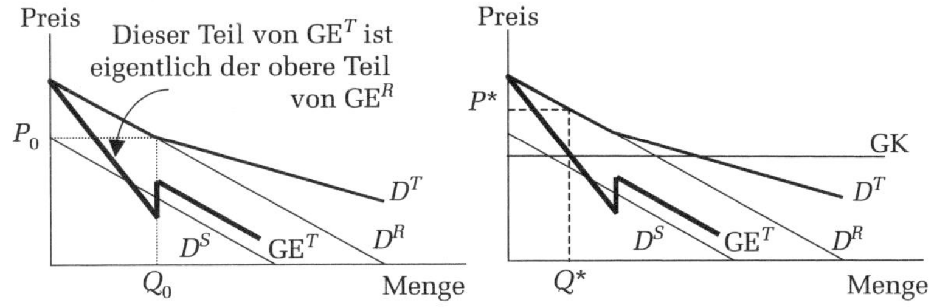

Abbildung 11A.6a+b

b) Siehe Abbildung 11A.6c. Bei Preisdiskriminierung dritten Grades stellt sich nur die Frage, ob GE^S bei $Q^S = 0$ geringer ist als GK.

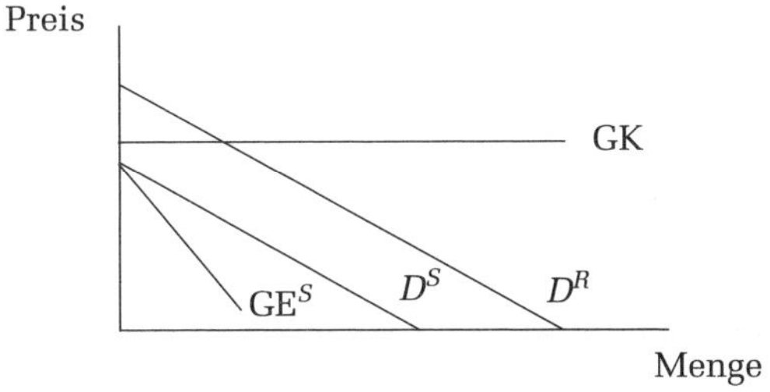

Abbildung 11A.6c

11.8 Lösungen zu den Kontrollfragen

19. a) Jeder Verbraucher zahlt den vom Manager geschätzten Reservationspreis.

20. b) Dies ist Paketpreisbildung, eine Form der Preisdiskriminierung zweiten Grades.

21. c) Das Unternehmen hat die beiden Märkte je nach Stärke des Pestizids segmentiert.

22. a) Der geringere Preis wird auf dem Markt mit elastischerer Nachfrage berechnet.

23. d) Hier könnten sowohl Spitzenlast-Preisbildung als auch Preisdiskriminierung dritten Grades vorliegen. Wir können das nicht mit Sicherheit angeben, ohne zu wissen, ob die Kosten zwischen Spitzen- und Normalzeiten variieren.

24. b) Obwohl nicht die gesamte Konsumentenrente abgeschöpft werden kann, wenn die Nachfrage der Verbraucher variiert, kann eine zweistufige Gebühr dennoch gewinnbringend sein. Eine zweistufige Gebühr kann ebenso effizient sein wie vollkommener Wettbewerb, wenn alle Verbraucher identisch sind und der Preis in Höhe der Grenzkosten festgesetzt wird (daher ist Antwort c) falsch). Antwort d) trifft offensichtlich auch nicht zu – den Preis in zwei Komponenten aufzuspalten, eine Eintritts- und eine Nutzungsgebühr, ist eine häufig verwendete Strategie. Beispiele dafür sind die Preisstrategien von Golfclubs oder Fitnessclubs (die meist eine einmalige Eintrittsgebühr und zusätzlich monatliche Mitgliedsbeiträge verlangen) und Rechnungen von Versorgungsunternehmen (die eine Anschlussgebühr und außerdem eine weitere Gebühr für die Nutzung enthalten).

25. c) Bei der Preisdiskriminierung dritten Grades sollte das Unternehmen den Preis so festlegen, dass $GE_1 = GE_2 = GK$ ist. Dies führt zu einem höheren Preis auf dem Marktsegment mit der weniger elastischen Nachfragekurve.

26. b) Der Kabelanbieter würde einen Erlös von € 6(40.000) + 6(20.000) = € 360.000 erzielen, wenn er den Preis für den Dokumentationskanal auf P_D = € 6 festlegt. Bei P_D = € 10 würde der Erlös € 10(20.000) = € 200.000 betragen. Daher sollte der Kabelanbieter den Dokumentationskanal zu P_D = € 6 anbieten.

Der Kabelanbieter würde einen Erlös von € 6(40.000) = € 240.000 erzielen, wenn er den Preis für den Spielfilmkanal auf P_S = € 6 festlegt. Bei P_S = € 3 würde der Erlös € 3(40.000 + 20.000) = € 180.000 betragen. Daher sollte der Kabelanbieter den Spielfilmkanal zu P_S = € 6 anbieten.

27. c) Wenn der Kabelanbieter einen Bündelpreis von € 12 verlangt, beträgt der Erlös (40.000 + 20.000)12 = € 720.000. Ist der Bündelpreis € 13, beträgt der Erlös 13(20.000) = € 260.000. Beachten Sie, dass eine Bündelung alle Verbraucher dazu bringt, beide Kanäle zu kaufen. Obwohl der Gesamtpreis (€ 12) ebenso hoch ist wie in Frage 26, ist eine Bündelung mit höheren Gewinnen verbunden.

28. b) Wenden wir die Faustregel zur Preisbildung aus Kapitel 10 an: $-1/E_D = (P - GK)/P = (0{,}35 - 0{,}25)/0{,}35 = 0{,}2857$. Also gilt $E_D = -3{,}5$. Da $-E_A/E_D = A/PQ = 0{,}05$, gilt $-E_A/-3{,}5 = 0{,}05$ oder $E_A = 0{,}175$.

29. c) Die Preisdiskriminierung ersten Grades schöpft die gesamte Konsumentenrente ab, führt aber zum gleichen Produktionsniveau wie der vollkommene Wettbewerb.

30. d) Wenn der Zigarettenhersteller für seine No-Name-Zigaretten eine andere Verpackung und andere Vertriebsmethoden anwendet, dann kann der Preisunterschied teilweise einen Kostenunterschied reflektieren. Mengenrabatte sind oft durch Kostenunterschiede gerechtfertigt, wenn es Größenvorteile und außerdem Einsparungen bei der Planung und beim Transport gibt. Meist ist es mit zusätzlichen Kosten verbunden, ein Produkt genau den Wünschen eines bestimmten Kunden entsprechend anzupassen, diese Kosten müssten dann an den Kunden weitergegeben werden.

11.9 Lösung zur Internetübung

Aus der Theorie wissen wir, dass beim vollkommenen Wettbewerb der Preis den Grenzkosten entsprechen sollte. Aus den Daten sehen wir, dass die Preise in Washington viel höher sind als in Illinois. Also gibt es zwei Möglichkeiten:

1. In Washington sind die Grenzkosten höher als in Illinois. Selbst wenn die Transportkosten nicht sehr ins Gewicht fallen, kann es dennoch sein, dass sich die Grenzkosten aufgrund von Arbeitskosten, Miete etc. unterscheiden.
2. Wir haben keinen vollkommenen Wettbewerb. Diese Möglichkeit ist plausibler, denn die Preisunterschiede sind sehr groß. Es liegt hier wohl eine Preisdiskriminierung dritten Grades vor, wobei die Verbraucher je nach Wohnort in Gruppen eingeteilt werden. (Obwohl man dies aus diesen staatenbezogenen Daten nicht ersehen kann, betreiben Ölfirmen tatsächlich häufig „Zonenpreisbildung“, wobei sie von Händlern innerhalb eines Staates verschiedene Großhandelspreise verlangen, je nach ihrem Standort und anderen demografischen Daten.)

Monopolistischer Wettbewerb und Oligopol

12

Wichtige Begriffe

- Merkmale des monopolistischen Wettbewerbs
- Merkmale des Oligopols
- Oligopolmodelle
  - Cournot
  - Stackelberg
  - Bertrand
  - Gefangenendilemma
  - Dominantes Unternehmen
  - Kartell
- Nash-Gleichgewicht
- Reaktionskurve
- Elemente der Spieltheorie
  - Auszahlungsmatrix

ÜBERBLICK

12.1 Hauptthemen des Kapitels

Eine monopolistische Marktstruktur ist eine extreme Form des unvollkommenen Wettbewerbs. Zwei weitere, häufigere Formen werden in diesem Kapitel behandelt. Zum einen ist dies der *monopolistische Wettbewerb*, der gegeben ist, wenn viele Verkäufer darum konkurrieren, ein differenziertes Produkt zu verkaufen und wenn ein Markteintritt neuer Unternehmen nicht eingeschränkt ist. Da es viele Unternehmen auf dem Markt gibt, berücksichtigt kein Unternehmen bei der Festsetzung seines Preises oder seiner Produktionsmenge die Reaktion seiner Konkurrenten. Dies ist auch ein Merkmal des vollkommenen Wettbewerbs. Da jedes Unternehmen jedoch ein differenziertes Produkt verkauft, hat auch jedes Unternehmen eine fallend verlaufende Nachfragekurve (die Umsätze sinken, wenn der Preis angehoben wird, jedoch nicht bis auf null). Dies ist ein Merkmal, das auch das Monopol aufweist. Kurzfristig gesehen maximieren die Unternehmen ihre Gewinne, indem sie den Grenzerlös den Grenzkosten gleichsetzen. Wenn der Preis die Durchschnittskosten übersteigt, werden Gewinne erzielt.. Langfristig gesehen werden solche Gewinne andere Unternehmen dazu bringen, in den Markt einzutreten. In einen monopolistischen Wettbewerbsmarkt werden so lange neue Unternehmen eintreten, bis jedes Unternehmen im langfristigen Gleichgewicht einen volkswirtschaftlichen Gewinn von null erzielt. Im langfristigen Gleichgewicht gilt also GE = GK und P = DC, und das bedeutet, dass die Nachfragekurve die Durchschnittskostenkurve des Unternehmens gerade berührt.

Beim monopolistischen Wettbewerb gibt es zwei Ursachen für Ineffizienz: (1) der Preis übersteigt die Grenzkosten und (2) jedes Unternehmen hat *Überschusskapazitäten*, die es nicht nutzt (das heißt jedes Unternehmen setzt sein Produktionsniveau unterhalb des Niveaus fest, das dem Minimum der langfristigen Durchschnittskosten entspricht).

Die zweite Form des unvollkommenen Wettbewerbs, das *Oligopol*, beschreibt das Verhalten großer Unternehmen auf Märkten, auf denen nur einige wenige Unternehmen einen Großteil des Marktgeschehens bestimmen. Ein weiteres wichtiges Merkmal des Oligopols ist die „gegenseitige Abhängigkeit" der Unternehmen voneinander. Jedes Unternehmen weiß, dass die Preis- oder Mengenentscheidungen eines Unternehmens auf dem Markt den Gewinn aller anderen Unternehmen beeinflussen. Diese gegenseitige Abhängigkeit führt dazu, dass oligopolistische Unternehmen die kurzfristigen und langfristigen Reaktionen ihrer Konkurrenten auf jede Veränderung ihrer Strategie berücksichtigen müssen.

In der Oligopoltheorie gibt es zwei Hauptbereiche, die kooperative und die nichtkooperative Oligopoltheorie. Die Modelle nach *Cournot*, *Stackelberg* und *Bertrand*, die in diesem Kapitel behandelt werden, sind Modelle nichtkooperativen Verhaltens. Bei nichtkooperativen Modellen trifft jedes Unternehmen die für sich besten Entscheidungen unter Berücksichtigung dessen, was seine Konkurrenten tun. Dies ist die Basis für das *Nash-Gleichgewicht*. Jedes dieser drei Modelle geht von einer anderen Annahme darüber aus, was das Unternehmen über das Verhalten seiner Konkurrenten annimmt, doch sie wenden alle das Konzept des Nash-Gleichgewichts an.

Beim Cournot-Modell konkurrieren die Unternehmen in der Weise, dass sie ihre Produktionsmengen festlegen, wobei alle Unternehmen diese Produktionsentscheidung gleichzeitig treffen. Die *Reaktionskurve* jedes Unternehmens zeigt seine Produktionsmenge als Funktion der erwarteten Produktionsmenge seines Konkurrenten. Das Cournot-Gleichgewicht liegt am Schnittpunkt der beiden Reaktionskurven. Im Gleichgewicht bedeutet das eine Gesamtproduktionsmenge unterhalb des Niveaus bei vollkommenem Wettbewerb, doch oberhalb des Niveaus beim reinen Monopol.

Beim Stackelberg-Modell konkurrieren die Unternehmen ebenfalls dadurch, dass sie ihre Produktionsmengen festlegen, hier kann jedoch eines der Unternehmen zuerst entscheiden. Der „Anführer" im Stackelberg-Modell setzt seine Produktionsmenge als Erster fest und der „Nachfolger" beobachtet die Produktionsentscheidung des ersten Unternehmens und trifft daraufhin seine eigene Produktionsentscheidung. Hier hat das erste Unternehmen den Vorteil des ersten Zuges: der Anführer produziert mehr als der Nachfolger und erwirtschaftet auch einen höheren Gewinn.

Das Bertrand-Modell ist ein Modell des Preiswettbewerbs. Jedes Unternehmen muss dabei entscheiden, welchen Preis es festsetzt, wobei es den Preis seines Konkurrenten als gegeben annimmt. Bei homogenen Produkten ist das Nash-Gleichgewicht dasselbe wie bei vollkommenem Wettbewerb, das heißt beide Unternehmen setzen ihren Preis den Grenzkosten gleich. Bei differenzierten Produkten ist der Bertrand-Preis im Gleichgewicht höher als beim vollkommenen Wettbewerb, aber geringer als beim reinen Monopol.

Die *Spieltheorie* kann herangezogen werden, um die grundlegenden Merkmale eines nichtkooperativen Spiels zu verdeutlichen. Die *Auszahlungsmatrix* eines Spiels zeigt den Gewinn (oder die Auszahlung) jedes Unternehmens in Abhängigkeit von der eigenen Entscheidung und der Entscheidung des Konkurrenten. Das klassische nichtkooperative Spiel ist das *Gefangenendilemma*, bei dem jedes Unternehmen unabhängig die für sich bestmögliche Entscheidung trifft und dabei die möglichen Entscheidungen seiner Konkurrenten berücksichtigt. Jedes Unternehmen versucht natürlich, seine Gewinne zu maximieren und handelt daher aggressiv, doch es wäre für beide Unternehmen vorteilhafter, wenn sie kooperieren würden. Jedes Unternehmen hat den Anreiz zu „betrügen" und seine Konkurrenten zu unterbieten. In einem Spiel mit nur einer Runde ist immer das Wettbewerbsergebnis die gleichgewichtige Lösung, denn es gibt keine Möglichkeit für eine zukünftige Bestrafung. In einer dynamischen Spielsituation, das heißt bei einem Spiel über mehrere Runden, könnte die *Preisführerschaft* eine Möglichkeit sein, den Konkurrenten (mithilfe von Marktsignalen) mitzuteilen, dass ein höherer Preis oder eine passivere Form des Wettbewerbs für alle Marktteilnehmer von Vorteil wäre.

Das Unternehmen, das den Ruf des Preisführers hat, muss nicht unbedingt das größte Unternehmen auf dem Markt sein. Beim *Modell des dominanten Unternehmens* betrachten wir aber besonders solche Märkte, auf denen es ein großes Unternehmen und eine Gruppe kleinerer (*Rand-*)Unternehmen gibt. Das dominante Unternehmen ermittelt den gewinnmaximierenden Preis, indem es den Grenzerlös aus seiner Nachfragekurve (die durch Abzug des Angebots der Randunternehmen von der Marktnachfrage errechnet werden kann) den Grenzkosten gleichsetzt. Hat das dominante Unternehmen einmal den Preis festgesetzt, nehmen die Randunternehmen diesen Preis als gegeben hin und bestimmen ihre Produktionsmenge aufgrund ihrer Angebotskurve.

Ein *Kartell* ist eine ausdrückliche Absprache zwischen Unternehmen zur Koordination ihrer Aktivitäten mit dem Ziel, den Preis über das Wettbewerbsniveau zu erhöhen. Die Gewinne werden maximiert, wenn die Produktionsmenge so gewählt wird, dass der Grenzerlös des Kartells den Grenzkosten entspricht. Die Produktionsmenge des Kartells muss dann in einzelne Produktionskontingente für jedes beteiligte Unternehmen aufgeteilt werden. Jedes Mitglied ist versucht, die anderen Mitglieder zu hintergehen und zu einem etwas geringeren Preis mehr als sein zugeteiltes Kontingent zu verkaufen. Dieser Anreiz zum Betrügen erzeugt chronische Stabilitätsprobleme innerhalb des Kartells.

12.2 Wiederholung und Übungen

12.2.1 Monopolistischer Wettbewerb (Kapitel 12.1)

Beim *monopolistischen Wettbewerb* gibt es viele Unternehmen und keine Eintrittsbarrieren, doch das Produkt eines jedes Unternehmens unterscheidet sich in gewissem Maß vom Produkt der Konkurrenten. Beim vollkommenen Wettbewerb verkaufen die Unternehmen identische Produkte, während die Produkte beim monopolistischen Wettbewerb differenziert sind. Jedes Unternehmen besitzt eine gewisse Marktmacht und sieht sich einer fallend verlaufenden Nachfragekurve gegenüber. Aufgrund des Copyright-Schutzes kann beispielsweise kein konkurrierender Verlag dieses Buch verkaufen, also hat Pearson Studium ein Monopol auf genau dieses Buch. Zwei Faktoren begrenzen aber die Marktmacht des Verlags: die Konkurrenz anderer Verlage, die ähnliche Bücher verkaufen, und der freie Zutritt zum Markt für Lehrbücher.

Produktdifferenzierung ist für den monopolistischen Wettbewerb ausschlaggebend. Sie kann in verschiedenster Form vorliegen, zum Beispiel in Form von Qualitätsunterschieden, unterschiedlichen Zutaten, Merkmalen oder Haltbarkeiten. Auch der Standort kann eine Form von Produktdifferenzierung sein. Der kleine Laden um die Ecke würde nicht alle seine Kunden verlieren, wenn er seine Preise leicht erhöht – einige Kunden sind bereit, für die Bequemlichkeit den höheren Preis zu bezahlen. Wäre dies nicht der Fall, so würden sie in einem Supermarkt mit niedrigeren Preisen einkaufen. Wenn es Produktdifferenzierung und freien Eintritt gibt, ist es zutreffender, den Markt als monopolistischen Wettbewerb und nicht als vollkommenen Wettbewerb darzustellen.

Übung

1. Würden Sie Ihren lokalen Restaurantmarkt als monopolistischen Wettbewerbsmarkt bezeichnen? Warum oder warum nicht?

Kurzfristig betrachtet verhält sich ein Unternehmen auf einem monopolistischen Wettbewerbsmarkt genauso wie ein Monopolist. Es entscheidet sich für die Produktionsmenge, bei welcher der Grenzerlös den Grenzkosten entspricht. Die kurzfristige Nachfragekurve des Unternehmens verläuft fallend (denn die Produktdifferenzierung erzeugt Marktmacht). Also ist der Grenzerlös geringer als der Preis. Das langfristige Branchengleichgewicht ist dadurch gekennzeichnet, dass keine neuen Unternehmen mehr in den Markt eintreten und dass auch keine Unternehmen den Markt verlassen wollen. Im symmetrischen Fall, wenn alle Unternehmen identisch sind, erzielen sie alle einen Gewinn von null. Analog zum langfristigen Gleichgewicht bei vollkommenem Wettbewerb versucht auch hier jedes Unternehmen, so viel Gewinn wie möglich zu erzielen, doch Extragewinne ziehen andere Firmen mit Konkurrenzprodukten an, wodurch der Gewinn auf null sinkt. Da alle Unternehmen ihre Gewinne maximieren, entspricht der Grenzerlös den Grenzkosten; und da freier Marktzutritt möglich ist, entspricht im langfristigen Gleichgewicht der Preis den durchschnittlichen Gesamtkosten. Nimmt man diese beiden Bedingungen zusammen, so bedeutet das, dass die Nachfragekurve des Unternehmens seine Durchschnittsgesamtkostenkurve beim gewinnmaximierenden Produktionsniveau berührt, wie in Abbildung 12.1 gezeigt. Obwohl GE = GK, gilt aufgrund der fallend verlaufenden Nachfrage $P >$ GK.

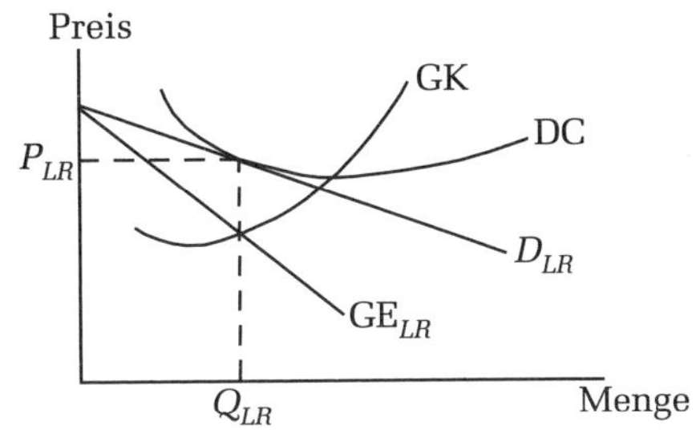

Abbildung 12.1

Übung

2. Bei einem Unternehmen im monopolistischen Wettbewerb gilt beim gegenwärtigen Produktionsniveau von 10 GE = 4, GK = 4, TDK = 6 und $P = 8$. Befindet sich dieser Markt im langfristigen Gleichgewicht? Wenn nicht, beschreiben Sie den Anpassungsprozess, der nötig ist, damit das langfristige Gleichgewicht erreicht wird.

Da beim monopolistischen Wettbewerb der Preis die Grenzkosten übersteigt, wird eine zu geringe Menge produziert. Es entsteht ein Wohlfahrtsverlust aufgrund des Preisaufschlags auf die Grenzkosten und aufgrund der – verglichen mit dem vollkommenen Wettbewerb – geringeren Produktionsmenge. Es kommt zudem zu einer zweiten Ineffizienz, denn jedes Unternehmen im monopolistischen Wettbewerb operiert mit *Überschusskapazität.* Anders ausgedrückt liegt das Produktionsniveau Q_{LR} in Abbildung 12.1 links vom Punkt der minimalen Durchschnittskosten. Unter dem Gesichtspunkt der Minimierung der Produktionskosten wäre es für die Gesellschaft besser, wenn es weniger Unternehmen gäbe, die jeweils zu den geringstmöglichen Durchschnittskosten produzierten. Diese Messart des gesellschaftlichen Verlusts lässt aber jeglichen gesellschaftlichen Gewinn aufgrund von Produktdifferenzierung außer Acht. Die Kunden jedes Unternehmens legen einen gewissen Wert darauf, die Möglichkeit zu haben, genau die angebotene Variante des Produktes kaufen zu können. Also können wir keinen allgemein gültigen Schluss ziehen, wenn es darum geht, die Gewinne aufgrund der erweiterten Vielfalt den Verlusten durch die Unterproduktion jedes Unternehmens gegenüberzustellen.

12.2.2 Oligopol (Kapitel 12.2)

Beim Oligopol gibt es nur einige wenige Unternehmen. Die Produkte können differenziert oder auch homogen sein. Ein Oligopol kann entstehen, wenn *Eintrittsbeschränkungen* (zum Beispiel Größenvorteile, Patente, Zugang zu speziellen Technologien) neue Unternehmen daran hindern, in den Markt einzutreten. Wenn ein Unternehmen strategische Entscheidungen trifft, muss es immer auch die Reaktion seiner Konkurrenten auf diese Entscheidungen bedenken. Das Grundkonzept zur Analyse strategischen Verhaltens ist das *Nash-Gleichgewicht,* das wir in Kapitel 13 noch näher erläutern werden. Beim Nash-Gleichgewicht optimiert jedes Unternehmen seine Entscheidungen *unter Berücksichtigung* der Entscheidungen seiner Konkurrenten. Daraus folgt, dass es im Nash-Gleichgewicht für kein Unternehmen einen Anreiz gibt, sein Handeln zu ändern.

12.2.3 Das Cournot-Modell

Beim *Cournot-Modell* des Oligopols muss jedes Unternehmen seine Produktionsmenge bestimmen, wobei alle Unternehmen ihre Produktionsentscheidungen gleichzeitig treffen. Betrachten wir einen Markt, auf dem zwei Unternehmen ein homogenes Produkt herstellen und die Produktion zum markträumenden Preis verkaufen. Der Marktpreis hängt von den Produktionsentscheidungen *beider* Unternehmen ab. Jedes Unternehmen wählt seine Produktionsmenge und nimmt dabei die Produktionsmenge des Konkurrenten als gegeben hin. $P(Q)$ sei die Nachfragekurve nach dem Produkt, wobei $Q = Q_1 + Q_2$ ist. Die Gesamtkosten von Unternehmen 1 sind $C_1(Q_1)$ und die Gesamtkosten von Unternehmen 2 sind $C_2(Q_2)$. Das Nash-Gleichgewicht führt zu den beiden Produktionsmengen Q^*_1 und Q^*_2, für die gilt:

Q^*_1 maximiert π_1 unter Berücksichtigung von Q^*_2, und

Q^*_2 maximiert π_2 unter Berücksichtigung von Q^*_1.

Im Gleichgewicht kann keines der Unternehmen seinen Gewinn erhöhen, wenn es angesichts der Produktionsmenge des Konkurrenten eine andere Menge produziert. Um das Nash-Gleichgewicht zu finden, müssen wir die beiden Produktionsmengen, die diese Bedingungen erfüllen, simultan bestimmen.

Betrachten wir ein Beispiel mit linearer Nachfragekurve und konstanten Grenzkosten. Die Nachfragekurve lautet $P = 400 - 2Q = 400 - 2(Q_1 + Q_2) = 400 - 2Q_1 - 2Q_2$. Die Grenzkosten sind konstant (und entsprechen den durchschnittlichen Gesamtkosten) und liegen für beide Unternehmen bei € 10 pro Produktionseinheit. Die Gewinne beider Unternehmen lauten:

$$\pi_1 = PQ_1 - C_1 = (400 - 2Q_1 - 2Q_2)Q_1 - 10Q_1,$$

$$\pi_2 = (400 - 2Q_1 - 2Q_2)Q_2 - 10Q_2.$$

Nehmen wir an, Unternehmen 1 geht davon aus, dass Unternehmen 2 65 Einheiten produziert. Die Nachfragekurve von Unternehmen 1 lautet also $P = 400 - 2Q_1 - 2Q_2 = 400 - 2Q_1 - 2(65) = 270 - 2Q_1$. Dies ist die Restnachfragekurve von Unternehmen 1 unter Berücksichtigung der Annahme, dass Unternehmen 2 65 Einheiten produziert. Der Grenzerlös für diese Restnachfragekurve ist $GE = 270 - 4Q_1$. Unternehmen 1 handelt als Monopolist bezüglich seiner Restnachfragekurve – des Teils des Marktes, zu dem es glaubt, Zugang zu haben, also unter Berücksichtigung der erwarteten Produktionsmenge von 65 Einheiten von Unternehmen 2. Unternehmen 1 wählt seine Produktionsmenge also so, dass gilt $GE(Q_1) = GK(Q_1)$ oder $270 - 4Q_1 = 10$. Dies ergibt $Q_1 = 65$.

Übung

3. Wenn Unternehmen 2 45 Einheiten produziert, für wie viele Einheiten wird sich dann Unternehmen 1 entscheiden? Wenn Unternehmen 2 85 Einheiten produziert, für wie viele Einheiten wird sich dann Unternehmen 1 entscheiden?

In diesem Beispiel ist $Q^*_1 = 65$ und $Q^*_2 = 65$ das Nash-Gleichgewicht (wir werden diese Aufgabe unten allgemein lösen). Das heißt, wenn Unternehmen 1 65 Einheiten produziert, wird Unternehmen 2 auch 65 Einheiten produzieren und umgekehrt. Um dies zu bestätigen, müssen wir die Restnachfragekurve von Unternehmen 2 ableiten und seinen Grenzerlös bestimmen. Da beide Unternehmen identisch sind, können wir die Restnachfragekurve von Unternehmen 2 sofort bestimmen: da $Q_1 = 65$ gilt $P = 270 - 2Q_2$ und daher $\text{GE}(Q_2) = 270 - 4Q_2$. Wenn wir $\text{GE}(Q_2) = 10$ setzen, erhalten wir $Q^*_2 = 65$. Die beste Produktionsentscheidung von Unternehmen 2 sind 65 Einheiten, wenn es annimmt, dass Unternehmen 1 auch 65 Einheiten produziert. Dasselbe gilt für Unternehmen 1. Dies ist ein Nash-Gleichgewicht: für keines der Unternehmen gibt es einen Anreiz, von diesen 65 Verkaufseinheiten abzuweichen, wenn das andere Unternehmen 65 Einheiten verkauft. Schließlich können wir auch nach dem Marktpreis auflösen: bei $Q_1 + Q_2 = 130$ ist $P^* = 400 - 2(130) = 140$.

Allgemein gilt, die Restnachfragekurve von Unternehmen 1 lautet $\overline{P}(Q_1) = 400 - 2\overline{Q}_2 - 2Q_1$, wobei $\overline{Q}_2$ die fixe Produktionsmenge von Unternehmen 2 ist. Also gilt $\overline{GE}(Q_1) = 400 - 2\overline{Q}_2 - 4Q_1$ (betrachten Sie $\overline{Q}_2$ einfach als Teil des Achsenabschnittsterms). Setzt man $\overline{GE}$ und GK gleich, so produziert Unternehmen 1 $400 - 2\overline{Q}_2 - 4Q_1 = 10$ oder $Q_1 = 97{,}5 - \overline{Q}_2/2$. Ähnlich gilt $Q_2 = 97{,}5 - \overline{Q}_1/2$. Diese beiden Gleichungen heißen Reaktionskurven: sie zeigen, wie die gewinnmaximierende Produktionsmenge eines Unternehmens sich in Abhängigkeit davon verändert, welche Produktionsmenge es von seinem Konkurrenten erwartet. Die simultane Lösung beider Gleichungen ist $Q^*_1 = Q^*_2 = 65$; dies ist das Cournot-Gleichgewicht, dargestellt in Abbildung 12.2. Der Gewinn von Unternehmen 1 beträgt $\pi_1 = 140(65) - 10(65) =$ € 8.450. Da Unternehmen 2 die gleichen Kosten und das gleiche Produktionsniveau hat, gilt auch $\pi_2 =$ € 8.450. Bei gegebener Produktionsmenge des Konkurrenten kann kein Unternehmen einen größeren Gewinn machen.

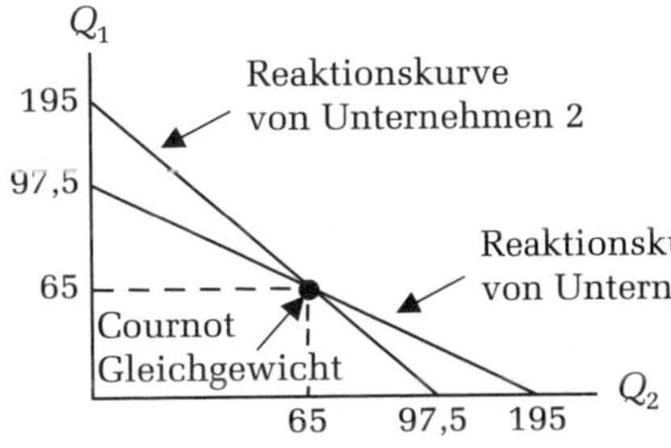

Abbildung 12.2

Beim Cournot-Gleichgewicht liegt die gesamte Produktionsmenge zwischen der Produktionsmenge bei Wettbewerbs- und bei Monopolbedingungen. Das Wettbewerbsgleichgewicht finden wir, indem wir $P = \text{GK}$ oder $400 - 2Q = 10$ setzen und so $Q_C = 195$ erhalten. Das Monopolergebnis liegt vor, wenn GE für die Marktnachfragekurve den Grenzkosten entspricht, wenn also gilt $400 - 4Q = 10$, und daher $Q_m = 97{,}5$. Also ist die Produktionsmenge beim Cournot-Modell, nämlich $Q_1 + Q_2 = 130$, höher als die Menge beim Monopol, aber geringer als die Menge bei Wettbewerb.

*All diejenigen, die dieses Problem lieber mithilfe von Differentialrechnung lösen möchten, können das Cournot-Gleichgewicht bestimmen, indem sie den Gewinn in Bezug auf Q_1 und Q_2 differenzieren. Da jedes Unternehmen seine Produktionsmenge unter Berücksichtigung der Produktionsentscheidung des Konkurrenten festlegt, sind die Bedingungen erster Ordnung zur Gewinnmaximierung von Unternehmen 1 und Unternehmen 2 $\partial\pi_1/\partial Q_1 = 0$ und $\partial\pi_2/\partial Q_2 = 0$, oder

$$\partial\pi_1/\partial Q_1 = 400 - 4Q_1 - 2\overline{Q}_2 - 10 = 0, \text{ und}$$

$$\partial\pi_2/\partial Q_2 = 400 - 2\overline{Q}_1 - 4Q_2 - 10 = 0.$$

Die erste Gleichung kann als $Q_1 = 97{,}5 - \overline{Q}_2/2$ geschrieben werden, dies ist die Reaktionskurve von Unternehmen 1. Die Reaktionskurve von Unternehmen 2 lautet $Q_2 = 97{,}5 - \overline{Q}_1/2$. Die simultane Lösung dieser beiden Gleichungen ist das Cournot-Gleichgewicht. Wie oben finden wir auch hier das Ergebnis $Q_1^* = 65$ und $Q_2^* = 65$.

Übung

4. Die Marktnachfrage sei $P = 1.000 - 0{,}1Q$. Die Grenzkosten von Unternehmen 1 sind $GK_1 = 100$, die Grenzkosten von Unternehmen 2 sind $GK_2 = 190$.

a) Ermitteln Sie die Restnachfragekurve von Unternehmen 1, wenn $Q_2 = \overline{Q}_2$. Verwenden Sie dieses Ergebnis, um die Grenzerlöskurve und die Reaktionskurve von Unternehmen 1 zu ermitteln.

b) Ermitteln Sie die Restnachfragekurve von Unternehmen 2, wenn $Q_1 = \overline{Q}_1$. Verwenden Sie dieses Ergebnis, um die Grenzerlöskurve und die Reaktionskurve von Unternehmen 2 zu ermitteln.

c) Berechnen Sie die Produktionsmengen für das Cournot-Gleichgewicht, indem Sie den Schnittpunkt der Reaktionskurven bestimmen.

12.2.4 Der Vorteil des ersten Zuges – das Stackelberg-Modell

Das Cournot-Modell geht von gleichzeitig getroffenen Produktionsentscheidungen aus. Im Gegensatz dazu geht das *Stackelberg-Modell* davon aus, dass die Unternehmen nacheinander entscheiden – ein Unternehmen trifft also seine Produktionsentscheidung vor dem zweiten Unternehmen. Hat der Branchenführer seine Produktionsentscheidung getroffen, beobachtet der Nachfolger die Produktion des Anführers und entscheidet dann, wie viel er produziert. Da der Branchenführer vorausschauend handeln und die Reaktion des Nachfolgers mit einplanen kann, hat er einen strategischen Vorteil. Er kann sich vor seinem Konkurrenten auf eine Produktionsmenge festlegen und den Konkurrenten dadurch zwingen, entsprechend zu reagieren.

Nehmen wir an, Unternehmen 1 macht den ersten Zug. Der Gewinn von Unternehmen 1 ist

$$\pi_1 = P(Q_1 + Q_2)Q_1 - C_1(Q_1),$$

wobei wir $P(Q_1 + Q_2)$ geschrieben haben, um dem Leser ins Gedächtnis zu rufen, dass der Marktpreis eine Funktion von beiden Mengen Q_1 und Q_2 ist. Nachdem Unternehmen 1 seine Produktionsentscheidung getroffen hat, kann Unternehmen 2 nur unter Berücksichtigung von Q_1 seinen Gewinn π_2 maximieren.

Wir können jetzt nach dem Stackelberg-Gleichgewicht auflösen, indem wir den Grenzerlös von Unternehmen 1 ermitteln (und dabei die Veränderung der Produktionsmenge von Unternehmen 2 berücksichtigen, die sich ergibt) und danach nach dem Produktionsniveau von Unternehmen 1 auflösen, für das gilt $GE_1(Q_1) = GK_1(Q_1)$. Unter Verwendung der Nachfrage- und Kostenkurven aus dem Cournot-Beispiel oben ergibt sich für Unternehmen 1 ein Gesamterlös von:

$$E_1 = PQ_1 = (400 - 2\overline{Q}_2 - 2Q_1)Q_1.$$

Setzen wir die Reaktionskurve von Unternehmen 2 ein, so erhalten wir:

$$E_1 = 400Q_1 - 2(97{,}5 - Q_1/2)Q_1 - 2Q_1^2 = 205Q^1 - Q_1^2.$$

Erinnern wir uns, dass $GE_1 = \partial E_1/\partial Q_1$. Setzen wir $GE_1 = GK_1$, ergibt das:

$$205 - 2Q_1 = 10,$$

$$\text{oder } Q_1^* = 97{,}5.$$

Wenn $Q_1^* = 97{,}5$, erzielt Unternehmen 2 sein bestmögliches Ergebnis, wenn es $Q_2^* = 97{,}5 - 97{,}5/2 = 48{,}75$ produziert.

Daher gilt $\pi_1 = (400 - 2Q_1 - 2Q_2)Q_1 - 10Q_1 = (107{,}5)97{,}5 - 10(97{,}5) =$ € 9.506,25 und $\pi_2 = (400 - 2Q_1 - 2Q_2)Q_2 - 10Q_2 = (107{,}5)48{,}75 - 10(48{,}75) =$ € 4.753,13. Zuerst ziehen zu können beschert Unternehmen 1 einen klaren Vorteil.

Übung

5. Zwei Unternehmen haben die gleichen konstanten Durchschnitts- und Grenzkosten, $DC = GK = 20$ und sehen sich einer Marktnachfragekurve $P = 500 - Q = 500 - (Q_1 + Q_2)$ gegenüber. Nehmen wir an, Unternehmen 1 ist der Stackelberg-Führer.

a) Ermitteln Sie die Cournot-Reaktionskurve von Unternehmen 2.

b) Schreiben Sie den Ausdruck für den gesamten Erlös von Unternehmen 1 und setzen Sie die Reaktionskurve von Unternehmen 2 ein.

c) Leiten Sie aus Ihrer Antwort auf Teil b) GE_1 ab und setzen Sie es gleich GK, um das gewinnmaximierende Produktionsniveau von Unternehmen 1 zu finden. Ermitteln Sie das gewinnmaximierende Produktionsniveau von Unternehmen 2 (dem Nachfolger) aus dessen Reaktionskurve.

d) Wie hoch sind die Gewinne jedes Unternehmens?

12.2.5 Preiswettbewerb (Kapitel 12.3)

Beim Cournot-Modell wählen die Unternehmen ihre Produktionsmengen und überlassen die Preisbestimmung dem Markt. In vielen Märkten ist es aber sinnvoller, das *Bertrand-Modell* heranzuziehen, das davon ausgeht, dass Unternehmen dadurch miteinander konkurrieren, dass sie nicht ihre Produktionsmenge, sondern ihren Preis vorgeben. Betrachten wir, was auf diesem Markt passiert, wenn zwei Unternehmen zunächst den gleichen Preisaufschlag auf die Grenzkosten verlangen. Sind ihre Produkte identisch, so wird ein Unternehmen sicherlich bemerken, dass es den *gesamten* Umsatz auf dem Markt an sich ziehen kann, wenn es geringfügig weniger verlangt als der Konkurrent. Der Konkurrent versteht das System natürlich auch und unterbietet das erste Unternehmen, solange der Preis dann immer noch oberhalb der Grenzkosten liegt. Der einzige Preis, den keines der beiden Unternehmen unterbieten will, ist schließlich der Wettbewerbspreis. Anders ausgedrückt, wenn zwei identische Unternehmen mittels ihrer Preise konkurrieren, so ist der Gleichgewichtspreis der Wettbewerbspreis. (Entscheidend für dieses Ergebnis ist die Annahme, dass beide Unternehmen über genügend Kapazitäten verfügen, um alle Kunden zu bedienen.)

Wir können auch einen Preiswettbewerb zwischen oligopolistischen Unternehmen mit differenzierten Produkten betrachten. Wie beim monopolistischen Wettbewerb hat auch hier jedes Unternehmen eine fallend verlaufende Nachfragekurve für das eigene Produkt, die sowohl von der Preisentscheidung des Konkurrenten als auch von der eigenen Preisentscheidung abhängt. Die Gewinne jedes Unternehmens sind:

$$\pi_1 = P_1Q_1(P_1,P_2) - C(Q_1(P_1,P_2)) \text{ und}$$

$$\pi_2 = P_2Q_2(P_1,P_2) - C(Q_2(P_1,P_2)).$$

Die notwendigen Bedingungen für das Bertrand-Gleichgewicht (das Nash-Gleichgewicht, wenn die Unternehmen die Preise vorgeben) sind:

$$\partial\eta_1(P_1,P_2)/\partial P_1 = 0 \text{ und } \partial\eta_2(P_1,P_2)/\partial P_2 = 0.$$

Diese Gleichungen liefern uns die Reaktionskurven, die dann einander gleichgesetzt werden, um das Nash-Gleichgewicht zu ermitteln.

Zusammenfassend können wir sagen, dass bei homogenen Produkten das Bertrand-Gleichgewicht das Wettbewerbsgleichgewicht ist, der Preis entspricht also den Grenzkosten. Bei differenzierten Produkten übersteigt der Preis die Grenzkosten, liegt aber unterhalb des Monopolpreises.

Übung

***6.** [Differentialrechnung] Ermitteln Sie bei $C(Q_1) = 10Q_1$ und $C(Q_2) = 5Q_2$ das Bertrand-Gleichgewicht für den Fall differenzierter Produkte, wenn die Nachfragekurven folgendermaßen lauten:

$$Q_1(P_1,P_2) = 1.000 - 20P_1 + 15P_2 \text{ und}$$

$$Q_2(P_1,P_2) = 800 + 5P_1 - 15P_2.$$

(Hinweis: Leiten Sie zunächst die Reaktionsfunktionen $P_1(P_2)$ und $P_2(P_1)$ ab. Ermitteln Sie dann den Schnittpunkt dieser Reaktionskurven.)

12.2.6 Wettbewerb versus Kollusion: Das Gefangenendilemma (Kapitel 12.4)

Die Spieltheorie befasst sich mit der allgemeinen Analyse strategischer Interaktionen. Die Grundbestandteile jedes Spiels sind die Spieler, die Strategien und die im Spiel zu erreichenden Auszahlungen. Ein Spiel kann in Form einer *Auszahlungsmatrix* dargestellt werden. Ein einfaches Ein-Perioden-Spiel (einmal gespieltes Spiel) mit zwei beteiligten Unternehmen ist unten dargestellt, wobei die Auszahlungen die Gewinne beider Unternehmen sind: Die erste Zahl in jedem Feld ist der Gewinn von Unternehmen 1 und die zweite Zahl (nach dem Komma) ist der Gewinn von Unternehmen 2.

		Unternehmen 2	
		Geringe Produktionsmenge	**Hohe Produktionsmenge**
Unternehmen 1	**Geringe Produktionsmenge**	€ 100, € 100	€ 20, € 130
	Hohe Produktionsmenge	€ 130, € 20	€ 50, € 50

Bei dem Spiel oben gibt es zwei identische Unternehmen in der Branche. Jedes Unternehmen hat zwei mögliche Strategien: Es kann auf geringem oder auf hohem Produktionsniveau produzieren. Beide Unternehmen müssen sich gleichzeitig und unabhängig voneinander entscheiden. Wenn Unternehmen 1 zum Beispiel „gering" und Unternehmen 2 „hoch" wählt, erhält Unternehmen 1 eine Auszahlung von € 20 und Unternehmen 1 bekommt eine Auszahlung von € 130.

Was sollte Unternehmen 1 tun? Unternehmen 1 hat keinen Einfluss darauf, welche Strategie Unternehmen 2 wählen wird, also muss es alle Möglichkeiten analysieren. Wenn Unternehmen 2 „gering" wählt, sollte Unternehmen 1 „hoch" wählen (da € 130 > € 100). Wenn sich Unternehmen 2 aber für „hoch" entscheidet, sollte Unternehmen 1 auch „hoch" wählen (da € 50 > € 20). In diesem Spiel sollte sich Unternehmen 1 also immer für „hoch" entscheiden, *gleichgültig was Unternehmen 2 tut*. Unternehmen 2 wendet genau die gleiche Logik an. Also ist das Gleichgewichtsergebnis für beide Unternehmen ein hohes Produktionsniveau.

Dieses berühmte Spiel kennt man als Gefangenendilemma. Jedes Unternehmen versucht, seine Gewinne zu maximieren, und produziert daher „hoch", aber eigentlich wäre es für beide vorteilhafter, „gering" zu produzieren.

Übung

7. Betrachten wir das folgende Ein-Perioden-Spiel zwischen einem etablierten Monopol, Yellow Pages Telefonbuch, und einem neuen Mitstreiter, Spartan Information Telefonbuch. Jedes Unternehmen erzielt Erlöse, indem es Daten und Werbung von Unternehmen gegen Bezahlung veröffentlicht. Nehmen wir an, beide Unternehmen haben nur zwei mögliche Strategien, nämlich für Werbeanzeigen einen höheren Preis P_H oder einen geringeren Preis P_L zu verlangen. Die Auszahlungen beider Strategien sind paarweise (Spartan, Yellow) für jedes Unternehmen für das nächste Jahr angegeben.

		Yellow Pages	
		P_H	P_L
Spartan Information	P_H	€ 20, € 60	€ 5, € 70
	P_L	€ 40, € 25	€ 10, € 45

Ist dies ein Beispiel für das Gefangenendilemma? Warum oder warum nicht?

12.2.7 Bedeutung des Gefangenendilemmas für die Preisbildung im Oligopol (Kapitel 12.5)

12.2.8 Preisstarrheit

In dynamischen Modellen können die Konkurrenten in zukünftigen Perioden auf die Züge des anderen reagieren, sich eine Reputation aufbauen, Bestrafung androhen und so weiter. Diese Erweiterung der strategischen Reaktionsmöglichkeiten erlaubt es, abgestimmtes Verhalten auf Dauer aufrechtzuerhalten. Das *Modell der geknickten Nachfragekurve* liefert zwar keine Erklärung für Kollusion, es zeigt aber, warum Preise starr sein können. In diesem Modell gehen die Unternehmen davon aus, dass ihre Konkurrenten Preissenkungen nachmachen, auf Preiserhöhungen aber nicht reagieren werden. Der Grenzerlös fällt beim aktuellen Preis abrupt ab und die Unternehmen haben keinen Anreiz, die Preise zu verändern, auch wenn sich die Kostenkurven verschieben. Die *Preisführerschaft* ist eine andere Möglichkeit für die Unternehmen, sich abzustimmen, ohne formell kommunizieren zu müssen: jedes Unternehmen setzt seinen Preis einfach so fest, wie ihn der Preisführer vorgegeben hat.

12.2.9 Das Modell des dominanten Unternehmens

Das Modell des dominanten Unternehmens bildet das Verhalten innerhalb einer Branche ab, in der es ein einzelnes sehr großes Unternehmen und viele kleinere (*Rand-*) Unternehmen gibt. Es wird angenommen, dass sich die Randunternehmen wie im Wettbewerb verhalten und dass der große Produzent seine Produktionsmenge so festlegt, dass er seine Gewinne angesichts der Marktnachfragekurve und der Angebotskurve der Randunternehmen maximiert. Das dominante Unternehmen handelt als Monopolist auf dem Teil des Marktes, den es unter Berücksichtigung des Angebots der Randunternehmen selbst kontrolliert. Es berücksichtigt, dass die Randunternehmen umso mehr anbieten werden, je höher der Preis ist, den das dominante Unternehmen festlegt. Das dominante Unternehmen leitet seine *Restnachfragekurve* ab, indem es das Angebot der Randunternehmen von der Marktnachfragekurve abzieht. Dann wählt das dominante Unternehmen seine Produktionsmenge so, dass der Grenzerlös aufgrund der Restnachfragekurve mit den Grenzkosten übereinstimmt. Hat das dominante Unternehmen einmal Produktionsmenge und Preis festgelegt, so wählen die Randunternehmen P = GK, um ihr Produktionsniveau zu bestimmen.

Übung

8. Nehmen wir an, dass die Firma Brunswick vor vielen Jahren ein Monopol auf dem Markt für Billardtische für den privaten Gebrauch besaß. Die Marktnachfragekurve lautete $P = 1.000 - 10Q_B$. Es gab keine fixen Produktionskosten, und Brunswicks Grenzkosten betrugen $GK = Q_B$.

a) Wie hoch waren Brunswicks gewinnmaximierender Preis und die entsprechende Menge?

b) Irgendwann erkannten viele Möbelhersteller, dass sich Billardtische leicht herstellen ließen. Sie hatten jedoch nicht Brunswicks Vorteil der langjährigen Erfahrung und dadurch entstehen ihnen höhere Kosten. Die Wettbewerbsangebotskurve der Randunternehmen ist $Q_F(P) = P/4$. Welchen Preis wird Brunswick verlangen, wenn es als dominantes Unternehmen auftritt? Welche Produktionsmengen werden Brunswick und die Randunternehmen produzieren?

12.2.10 Kartelle (Kapitel 12.6)

In einem kooperativen Oligopol können einige wenige Unternehmen ihre Handlungen stillschweigend oder offen koordinieren, um den gemeinsamen Gewinn zu maximieren. Ein Kartell ist ein offener Zusammenschluss von Produzenten, die sich darauf geeinigt haben, ihre Handlungen zu koordinieren, um die eigenen Gewinne über das Wettbewerbsniveau hinaus zu steigern. Um dieses Ziel zu erreichen, muss die Produktionsmenge auf ein Niveau unterhalb des Wettbewerbsniveaus beschränkt werden. Abbildung 12.3 wendet die Grundlagen der mikroökonomischen Theorie an, um aufzuzeigen, warum sich Kartelle bilden. Teil (a) der Abbildung 12.3 zeigt die Grenz- und Durchschnittskostenkurve eines typischen Unternehmens. Teil (b) zeigt die Marktangebotskurve, welche die Summe der einzelnen Grenzkostenkurven der Unternehmen ist, wenn es sich um eine Branche mit vollkommenem Wettbewerb handelt. Die Wettbewerbsproduktionsmenge, Q_c, wird durch den Schnittpunkt dieser Angebotskurve mit der Marktnachfragekurve bestimmt. Der Marktpreis ist P_c und jedes Unternehmen produziert q_c. Die langfristigen volkswirtschaftlichen Gewinne werden im vollkommenen Wettbewerb aufgrund der freien Ein- und Austrittsmöglichkeit auf null gesenkt. Das langfristige Gleichgewicht liegt in Abbildung 12.3a im Punkt *e*.

Wenn sie kooperieren, können die Unternehmen dieser Branche ihre Situation verbessern. Der Grenzerlös des Kartells (oder eines Monopolisten) wird durch GE in Teil (b) abgebildet. Die Gewinne können maximiert werden, wenn die Produktionsmenge bei Q_m festgelegt wird, wo der Grenzerlös den Grenzkosten entspricht. Wird die Produktionsmenge beschränkt, so steigt der Preis auf P_m. Dieses gesamte Produktionsziel muss nun in Produktionskontingente für die einzelnen Unternehmen aufgeteilt werden. Setzt das Kartell nur ein Preisziel, ohne gleichzeitig die Produktionsmenge zu begrenzen, so scheitert es. Besteht das Kartell aus n identischen Unternehmen, die alle ihre Produktionsmenge gleichermaßen beschränken, so muss jedes Unternehmen seine Menge auf $q_m = Q_m/n$ reduzieren. Dann entspricht der wirtschaftliche Gewinn jedes Unternehmens der schattierten Fläche in Abbildung 12.3a.

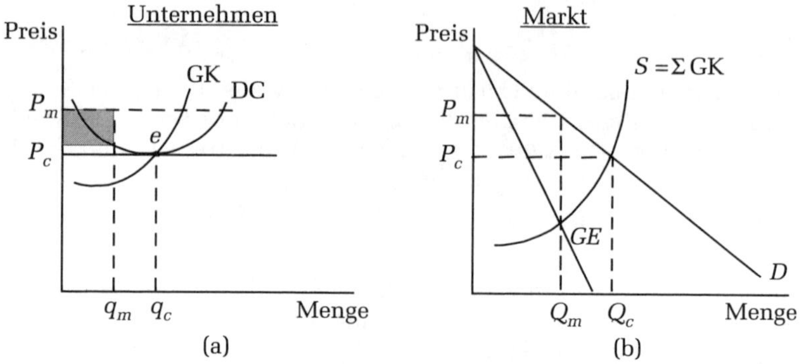

Abbildung 12.3

Ein Kartell kann nicht erfolgreich sein, wenn die beteiligten Unternehmen nicht über genügend Marktmacht verfügen, um den Preis zu kontrollieren. Auch wenn das Kartell einen großen Marktanteil besitzt und es kurzfristig die Preise anhebt, so wird die Gewinnsteigerung doch nur vorübergehend sein, wenn die Verbraucher einfach auf billigere Substitutionsprodukte umsteigen können und/oder wenn andere Unternehmen, angelockt durch die Gewinnmöglichkeiten, leicht in den Markt eintreten können. Wie schnell Nichtmitglieder eines Kartells die Bestrebungen des Kartells untergraben können, hängt von der Angebotselastizität der Nichtmitglieder ab. Wenn das Angebot der Nichtmitglieder sehr elastisch ist, ist ein Markteintritt in einen Kartellmarkt oder in die Produktion von engen Substitutionsgütern sehr einfach und für das Kartell wird es schwer, seinen hohen Preis zu halten. Wenn anders ausgedrückt die langfristigen Elastizitäten von Nachfrage oder Angebot, denen sich das Kartell gegenübersieht, hoch sind, so wird der Gewinnanstieg durch eine Kartellbildung nur von kurzer Dauer sein.

Selbst wenn das Potential langfristiger Gewinne hoch ist, kann es sein, dass sich kein Kartell bildet, wenn es zu kostspielig ist, einige oder alle Unternehmen der Branche gemeinschaftlich zu organisieren. Wenn die Unternehmen identisch sind, ist es relativ leicht, eine Einigung zu erzielen. Je mehr Asymmetrien es unter den Kartellmitgliedern gibt, desto komplexer gestalten sich die Verhandlungen und desto größer sind auch die Kosten, die mit der Bildung des Kartells verbunden sind. Eine Einigung in Bezug auf Produktionsmenge und Preis zu erzielen gestaltet sich schwieriger, wenn die Unternehmen zum Beispiel differenzierte Produkte herstellen (diese Differenzierung kann sich auf Qualität, Standort, Vertriebswege etc. beziehen) und unterschiedliche Produktionskosten haben.

Für ein einzelnes Kartellmitglied besteht immer der Anreiz, vom Kartellabkommen abzuweichen, wenn solcher Betrug nicht bestraft wird. Abbildung 12.3a zeigt diesen Anreiz zu betrügen aus der Perspektive des einzelnen Unternehmens. Wenn jedes Kartellmitglied sein zugeteiltes Kontingent, q_m, produziert, befinden sich alle an dem Punkt, wo der Grenzerlös (den man sich als horizontale Gerade etwas unterhalb von P_m vorstellen kann, wenn das Unternehmen seine Preise leicht senken muss, um den Absatz zu steigern) höher ist als die Grenzkosten. Aufgrund dieses Unterschieds zwischen den einzelnen Grenzerlösen und Grenzkosten sieht jedes einzelne Kartellmitglied eine zusätzliche Gewinnmöglichkeit darin, mehr als sein zugeteiltes Kontingent zu produzieren. In einem statischen Umfeld gibt es nichts, was das Unternehmen davon abhalten könnte, tatsächlich zu betrügen. In einem dynamischen Umfeld könnte die Androhung einer zukünftigen Bestrafung das Unternehmen daran hindern, zu betrügen.

Übung

9. Nehmen wir an, es gibt zehn identische Textilhersteller. Jedes Unternehmen produziert mit konstanten Grenzkosten von € 2. Die Marktnachfragekurve lautet $P = 12 - 0{,}1Q$, wobei der Preis in Euro und die Menge in Kilogramm gemessen wird. Gegenwärtig verhalten sich die zehn Unternehmen wie Wettbewerbsunternehmen (sie nehmen den Preis als gegeben hin). Sie denken darüber nach, ein Kartell zu bilden und die Produktionsmenge zu reduzieren, um so den Preis auf Monopolniveau zu steigern.

a) Wie hoch sind der gegenwärtige Marktpreis, die Marktangebotsmenge und die Produktionsmenge jedes einzelnen Unternehmens?

b) Wie hoch wären der Kartellpreis, die Produktionsmenge des Kartells und die (kontingentierte) Produktionsmenge jedes Unternehmens?

c) Wie hoch wäre der Gewinn für jedes Unternehmen, wenn der Gewinn des Kartells zu gleichen Teilen aufgeteilt würde?

d) Nehmen wir an, ein Unternehmen beschließt zu „betrügen" und einen Preis zu verlangen, der um 25 Cent unterhalb des Kartellpreises liegt. Dieses Unternehmen verkauft dann seine gesamte Produktionsmenge (das Kartellkontingent aus Teil b) plus der zusätzlich nachgefragten Produktionsmenge) zu diesem niedrigeren Preis. Zahlt es sich aus zu betrügen, verglichen mit der Antwort zu Teil c)? (Nehmen wir an, die anderen neun Unternehmen halten sich loyal an die Kartellabsprache.)

12.3 Übungsaufgaben

10. Die Able Manufacturing Company und Better Bettors, Inc. sind Konkurrenten auf dem Markt für spezielle Taschenrechner, die Fans des Pferderennsports benutzen, um die beste Wettstrategie auszurechnen. Jedes Unternehmen hat Fixkosten in Höhe von € 100 und Grenzkosten von € 10 für die Produktion der Rechner. Die Nachfrage nach diesem Produkt lautet:

$Q = 900 - 5P$, wobei P der Marktpreis und $Q = Q_1 + Q_2$ ist.

Wenn jedes Unternehmen entscheiden muss, wie viele Rechner es produzieren und verkaufen soll, ohne die Produktionsentscheidung des Konkurrenten zu kennen, wo liegen dann Preis und Produktionsmenge des Cournot-Gleichgewichts? Berechnen Sie die Gewinne der beiden Unternehmen.

11. Auf dem Markt für Joghurt-Eis in einer Kleinstadt gibt es zwei Unternehmen. Beide produzieren das gleiche Joghurt-Eis und die Nachfragekurve lautet $Q = 200 - 2P$. Unternehmen 1 hat konstante durchschnittliche Gesamtkosten von € 1 pro Produktionseinheit und Unternehmen 2 hat konstante durchschnittliche Gesamtkosten von € 2 pro Einheit. Wenn beide Unternehmen sich gleichzeitig auf einen Verkaufspreis festlegen, wie lautet dann das Bertrand-Gleichgewicht? Wie viel wird jedes Unternehmen verkaufen und wie hoch sind die Gewinne jedes Unternehmens?

12. Betrachten wir einen Markt, der aus vier Unternehmen besteht, wobei jedes dieser Unternehmen konstante Produktionsgrenzkosten von € 20 hat; sie sehen sich einer Gesamtmarktnachfragekurve von $P = 40 - 0{,}01Q$ gegenüber. Jedes Unternehmen verlangt gegenwärtig den Wettbewerbspreis. Die vier Unternehmen denken darüber nach, ein Kartell zu bilden, doch sie erkennen, dass jedes einen finanziellen Beitrag leisten muss, damit das Kartell funktionsfähig bleibt. Wie viel wäre jedes einzelne potentielle Kartellmitglied bereit zu bezahlen, um die Kartellvereinbarung durchzusetzen?

13. Im Jahr 1977, einem besonders guten Jahr für Autoverkäufe, verkauften die großen drei Autohersteller in den USA 9.054.000 Autos. Der Gesamtumsatz der drei Unternehmen lautete $ 109,5 Milliarden mit einem ausgewiesenen buchhalterischen Gewinn nach Steuern von $ 5,2 Milliarden. Die Gewinne im volkswirtschaftlichen Sinne betrugen in diesem Jahr geschätzte $ 500 Millionen. Unter Wettbewerbsbedingungen wären etwa 9.087.000 Autos verkauft worden. 1977 betrugen die Durchschnittskosten (inklusive Opportunitätskosten) geschätzte $ 12.039 pro Auto. Gehen wir von konstanten Durchschnittskosten aus, die den Grenzkosten entsprechen.

Nehmen wir an, die großen drei Autohersteller hätten sich zu einem Kartell zusammengeschlossen. Berechnen Sie den dadurch entstehenden Wohlfahrtsverlust für die Gesellschaft im Jahr 1977 und illustrieren Sie Ihre Lösung.

14. Jerry besitzt eine Tankstelle am Ortseingang einer Kleinstadt. Sein einziger Konkurrent, Bill, hat seine Tankstelle am anderen Ende der Stadt. Die beiden betreiben Preiswettbewerb. Die Bewohner der Kleinstadt fahren wegen des hohen Verkehrsaufkommens nur ungern quer durch die Stadt. Vor kurzem hatte der Stadtrat über ein Projekt beraten, das die Verkehrssituation in der Stadt entschärfen würde. Später wurde bekannt, dass Jerry einige Stadträte bestochen hatte, um das Projekt zu stoppen. Warum wollte Jerry das Projekt verhindern? Zeichnen Sie die Reaktionskurven von Jerry und Bill. Zeigen Sie die Verschiebung der Reaktionskurven auf, die eine Verbesserung der Verkehrsverhältnisse verursacht hätte, und bringen Sie dies in Zusammenhang mit Ihrer Erklärung.

15. Verwenden Sie Abbildung 12.4 des Lehrbuches zur Beantwortung dieser Frage. Wenn die Grenzkosten von Unternehmen 1 steigen, verschiebt sich seine Reaktionskurve nach links (das heißt nach innen). Wie weit muss sie sich verschieben, damit das Cournot-Gleichgewicht $Q_1 = 0$ und $Q_2 = 75$ beträgt (das heißt nur Unternehmen 2 produziert im Gleichgewicht)? Erklären Sie, wie sich die GK von Unternehmen 1 zu dem Preis verhalten, den Unternehmen 2 verlangen würde, wenn es in diesem Beispiel als Monopolist aufträte.

12.4 Kontrollfragen

16. In einer Großstadt lässt sich Möbel-Einzelhandel am besten beschreiben als

a) vollkommener Wettbewerbsmarkt,

b) Oligopol,

c) monopolistischer Wettbewerbsmarkt,

d) Kartell.

e) Keine der Antworten ist korrekt.

17. In einer Kleinstadt lässt sich der Möbel-Einzelhandel am besten beschreiben als

a) vollkommener Wettbewerbsmarkt,
b) Oligopol,
c) monopolistischer Wettbewerbsmarkt,
d) Kartell.
e) Keine der Antworten ist korrekt.

18. In einer Branche, in der monopolistischer Wettbewerb herrscht, erzielen Unternehmen im langfristigen Gleichgewicht keinen (volkswirtschaftlichen) Gewinn, weil

a) jedes Unternehmen mit minimalen durchschnittlichen Gesamtkosten produziert,
b) die Nachfragekurve Tangente an die TDK-Kurve jedes Unternehmens ist,
c) die Kapazität jedes Unternehmens unterhalb der gewünschten Produktionsmenge liegt,
d) a) und b),
e) b) und c).

19. Bei homogenen Produkten ist die gesamte Produktionsmenge im Cournot-Gleichgewicht:

a) ebenso hoch wie die Produktionsmenge beim Monopol,
b) geringer als die Produktionsmenge beim Monopol,
c) höher als die Produktionsmenge beim Wettbewerb,
d) zwischen den Produktionsmengen bei Monopol und bei Wettbewerb.
e) Keine der Antworten ist korrekt.

20. Bei homogenen Produkten ist die gesamte Produktionsmenge im Bertrand-Gleichgewicht:

a) ebenso hoch wie die Produktionsmenge beim Monopol,
b) ebenso hoch wie die Produktionsmenge bei Wettbewerb,
c) höher als die Produktionsmenge beim Wettbewerb,
d) zwischen den Produktionsmengen bei Monopol und bei Wettbewerb.
e) Keine der Antworten ist korrekt.

21. Zu den entscheidenden Merkmalen eines Oligopols gehören:

a) viele kleine Unternehmen,
b) leichter Marktein- und austritt,
c) die Notwendigkeit, vor der eigenen Entscheidung die Reaktionen der Konkurrenten zu berücksichtigen,
d) alle oben genannten Merkmale,
e) keines der oben genannten Merkmale.

22. Beim Modell der geknickten Nachfragekurve glaubt jedes Unternehmen:

a) die Konkurrenten werden alle Preisveränderungen nachmachen,
b) die Konkurrenten werden nur Preissenkungen nachmachen,
c) die Konkurrenten werden die Produktionsmenge konstant halten,
d) die Konkurrenten werden den Preis konstant halten.
e) Keine der Antworten ist korrekt.

23. Ein Kartell hat meist höhere Erfolgschancen, wenn:
- a) die Nachfrage weniger elastisch ist,
- b) die Mitglieder ähnliche Produktionskosten haben,
- c) jedes Mitglied in etwa die gleiche Produktionsmenge hat,
- d) b) und c).
- e) Alle Antworten sind korrekt.

24. Beim Bertrand-Modell mit differenzierten Produkten gilt:
- a) jedes Unternehmen wählt einen Preis, der seinen Grenzkosten entspricht;
- b) jedes Unternehmen wählt einen Preis, der seinen Durchschnittskosten entspricht;
- c) jedes Unternehmen macht einen positiven Gewinn (wenn es keine Fixkosten gibt);
- d) nur ein Unternehmen bedient den gesamten Markt.
- e) Keine der Antworten ist korrekt.

25. Ob ein Markt ein vollkommener Wettbewerbsmarkt oder ein monopolistischer Wettbewerbsmarkt ist, hängt ab von:
- a) Eintrittsbeschränkungen;
- b) dem Maß der Produktdifferenzierung;
- c) der Fähigkeit der Unternehmen, Absprachen zu treffen;
- d) a) und b);
- e) a), b) und c).

12.5 Internetübung

Die OPEC (Organization of Petroleum Exporting Countries) hat seit mehreren Jahrzehnten die Ölförderung dominiert. Obwohl die OPEC auf dem Markt immer noch eine wichtige Rolle spielt, ist ihre übermäßige Dominanz doch im Laufe der Jahre zurückgegangen. 1974 betrug der Anteil der OPEC an der weltweiten Ölproduktion etwa 68 Prozent, während er bis zum Jahr 1988 auf 34 Prozent gefallen war. Seit Ende der 80er Jahre konnte die OPEC wieder mehr Kontrolle über den Markt gewinnen – heute liegt ihr Marktanteil bei circa 38 Prozent.

Auf der Website der Energie-Informationsbehörde der US-Regierung, *http://www.eia.doe.gov/emeu/cabs/chron.html*, finden Sie eine Übersicht über die Ölpreise seit 1970. Die Übersicht zeigt die Bewegungen des Ölpreises im Laufe der letzten Jahrzehnte. Wir interessieren uns für den Preisrückgang zwischen 1985 – 86 und 1997 – 98. Welche möglichen Erklärungen gibt es für diesen Preisrückgang?

12.6 Lösungen zu den Übungen

1. Jedes Restaurant unterscheidet sich durch das Speisenangebot und/oder durch den Standort von den übrigen. Doch der Markteintritt ist in dieser Branche relativ leicht möglich. Dieser Markt lässt sich also am besten als monopolistischer Wettbewerbsmarkt beschreiben, es sei denn, die Stadt ist so klein, dass es nur einige wenige Restaurants gibt.

2. Die beschriebene Situation ist in Abbildung 12A.1 dargestellt. Der Markt befindet sich *nicht* im langfristigen Gleichgewicht, denn der Preis übersteigt die Durchschnittskosten. Die Extragewinne reizen neue Unternehmen zum Markteintritt, was dazu führt, dass sich die Nachfragekurve jedes Unternehmens nach unten verschiebt, denn es verliert Marktanteile. Der Markt hat das Gleichgewicht erreicht, sobald GE = GK und P = DC (wenn die Nachfragekurve Tangente an die DC-Kurve ist).

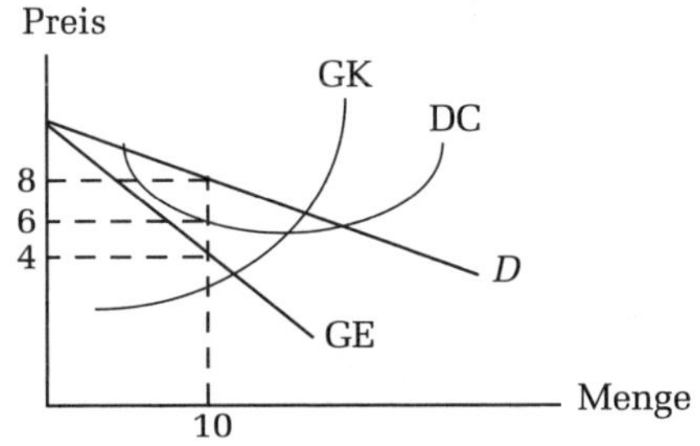

Abbildung 12A.1

3. Wenn $Q_2 = 45$, dann $P = 400 - 2Q_1 - (45) = 310 - 2Q_1$. Dann gilt $\overline{GE}_1 = 310 - 4Q_1$. Setzt man $\overline{GE}_1$ gleich GK_1, bedeutet das $310 - 4Q_1 = 10$ oder $Q_1^* = 75$.

   Wenn $Q_2 = 85$, dann $P = 400 - 2Q_1 - 2(85) = 230 - 2Q_1$. Dann gilt $\overline{GE}_1 = 230 - 4Q_1$. Setzt man $\overline{GE}_1$ gleich GK_1, bedeutet das $230 - 4Q_1 = 10$ oder $Q_1^* = 55$.

4. a) Die Restnachfragekurve von Unternehmen 1 lautet $P = 1.000 - 0{,}1(Q_1 + Q_2) = 1.000 - 0{,}1\overline{Q}_2 - 0{,}1Q_1$. Daher gilt $\overline{GE}_1 = 1.000 - 0{,}1\overline{Q}_2 - 0{,}2Q_1$. Wenn wir $GE_1 = GK_1$ setzen, erhalten wir:

   $1.000 - 0{,}1\overline{Q}_2 - 0{,}2Q_1 = 100$

   oder $Q_1 = 4.500 - 0{,}5\overline{Q}_2$.

   b) Ähnlich ergibt $\overline{GE}_2 = GK_2$ Folgendes:

   $1.000 - 0{,}1\overline{Q}_1 - 0{,}2Q_2 = 190$

   oder $Q_2 = 4.050 - 0{,}5\overline{Q}_1$.

   c) Ersetzen wir Q_1 aus (a) in der Formel in (b), so erhalten wir:

   $Q_2 = 4.050 - 0{,}5(4.500 - 0{,}5Q_2)$ oder $Q_2^* = 2.400$.

   Daher gilt $Q_1^* = 4.500 - 0{,}5(2.400) = 3.300$.

5. a) $\overline{GE}_2 = 500 - \overline{Q}_1 - 2Q_2$. Um die Reaktionskurve von Unternehmen 2 zu finden, setzen wir $GE_2 = GK$.

   $500 - \overline{Q}_1 - 2Q_2 = 20$, oder

   $Q_2 = 240 - \overline{Q}_1/2$.

b) Der Gesamterlös von Unternehmen 1 lautet:

$$E_1 = PQ_1 = (500 - Q_2 - Q_1)Q_1$$
$$= 500Q_1 - Q_2Q_1 - Q_1^2$$
$$= 500Q_1 - (240 - Q_1/2)Q_1 - Q_1^2$$
$$= 260Q_1 - Q_1^2/2.$$

c) Mit $E_1 = 260Q_1 - Q_1^2/2$ erhalten wir $GE_1 = \partial E/\partial Q_1 = 260 - Q_1$. Setzen wir $GE_1 = GK_1$, erhalten wir:

$260 - Q_1 = 20$, oder

$Q_1^* = 240.$

Dies bedeutet, dass $Q_2^* = 240 - (240/2) = 120$.

d) Der Marktpreis ist $P = 500 - Q = 500 - (240 + 120) =$ € 140. Daher gilt

$\pi_1 = PQ_1 - 20Q_1 = 140(240) - 20(240) =$ € 28.800 und

$\pi_2 = 140(120) - 20(120) =$ € 14.400.

Wie erwartet, sind die Gewinne für den Anführer höher als für den Nachfolger.

6. Die Gewinnfunktion von Unternehmen 1 ist

$$\pi_1 = P_1Q_1 - C_1 = P_1(1.000 - 20P_1 + 15P_2) - 10Q_1$$
$$= 1.000P_1 - 20P_1^2 + 15P_1P_2 - 10[1.000 - 20P_1 + 15P_2]$$
$$= 1.200P_1 - 20P_1^2 + 15P_1P_2 - 10.000 - 150P_2.$$

Ähnlich gilt:

$$\pi_2 = P_2Q_2 - C_2$$
$$= 800P_2 + 5P_1P_2 - 15P_2^2 - 5[800 + 5P_1 - 15P_2]$$
$$= 875P_2 + 5P_1P_2 - 15P_2^2 - 4.000 = 25P_1.$$

Zur Ableitung der Reaktionsfunktionen müssen wir den Gewinn jedes Unternehmens in Bezug auf seinen eigenen Preis differenzieren, um den gewinnmaximierenden Preis als Funktion des Preises des anderen Unternehmens zu erhalten. Für Unternehmen 1 gilt $\partial\pi_1/\partial P_1 = 1.200 - 40P_1 + 15P_2 = 0$. Für Unternehmen 2 erhalten wir $\partial\pi_2/\partial P_2 = 875 + 5P_1 - 30P_2 = 0$.

Die Reaktionskurve von Unternehmen 1 lautet dann $P_1 = 1.200/40 + 15P_2/40 = 30 + 0{,}375P_2$. Die Reaktionskurve von Unternehmen 2 lautet $P_2 = 875/30 + 5P_1/30 = 29{,}17 + 0{,}17P_1$ (gerundet).

Das Bertrand-Gleichgewicht befindet sich im Schnittpunkt dieser beiden Reaktionskurven. Lösen wir nach P_1 auf, so erhalten wir $P_1 = 30 + (0{,}375)[29{,}17 + 0{,}17P_1]$ oder $0{,}936P_1 = 40{,}94$, oder $P_1^* =$ € 43,74 (gerundet). Daher gilt $P_2^* = 29{,}17 + 0{,}17(43{,}74) =$ € 36,61.

7. Ja, dies ist ein Gefangenendilemma. Wenn Yellow Pages P_H wählt, sollte Spartan P_L wählen (€ 40 > € 20). Wenn Yellow Pages P_L wählt, sollte Spartan erneut P_L wählen (€ 10 > € 5). Ähnlich sollte Yellow Pages immer P_L wählen, gleichgültig, welche Entscheidung es von Spartan erwartet. Wenn aber beide aggressiven Wettbewerb betreiben und P_L wählen, betragen ihre Gewinne (€ 10, € 45). Wenn sie sich irgendwie darauf verständigen könnten, P_H zu verlangen, könnten sie (€ 20, € 60) verdienen.

8. a) Brunswicks Grenzerlöskurve als Monopolist lautet GE = 1.000 – $20Q_B$. Setzen wir GE und GK gleich, erhalten wir 1.000 – $20Q_B = Q_B$, oder Q_B = 1.000/21 = 47,62 und P = € 523,80.

b) Mit der Angebotskurve der Randunternehmen Q_F = P/4 und der Marktnachfrage Q_D = 100 – P/10 lautet die Restnachfrage für Brunswick Q'_B = 100 – P/10 – P/4 = 100 – 0,35P. Schreiben wir die Restnachfragekurve um, so erhalten wir P' = 100/0,35 – Q_B /0,35 = 285,71 – 2,86Q_B. Die Grenzerlöskurve ist daher GE' = 285,71 – 5,72Q_B. Setzen wir GE' und GK gleich, erhalten wir 285,71 – 5,72Q_B = Q_B, oder Q_B = 42,52. Der Preis ist P' = 285,71 – 2,86(42,52) = € 164,10. Das Angebot der Randfirmen zu diesem Preis ist P/4 = 164,10/4 = 41,03.

9. a) P = GK bedeutet 12 – 0,1Q = 2, oder Q = 100. Deshalb lautet der Marktpreis P = € 2 und jedes Unternehmen produziert q = 100/10 = 10.

b) GE = GK bedeutet 12 – 0,2Q = 2, oder Q = 50. Der Marktpreis lautet P = 12 – 0,1(50) = 7 und der Anteil jedes Unternehmens an der Kartellproduktionsmenge ist q = 50/10 = 5.

c) Der Gewinn beträgt für jedes Unternehmen π = 7(5) – 2(5) = € 25.

d) Die Marktnachfrage beim Preis P = € 6,75 (25 Cent weniger als der Kartellpreis) beträgt Q = 52,5. Der „Betrüger" kann also zusätzlich 2,5 Einheiten zum Preis von € 6,75 verkaufen. Die Gewinne des Betrügers betragen π = (6,75)(7,5) – 2(7,5) = € 35,63. Dies ist mehr als der Gewinn, den das Unternehmen machen würde, wenn es dem Kartell gegenüber loyal bliebe (€ 25). Wenn der Betrüger unentdeckt bleibt, macht er ganz eindeutig ein gutes Geschäft.

12.7 Lösungen zu den Übungsaufgaben

10. Wir können die Nachfragekurve als P = 180 – (Q_1 + Q_2)/5 umschreiben. Die Restnachfragekurve von Unternehmen 1 ist: (Q_1) = 180 – Q_2/5 – Q_1/5, also lautet die Grenzerlöskurve, die sich aus dieser Nachfragekurve ergibt, (Q_1) = 180 – Q_2/5 – 2Q_1/5. Da die Grenzkosten 10 sind, wird Unternehmen 1 Q_1 so wählen, dass 180 – Q_2/5 – 2Q_1/5 = 10 gilt. Dadurch erhalten wir als Reaktionskurve von Unternehmen 1 Q_1 = 425 – 0,5Q_2.

Wir können die Reaktionskurve von Unternehmen 2 auf ganz ähnliche Weise bestimmen. Da die Unternehmen identisch sind, gilt Q_2 = 425 – 0,5Q_1.

Das Cournot-Gleichgewicht ist der Schnittpunkt dieser beiden Funktionen:

Q_1^* = Q_2^* oder Q_1^* = 425 – 0,5(425 – 0,5), woraus sich Q_1^* = 283,33 ergibt. Also ist auch Q_2^* = 283,33. Der Gleichgewichtspreis lautet P = 180 – (283,33 + 283,33)/5 = € 66,67. Die Gewinne beider Unternehmen sind gleich und liegen bei $\pi_1 = \pi_2$ = 66,67(283,33) – 10(283,33) – 100 = € 15.956,31.

11. Unternehmen 2 kann niemals einen Preis unterhalb von € 2 verlangen und dabei einen Gewinn erzielen, der größer oder gleich null ist. Unternehmen 1 wird immer einen Preis berechnen wollen, der gerade unter dem Preis von Unternehmen 2 liegt. In diesem Fall ist das Bertrand-Gleichgewicht P_1 = € 1,99 und P_2 = € 2. Unternehmen 1 schöpft hier den gesamten Umsatz ab und macht Gewinne von (1,99 – 1) (200 – 2(1,99)) = € 194,06. Unternehmen 2 verdient nichts. Unternehmen 1 könnte nur dann weniger als € 1,99 verlangen wollen, wenn der gewinnmaximierende Monopolpreis von Unternehmen 1 unterhalb von € 1,99 liegen würde.

12. Gegenwärtig machen alle Unternehmen einen volkswirtschaftlichen Gewinn von null. Wenn sie ein Kartell bilden, erhält jedes Unternehmen ein Viertel der Kartellgewinne (wenn wir annehmen, dass der Gewinn gleichmäßig verteilt wird). Da es außer diesen vier Unternehmen keine anderen in der Branche gibt, sind Kartellpreis und -menge gleichzeitig Monopolpreis und -menge. Wenn wir GE = GK setzen oder $40 - 0{,}02Q = 20$, ergibt sich $Q = 1.000$ und $P = 40 - 0{,}01(1.000) = 30$. Die Gewinne des Kartells (und gleichzeitig der Branche) sind $\pi = 30(1.000) - 20(1.000) = 10.000$. Demnach beträgt der Kartellgewinn jedes Unternehmens 10.000/4 = € 2.500, was gleichzeitig die maximale Summe ist, die jedes Unternehmen zu zahlen bereit wäre (das heißt die Gewinnsteigerung, die sie erwarten können, wenn sie den Wettbewerb zugunsten eines Kartells aufgeben).

13. Aus den Informationen der Aufgabe ersehen wir:

P_mQ_m = € 109,5 Milliarden,

π = € 500 Millionen,

P_m = € 109,5 Milliarden /9.054.000 ≈ € 12.094, und

GK = € 12.039.

Dies ist in Abbildung 12A.2 dargestellt.

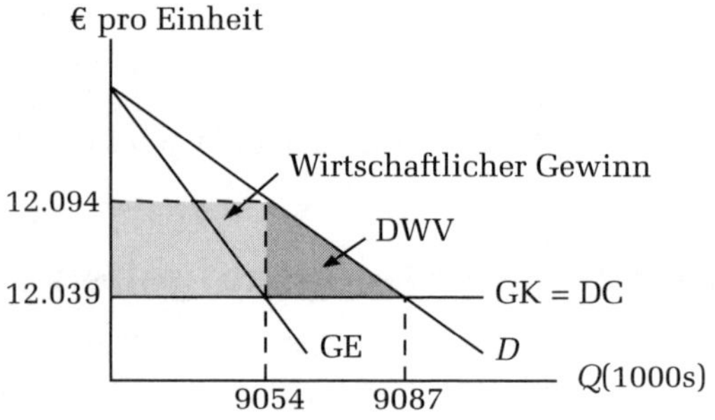

Abbildung 12A.2

Daher ergibt sich DWV = 0,5(9.087.000 – 9.054.000)(12.094 – 12.039) = € 907.500.

14. Die Verbesserung der Verkehrssituation würde es den Verbrauchern erleichtern, zu Bills Tankstelle zu fahren, wenn Jerry zu hohe Preise verlangt. Grundsätzlich würde die Verbesserung der Verkehrssituation dazu führen, dass die beiden Produkte bessere Substitute werden und dass sich daher ein härterer Preiswettbewerb ergibt. Dies hätte zur Folge, dass sich die Preisreaktionskurven beider Unternehmen verschieben würden, was wiederum zu niedrigeren Preisen und Gewinnen führen würde. Siehe Abbildung 12A.3.

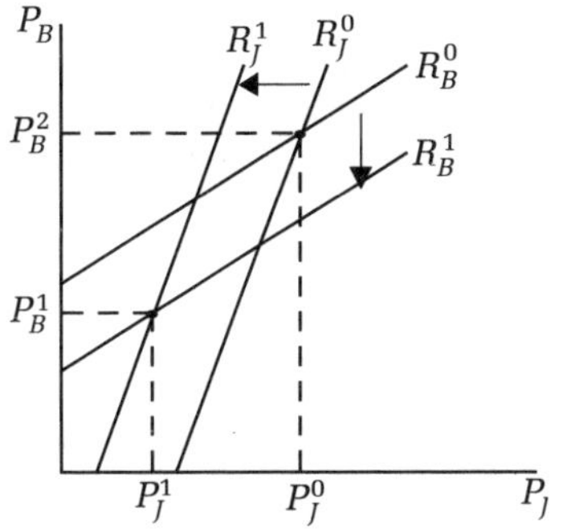

Abbildung 12A.3

15. Die Reaktionskurve von Unternehmen 1 muss sich weit genug verschieben, damit sie die Reaktionskurve von Unternehmen 2 an der Q_1=0-Achse (die horizontale Achse) schneidet. Abbildung 12A.4 zeigt die neue Reaktionskurve von Unternehmen 1 als gepunktete Linie. In diesem Fall produziert Unternehmen 2 75 Einheiten. Dies ist die gleiche Menge, die Unternehmen 2 wählen würde, wenn es ein Monopolist wäre (seine Restnachfrage bei $Q_1 = 0$ entspricht der Nachfragekurve, wenn es als Monopolist auftritt). Für Unternehmen 1 gilt $P = a - b(Q_1 + Q_2) = a - b(75) - bQ_1$. Daher gilt $\overline{\text{GE}}_1 = a - b(75) - 2bQ_1$. Wenn Unternehmen 1 null produziert, ist $\text{GK}_1 > a - b(75)$, c.

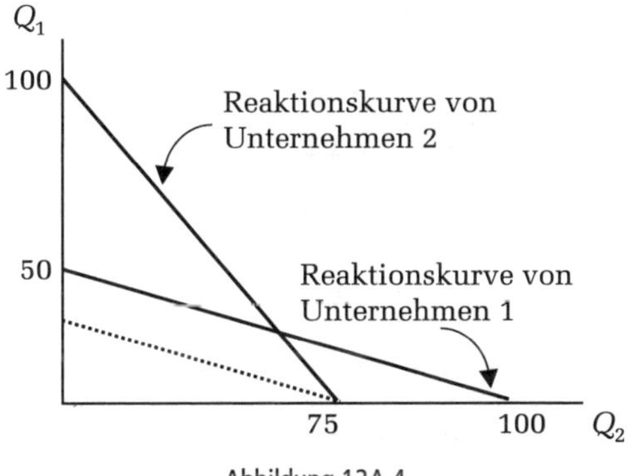

Abbildung 12A.4

12.8 Lösungen zu den Kontrollfragen

16. c) Jedes Geschäft verkauft unterschiedliche Produkte, aber es gibt viele Geschäfte.

17. b) Der Markt hat nur wenige Geschäfte.

18. b) Antwort a) ist falsch, denn beim monopolistischen Wettbewerbsgleichgewicht gibt es Überschusskapazitäten (die Unternehmen befinden sich links von den minimalen Durchschnittskosten). Deshalb ist Antwort c) ebenfalls falsch.

19. d) Die Lösung eines allgemeinen Cournot-Problems ergibt immer diese Antwort. Intuitiv können wir sagen, dass das Gleichgewicht, das sich beim Cournot-Wettbewerb ergibt, mehr wettbewerbsorientiert ist als beim Monopol, jedoch weniger wettbewerbsorientiert ist als bei vollkommenem Wettbewerb.

20. b) Der Bertrand-Gleichgewichtspreis entspricht dem Wettbewerbspreis und daher entspricht die gesamte Produktionsmenge auch der Wettbewerbsmenge.

21. c) Ein Oligopol zeichnet sich durch eine gegenseitige Abhängigkeit der Entscheidungen der Unternehmen in einer Branche aus. Der Gewinn eines Unternehmens wird also von den Entscheidungen seiner Konkurrenten beeinflusst. Antworten a) und b) sind falsch, denn ein Oligopol lässt sich als Konzentration von Unternehmen innerhalb einer Branche definieren und eine begrenzte Anzahl von Unternehmen gibt es nur, wenn Eintrittsbarrieren bestehen.

22. b) Dies ist eine Annahme des Modells.

23. e) Wenn die Nachfrage weniger elastisch ist, muss es weniger Substitutionsgüter geben und das ist gut für das Kartell. Wenn die Produktionskosten ähnlich hoch sind und die Kartellmitglieder auf ähnlichen Niveaus produzieren, dann können sich die Verhandlungen über Kontingente und Anteile anfangs leichter gestalten und die Vereinbarungen können dann auch leichter überwacht werden.

24. c) Bei differenzierten Produkten führt ein Preiswettbewerb nicht dazu, dass der Preis bis auf die Grenzkosten fällt.

25. b) Es bestehen freie Eintrittsmöglichkeiten und bei beiden Marktformen ist Kollusion schwierig.

12.9 Lösung zur Internetübung

Es gibt eine Reihe möglicher Erklärungen, doch die drei Hauptgründe eines solch drastischen Preisrückgangs sind (1) ein Rückgang der Nachfrage, (2) ein plötzlicher Anstieg der Nicht-OPEC-Produktion oder (3) Uneinigkeit und Betrug innerhalb des OPEC-Kartells, die zu einer gesteigerten OPEC-Produktion führen.

Die Nicht-OPEC-Produktion stieg im Laufe des gesamten Zeitraums. Obwohl dies also sicherlich zum Rückgang der Preiskontrollmöglichkeit der OPEC beigetragen hat, erklärt es den drastischen Preisverfall nicht. Die Erklärung des Preisrückgangs von 1997 – 98 liegt in der Finanzkrise in Asien. Die OPEC entschied sich 1997 dazu, die Produktion zu erhöhen, und kurz darauf sank die Ölnachfrage der asiatischen Länder drastisch ab. Die Folge war der rapide Preisverfall.

Die Erklärung für das Jahr 1986 könnte auch ein Nachfrageschock sein, tatsächlich handelte es sich aber um einen Preiskrieg, den die OPEC begonnen hatte, um Marktanteile zurückzugewinnen und Nicht-OPEC-Mitglieder zu überzeugen, zu kooperieren und die Produktion zu drosseln. Im Wall Street Journal vom 15. April 1986 erschien ein Artikel mit dem Titel „Oil Prices Drop Amid Widespread Doubts That OPEC Meeting Will Produce Accord“ (Ölpreise fallen aufgrund allgemeiner Zweifel, dass OPEC-Treffen zu Einigung führen wird). Dieser Artikel befasste sich genau mit diesem Thema, wobei das bemerkenswerteste Zitat darin von einem arabischen Delegierten stammte, der an dem OPEC-Treffen teilgenommen und Folgendes gesagt hatte: „Wir müssen den Preiskrieg weitertreiben. Es muss wehtun, damit wahre Kooperationsbereitschaft (der Nicht-OPEC-Mitglieder) entsteht.“

Spieltheorie und Wettbewerbsstrategie

13

Wichtige Begriffe

- Elemente von Spielen
  - Spieler
  - Strategien
  - Auszahlungsmatrix
- Dominante Strategie
- Nichtkooperative und kooperative Spiele
- Nash-Gleichgewicht
  - Maximin-Strategien
  - Reine Strategien
  - Gemischte Strategien
- Wiederholte Spiele
- Sequenzielle Spiele
- Die extensive Form eines Spiels
- Strategische Züge
- Glaubhafte Drohung
- Eintrittsabschreckung
- Auktionen

ÜBERBLICK

13.1 Hauptthemen des Kapitels

Die Spieltheorie analysiert die Verhaltensweisen bei der Interaktion rational denkender Entscheidungsträger. In einem Oligopol hängen die strategischen Entscheidungen eines Unternehmens über wichtige Variablen (Produktionsmenge, Preis, Kapazität, Werbeausgaben etc.) davon ab, welche Entscheidungen zu den gleichen Variablen es von seinen Konkurrenten erwartet. Diese strategischen Entscheidungen sind komplex, denn andere Unternehmen treffen ebenfalls Entscheidungen, die sich auf ihre Erwartungen über das Verhalten der Konkurrenz stützen. Um die beste Entscheidung treffen zu können, muss ein Unternehmen gleichzeitig ermitteln, welche die besten Entscheidungen der Konkurrenz sein werden, wobei es davon ausgeht, dass alle anderen Unternehmen rational handeln.

Das Cournot-Modell, das wir in Kapitel 12 behandelten, ist ein Beispiel eines *nichtkooperativen Spiels*, in dem jedes Unternehmen seine Produktionsentscheidung unabhängig trifft, ohne dass die Möglichkeit besteht, mit anderen Unternehmen eine bindende Vereinbarung zu treffen. Die meisten Spiele, die in der Wirtschaftstheorie behandelt werden, sind nichtkooperative Spiele. In einem *kooperativen Spiel* können Unternehmen bindende Vereinbarungen treffen. Vertragsverhandlungen sind ein wichtiges Beispiel für kooperative Spiele.

Die einfachste Regel, die Spieler in einem Spiel anwenden können, ist es, eine dominante Strategie zu spielen, falls eine existiert. Eine *dominante Strategie* ist diejenige, die für einen Spieler immer die beste Alternative ist, gleichgültig welche Strategien seine Gegner wählen. Ein Spieler hat keine dominante Strategie, wenn seine bestmögliche Entscheidung davon abhängt, was seine Gegner tun. Wenn keine Lösung des Spiels in Form von dominanten Strategien existiert, sollten die Spieler die Strategie des Nash-Gleichgewichts verfolgen. Ein Nash-Gleichgewicht ist die Menge der Strategien, bei denen jeder Spieler unter Berücksichtigung der Handlungen der anderen Spieler das bestmögliche Ergebnis erzielt. Diese Bedingung muss für jeden Spieler gelten, damit eine Strategiemenge ein Nash-Gleichgewicht darstellt.

Das Nash-Gleichgewicht gibt einen vernünftigen Handlungsweg für jeden Spieler vor, solange jeder Spieler davon ausgehen kann, dass die anderen rational handeln. Wenn die Spieler dies bezweifeln, könnten sie sich für *Maximin-Strategien* entscheiden, welche die minimale Auszahlung eines Spielers maximieren. In einigen Spielen existiert kein Nash-Gleichgewicht, wenn die Spieler *reine Strategien* (bei denen Entscheidungen unter Sicherheit getroffen werden) verfolgen. In solchen Fällen basiert das Nash-Gleichgewicht auf *gemischten Strategien*, bei denen die Spieler per Zufallsprinzip eine Handlungsweise aus verschiedenen Alternativen auswählen.

Auf realen Märkten können Unternehmen *wiederholte Spiele* spielen. Bei wiederholten Spielen ergibt sich oft ein anderes Gleichgewicht als bei Spielen, die nur einmal gespielt werden. Beim Gefangenendilemma entscheiden sich zwei Spieler, ob sie gestehen sollen oder nicht. Für beide Spieler wäre es am besten, wenn keiner gestehen würde, für beide ist aber ein Geständnis eine dominante Strategie. Wird das Spiel also nur einmal gespielt, gestehen beide Spieler. Wird das Spiel des Gefangenendilemmas dagegen unendlich oft wiederholt, kann kooperatives Verhalten (kein Geständnis) eine Gleichgewichtslösung darstellen.

Beim *sequenziellen Spiel* entscheiden die Spieler nacheinander. Die extensive Form eines Spiels (die Form eines Entscheidungsbaums) ist ein nützliches Instrument zur Analyse eines sequenziellen Spiels. Um diese extensive Form anzuwenden, muss man zunächst den besten Zug des Spielers, der in der letzten Periode des Spiels an der

Reihe ist, ermitteln, um danach rückwärts weiterzugehen und herauszufinden, was ein Spieler tun wird, der vorher an der Reihe ist und natürlich vorausschaut, wie seine Entscheidung die Spieler beeinflussen wird, die später handeln.

Der Spieler, der bei einem sequenziellen Spiel die erste Entscheidung trifft, kann oft profitieren, indem er einen strategischen Zug macht. Ein *strategischer Zug* schränkt zwar das eigene Handeln ein, ist aber dennoch vorteilhaft, weil er die Reaktion des Konkurrenten beeinflusst. Ein Unternehmen könnte sich zum Beispiel dafür entscheiden, eine Strategie der Eintrittsabschreckung zu verfolgen und so handeln, dass Unternehmen außerhalb der Branche zu der Überzeugung kommen, dass sich für sie ein Markteintritt nicht auszahlt. Unwiderrufliche Handlungen, welche die eigene Auszahlung eines Unternehmens mindern, zum Beispiel die Ausweitung von Produktionskapazitäten, können eine *glaubhafte Drohung* darstellen, dass ein Markteintritt nicht hingenommen werden wird.

Im Rahmen von Auktionen werden Güter mittels eines Bietprozesses ge- und verkauft. Bei der englischen Auktion fordert der Verkäufer eine Gruppe potentieller Käufer zu Geboten auf, das Gut ist verkauft, sobald nur noch ein Bieter übrig ist. Das Gut wird an den Meistbietenden zu dessen gebotenem Preis verkauft. Bei der holländischen Auktion setzt der Verkäufer anfangs einen hohen Preis fest und reduziert diesen nach und nach, wenn es keinen Kaufinteressenten gibt. Das Gut wird an den ersten Käufer verkauft, der den vom Verkäufer vorgegebenen Preis akzeptiert. In einer Auktion mit verschlossenen Angeboten (verdeckte Auktion) werden die Gebote in verschlossenen Umschlägen abgegeben und das Gut wird an denjenigen verkauft, der das höchste Gebot abgegeben hat. Handelt es sich um eine Erstpreisauktion, entspricht der Verkaufspreis dem Höchstgebot. Bei einer Zweitpreisauktion dagegen ist der Verkaufspreis das zweithöchste Gebot. Die Regeln, nach denen eine Auktion abläuft, haben entscheidende Auswirkungen auf den Verkaufspreis des Gutes.

13.2 Wiederholung und Übungen

13.2.1 Spiele und strategische Entscheidungen (Kapitel 13.1)

Ein Spiel ist ein allgemeines Konzept; es umfasst so gut wie jede Situation, in der die Gewinne jedes Entscheidungsträgers von den Handlungen anderer Entscheidungsträger, oder *Spieler*, abhängen. Um ein Spiel beschreiben zu können, müssen wir die Spielregeln, die möglichen *Strategien* jedes Spielers, sowie die *Auszahlung* jeder möglichen Handlungskombination kennen. Wir gehen dabei davon aus, dass die Spieler ihre Auszahlung maximieren möchten. Die Regeln beziehen sich auf die Reihenfolge, in der die Spieler ihre Züge machen und darauf, ob bindende Abmachungen über bestimmte Handlungen möglich sind.

Betrachten wir ein Spiel mit zwei Spielern, wie es in der *Auszahlungsmatrix* in Tabelle 13.1 dargestellt ist. Wir haben die möglichen Handlungen von A in Zeile 1 und Zeile 2 und die möglichen Handlungen von B in Spalte 1, Spalte 2 und Spalte 3 abgebildet. In dieser Analyse stellen die Spieler Unternehmen dar und die Auszahlung eines Unternehmens ist sein erzielter Gewinn. Für jede mögliche Handlung von A und für jede mögliche Handlung von B gibt die Auszahlungsmatrix die Auszahlungen beider Spieler an. Die erste Zahl in jedem Feld der Auszahlungsmatrix ist die Auszahlung von A und die zweite Zahl ist die Auszahlung von B. Wenn also A beispielsweise Zeile 1 und *B* Spalte 1 spielt, so ist die Auszahlung von *A* € 400, während die Auszahlung von *B* € 100 beträgt.

Tabelle 13.1

		B		
		1	2	3
A	1	€ 400, € 100	€ 500, € 0	€ 200, € 400
	2	€ 200, € 200	€ 600, € 300	€ 500, € 100

Jeder Spieler hat nur begrenzt Einfluss auf das Ergebnis des Spiels: *A* wählt die Zeile, während *B* die Spalte bestimmt. *A* kann nicht kontrollieren, welche Wahl B trifft und B hat keinen Einfluss darauf, was *A* wählt. Wenn *A* beispielsweise Zeile 1 wählt, könnte er € 500 verdienen. Wenn *B* aber Spalte 3 wählt, wäre die Auszahlung für *A* nur € 200. Im Folgenden werden wir uns damit befassen, wie man das Gleichgewicht eines Spiels finden kann.

13.2.2 Dominante Strategien (Kapitel 13.2)

Um das Verhalten der Spieler zu erklären, müssen wir genau wissen, über welche Informationen sie verfügen. Zur Vereinfachung nehmen wir an, dass die Spieler über alle Aspekte des Spiels vollständig informiert sind, auch über die Auszahlungen aller anderen Spieler. Jeder Spieler benötigt diese Information, um herauszufinden, welche Entscheidungen für andere Spieler rational sind.

Die einfachste Richtlinie zur Bestimmung der Entscheidungen eines Spielers besteht darin herauszufinden, ob für einen der Spieler eine beste Handlungsmöglichkeit besteht, gleichgültig was die anderen Spieler tun. Betrachten wir das folgende Beispiel mit zwei Unternehmen, *A* und *B*, sowie zwei möglichen Handlungsalternativen für jedes Unternehmen.

Tabelle 13.2

		B	
		1	2
A	1	100, 40	70, 50
	2	80, 90	60, 100

In Tabelle 13.2 sehen wir, dass es für Unternehmen *A* immer am besten ist, Zeile 1 zu spielen, gleichgültig was *B* entscheidet. *A* muss seine Auszahlungen Spalte für Spalte prüfen. In diesem Fall ist für *A* die Auszahlung aus Zeile 1 besser als die Auszahlungen aus Zeile 2, *wenn B* Spalte 1 spielt (100 versus 80), und die Auszahlung für *A* aus Zeile 1 ist auch besser als die Auszahlung aus Zeile 2, *wenn B* Spalte 2 spielt (70 versus 60). (*A* muss beide Spalten prüfen, denn es kann die Handlungen von *B* nicht kontrollieren.) Für *A* ist Zeile 1 also eine *dominante Strategie*, dies ist die Strategie, die *A* spielen sollte. Eine dominante Strategie ist eine Entscheidung, die für einen

Spieler in jedem Fall die beste Alternative darstellt, gleichgültig welche Strategie sein Gegner verfolgt. Unabhängig von der Strategie von *B* ist *A* mit seiner dominanten Strategie immer am besten bedient.

Nun wissen wir, was *A* tun sollte. Um dieses Spiel aber ganz aufzulösen, müssen wir auch das Verhalten von *B* prüfen. Bei Betrachtung der Auszahlungsmatrix sehen wir, dass es auch für Unternehmen *B* eine dominante Strategie gibt. Es sollte in jedem Fall Spalte 2 spielen, gleichgültig was *A* tut (50 > 40, wenn *A* Zeile 1 spielt, und 100 > 90, wenn *A* Zeile 2 spielt). Wenn wir also davon ausgehen, dass beide Unternehmen rational handeln, wird das Ergebnis des Spiels sein, dass *A* Zeile 1 und *B* Spalte 2 spielt.

Verändern wir nun das Spiel etwas, wie in Tabelle 13.3 dargestellt, sodass die Auszahlungsmatrix von *B* im Feld rechts unten von 100 auf 80 sinkt. Wie lautet das Ergebnis dieses Spiels?

Tabelle 13.3

		B	
		1	2
A	1	100, 40	70, 50
	2	80, 90	60, 80

Nun hat Unternehmen *B* keine dominante Strategie, denn es ist besser, Spalte 2 zu spielen, wenn *A* Zeile 1 spielt, während Spalte 1 die bessere Alternative für *B* ist, wenn *A* Zeile 2 spielt. *B* weiß allerdings, dass Zeile 1 die dominante Strategie von *A* ist. Also sollte *B* unter Anwendung dieses Wissens seine beste Alternative wählen und Spalte 2 spielen. Das Ergebnis des Spiels lautet also Zeile 1 für Unternehmen *A* und Spalte 2 für Unternehmen *B* mit Auszahlungen von 70 für *A* und 50 für *B*.

Die konträren Interessen der beiden Spieler verhindern, dass sie Zeile 2 und Spalte 1 wählen, wodurch beide eine höhere Auszahlung erreichen könnten. Das Problem besteht darin, dass es in diesem Fall für *A* noch besser wäre, Zeile 1 zu spielen, was *B* wiederum schaden würde. Hier wird klar, dass die Lösung eines nichtkooperativen Spiels nicht unbedingt die wünschenswerteste Lösung für alle beteiligten Spieler ist.

Übung

1. Die beiden Kosmetikfirmen Revlon und L'Oreal müssen sich entscheiden, ob sie für ihre Produkte einen hohen oder einen niedrigen Preis verlangen sollen. Die Jahresgewinne von Revlon und L'Oreal (in Millionen Euro) für alle Strategiekombinationen erscheinen in der Auszahlungsmatrix in Tabelle 13.4. Wie lautet das Ergebnis dieses Spiels? Hat jeder Spieler eine dominante Strategie?

Tabelle 13.4

		L'Oreal	
		Niedriger Preis	Hoher Preis
Revlon	Niedriger Preis	10, 10	20, 6
	Hoher Preis	6, 20	15, 15

In anderen Spielen, wie etwa in Tabelle 13.5, hat kein Spieler eine dominante Strategie.

Tabelle 13.5

		B		
		1	2	3
A	1	2, 3	3, 2	1, 2
	2	1, 5	2, 9	5, 8
	3	1, 4	4, 2	3, 5

Hier sind die besten Handlungsmöglichkeiten für *A*:
Zeile 1, wenn *B* Spalte 1 spielt,
Zeile 3, wenn *B* Spalte 2 spielt,
Zeile 2, wenn *B* Spalte 3 spielt.
Die besten Handlungsmöglichkeiten für *B* sind:
Spalte 1, wenn *A* Zeile 1 spielt,
Spalte 2, wenn *A* Zeile 2 spielt,
Spalte 3, wenn *A* Zeile 3 spielt.

Keiner der Spieler hat eine dominante Strategie. Für dieses Spiel brauchen wir ein allgemeiner angelegtes Lösungskonzept.

Ein *Nash-Gleichgewicht* ist ein Paar von Strategien, die dadurch gekennzeichnet sind, dass jeder Spieler seine beste Strategie unter Berücksichtigung der Entscheidung der anderen Spieler wählt. Da kein Spieler die Entscheidungen der anderen kontrollieren kann, versucht ein rational denkender Spieler zuerst zu ermitteln, was seine Gegner tun werden und wird dann dementsprechend selbst handeln. Im Spiel in Tabelle 13.5 sind die Strategien, Zeile 1 und Spalte 1 zu spielen, ein Nash-Gleichgewicht. Wenn *A* Zeile 1 spielt, ist die beste Möglichkeit von *B*, Spalte 1 zu spielen; wenn *B* Spalte 1 spielt, ist die beste Möglichkeit von *A*, Zeile 1 zu spielen. Es gibt für keines der Unternehmen einen Anreiz, diese Entscheidungen zu verändern.

Übung

2. Haben die Spieler in dem Spiel in Tabelle 13.6 jeweils eine dominante Strategie? Wie lautet das Nash-Gleichgewicht?

Tabelle 13.6

		B		
		1	2	3
A	1	3, 2	7, 7	5, 6
	2	2, 8	1, 4	2, 9

Übung

3. Haben die Spieler in dem Spiel in Tabelle 13.7 jeweils eine dominante Strategie? Wie lautet das Nash-Gleichgewicht?

Tabelle 13.7

		B		
		1	2	3
A	1	3, 2	7, 7	9, 5
	2	4, 8	1, 4	6, 9

13.2.3 Mehr zum Nash-Gleichgewicht (Kapitel 13.3)

Um den Unterschied zwischen einem Gleichgewicht in dominanten Strategien und einem Nash-Gleichgewicht besser zu verstehen, wiederholen wir nochmals den Vergleich aus Kapitel 13.3 des Lehrbuchs:

Dominante Strategien: Wir tun das Bestmögliche unabhängig von den Entscheidungen der anderen. Die anderen tun das Bestmögliche unabhängig von unseren Entscheidungen.

Nash-Gleichgewicht: Wir tun das Bestmögliche bei gegebenen Entscheidungen der anderen. Die anderen tun das Bestmögliche bei gegebenen Entscheidungen unsererseits.

Es können sich zwei Schwierigkeiten ergeben, wenn man nach dem Nash-Gleichgewicht als Lösung eines Spiels sucht. Die erste Schwierigkeit besteht darin, dass es durchaus mehr als ein Nash-Gleichgewicht geben kann. Wenn bei einem Spiel mehrere Nash-Gleichgewichte möglich sind, ist es natürlich sehr viel schwieriger vorherzusagen, was die Spieler tun werden, besonders wenn es nicht erlaubt ist, zu kommunizieren.

Übung

4. Haben die Spieler in dem Spiel in Tabelle 13.8 jeweils eine dominante Strategie? Gibt es ein Nash-Gleichgewicht oder zwei?

Tabelle 13.8

		Unternehmen 2	
		Online verkaufen	Nicht online verkaufen
Unternehmen 1	Online verkaufen	50, 60	20, 30
	Nicht online verkaufen	40, 20	60, 40

Die zweite Schwierigkeit besteht darin, dass es bei einigen Spielen kein Nash-Gleichgewicht gibt, wenn man reine Strategien anwendet (bei denen bestimmte Entscheidungen mit Sicherheit getroffen werden). Wie wir später sehen werden, verschwindet dieses Problem manchmal, wenn wir im Spiel gemischte Strategien zulassen, bei denen die Spieler zufällig unter verschiedenen Alternativen auswählen.

13.2.4 Maximin-Strategien

In dem Spiel in Tabelle 13.9 (eine Variation des Spiels in Tabelle 13.3) hat Spieler *A* mit Zeile 1 eine dominante Strategie. Für Spieler *B* gibt es keine dominante Strategie. Bei der Lösung des Spiels in Tabelle 13.3 gingen wir davon aus, dass *B*, der ja wusste, dass A seine dominante Strategie spielen würde, *am besten Spalte 2 spielen sollte*. Das Spiel in Tabelle 13.3 hat ein Nash-Gleichgewicht (70,50). Das Gleiche gilt auch für dieses Spiel. Wählt *B* Spalte 2, so maximiert er damit seine Gewinne, wenn er davon ausgeht, dass *A* rational handelt und seine dominante Strategie wählt.

Tabelle 13.9

		B	
		1	2
A	1	100, 40	70, 50
	2	80, 30	60, 20

Was aber, wenn sich *B* nicht sicher ist, wie sich *A* verhalten wird? Wenn *A* sich entscheiden würde, Zeile 2 zu spielen, wäre es für *B* vorteilhafter, Spalte 1 zu spielen (30 ist mehr als 20). Ein Spieler, der risikoscheu ist, könnte es vorziehen, eine *Maximin-Strategie* zu verfolgen, die seine minimale Auszahlung maximiert. Spielt *B* Spalte 2, wäre sein schlechtestes Ergebnis 20. Um also unter den schlechtesten Alternativen die beste zu erreichen, *sollte B Spalte 1 spielen*. Wenn *B* konservativ spielt und sich nicht sicher ist, was *A* wählen wird, maximiert die Maximin-Strategie die minimale Auszahlung dieses Spiels für *B*.

Ein vorsichtiges Unternehmen, das die Wahrscheinlichkeiten des Handelns von *A* nicht abschätzen kann, könnte eine solche oben beschriebene Maximin-Strategie anwenden. Nehmen wir aber nun an, dass *B* davon ausgeht, *A* wird mit 80-prozentiger Wahrscheinlichkeit Zeile 1 und nur mit 20-prozentiger Wahrscheinlichkeit Zeile 2 spielen. In diesem Fall ist die erwartete Auszahlung für *B*, wenn es Spalte 1 spielt (0,80)(40) + (0,20)(30) = 38. Die erwartete Auszahlung von *B*, wenn es Spalte 2 spielt, lautet (0,80)(50) + (0,20)(20) = 44. Also sollte *B* Spalte 2 spielen. Diese Strategie maximiert die erwartete Auszahlung von *B*, berücksichtigt aber nicht zusätzlich, wie weit die Auszahlung absinken kann. Wenn *B* risikoneutral ist, könnte das eine attraktive Strategie darstellen.

Übung

5. Die Auszahlungsmatrix in Tabelle 13.10 stellt ein Gefangenendilemma dar. Jedes Unternehmen kann entweder die Strategie wählen, seine Preise auf dem gegenwärtigen Niveau zu halten, oder die Strategie, die Preise zu senken und einen Preiskrieg zu beginnen, um damit Marktanteile zu gewinnen. Bei unserer bisherigen Analyse des Gefangenendilemmas suchten wir nach dominanten Strategien und kamen zu dem Schluss, dass eine Preissenkung für beide Spieler die dominante Strategie ist. Wird es aber auch dann noch zu Preissenkungen kommen, wenn beide Spieler stattdessen eine Maximin-Strategie anwenden?

Tabelle 13.10

		Unternehmen 2	
		Preise halten	**Preise senken**
Unternehmen 1	**Preise halten**	200, 150	130, 180
	Preise senken	220, 125	135, 130

*13.2.5 Gemischte Strategien

Beim Münzspiel entscheiden sich zwei Spieler jeweils für Kopf oder Zahl und beide decken ihre Münzen gleichzeitig auf. Passen die Münzen zusammen (zeigen sie also beide Kopf oder beide Zahl), erhält Spieler *A* € 1 von *B*. Passen die Münzen nicht zusammen, erhält *B* € 1 von Spieler A. Jeder Spieler hat zwei Handlungsmöglichkeiten: Kopf (*K*) oder Zahl (*Z*). Tabelle 13.11 zeigt die Auszahlungsmatrix.

Tabelle 13.11

		B	
		K	**Z**
A	**K**	1, –1	–1, 1
	Z	–1, 1	1, –1

In diesem Spiel gibt es kein Nash-Gleichgewicht. Das ist nicht überraschend, denn Spieler *A* wird immer die gleiche Seite wählen wollen wie Spieler *B*, Spieler *B* aber wird immer die andere Seite wählen wollen als Spieler *A*.

Spielt man dieses Spiel einige Zeit lang, so erkennt man schnell, dass es genauso erfolgreich ist, die Münze einfach zufällig zu werfen, wie sich irgendwie bewusst zu entscheiden. In der Spieltheorie nennt man dieses Handeln nach dem Zufallsprinzip *gemischte Strategie*. Nehmen wir an, Spieler *A* spielt mit 50-prozentiger Wahrscheinlichkeit Kopf und mit 50-prozentiger Wahrscheinlichkeit Zahl. Die erwartete Auszahlung von *B*, wenn er Kopf spielt, lautet dann $(0{,}5)1 + (0{,}5) - 1 = 0$, denn *B* gewinnt dann, wenn *A* Zahl spielt und verliert, wenn *A* Kopf spielt. Auch wenn *B* Zahl spielt, lautet seine erwartete Auszahlung $(0{,}5)1 + (0{,}5) - 1 = 0$. Wenn *A* also eine gemischte Strategie spielt, ist *B* indifferent gegenüber seinen beiden Möglichkeiten. Unter Berücksichtigung der gemischten Strategie von *A* lautet für *B* die optimale Strategie, entweder Kopf oder Zahl zu spielen. Ebenso ist *A* indifferent gegenüber beiden Handlungsmöglichkeiten, wenn *B* zu 50 Prozent Kopf und zu 50 Prozent Zahl spielt.

Ein Spieler, der seinen verschiedenen Handlungsmöglichkeiten indifferent gegenübersteht, ist dazu bereit, sie nach dem Zufallsprinzip auszuwählen. Dies ist die erste Voraussetzung dafür, eine gemischte Strategie anzuwenden – ein Spieler wendet nur Handlungsweisen an, die ihm gleich hohe erwartete Auszahlungen bescheren. Die zweite Voraussetzung besteht darin, dass der Spieler die Wahrscheinlichkeiten seiner Handlungen so wählt, dass sein Gegner seinen Handlungsalternativen indifferent gegenübersteht. Ein Paar von gemischten Strategien ist ein Nash-Gleichgewicht, wenn es für keinen von beiden Spielern vorteilhafter wäre, eine andere gemischte oder eine reine Strategie zu verfolgen. Ein wichtiges Ergebnis der Spieltheorie zeigt, dass jedes Spiel mit einer feststehenden Anzahl an Handlungsmöglichkeiten für jeden Spieler ein Nash-Gleichgewicht in reinen oder gemischten Strategien hat.

Das Münzspiel ist ein Sonderfall, denn alle Handlungen werden mit gleicher Wahrscheinlichkeit gespielt. Wie die folgende Übung zeigt, ist das nicht immer der Fall.

Übung

6. Wie lautet das Nash-Gleichgewicht des Spiels in Tabelle 13.12? Wenn es in reinen Strategien kein Nash-Gleichgewicht gibt, überprüfen Sie, ob die Spieler den Handlungsalternativen, die sie als gemischte Strategien im Gleichgewicht wählen, indifferent gegenüberstehen. Berechnen Sie die erwarteten Auszahlungen.

Tabelle 13.12

		B	
		1	2
A	1	30, 40	70, 50
	2	20, 100	80, 80

13.2.6 Wiederholte Spiele (Kapitel 13.4)

Das Gefangenendilemma, das wir in Kapitel 12 vorgestellt haben, ist ein statisches Spiel, bei dem die Spieler nur ein einziges Mal interagieren. Auf den meisten Märkten gibt es jedoch ein relativ stabiles Umfeld an Unternehmen, die langfristig miteinander konkurrieren. Wenn Unternehmen immer wieder miteinander in Wettbewerb treten, können sie ihre Erwartungen über das Verhalten ihrer Konkurrenten anpassen und entsprechend reagieren. Zeigt ein Unternehmen in einer Periode ein „schlechtes“ Verhalten, so kann das in einer späteren Periode „bestraft“ werden. Es ist auch möglich, dass sich ein Unternehmen den Ruf aufbauen kann, kooperativ zu sein, und so andere Unternehmen dazu ermutigt, sich ebenso zu verhalten.

Bei *wiederholten Spielen* kommt es oft zu einem anderen Gleichgewicht als bei Spielen, die nur einmal gespielt werden. Wenn beim *Gefangenendilemma*, jeder Spieler nur einmal entscheidet, lautet die dominante Strategie jedes Spielers, opportunistisch zu handeln. Wird dieses Spiel aber unendlich oft wiederholt, kann kooperatives Verhalten eine gleichgewichtige Lösung sein.

Übung

7. Welche Probleme entstehen für die Durchsetzung von Kartellgesetzen gegen Preisabsprachen bei stillschweigender Kollusion?

Tabelle 13.13 stellt ein einfaches Gefangenendilemma für zwei Spieler, „wir" und „unser Rivale", dar: jeder Spieler hat zwei mögliche Strategien, „kooperativ" und „aggressiv". Nehmen wir an, dieses Spiel wird 100 Mal wiederholt. Bei der 100. Wiederholung haben wir allen Grund, aggressiv zu spielen. Unser Rivale kann keine Vergeltung üben, denn es gibt keine weitere Wiederholung des Spiels. Es ist für uns von Vorteil, aggressiv zu spielen, da unsere Gewinne in jedem Fall höher sein werden, gleichgültig, was unser Rivale tut. Also werden sich beide Spieler, wir und unser Rivale, dazu entschließen, in der letzten Periode des Spiels aggressiv zu spielen. Überprüfen wir nun unsere Handlungsalternativen in der 99. Spielrunde. Wir wissen, dass beide Spieler in der letzten Runde aggressiv spielen werden, gleichgültig was in Runde 99 geschieht. Deshalb werden beide Spieler auch in der vorletzten Runde aggressiv spielen. Setzen wir diese Logik bis zum Beginn des Spiels fort, so erkennen wir, dass die gleichgewichtige Lösung dieses wiederholten Spiels eine aggressive Spielweise von Beginn an ist. Diese Schlussfolgerung basiert auf der Annahme, dass sich die Spieler rational verhalten und dass sie nichts, was im Laufe des Spiels geschieht, von ihrer Meinung über die Rationalität des Mitspielers abbringt.

Tabelle 13.13

		Unser Rivale	
		Kooperativ	**Aggressiv**
Wir	**Kooperativ**	5, 5	0, 10
	Aggressiv	10, 0	1, 1

Es ist aber keineswegs immer unvernünftig, im Rahmen des Gefangenendilemmas kooperativ zu handeln, wenn das Spiel unendlich oft wiederholt wird. Eine *„Tit-for-Tat"-Strategie („Wie-du-mir-so-ich-dir-Strategie")* bedeutet, dass wir kooperativ spielen, solange sich unser Gegner ebenfalls kooperativ verhält. Wenn sich unser Gegner entschließt, aggressiv zu spielen, reagieren wir darauf, indem wir für den Rest des Spiels ebenfalls aggressiv spielen. Das bedeutet, dass jegliche Abweichung vom kooperativen Verhalten schwer bestraft wird. In diesem Fall übertrifft die erwartete Auszahlung bei kooperativem Verhalten die erwartete Auszahlung bei aggressivem Verhalten (zum Beispiel Betrug bei einem Kartellabkommen), denn wenn sich ein Spieler aggressiv verhält, erzielt er zwar in einer Periode hohe Gewinne, dann aber für den Rest des Spiels nur Wettbewerbs-, also null Gewinne. Wenn wir also in einer langfristigen Geschäftsbeziehung eine *Möglichkeit* sehen, dass unser Rivale kooperativ spielen wird, könnte es für uns durchaus von Vorteil sein, auch kooperativ zu spielen.

Übung

8. Tabelle 13.14 zeigt ein Gefangenendilemma, bei dem die Spieler zwei Fernsehsender, ABC und NBC, sind. Ihre möglichen Strategien lauten, ihre neuen Herbstserien entweder zu bewerben oder nicht. Machen sie keine Werbung, können sie den Markt gleichmäßig unter sich aufteilen und sparen die Werbeausgaben. Wenn beide Werbung machen, bleiben die Einschaltquoten unverändert, aber die Kosten steigen, und somit sinken die Gewinne. Wenn nur ein Sender Werbung schaltet, kann er eindeutig profitieren. Die möglichen Gewinne in Millionen Euro pro Jahr sind in der Auszahlungsmatrix dargestellt.

Tabelle 13.14

		NBC	
		Werbung	**Keine Werbung**
ABC	**Werbung**	100, 100	300, 0
	Keine Werbung	0, 300	200, 200

a) Wie lautet das Nash-Gleichgewicht, wenn das Spiel nur einmal gespielt wird?

b) Betrachten wir nun ein wiederholtes Spiel basierend auf Tabelle 13.14. Nehmen wir an, ABC schaltet in der ersten Periode keine Werbung und macht auch weiter so lange keine Werbung, wie auch NBC keine Werbung schaltet. Wenn NBC aber nun auch nur ein einziges Mal nicht kooperiert, wird ABC für immer die sichere Strategie wählen und selbst Werbung machen. Zwar nehmen wir an, dies sei ein Spiel mit unendlich vielen Wiederholungen, um eine algebraische Berechnung zu erleichtern, wollen wir aber hier ein Spiel mit 10 Perioden analysieren. Berechnen Sie NBCs kumulierte Gewinne, wenn der Sender eine parallele (kooperative) Strategie wählt. Berechnen Sie dann NBCs kumulierte Gewinne, wenn das Unternehmen den Kooperationswillen von ABC ausnutzt und schon ab der ersten Periode selbst Werbung macht. Wofür wird sich NBC angesichts eines Vergleichs dieser beiden Einkommensströme entscheiden?

13.2.7 Sequenzielle Spiele (Kapitel 13.5)

Ein *sequenzielles Spiel* ist ein Spiel über mehrere Perioden, bei dem die Spieler ihre Spielzüge nacheinander und nicht gleichzeitig machen. Meist erhalten die Spieler ihre Auszahlungen erst am Ende des Spiels. Das einfachste Beispiel eines sequenziellen Spiels liegt vor, wenn Spieler A einen Zug macht, worauf Spieler B unter Berücksichtigung des ersten Zuges von A ebenfalls eine Entscheidung trifft, wie dies im Stackelberg-Modell der Fall ist. Ein solches Spiel können wir mithilfe seiner *extensiven Form* darstellen. Abbildung 13.1 zeigt die extensive Form des Spiels, das wir in Tabelle 13.3 kennen gelernt haben. Spieler A zieht hier zuerst. Die Möglichkeiten von A entsprechen den Zeilen im Matrix-Spiel und die Möglichkeiten von B entsprechen den Spalten im Matrix-Spiel. Die Auszahlung von A steht vor dem Komma, während die Auszahlung von B nach dem Komma steht.

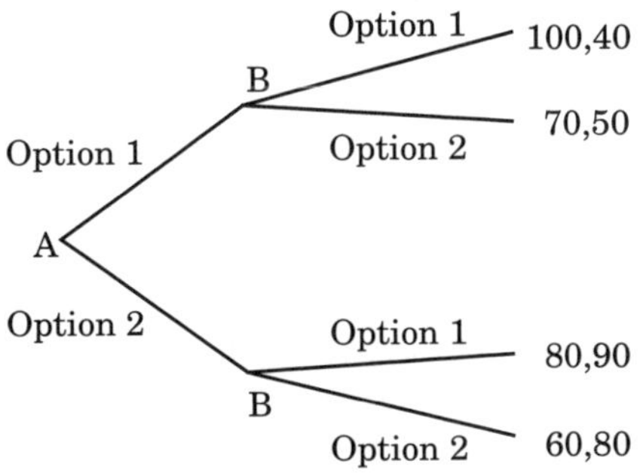

Abbildung 13.1

Um ein sequenzielles Spiel zu lösen, müssen wir am Ende beginnen und uns nach und nach weiter nach vorne arbeiten. Hat A Option 1 gewählt, so ist die beste Wahl für B Option 2 (50 ist größer als 40). Hat A aber Option 2 gewählt, wird sich B für Option 1 entscheiden (90 ist größer als 80). Wenn B keine Möglichkeit hat, sich vor der Entscheidung von A auf eine Option festzulegen, so maximiert B seine Auszahlung in diesem Moment, indem er zwischen zwei alternativen Möglichkeiten wählt. Deshalb ist die Rückwärtslösung die richtige Vorgehensweise. So kann Spieler A nämlich berechnen, dass er eine Auszahlung von 70 erhält, wenn er Option 1 wählt, während seine Auszahlung bei Option 2 80 beträgt. A wird sich also für Option 2 entscheiden, sodass die Auszahlung von A bei 80 und jene von B bei 90 liegen wird.

Übung

9. Wie sieht die extensive Form des Spiels aus Tabelle 13.3 aus, wenn B den ersten Zug macht? Wie lautet das Nash-Gleichgewicht des sequenziellen Spiels?

13.2.8 Drohungen, Verpflichtungen und Glaubwürdigkeit (Kapitel 13.6)

Oft hat der Spieler, der den ersten Zug macht, einen Vorteil, denn er kann sich auf eine Handlungsweise festlegen. Dieser erste Spieler profitiert auch häufig davon, einen *strategischen Zug* machen zu können. Ein strategischer Zug schränkt zwar die eigenen Handlungsmöglichkeiten ein, ist aber dennoch positiv für den Spieler, weil er auch die Reaktion des Gegners beeinflusst. So könnte beispielsweise ein Mitgliedsland der OPEC bekannt geben, dass es im Falle der Aufdeckung eines Betrugs gegen das Kartell seine Preise unter die Grenzkosten senken wird, bis der Betrüger vom Markt vertrieben wird. Allerdings kann es sein, dass eine solche Drohung nicht *glaubhaft* ist. Sollte die Bestrafung tatsächlich eingefordert werden, kann sich herausstellen, dass es nicht im besten Interesse des Unternehmens liegt, tatsächlich danach zu handeln. Leere Drohungen werden die Konkurrenten aber ignorieren. Hat ein Unternehmen aber keine andere Wahl, als die angedrohten Maßnahmen durchzuführen, so wird die Drohung glaubhaft.

Übung

10. Zwei Geschäfte für Bürobedarf, Office Emporium und Office Station, konkurrieren auf dem lokalen Markt. Office Emporium plant, die Preise für alle seine Produkte zu senken, um mehr Marktanteile zu erlangen. Office Station hat in einer Pressemittelung angekündigt, es werde seine Preise noch deutlicher absenken, um seine Marktposition zu halten. Die Auszahlungsmatrix in Tabelle 13.15 zeigt die Gewinne (in Millionen Euro) der beiden Geschäfte. Nehmen wir an, die aufgeführten Zahlen sind die Gegenwartswerte der Gewinne.

Tabelle 13.15

		Office Emporium	
		Preise halten	**Preise senken**
Office Station	**Preise halten**	20, 14	16, 20
	Preise senken	4, 1	2, 4

Ist die Androhung einer möglichen Tiefpreisaktion von Office Station glaubhaft? Erklären Sie Ihre Antwort.

13.2.9 Eintrittsabschreckung (Kapitel 13.7)

Tabelle 13.16 zeigt die Auszahlungsmatrix eines etablierten Unternehmens und eines potentiellen Marktneulings. Der potentielle neue Konkurrent hat zwei Wahlmöglichkeiten – er kann in den Markt eintreten oder auch nicht. Das etablierte Unternehmen kann „hart" reagieren (den neuen Konkurrenten mit einem Preiskrieg und einer Werbekampagne bekämpfen) oder den Neuling „akzeptieren" und den Markt mit ihm teilen.

Ein mögliches Nash-Gleichgewicht entsteht, wenn das etablierte Unternehmen den neuen Konkurrenten akzeptiert. Ein Nash-Gleichgewicht kann aber auch zu Stande kommen, wenn das etablierte Unternehmen mit Härte reagiert und der neue Konkurrent nicht in den Markt eintritt. (Man erkenne, dass das etablierte Unternehmen seinen beiden Handlungsalternativen indifferent gegenübersteht, wenn sich der neue Konkurrent gegen einen Markteintritt entscheidet. Dieser aber hat keinen Anreiz, seine Strategie zu ändern, wenn er glaubt, dass das etablierte Unternehmen mit Härte reagiert.) Welches Ergebnis ist am wahrscheinlichsten? Wenn das etablierte Unternehmen keine Möglichkeit hat, sich auf eine Strategie der „Härte" festzulegen, sollte der Neuling es darauf ankommen lassen und in den Markt eintreten. Ist der neue Konkurrent erst einmal auf dem Markt, liegt es im besten Interesse des etablierten Unternehmens, den Neuling zu akzeptieren (da 2 > –2). Die Androhung, hart zu handeln, ist nicht glaubhaft.

Tabelle 13.16

		Etabliertes Unternehmen	
		Härte	Anpassung
Potentieller neuer Konkurrent	Eintreten	–1, –2	1, 2
	Nicht eintreten	0, 10	0, 10

Eine Möglichkeit, Drohungen glaubhaft werden zu lassen, besteht darin, sich im Voraus auf die angedrohte Handlung festzulegen (also etwas zu tun, das nicht mehr rückgängig zu machen ist). Das etablierte Unternehmen könnte beispielsweise einen solchen Schritt tun, indem es langfristige Verträge unterschreibt, die es zu einer Werbekampagne für einen Totalausverkauf verpflichten, oder das Unternehmen könnte schon vor dem Markteintritt des Neulings seine Kapazitäten erweitern. Diese Handlungen verändern die Auszahlungen des etablierten Unternehmens. Ein Beispiel für diese veränderte Situation ist in Tabelle 13.17 aufgeführt.

Tabelle 13.17

		Etabliertes Unternehmen	
		Härte	Anpassung
Potentieller neuer Konkurrent	Eintreten	–1, 1	1, 0,5
	Nicht eintreten	0, 10	0, 10

Trifft man frühzeitig Maßnahmen, um einen potentiellen Marktneuling zu bekämpfen, entstehen schon vor dessen Markteintritt Kosten, doch die Strategie kann dann besser durchdacht und geplant werden, was die Kosten dieser Härte-Strategie senken könnte. Entscheidet sich der Neuling für den Markteintritt, so hat das etablierte Unternehmen jetzt eine Auszahlung von 1, wenn es weiterhin hart reagiert, verglichen mit einer Auszahlung von 0,5, wenn es die neu eingerichteten Kapazitäten nicht nutzt oder die bereits bezahlte Werbekampagne abbricht. In diesem Fall ist die Androhung, hart zu handeln, glaubhaft. Der Marktneuling wird davon abgeschreckt, in den Markt einzutreten.

*13.2.10 Auktionen (Kapitel 13.9)

Es gibt mehrere häufig angewendete Auktionsformen:

- *Englische Auktion:* Dies ist eine offene Auktion, bei der die Gebote ansteigen und die Bieter ihre Gebote öffentlich abgeben. Der Verkäufer bemüht sich um Gebote aus einer Gruppe potentieller Käufer und das Produkt ist verkauft, sobald nur noch ein Käufer übrig ist. Es wird an den Meistbietenden zu dessen gebotenem Preis verkauft. Die Strategie eines Bieters besteht darin, einen Höchstpreis festzulegen, bei dem er aufhört mitzubieten. Liegt der Reservationspreis eines Bieters beispielsweise bei E, sollte er aus der Auktion aussteigen, wenn der gebotene Preis, B, über E steigt. Liegt das letzte Gebot unter E, kann der Bieter (in kleinen Schritten) überbieten. Der Bieter bekommt das Produkt für sein letztes Gebot und sein Gewinn liegt bei $E - B$.
- *Holländische Auktion:* Der Verkäufer beginnt die Auktion mit einem relativ hohen Preis und reduziert dann den Preis nach und nach, wenn sich kein Käufer findet. Das Produkt wird an den ersten Bieter verkauft, der einen vom Verkäufer ausgerufenen Preis akzeptiert. Um seine Strategie festzulegen, muss der Bieter genau den Preis auswählen, den er bieten möchte. Interessant ist die Frage, ob der Bieter E oder einen etwas niedrigeren Preis bieten soll. Er sollte einen etwas niedrigeren Preis bieten. Es gibt einen Tradeoff zwischen dem Risiko, das Produkt zu verlieren, wenn man zu wenig bietet, und null Gewinn zu machen, wenn man genau E bietet. Aufgrund dieses Tradeoffs ist es optimal, einen Preis knapp unterhalb des eigenen Reservationspreises zu bieten. Je höher die Zahl der Mitbieter steigt, desto mehr sollte man sich dem Reservationspreis annähern.
- *Auktion mit verschlossenen Angeboten:* Die Gebote werden vertraulich abgegeben und das Produkt geht an den Bieter, der das höchste Gebot abgegeben hat. Handelt es sich um eine *Erstpreisauktion*, entspricht der Preis, den der Höchstbietende zu zahlen hat, auch dem Höchstgebot. Bei einer *Zweitpreisauktion* dagegen entspricht der Preis dem zweithöchsten Gebot. Die strategische Entscheidung besteht hier darin zu bestimmen, welchen Preis man als Gebot abgeben möchte. Ebenso wie bei der holländischen Auktion liegt auch bei einer Erstpreisauktion das optimale Gebot etwas unterhalb des eigenen Reservationspreises.

Wenn die Bieter unterschiedliche Reservationspreise (Wertschätzungen) für das zu versteigernde Gut haben, so handelt es sich um eine *Auktion mit privatem Wert.* So ist es wahrscheinlich, dass Bieter den Wert der rubinroten Schuhe, die Judy Garland in dem Film Der Zauberer von Oz trug, ganz unterschiedlich bemessen. Wenn alle Bieter das zu versteigernde Gut in etwa gleich bewerten, handelt es sich um eine *Auktion mit gemeinsamem Wert.* Obwohl alle Bieter einer Auktion mit gemeinsamem Wert das Produkt in etwa gleich bewerten, verfügt jeder einzelne Bieter doch nur über eine grobe Schätzung, was den wahren Wert des Produkts betrifft. So wissen Ölfirmen, die um Bohrrechte in bestimmten Regionen mitbieten, in etwa, wie viel Öl in der Erde liegt, doch jeder Bieter geht von einem anderen Schätzwert aus.

Unterschiedliche Auktionsregeln können das optimale Gebot beeinflussen. In einer Zweitpreisauktion (mit verschlossenen Angeboten) und privatem Wert besteht die dominante Strategie darin, ehrlich zu bieten. In einer Auktion mit gemeinsamem Wert dagegen muss man sein maximales Gebot um den erwarteten Schätzfehler des Gewinners der Auktion senken (wenn man davon ausgeht, dass der wahre Wert des Guts unsicher ist). Der *Fluch des Gewinners* entsteht oft bei Auktionen mit gemeinsamem Wert, wo der Meistbietende tatsächlich einen Verlust macht, weil er den Zuschlag nur aufgrund dessen bekommt, dass er den Wert des Produkts überschätzt hat.

Übung

11. In einer Zweitpreisauktion mit verschlossenen Angeboten gibt es fünf potentielle Käufer für ein einzelnes Objekt. Jeder Käufer hat einen privaten Wert für das Objekt und es gibt keine Möglichkeit, es später weiterzuverkaufen. Die Bieter und ihre Bewertungen lauten:

Bieter	Bewertung
A	€ 420
B	€ 760
C	€ 550
D	€ 430
E	€ 600

a) Welches Gebot sollte jeder Bieter nennen? Wer wird den Zuschlag bekommen, wenn alle Teilnehmer optimal bieten, und wie viel wird der Meistbietende bezahlen?

b) Gehen wir nun von folgenden Bewertungen der Bieter aus:

Bieter	Bewertung
A	€ 380
B	€ 760
C	€ 500
D	€ 490
E	€ 540

Wie viel sollte jeder Teilnehmer bieten? Wer wird den Zuschlag bekommen, wenn alle Teilnehmer optimal bieten, und wie viel wird der Meistbietende bezahlen?

c) Nehmen wir nun an, der Verkäufer führt in beiden Fällen eine Erstpreisauktion mit verschlossenen Angeboten durch. Gibt es einen Unterschied zwischen den Preisen, den der Meistbietende im Fall der Bewertungen aus Teil a) und Teil b) bezahlen muss, wenn alle Käufer glauben, dass die privaten Werte in beiden Fällen aus der gleichen Verteilung stammen?

13.3 Übungsaufgaben

12. Gibt es in dem Spiel aus Tabelle 13.1 für einen der Spieler eine dominante Strategie? Wie lautet das Nash-Gleichgewicht in diesem Spiel?

13. Nehmen wir an, Intel und PowerHouse Systems Inc. sind die einzigen beiden Unternehmen, die eine bestimmte Art von Mikroprozessoren herstellen können. Die Auszahlungen, die entstehen, wenn beide Unternehmen in den Markt eintreten, lauten:

		PowerHouse	
		Eintreten	**Nicht eintreten**
Intel	**Eintreten**	10, –40	250, 0
	Nicht eintreten	0, 200	0, 0

Die Eintragungen in der Auszahlungsmatrix sind Gewinne, gemessen in Millionen Euro. Intel hat gegenüber PowerHouse einen Vorsprung und kann den ersten Zug machen.

a) Was ist das Ergebnis dieses Spiels?

b) Nehmen wir an, die Regierung verpflichtet sich, PowerHouse Subventionen in Höhe von € 50 Millionen zu bezahlen, wenn es die Mikroprozessoren produziert. Wie geht das Spiel nun aus?

c) Wie müssten sich die Auszahlungen verändern, damit die Subventionen Intel davon abhalten würden, in den Markt einzutreten?

14. Es gibt zwei Hindernisse, die dem Erfolg eines Kartell entgegenstehen: Betrug durch die Mitglieder und Erosion ihrer Marktmacht durch den Markteintritt neuer Unternehmen. Die folgende Auszahlungsmatrix illustriert die Situation, der sich ein Kartell sowie ein neuer Konkurrent gegenübersehen:

		Neuer Konkurrent	
		Eintreten	**Nicht Eintreten**
Kartell	**Preiskrieg**	–50, –5	–40, 0
	Kein Preiskrieg	90, 10	100, 0

a) Das Kartell droht einen Preiskrieg an, wenn sich der neue Konkurrent für einen Markteintritt entscheidet. Sollte der neue Konkurrent diese Drohung als glaubhaft ansehen?

b) Schlagen Sie eine Methode vor, mit der das Kartell die Situation zu seinen Gunsten verändern könnte.

15. Nehmen wir an, zwei Unternehmen, die sich einen Markt teilen, bilden ein Kartell. Es gibt außerdem keine Möglichkeit für andere Unternehmen, in den Markt einzutreten. Wenn beide Unternehmen kooperieren, machen sie Gewinne von jeweils € 50 pro Periode. Betrügt Unternehmen A, während B noch kooperiert, wird A einen Gewinn von € 75 und B einen Gewinn von € 0 erzielen. Wenn umgekehrt Unternehmen B betrügt, während A kooperiert, erzielt B € 75 und A € 0 Gewinn. Wenn beide Unternehmen betrügen, beträgt ihr Gewinn jeweils € 20.

a) Schreiben Sie die Auszahlungsmatrix dieses Spiels nieder.

b) Nehmen wir an, dieses Spiel wird zweimal wiederholt. Spieler B legt sich in Runde 1 auf eine Kooperationsstrategie fest und wird in Runde 2 die Strategie anwenden, die A in Runde 1 wählt. Wird diese Strategie Spieler A davon abhalten zu betrügen?

16. Wie lauten in folgendem Spiel die Maximin-Strategien jedes Spielers? Führen diese Strategien auch zu einem Nash-Gleichgewicht?

		Spieler 2		
		1	**2**	**3**
	1	18, 5	–20, 45	40, 70
Spieler 1	**2**	30, 20	10, 35	20, 40
	3	25, 40	30, 30	30, 50

17. Die Auszahlungsmatrix unten stellt die *Auszahlungen für Spieler 2* für drei verschiedene Strategien gegenüber zwei möglichen Strategien von Spieler 1 dar.

		Spieler 2		
		1	**2**	**3**
Spieler 1	**1**	10	0	4
	2	0	10	3

Wird Strategie 3 von Strategie 1 oder 2 dominiert? Würde Spieler 2 jemals Strategie 3 anwenden?

13.4 Kontrollfragen

18. Ein nichtkooperatives Spiel ist dadurch gekennzeichnet, dass

a) der Gewinn eines Spielers dem Verlust des anderen Spielers entspricht;

b) keine bindenden Vereinbarungen möglich sind;

c) sich die Interessen der Spieler diametral gegenüberstehen;

d) kein Spieler eine dominante Strategie hat.

e) Keine der Antworten ist korrekt.

19. Eine dominante Strategie eines Spielers:

a) bringt ihm höhere Auszahlungen als die Auszahlungen aller anderen Strategien;

b) ist für ihn die beste Alternative, gleichgültig was sein Gegner tut;

c) ist für ihn die beste Alternative unter Berücksichtigung der Gleichgewichts-Wahl des Gegners;

d) a) und c).

e) e) Keine der Antworten ist korrekt.

20. In einem unendlich oft wiederholten Gefangenendilemma:

a) hat jeder Spieler die dominante Strategie, immer zu gestehen;

b) hat jeder Spieler die dominante Strategie, nie zu gestehen;

c) kann eine Kooperation durch die Androhung einer zukünftigen Bestrafung aufrechterhalten werden;

d) erfordert eine Kooperation Kommunikation zwischen den Spielern.

e) Keine der Antworten ist korrekt.

21. In einem sequenziellen Spiel ist eine Drohung glaubhaft:

a) wenn die Rivalen diese Drohung nicht auch selbst aussprechen können;

b) wenn es im Interesse eines Spielers liegt, diese Drohung in die Tat umzusetzen;

c) wenn jeder Spieler durch die Umsetzung der Drohung bestraft wird;

d) a) und c).

e) Keine der Antworten ist korrekt.

Die beiden nächsten Fragen beziehen sich auf folgendes Spiel.

		B	
		1	**2**
A	**1**	–30, –5	40, 0
	2	0, 80	0, 0

22. Macht *A* den ersten Zug, so lauten die Strategien, die zum Nash-Gleichgewicht führen:

a) Zeile 1 und Spalte 1.

b) Zeile 2 und Spalte 1.

c) Zeile 1 und Spalte 2.

d) Zeile 2 und Spalte 2.

e) Dieses Spiel hat kein Nash-Gleichgewicht in reinen Strategien.

23. Entscheiden *A* und *B* gleichzeitig, so stellen folgende Strategien ein Nash-Gleichgewicht dar:

a) Zeile 1 und Spalte 2.

b) Zeile 2 und Spalte 1.

c) Zeile 1 und Spalte 1.

d) a) und b).

e) a) und c).

24. Betrachten wir folgende Auszahlungsmatrix:

		Unternehmen B	
		Werbung	**Keine Werbung**
Unternehmen A	**Werbung**	20, 10	32, 0
	Keine Werbung	15, 12	20, 5

Zu welchem Ergebnis kommt es, wenn beide Unternehmen ihre dominante Strategie verfolgen?

a) 20, 10.
b) 20, 5.
c) 32, 0.
d) 15, 12.
e) In diesem Spiel gibt es kein Gleichgewicht.

25. Zu einem Nash-Gleichgewicht kommt es, wenn:

a) jedes Unternehmen aus allen möglichen Optionen die Möglichkeit mit der höchsten Auszahlung auswählt;
b) jedes Unternehmen das für sich bestmögliche tut unter Berücksichtigung dessen, was die Konkurrenz tut;
c) ein Unternehmen eine beste Strategie hat, gleichgültig wie sich die Konkurrenz entscheidet;
d) die Unternehmen ihre Produktionsmengen und nicht ihre Preise festlegen;
e) sich jedes Unternehmen auf eine Strategie festlegen kann, bevor das Spiel beginnt.

26. Zwei rational handelnde Konkurrenten, die Audiokassetten herstellen, müssen sich zwischen einer „aggressiven“ Strategie mit niedrigen Preisen und einer „kooperativen“ Strategie mit hohen Preisen entscheiden. Ihnen ist bewusst, dass Kassetten bald (aufgrund der Einführung von CDs) veraltet sein werden. Beide wissen also auch, dass sie nur noch eine begrenzte Zeit lang miteinander in Konkurrenz stehen werden. Wenn beide Unternehmen eine „Tit-for-tat“-Strategie verfolgen, werden sie jeweils:

a) einen hohen Preis festsetzen;
b) einen niedrigen Preis festsetzen;
c) in allen Perioden außer der letzten einen hohen Preis und in der letzten Periode einen niedrigen Preis festsetzen;
d) in allen Perioden außer der letzten einen niedrigen Preis und in der letzten Periode einen hohen Preis festsetzen.
e) Keine der Antworten ist korrekt.

27. Ein Beispiel für ein sequenzielles Spiel ist:

a) das Stackelberg-Modell;
b) ein Schachspiel;
c) ein Spiel, bei dem es um den präventiven Aufbau von Kapazitäten geht;
d) ein Spiel, bei dem es um Eintrittsabschreckung geht.
e) Alle Antworten sind korrekt.

28. Im folgenden Spiel decken sich die Interessen der Spieler: Was für einen der Spieler positiv ist, ist auch für die anderen gut.

		Spieler 2	
		Links	**Rechts**
Spieler 1	**Links**	2, 2	0, 0
	Rechts	1, 1/2	1, 1

In diesem Spiel gilt:

a) Spieler 1 hat eine dominante Strategie „Links“ und das Ergebnis lautet (2,2);
b) beide Spieler haben eine dominante Strategie „Links“ und das Ergebnis lautet (2,2);
c) beide Spieler haben eine dominante Strategie „Rechts“ und das Ergebnis lautet (1,1);
d) keiner der Spieler hat eine dominante Strategie, doch das Nash-Gleichgewicht dieses Spiels lautet (2,2);
e) die glaubhafte Drohung von Spieler 1, „Rechts“ zu spielen, wird das Ergebnis (1,1) erzwingen.

29. Betrachten wir das folgende Spiel in extensiver Form, das Spieler 1, ein etabliertes monopolistisches Unternehmen in einer Branche, und Spieler 2, einen potentiellen Marktneuling, abbildet.

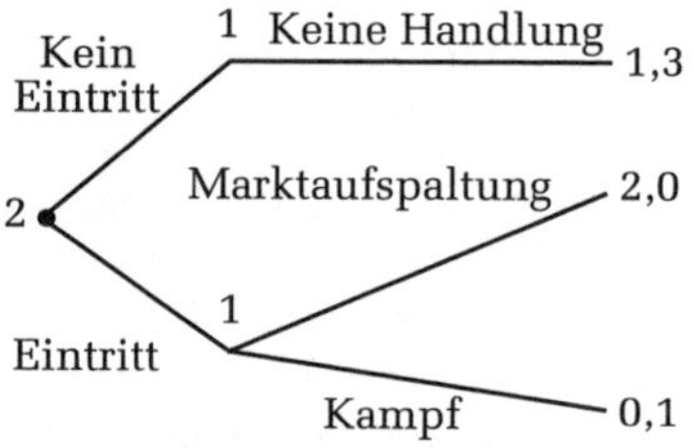

Abbildung 13.2

Die Auszahlung von Spieler 2 steht vor dem Komma, während die Auszahlung von Spieler 1 nach dem Komma steht. Spieler 1 hat bereits unwiderruflich in zusätzliche Kapazitäten investiert, die nur dann genutzt werden, wenn er sich entscheidet, den potentiellen neuen Konkurrenten zu bekämpfen. Das Spiel wird folgendermaßen ausgehen:

a) Spieler 2 wird von einem Markteintritt abgeschreckt.
b) Spieler 2 wird in den Markt eintreten und Spieler 1 wird den Markt teilen.
c) Spieler 2 wird in den Markt eintreten und Spieler 1 wird ihn bekämpfen.
d) Spieler 2 wird nicht eintreten, denn eine Auszahlung von 3 ist größer als 0.
e) Spieler 1 wird den Gegner nicht abschrecken können, denn seine Drohung, ihn zu bekämpfen, ist nicht glaubhaft.

13.5 Internetübung

Auf der Webpage des Auktionsveranstalters eBay, unter *http://pages.ebay.com/help/buy/buyer-multiple.html*, finden Sie die Auktionsregeln, die eBay anwendet. Lesen Sie sich die Beschreibung einer holländischen Auktion durch. Besteht die beste Strategie immer darin, den höchsten Preis zu bieten, den man zu zahlen bereit ist? Was ist der Unterschied zwischen einer holländischen Auktion und einer Zweitpreisauktion?

13.6 Lösungen zu den Übungen

1. Revlons dominante Strategie besteht darin, immer einen geringen Preis zu verlangen, gleichgültig, welche Handlung es von L'Oreal erwartet. (Wenn L'Oreal einen geringen Preis ansetzt, sollte auch Revlon einen geringen Preis verlangen, denn 10 > 6, und wenn L'Oreal einen hohen Preis bestimmt, sollte Revlon ebenfalls einen geringen Preis ansetzen, denn 20 > 15.) Für L'Oreal lautet die dominante Strategie ebenfalls, einen geringen Preis anzusetzen. Also werden sich beide Unternehmen für einen niedrigen Preis entscheiden und jeweils € 10 Millionen Gewinn machen.

2. Die dominante Strategie von *A* lautet, Zeile 1 zu spielen, gleichgültig welche Strategie *B* verfolgt. Die Auszahlung von *A* ist also mit Zeile 1 immer höher als mit Zeile 2. *B* hat dagegen keine dominante Strategie, denn Spalte 2 ist für *B* die beste Strategie gegen Zeile 1, während Spalte 3 die beste Strategie gegen Zeile 2 ist. Das Nash-Gleichgewicht dieses Spiels besteht darin, dass *A* seine dominante Strategie, nämlich Zeile 1 spielt, und dass *B* Spalte 2 spielt. Die Auszahlungen im Gleichgewicht betragen 7 für *A* und 7 für *B*. Haben sich die Spieler einmal auf diese Strategien festgelegt, gibt es für keinen von ihnen einen Anreiz, davon abzuweichen.

3. Hier gibt es für keinen Spieler eine dominante Strategie. Für *A* ist Zeile 2 am besten gegen Spalte 1, während Zeile 1 am besten gegen Spalte 2 oder 3 ist. Ähnlich ist für *B* Spalte 2 am besten gegen Zeile 1 und Spalte 3 ist am besten gegen Zeile 2. Im Nash-Gleichgewicht spielt *A* Zeile 1 und *B* spielt Spalte 2. Die Auszahlungen im Gleichgewicht betragen 7 für *A* und 7 für *B*.

4. Kein Spieler hat eine dominante Strategie und es gibt zwei mögliche Nash-Gleichgewichte. Ein Nash-Gleichgewicht lautet „verkaufen – verkaufen" (50,60), wobei beide Unternehmen eine Online-Präsenz aufbauen. Dieses Ergebnis ist ein Nash-Gleichgewicht, weil keines der Unternehmen einen Anreiz hat, seine Strategiewahl zu ändern, wenn das andere Unternehmen an seiner Strategie festhält. Das zweite Nash-Gleichgewicht lautet „nicht verkaufen – nicht verkaufen" (60,40). Dies ist das genaue Gegenteil, denn hier verkauft keines der Unternehmen online. Jedes dieser beiden Ergebnisse ist angesichts der genannten Auszahlungen eine mögliche „stabile" Lösung. Ohne zusätzliche Informationen über das Produkt oder die Unternehmen ist es sehr schwer zu sagen, welches der beiden Gleichgewichte sich auf dem Markt durchsetzen wird.

5. Ja, wenn die Unternehmen eine Maximin-Strategie verfolgen, werden sie ein Gleichgewicht erreichen, bei dem beide ihre Preise senken. Behält Unternehmen 1 seine Preise bei, beträgt sein geringster möglicher Gewinn 130. Senkt es seine Preise, liegt sein geringster Gewinn bei 135. Wenn es also die konservative Maximin-Strategie anwendet, maximiert Unternehmen 1 seine geringste Auszahlung, wenn es die Preise senkt. Auch Unternehmen 2 erkennt, dass bei einer Beibehaltung der Preise sein geringster möglicher Gewinn 125 sein würde. Wenn es aber die Preise senkt, steigt der geringste Gewinn leicht, nämlich auf 130. Also wird Unternehmen 2 ebenfalls seine Preise senken. Das Gleichgewicht der Maximin-Strategien entspricht in diesem Fall exakt dem (Nash-)Gleichgewicht in dominanten Strategien.

6. Keiner der Spieler hat eine dominante Strategie. Bei einem Gleichgewicht mit gemischten Strategien ist A indifferent gegenüber der Auswahl von Zeile 1 oder Zeile 2 und B ist indifferent gegenüber der Auswahl von Spalte 1 oder Spalte 2. Nun sei p die Wahrscheinlichkeit, mit der A Zeile 1 spielt, und $1 - p$ sei die Wahrscheinlichkeit, dass A Zeile 2 spielt. Dagegen sei q die Wahrscheinlichkeit, mit der B Spalte 1 spielt und $1 - q$ sei die Wahrscheinlichkeit, dass B Spalte 2 spielt.

   Damit A eine gemischte Strategie aus Zeile 1 und Zeile 2 anwendet, muss seine erwartete Auszahlung beider Zeilen gleich sein. Die erwartete Auszahlung von A von Zeile 1 beträgt $30q + 70(1 - q)$, während die erwartete Auszahlung von Zeile 2 $20q + 80(1 - q)$ beträgt. Also ist q^* die Lösung der Gleichung $30q + 70(1 - q) = 20q + 80(1 - q)$. Fassen wir diese Terme zusammen, erhalten wir $20q = 10$ oder $q^* = 1/2$. Damit B eine gemischte Strategie aus Spalte 1 und Spalte 2 anwendet, muss seine erwartete Auszahlung beider Spalten gleich sein. Also ist p^* die Lösung der Gleichung $40p + 100(1 - p) = 50p + 80(1 - p)$. Fassen wir diese Terme zusammen, erhalten wir $30p = 20$ oder $p^* = 2/3$. Die erwartete Auszahlung von A von Zeile 1 beträgt also $(1/2)30 + (1/2)70 = 50$, seine erwartete Auszahlung von Zeile 2 lautet $(1/2)20 + (1/2)80 = 50$. Indem wir überprüft haben, dass die erwartete Auszahlung beider Strategien gleich hoch ist, konnten wir zeigen, dass q^* korrekt ist. Die erwartete Auszahlung von B von Spalte 1 lautet $(2/3)40 + (1/3)100 = 60$. Die erwartete Auszahlung von Spalte 2 beträgt $(2/3)50 + (1/3)80 = 60$.

7. Eine stillschweigende Kollusion entsteht ohne eine ausdrücklich getroffene Vereinbarung zwischen den Parteien. Also kann es sein, dass keine illegalen Verhaltensweisen feststellbar sind (wie etwa eine Kommunikation über Preise zwischen den Managern verschiedener Unternehmen). Jedes Unternehmen kann behaupten, sein Verhalten sei – unter Berücksichtigung seiner Erwartungen über das Verhalten der Konkurrenz – aus seiner Sicht rational gewesen.

8. a) Wird dieses Spiel nur einmal gespielt, werden sich sowohl ABC als auch NBC für Werbung entscheiden und jeweils einen Gewinn von 100 machen. (Werbung ist also für jedes Unternehmen die dominante Strategie.)

   b) Wenn NBC eine parallele Strategie verfolgt, ergibt eine Gewinnkalkulation über die ersten zehn Perioden:

   $\pi_{NBC} = 10(200) = 2.000.$

   Wenn NBC versucht, auf Kosten von ABC zu profitieren, wird es in der ersten Periode Werbung machen und 300 verdienen. ABC wird jedoch zurückschlagen und in allen folgenden Perioden Werbung machen. Somit ergeben sich folgende Gewinne:

   $\pi_{NBC} = 300 + 9(100) = 1.200.$

   Es liegt also ganz klar nicht im Interesse von NBC, die letztgenannte Strategie zu verfolgen.

9. Betrachten wir Abbildung 13A.1. Ist A am Zug, so wird es immer Option 1 spielen, gleichgültig ob B nun Option 1 oder Option 2 gespielt hat. Also wird B es vorziehen, Option 2 zu spielen, denn das beschert ihm eine Auszahlung von 50 anstelle einer Auszahlung von 40 mit Option 1. Das Nash-Gleichgewicht lautet also Option 2 für B, worauf A Option 1 spielt. Die Auszahlungen im Gleichgewicht betragen 70 für A und 50 für B.

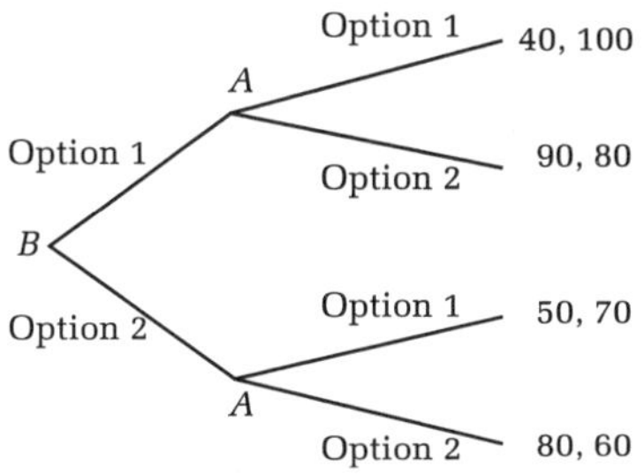

Abbildung 13A.1

10. Der Auszahlungsmatrix zufolge ist es für Office Station vorteilhafter, seine Preise zu halten, wenn Office Emporium seine Preise senkt. Die Drohung von Office Station ist nicht glaubhaft.

11. a) Jeder sollte in diesem Fall seinen wirklichen privaten Wert als Gebot abgeben. Person *B* wird € 760 bieten, den Zuschlag erhalten, aber nur € 600 zahlen, das zweithöchste Gebot.

b) Person *B* wird € 760 bieten, den Zuschlag erhalten, aber nur € 540 bezahlen, das zweithöchste Gebot.

c) In einer Erstpreisauktion mit verschlossenen Angeboten besteht die optimale Strategie darin, weniger zu bieten als seinen eigenen privaten Wert. Diese beiden Auktionsformate ergeben den gleichen erwarteten Erlös für den Verkäufer. Deshalb sollte Person *B* ein Gebot abgeben, das seinen Erwartungen des zweithöchsten Werts entspricht (unter der Bedingung, dass sein Wert der höchste ist). Dieses Gebot ist in beiden Auktionen gleich hoch, da die Information über die Verteilung der Werte, welche die anderen Bieter anwenden, und über den höchsten privaten Wert in beiden Fällen gleich sind.

13.7 Lösungen zu den Übungsaufgaben

12. Kein Spieler hat eine dominante Strategie. *A* tut am besten daran, gegen Spalte 1 Zeile 1 zu spielen, während er gegen Spalte 2 Zeile 2 spielen sollte. *B* tut am besten daran, gegen Zeile 1 Spalte 3 und gegen Zeile 2 Spalte 2 zu spielen. Das Nash-Gleichgewicht liegt bei Zeile 2 und Spalte 2 mit Auszahlungen von 600 für *A* und 300 für *B*.

13. a) Intel wird in den Markt eintreten, denn das ist seine dominante Strategie. Da PowerHouse dies erkennt, wird es sich gegen einen Markteintritt entscheiden. Die Auszahlung für Intel beträgt 250, PowerHouse hat eine Auszahlung von 0.

b) Die Auszahlungsmatrix würde sich folgendermaßen verändern:

		PowerHouse	
		Eintreten	**Nicht eintreten**
Intel	**Eintreten**	10, 10	250, 0
	Nicht eintreten	0, 250	0, 0

Intel wird weiterhin in den Markt eintreten, doch nun wird PowerHouse dies ebenfalls tun. Die Auszahlung beträgt dann für beide Unternehmen jeweils 10.

c) Damit Intel sich gegen einen Markteintritt entscheidet, muss die daraus entstehende Auszahlung höher sein als die Auszahlung, die es erhält, wenn es zusammen mit PowerHouse in den Markt eintritt. Dies könnte der Fall sein, wenn es bei der Produktion von Mikroprozessoren beispielsweise erhebliche Größenvorteile gäbe, sodass PowerHouse mithilfe der Subventionen eine Produktionsstätte bauen könnte, die groß genug ist, um seine Kosten unter die Kosten von Intel zu senken.

14. a) Das Kartell kann mit dieser Drohung keine Eintrittsabschreckung erreichen. Wenn sich der neue Konkurrent für einen Markteintritt entscheidet, kann er davon ausgehen, dass das Kartell (wenn es rational handelt) keinen Preiskrieg beginnen wird (denn 90 ist größer als – 50). Wenn das neue Unternehmen in den Markt eintritt, liegt es im besten Interesse des Kartells, den neuen Konkurrenten auf dem Markt zu akzeptieren. Die Androhung eines Preiskriegs ist unglaubwürdig.

b) Das Kartell könnte (i) seinen Kunden einen niedrigen Preis verbindlich garantieren, wenn ein neues Unternehmen in den Markt eintritt, (ii) die Reputation seiner Mitglieder daran knüpfen, dass sie neue Konkurrenten immer bekämpfen, und dadurch die Kosten, die durchs Nachgeben entstehen, erhöhen oder (iii) gelegentlich irrational handeln und neue Konkurrenten bekämpfen, um anderen potentiellen Konkurrenten ein Signal zu senden.

15. a) Die Auszahlungsmatrix lautet:

		B	
		Kooperation	**Betrug**
A	**Kooperation**	50, 50	0, 75
	Betrug	75, 0	20, 20

b) Wenn A in beiden Perioden kooperiert, ergibt sich: $\pi_A = 50 + 50 = 100$.

Wenn A in beiden Perioden betrügt, ergibt sich: $\pi_A = 75 + 20 = 75$. (Erinnern wir uns, dass B in Periode 2 unkooperativ handeln wird, wenn A in Periode 1 betrügt.)

Wenn A zunächst kooperiert, dann betrügt, ergibt sich: $\pi_A = 50 + 75 = 125$.

Wenn A zunächst betrügt, dann kooperiert, ergibt sich: $\pi_A = 75 + 0 = 75$.

Durch diese Strategie lässt sich ein Betrug durch A in Runde 2 nicht abwehren. Für A besteht die vorteilhafteste Strategie darin, in Runde 1 zu kooperieren und in der letzten Periode des Spiels zu betrügen, weil es weiß, dass B dann keine Vergeltung mehr üben kann.

16. Für Spieler 1 sind die schlechtesten Auszahlungen seiner drei Strategien jeweils – 20, 10 und 25, also ist die Maximin-Strategie für Spieler 1 Strategie 3. Für Spieler 2 sind die schlechtesten Auszahlungen seiner drei Strategien jeweils 5, 30 und 40, also ist die Maximin-Strategie für Spieler 2 ebenfalls Strategie 3.

Das einzige Nash-Gleichgewicht liegt jedoch bei Strategie 1 für Spieler 1 und Strategie 3 für Spieler 2 mit Auszahlungen von 40 und 70.

17. Wenn Spieler 1 seine Strategie 1 spielt, ist für Spieler 2 Strategie 2 schlechter als Strategie 3. Wenn Spieler 1 aber seine Strategie 2 spielt, ist für Spieler 2 Strategie 1 schlechter als Strategie 3. Es gibt also für Spieler 2 keine andere reine Strategie, die seine Strategie 3 dominiert.

Spieler 2 würde niemals Strategie 3 verfolgen, denn gleichgültig, was Spieler 2 von Spieler 1 erwartet, Strategien 1 und 2 werden immer höhere Auszahlungen bringen. Eine gemischte Strategie aus 1 und 2 (50 – 50) garantiert Spieler 2 eine erwartete Auszahlung von 5, was besser ist als die beste Auszahlung aus Strategie 3.

13.8 Lösungen zu den Kontrollfragen

18. b) Die Definition nichtkooperativen Verhaltens stützt sich nicht auf besondere Auszahlungen (also sind Antworten a), c) und d) falsch), sondern auf das Verhalten der Unternehmen. Wenn sie unabhängig voneinander handeln, so ist das Spiel nichtkooperativ. Wenn sie bindende Absprachen treffen können, ist es ein kooperatives Spiel.

19. b) Antwort a) ist stärker als nötig, während Antwort c) für jede Gleichgewichtsstrategie gilt.

20. c) Wird das Spiel unendlich oft wiederholt, so übertreffen die erwarteten Gewinne einer Kooperation die Gewinne eines Preiskampfes.

21. b) Wenn *jeder* durch eine Umsetzung der Drohung bestraft würde, wie in Antwort c) vorgegeben, wird sich der Spieler, der die Drohung ausgesprochen hat, immer gegen ihre Verwirklichung entscheiden.

22. c) Wenn A Zeile 1 spielt, wird B Spalte 2 spielen. Wenn A aber Zeile 2 spielt, wird B Spalte 1 spielen. Die Auszahlung von A beträgt 40 im ersteren und 0 im letzteren Fall, also wird sich A für Zeile 1 entscheiden, worauf B Spalte 2 spielen wird. Sind diese Entscheidungen einmal getroffen, gibt es für keinen Spieler einen Anreiz, von seiner Strategie abzuweichen.

23. d) Beide Kombinationen (Zeile 1, Spalte 2) und (Zeile 2, Spalte 1) sind Nash-Gleichgewichte. Wenn sich die Spieler gleichzeitig für eins der Strategienpaare entscheiden, wird keiner von der eigenen Wahl abweichen wollen, solange der Gegner an seiner Wahl festhält.

24. a) „Werbung“ lautet die dominante Strategie für beide Unternehmen.

25. b) Dies ist die Definition des Nash-Gleichgewichts. Es hat nichts mit einzelnen Auszahlungen, Mengen und Preisen oder Festlegungen zu tun (Antworten a), d) und e)). Antwort c) ist die Definition einer dominanten Strategie.

26. b) In einem Spiel mit einer endlichen Anzahl von Wiederholungen ergibt sich ein Gleichgewicht mit niedrigen Preisen, wenn man die Strategie verfolgt zu kooperieren, solange auch der Gegner kooperiert, und seine Preise zu senken, sobald der Gegner seine Preise senkt (eine „Tit-for-Tat“-Strategie). Das Spiel wird ausgehend von der letzten Periode in Rückwärtsrichtung gelöst.

27. e) In jedem Fall zieht einer der Spieler zuerst; in keinem Fall machen beide Spieler gleichzeitig einen Zug.

28. d) Das Ergebnis (2,2) ist das Nash-Gleichgewicht (kein Spieler hat nach Erreichen dieses Ergebnisses einen Anreiz, seine Strategie zu ändern), doch es gibt in diesem Spiel keine dominanten Strategien. Das andere Nash-Gleichgewicht lautet hier (1,1).

29. a) Tritt Spieler 2 in den Markt ein, wird Spieler 1 ihn bekämpfen ($1 > 0$), und die Auszahlung für Spieler 2 ist 0. Für Spieler 2 wäre es besser, auf einen Markteintritt zu verzichten und so eine Auszahlung von 1 zu erhalten. Die Kampfandrohung von Spieler 1 ist glaubhaft.

13.9 Lösung zur Internetaufgabe

In einer holländischen Auktion zahlen alle Gewinner den gleichen Preis, der dem niedrigsten Gebot, das noch einen Zuschlag erhält, entspricht. Also wäre es für die Person, die dieses niedrigste Gebot, das noch einen Zuschlag erhielt, abgegeben hat, noch vorteilhafter, wenn sie ein noch geringeres Gebot abgegeben hätte. Es ist also nicht immer die beste Strategie, den höchsten Preis, den man zu zahlen bereit ist, auch als Gebot abzugeben.

Der Unterschied zwischen der holländischen und der Zweitpreisauktion besteht darin, dass bei der Zweitpreisauktion alle Bieter den höchsten gebotenen Preis, der keinen Zuschlag mehr erhält, zahlen. Also ist es bei einer solchen Auktion immer die beste Strategie, den eigenen Reservationspreis zu bieten.

Märkte für Produktionsfaktoren

14

Wichtige Begriffe

- Grenzerlösprodukt der Arbeit
- Arbeitsnachfragekurve des einzelnen Unternehmens
- Arbeitsnachfragekurve der Branche
- Input-Angebotskurve
- Rückwärts geneigte Arbeitsangebotskurve
- Monopsonmacht
- Grenzausgaben
- Bilaterales Monopol

ÜBERBLICK

14.1 Hauptthemen des Kapitels

Faktormärkte sind Märkte für Arbeit, Rohstoffe und andere Produktionsfaktoren. Zum besseren Verständnis der Nachfrage nach einem Produktionsfaktor ist es wichtig zu erkennen, dass diese Nachfrage abgeleitet ist und von den Produktionskosten sowie dem Produktionsniveau des Unternehmens abhängt. Es ist nur dann rentabel, eine weitere Einheit eines Produktionsfaktors hinzuzufügen, wenn der zusätzliche Erlös, der aus der daraus entstandenen Produktion resultiert, höher ist als die Kosten für den Produktionsfaktor. Den zusätzlichen Erlös aus einer weiteren Einheit des Produktionsfaktors Arbeit nennt man *Grenzerlösprodukt der Arbeit* (GEP_L). Allgemein ausgedrückt entspricht dieses dem Grenzprodukt der Arbeit multipliziert mit dem Grenzerlös des Unternehmens. Kauft ein Unternehmen Produktionsfaktoren auf einem Wettbewerbsmarkt, so entspricht die GEP_L-Kurve der *Arbeitsnachfragekurve* des Unternehmens.

Gibt es langfristig gesehen mehrere variable Produktionsfaktoren, so reagiert das Unternehmen auf geringere Löhne, indem es sein Produktionsniveau steigert und mehr Kapital einsetzt. Dadurch verschiebt sich die GEP_L-Kurve nach rechts, was dazu führt, dass die Arbeitsnachfragekurve flacher verläuft als es der Fall wäre, wenn das Kapital konstant gehalten würde. Außerdem verläuft die *Arbeitsnachfragekurve der Branche* steiler als die Summe der Nachfragekurven der einzelnen Unternehmen. Das liegt daran, dass ein Absinken des Lohnniveaus alle Unternehmen dazu bringt, ihre Produktion zu steigern, wodurch der Preis für die Produktion sinkt. Kostet die Produktion wiederum weniger, so verschiebt sich die GEP_L-Kurve jedes Unternehmens nach rechts.

Die Marktangebotskurve für einen Produktionsfaktor verläuft normalerweise ansteigend. Allerdings kann es sein, dass die Arbeitsangebotskurve *rückwärts geneigt* ist. Da die Verbraucher ihre eigene Arbeitskraft verkaufen, macht es sie wohlhabender, wenn der Preis der Arbeit steigt. Betrachtet man die Freizeit als ein normales Gut, so regt dieser Einkommenseffekt einer Lohnerhöhung die Arbeiter dazu an, weniger Arbeitskraft anzubieten. Der Substitutionseffekt wirkt in der entgegengesetzten Richtung: Steigen die Löhne, so wird die Freizeit verglichen mit anderen Gütern immer teurer, was die Arbeiter dazu anregt, mehr Arbeitskraft anzubieten. Wenn der Einkommenseffekt stark genug ist, überwiegt er die Wirkung des Substitutionseffekts. In diesem Fall fällt also die angebotene Menge an Arbeitskraft mit steigenden Löhnen.

Das Gleichgewicht findet man auf einem Faktormarkt im Schnittpunkt der Grenzerlösproduktkurve mit der Angebotskurve nach diesem Faktor. Dies gilt sowohl für kompetitive Outputmärkte, das heißt für Outputmärkte, auf denen vollkommener Wettbewerb herrscht, als auch für monopolistische Outputmärkte, obwohl sich die GEP-Kurven in beiden Fällen voneinander unterscheiden. Solange die Arbeitsangebotskurve ansteigend verläuft, übersteigen die Gesamtausgaben für Arbeit im Gleichgewicht den Mindestbetrag, den die Arbeiter erhalten müssen, damit sie diese Arbeitsmenge zur Verfügung stellen. Die Differenz zwischen beiden Zahlungen bezeichnet man als *ökonomische Rente*, die der Produzentenrente auf einem Produktmarkt entspricht. Ist das Angebot eines Produktionsfaktors vollkommen unelastisch, so sind alle Zahlungen für diesen Faktor ökonomische Renten (da dieser Produktionsfaktor sowieso angeboten wird, gleichgültig, welcher Preis dafür bezahlt wird).

Monopsonmacht entsteht, wenn sich die Käufer eines Produktionsfaktors einer ansteigend verlaufenden Angebotskurve gegenübersehen. Die *Grenzausgabenkurve* eines Monopsonisten beschreibt den zusätzlichen Betrag, den er für eine weitere Einheit bezahlt. Diese Kurve liegt oberhalb der Durchschnittsausgabenkurve, denn das Unternehmen muss für alle Einheiten einen höheren Preis bezahlen, wenn es mehr Einheiten einsetzen möchte. Der Monopsonist setzt bis zu dem Punkt zusätzliche Arbeitskraft ein, an dem die Grenzausgabenkurve die GEP_L-Kurve schneidet, und er bezahlt den Lohn, den die Angebotskurve für diese Menge vorgibt.

Gewerkschaften sind eine häufige Form von Monopolmacht auf Faktormärkten. Sie können unterschiedliche Löhne festsetzen, je nachdem, welche Ziele sie verfolgen – maximale Beschäftigungsrate, maximale Renten oder maximale Lohnsumme. Wenn es den Gewerkschaften gelingt, im gewerkschaftlich organisierten Marktsektor die Löhne zu erhöhen, verlieren einige Arbeiter ihre Arbeitsstelle. Wechseln diese Arbeitskräfte dann in den nicht gewerkschaftlich organisierten Bereich des Marktes, sinken dadurch die Löhne in diesem Bereich.

14.2 Wiederholung und Übungen

14.2.1 Kompetitive Faktormärkte (Kapitel 14.1)

Auf einem kompetitiven Faktormarkt gibt es viele Käufer und Verkäufer. Betrachten wir als Beispiel den Markt für ungelernte Arbeitskraft in einer einzelnen Stadt: Auf diesem Markt entscheidet jeder Arbeiter, ausgehend vom Lohnniveau des Marktes, wie viele Stunden er arbeitet. Umgekehrt entscheidet jedes Unternehmen, wie viele Arbeiter (oder Arbeitsstunden) es zum marktüblichen Lohn in Anspruch nehmen möchte.

Die Kosten für eine zusätzliche Arbeitsstunde entsprechen einfach dem Stundenlohnsatz w. Der Nutzen für das Unternehmen aus einer zusätzlichen Arbeitsstunde entspricht der zusätzlichen Produktionsmenge aufgrund dieser zusätzlichen Arbeitsstunde multipliziert mit dem Erlös aus dem Verkauf einer weiteren Produktionseinheit, oder $GP_L \cdot GE$. Das Produkt aus dem Grenzprodukt der Arbeit und dem Grenzerlös nennt man *Grenzerlösprodukt der Arbeit* (GEP_L). Für ein vollkommen kompetitives Unternehmen entspricht der Grenzerlös dem Preis, sodass gilt $GEP_L = P \cdot GP_L$.

Kauft ein Unternehmen seine *Produktionsfaktoren* auf einem kompetitiven Markt, entspricht die GEP_L-Kurve immer seiner Arbeitsnachfragekurve – es spielt dabei keine Rolle, ob der *Produktmarkt*, auf dem das Unternehmen agiert, auch kompetitiv ist. Das liegt daran, dass ein Unternehmen, das seine Kosten minimiert (oder seinen Gewinn maximiert), immer bis zu dem Punkt weitere Arbeitskräfte einsetzt, an dem das Grenzerlösprodukt der Arbeit seinen Grenzkosten entspricht, wo also gilt $GEP_L = w$. Die Arbeitsnachfragekurve verläuft fallend, sodass die nachgefragte Arbeitsmenge ansteigt, wenn der Arbeitslohn fällt, wie in Abbildung 14.1 dargestellt. Man erkenne, dass die Arbeitsnachfragekurve auch davon abhängt, welche Menge anderer Produktionsfaktoren das Unternehmen einsetzt. So verschiebt sich beispielsweise die GP_L-Kurve und damit auch die GEP_L-Kurve, wenn das Unternehmen seine eingesetzte Kapitalmenge verändert. Die Nachfrage nach Produktionsfaktoren ist eine abgeleitete Nachfrage und hängt von den Produktionsbedingungen sowie den Bedingungen auf dem Outputmarkt ab.

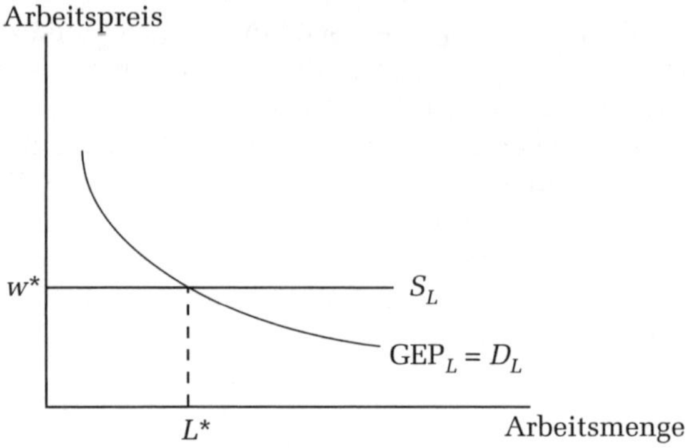

Abbildung 14.1

Übung

1. Anderson Industries produziert Ambosse und verkauft sie auf einem vollkommenen Wettbewerbsmarkt. Kurzfristig gesehen ist der Kapitaleinsatz konstant und das Grenzprodukt der Arbeit lautet $GP_L = 3{,}10 - 0{,}02L$, wobei L die Anzahl an Arbeitern ist, die pro Woche beschäftigt werden.
   a) Ermitteln Sie die GEP_L-Kurve von Anderson Industries, wenn das Unternehmen die Ambosse für € 200 pro Einheit verkauft.
   b) Wie viele Arbeiter stellt Anderson pro Woche ein, wenn der Wochenlohn € 300 beträgt?
   c) Wie viele Arbeiter stellt Anderson pro Woche ein, wenn der Wochenlohn auf € 240 fällt?
2. (Differentialrechnung) Baxter Industries produziert Luftbohrer und besitzt ein Patent auf seine Produktion. Das Grenzprodukt der Arbeit des Unternehmens ist $GP_L = 60 - L$, wobei L die Anzahl der Arbeiter angibt, die pro Woche beschäftigt werden. Die Kurve des Gesamtprodukts der Arbeit lautet $Q = 60L - 0{,}5L^2$, wobei Q die Produktionsmenge pro Woche angibt. Die Nachfragekurve nach den Produkten des Unternehmens lautet $P = 100 - Q$. Wie lautet für dieses Unternehmen die Kurve des Grenzerlösprodukts der Arbeit?

Langfristig, wenn alle Produktionsfaktoren variabel sind, entspricht die Arbeitsnachfragekurve des einzelnen Unternehmens nicht der GEP_L-Kurve. Betrachten wir beispielsweise eine Baufirma, die Zimmerer und Kapital einsetzt. Wenn das Lohnniveau der Zimmerer fällt, verschiebt sich die Grenzkostenkurve des Unternehmens nach unten. Dann steigert das Unternehmen seine Produktion, stellt mehr Zimmerer ein und setzt mehr Kapital ein. Durch den Einsatz dieses zusätzlichen Kapitals verschiebt sich die GP_L-Kurve (sowie die GEP_L-Kurve) nach rechts. Dadurch verläuft die langfristige Arbeitsnachfragekurve für Zimmerer flacher als die kurzfristigen GEP_L-Kurven, wie in Abbildung 14.2 dargestellt.

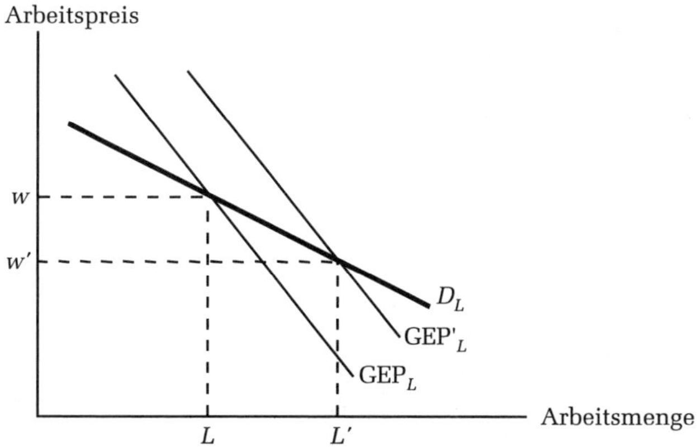

Abbildung 14.2

Ebenso ist auch die Branchennachfragekurve nach Arbeit nicht einfach gleich der Summe der Arbeitsnachfragekurven der einzelnen Unternehmen. Fallen die Löhne, produziert jedes Unternehmen mehr, dadurch sinkt der gleichgewichtige Produktionspreis. Da die Arbeitsnachfragekurve unter der Voraussetzung konstanter Produktionskosten abgeleitet wurde, ist es nicht korrekt, einfach die Kurven zu addieren. Aufgrund des geringeren Produktionspreises verschiebt sich die GEP$_L$-Kurve jedes einzelnen Unternehmens nach links. Addiert man die bei jedem Lohnniveau jeweils nachgefragten Arbeitsmengen, so ergibt sich, dass die Arbeitsnachfragekurve der Branche steiler verläuft als die horizontale Summe der Nachfragekurven der einzelnen Unternehmen. Dies ist in Abbildung 14.5(b) des Lehrbuchs dargestellt, die unten nochmals wiedergegeben ist.

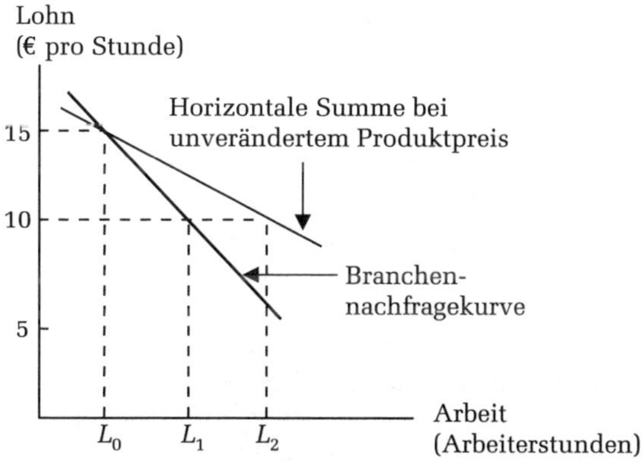

Lehrbuch-Abbildung 14.5(b)

Input-Angebotskurven Die Input-Angebotskurve für eine Branche verläuft meist ansteigend. Die Angebotskurve, der sich ein *einzelnes* Unternehmen gegenübersieht, verläuft allerdings horizontal beim Marktpreis des Produktionsfaktors. Ein Unternehmen nimmt den Marktpreis als gegeben hin und bestimmt die nachgefragte Inputmenge nach Bedarf. Diese Annahme entspricht der Annahme für ein Wettbewerbsunternehmen, das den Preis für sein Produkt als gegeben hinnimmt, obwohl die Nachfragekurve der Branchenproduktion fallend verläuft.

Ist ein Unternehmen der einzige Käufer des Produktionsfaktors (ein Monopsonist), so besteht die optimale Entscheidung für das Unternehmen darin, die eingesetzte Menge des Produktionsfaktors so zu wählen, dass seine Grenzausgaben für den Produktionsfaktor (ME) dem Grenzerlösprodukt (der gleichzeitig der Grenzwert (MV) aus Kapitel 10 ist) entsprechen. Nehmen wir beispielsweise an, dass die Baufirma der einzige Arbeitgeber für Zimmerer in einer Kleinstadt ist. Wenn 100 Arbeitsstunden pro Tag zum Stundenpreis von € 14 zur Verfügung gestellt werden, 101 Arbeitsstunden pro Tag aber einen Stundenpreis von € 14,50 kosten, würde das Unternehmen € 1.400 für 100 Arbeitsstunden pro Tag ausgeben, während es für 101 Arbeitsstunden pro Tag € 1.464,50 ausgeben müsste. Also betragen die Grenzausgaben für die 101. Arbeitsstunde pro Tag € 64,50.

Stellt das Unternehmen dagegen Zimmerer auf einem kompetitiven Markt ein, so entsprechen seine Grenzausgaben dem Lohnsatz. Wenn sich das Unternehmen einer horizontalen Angebotskurve bei einem Stundenlohnsatz von € 14 gegenübersieht, so betragen die Grenzausgaben für die 101. Arbeitsstunde einfach € 14. In diesem Fall würde das Unternehmen so lange Zimmerer einstellen, bis GEP_L € 14 pro Stunde entspricht. Da in diesem Fall ME = w gilt, entsprechen sich die beiden Regeln (GEP_L = ME und $GEP_L = w$).

Obwohl die Marktangebotskurve für einen Produktionsfaktor üblicherweise ansteigend verläuft, kann die Arbeitsangebotskurve auch *rückwärts geneigt* sein. Bei geringem Lohnniveau steigert eine Lohnsteigerung das Arbeitsangebot; ist das Lohnniveau dagegen hoch, so kann eine Lohnerhöhung auch zu einer Reduzierung des Arbeitsangebots führen. Ob dies geschieht, hängt von den relativen Größenordnungen des Substitutions- und des Einkommenseffekts der Lohnveränderung ab. Da die Verbraucher ihre eigene Arbeitskraft verkaufen, erhöht es ihren Wohlstand, wenn der Preis der Arbeit steigt. Ist Freizeit ein normales Gut, so führt der Einkommenseffekt dieser Lohnsteigerung zu verstärktem „Konsum" des Guts Freizeit, was dazu führt, dass weniger Arbeitskraft zur Verfügung steht. Umgekehrt führt der Substitutionseffekt einer Lohnerhöhung dazu, dass *mehr* Arbeitskraft angeboten wird (mit steigendem Preis für Freizeit wird auch weniger Freizeit konsumiert). Betrachtet man die Freizeit als normales Gut, so haben Einkommens- und Substitutionseffekt unterschiedliche Vorzeichen. Ist der Einkommenseffekt groß genug, überwiegt er den Substitutionseffekt. Ist dies der Fall, so sinkt die angebotene Arbeitsmenge, wenn die Löhne steigen. Ist das Lohnniveau gering, so hat tendenziell der Substitutionseffekt größere Wirkung, während bei hohem Lohnniveau eher der Einkommenseffekt dominiert. Dies führt dazu, dass die Arbeitsangebotskurve, wie in Abbildung 14.3 dargestellt, rückwärts geneigt ist.

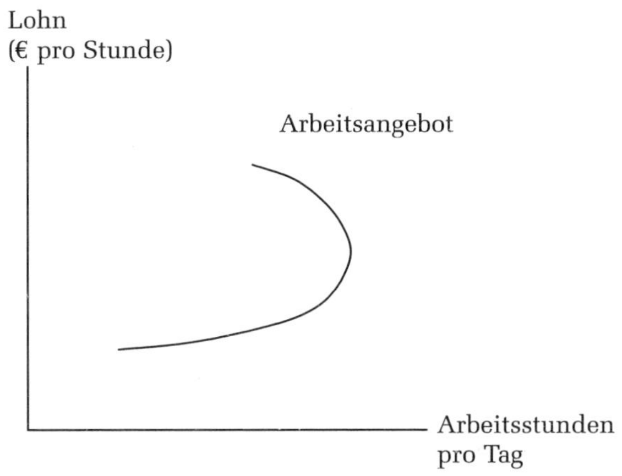

Abbildung 14.3

Diese Analyse erinnert vielleicht an unsere frühere Analyse der Giffen-Güter, es gibt jedoch einen wesentlichen Unterschied zwischen beiden Situationen. Bietet eine Person ihre Arbeitskraft auf dem Markt an, so gibt sie dafür Freizeit auf. Eine Lohnerhöhung steigert den Wert der gesamten Zeit, die sie zur Verfügung hat, und damit auch den effektiven Preis einer Stunde Freizeit. Wenn Freizeit ein normales Gut ist, so führt der gesteigerte Wert ihrer Zeit auch zu einer Steigerung ihres Gesamteinkommens. Folglich können wir erwarten, dass die Person bei jedem Lohnniveau mehr Freizeit nachfragt. Dieser positive Einkommenseffekt kann erheblich sein. Allerdings senkt der höhere Freizeitpreis bei konstantem Nutzen auch die nachgefragte Freizeitmenge, sodass es auch zu einem Substitutionseffekt kommt. Damit Einkommens- und Substitutionseffekt also in entgegengesetzte Richtungen wirken, muss nicht eines der Güter inferior sein, wie dies bei den Giffen-Gütern gefordert war. Rückwärts geneigte Arbeitsangebotskurven kommen häufiger vor als Giffen-Güter, denn das Arbeitseinkommen ist die bei weitem größte Einkommensquelle eines Arbeitnehmers.

Übung

3. Eine ortsansässige Umzugsfirma zahlt gegenwärtig einen konstanten Lohnsatz w und ein normaler Arbeiter arbeitet acht Stunden täglich. Das Unternehmen möchte seine Angestellten dazu bringen, Überstunden zu machen, also mehr als acht Stunden täglich zu arbeiten. Um dies zu erreichen, überlegt es, einen der folgenden Pläne durchzuführen:

a) Jeder Angestellter erhält einen Lohnsatz $\hat{w} > w$.

b) Jeder Angestellte erhält einen Überstundenlohnsatz $\hat{w} > w$ für alle geleisteten Stunden über acht Stunden.

Welchen Plan sollte das Unternehmen verfolgen, wenn es *sicher* sein möchte, dass die Arbeiter mehr als acht Stunden täglich arbeiten werden? Erklären Sie Ihre Antwort mithilfe von Indifferenzkurven und Budgetbeschränkungen, wobei die beiden Güter „Einkommen" (auf der vertikalen Achse) und „Freizeitstunden" (auf der horizontalen Achse) sind und pro Tag gemessen werden.

14.2.2 Gleichgewicht auf einem kompetitiven Faktormarkt (Kapitel 14.2)

Der Schnittpunkt der Arbeitsangebots- mit der Arbeitsnachfragekurve bestimmt den Lohnsatz (w) und die angebotene Arbeitsmenge (L) in einem kompetitiven Gleichgewicht. Auf einem vollkommen kompetitiven Outputmarkt erfordert es die Effizienz, dass $w = \text{GEP}_L = (P)(\text{GP}_L)$ gilt; auf einem monopolistischen Outputmarkt lautet die Gleichgewichtsbedingung dagegen $w = \text{GEP}_L = (\text{GE})(\text{GP}_L)$. Auf einem monopolistischen Outputmarkt wird einfach deshalb weniger Arbeitskraft nachgefragt, weil weniger produziert wird.

Verläuft die Arbeitsangebotskurve ansteigend, so übersteigt die gesamte Auszahlung an die Arbeiter im Gleichgewicht den nötigen Mindestbetrag, der die Arbeiter dazu bringen würde, diese Arbeitsmenge anzubieten. Die Differenz ist die *ökonomische Rente* der Arbeit, wie in Abbildung 14.4 dargestellt. (Erinnern wir uns, dass das Arbeitsangebot auch der Durchschnittsausgabenkurve entspricht). Diese ökonomische Rente entspricht der Produzentenrente auf einem Outputmarkt. Da im Gleichgewicht alle Arbeiter den gleichen Lohnsatz erhalten, erhalten Arbeiter, die ihre Arbeitskraft zu einem geringeren Lohnsatz zur Verfügung stellen würden, eine Zahlung, die über ihre Opportunitätskosten hinausgeht. Liegt der Sonderfall einer vollkommen unelastischen Faktorangebotskurve vor, wie etwa bei unerschlossenem Land, so sind alle Faktorzahlungen ökonomische Renten. Verläuft die Faktorangebotskurve aber horizontal, gibt es im Wettbewerbsgleichgewicht keine ökonomische Rente.

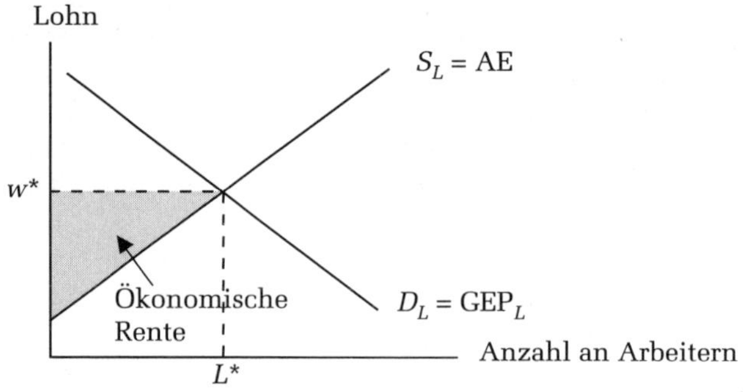

Abbildung 14.4

Übung

4. a) Zeigen Sie anhand der Informationen aus Abbildung 14.5 den kompetitiven Gleichgewichtslohnsatz und die entsprechende beanspruchte Arbeitsmenge. Gehen Sie nun von einem Monopol auf dem Absatzmarkt aus und bestimmen Sie den Monopollohnsatz sowie die entsprechende beanspruchte Arbeitsmenge in diesem Fall.

b) Würden die Arbeiter einen Lohnsatz von w_0, w_1 oder w_2 bevorzugen, um ihre ökonomische Rente zu maximieren?

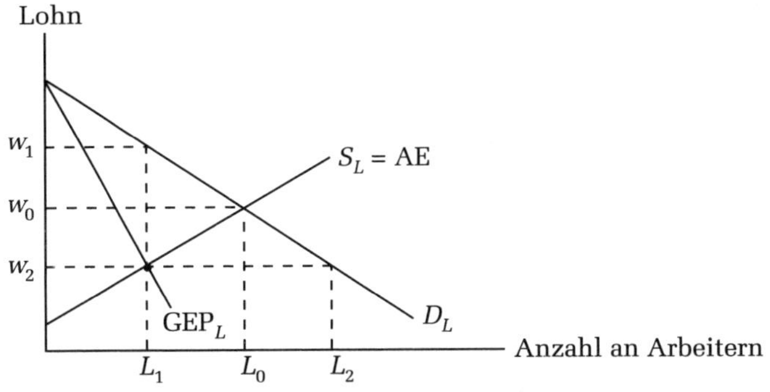

Abbildung 14.5

14.2.3 Faktormärkte mit Monopsonmacht (Kapitel 14.3)

In Kapitel 10 sahen wir, dass ein Monopsonist seinen Grenzwert des Gutes mit seinen Grenzausgaben, also dem zusätzlichen Betrag für eine weitere gekaufte Einheit, gleichsetzen würde. Die in Kapitel 10 beschriebene Grenzwert-(MV)-Kurve ist identisch mit der oben beschriebenen GEP_L-Kurve. Die Bedingung aus Kapitel 10, dass MV = ME gilt, gibt also an, dass der Monopsonist bis zu dem Punkt weitere Arbeit einsetzen sollte, an dem GEP_L den Grenzausgaben ME entspricht. Man beachte, dass die ME-Kurve oberhalb der Angebotskurve liegt, wenn die Arbeitsangebotskurve ansteigend verläuft. Der Monopsonist setzt Arbeit bis zu dem Punkt ein, an dem die Grenzausgabenkurve die GEP_L-Kurve schneidet, und zahlt für diese Menge den auf der Angebotskurve ablesbaren Preis. Das bedeutet, dass ein Monopsonist weniger Arbeit einsetzen wird als ein Unternehmen auf einem Wettbewerbsmarkt, selbst wenn beide identische GEP_L-Kurven haben. Abbildung 14.6 fasst das Monopson-Ergebnis zusammen.

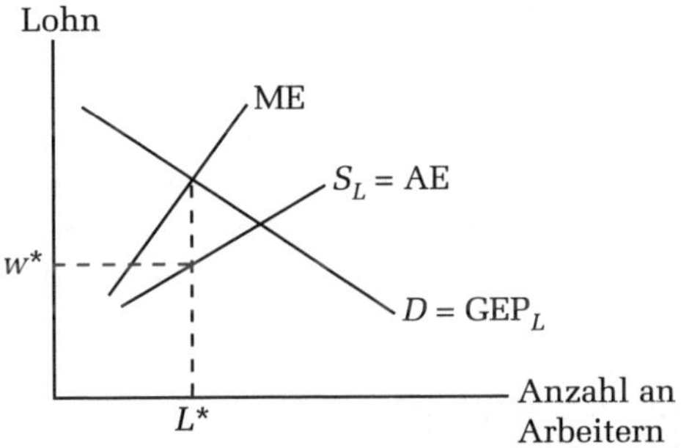

Abbildung 14.6

Monopsonmacht besteht, wenn sich ein Unternehmen einer ansteigend verlaufenden Angebotskurve für einen Produktionsfaktor gegenübersieht. Auf Faktormärkten kommt es häufiger zu Monopsonmacht als auf Produktmärkten. Ebenso wie ein Verkäufer Monopolmacht besitzen kann, obwohl er nicht der einzige Verkäufer auf dem Markt ist, kann auch ein Unternehmen Monopsonmacht haben, selbst wenn es mit anderen Käufern konkurriert. Entscheidend ist, dass das Unternehmen den Marktpreis des Produktionsfaktors beeinflussen kann, indem es mehr oder weniger des Faktors kauft. Ein großer Arbeitgeber in einer Kleinstadt verfügt oft über eine gewisse Monopsonmacht. Wenn die Bewohner der Region nur wenig andere Arbeitsmöglichkeiten haben, hat das Unternehmen sogar erhebliche Monopsonmacht.

Übung

5. Der einzige Arbeitgeber in der Stadt Dustbowl ist die ortsansässige Textilfabrik. Die Arbeitsangebotskurve der Fabrik ist in Tabelle 14.1 dargestellt.

Tabelle 14.1

Lohnsatz pro Stunde (€)	Angebotene Arbeitseinheiten pro Stunde	Gesamtausgaben	Grenzausgaben
4	10	40	Nicht verfügbar
5	11		
6	12		
7	13		
8	14		

a) Füllen Sie die Lücken in Tabelle 14.1 aus.

b) Die Arbeitsnachfragekurve der Fabrik verläuft horizontal bei einem Stundenlohnsatz von € 17. Wie viel Arbeitskraft fragt das Unternehmen nach? Wie lautet der Gleichgewichtslohnsatz?

14.2.4 Faktormärkte mit Monopolmacht (Kapitel 14.4)

In seltenen Fällen können auch Inputmärkte, ebenso wie Outputmärkte, monopolisiert werden. Wenn beispielsweise nur gewerkschaftlich organisierte Arbeiter die Ladung eines Schiffs löschen dürfen, so ist die Gewerkschaft der einzige „Verkäufer“ von Arbeit für diese spezielle Aufgabe. Eine Gewerkschaft kann verschiedene Ziele verfolgen – zum Beispiel maximale Beschäftigung, maximale ökonomische Rente (die Differenz zwischen dem Lohn eines Gewerkschaftsmitglieds und seinen/ihren Opportunitätskosten) oder maximale Gesamtlohnzahlungen. Die Auswirkungen der einzelnen von einer Gewerkschaft verfolgten Strategien erkennen wir anhand einer Analyse, die wir in ähnlicher Form bereits für die Untersuchung eines Monopols auf einem Outputmarkt herangezogen haben.

Betrachten wir Abbildung 14.7. Wenn die Gewerkschaft maximale Beschäftigung erreichen möchte, sollte sie einem Lohnsatz von $w_{L\text{-}max}$ zustimmen. Wenn sie die Gesamtlöhne, die an die Gewerkschaftsmitglieder bezahlt werden, maximieren möchte, sollte sie dem Lohnsatz $w_{w\text{-}max}$ zustimmen und so dafür sorgen, dass nur L_w Arbeiter arbeiten. (Man erkenne, dass dieses Ergebnis genau der Entscheidung eines Monopolisten auf einem Outputmarkt entspricht, der seinen Preis bei einer Elastizität von –1 festlegt, um seinen Gesamterlös zu maximieren.) Wenn die Gewerkschaft die Rente maximieren möchte (analog zu einem Monopolisten, der seine Produzentenrente maximieren möchte), sollte sie die angebotene Arbeitsmenge auf L_r beschränken, denn an diesem Punkt schneidet die Grenzerlöskurve die Arbeitsangebotskurve. In allen drei Fällen gibt es Gewinner und Verlierer. Deshalb müssen Gewerkschaftsführer ihre Verhandlungsstrategie sorgfältig auswählen, wenn sie sich die Loyalität ihrer Mitglieder erhalten wollen.

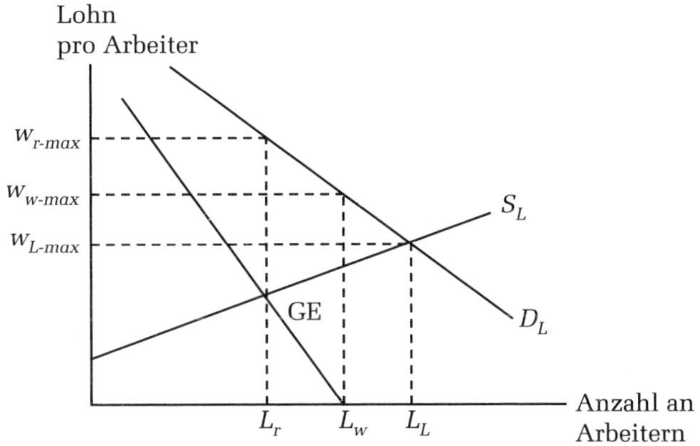

Abbildung 14.7

Übung

6. a) Abbildung 14.8 zeigt eine Arbeitsangebotskurve, eine Branchen-Arbeitsnachfragekurve sowie die entsprechende Grenzerlöskurve. Eine Gewerkschaft setzt das Lohnniveau fest. Wie viel Arbeit wird eingesetzt und wie hoch ist der Lohnsatz, wenn die Gewerkschaft die ökonomische Rente, die ihre Mitglieder erhalten, maximieren möchte?

b) Wie hoch ist die ökonomische Rente bei diesem Lohnsatz?

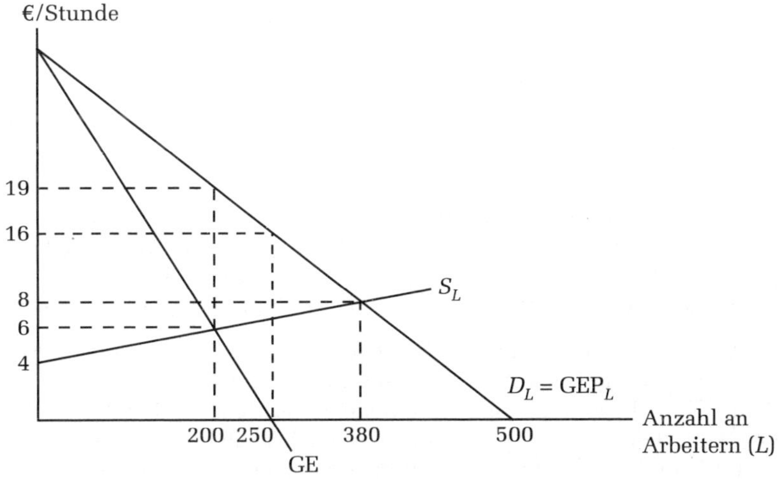

Abbildung 14.8

Zu dem Lohnsatz, der die Rente maximiert, werden weniger Arbeitnehmer eingestellt als zu einem kompetitiven Lohnsatz. Dies führt zu einer Ungleichheit zwischen den angestellten Gewerkschaftsmitgliedern und denjenigen, die zum Gewerkschaftslohn keine Anstellung finden können. Die Gewerkschaft könnte anstelle der Rentenmaximierung andere Ziele verfolgen, um diese Ungleichheit unter ihren Mitgliedern zu verringern. Die nächste Übung befasst sich mit zwei Möglichkeiten.

Übung

7. Betrachten Sie die in Übung 6 eingeführte Gewerkschaft.

a) Nehmen wir an, die Gewerkschaft möchte die Gesamtbeschäftigung maximieren. Bei jedem von der Gewerkschaft festgesetzten Lohnniveau wird die Beschäftigung der geringeren der zu diesem Lohn angebotenen und nachgefragten Arbeitsmenge entsprechen. Welches Lohnniveau setzt die Gewerkschaft fest und wie viel Arbeit wird beschäftigt?

b) Gehen wir stattdessen davon aus, dass die Gewerkschaft die gesamten Lohnzahlungen maximieren möchte. Welches Lohnniveau setzt sie fest und wie viel Arbeit wird beschäftigt?

14.3 Übungsaufgaben

8. Welches Lohnniveau würde eine Gewerkschaft für das Unternehmen aus Übung 1 verlangen, wenn sie sich zum Ziel gesetzt hätte, die gesamten Zahlungen für die geleistete Arbeit zu maximieren?

***9.** [Differenzialrechnung] Ein Unternehmen hat die Produktionsfunktion $Q = 12L - L^2$, wobei L dem Arbeitseinsatz pro Tag und Q der Tagesproduktion entspricht. Das Grenzprodukt der Arbeit beträgt $12 - 2L$. Wie lautet die GEP_L-Kurve, wenn es sich bei dem Unternehmen um einen Monopolisten mit der Nachfragekurve $P(Q) = 100 - Q$ handelt?

10. Die Nachfrage nach Arbeit in einer Branche wird durch die Kurve $L = 72 - 5w$ ausgedrückt, wobei L die Arbeitskraft ist, die pro Tag nachgefragt wird, und w der Lohnsatz. Die Angebotskurve lautet $L = 3w$.

a) Wie lautet der Gleichgewichtslohnsatz und die eingesetzte Arbeitsmenge?

b) Welche ökonomische Rente verdienen die Arbeiter?

c) Würden die Arbeiter den Lohnsatz aus Antwort a) wählen, wenn sie ihre ökonomische Rente maximieren wollten? Erklären Sie Ihre Antwort anhand der in diesem Kapitel gelernten Konzepte oder berechnen Sie die ökonomische Rente für ein anderes Lohnniveau (zum Beispiel für einen um € 1 höheren Lohnsatz als in Antwort a)) und zeigen Sie auf, wie dieses von Ihrer Lösung zu b) abweicht.

11. In manchen Ländern nehmen einige Gewerkschaften nur eine begrenzte Anzahl Mitglieder auf und verlangen von den Arbeitgebern, nur Gewerkschaftsmitglieder einzustellen. Diese Unternehmen nennt man gewerkschaftspflichtige Unternehmen (closed shop). Nehmen wir an, eine solche Gewerkschaft begrenzt die Zahl ihrer Mitglieder auf L_u und überlässt es dem Unternehmen, einen Lohnsatz festzusetzen.

a) Stellen Sie den Gleichgewichtslohnsatz sowie die eingesetzte Arbeitsmenge in einem Diagramm mit der Arbeitsangebots- und Arbeitsnachfragekurve dar. (Hinweis: Bedenken Sie, dass das Arbeitsangebot der gewerkschaftlich organisierten Arbeiter bei L_u vollkommen feststeht.)

b) Erklärt Ihr Graph, warum es oft Wartelisten für Gewerkschaftsmitgliedschaften gibt, wenn eine Gewerkschaft eine solche Gewerkschaftspflicht für Unternehmen einführt?

12. Betrachten wir den Markt für Pflegedienste in einer Stadt mit nur einem großen Krankenhaus.

a) Wie würden sich die Anzahl des beschäftigten Pflegepersonals und der Nettowohlfahrtsverlust verändern, wenn die Regierung für Pflegedienste einen Mindestlohn einführen würde, der oberhalb des geltenden Marktlohns läge? Warum kommt es zu diesen Veränderungen? Stellen Sie Ihre Antwort graphisch dar unter der Annahme eines linearen Faktorangebots und eines linearen Grenzerlösprodukts.

b) Nehmen wir an, in einer benachbarten Stadt wird ein Pflegeheim eröffnet, sodass die Schwestern und Pfleger nun mehrere Beschäftigungsmöglichkeiten haben. Wie verändern sich nun Ihrer Meinung nach die Anzahl der beschäftigten Pflegekräfte und der Lohnsatz des Krankenhauses? Stellen Sie Ihre Antwort graphisch dar unter der Annahme, dass die Angebotskurve sich parallel nach oben verschiebt.

14.4 Kontrollfragen

13. Das Grenzerlösprodukt der Arbeit entspricht:

a) GP_L/GE.

b) GE/GP_L.

c) $P{\cdot}\text{GP}_L$.

d) $\text{GE}{\cdot}\text{GP}_L$.

e) Keine der Antworten ist korrekt.

14. Ein Unternehmen setzt die optimale Arbeitsmenge ein, wenn

a) $w = P{\cdot}\text{GP}_L$;

b) $w = \text{GEP}_L$;

c) $\text{GK} = \text{GEP}_L$;

d) $\text{GE} = \text{GP}_L$.

e) Keine der Antworten ist korrekt.

15. Ein Unternehmen sollte weniger Arbeit einsetzen, wenn das Grenzerlösprodukt der Arbeit

a) dem Outputpreis entspricht;

b) dem Lohnsatz entspricht;

c) geringer ist als der Lohnsatz;

d) fallend verläuft;

e) rückwärts geneigt ist.

16. Die langfristige Arbeitsnachfragekurve eines Unternehmens

a) verläuft flacher als die kurzfristige Arbeitsnachfragekurve;
b) verläuft steiler als die kurzfristige Arbeitsnachfragekurve;
c) verläuft links von der kurzfristigen Arbeitsnachfragekurve;
d) verläuft rechts von der kurzfristigen Arbeitsnachfragekurve.
e) Keine der Antworten ist korrekt.

17. Bei identischen Unternehmen gilt für die Arbeitsnachfragekurve einer Branche:

a) sie ist elastischer als die Arbeitsnachfragekurve eines Unternehmens;
b) sie ist weniger elastisch als die Arbeitsnachfragekurve eines Unternehmens;
c) sie verläuft horizontal:
d) sie verläuft vertikal.
e) Keine der Antworten ist korrekt.

Verwenden Sie die folgenden Informationen zur Beantwortung der nächsten beiden Fragen. Das Grenzprodukt der Arbeit eines kompetitiven Unternehmens lautet $GP_L = 100 - 0{,}4L$. Sein Produktpreis liegt bei P = € 2,50 pro Einheit. Der Lohnsatz beträgt € 15 pro Stunde.

18. Wie lautet dann das Grenzerlösprodukt der Arbeit?

a) $40 - 0{,}16L$.
b) $1.500 - 6L$.
c) $100 - 0{,}4L$.
d) $100 - 0{,}8L$.
e) $250 - L$.

19. Wie viele Arbeitsstunden werden dann eingesetzt, um den Gewinn zu maximieren?

a) 235.
b) 106,25.
c) 212,50.
d) 250.
e) 156.

20. Für den Bereich, in dem die Arbeitsangebotskurve rückwärts geneigt ist, gilt:

a) der Substitutionseffekt dominiert über den Einkommenseffekt;
b) der Einkommenseffekt dominiert über den Substitutionseffekt;
c) Freizeit ist ein Giffen-Gut;
d) Konsum ist ein Giffen-Gut;
e) Keine der Antworten ist korrekt.

21. Ein Monopsonist setzt die optimale Arbeitsmenge ein, wenn:

a) $w = GEP_L$;
b) $w = ME$;
c) $GEP_L = ME$;
d) $ME = GP_L$.
e) Keine der Antworten ist korrekt.

22. Die Grenzausgaben für einen Produktionsfaktor sind immer:

a) fallend;

b) identisch mit den Durchschnittsausgaben;

c) höher als der Preis des Produktionsfaktors, wenn dessen Angebotskurve ansteigend verläuft;

d) geringer als der Preis des Produktionsfaktors, wenn die Nachfragekurve fallend verläuft;

e) Keine der Antworten ist korrekt.

23. Werden in Abbildung 14.9 eine Anzahl von *g* Arbeitern eingestellt, entspricht die ökonomische Rente der Fläche

a) *abc*;

b) *bcgf*;

c) *bed*;

d) *ced*;

e) *dcgf*.

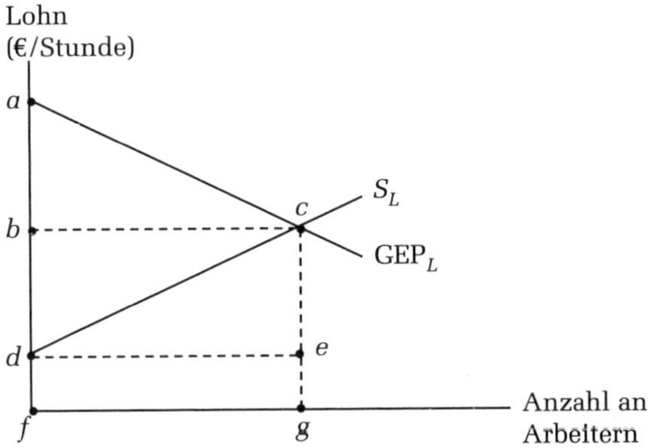

Abbildung 14.9

24. Bevor in den 70er Jahren die freie Agenturwahl eingeführt wurde, konnten Baseballprofis entweder für das Team spielen, dem sie „gehörten", oder aber sie mussten Profibaseball aufgeben. Bis zu den 70er Jahren waren die Gehälter der Baseballspieler erheblich geringer als heute, weil

a) sie weniger oft zu Spielen anwesend waren;

b) die Spielergewerkschaft nur daran interessiert war, die Gesamtbeschäftigung zu steigern;

c) sich die Besitzer der Spieler wie Monopsonisten verhielten;

d) GEP_L geringer war.

e) Keine der Antworten ist korrekt.

14.5 Internetübung

Betrachten Sie Tabelle A-1 auf der Website des US-Büros für Arbeitsstatistik (*Employment status of the civilian population by sex and age, Beschäftigungsstand der Zivilbevölkerung nach Geschlecht und Alter*): *http://stats.bls.gov/webapps/legacy/cpsatab1.htm*. Rufen Sie die saisonbereinigten Daten für *Men, 20 years and over, Participation rate* und *Women, 20 years and over, Participation rate* ab. Dazu müssen Sie die entsprechenden Kästchen mit Häkchen versehen, dann auf der Seite nach unten fahren und *Retrieve data* anklicken. Klicken Sie nun *More Formatting Options* oben auf der Seite an und klicken Sie dann *All years* und *Retrieve data* an. Die Daten zeigen, dass zwischen 1948 und 2003 der Beschäftigungsanteil der Frauen gestiegen, der Beschäftigungsanteil der Männer aber gesunken ist. Erklären Sie diese Unterschiede im Verhalten von Männern und Frauen unter Verwendung Ihres Wissens über die Form der Arbeitsangebotskurve. (Gehen Sie dabei davon aus, dass innerhalb dieses Zeitraums der reale Lohnsatz für Frauen im Verhältnis zum realen Lohnsatz für Männer angestiegen ist.)

14.6 Lösungen zu den Übungen

1. a) GEP_L entspricht dem Preis multipliziert mit GP_L. Hier gilt $GEP_L = 200(3{,}10 - 0{,}02L) = 620 - 4L$.

   b) Beträgt der Lohn € 300, so wird so lange Arbeit eingesetzt, bis gilt $620 - 4L = 300$, oder $L = 80$.

   c) Beträgt der Lohn € 240, so wird so lange Arbeit eingesetzt, bis gilt $620 - 4L = 240$, oder $L = 95$.

2. Beim Monopol entspricht GEP_L dem Grenzerlös multipliziert mit GP_L. Da aber GEP_L auch von L abhängig ist, müssen wir GE in Abhängigkeit von L und nicht von Q ausdrücken. Da $P = 100 - Q$, so gilt $GE = 100 - 2Q$. Da $Q = 60L - 0{,}5L^2$, $GE = 100 - 2(60L - 0{,}5L^2) = 100 - 120L + L^2$. GEP_L entspricht dann $[100 - 120L + L^2][60 - L] = 6.000 - 7.200L + 60L^2 - 100L + 120L^2 - L^3 = 6.000 - 7.300L + 180L^2 - L^3$.

3. Abbildungen 14A.1a und 14A.1b zeigen die Auswirkungen von Plan 1 beziehungsweise Plan 2. In jeder Abbildung hat L_0 die Steigung w und L_1 hat die Steigung w.

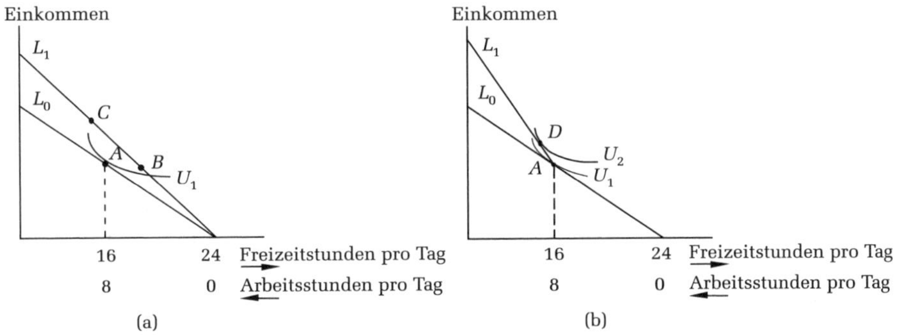

Abbildung 14A.1

Nur Plan 2 stellt sicher, dass die Arbeiter tatsächlich Überstunden machen werden. In Plan 1, dargestellt in Abbildung 14A.1a, könnten sich die Arbeiter von Punkt A zu Punkten wie B oder C bewegen, je nach Stärke des Substitutions- und Einkommenseffekts (am Punkt B überwiegt der Einkommenseffekt der Lohnsteigerung den Substitutionseffekt). Plan 2, in Abbildung 14A.1b, führt in jedem Fall dazu, dass die Freizeitstunden reduziert werden. Das liegt daran, dass die Reaktion auf den Lohn für die Überstunden im Grunde ein reiner Substitutionseffekt ist. (Nur wenn die Indifferenzkurve U_1 L-förmig verlaufen würde, würden sich die Arbeiter gegen Überstunden entscheiden.)

4. a) Das Wettbewerbsgleichgewicht liegt bei w_0 und L_0. Das Monopol-Gleichgewicht liegt bei w_2 und L_1.

   b) Die ökonomische Rente ist die Fläche unterhalb des Lohns und oberhalb der S_L-Kurve bis zur eingesetzten Arbeitsmenge. Ein Lohnniveau bei w_1 führt zur Maximierung der ökonomischen Rente.

5. a)

Stunden-lohnsatz (€)	Angebotene Arbeits-einheiten pro Stunde	Gesamt-ausgaben	Grenz-ausgaben
4	10	40	Nicht verfügbar
5	11	55	15
6	12	72	17
7	13	91	19
8	14	112	21

b) Die Textilfabrik ist ein Monopsonist und wird ME = D_L setzen, um die optimale eingesetzte Arbeitsmenge zu bestimmen. Das Unternehmen wird den Lohn bezahlen, der durch die Arbeitsangebotskurve vorgegeben ist. Daher, wenn $D_L = 17 =$ ME, beträgt der entsprechende Wert für $L = 12$ und $w =$ € 6.

6. a) In Abbildung 14.8 schneidet die GE-Kurve die S_L-Kurve bei $L = 200$. Das Unternehmen ist bereit, für diese Anzahl an Arbeitern einen Lohn von € 19 zu bezahlen, also gilt $L = 200$ und $w =$ € 19.

b) Die ökonomische Rente entspricht der Fläche oberhalb S_L, unterhalb $w = 19$, bis $L = 200$. Also beträgt die ökonomische Rente 200(19 – 6) + 0,5(200)(6 – 4) = € 2.800.

7. a) Um die Gesamtbeschäftigung zu maximieren, wird die Gewerkschaft den Lohn dem Wettbewerbslohn gleichsetzen. (Jeder andere Lohnsatz würde dazu führen, dass weniger Arbeit angeboten oder nachgefragt würde.) Die Gewerkschaft setzt einen Lohnsatz von € 8 fest und es ergibt sich dann $L = 380$, wie in Abbildung 14.8 dargestellt.

b) Um die Gesamtauszahlung für Arbeit zu maximieren, wird die Gewerkschaft den Lohn dort festsetzen, wo die GE-Kurve die horizontale Achse schneidet. Bei diesem Lohnniveau von € 16 wird das Unternehmen 250 Arbeiter einstellen.

14.7 Lösungen zu den Übungsaufgaben

8. Wenn $GP_L = 3{,}10 - 0{,}02L$ und $P =$ € 200, so haben wir $GEP_L = (3{,}10 - 0{,}02L)200 = 620 - 4L$. Da uns $w = GEP_L$ angibt, wie viele Arbeiter beschäftigt werden, entsprechen die gesamten Lohnzahlungen $wL = (620 - 4L)L = 620L - 4L^2$. Dies ist der Gesamterlös. Da die Arbeitsnachfragekurve linear ist, ist der Grenzerlös der Arbeitsnachfragekurve doppelt so steil: $GE = 620 - 8L$. Setzt man GE = 0, so maximiert dies die gesamten Lohnzahlungen, also gilt $L^* = 77{,}5$, wobei der Lohn € 310 entspricht.

9. $GE = 100 - 2Q$, oder $GE = 100 - 2(12L - L^2) = 100 - 24L + 2L^2$. $GEP_L = GE{\cdot}GP_L = 100 - 24L + 2L_2)(12 - 2L) = 1.200 - 288L + 24L^2 - 200L + 48L^2 - 4L^3 = 1.200 - 488L + 72L^2 - 4L^3$.

10. a) Setzen Sie Angebot und Nachfrage gleich: $72 - 5w = 3w$. Das ergibt $w^* = € 9$ und $L^* = 27$.

b) Die ökonomische Rente beträgt 0,5(27)(9) = € 121,50.

c) Der Schnittpunkt der Grenzerlöskurve mit der Arbeitsangebotskurve bestimmt den Lohnsatz, der die ökonomische Rente maximiert. Wenn Sie das Beispiel mit $w = € 10$ (€ 1 höher als die Antwort zu a)) ausarbeiten, ergibt sich die ökonomische Rente von € 139,70, sodass der kompetitive Gleichgewichtslohn nicht dem Lohn entspricht, der die ökonomische Rente maximiert.

11. a) Die Angebotskurve gewerkschaftlich organisierter Arbeit verläuft vertikal durch L_u, wie in Abbildung 14A.2 dargestellt. Da das Unternehmen nur Gewerkschaftsmitglieder beschäftigen darf, gibt es kein Arbeitsangebot aus anderer Quelle. Der Gleichgewichtslohn, den das Unternehmen zu zahlen bereit ist, ist w_u.

b) Wie in Abbildung 14A.2 dargestellt, sind bei einem Lohnniveau w_u L' Arbeiter bereit, ihre Arbeitskraft zur Verfügung zu stellen. Dieser Angebotsüberschuss an Arbeit zeigt sich in Form der Warteliste für eine Gewerkschaftsmitgliedschaft.

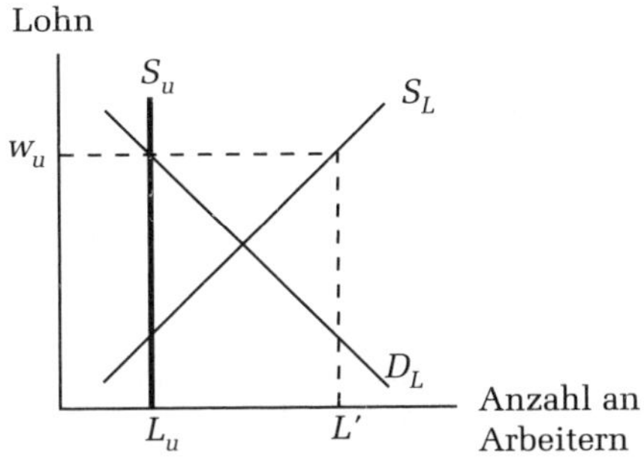

Abbildung 14A.2

12. a) Ursprünglich beträgt der Lohn w_0 und es werden N_0 Arbeiter eingestellt. Durch den Mindestlohn wird die ME-(Grenzausgaben-)Kurve links von dem Pflegeangebot zu diesem Lohn waagerecht. In Abbildung 14A.3 entspricht die neue ME-Kurve dem Mindestlohn w_m links von N_m. Unterhalb erhöht es den Lohn nicht, wenn eine weitere Pflegekraft eingestellt wird. Wenn der Mindestlohn daher im Vergleich zum ursprünglichen Lohn, w_0, nicht zu hoch ist, werden mehr Pflegekräfte eingestellt. Der Verlust beim ursprünglichen Lohnniveau entspricht dem schattierten Dreieck A. Der gesetzliche Mindestlohn eliminiert in diesem Fall den Nettowohlfahrtsverlust.

b) Die Angebotskurve verschiebt sich nach S^1 und ME^0 wird zu ME^1. Da die Pflegekräfte nun mehr Beschäftigungschancen haben, wird der Lohn steigen. Dies wird dazu führen, dass das Krankenhaus weniger Pflegekräfte einstellen will. In Abbildung 14A.3 sind w_1 und N_1 der neue Lohn beziehungsweise die neue Anzahl an beschäftigten Pflegekräften.

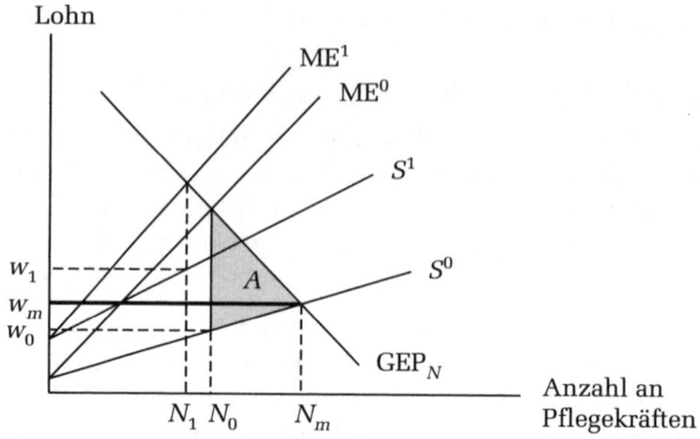

Abbildung 14A.3

14.8 Lösungen zu den Kontrollfragen

13. d) Antwort c) ist nur korrekt, wenn es sich um Verkäufer auf einem vollkommenen Wettbewerbsmarkt handelt, während Antwort d) immer korrekt ist.

14. b) Wieder ist Antwort a) nur korrekt, wenn es sich um Verkäufer auf einem vollkommenen Wettbewerbsmarkt handelt.

15. c) Wenn $GEP_L < w$, so ist der Wert des letzten eingestellten Arbeiters geringer als die Kosten für das Unternehmen.

16. a) Wenn der Lohnsatz fällt, steigert das Unternehmen seine Produktion und setzt mehr Kapital ein. Dadurch verschiebt sich die GP_L-Kurve und damit auch die GEP_L-Kurve nach rechts. Siehe Abbildung 14.2.

17. b) Da die Branchennachfragekurve steiler ist als die Nachfragekurve eines Unternehmens, ist sie auch weniger elastisch.

18. e) $GEP_L = P{\cdot}GP_L = 2{,}5(100 - 0{,}4L) = 250 - L$.

19. a) Setzen Sie $w = GEP_L$: $15 = 250 - L$, oder $L = 235$.

20. b) Der Einkommenseffekt sorgt dafür, dass das Arbeitsangebot mit steigenden Löhnen fällt, während der Substitutionseffekt bewirkt, dass das Arbeitsangebot mit steigenden Löhnen steigt.

21. c) Der Monopsonist sollte bis zu dem Punkt Arbeiter einstellen, an dem der Erlös aus der letzten eingesetzten Arbeitseinheit (GEP_L) den Ausgaben für die letzte eingesetzte Arbeitseinheit (ME) entspricht.

22. c) Verläuft die Angebotskurve ansteigend, muss das Unternehmen den Preis für den Produktionsfaktor erhöhen, um mehr Einheiten einsetzen zu können, und diesen höheren Preis für alle Einheiten bezahlen.

23. c) Die Zahlungen für Arbeit entsprechen der Fläche *bcgf*, während die Fläche *dcgf* den Opportunitätskosten für die Zurverfügungstellung von *fg* Arbeitseinheiten entspricht, sodass *bcd* als ökonomische Rente bleibt.

24. c) Vor der Einführung der freien Agenturwahl konkurrierten die Besitzer nicht miteinander, indem sie sich gegenseitig überboten, um die Spieler für sich zu gewinnen.

14.9 Lösung zur Internetübung

Die Arbeitsangebotskurve hat die grundlegende Form wie in Abbildung 14.3 gezeigt. Eine der möglichen Erklärungen lautet daher folgendermaßen: Nehmen wir an, die Männer befanden sich auf dem fallenden Teil der Arbeitsangebotskurve (der obere Teil) und Frauen befanden sich auf dem ansteigenden Teil der Arbeitsangebotskurve (der untere Teil). Veränderten sich nun die relativen Löhne (stiegen also die realen Löhne der Frauen im Vergleich zu denen der Männer), so ist es möglich, dass Männer darauf reagierten, indem sie weniger Arbeit anboten, während die Frauen 2003 mehr Arbeit anboten als 1948.

Investitionen, Zeit und Kapitalmärkte

15

Wichtige Begriffe

- Bestands- und Stromgrößen
- Der diskontierte Gegenwartswert
- Festverzinsliche Wertpapiere
- Ewige Rentenpapiere
- Der effektive Ertrag
- Der Kapitalwert
- Der Diskontsatz
- Risikoprämien
- Risiken (diversifizierbare und nichtdiversifizierbare)
- Das Capital Asset Pricing-Modell
- Preispfad für erschöpfbare Ressourcen
- Zinssätze

ÜBERBLICK

15.1 Hauptthemen des Kapitels

Der entscheidende Unterschied zwischen Kapital und anderen Produktionsfaktoren, wie etwa Arbeit, ist die Zeit. Der Arbeitseinsatz bringt dem Unternehmen unmittelbaren, sofortigen Nutzen; Maschinen hingegen, die heute gebaut werden, geben Leistungen über viele Jahre ab. Die Produktionsfaktoren Arbeit und Rohstoffe werden im Allgemeinen als *Stromgrößen* gemessen, während die Kapitalausstattung als *Bestandsgröße* gemessen wird. Der Kapitalbestand ist dauerhaft und ermöglicht es dem Unternehmen viele Jahre lang, Gewinnströme zu erzielen.

Das grundlegende Prinzip zum Vergleich von Ertragströmen aus Kapital mit den Produktionskosten ist der *diskontierte Gegenwartswert oder Barwert* (*BW*). Da Geldmittel, die heute zum Bau von Maschinen eingesetzt werden, genauso gut auch anderen geliehen werden und dann Zinsen bringen könnten, ist ein Euro, der aufgrund einer Investition in eine Maschine in einem Jahr verdient wird, heute nur € $1/(1 + R)$ wert, wobei R der Zinssatz ist. Anders ausgedrückt, verleiht man heute € $1/(1 + R)$, so bringt das € 1 in einem Jahr. Ausgehend von dieser grundlegenden Beziehung können wir den Barwert jedes Betrags bestimmen, gleichgültig in wie vielen Jahren wir ihn erhalten.

Mithilfe des Barwertprinzips können wir den Gegenwartswert der verschiedensten ein- und ausgehenden Zahlungsströme, zum Beispiel festverzinsliche Wertpapiere und ewige Rentenpapiere, bestimmen. Ein *festverzinsliches Wertpapier* ist ein Vertrag, bei dem sich der Schuldner verpflichtet, dem Wertpapierhalter einen Geldstrom zu zahlen. Ein *ewiges Rentenpapier* ist ein festverzinsliches Wertpapier, das für immer eine feste jährliche Auszahlung erbringt. Ausgehend vom Kurs des festverzinslichen Wertpapiers können wir mittels der BW-Formel den *effektiven Ertrag* des Wertpapiers bestimmen. Dieser entspricht dem Zinssatz, der den Gegenwartswert des Zahlungsstroms des Wertpapiers mit seinem Marktpreis gleichsetzt.

Um zu entscheiden, ob sich eine Kapitalinvestition lohnt, sollte ein Unternehmen die Kosten der Investition mit dem Gegenwartswert der sich daraus ergebenden zukünftigen Zahlungsströme vergleichen. Der *Kapitalwert oder Nettobarwert* (*NBW*) entspricht dem Barwert (BW) zukünftiger Zahlungsströme abzüglich der ursprünglichen Investitionskosten. Wenn NBW > 0, so lohnt sich die Investition. Ein risikoneutrales Unternehmen sollte alle sich bietenden Projekte mit positivem NBW durchführen.

Bei der Bestimmung der NBW*s* muss unbedingt zwischen realen und nominalen *Diskontsätzen* unterschieden werden. Der Diskontsatz ist der Zinssatz, der zur Diskontierung der zukünftigen Gewinnströme eingesetzt wird; er ist definiert als die Opportunitätskosten einer Investition. Zukünftige Inflation erhöht häufig die zukünftigen jährlich eingehenden Geldströme, beeinflusst aber ebenso die Opportunitätskosten der Geldmittel. Durch die Verwendung realer Geldströme und realer Zinssätze als Diskontsätze können wir die zukünftige Inflation bei der NBW-Berechnung ausklammern.

Wenn die zukünftigen Geldströme sicher sind, so ist der geeignete Diskontsatz ein risikofreier Zinssatz. In den meisten Fällen sind die zukünftigen Geldströme jedoch nicht sicher. Wie sollte ein Unternehmen, das über eine Investition nachdenkt, zukünftige Geldströme anpassen, wenn diese Risiken ausgesetzt sind? Eine einfache Technik besteht darin, einen risikoangepassten Diskontsatz zu verwenden. Der Unterschied zwischen dem risikoangepassten und dem risikofreien Diskontsatz nennt man *Risikoprämie*, wobei die angemessene Anpassung davon abhängt, ob es sich um *diversifizierbares* oder *nichtdiversifizierbares* Risiko handelt. Die Risikoprämie sollte nur das nichtdiversifizierbare Risiko einer Investition widerspiegeln. Investoren, die sich diversifizierbarem Risiko nicht aussetzen möchten, können dieses durch ein gut diversifiziertes Portfolio vermeiden. Mittels des *Capital Asset Pricing-Modells* lässt sich die Risikoprämie bestimmen, indem man den erwarteten Ertrag einer Investition mit dem erwarteten Ertrag des Aktienmarktes vergleicht.

Erdöl und Mineralien sind Vermögenswerte. Die Besitzer dieser Ressourcen sehen sich ständig mit der Entscheidung konfrontiert, ob sie die Ressourcen jetzt verkaufen oder für einen zukünftigen Verkauf im Boden belassen sollen. Damit die Produzenten bereit sind, die Ressourcen jetzt und in der Zukunft auf einem kompetitiven Markt zu verkaufen, müssen sie davon ausgehen, dass die Differenz zwischen Preis und Förderkosten der Ressourcen entsprechend dem Zinssatz steigt. Von dieser impliziten Regel über die Förderung ausgehend können wir den erwarteten zukünftigen *Preispfad* der erschöpfbaren Ressource ableiten. Auf einem Monopolmarkt ist es für den Besitzer einer Ressource erforderlich, dass die Differenz zwischen dem Grenzerlös und den Förderkosten entsprechend dem Zinssatz steigt.

Zinssätze werden wie andere Preise durch das Gleichgewicht zwischen Angebot und Nachfrage bestimmt. Die nachgefragte Menge an Darlehensmitteln sinkt mit steigenden Zinsen, während die angebotene Menge steigt, wenn die Zinsen steigen. Auf vielen Märkten gibt es eine ganze Reihe verschiedener Zinssätze, so etwa der Zinssatz für kurzfristige Schatzwechsel, für Schuldner höchster Bonität oder für Industrieanleihen. Diese Zinssätze weichen voneinander ab, denn das Halten der Vermögenstitel ist jeweils mit unterschiedlichen Risiken verbunden und der Zeitraum des Darlehens ist ebenfalls unterschiedlich.

15.2 Wiederholung und Übungen

15.2.1 Bestands- und Stromgrößen (Kapitel 15.1)

In Kapitel 7 analysierten wir die Kapitalnachfrage eines einzelnen Unternehmens mittels der Leihrate (Mietsatz) als Preis des Kapitals (für die Nutzung einer Maschine über einen bestimmten Zeitraum). Für den Besitzer der Maschinen ist dies eine *Stromgröße* (eine bestimmte Geldsumme pro Zeitraum). In anderen Fällen kauft das Unternehmen die Maschine selbst und nutzt den Strom ihrer Kapitaldienstleistungen in Kombination mit anderen Produktionsfaktoren, um sein Produkt herzustellen. Für die Produktion kommt es nicht auf die Anzahl der Maschinen an, sondern auf die Anzahl der Maschinenstunden. Wir gehen jedoch davon aus, dass der Strom der Kapitaldienstleistungen sich proportional zum *Maschinenbestand* verhält. Dadurch können wir eine Verbindung herstellen zwischen der Nachfrage eines Unternehmens nach Kapitaldienstleistungen und nach Kapital. Die Kosten von Kapitaldienstleistungen werden durch die Leihrate für Kapital bestimmt. Leiht das Unternehmen die Maschine, so ist diese Leihrate ein expliziter Kostenfaktor. Besitzt das Unternehmen die Maschine selbst, so ist die Leihrate ein implizierter Kostenfaktor (da das Unternehmen die Maschine an jemand anderen verleihen könnte.)

Übung

1. Ein Unternehmen besitzt eine Papierfabrik im Wert von € 20 Millionen, in welcher mithilfe von Arbeit und Holz Papierprodukte hergestellt werden. Welche der folgenden Größen sind Bestandsgrößen, welche Stromgrößen?
   a) Arbeit.
   b) Holz.
   c) Maschinen und Anlagen.
   d) Papierprodukte.

15.2.2 Der diskontierte Gegenwartswert (Kapitel 15.2)

Um die Kosten für den Bestand mit dem Wert der erhaltenen Ströme vergleichen zu können, müssen wir den *diskontierten Gegenwartswert* bestimmen. Unabhängig davon, ob ein Unternehmen Maschinen mietet oder besitzt, ist die gleiche Analyse anzuwenden. Wenn also ein Unternehmen, das mithilfe von Produktionsfaktoren Endprodukte fertigt, seine Maschinen selbst besitzt, wendet es ebenso die Analyse des diskontierten Gegenwartswerts an, um die Leihrate pro Maschine zu bestimmen und diese in seiner Kostenminimierungsberechnung heranzuziehen.

Ungeduld bedeutet, dass man einem heutigen Konsum einen höheren Wert beimisst als einem zukünftigen Konsum. Deshalb ist auch ein Euro heute mehr wert als ein Euro, den man nächstes Jahr erhalten wird. Wir können den Wert des zukünftigen Euros mithilfe des *Zinssatzes* ableiten (das heißt der Summe, die ein Kreditnehmer dafür zahlt, den Euro ein Jahr nutzen zu können). Entspricht der Zinssatz R und wir verleihen heute € 1, werden wir in einem Jahr € $1(1 + R)$ erhalten. Dabei bezeichnen wir $1 + R$ als *zukünftigen Wert* von € 1 heute. Den heutigen Wert von € 1, der in einem Jahr ausbezahlt wird, bezeichnet man als diskontierten Gegenwartswert oder Barwert (BW). Der BW von € 1, der in einem Jahr ausbezahlt wird, lautet € $1/(1 + R)$.

Auch für längere Zeiträume lässt sich eine ähnliche Analyse durchführen. Gehen wir dabei davon aus, dass sich der Zinssatz in der Zukunft nicht verändern wird. Wenn wir also einen Euro für ein Jahr verleihen und daraufhin den Erlös (den Euro plus erhaltene Zinsen) ein weiteres Jahr verleihen, erhalten wir am Ende des 2. Jahres € $1(1 + R)(1 + R)$. Folglich ist der BW von € 1, den wir in zwei Jahren erhalten, € $1/(1 + R)^2$. Weiten wir diese Analyse aus, so ergibt sich als allgemeingültige Formel des BW von € 1, ausbezahlt in n Jahren, € $1/(1 + R)^n$.

Übung

2. a) Nehmen wir an, der Zinssatz liegt konstant bei 8 Prozent. Wie lautet der BW von € 1 in zwei Jahren?
   b) Nehmen wir an, der Zinssatz liegt konstant bei 10 Prozent. Wie lautet der BW von € 1 in zwei Jahren?
   c) Nehmen wir nun an, der Zinssatz ist nicht konstant. Dieses Jahr liegt er bei 10 Prozent, nächstes Jahr bei 8 Prozent. Wie lautet der BW von € 1 in zwei Jahren?

Um den BW eines Zahlungsstroms zu berechnen, müssen wir einfach die BW*s* der einzelnen jedes Jahr erhaltenen Zahlungen addieren. Ebenso lässt sich der BW einer Reihe positiver und negativer Geldströme aus verschienen Jahren ermitteln, indem man die BW*s* der erhaltenen Geldströme addiert und die BW*s* der zu zahlenden Geldströme abzieht.

15.2.3 Der Wert eines festverzinslichen Wertpapiers (Kapitel 15.3)

Auf den Kapitalmärkten gibt es viele unterschiedliche Muster an Zahlungsströmen. Ein *festverzinsliches Wertpapier* ist dabei ein weit verbreitetes Muster: es beinhaltet konstante Zahlungsströme über einen bestimmten Zeitraum hinweg (die Zinsen oder Kupon-Zahlungen) und eine abschließende größere Auszahlung (die Kapitalsumme). Der Wert eines festverzinslichen Wertpapiers entspricht einfach dem BW dieses Zahlungsstroms. Erbringt ein solches Wertpapier acht Jahre lang Zinsen von € 100 jährlich und hat einen Kapitalwert von € 1.000, der in acht Jahren zurückbezahlt wird, und ist der Zinssatz R, so lautet der Wert des festverzinslichen Papiers:

$$\text{BW} = \frac{100}{(1+R)^1} + \frac{100}{(1+R)^2} + \ldots + \frac{100}{(1+R)^8} + \frac{1000}{(1+R)^8}.$$

Man beachte, dass der Halter des Wertpapiers im letzten Jahr sowohl die Zinsen als auch den Kapitalwert des Papiers erhält.

Übung

3. Der Zinssatz liegt gegenwärtig bei 7 Prozent und er wird für weitere fünf Jahre unverändert bleiben. Wie lautet der diskontierte Gegenwartswert eines festverzinslichen Wertpapiers mit jährlich ausbezahlten Zinsen von € 70 und der Rückzahlung der Kapitalsumme von € 1.000 nach fünf Jahren?

Ewige Rentenpapiere sind eine Sonderform der festverzinslichen Wertpapiere. Sie erbringen für immer andauernde Zinszahlungen ohne Auszahlung eines Kapitalwerts. Der Wert eines solchen Zahlungsstroms lautet:

$$\text{BW} = \frac{c}{(1+R)^1} + \frac{c}{(1+R)^2} + \frac{c}{(1+R)^3} + \ldots = \frac{c}{R}.$$

Das Ergebnis, dass BW = c/R ist, kann man arithmetisch durch Addieren der Serie erzielen. Es ist jedoch einfacher, sich klarzumachen, dass die Beziehung zutreffen muss, weil der Betrag € (c/R), investiert zum Zinssatz R, eine Auszahlung von € c erbringen würde, genau wie ein ewiges Rentenpapier.

Zwar sind ewige Rentenpapiere in der Finanzwelt eher selten, die dazugehörige Formel lässt sich aber auch zur Bewertung anderer Finanzinstrumente, unter anderem auch festverzinslicher Wertpapiere, anwenden. So entspricht der BW eines dreijährigen festverzinslichen Papiers mit einer jährlichen Kupon-Zahlung von € 70 und einem Kapitalwert von € 1.000 dem BW eines ewigen Wertpapiers mit € 70 Auszahlung, dessen erste Auszahlung in einem Jahr erfolgt, abzüglich dem BW eines ewigen Wertpapiers mit € 70 Auszahlung, dessen erste Auszahlung in vier Jahren erfolgt, plus dem BW der € 1.000 Kapitalsumme. Um dies zu verdeutlichen, schreiben wir den BW dieses festverzinslichen Wertpapiers als:

$$BW = \frac{70}{(1+R)^1} + \frac{70}{(1+R)^2} + \frac{70}{(1+R)^3} + \frac{70}{(1+R)^4} + \ldots - \left[\frac{70}{(1+R)^4} + \frac{70}{(1+R)^5} + \ldots\right] + \frac{1000}{(1+R)^3},$$

wobei der in Klammern gesetzte Teil das ewige Rentenpapier über € 70 ist, dessen Auszahlungen in vier Jahren beginnen.

Übung

4. Wie lautet der BW eines ewigen Rentenpapiers, dessen Auszahlungen in sechs Jahren beginnen? Wenden Sie die oben angegebene Beziehung an, um das festverzinsliche Wertpapier aus Übung 3 zu bewerten.

Eine Hypothek ist einem festverzinslichen Wertpapier sehr ähnlich. Allerdings gibt es im Allgemeinen keine einmalige Auszahlung der Kapitalsumme. Bei den meisten Hypotheken besteht jede Rate zum Teil aus Zinsen und zum Teil aus Rückzahlungen der geliehenen Kapitalsumme. Eine Hypothek ist also ein festverzinsliches Wertpapier mit regelmäßigen Zahlungen über einen bestimmten Zeitraum, aber ohne abschließende Rückzahlung einer großen Summe; (gibt es eine solche große Rückzahlung, so nennt man sie „Abschlusszahlung“).

Übung

5. Berechnen Sie den BW einer Hypothek mit einer jährlichen Rückzahlung von € 8.000 über 24 Jahre hinweg, wenn der Zinssatz 12 Prozent beträgt. Wie lautet Ihre Antwort, wenn der Zinssatz 6 Prozent ist? (Hinweis: Verwenden Sie die Formel des ewigen Rentenpapiers.)

Der Preis eines festverzinslichen Wertpapiers wird auf dem Rentenmarkt ermittelt. Veränderungen des Zinssatzes führen dazu, dass der aktuelle Wertpapierkurs vom Ausgabekurs abweicht. Der *effektive Ertrag* eines festverzinslichen Wertpapiers kann ermittelt werden, indem man den Zinssatz ermittelt, der die Zahlungsströme der Zinsen und der Kapitalsumme so diskontiert, dass der BW dem Kurs des festverzinslichen Wertpapiers entspricht. Bei gegebenem Marktzinssatz können wir auch nach dem Kurs des Papiers auflösen, indem wir die Zahlungsströme diskontieren.

Übung

6. Eine Nullkupon-Anleihe erbringt nur eine einzige Zahlung bei Fälligkeit. Solche Papiere werden natürlich zu einem Preis ausgegeben, der niedriger ist als ihre Kapitalsumme. Wenn der Zinssatz 7 Prozent beträgt, wie hoch ist dann der Wert einer dreijährigen Nullkupon-Anleihe mit einer Kapitalsumme von € 1.000?

15.2.4 Das Kapitalwertkriterium für Investitionsentscheidungen (Kapitel 15.4)

Das *Kapitalwertkriterium* besagt, dass man in ein Projekt investieren sollte, wenn der BW der zukünftigen Zahlungsströme die Kosten der Investition übersteigt. Der Kapitalwert wird auch als Nettobarwert (NBW) bezeichnet. Die Kosten der Investition (C) fallen sofort an, deshalb entspricht der BW der Kosten den Kosten selbst. Nehmen wir an, dass die Zahlungsströme der folgenden Jahre als F_1, F_2, F_3,..., F_n definiert sind, wobei das Projekt n Jahre lang Erträge erbringen wird. Dann gilt

$$\text{NBW} = -C + \frac{F_1}{(1+R)} + \frac{F_2}{(1+R)^2} + \ldots + \frac{F_n}{(1+R)^n}.$$

Man sollte die Investition tätigen, wenn NBW > 0. Wir können das NBW-Kriterium auch dann anwenden, wenn der Geldstrom einige Jahre lang negativ ist – so zum Beispiel, wenn eine Investition einige Jahre lang finanzielle Auslagen erfordert, bevor sich ein Ertrag einstellt.

Der Wert für R, der zum Diskontieren der zukünftigen Zahlungsströme herangezogen werden muss, entspricht den Opportunitätskosten der Geldmittel für das Unternehmen. Für gewöhnlich ist dieser *Diskontsatz* der Zinssatz, zu dem das Unternehmen Geldmittel leihen kann. Bei der Berechnung des Nettobarwerts ist es wichtig, die Inflation richtig mit einzubeziehen. Sind die Geldströme des Projekts in realen Größen angegeben, muss auch der Diskontsatz ein realer Zinssatz sein (Zinssatz abzüglich Inflationsrate). Sind die Zahlungsströme nominal angegeben (sodass zukünftige Inflation mit abgebildet ist), sollte auch der Diskontsatz nominal sein (nicht inflationsbereinigt).

Übung

7. Eine Investition von € 200.000 dieses Jahr wird den Gewinn unseres Unternehmens in den nächsten vier Jahren um jeweils € 75.000 steigern. Wie lautet der Kapitalwert dieser Investition, wenn die Opportunitätskosten des Kapitals unseres Unternehmens 10 Prozent sind?

15.2.5 Berücksichtigung von Risiko (Kapitel 15.5)

Investitionsprojekte sind selten eine sichere Angelegenheit. Unternehmen sind bei fast allen Investitionen Unsicherheiten in Bezug auf zukünftige Zahlungsströme ausgesetzt. Welche Auswirkungen hat das Risiko bezüglich der zukünftigen Erträge auf die Wahl des Diskontsatzes zur Berechnung des Kapitalwerts?

Es ist wichtig zu verstehen, dass Risiken bezüglich der Erträge eines Projekts nicht zwangsläufig unerwünscht sind. Es kommt darauf an, welche Auswirkung diese Unsicherheit auf den Gesamtertrag des Projekts für die Investoren hat. Da Investoren ihre Portfolios über viele verschiedene Anlagen diversifizieren können, kommt es auf den Beitrag jedes einzelnen Projekts zum Gesamtrisiko eines optimalen Portfolios an. Weisen die Erträge eines Projekts zum Beispiel eine vollkommene negative Korrelation mit einem zweiten Projekt auf, so gäbe es überhaupt keine Risiken, wenn beide Projekte durchgeführt würden. Nehmen wir etwa an, zwei Unternehmen beantragen die Patentierung ein und derselben Entdeckung. Investoren, die in das Unternehmen investiert haben, dem das Patent zugesprochen wird, werden gewinnen, während Investoren des anderen Unternehmens verlieren werden. Ein Investor, der in beide Unternehmen investiert, wird dagegen weder gewinnen noch verlieren, egal wie der Patentstreit ausgeht.

Wir können alle Risiken in zwei allgemeine Kategorien aufteilen – *diversifizierbares* und *nichtdiversifizierbares Risiko*. Das diversifizierbare Risiko ist der Risikoanteil einer Investition, der keine Korrelation mit dem Risiko anderer Investitionen aufweist. Ein Investor, der in viele verschiedene Projekte investiert, kann so sicherstellen, dass das diversifizierbare Risiko eines beliebigen Projekts das gesamte Risiko des Portfolios nicht beeinflusst. Das nichtdiversifizierbare Risiko ist der Risikoanteil, der mit dem Risiko des optimalen Portfolios eine Korrelation aufweist – es kann nicht ausgeschaltet werden, indem man es mit den Risiken anderer Investitionen bündelt. Eine Investition wird dann attraktiv, wenn das nichtdiversifizierbare Risiko durch höhere erwartete Erträge kompensiert wird.

Mit dem *Capital Asset Pricing-Modell* (CAPM) können wir die *Risikoprämien* verschiedener Aktien bestimmen. Betrachten wir zunächst den Zinssatz einer Investition, die keinerlei Risiken ausgesetzt ist, den so genannten *risikofreien* Zinssatz, r_f. Dieser risikofreie Satz könnte beispielsweise dem Zinssatz für kurzfristige Staatsanleihen entsprechen. Wenn r_m die erwartete Ertragsrate eines Portfolios mit allen Aktien (des Marktportfolios) ist, dann ist $r_m - r_f$ die Risikoprämie des gesamten Aktienmarktes. Wir können nun das Risiko jeder einzelnen Aktie in diversifizierbare und nichtdiversifizierbare Anteile aufspalten. Ein Maßstab für das nichtdiversifizierbare Risiko ist die Korrelation zwischen dem Ertrag einer Aktie und dem Ertrag des Marktportfolios. Aus dieser Korrelation können wir eine Zahl, β, für jede Aktie ableiten. Diese Konstante, β, wird als *Beta-Faktor* bezeichnet und misst, wie empfindlich der Ertrag der einzelnen Aktie auf Schwankungen des gesamten Marktes reagiert. (β entspricht der Kovarianz des Aktienertrages und des Marktertrages dividiert durch die Varianz des Marktertrags.) Wenn $\beta = 2$ gilt und der Ertrag des gesamten Aktienmarktes 15 Prozent über dem durchschnittlichen Ertrag liegt, so hat die Aktie einen erwarteten Ertrag, der 30 Prozent über dem Durchschnittsertrag liegt. Das CAPM sagt aus, dass der erwartete Ertrag einer Aktie i folgendermaßen lautet:

$$r_i = r_f + \beta(r_m - r_f).$$

Dies ist ein Gleichgewichtsverhältnis zwischen den Eigenschaften jeder Aktie und dem Markt als Ganzes. Ausgehend von β können wir den Diskontsatz bestimmen, der implizit von Investoren herangezogen wird, die diese Aktie wählen. Der Diskontsatz ist: $r_f + \beta(r_m - r_f)$. Für die Manager eines Unternehmens liefert β die Information, welcher Diskontsatz eingesetzt werden sollte, um den diskontierten Gegenwartswert der zu erwartenden Geldströme eines Projekts zu bestimmen.

Eine wichtige Erkenntnis des CAPM besteht darin, dass Unternehmen nicht einfach dadurch gewinnen, dass sie die Varianz der eigenen Geldströme reduzieren – im CAPM kommt es auf die Korrelation der Aktie mit dem gesamten Markt an. Da die Investoren ihr Portfolio bereits diversifiziert haben und somit das diversifizierbare Risiko ausgeschaltet ist, sind sie nicht bereit, einen höheren Preis für die Aktie zu bezahlen, wenn die Manager auch innerhalb des Unternehmens dieselbe Diversifizierung betreiben. Wenn also zwei Unternehmen, die zuvor unabhängig voneinander agierten, fusionieren, sollte der Gesamtwert des neu entstandenen Unternehmens der Summe der Werte der beiden Einzelunternehmen entsprechen.

Übung

8. Berechnen Sie mithilfe des CAPM den Diskontsatz einer Aktie, für die folgende Informationen gelten: (1) Der durchschnittliche Ertrag auf dem Aktienmarkt liegt bei 8 Prozent. (2) Der risikofreie Zinssatz beträgt 5 Prozent. (3) Ein einprozentiger Kursanstieg auf dem Aktienmarkt führt zu einem zweiprozentigen Kursanstieg dieser Aktie.

15.2.6 Intertemporale Produktionsentscheidungen – Erschöpfbare Ressourcen (Kapitel 15.7)

Öl im Boden ist eine erschöpfbare Ressource. Fördert ein Unternehmen heute Öl, so ist weniger Öl im Boden übrig, das später gefördert werden kann. Da ein Unternehmen entscheiden kann, wann es Öl fördert, wobei die Gesamtmenge feststeht, sollte ein Unternehmen, das sein Öl nach und nach fördert, davon ausgehen, dass der reale Ölpreis mit der Zeit steigt. Ist das nicht der Fall, müsste das Unternehmen die gesamte Ölmenge jetzt fördern wollen und den Gewinn investieren, um einen positiven Ertrag zu erhalten. Aufgrund der Diskontierung sind Gewinne aus einer zukünftigen Ölgewinnung weniger wert als heute erzielte Gewinne.

P_t sei der erwartete Ölpreis zum Zeitpunkt t, und c_t seien die Ölförderkosten pro Einheit zum Zeitpunkt t. Der Pfad des erwarteten Preises ist definiert als $P_{t+1} - c_{t+1} = (1 + E)(P_t - c_t)$. Ist also E gleich 8 und die Kosten bleiben konstant, so sollten die Gewinne pro Barrel Öl um 8 Prozent pro Jahr ansteigen. Steigen die Preise langsamer, sollten die Ölproduzenten ihr Öl jetzt fördern, verkaufen und den Erlös zum Marktzinssatz investieren; da dann in Zukunft weniger Öl zur Verfügung steht, wird der Ölpreis in Zukunft höher sein. Steigt der Ölpreis aber schneller an, sollten die Ölproduzenten mit der Förderung noch warten; da dann heute weniger Öl gefördert wird, ist der aktuelle Preis höher. Man beachte, dass diese Formel allgemein genug ist, um auch Kostenänderungen im Laufe der Zeit berücksichtigen zu können.

Übung

9. Nehmen wir an, ein Ölproduzent geht davon aus, dass die Ölförderkosten konstant bei € 15 pro Barrel bleiben werden. Nehmen wir weiter an, dass ein Barrel Öl heute € 20 kostet und dass das Unternehmen plant, in jedem der nächsten drei Jahre Öl zu fördern. Wie lauten die Ölpreisvorhersagen des Unternehmens für diesen Zeitraum, wenn der Zinssatz 4 Prozent beträgt? (Alle Preise sind real, ebenso der Zinssatz.)

10. Nehmen wir an, ein zweiter Ölproduzent hat Förderkosten von € 12 pro Barrel. Wenn der Zinssatz für dieses Unternehmen ebenfalls bei 4 Prozent liegt, von welchem Preispfad muss es ausgehen, wenn es in den nächsten drei Jahren jeweils Öl fördern möchte? Können die Unternehmen davon ausgehen, dass sie beide Öl fördern werden, wenn ihre Preiserwartungen exakt übereinstimmen?

Diese Produktionsregel sollte allerdings nicht zu wörtlich genommen werden. Es gibt zahlreiche Gründe, die dafür sorgen, dass der Ölpreis abzüglich Förderkosten nicht *immer* dem Zinssatz entsprechend steigt. Unsicherheiten und unerwartete Ereignisse spielen ebenso eine Rolle wie technischer Fortschritt, der die Förderkosten verringert.

15.3 Übungsaufgaben

11. Wie lautet der diskontierte Gegenwartswert einer Hypothek mit 12 Jahresraten zu je € 4.500, wenn der Zinssatz 9 Prozent beträgt? (Hinweis: Prüfen Sie, ob Sie die Grundformel für diese Hypothek nicht auf wenigere Terme vereinfachen können.)

12. Ein Unternehmer hat folgende Investitionsmöglichkeit: Wenn er heute € 100 und nächstes Jahr € 150 investiert, erhält er in zwei Jahren einen Ertrag von € 300. Sollte er diese Investition durchführen, wenn der Zinssatz 5 Prozent beträgt? Sollte er sie durchführen, wenn der Zinssatz 15 Prozent beträgt? Erklären Sie Ihre Antwort.

13. Der risikofreie Zinssatz auf kurzfristige Staatsanleihen liegt bei 7 Prozent. Der erwartete durchschnittliche Ertrag aller Stammaktien liegt bei 14 Prozent. Die Manager eines Pensionsfonds haben berechnet, dass die Aktien von Gamma Faucets einen Beta-Faktor von 1,5 haben. Wie lautet der geeignete Diskontsatz für die Geldströme aufgrund eines Besitzes von Gamma Faucets-Aktien?

14. Wir müssen uns entscheiden, ob wir ein gebrauchtes Auto kaufen möchten. Der Preis für das Auto beträgt € 1.200 und wir erwarten, dass wir das Auto noch vier Jahre fahren können. Wir haben ermittelt, dass der Wert der Dienstleistungsströme, die wir durch das Auto erlangen werden in den nächsten vier Jahren jeweils € 500 beträgt und dass wir in den Jahren 2, 3 und 4 jeweils € 100 für die Instandhaltung des Wagens zahlen müssen. Der Zinssatz beträgt 20 Prozent. (Nehmen wir an, alle Zahlen sind reale Werte.)

a) Ist der Nutzen dieses Autokaufs größer als die Kosten, wenn man auf eine Diskontierung zukünftiger Geldströme verzichtet?

b) Wie lautet der Kapitalwert dieser Investition wenn Kosten und Nutzen angemessen bewertet werden? Sollten wir das Auto kaufen?

15. Nehmen wir an, Sarahs Sandals führt ein Investitionsprojekt durch, das die Effektivität des Produktionsprozesses steigern soll. Das Projekt erfordert eine unwiederbringliche Anfangsinvestition von € C. Es gibt einige Unsicherheiten über den Bruttowert der Investition, der erst im nächsten Jahr realisiert wird. Der Bruttoertrag könnte entweder π_1 oder π_2 betragen. Die Wahrscheinlichkeit, dass der Ertrag π_1 betragen wird, liegt bei x, und $(x - 1)$ ist die Wahrscheinlichkeit, dass der Ertrag π_2 beträgt. R ist der Diskontsatz. Der Gegenwartswert des erwarteten Ertrags übersteigt zwar die Kosten, doch ist π_2 geringer als die Kosten ($\pi_1 > C > \pi_2 > 0$), also wird das Unternehmen Verluste machen, wenn der Ertrag gering ausfällt.

a) Schreiben Sie die Formel für den erwarteten Nettobarwert dieses Projekts. (Verwenden Sie die Bezeichnung ENBW für diese Formel.)

b) Schreiben Sie die Formel für den erwarteten Nettobarwert, wenn das Unternehmen den Bruttoertrag erfährt, bevor es C ausgibt. (Verwenden Sie hier die Bezeichnung ENBW'.)

c) Gehen wir nun davon aus, dass das Unternehmen nicht automatisch vor der Investition weiß, wie hoch der Ertrag sein wird, dies aber gegen eine weitere erhebliche Zahlung herausfinden kann. Das Unternehmen wird sich für die Beschaffung der zusätzlichen Information über den Bruttoertrag entscheiden, wenn deren Wert die Kosten übersteigt. (Der Wert der Information ist einfach ENBW'–ENBW.) VI sei der Wert der Information. Schreiben Sie die Formel für VI.

d) Geben Sie an, ob eine Steigerung von π_2 VI erhöhen, senken oder unverändert belassen würde und erklären Sie Ihre Antwort.

e) Wiederholen Sie d) mit veränderten Werten für π_1, x und R.

15.4 Kontrollfragen

16. Welche der folgenden Größen ist für ein Produktionsunternehmen eine Bestandsgröße und keine Strömgröße?

a) Die Kosten für den Kauf einer neuen Verpackungsmaschine.

b) Jährliche Zinszahlungen für Schulden.

c) Monatliche Beiträge zur Krankenversicherung.

d) a) und b).

e) a) und c).

17. Wie lautet der diskontierte Gegenwartswert von € 20, die man in vier Jahren bekommt, wenn der Zinssatz bei 11 Prozent liegt?

a) € 18,02.

b) € 4,50.

c) € 13,17.

d) € 13,89.

e) Keine der Antworten ist korrekt.

18. Wie lautet der diskontierte Gegenwartswert eines ewigen Rentenpapiers mit einer Auszahlung von € 300 jährlich, wenn der Zinssatz bei 6 Prozent liegt?

a) € 300.

b) € 283,01.

c) € 319,15.

d) € 5.000.

e) Keine der Antworten ist korrekt.

19. Der Zinssatz liegt momentan bei 8 Prozent. Wie lautet der Gleichgewichtspreis eines festverzinslichen Wertpapiers mit € 140 Zinsen und € 1.000 Rückzahlung am Ende dieses Jahres?

a) € 1.000.

b) € 925,93.

c) € 1.140.

d) € 1.055,56.

e) Keine der Antworten ist korrekt.

20. Welche der unten genannten Risiken stellen für einen Investor, der Aktien eines Unternehmens kauft, das Häuser am Strand baut, nichtdiversifizierbare Risiken dar?

a) Eine regnerische Verkaufssaison.

b) Ein Wirbelsturm, der die Gebäude zerstört.

c) Ein plötzlicher Preisanstieg für Baumaterialen.

d) Eine Rezession.

e) Keine der Antworten ist korrekt.

21. Ein Rückgang des Angebots an Darlehensmitteln in der Wirtschaft wird (ceteris paribus):

a) den Marktzinssatz senken,
b) den Marktzinssatz erhöhen,
c) die nachgefragte Menge an Darlehensmitteln für Investitionen senken,
d) die nachgefragte Menge an Darlehensmitteln für Investitionen erhöhen,
e) sowohl b) als auch c).

22. Betrachten Sie ein ewiges Rentenpapier, das eine Auszahlung von € 210 jährlich erbringt. Um wie viel würde der Kurs des Wertpapiers steigen, wenn der Zinssatz von 6 auf 4 Prozent fallen würde?

a) € 5.250.
b) € 3.500.
c) € 1.750.
d) € 198.
e) € 3,81.

23. Ein Unternehmen überlegt, ob es die Rechte an einem Projekt kaufen soll. Es geht davon aus, dass das Projekt für das Unternehmen im nächsten Jahr € 10.000 kosten und in zwei Jahren dann pro Jahr € 5.000 einbringen würde. Welchen Höchstbetrag ist das Unternehmen für die Projektrechte zu zahlen bereit, wenn der Zinssatz bei 10 Prozent liegt?

a) Nichts, denn der BW ist negativ.
b) € 36.363,64.
c) € 40.000.
d) € 32.231,41.

24. Nehmen wir an, der reale Zinssatz beträgt 6 Prozent. Wenn die erwartete Inflationsrate bei 8 Prozent liegt, so beträgt der diskontierte Gegenwartswert von € 2.000, die man in einem Jahr erhält:

a) € 1.886,79.
b) € 1.754,39.
c) € 1.851,85.
d) € 2.037,74.
e) € 1.962,96.

25. Nachdem Sie sich eingehend informiert haben, beschließen Sie, dass es sich lohnt, im Rahmen einer Küchenrenovierung einen neuen, energiesparenden Kühlschrank zu kaufen. Bevor Sie die Investition tätigen, erhöht die Zentralbank die Zinsen. Welche der folgenden Handlungen sollten Sie ausführen?

a) Kaufen Sie den Kühlschrank, da ja der NBW gestiegen ist.
b) Kaufen Sie den Kühlschrank, da ja der NBW gesunken ist.
c) Sie müssen Ihre Entscheidungen nochmals neu bewerten, denn der NBW des energiesparenden Kühlschranks ist im Vergleich zum normalen Kühlschrank gefallen.
d) Sie müssen Ihre Entscheidungen nochmals neu bewerten, denn der NBW des energiesparenden Kühlschranks ist im Vergleich zum normalen Kühlschrank gestiegen.
e) Wenn Sie den Kühlschrank bar bezahlen, spielt die Veränderung des Zinssatzes keine Rolle.

*26. [Erschöpfbare Ressourcen] Man kann davon ausgehen, dass der reale Preis für Rohstoffe im Laufe der Zeit aus folgendem Grund steigt:

a) Inflation.

b) Beim Ressourcenabbau gibt es nur wenig technischen Fortschritt.

c) Höhere Preise sind notwendig, um die Rohstoffbesitzer dafür zu belohnen, dass sie mit dem Verkauf ihrer Rohstoffe noch warten.

d) In dieser Branche steigen die Löhne schneller als in anderen.

e) Keine der Antworten ist korrekt.

*27. [Erschöpfbare Ressourcen] Nehmen wir an, es wird ein technologischer Fortschritt angekündigt, der den zukünftigen Preis der Ölförderung drastisch senken wird. Welche der folgenden Reaktionen auf diese Ankündigung sind am sinnvollsten?

Die Ölproduzenten werden in Erwartung der geringeren Kosten ihre Preise heute senken.

Die Ölproduzenten werden heute ihre Preise erhöhen, um ihr Öl für später aufzusparen, wenn die Förderkosten geringer sind.

Der erwartete zukünftige Preis wird steigen, weil die Ölproduzenten dafür sorgen möchten, dass ihre Vorräte länger halten, da zukünftige Verkäufe mehr Gewinn bringen.

Der erwartete zukünftige Preis wird fallen, da die Ölproduzenten versuchen werden, aufgrund der geringeren Stückkosten in der Zukunft mehr zu verkaufen.

a) I und IV.

b) I und III.

c) II und III.

d) II und IV.

e) Keine der oben genannten Kombinationen von Reaktionen ist sinnvoll.

15.5 Internetübung

Öffnen Sie die Website *http://finance.yahoo.com*. Tippen Sie in das Feld *Enter Symbol(s) ko* ein (das Kürzel der Coca-Cola Co.) und klicken Sie das Feld *Go* an. Klicken Sie auf den Link *Historical Prices*. Laden Sie mittels der *Monthly* Option die monatlichen Preise für Coca-Cola-Aktien. Verwenden Sie den angepassten Schlusspreis (in der letzten Spalte der Tabelle), um den monatlichen Ertrag der Aktie von Juli 1999 bis Dezember 1999 zu berechnen. Verwenden Sie dazu die Formel der Ertragsrate

$$R_t = \frac{p_{t+1} - p_t}{p_t},$$

wobei p_t der Aktienkurs zum Zeitpunkt t ist. Verwenden Sie den Index S&P 500 als Marktertragsrate (Sie erhalten die angepassten Schlusskurs-Daten des S&P 500, indem Sie statt *ko ^spx* in das *Ticker Symbol*-Feld eingeben, das über der Tabelle der Aktienkurse zu finden ist.) Verwenden Sie dann, wie oben beschrieben, den *Historical Prices*-Link und dann die Option *Monthly* für die Daten. Berechnen Sie den Beta-Faktor der Coca-Cola Co. unter der Annahme eines risikofreien Zinssatzes von 0,005. (Im Normalfall ermittelt man den Beta-Faktor mittels einer Regression, hier aber genügt es, wenn Sie nur den Durchschnitt ermitteln. Ermitteln Sie also die durchschnittlichen monatlichen Erträge und verwenden Sie diese zur Berechnung von Beta.)

15.6 Lösungen zu den Übungen

1. a) Stromgröße.

b) Stromgröße.

c) Bestandsgröße.

d) Stromgröße.

2. a) Ein Euro, den man heute investiert, wäre in einem Jahr € 1,08 wert und kann im zweiten Jahr erneut investiert werden. Nach zwei Jahren würde ein Investor € (1,08)(1,08) = € 1,1664 erhalten. Der BW eines Euro in zwei Jahren beträgt also € 1/1,1664 = € 0,8573.

b) Hier beträgt der BW € $1/(1{,}10)^2$ = € 0,8264.

c) Der Investor hätte in einem Jahr € 1,10. Reinvestiert er diesen Betrag im zweiten Jahr bei 8 Prozent, erhielte er € (1,10)(1,08) = € 1,188. Der BW eines Euro in zwei Jahren beträgt also € 1/1,188 = € 0,8418.

3. Diesen Zahlungsstrom können wir folgendermaßen schreiben:

$$\frac{70}{(1{,}07)}+\frac{70}{(1{,}07)^2}+\frac{70}{(1{,}07)^3}+\frac{70}{(1{,}07)^4}+\frac{1070}{(1{,}07)^5}=€\ 1000.$$

Entspricht der Kupon dem Diskontsatz multipliziert mit der Kapitalsumme, so entspricht der BW des festverzinslichen Wertpapiers der Kapitalsumme.

4. Ein ewiges Rentenpapier hat den Wert c/R. Ein ewiges Rentenpapier, dessen Zinszahlungen in sechs Jahren einsetzen, hat folgenden Wert: $[c/R]/(1 + R)^5$ (erinnern wir uns, dass die erste Zahlung eines ewigen Rentenpapiers nach einem Jahr erfolgt). Wir können das Rentenpapier in zwei Bestandteile aufteilen – die Kuponzahlungen und die Rückzahlung der Kapitalsumme. Der Wert der Kapitalsumme beträgt € $1.000/(1{,}07)^5$ = € 712,99. Der Strom der Kupon-Zahlungen entspricht einem ewigen Rentenpapier, das heute beginnt, *abzüglich* eines ewigen Rentenpapiers, dessen Zinszahlungen in sechs Jahren beginnen. Also beträgt der Wert der Kupon-Zahlungen € $70/0{,}07 - (70/0{,}07)[1/(1{,}07)^5]$ = € 1.000 – € 712,99 = € 287,01. Zählen wir diese Bestandteile zusammen, erhalten wir € 1.000 als Wert des festverzinslichen Papiers.

5. Unter Verwendung der Formel für den Wert eines ewigen Rentenpapiers erhalten wir als BW der Hypothek

$$€\ 8.000/0{,}12 - (8.000/0{,}12)/(1{,}12)^{24} = €\ 62.274{,}52.$$

Bei einem Zinssatz von 6 Prozent beträgt der BW = € $8.000/0{,}06 - (8.000/0{,}06)/(1{,}06)^{24}$ = € 100.402,86.

6. Der BW beträgt € $1.000/(1{,}07)^3$ = € 816,30.

7. $$\text{NBW} = -200.000+\frac{75.000}{(1+0{,}1)}+\frac{75.000}{(1{,}1)^2}+\frac{75.000}{(1{,}1)^3}+\frac{75.000}{(1{,}1)^4}=€\ 37.739{,}89$$

8. Diskontsatz = $r_f + \beta(r_m - r_f)$ = 0,05 + 2(0,08 – 0,05) = 0,11 oder 11 Prozent.

9. Der erwartete Preis ist $P_{t+1} = c_{t+1} + (1 + E)(P_t - c_t)$. Der Nettoerlös pro Barrel liegt gegenwärtig bei € 20 – € 15 = € 5. Bei einem Zinssatz von 4 Prozent muss der Produzent von folgendem Preis für das nächste Jahr ausgehen: (15 + 5(1,04)) = € 20,20. In zwei Jahren beträgt der erwartete Preis $(15 + 5(1{,}04)^2)$ = € 20,41. In drei Jahren beträgt der erwartete Preis $(15 + 5(1{,}04)^3)$ = € 20,62.

10. Für das zweite Unternehmen beträgt der aktuelle Gewinn pro Barrel € 20 – € 12 = € 8. Wenn es plant, in den nächsten drei Jahren jedes Jahr Öl zu fördern, muss es im ersten Jahr von einem Preis (12 + 8(1,04)) = € 20,32, im zweiten Jahr von einem Preis $(12 + 8(1{,}04)^2)$ = € 20,65 und im dritten Jahr von einem Preis $(12 + 8(1{,}04)^3)$ = € 21,00 ausgehen.

Diese erwarteten Preise sind mit den erwarteten Preisen des Produzenten in Übung 9 nicht vereinbar. Im Gleichgewicht wird der Produzent mit geringen Förderkosten zuerst Öl fördern.

15.7 Lösungen zu den Übungsaufgaben

11. Der BW kann durch die Addition von 12 Termen ermittelt werden:

€ 4.500/(1,09), € $4.500/(1{,}09)^2$, ..., € $4.500/(1{,}09)^{12}$.

Der BW lässt sich einfacher als Differenz zwischen zwei ewigen Rentenpapieren ausdrücken. Ein ewiges Rentenpapier beginnt sofort, das zweite bringt erst in 13 Jahren Zinszahlungen. Das erste Papier ist € 4.500/0,09 = € 50.000 wert. Das zweite Papier ist $(4.500/0{,}09)/(1.09)^{12}$ = € 17.776,74 wert. Der BW der Hypothek lautet also € 32.223,26.

12. Bei 5 Prozent Zinssatz lautet der NBW – € 100 – € 150/1,05 + € $300/(1{,}05)^2$ = € 29,25. Die Investition lohnt sich.

Bei 15 Prozent Zinssatz lautet der NBW – € 100 – € 150/1,15 + € $300/(1{,}15)^2$ = – € 3,59. Die Investition lohnt sich nicht.

Da sich der Nutzen erst in Zukunft einstellt, senkt ein höherer Diskontsatz den Gegenwartswert dieses Nutzens. Die Investition wird also weniger rentabel.

13. Die erwartete Ertragsrate einer Aktie ist der risiko-angepasste Diskontsatz, den die Manager verwenden sollten. Im CAPM für die Aktie i gilt $r_i = r_f + \beta_i(r_m - r_f) = 0{,}07 + 1{,}5(0{,}14 - 0{,}07) = 0{,}175$ oder 17,5 Prozent.

14. a) Der Strom der Nutzen für vier Jahre lautet € 500 + € 500 + € 500 + € 500 = € 2.000. Der Kostenstrom über die vier Jahre lautet € 1.200 + € 100 + € 100 + € 100 = € 1.500. Also überwiegt der Nutzen die Kosten.

b) Der BW der Nutzen lautet

€ $500/(1{,}2)$ + € $500/(1{,}2)^2$ + € $500/(1{,}2)^3$ + € $500/(1{,}2)^4$ = 416,67 + 347,22 + 289,35 + 241,13 = € 1.294,37.

Der BW der Kosten lautet:

€ 1.200 + € $100/(1{,}2)^2$ + € $100/(1{,}2)^3$ + € $100/(1{,}2)^4$ = 1.200 + 69,44 + 57,87 + 48,23 = € 1.375,54.

Der Kapitalwert ist negativ (1.294,37 – 1.375,54 = –€ 81,17), deshalb sollten wir das Auto nicht kaufen.

15. a) $\text{ENBW} = x\left(\frac{\pi_1}{1+R}\right) + (1-x)\frac{\pi_2}{1+R} - C.$

b) $\text{ENBW}' = x\left(\frac{\pi_1}{1+R} - C\right)$

c) (Sarahs Sandals wird sich gegen das Projekt entscheiden, wenn der Ertrag gering ist).

$\text{VI} = (1-x)\left(C - \frac{\pi_2}{1+R}\right)$

(Sarahs Sandals nutzt die Information, um den Verlust zu vermeiden, wenn der Ertrag gering ist.)

d) Steigt π_2, so sinkt VI, da der potentielle Verlust geringer ist.

e) Ist der Ertrag hoch, so wird sich das Unternehmen immer für das Projekt entscheiden, also hat π_1 keinen Einfluss auf VI. Steigt x, so ist ein Verlust weniger wahrscheinlich, also sinkt VI. Steigt R, so steigt auch der Verlust, also ist es wichtiger, den Verlust zu vermeiden und VI steigt.

15.8 Lösungen zu den Kontrollfragen

16. a) Die Angaben in b) und c) sind wiederkehrende Ausgaben, daher sind es Stromgrößen. Die Angabe in a) ist eine einmalige Ausgabe, daher ist es eine Bestandsgröße.

17. c) Der BW entspricht € $20/(1{,}11)^4$.

18. d) Der BW entspricht € 300/0,06.

19. d) Der Preis entspricht dem BW und der BW entspricht € 1.140/1,08.

20. d) Die Risiken in a), b) und c) bestehen speziell für dieses Projekt, also kann der Investor sie eliminieren, indem er auch in andere Projekte investiert. Die Rezession beeinträchtigt alle Branchen und ist daher nicht diversifizierbar.

21. e) Eine Verschiebung der Angebotskurve für Darlehensmittel nach links (oder nach oben) erhöht den Marktzinssatz und senkt die Gleichgewichtsmenge an auf dem Markt angebotenen und nachgefragten Darlehensmitteln.

22. c) Der Preis des ewigen Rentenpapiers bei 6 Prozent beträgt € 210/0,06 = € 3.500. Der Preis bei 4 Prozent beträgt € 210/0,04 = € 5.250. Die Preissteigerung liegt also bei € 1.750.

23. b) Nächstes Jahr wird das Projekt € 10.000 kosten und den gleichen Ertrag erbringen wie ein ewiges Rentenpapier mit einer Auszahlung von € 5.000. Der NBW des Projekts im nächsten Jahr ist also (5.000/0,1) – 10.0000 = € 40.000. Dieser Betrag muss diskontiert werden, da es sich um einen zukünftig zu erhaltenden Betrag handelt. Der Höchstbetrag, den das Unternehmen zahlen würde, wäre also 40.000/1,1 = € 36.363,636.

24. b) Der nominale Zinssatz entspricht dem realen Satz plus Inflationsrate, also ergibt sich € 2.000/(1 + 0,06 + 0,08) = € 1.754,39.

25. c) Der Nutzen der Energieeinsparung stellt sich erst in Zukunft ein, also ist der Kapitalwert infolge der Zinserhöhung gesunken.

26. c) Die Inflation hat keinen direkten Einfluss auf die realen Preise. Antwortmöglichkeiten b) und d) könnten zutreffen oder auch nicht, während Antwort c) immer zutrifft.

27. d) Beim ursprünglichen Preispfad ist die zukünftige Produktion profitabler als die gegenwärtige Produktion. Wenn die Förderkosten in Zukunft geringer sind, erhöhen sich die Preis-Kosten-Margen der Ölproduzenten sogar noch schneller, es sei denn, der Zeitpfad der Produktion ändert sich. Unternehmen würden bestrebt sein, jetzt weniger und in der Zukunft mehr Öl zu fördern, sodass der gegenwärtige Preis steigt, während der zukünftige Preis fällt.

15.9 Lösung zur Internetübung

Die gegebenen Daten und die Formel der Ertragsrate ergeben folgende Tabelle:

	Coca-Cola Preis	Coca-Cola Ertrag	S&P 500	S&P 500 Ertrag
Juli 1999	56,96		1328,72	
August 1999	56,25	– 0,0126	1320,41	– 0,0063
September 1999	45,51	– 0,2360	1282,71	– 0,0286
Oktober 1999	55,65	0,1822	1362,93	0,0625
November 1999	63,64	0,1255	1388,91	0,0191
Dezember 1999	55,08	– 0,1554	1469,25	0,0578
Durchschnittliche Ertragsrate		**– 0,0193**		**0,0209**

Das Capital Asset Pricing-Modell sagt aus, dass $r_i - r_f = \beta(r_m - r_f)$. Also gilt

$$\beta = \frac{r_i - r_f}{r_m - r_f} = \frac{-0{,}0193 - 0{,}005}{0{,}0209 - 0{,}005} = \frac{-0{,}0234}{0{,}0159} = -1{,}528.$$

TEIL IV

Information, Marktversagen und die Rolle des Staates

Allgemeines Gleichgewicht und ökonomische Effizienz

16

Wichtige Begriffe

- Die allgemeine Gleichgewichtsanalyse
  – Rückwirkungen
- Die effiziente Allokation
- Effizienz und Gerechtigkeit
- Gesellschaftliche Wohlfahrtsfunktionen
- Die Edgeworth-Box
- Die Kontraktkurve
- Die Nutzenmöglichkeitsgrenze
- Die Produktionsmöglichkeitsgrenze
- Die Grenzrate der Transformation
- Der komparative Vorteil
- Marktversagen

ÜBERBLICK

16.1 Hauptthemen des Kapitels

Dieses Kapitel bringt uns von der partiellen Gleichgewichtsanalyse – bei der wir einen Markt nach dem anderen betrachtet haben – zur allgemeinen Gleichgewichtsanalyse, bei der wir alle Märkte gleichzeitig betrachten. So wirkt sich ein Rückgang des Rindfleischangebots aufgrund von Seuchen oder Überschwemmungen zumindest teilweise auch auf die Nachfrage nach Hamburgerbrötchen aus. Solche *Rückwirkungen* bedeuten zusätzliche Veränderungen bei Preis und Menge auf einem Markt aufgrund von Preis- oder Mengenveränderungen auf einem verbundenen Markt.

Mithilfe der allgemeinen Gleichgewichtsanalyse können wir die Effizienz von Markttransaktionen untersuchen. Eine Güterallokation ist dann *effizient*, wenn niemand besser gestellt werden kann, ohne dass dadurch ein anderer schlechter gestellt wird. Sind die Gesamtmengen der Güter festgelegt, wie etwa innerhalb einer Tauschwirtschaft, kann die *Edgeworth-Box* zur Darstellung aller möglichen effizienten Allokationen zwischen zwei Individuen herangezogen werden. Die *Kontraktkurve* verbindet *alle* effizienten Allokationen. In einem kompetitiven Gleichgewicht, in dem die Verbraucher Preisnehmer sind, entsprechen die Grenzraten der Substitution zwischen den Verbrauchern einander und entsprechen gleichzeitig dem Verhältnis der Marktpreise. Diese Tatsache liefert die logische Grundlage für den ersten Lehrsatz der Wohlfahrtsökonomie: Wenn alle Marktteilnehmer auf dem Markt handeln und alle gegenseitig vorteilhaften Tauschgeschäfte durchgeführt werden, so ist die sich ergebende Gleichgewichtsallokation ökonomisch effizient.

Die *Nutzenmöglichkeitsgrenze* zweier Verbraucher beschreibt, welches Maß an Befriedigung jeder Verbraucher angesichts der insgesamt in der Wirtschaft vorhandenen Ressourcen erlangen kann. Ein Punkt auf dieser Grenze stellt eine Allokation auf der Kontraktkurve dar. Eine ineffiziente Allokation (ein Punkt unterhalb der Nutzenmöglichkeitsgrenze) könnte *eine gleichmäßigere Verteilung repräsentieren* als die Allokation eines kompetitiven Gleichgewichts und daher ein höheres Maß an gesellschaftlicher Wohlfahrt ergeben. Eine *gesellschaftliche Wohlfahrtsfunktion* gewichtet den Nutzen jedes Einzelnen und wird für Nutzenvergleiche der Verbraucher untereinander herangezogen. Beispiele für gesellschaftliche Wohlfahrtsfunktionen sind die utilitaristische Wohlfahrtsfunktion (die soziale Wohlfahrt ist die Summe der Nutzen der Einzelnen) und die Rawlssche Wohlfahrtsfunktion (die soziale Wohlfahrt entspricht dem Nutzen des am schlechtesten gestellten Menschen).

Die Edgeworth-Box kann auch zur Analyse der Produktion zweier Güter verwendet werden. Ist das Gesamtangebot an Produktionsfaktoren fest vorgegeben, so ist eine Allokation per Definition technisch effizient, wenn sie die Produktionsmenge des einen Guts bei einem gegebenen Produktionsniveau des zweiten Guts maximiert. In einer Edgeworth-Box, bei der auf den Achsen die Angebote an Produktionsfaktoren dargestellt sind, können wir die *Produktionskontraktkurve* ableiten, die alle Faktorkombinationen verbindet, für welche die Grenzrate der technischen Substitution in beiden Industriezweigen gleich ist. Da Unternehmen, die ihre Kosten minimieren, ihre GRTS dem Verhältnis von Lohn und Kapitalleihpreis gleichsetzen, kommt es in einem kompetitiven Gleichgewicht zu technischer Effizienz.

Die *Produktionsmöglichkeitsgrenze* (*PMG*) zeigt das maximale Produktionsniveau eines Guts bei jedem beliebigen Produktionsniveau anderer Güter sowie jeder möglichen Beschränkung in Bezug auf Ressourcen oder Technologie. Ein Punkt auf der PMG stellt eine Faktorenallokation auf der Produktionskontraktkurve dar. Die Steigung der PMG nennt man *Grenzrate der Transformation* (*GRT*). Sie entspricht dem Verhältnis der Grenzkosten der beiden Güter. Eine effiziente Kombination von Produktionsniveaus wird erreicht, wenn die GRT der GRS jedes Verbrauchers entspricht. Im kompetitiven Gleichgewicht operieren Unternehmen so, dass die Grenzkosten dem Preis entsprechen, und die Verbraucher konsumieren so, dass ihre GRS dem Verhältnis der Preise entspricht. Also liegt in einem kompetitiven Gleichgewicht auch eine effiziente Kombination von Produktionsniveaus vor.

Wir können die PMG heranziehen, um die Gewinne aus dem internationalen Handel zu analysieren. Die Existenz *komparativer Vorteile* (bei denen die Produktionskosten für ein Gut verglichen mit den Produktionskosten für ein anderes Gut in einem Land geringer sind als in einem anderen) sorgt dafür, dass der Handel zwischen Ländern gegenseitige Vorteile bringt. Wenn sie Handel treiben, spezialisieren sich beide Länder auf die Produktion der Güter, bei denen sie einen komparativen Vorteil haben. Während die Verbraucher dadurch generell besser gestellt sind, kann es sein, dass einige Unternehmen und deren Angestellte schlechter gestellt sind, wenn die Produktion im Inland aufgrund steigender Importe zurückgeht.

Im letzten Abschnitt dieses Kapitels beschäftigen wir uns mit *Marktversagen* – der Ineffizienz von Marktergebnissen. Zu den wichtigen Ursachen für Marktversagen gehören Marktmacht, unvollständige Information, externe Effekte und öffentliche Güter.

16.2 Wiederholung und Übungen

16.2.1 Die allgemeine Gleichgewichtsanalyse (Kapitel 16.1)

In den Kapiteln 3 und 4 beschäftigten wir uns mit den Auswirkungen von Veränderungen einzelner Preise auf die Nachfrage nach verschiedenen Gütern. In Kapitel 8 und 14 wurde ausgearbeitet, wie das Angebot auf Veränderungen einzelner Preise von Produktionsfaktoren reagiert. Eine einzelne Preisveränderung kann jedoch dafür sorgen, dass sich viele Nachfragekurven verschieben, woraus sich weitere Preisveränderungen in verbundenen Märkten ergeben können. Einige dieser „nachrangigen" Preisveränderungen können auch für eine Verschiebung der Nachfragekurve auf dem Markt sorgen, auf dem die ursprüngliche Preisveränderung stattfand. Die allgemeine Gleichgewichtsanalyse untersucht diese *rückwirkenden Einflüsse*. Die allgemeine Gleichgewichtsanalyse bezieht auch die Tatsache mit ein, dass das Einkommen der Verbraucher von den Preisen abhängt, zu denen sie ihre Produktionsfaktoren (Arbeit oder Kapital) auf dem Markt zur Verfügung stellen können.

Sind die rückwirkenden Effekte eher gering, so bietet die partielle Gleichgewichtsanalyse eine nützliche Annäherung an die allgemeine Gleichgewichtsanalyse. Oft sind wir nur an qualitativen Veränderungen interessiert (steigt ein Preis oder fällt er?). Solche Fragen können mit einer partiellen Gleichgewichtsanalyse meist gut beantwortet werden. Sind aber zwei Märkte auf der Angebots- oder der Nachfrageseite sehr eng miteinander verwoben, sollten wir auch die rückwirkenden Einflüsse berücksichtigen.

Nehmen wir an, der Kaffeepreis steigt aufgrund eines Rückgangs des Kaffeeangebots von P_0 auf P_1, wie in Abbildung 16.1a dargestellt. Die nachgefragte Kaffeemenge sinkt von Q_0 auf Q_1. Die Preissteigerung bei Kaffee, ein Komplementärprodukt zu Doughnuts, sorgt dafür, dass die Nachfrage nach Doughnuts von D_0 auf D_1 sinkt, was in Abbildung 16.1b dargestellt ist. Da der Preis für Doughnuts fällt (von P_0 auf P_1), steigt die Nachfrage nach Kaffee in Abbildung 16.1a leicht auf D'. Zusätzlich gibt es auch von anderen Märkten weitere rückwirkende Einflüsse (so steigt etwa die Teenachfrage, was wiederum zu einem Preisanstieg beim Tee und dadurch zu einer leichten Steigerung der Kaffeenachfrage führt). Diese rückwirkenden Einflüsse setzen sich so lange fort, bis sich ein allgemeines Gleichgewicht einstellt, bei dem es dann keine weiteren Verschiebungen der Angebots- oder Nachfragekurven auf irgendeinem Markt gibt.

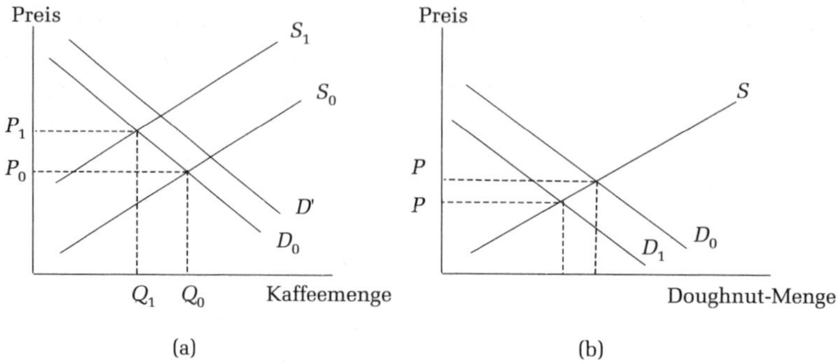

Abbildung 16.1

Übung

1. Tortillachips und Tomaten-Salsa sind eine beliebte Kombination. Nehmen wir an, genetisch veränderte Bakterien sorgen dafür, dass Tomaten vor Frost geschützt werden, wodurch die Tomatenernte ansteigt. Analysieren Sie qualitativ die sich daraus ergebenden Veränderungen bei den Preisen für Chips und Salsa. Wie unterscheidet sich Ihre Analyse von einer partiellen Gleichgewichtsanalyse?

16.2.2 Effizienz beim Tausch (Kapitel 16.2)

Betrachten wir ein Tauschmodell, bei dem sich Menschen treffen, um Güter zu tauschen und sie dann zu konsumieren. Die Güter, die jeder Handelspartner auf den Markt mitbringt, nennt man seine *Ausstattung*. Die Gesamtmenge jedes Guts entspricht einfach der Summe der Ausstattungen, welche die Handelspartner mitbringen. Der Handel findet freiwillig statt – niemand wird dazu gezwungen, Güter aufzugeben, die er gar nicht eintauschen möchte. Ein Handel kommt also nur dann zustande, wenn er *gegenseitig vorteilhaft* ist (wenn also beide Handelspartner besser gestellt sind oder wenn – anders ausgedrückt – jeder ein Güterbündel erhält, das er seiner ursprünglichen Ausstattung vorzieht).

Gibt es zwei Güter und zwei Handelspartner, so können wir für unsere Analyse die so genannte *Edgeworth-Box* heranziehen, um zu ermitteln, wie die Güter effizient unter den Konsumenten aufgeteilt werden können und ob es mehr als eine effiziente Allokation gibt. Nehmen wir an, die beiden Handelspartner heißen Alfred und Betty und die beiden Güter sind Nahrungsmittel (Food, *F*) und Kleidung (Clothing, *C*). Zeichnen Sie ein Rechteck, dessen Länge der Summe der beiden Ausstattungen an Nahrungsmitteln und dessen Höhe der Summe der beiden Ausstattungen an Kleidung entspricht. Alfreds Anteile sind F_A und C_A, Bettys Anteile sind F_B und C_B. Die Ausmaße der Box entsprechen F (= $F_A + F_B$) mal C (= $C_A + C_B$), wie in Abbildung 16.2 dargestellt.

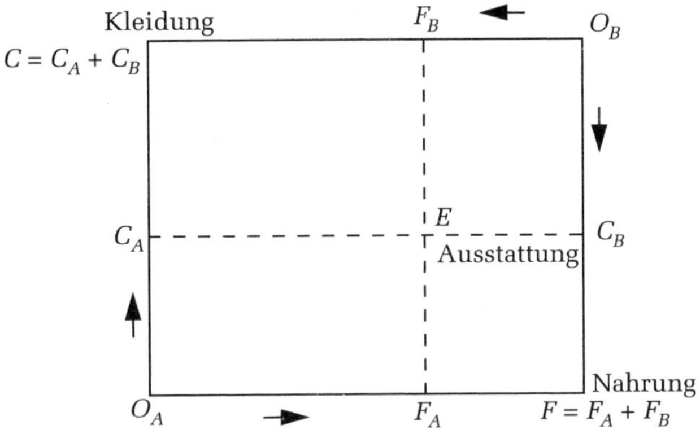

Abbildung 16.2

Wir können den Konsum beider Handelspartner durch einen einzigen Punkt in der Box darstellen. Der Ursprung für Alfred ist durch O_A und der Ursprung für Betty durch O_B gekennzeichnet. In Abbildung 16.2 entspricht der Abstand zwischen dem Punkt E und der unteren Begrenzungslinie der Box Alfreds Verbrauch an Kleidung, während der Abstand zwischen Punkt E und der linken Begrenzungslinie seinem Verbrauch an Nahrungsmitteln entspricht. Da Betty alles Übrige konsumiert, entspricht ihr Kleidungsverbrauch dem Abstand zwischen Punkt E und der oberen Begrenzungslinie der Box, und ihr Nahrungsmittelverbrauch entspricht dem Abstand zwischen Punkt E und der rechten Begrenzungslinie.

Alfreds Indifferenzkurven können wie gewohnt eingezeichnet werden. Bettys Indifferenzkurven müssen dagegen spiegelverkehrt eingezeichnet werden, da sie aus Sicht von O_B und nicht von O_A aus betrachtet werden.

Übung

2. Mark und Jackie packen ihre Koffer, um zu einem Filmfestival zu fahren. Dabei nehmen sie nur zwei Dinge mit: Popcorn und Kekse. Mark hat 10 Tüten Popcorn und 5 Pfund Kekse, Jackie hat 10 Tüten Popcorn und 12 Pfund Kekse.

a) Zeichnen Sie eine Edgeworth-Box, die Marks und Jackies Ausstattungen an Popcorn und Keksen darstellt.

b) Zeichnen Sie eine Indifferenzkurve für Mark durch seinen Ausstattungs-Punkt. Verfahren Sie ebenso für Jackie.

Nehmen wir an, beim Handel gibt es keine Transaktionskosten. Wenn sich die Indifferenzkurven bei der ursprünglichen Ausstattung schneiden, wie in Übung 2, ist gegenseitig vorteilhafter Handel möglich. Es ist schwierig festzulegen, welche Handelstransaktionen genau stattfinden werden, wir können aber den Bereich identifizieren, in dem Handel stattfinden wird. In Abbildung 16.3 gibt es zwei Konsumenten, A und B, deren ursprüngliche Ressourcenallokation ihre Position bei Punkt X festlegt. Diese Konsumenten werden so handeln, dass sie eine Allokation innerhalb der beiden fett gedruckten Indifferenzkurven erreichen. Anders ausgedrückt können sich beide Verbraucher ausgehend von Punkt X besser stellen, wenn sie so Handel treiben, dass sie eine Allokation innerhalb der Grenzen von U_{B1} und U_{A1} erreichen. Wenn die Konsumenten beispielsweise so Handel treiben, dass sie vom Punkt X zum Punkt Y gelangen, erreichen beide eine höhere Indifferenzkurve. Auch am Punkt Y gibt es noch weitere Möglichkeiten für gegenseitig vorteilhaften Handel (da die GRSs beider Verbraucher nicht identisch sind). Erreichen die Verbraucher einen Punkt, an dem sich ihre Indifferenzkurven berühren (Punkt Z in Abbildung 16.3), so entsprechen die GRSs einander und es gibt keine weiteren gegenseitig vorteilhaften Handelsmöglichkeiten.

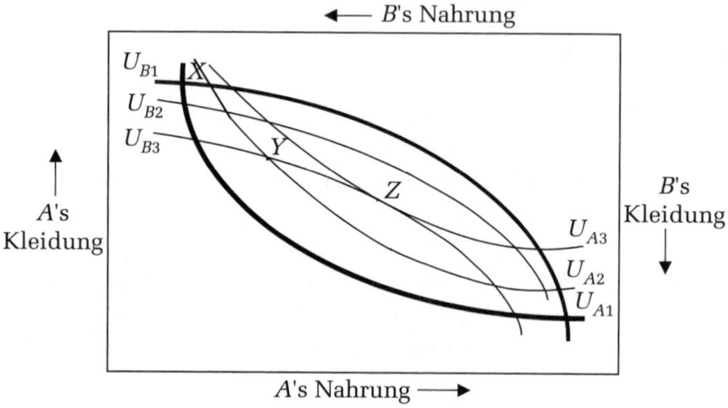

Abbildung 16.3

Wenn es keine gegenseitig vorteilhaften Handelsmöglichkeiten gibt, hat die Wirtschaft eine pareto-effiziente Allokation erreicht. Eine pareto-effiziente Allokation liegt dann vor, wenn kein Handelspartner besser gestellt werden kann, ohne dass dadurch ein anderer schlechter gestellt wird. Es gibt eine Vielzahl solcher Allokationen, die durch gegenseitig vorteilhaften Handel erreicht werden können. Abbildung 16.4 zeigt den geometrischen Ort aller Tangentialpunkte der Indifferenzkurven in der Edgeworth-Box. Er wird *Kontraktkurve* genannt. Die Kontraktkurve zwischen den Indifferenzkurven, die durch eine ursprüngliche Ausstattung verlaufen, gibt an, welche effizienten Allokationen mit dieser Ausstattung möglich wären. So wäre beispielsweise Punkt Z in Abbildung 16.3 ein Punkt auf der Kontraktkurve, den die Konsumenten A und B erreichen könnten, wenn sie ihren Handel vom Ausstattungspunkt X aus beginnen.

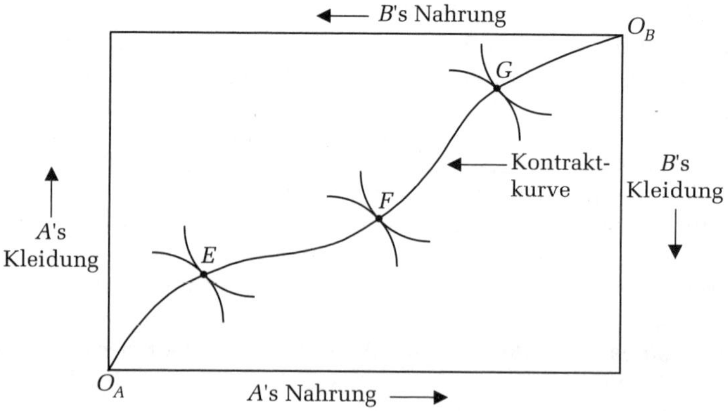

Abbildung 16.4

Eine Allokation ist nicht pareto-effizient, wenn durch eine Reallokation der Güter beide Handelspartner besser gestellt werden könnten. Eine Allokation ist also nicht pareto-effizient, wenn sich die Handelspartner untereinander auf einen gegenseitig vorteilhaften Handel einigen können.

Bei einem Handel zwischen zwei Menschen kann das Ergebnis (die endgültige Allokation) von der relativen Verhandlungsstärke jedes Partners abhängen. Auf einem Wettbewerbsmarkt, wo viele Käufer und Verkäufer als Preisnehmer auftreten, kann dies nicht geschehen. Bei einem Wettbewerbsgleichgewicht wird jeder Partner so lange Handel treiben, bis seine GRS dem Marktpreis entspricht. Da der Marktpreis für alle gleich ist, gilt auch, dass die GRS-Werte aller Verbraucher gleich sind. Daher besteht ein kompetitives Gleichgewicht aus einem Satz von Preisen und entsprechenden Mengen, bei dem auf jedem Markt die nachgefragte Menge der angebotenen Menge entspricht. Außerdem ist bei einem kompetitiven Gleichgewicht die Indifferenzkurve jedes Verbrauchers Tangente an seine Budgetgerade und die Indifferenzkurven aller Verbraucher berühren einander. Das Wettbewerbsgleichgewicht ist pareto-effizient.

Übung

3. Drücken Sie die Tatsache, dass ein Wettbewerbsgleichgewicht pareto-effizient ist, in Form von GRS-Werten und Preisverhältnissen aus.

4. Jim hat 40 Liter Benzin und € 100, die er für andere Güter ausgeben kann. Für diesen Warenkorb beträgt seine GRS € 1/1 Liter Benzin. Linda hat 10 Liter Benzin und € 300 für andere Güter; ihre GRS beträgt € 1/4 Liter Benzin.

a) Ist diese Aufteilung von Benzin und Euros zwischen Jim und Linda effizient?

b) Sollten sie handeln? Wenn ja, in welche Richtung?

16.2.3 Gerechtigkeit und Effizienz (Kapitel 16.3)

Die Kontraktkurve zeigt alle Punkte, an denen der Nutzen eines Menschen bei gegebenem Nutzen eines anderen Menschen maximiert wird. Diese Beschreibung von Pareto-Effizienz kann auch noch anders dargestellt werden. Jeden Punkt auf der Kontraktkurve können wir in ein Diagramm einzeichnen, dessen Achsen Alfreds und Bettys Nutzen messen. Jeder Punkt auf der Kontraktkurve ist gleichzeitig ein Punkt auf der *Nutzenmöglichkeitsgrenze*. Diese Grenze sagt aus, welchen maximalen Nutzen Alfred angesichts der verfügbaren Ressourcen für jedes mögliche Nutzenniveau von Betty erlangen kann. Abbildung 16.5 greift die Punkte E, F und G auf der Kontraktkurve aus Abbildung 16.4 wieder auf und stellt sie so dar, dass daraus hervorgeht, dass Alfreds Nutzen am Punkt G größer ist als am Punkt E, obwohl beide Punkte effiziente Allokationen sind. Welcher Punkt auf der Grenze das Wettbewerbsgleichgewicht darstellt, hängt von den ursprünglichen Ausstattungen ab.

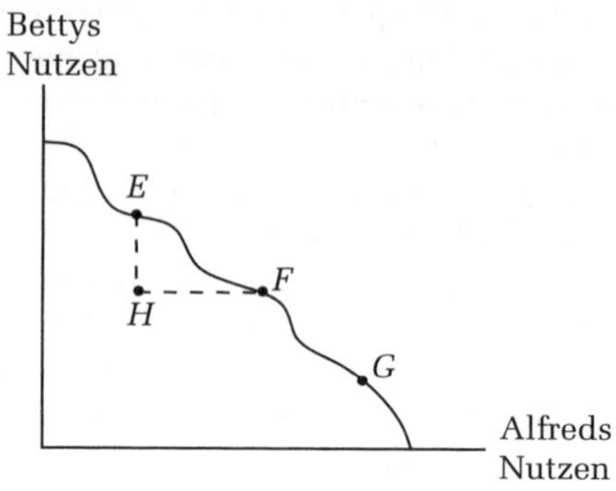

Abbildung 16.5

Übung

5. Betrachten wir die Punkte *F*, *G* und *H* in Abbildung 16.5. *F* und *G* liegen auf der Nutzenmöglichkeitsgrenze, während *H* unterhalb der Grenze liegt. Stellt eine Bewegung von *H* nach *F* eine Verbesserung im Sinne des Pareto-Kriteriums dar? Stellt eine Bewegung von *H* nach *G* eine Verbesserung dar? Warum oder warum nicht?

In Übung 5 sollten Sie zu dem Ergebnis gekommen sein, dass Punkt *H* in Abbildung 16.5 eine ineffiziente Allokation darstellt. Das heißt nicht zwangsläufig, dass diese Situation weniger *gerecht* ist als die Punkte *E*, *F* oder *G*. Wer kann überhaupt entscheiden, welche der effizienten Allokationen die gerechteste ist? Um diese Frage beantworten zu können, müssen wir entscheiden, wessen Wohlergehen wichtiger ist, Alfreds oder Bettys. Und für eine solche Entscheidung gibt es keine objektive Grundlage, denn dafür sind zwischenmenschliche Nutzenvergleiche notwendig (zum Beispiel ist es „besser", wenn Alfred glücklicher ist?). Wirtschaftswissenschaftler, die sich mit diesen Themen befassen, verwenden eine sogenannte *gesellschaftliche Wohlfahrtsfunktion*, welche die Präferenzen der einzelnen Menschen gewichtet. Die utilitaristische gesellschaftliche Wohlfahrtsfunktion gewichtet den Nutzen aller Menschen gleich und führt zu einer Allokation, bei welcher der gesamte Nutzen für alle Mitglieder der Gesellschaft maximiert wird. Die egalitäre Sicht teilt jedem Menschen die gleiche Gütermenge zu. Der Rawlsschen Ansicht zufolge wird bei der gerechten Allokation der Nutzen des am schlechtesten gestellten Mitglieds der Gesellschaft maximiert. Die marktorientierte Sicht besagt, dass das Marktergebnis am gerechtesten ist.

16.2.4 Effizienz bei der Produktion (Kapitel 16.4)

Nehmen wir an, dass das Kapital- und Arbeitsangebot festgelegt sind und dass nur diese beiden Produktionsfaktoren zur Herstellung von Kleidung und Nahrungsmitteln gebraucht werden. Um bestimmen zu können, wie die Produktionsfaktoren auf die beiden Branchen aufgeteilt werden sollen, können wir eine Edgeworth-Box für die Produktion zeichnen, die der des Konsums entspricht. Die Länge der Box entspricht der gesamten vorhandenen Arbeitsmenge, *L*, und die Höhe der Box entspricht der gesamten vorhandenen Kapitalmenge, *K*. Ein Punkt in der Box beschreibt die Inputs an

Arbeit und Kapital in beiden Branchen. Die Produktion ist dann effizient, wenn wir die Kleidungsproduktion nicht erhöhen können, ohne gleichzeitig die Nahrungsmittelproduktion zu senken. Geometrisch ausgedrückt ist die Produktion dann effizient, wenn sich bei einer bestimmten Faktorallokation die Isoquanten berühren.

Übung

6. Erinnern wir uns aus Kapitel 6, dass die negative Steigung einer Isoquante die Grenzrate der technischen Substitution ist (GRTS). Drücken Sie die Bedingung für Produktionseffizienz mittels der GRTS der Nahrungsmittel- und Kleidungsproduktion aus.
7. Wie lautet die notwendige Bedingung zur Kostenminimierung für ein Unternehmen, das seine Produktionsfaktoren auf kompetitiven Märkten kauft? Erklären Sie, warum ein Wettbewerbsgleichgewicht auf Faktormärkten einer effizienten Allokation in der Edgeworth-Box für die Produktion entspricht.

Ebenso, wie wir die Nutzenmöglichkeitsgrenze aus der Kontraktkurve in der Edgeworth-Box für den Konsum abgeleitet haben, können wir die *Produktionsmöglichkeitsgrenze* (*PMG*) aus der Kontraktkurve in der Edgeworth-Box für die Produktion ableiten. Für jedes mögliche Produktionsniveau an Nahrungsmitteln finden wir die maximal mögliche Kleidungsproduktionsmenge bei gegebenen Mengen der Produktionsfaktoren K und L. In Abbildung 16.6 ist diese Information graphisch dargestellt, wobei die Nahrungsmittelproduktion auf der horizontalen und die Kleidungsproduktion auf der vertikalen Achse zu finden ist.

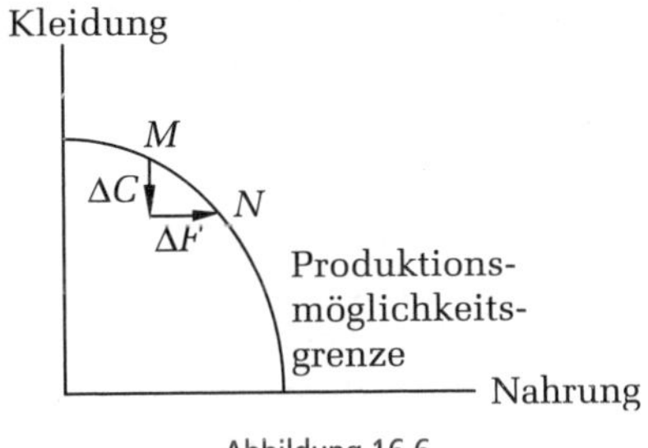

Abbildung 16.6

Übung

8. Erklären Sie, warum eine Allokation von Arbeit und Kapital, die nicht auf der Kontraktkurve liegt, zu Produktionsniveaus führt, die sich unterhalb der PMG befinden.
9. Was würde mit der Produktionsmöglichkeitsgrenze geschehen, wenn die Menge der in einem Wirtschaftsraum zur Verfügung stehenden produktiven Ressourcen steigen würde?

Die Steigung der PMG an einem Punkt stellt den Produktions-Tradeoff zwischen Nahrungsmittel- und Kleidungsproduktion dar. Würden wir die Nahrungsmittelproduktion um eine Einheit senken, könnten wir die Kleidungsproduktion um die Anzahl an Einheiten steigern, die durch die Steigung der PMG angegeben ist. (Bewegen wir uns von Punkt M zu Punkt N, so entspricht diese $\Delta C/\Delta F$, wie in Abbildung 16.6 dargestellt.) Die Steigung der PMG entspricht $-\ GK_F/GK_C$ (da $1/GK_F$ den Ressourcen entspricht, die durch die Reduzierung der Nahrungsmittelproduktion um eine Einheit frei wurden). Der Absolutwert der Steigung der PMG wird als *Grenzrate der Transformation* (*GRT*) zwischen Nahrungsmitteln und Kleidung bezeichnet. Entlang der Produktionsmöglichkeitsgrenze gilt $GRT = GK_F/GK_C$.

Effizienz auf den Gütermärkten Die Maximierung der Produktionsmenge eines Guts bei gegebener Produktionsmenge des zweiten Guts ist eine notwendige, aber nicht hinreichende Bedingung für Effizienz. Sie ist nicht hinreichend, da nicht alle Punkte auf der PMG gleichermaßen wünschenswert sind. Es kann sein, dass die produzierten Mengen nicht der Güterkombination entsprechen, welche die Verbraucher allen anderen gegenüber bevorzugen würden.

Um die Bedingung für eine effiziente Güterkombination zu illustrieren, wollen wir annehmen, dass ein Mensch die gesamte Nahrungsmittel- und Kleidungsproduktion konsumiert, die mithilfe von K und L produziert wird. Aus der Edgeworth-Box für Produktion können wir die PMG für diese Zwei-Güter-Wirtschaft ableiten. Produktionseffizienz wird erreicht, wenn $GRT = GRS^j$ für jeden Verbraucher j. Da $GRT = GK_F/GK_C$ und $P_F/P_C = GRS^j$, garantiert die Gewinnmaximierung durch die Produzenten und die Nutzenmaximierung durch die Verbraucher, dass $GRS^j = GRT$.

16.2.5 Die Vorteile des Freihandels (Kapitel 16.5)

Land A hat gegenüber Land B einen *komparativen Vorteil* bei der Produktion eines Guts, wenn die Produktionskosten des Guts in Land A, im Vergleich zu den Produktionskosten anderer Güter in Land A, geringer sind als die Produktionskosten dieses Guts in Land B im Vergleich zu den Produktionskosten anderer Güter in Land B. Land A verfügt über einen *absoluten Vorteil* bei der Produktion eines Guts, wenn die Produktionskosten dafür geringer sind als in Land B. Handel zwischen diesen beiden Ländern ist gegenseitig vorteilhaft, wenn jedes einen komparativen Vorteil hat. Anders ausgedrückt, wenn ein Land bei der Produktion eines bestimmten Guts relativ gesehen effizienter ist, sollte es sich auf die Produktion dieses Guts spezialisieren und dann mit anderen Ländern der Welt handeln, um die anderen Güter zu bekommen, die es braucht. Wenn das Land mit komparativem Vorteil handelt, ist es in der Lage, an einem Punkt oberhalb seiner Produktionsmöglichkeitsgrenze zu konsumieren. Wenn wir von einer Welt mit geschlossenen Märkten zum Freihandel übergehen, werden die Verbraucher dadurch besser gestellt; es ist jedoch wahrscheinlich, dass bestimmte Unternehmen und ihre Arbeiter schlechter gestellt werden, denn einzelne Inlandsbranchen verzeichnen Einbußen aufgrund der steigenden Importe.

16.2.6 Ein Überblick – Die Effizienz von Wettbewerbsmärkten (Kapitel 16.6)

Zusammenfassend ist zu sagen, dass wir drei verschiedene Bedingungen für Effizienz ermittelt haben, die auf vollkommenen Wettbewerbsmärkten erfüllt sind (angenommen es gibt zwei Güter, Nahrungsmittel und Kleidung):

- Effizienz beim Konsum: $GRS^A = GRS^B$ ($= P_F/P_C$) für die beiden Konsumenten, *A* und *B*.
- Effizienz bei der Produktion: $GRTS_F = GRTS_C$ ($= w/r$) für die beiden Produktionsfaktoren, Arbeit und Kapital.
- Effiziente Produktionsaufteilung: GRT ($= GK_F/GK_C$) $= GRS^A$ ($= P_F/P_C$) $= GRS^B$ für die beiden Güter.

16.2.7 Warum Märkte versagen (Kapitel 16.7)

Bisher nahmen wir an, dass es einen Wettbewerbsmarkt gibt, sodass auch eine effiziente Allokation möglich ist. Es gibt jedoch bestimmte Situationen, in denen Wettbewerbsmärkte versagen. Die Ursachen für Marktversagen, die in diesem Kapitel des Lehrbuchs behandelt werden, sind folgende:

a) Marktmacht – Ein Monopolist setzt Grenzerlös und Grenzkosten gleich, um das gewinnmaximierende Produktionsniveau zu bestimmen. Dieses Produktionsniveau ist geringer als das Wettbewerbsniveau und der Preis ist dementsprechend höher als der Wettbewerbspreis. Bei geringerem Produktionsniveau hat der Monopolist auch geringere Grenzkosten, das heißt das Unternehmen braucht weniger Ressourcen, um das Gut zu produzieren. Diese Ressourcen können für die Produktion anderer Güter eingesetzt werden. Der Produktmix weicht also von der Güterkombination bei Wettbewerb ab und ist daher ineffizient.

b) Unvollständige Information – Fehlende Informationen können Produzenten und Verbraucher dazu veranlassen, die falschen Entscheidungen zu treffen (Entscheidungen also, die sie schlechter stellen, da sie nicht vollständig informiert waren). Informations-Ineffizienzen werden in Kapitel 17 ausführlicher behandelt.

c) Externalitäten – Eine Externalität besteht, wenn eine Produktions- oder Konsumaktivität sich indirekt auf eine andere Produktions- oder Konsumaktivität auswirkt. Der Markt „versagt", da die Marktpreise diese indirekten Auswirkungen nicht wiedergeben. Externalitäten und wie man mit ihnen umgeht behandeln wir in Kapitel 18.

d) Öffentliche Güter – Wird ein öffentliches Gut einigen Verbrauchern zur Verfügung gestellt, ist es sehr schwierig zu verhindern, dass auch andere das Gut konsumieren (zum Beispiel öffentliche Parks oder nationale Verteidigung). Wenn private Unternehmen nicht die Möglichkeit haben, von jedem Verbraucher für den Konsum ihres Produkts einen Preis zu verlangen, wird der Markt ein Unterangebot an öffentlichen Gütern liefern. Kapitel 18 befasst sich genauer mit öffentlichen Gütern.

Übung

10. Geben Sie für jede der folgenden Ursachen für Ineffizienz an, welche Effizienzbedingung verletzt wurde und warum. Wird eine zweite Bedingung nur gelegentlich verletzt, erklären Sie, warum das so ist.

a) Preissubventionen in der Landwirtschaft.

b) Ein Monopolist verkauft zu einem einzigen Preis.

c) Preisdiskriminierung dritten Grades.

d) Ein dominantes Unternehmen ist Preisführer.

(Hinweis: Denken Sie an die Effizienzbedingungen in Zusammenhang mit den verschiedenen Kontraktkurven und Grenzen.)

16.3 Übungsaufgaben

11. Zeigen Sie, dass die Nutzenmöglichkeitsgrenze nie ansteigend verlaufen kann. (Dies ist eine direkte Konsequenz ihrer Definition.)

12. Ist eine Verbesserung im Sinne des Pareto-Kriteriums immer möglich, wenn ein Punkt unterhalb der Nutzenmöglichkeitsgrenze liegt?

13. In einer mittelgroßen Stadt gibt es zwei Wirtschaftsbranchen, Finanzdienstleistungen und Produktion von Elektronikgeräten. Nehmen wir an, dass Beschränkungen des überregionalen Wettbewerbs auf dem Markt für Finanzdienstleistungen zu einer großen Expansion des Finanzdienstleistungssektors in der Stadt führen.

a) Welche Auswirkungen wird die damit verbundene Zunahme an Arbeitsplätzen Ihrer Meinung nach auf Löhne und Wohnungspreise in der Stadt haben?

b) Welche Auswirkungen hat diese Situation Ihrer Ansicht nach auf den Elektroniksektor in der Stadt? Gehen Sie davon aus, dass die Beschäftigung in der Elektronikproduktion steigt oder fällt?

14. a) Nehmen wir an, der Staat Florida würde das Angebot an Glücksspielen durch jedermann für legal erklären. Welche Auswirkungen hätte dies auf: i) die Gewinnauszahlungen der bestehenden Florida-Lotterie; ii) die Gewinnauszahlungen anderer Lotterien aus anderen Bundesstaaten; iii) Casinos in Las Vegas; iv) Kreuzfahrtschiffe, die von Florida aus vor der Küste Glücksspiele anbieten.

b) Beantworten Sie a) unter der Annahme, dass alle US-Bundesstaaten das Glücksspiel legalisieren.

15. Sally und John sind die einzigen Bewohner eines kleinen Landes. Das Einzige, worum sie sich kümmern, ist ihr Gesamtverbrauch in diesem Jahr, X_1, und ihr Gesamtverbrauch im nächsten Jahr, X_2 (beide in Euro gemessen). Sallys Ausstattung an X_1 und X_2 beträgt $E^S = (80, 40)$, Johns beträgt $E^J = (40, 80)$. Die beiden haben nicht die Möglichkeit, Kredite aufzunehmen. John kann also nicht mit Sally vereinbaren, sich im ersten Jahr ein paar Euros von ihr zu leihen und ihr diese im nächsten Jahr mit Zinsen zurückzuzahlen. Nehmen wir weiter an, die Regierung muss im ersten Jahr € 20 für nationale Verteidigung aufbringen und beide Bewohner werden gleich hoch besteuert.

a) Zeichnen Sie eine Edgeworth-Box mit den Ausstattungen nach Steuern E^{ST} = (70,40) und E^{JT} = (30,80). Zeichnen Sie den Ausstattungspunkt ein und beschriften Sie ihn mit E.

b) Nehmen wir nun an, dass die Regierung sich die € 20 von Sally leiht. Dafür werden Sally und John im zweiten Jahr mit jeweils € 15 besteuert und Sally erhält € 30 zurück. Zeichnen Sie den neuen Punkt, B, in die Edgeworth-Box ein. Zeichnen Sie in den Ausstattungspunkt E aus Aufgabenteil a) Indifferenzkurven so ein, dass B im Sinne des Pareto-Kriteriums eine Verbesserung im Vergleich zu E ist. Erklären Sie, warum beide Bewohner in diesem Beispiel besser gestellt sind, wenn die Regierung sich das Geld leiht, anstatt beide vorab zu besteuern.

16.4 Kontrollfragen

16. Die allgemeine Gleichgewichtsanalyse

a) bestimmt alle Preise gleichzeitig,
b) bezieht Rückwirkungen mit ein,
c) ist sinnvoll zur Untersuchung eng miteinander verbundener Märkte,
d) kann Güter- und Faktormärkte gleichzeitig untersuchen.
e) Alle Antworten sind korrekt.

17. In einer Tauschwirtschaft mit zwei Verbrauchern, A und B, gilt:

a) $\text{GRS}_A = 1/\text{GRS}_B$ überall,
b) $\text{GRS}_A = \text{GRS}_B$ überall,
c) $\text{GRS}_A = 1/\text{GRS}_B$ auf der Kontraktkurve,
d) $\text{GRS}_A = \text{GRS}_B$ auf der Kontraktkurve.
e) Keine der Antworten ist korrekt.

18. Wenn eine Allokation pareto-effizient ist,

a) kann kein Tausch beide Personen besser stellen,
b) liegt sie auf der Kontraktkurve,
c) sind beide Personen besser gestellt als mit ihrer ursprünglichen Ausstattung,
d) a) und b),
e) a), b) und c).

19. Die Nutzenmöglichkeitsgrenze:

a) kann einen ansteigend verlaufenden Abschnitt haben,
b) beschreibt den Nutzen verschiedener Allokationen auf der Kontraktkurve,
c) hängt von der Verteilung der ursprünglichen Ausstattungen ab,
d) a) und b),
e) a), b) und c).

20. Bei einer pareto-effizienten Allokation mit Produktion gilt:

a) $GRS^A = GRS^B$,

b) $GRS^A = GRT$,

c) GRTS ist in allen Industriezweigen gleich,

d) a) und b),

e) a), b) und c).

21. Ein kleines Land gewinnt durch Freihandel:

a) wenn das Preisverhältnis vor Aufnahme des Handels vom Welt-Preisverhältnis abweicht,

b) wenn es ein Produkt zu geringeren absoluten Kosten produziert als der Rest der Welt,

c) wenn dessen Verbraucher bestimmte Vorlieben haben,

d) a) und b).

e) Keine der Antworten ist korrekt.

22. Ein Tausch, der zu einer Bewegung von einem Punkt abseits der Kontraktkurve zu einem Punkt auf der Kontraktkurve führt,

a) stellt bestimmte Menschen besser, andere aber schlechter;

b) kann bestimmte Menschen besser stellen, ohne andere schlechter zu stellen;

c) stellt niemanden besser;

d) ist nur möglich, wenn die ursprünglichen Ausstattungen verändert werden;

e) entspricht einer Bewegung entlang der Nutzenmöglichkeitsgrenze.

23. Nehmen wir an, Alfreds Grenzrate der Substitution von Kleidung durch Nahrungsmittel ist 3, während Bettys Grenzrate der Substitution von Kleidung durch Nahrungsmittel 2 ist. Daraus können wir ableiten, dass sich Alfred und Betty auf einem Markt folgendermaßen verhalten:

a) Sie entscheiden sich freiwillig dagegen, zu tauschen.

b) Sie tauschen, doch Alfred wird dadurch schlechter gestellt.

c) Sie tauschen, doch Betty wird dadurch schlechter gestellt.

d) Sie tauschen, sodass sie von ihrer gegenwärtigen Allokation zu einem Punkt auf der Kontraktkurve gelangen.

e) Ohne zusätzliche Informationen wissen sie nicht, was sie tun sollen.

24. Wenn wir zwei Punkte auf der Kontraktkurve, Q und R vergleichen, können wir Folgendes sagen:

a) Sie sind effizient.

b) Die Verbraucher bewegen sich freiwillig von Q nach R.

c) Die Güterverteilung ist bei Q und R gleich.

d) Aus egalitärer Sicht sind beide Allokationen gerecht.

e) a) und b).

25. Eine allgemeine Gleichgewichtsanalyse ist eher angemessen als eine partielle-Gleichgewichtsanalyse, wenn

a) mehr als eine Lösung möglich ist,

b) sowohl Verbraucher als auch Produzenten berücksichtigt werden,

c) es zwischen den Märkten signifikante Rückwirkungen gibt,

d) Märkte unabhängig voneinander funktionieren,

e) Vergleiche des Nutzens zwischen verschiedenen Personen nicht möglich sind.

Die nächsten zwei Fragen beziehen sich auf eine hypothetische Volkswirtschaft, in der mithilfe von zwei Produktionsfaktoren, Arbeit (*L*) und Kapital (*K*), zwei Güter, Nahrungsmittel (*F*) und Kleidung (*C*), produziert werden.

26. Wenn die $GRTS_{LK}$ in der Nahrungsmittelindustrie größer ist als die $GRTS_{LK}$ in der Bekleidungsindustrie, so gilt:

a) Die Nahrungsmittelproduktion könnte nur durch eine Reduzierung der Kleidungsproduktion gesteigert werden, denn die Ressourcen sind knapp.

b) Die Kleidungsproduktion könnte nur durch eine Reduzierung der Nahrungsmittelproduktion gesteigert werden, denn die GRTS in der Bekleidungsindustrie ist geringer.

c) Die Nahrungsmittelproduktion könnte ohne Reduzierung der Kleidungsproduktion gesteigert werden, indem man Kapital von der Bekleidungs- zur Nahrungsmittelproduktion und Arbeit von der Nahrungsmittel- zur Bekleidungsproduktion transferiert.

d) Die Nahrungsmittelproduktion könnte ohne Reduktion der Kleidungsproduktion gesteigert werden, indem man Arbeit von der Bekleidungs- zur Nahrungsmittelproduktion und Kapital von der Nahrungsmittel- zur Bekleidungsproduktion transferiert.

e) Keine der Antworten ist korrekt.

27. Wenn die Grenzrate der Substitution von Nahrungmitteln für Kleidung für alle Verbraucher 4 ist und die Grenzrate der Transformation von Kleidung zu Nahrungsmitteln 2, so gilt:

a) Es sollte mehr Kleidung produziert werden, da die Verbraucher bereit sind, für mehr Kleidung eine Menge an Nahrungmitteln aufzugeben, welche die Opportunitätskosten der Kleidung übersteigt.

b) Es sollten mehr Kleidung und weniger Nahrungsmittel produziert werden, um GRS und GRT zur Übereinstimmung zu bringen.

c) Es sollten mehr Nahrungsmittel produziert werden, da die Verbraucher bereit sind, für mehr Nahrungsmittel eine Menge an Kleidung aufzugeben, welche die Opportunitätskosten der Nahrung übersteigt.

d) a) und b).

e) Keine der Antworten ist korrekt.

28. Wenn es in der Bekleidungsindustrie ein Monopol und in der Nahrungsmittelindustrie vollkommenen Wettbewerb gibt, so ist GK_F / GK_C ____________ als P_F / P_C. Das bedeutet, dass die Ressourcenallokation für die Kleidungsindustrie ____________ ist.

a) größer; zu hoch,

b) kleiner; zu hoch,

c) größer; zu gering,

d) kleiner; zu gering,

e) Keine der Antworten ist korrekt.

16.5 Internetübung

Gehen Sie auf die Website des gemeinsamen Wirtschaftsausschusses (Joint Economic Committee) des US-amerikanischen Repräsentantenhauses unter *http://www.house.gov/jec/*. Klicken Sie auf *Taxation* und scrollen Sie abwärts bis zu *Tax Reduction and Economic Welfare (JEC Study-April 1999)*. Klicken Sie dieses Feld an und lesen Sie den kurzen Bericht. Nehmen Sie an, Sie als Regierungsvertreter müssen entscheiden, wie überschüssiges Geld aus dem Etat verwendet werden soll. Sie haben drei Möglichkeiten: Zunächst können Sie die Einkommensteuersätze senken; oder Sie verteilen das Geld als Pauschalsumme an alle US-Bürger; oder Sie verteilen das Geld nur an US-Bürger, deren Jahreseinkommen unter $ 17.000 liegt. Welche Möglichkeit ist aus Ihrer Sicht die Beste? Welche ist die schlechteste? Erklären Sie Ihre Antwort mithilfe einer allgemeinen Gleichgewichtsanalyse.

16.6 Lösungen zu den Übungen

1. Der Froststopper sorgt für eine Verschiebung der Angebotskurve für Tomaten nach rechts, sodass der Preis für Salsa sinkt. Diese Reduzierung wiederum hat zur Folge, dass die Nachfrage nach Tortillachips sich nach rechts verschiebt und sich ihr Preis erhöht. Ein höherer Preis für Tortillachips verschiebt die Salsa-Nachfrage nach links, was den Salsa-Preis noch weiter drückt. Also fällt der Salsa-Preis noch tiefer als bei einer Analyse des Teil-Gleichgewichts.

2. Betrachten Sie die Edgeworth-Box in Abbildung 16A.1. Sie enthält die Antworten zu a) und b).

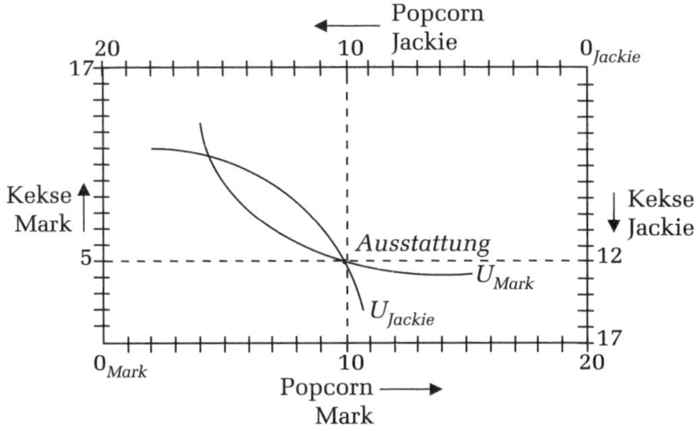

Abbildung 16A.1

3. Eine Tangente der Budgetlinie zwischen Nahrung und Kleidung an Alfreds Indifferenzkurve beispielsweise bedeutet, dass $GRS^A = P_F / P_C$. Ähnlich gilt für Betty $GRS^B = P_F / P_C$, also gilt $GRS^A = P_F / P_C = GRS^B$.

4. a) Dies ist keine effiziente Distribution der Güter, da $GRS_{Jim} \geq GRS_{Linda}$.

   b) Sie können beide besser gestellt werden, wenn Jim Linda einen Teil seines Einkommens und Linda Jim einen Teil ihres Benzins gibt. (Jim ist bereit, bis zu € 1 für einen weiteren Liter Benzin zu geben; Linda ist bereit, ihm einen Liter schon für € 0,25 zu verkaufen. Also können beide besser gestellt werden, wenn ein Liter Benzin zu einem Preis zwischen € 0,25 und € 1 getauscht wird.)

5. Es ist möglich, durch eine Bewegung von *H* nach *F* Alfred besser zu stellen, ohne dass Betty dadurch schlechter gestellt wird. *H* ist also ineffizient. Man kann auch sagen, eine Bewegung von *H* nach *F* ist eine Verbesserung im Sinne des Pareto-Kriteriums. Bei *H* ist Betty besser gestellt als bei *G*, während Alfred bei *G* besser gestellt ist als bei *H*. Eine Bewegung von *H* nach *G* ist also keine Pareto-Verbesserung, denn dadurch wird ein Verbraucher schlechter gestellt. Da *H* keine pareto-optimale Allokation ist, gibt es Allokationen unterhalb der Nutzenmöglichkeitsgrenze, die beide Verbraucher besser stellen würden, als sie es bei *H* sind. Es sind jedoch nicht alle pareto-effizienten Allokationen (auf der Grenze) auch Pareto-Verbesserungen im Vergleich zu einer bestimmten Allokation unterhalb der Grenze.

6. Bei einer effizienten Allokation gilt $GRTS_F = GRTS_C$. Da sowohl für Kleidung als auch für Nahrungmittel $GRTS = GP_L/GP_K$, können wir diese Tangente der Isoquanten so beschreiben, dass sie gleiche *Verhältnisse* der Grenzprodukte aufweist. Man beachte, dass GP_L und GP_K in den beiden Industriezweigen im Allgemeinen nicht gleich sind, da die Grenzprodukte sich verändern, sobald die Produktionsmenge eines Guts steigt und die Produktionsmenge des anderen Guts sinkt.

7. Ein Unternehmen, das Kosten minimiert, handelt so, dass $GRTS = w/r$ gilt (das Verhältnis von Lohn zu Leihrate). Nehmen Unternehmen die Preise für Produktionsfaktoren als gegeben hin, so gilt $GRTS_F = w/r$ und $GRTS_C = w/r$, also $GRTS_F = GRTS_C$, welches die Bedingung für Effizienz bei der Edgworth-Box für Produktion ist.

8. Liegt eine Allokation nicht auf der Produktionskontraktkurve, so kann von beiden Gütern eine größere Menge produziert werden, indem man die Produktionsfaktoren zwischen beiden Branchen neu verteilt. Wenn von beiden Gütern mehr produziert werden kann, muss die ursprüngliche Allokation südwestlich einiger Punkte auf der PMG liegen.

9. Dies verschiebt die Produktionsmöglichkeitsgrenze nach außen.

10. a) Eine Verzerrung des Produktpreises bedeutet, dass $GRS^j \neq GRT$ für jeden Verbraucher *j*. Wenn die landwirtschaftliche Produktion gleichzeitig ein Inputfaktor für die Produktion anderer Güter ist, dann gilt $GRTS_F \neq GRTS_C$, wenn dieser Input nur in einer der Branchen eingesetzt wird.
    b) Die einzige Verzerrung, die sich durch ein Monopol ergibt, ist, dass $GRS^j \neq GRT$.
    c) Die Preisdiskriminierung durch einen Monopolisten verursacht zwei Verzerrungen: Wie beim Monopol gilt $GRS^j \neq GRT$, darüber hinaus gilt $GRS^A \neq GRS^B$ für die Verbraucher *A* und *B*, die unterschiedliche Preise zahlen müssen.
    d) Hier gilt: $GRS^j \neq GRT$ und die Grenzkosten sind nicht bei allen Unternehmen der Branche gleich, also produziert die Wirtschaft ebenfalls unterhalb der PMG.

16.7 Lösungen zu den Übungsaufgaben

11. Wenn die Nutzenmöglichkeitsgrenze ansteigend verläuft, dann kann der Nutzen beider Verbraucher gesteigert werden, wenn man sich von einem Punkt zu einem anderen Punkt auf der Nutzenmöglichkeitsgrenze bewegt. Wäre dies der Fall, könnte der erste Punkt nicht pareto-effizient gewesen sein, könnte also auch nicht auf der Nutzenmöglichkeitsgrenze gelegen haben.

12. Betrachten wir Abbildung 16.5: Ausgehend von Punkt *H* stellt jede Bewegung innerhalb der Fläche *EHF* eine Pareto-Verbesserung dar, denn dadurch steigt der Nutzen für beide Verbraucher. Aber eine Bewegung von *H* nach *G* würde einen Verbraucher schlechter stellen. Also wäre nur eine Bewegung in nordöstlicher Richtung eine Pareto-Verbesserung. Nur wenn ein Punkt auf der Nutzenmöglichkeitsgrenze liegt, ist eine Pareto-Verbesserung nicht möglich.

13. a) Ein Anstieg der Nachfrage nach Arbeit erhöht die Gleichgewichtslöhne. Höhere Löhne ziehen mehr Arbeiter in die Stadt und steigern auch das Einkommen aller Arbeiter in der Stadt. Dadurch wird die Nachfrage nach Wohnraum steigen, wodurch die Preise für Wohnen ebenfalls steigen werden.

b) Die Löhne in der Warenproduktion würden aufgrund des Wettbewerbs anderer Branchen um Arbeitskräfte wahrscheinlich steigen. Die höheren Wohnungspreise würden auch die Löhne ansteigen lassen, die nötig wären, um Arbeiter aus anderen Städten anzulocken. Die Warenproduktion dieser Stadt sieht sich also höheren Kosten gegenüber als Warenproduktionen in anderen Städten. Wenn die Elektronikbranche mobil ist, ist es wahrscheinlich, dass die Unternehmen ihre Produktion in andere Städte verlegen. Also fallen die Beschäftigungszahlen in der Warenproduktion, wenn die Beschäftigung in anderen Wirtschaftsbereichen steigt.

14. a) i) Wenn die Florida-Lotterie solvent bleibt, müsste sie die Auszahlungen steigern, um konkurrenzfähig zu bleiben.

ii) Hier gibt es kaum Auswirkungen, denn die Bewohner von Florida stellen nur einen kleinen Teil der Nachfrage für Lotterien aus anderen Staaten.

iii) Gleiche Antwort wie zu ii).

iv) Kreuzfahrtschiffe in Florida könnten einen merklichen Nachfragerückgang verzeichnen, doch Glücksspiel ist nur ein kleiner Teil ihres Angebots, weswegen die Auswirkung insgesamt wohl nicht sehr groß wäre.

b) i) Gleiche Auswirkung, etwas ausgeprägter.

ii) Sie müssten steigen, damit diese konkurrenzfähig bleiben.

iii) Ein deutlicher Nachfragerückgang wäre wohl die Folge.

iv) Kreuzfahrtschiffe überall in den Staaten würden nun Nachfragerückgänge verzeichnen.

15. a) Siehe Abbildung 16A.2. Der Punkt *E* zeigt die Ausstattungen nach Steuern.

b) Wenn die Regierung sich das Geld leiht, ermöglicht sie allen Ungeduldigen mit dringenden Konsumwünschen dadurch zu profitieren, dass sie die Bezahlung ihrer Steuerschulden aufschieben können. Alle Geduldigen profitieren ebenfalls, indem sie Zinsen erhalten. (Wenn die ungeduldige Person Zugang zu Krediten in unbegrenzter Höhe hätte und zur Rückzahlung verpflichtet werden könnte, würde der Steueraufschub keine Rolle spielen. Die Verbesserung ist auf die Annahme zurückzuführen, dass die ungeduldige Person keinen Kredit aufnehmen kann.)

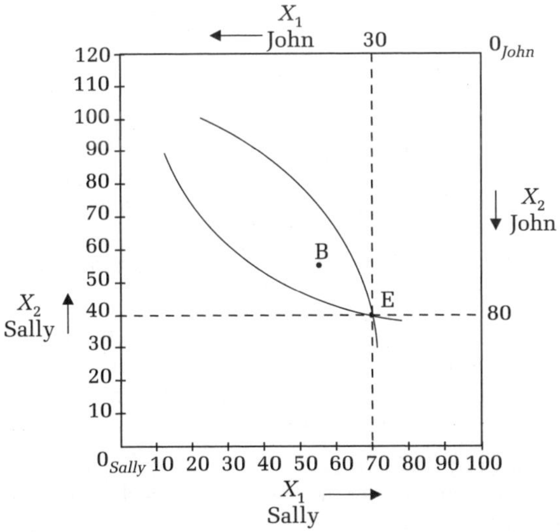

Abbildung 16A.2

16.8 Lösungen zu den Kontrollfragen

16. e) Die allgemeine Gleichgewichtsanalyse erfüllt alle diese Bedingungen.

17. d) Die GRS entsprechen einander lediglich in den Berührungspunkten der Indifferenzkurven in der Edgeworth-Box (entlang der Kontraktkurve).

18. d) Die ursprüngliche Ausstattung könnte auf der Kontraktkurve liegen, sodass c) falsch wäre.

19. b) Die Nutzenmöglichkeitsgrenze hängt von den gesamten Ausstattungen, nicht aber von ihrer Verteilung ab, denn eine Bewegung entlang der Nutzenmöglichkeitsgrenze stellt eine Umverteilung der Güter entlang der Kontraktkurve dar.

20. e) Dies sind die drei Grenzbedingungen für Effizienz.

21. a) Nur diese Bedingung muss erfüllt sein, damit Freihandel Gewinn bringt. Ist a) gegeben, dann wird ein Land vom Freihandel profitieren, gleichgültig welche Präferenzen die Verbraucher dort haben.

22. b) Jeder Punkt, der nicht auf der Kontraktkurve liegt, ist ineffizient und daher ist es möglich, die Güter neu aufzuteilen und damit mindestens eine Person besser zu stellen, ohne dass eine andere schlechter gestellt wird.

23. d) Da ihre GRS-Werte nicht gleich sind, müssen sie sich auf einem Punkt befinden, der nicht auf der Kontraktkurve liegt. Sie werden gegenseitig vorteilhafte Handelsgeschäfte betreiben, bis sie einen Punkt auf der Kontraktkurve erreichen, das heißt bis $GRS^A = GRS^B$.

24. a) Wir können nur sagen, dass beide effiziente Allokationen sind. Ist ein Punkt auf der Kontraktkurve einmal ausgewählt, gibt es keine Möglichkeit, sich zu einem anderen Punkt auf der Kontraktkurve zu bewegen, ohne dass eine Person schlechter gestellt wird; daher ist b) falsch. Außerdem kann die Verteilung der Güter nicht bei beiden Allokationen gleich sein. Aus egalitärer Sicht ist nur eine gleichmäßige Verteilung der Güter gerecht, und wir wissen nicht, wie die Güter an den Punkten Q und R aufgeteilt sind.

25. c) Wenn es wahrscheinlich ist, dass Rückwirkungen zwischen Märkten von Bedeutung sind, dann liefert die partielle Gleichgewichtsanalyse nur eine schlechte Annäherung an die richtige Lösung und wir müssen stattdessen die allgemeine Gleichgewichtsanalyse anwenden.

26. d) Wenn ein Arbeiter statt in der Bekleidungs- in der Nahrungsmittelindustrie eingesetzt würde, würde die Menge an Kapital, die der Nahrungsmittelproduktion entzogen werden könnte, ohne die Produktionsmenge unter das ursprüngliche Niveau zu senken, die Menge an Kapital übersteigen, die notwendig wäre, um den Verlust des Arbeiters in der Bekleidungsbranche auszugleichen. Das zusätzliche Kapital könnte eingesetzt werden, um die Produktionsmenge beider Güter zu steigern.

27. c) Die Verbraucher würden 4 Bekleidungseinheiten für eine zusätzliche Nahrungsmitteleinheit geben, doch eine Nahrungsmitteleinheit kostet die Gesellschaft nur 2 Bekleidungseinheiten. Also sollten mehr Nahrungsmittel und weniger Kleidung produziert werden.

28. c) Da im Monopol ein Preis verlangt wird, der die Grenzkosten übersteigt, während in einer Branche, in der Wettbewerb herrscht, die Grenzkosten dem Preis entsprechen, gilt $GK_F / GK_C > P_F / P_C$. Da der Monopolpreis die Grenzkosten übersteigt, ist die Kleidungsproduktion zu gering.

16.9 Lösung zur Internetübung

Alle drei dieser Auswahlmöglichkeiten steigern das verfügbare Einkommen des Einzelnen. Dies führt zu einer höheren Gesamtnachfrage und dadurch zu einer gesteigerten Gesamtproduktion. Die Regierung strebt ein höheres BIP an. Wir wissen auch, dass Einkommensteuern ein effizientes Wettbewerbsgleichgewicht verzerren. Deshalb ermöglicht es die Senkung des Einkommensteuersatzes der Wirtschaft, sich auf ein Wettbewerbsgleichgewicht zuzubewegen und steigert so deren Effizienz. Daher ist die erste Alternative (Senkung des Einkommensteuersatzes) die beste.

Die Implementierung der dritten Alternative kann zu einer zusätzlichen Verzerrung auf dem Arbeitsmarkt führen (Menschen mit einem Jahreseinkommen, das $ 17.000 gerade übersteigt, hätten einen Anreiz, ihr Arbeitsangebot zu reduzieren, um ihr Jahreseinkommen auf $ 17.000 zu senken und sich so für die Auszahlung der Pauschalsumme zu qualifizieren.) In Bezug auf die Effizienz ist also diese dritte Alternative die schlechteste. (Allerdings kann die dritte Möglichkeit in Bezug auf Gerechtigkeit der zweiten überlegen sein.)

Märkte mit asymmetrischer Information

17

Wichtige Begriffe

- Adverse Selektion
- Das „Lemons“-Problem
- Signalisierung
- Moral Hazard
- Das Prinzipal-Agenten-Problem
- Effizienzlöhne

ÜBERBLICK

17.1 Hauptthemen des Kapitels

In den Kapiteln 5 und 15 haben wir einige der Auswirkungen von Unsicherheit auf das Verhalten von Konsumenten und Unternehmen untersucht. Bei diesen Transaktionen verfügten jedoch alle beteiligten Parteien über gleich gute Informationen. Beim Capital Asset Pricing-Modell beispielsweise haben alle Investoren identische Erwartungen in Bezug auf die Risiken jedes Unternehmens. Nun befassen wir uns mit einer anderen Möglichkeit – dass Käufer und Verkäufer unterschiedliche Informationen über die Qualität der gehandelten Waren und Dienstleistungen haben.

Die Märkte für Kredite und Versicherungen sind zwei Beispiele für Märkte, deren Funktionieren durch asymmetrische Information beeinträchtigt wird. In diesen Fällen wissen die Verbraucher besser als die Verkäufer, welchen Risikotyp sie darstellen. Personen, die geringe Risiken bieten, könnten sich gegen den Kauf einer Versicherung entscheiden, denn der Preis für die Versicherung basiert auf dem *durchschnittlichen* Risiko in der Bevölkerung. Diese *adverse Selektion* (die Tatsache, dass nur Menschen mit hohem Risiko eine Versicherung abschließen) bedeutet, dass die Versicherungsunternehmen ihren Preisen Verlustraten zugrunde legen müssen, die höher sind als für den Durchschnitt der Zielgruppe. Oft verwenden Versicherer und Kreditinstitute Informationen über frühere Verluste beziehungsweise Kreditdaten, um das Problem der adversen Selektion zu verringern.

Auf einem Produktmarkt kann asymmetrische Information über die Qualität des Produkts den Marktpreis so weit nach unten treiben, dass hochwertige Produkte vom Markt verdrängt werden. Dies bezeichnet man als *„Lemons"-Problem*. Wenn der Käufer nur über die gesamte Verteilung der Produktqualitäten Bescheid weiß, hängt die Zahlungsbereitschaft jedes Käufers von der erwarteten Durchschnittsqualität ab. Der Preis, den ein Verkäufer akzeptiert, hängt jedoch von der tatsächlichen Qualität seines Produkts ab. Diese Informations-Asymmetrie führt zu Marktversagen: Verkäufer von hochwertigen Produkten ziehen es vor, ihre Produkte nicht zu verkaufen, obwohl Käufer – wenn sie um diese Qualität wüssten – durchaus bereit wären, dem Verkäufer mehr als den Produktwert zu bezahlen. Die Güter, die auf einem solchen Markt zum Verkauf angeboten werden, sind im Allgemeinen von unterdurchschnittlicher Qualität. Verkäufer könnten versuchen, dieses Problem zu lösen, indem sie eine Reputation für gute Qualität entwickeln. So verringert die Existenz von Geschäftsketten durch Standardisierung die Unsicherheit der Käufer, während unabhängige Geschäfte mehr Schwierigkeiten haben, einen guten Ruf aufzubauen.

Auch auf dem Arbeitsmarkt kann es asymmetrische Information geben. Eine gute Ausbildung kann für Beschäftigte eine Möglichkeit sein, ihre Fähigkeiten potentiellen Arbeitgebern zu demonstrieren. Eine Ausbildung kann also als ein *Signal* fungieren und so die Informations-Asymmetrie zwischen Arbeitnehmer und Arbeitgeber eliminieren. Wenn es für hochqualifizierte Beschäftigte weniger kostspielig ist, ein Signal zu geben, als für weniger qualifizierte Beschäftigte, dann können die gut qualifizierten Beschäftigten ihre Fähigkeiten dem Arbeitgeber glaubhaft anzeigen. Es spielt keine Rolle, ob das Signal einen direkten produktiven Wert hat oder nicht. Damit die Ausbildung als Signal fungieren kann, müssen die Kosten, die mit dem Abschluss einer Ausbildung verbunden sind, für hochqualifizierte Beschäftigte geringer sein als für weniger qualifizierte Beschäftigte. Ein weiteres Signal ist eine Garantieerklärung für ein Produkt. Garantien signalisieren Produktqualität, denn für die Hersteller qualitativ hochwertiger Produkte ist es weniger kostspielig, eine Garantie anzubieten.

Moral Hazard schafft ein weiteres Informationsproblem, das sich ergibt, wenn die versicherte Person ihr Verhalten ändert, nachdem sie sich gegen ein bestimmtes Risiko versichert hat. So könnte es sein, dass eine Person, die sich gerade versichert hat, weniger vorsichtig handelt, um Verluste zu vermeiden. Wenn der Versicherer nicht direkt beobachten kann, wie vorsichtig oder unvorsichtig sich eine Person verhält, müssen die Kosten für den Abschluss einer Versicherung entsprechend höher sein, um das größere Risiko des Versicherers auszugleichen.

Verhaltensweisen, die nicht beobachtet werden können, liegen dem *Prinzipal-Agenten-Problem* zugrunde. Ein Prinzipal beauftragt einen Agenten, einen Auftrag auszuführen, doch der Prinzipal kann das Verhalten des Agenten nicht genau überwachen. Wenn der Erfolg des Agenten gleichermaßen von seinen Bemühungen und von zufälligen Ereignissen abhängt (die der Prinzipal nicht beobachten kann), könnte ein erfolgsorientiertes Anreizschema notwendig sein, damit der Agent sich im gewünschten Maß bemüht.

Die *Effizienzlohntheorie* sagt voraus, dass die den Arbeitnehmern gezahlten Löhne ihre Produktivität beeinflussen. Shirking(Drückeberger)-Modelle liefern dafür eine mögliche Erklärung. Wenn es für Unternehmen sehr teuer ist, den Arbeitseinsatz ihrer Arbeitnehmer zu überwachen, können sie alternativ dazu übergehen, die Beschäftigten stichprobenartig zu überprüfen und diejenigen zu entlassen, die dabei erwischt werden, wenn sie nicht hart genug arbeiten. Auf einem kompetitiven Arbeitsmarkt, der sich im Gleichgewicht befindet, können entlassene Arbeitnehmer zum gleichen Lohnsatz eine neue Arbeitsstelle finden, sodass diese Bedrohung nicht sehr groß ist. Würden die Arbeitnehmer jedoch einen Lohn bekommen, der über dem Gleichgewichtslohn liegt, würden sie unter dem Verlust ihrer Arbeitsstelle leiden, denn ein neuer Job würde höchst wahrscheinlich nicht so gut bezahlt sein. Ein hoher Lohn kann Arbeitnehmer also davon abhalten, zu bummeln und so ihren Arbeitsplatz zu riskieren, auch wenn die Wahrscheinlichkeit, tatsächlich gefeuert zu werden, nur gering ist.

17.2 Wiederholung und Übungen

17.2.1 Qualitätsunsicherheit und der Markt für „Lemons" (Kapitel 17.1)

Ein Mann greift jeden Morgen, bevor er aus dem Haus geht, nach dem Kleingeld auf seinem Nachttisch und steckt es in die Tasche. Er gibt an, dass er morgens durchschnittlich € 2,50 einsteckt, wobei der Betrag zwischen € 1,00 und € 4,00 gleichverteilt ist. Der Mann bietet an, uns das gesamte Kleingeld in seiner Tasche für € 2,00 zu überlassen. Sollen wir dieses Angebot annehmen? Wenn er nicht weiß, wie viel Kleingeld er heute eingesteckt hat, scheint das eine vernünftige Sache zu sein, denn wir würden für eine erwartete Belohnung von € 2,50 nur € 2,00 bezahlen.

Nun wollen wir das Problem abwandeln. Nehmen wir an, der Mann möchte, dass wir für das Kleingeld in seiner Tasche ein Gebot abgeben. Nachdem wir das Angebot gemacht haben, zählt er das Geld in seiner Tasche und entscheidet dann, ob er das Gebot annimmt oder nicht. In diesem Fall sollten wir uns nicht auf das Geschäft einlassen – wir können niemals gewinnen, denn der Mann nimmt unser Angebot ja nur an, wenn er dadurch profitieren würde. Da er bei seiner Entscheidung über eine Information verfügt, die wir bei der Abgabe unseres Gebots nicht haben, hat er aufgrund *asymmetrischer Information* einen Vorteil.

Wir alle müssen unter ähnlichen Bedingungen viele wichtige Entscheidungen treffen. Der Verkäufer eines Gebrauchtwagens weiß über die Qualität des Autos besser Bescheid als der Käufer. Kauft eine Person eine Autoversicherung, so weiß sie, ob sie eher vorsichtig oder riskant fährt. Ein Kreditnehmer weiß, ob er seinen Kredit zurückzahlen oder Kreditbetrug begehen will.

Durch asymmetrische Informationen in Bezug auf Produktqualität ergibt sich ein *„Lemons"-Problem.* So bestimmen zum Beispiel auf dem Markt für Gebrauchtwagen die Käufer die Preise, die sie zu zahlen bereit sind, wobei sie sich nach ihrer Einschätzung der durchschnittlichen Qualität der angebotenen Fahrzeuge richten. Die Verkäufer dagegen kennen die Qualität ihrer Autos und nehmen die Qualität jedes einzelnen Autos als Basis für den verlangten Preis. In einer solchen Situation bekommt der Verkäufer der qualitativ hochwertigsten Autos nie den Preis, der diese Qualität in vollem Maße widerspiegelt. Folglich wird der Verkäufer seine Wagen nicht zum Verkauf anbieten. Doch nun ist es auch dem Verkäufer der Autos mit der zweitbesten Qualität nicht mehr möglich, einen Preis zu erzielen, welcher der Qualität seiner Autos gerecht wird, und auch er wird sich vom Markt zurückziehen. Dieser Prozess kann sich so lange fortsetzen, bis nur noch Produkte minderwertigster Qualität (Lemons) auf dem Markt sind. (Nur wenn Käufer qualitativ minderwertige Autos sehr viel höherwertig einschätzen, als es die Verkäufer tun, ist es möglich, dass auch hochwertige Autos zum Gleichgewichtspreis verkauft werden.)

Immer werden Autos auch aus Gründen verkauft, die nichts mit der Qualität zu tun haben. (Junge Eltern brauchen vielleicht ein größeres Auto, Vertriebsmitarbeiter brauchen ein repräsentatives Auto, das auf dem neuesten technischen Stand ist, sodass manchmal einfach ein altes, aber zuverlässiges Auto verkauft wird.) Auch wenn auf einem Markt mit asymmetrischer Information viele Transaktionen stattfinden, liegt die Anzahl immer noch unterhalb des effizienten Niveaus. Die Informations-Asymmetrie veranlasst einige Menschen, ihre Fahrzeuge nicht zu verkaufen, obwohl sie sehr wohl verkaufen würden, wenn die Qualität ihrer Wagen wahrheitsgemäß vermittelt werden könnte, und obwohl durchaus Käufer bereit wären, für ein Auto, dessen hohe Qualität bekannt ist, einen höheren Preis zu bezahlen.

Auch auf dem Arbeitsmarkt können asymmetrische Informationen eine Rolle spielen, wie die folgenden Übungen zeigen

Übung

1. Burt hat momentan eine Arbeitsstelle und entschließt sich, sich bei einem anderen Unternehmen vorzustellen. Wenn ihm der neue Arbeitgeber, Sam, ein Jobangebot macht, besteht eine Möglichkeit für Burt darin, seinen jetzigen Arbeitgeber, Harry, um eine Lohnerhöhung zu bitten.
   a) Welche Signalwirkung hat es für Sam, wenn Burt ein Gegenangebot von Harry bekommt? Welche Signalwirkung entsteht, wenn Burt kein Gegenangebot bekommt?
   b) Sollte Sam seinem Lohnangebot die erwartete Arbeitsqualität des Arbeitnehmers zugrunde legen (die er durch das Vorstellungsgespräch ermittelt) oder sollte er ein geringeres Lohnangebot machen? Warum?

Übung

2. Betrachten wir den Markt für kompakte Stereoanlagen, die meist ein Kassettendeck, ein Radio, einen CD-Player und zwei relativ kleine Lautsprecher enthalten. Auf dem Markt werden sowohl qualitativ hochwertige als auch geringwertige Anlagen verkauft.
   a) Wenn wir davon ausgehen, dass Verkäufer mehr Informationen über die Produktqualität haben als Käufer (obwohl auch die Käufer über einige Informationen verfügen), wäre dann der Anteil hochwertiger Anlagen auf dem Markt größer, kleiner oder gleich im Vergleich zu einem Markt, auf dem Käufer und Verkäufer vollständig informiert sind?
   b) Welche Praktiken haben sich entwickelt, um das Problem asymmetrischer Information, mit dem sich die Verbraucher konfrontiert sehen, zu verringern?

17.2.2 Marktsignalisierung (Kapitel 17.2)

Viele Unternehmen verkaufen Autoersatzteile wie zum Beispiel Stoßdämpfer. Einige bieten Garantien auf die Teile für die gesamte Lebensdauer des Autos an. Andere bieten kürzere Garantiezeiten, wieder andere bieten gar keine Garantie an. Obwohl wir bereit sind, für neue Stoßdämpfer mit Garantie mehr zu bezahlen, hängt doch der genaue Mehrbetrag davon ab, für wie wahrscheinlich wir es halten, dass die verschiedenen Stoßdämpfer kaputtgehen werden, solange wir unser Auto noch fahren. Für ein Unternehmen, das qualitativ hochwertige Produkte verkauft, ist es weniger kostspielig, eine Garantie anzubieten, als für Unternehmen, die minderwertige Produkte verkaufen, denn der Hersteller der hochwertigen Produkte hat geringere erwartete Kosten für die Einhaltung seiner Garantien. Auch bei voller Garantieleistung würden wir es vorziehen, die Marke zu kaufen, bei der die Wahrscheinlichkeit, dass das Produkt kaputtgeht, am geringsten ist, denn es ist mit einer gewissen Unbequemlichkeit verbunden, die Garantieleistung in Anspruch zu nehmen (das heißt das Auto zumindest in die Werkstatt zu fahren). Also sind wir bereit, für das qualitativ hochwertige Produkt einen Zuschlag zu zahlen.

Verkäufer, die qualitativ geringwertige Produkte verkaufen, werden davon abgehalten, Garantien anzubieten, denn für sie sind die Kosten, die mit der Erfüllung der Garantieleistung verbunden sind, höher als für Verkäufer hochwertiger Produkte. Diese Kostendifferenz bedeutet, dass die Garantie als starkes *Signal* für Qualität dienen kann. Wenn die Verbraucher bereit sind, für die Marke mit Garantie einen Zuschlag zu bezahlen, der die Kosten für die Erfüllung der Garantie für hochwertige Produkte übersteigt, aber geringer ist als die Kosten für die Erfüllung der Garantie für minderwertige Produkte, dann werden Garantien nur für hochwertige Marken angeboten werden.

Im Allgemeinen ist ein Signal dann wirkungsvoll, wenn es für Verkäufer hochwertiger Produkte einfacher (kostengünstiger) ist, das Signal anzubieten, als für Verkäufer geringwertiger Produkte. Die Kosten des Signals müssen hoch genug sein, um Verkäufer geringwertiger Güter davon abzuhalten, Signale zu geben. Sie müssen aber auch niedrig genug sein, damit sich die Verkäufer hochwertiger Produkte für das Signal entscheiden. Wenn es beispielsweise für gute Beschäftigte einfacher ist, einen höheren Ausbildungsabschluss zu erreichen, so kann diese Ausbildung als Signal für die Qualität des Beschäftigten dienen.

Übung

3. Nehmen wir an, die Möglichkeiten für Stipendien würden ausgeweitet, sodass dadurch mehr Studenten die Universität besuchen. Glauben Sie, dass dann mehr Studenten einen Abschluss als Master of Business Administration (MBA) machen würden? Warum?

17.2.3 Moral Hazard (Kapitel 17.3)

Wenn Versicherungsunternehmen das Verhalten ihrer Versicherten nicht überwachen können, könnten die Menschen ihr Verhalten nach dem Abschluss einer Versicherung ändern. So wird sich ein Unternehmen, das eine Feuerversicherung abgeschlossen hat, weniger intensiv um die Vermeidung eines Feuers bemühen als ein Unternehmen, das keine Feuerversicherung besitzt. In vielen solchen Situationen hängen die Bemühungen, die jemand unternimmt, davon ab, welchem Risiko er ausgesetzt ist. Da eine Feuerversicherung das Risiko reduziert, sorgt sie auch dafür, dass man sich weniger intensiv um die Vermeidung von Feuer bemüht. Das Problem des *Moral Hazard* tritt auf, wenn der Versicherte das Ausmaß des mit einer unsicheren Situation verbunden Risikos selbst beeinflussen kann. Trotz des – irreführenden – Terminus ist es mit keinerlei unmoralischem Verhalten oder Betrug verbunden, wenn man nach dem Abschluss einer Versicherung weniger vorsichtig handelt. Dies stellt lediglich die gewinnmaximierende Reaktion in einer Situation dar, in welcher der Versicherer die Vorsichtsmaßnahmen nicht überwachen kann. Für den Versicherer bedeutet das, dass das Verhalten der nichtversicherten Bevölkerung nicht der richtige Maßstab sein kann, um daraus die Wahrscheinlichkeit von Feuerschäden (oder anderen Unfällen) bei den Versicherten ableiten zu können.

Übung

4. Obwohl Joe eine umfassende Krankenversicherung abgeschlossen hat, möchte er keinen Herzinfarkt riskieren. Er ernährt sich weiterhin gesund und treibt regelmäßig Sport, um das Risiko einer Herzerkrankung zu minimieren, obwohl er versichert ist. Gibt es in dieser Situation Elemente von Moral Hazard, die Joes Krankenversicherung beunruhigen sollten?

17.2.4 Das Prinzipal-Agent-Problem (Kapitel 17.4)

Moral Hazard stellt für Versicherungsunternehmen ein Problem dar, denn sie können oft nicht feststellen, ob ein Unfall auf mangelnde Sorgfalt oder einfach auf Pech zurückzuführen ist. Tatsächlich sehen sich fast alle Unternehmen mit diesem Problem konfrontiert. So kann der Eigentümer eines Unternehmens zum Beispiel nicht genau beobachten, mit welchem Engagement sein Vertriebspersonal potentielle Kunden betreut. Die Festlegung des optimalen Entlohnungssystems durch den Eigentümer ist ein Beispiel für ein *Prinzipal-Agent-Problem*. Eine Prinzipal-Agent-Beziehung besteht, wenn das Wohlergehen einer Person vom Handeln einer anderen Person abhängt. Der Eigentümer eines Unternehmens ist der Prinzipal (der Nutznießer der Bemühungen) und der Vertriebsmitarbeiter (der die Bemühungen unternimmt) ist der Agent.

Wenn ein Vertriebsmitarbeiter nur wenig Umsatz macht, kann der Eigentümer nicht zwischen zwei Möglichkeiten unterscheiden: entweder der Vertriebsmitarbeiter hat gebummelt und nur wenige Kunden besucht, oder die Zielpersonen in dem Gebiet des Vertreters haben innerhalb des entsprechenden Zeitraums nur wenig nachgefragt. Wie kann der Eigentümer angesichts der fehlenden Möglichkeit, die Bemühungen konkret zu beobachten, ein optimales Entlohnungssystem entwerfen, um Bemühungen anzuregen? Eine mögliche Lösung besteht darin, jeden Vertriebsmitarbeiter gemäß seiner Umsätze in seinem zugewiesenen Gebiet zu bezahlen (ein Provisionssystem). Ein reines Provisionssystem könnte für den einzelnen Vertriebsmitarbeiter aber mit großen Risiken verbunden sein (die der Eigentümer des Unternehmens leichter tragen könnte). Eine Kompromisslösung lautet, jedem Vertreter ein kleines festes Gehalt und zusätzlich einen Bonus zu bezahlen, der auf seinen Gebietsumsätzen basiert. Ein solches System birgt immer noch Anreize, sich um Abschlüsse zu bemühen, diese sind aber nicht so groß wie bei einem reinen Provisionssystem. Bei einem gemischten System übernimmt der Eigentümer einen Teil des Risikos.

Übung

5. Die Nachfrage nach Autos ist extrem zyklisch. Sie steigt, wenn die Wirtschaftslage gut ist und geht zurück, wenn sich die Wirtschaft im Abschwung befindet. Die Eigentümer von Automobilunternehmen sind sich dessen wohl bewusst und müssen verschiedene Zahlungspläne in Erwägung ziehen, denn sie wissen, dass die Jahresgewinne ihres Unternehmens von der Wirtschaftslage *und* von der Leistung ihrer Manager abhängen. Welchen der folgenden Zahlungspläne würden Sie den Eigentümern empfehlen und warum?

a) Bezahlung eines pauschalen Gehalts an die Manager, das nichts mit der wirtschaftlichen Leistung des Unternehmens zu tun hat.

b) Auszahlung eines Anteils der Gewinne an die Manager.

c) Bezahlung eines pauschalen Gehalts und zusätzlich eines Bonus an die Manager, der vom Erfolg des Unternehmens abhängt.

17.2.5 Asymmetrische Information auf Arbeitsmärkten: Die Effizienzlohntheorie (Kapitel 17.6)

Der Effizienzlohn ist der Lohn, der Arbeitnehmer dazu bringt, produktiv zu sein und nicht zu bummeln. Der Effizienzlohn ist höher als der Wettbewerbslohn. Nehmen wir an, ein Arbeitnehmer wird beim Bummeln erwischt und daraufhin entlassen. Die Kosten, gefeuert zu werden, sind höher, wenn der Lohn beim ursprünglichen Unternehmen höher ist als der normale Marktlohn.

Wie groß die Differenz zwischen Effizienzlohn und Marktlohn ist, hängt von einer Reihe von Faktoren ab. Je höher etwa die Arbeitslosigkeit ist, desto geringer ist die Differenz. Bei hoher Arbeitslosigkeit sind auch die Kosten des Bummelns und des Verlusts des Arbeitsplatzes hoch (das Risiko, lange Zeit arbeitslos zu sein, ist signifikant). Daher muss ein Unternehmen seine Löhne nicht sehr stark anheben, um die Arbeitnehmer dazu zu bringen, produktiv zu sein. Oder betrachten wir die Auswirkung einer häufigen Kontrolle der Arbeitnehmer durch den Arbeitgeber. Wenn der Arbeitgeber sie ständig überwachen kann, muss er seine Löhne nicht anpassen. Kann der

Arbeitgeber seine Beschäftigten aber nur unregelmäßig überwachen, muss die Lohndifferenz größer sein, um häufiges Bummeln zu verhindern.

Übung

6. Wir gehen davon aus, dass allen Unternehmen daran liegt, Bummeleien zu verhindern. Wenn also alle Unternehmen ihre Löhne erhöhen, wird sich dies auf das Bummelverhalten der Arbeitnehmer auswirken?

17.3 Übungsaufgaben

7. Würde der Markt für Gebrauchtwagen versagen, wenn weder Käufer noch Verkäufer zum Zeitpunkt des Verkaufs über die Qualität des verkauften Wagens Bescheid wüssten? Wie würde sich das Marktgleichgewicht von einem Marktgleichgewicht bei asymmetrischer Information unterscheiden?

8. Adverse Selektion und Moral Hazard sind Probleme, die auf dem Versicherungsmarkt auftauchen. Bezeichnen diese beiden Begriffe dasselbe Problem, bezeichnen sie zwei verschiedene Probleme, die sich gegenseitig ausschließen, oder aber zwei verschiedene Probleme, die gleichzeitig vorliegen könnten? Erläutern Sie Ihre Antwort.

9. Nehmen wir an, 40 Prozent der Bevölkerung verfügen auch ohne Ausbildung über gute Fertigkeiten und jede dieser Personen hat ein Grenzprodukt mit einem diskontierten Gegenwartswert von € 200.000. Diese sehr fähigen Menschen könnten einen College-Abschluss zu Kosten, die einem Gegenwartswert von € 40.000 entsprechen, erreichen. Die restlichen 60 Prozent der Bevölkerung verfügen über weniger Fertigkeiten und der diskontierte Gegenwartswert ihres Grenzprodukts beträgt € 120.000, gleichgültig welche Ausbildung sie gemacht haben. Diese weniger fähigen Menschen könnten einen College-Abschluss zu Kosten erwerben, die einem Gegenwartswert von € 90.000 entsprechen. Potentielle Arbeitgeber sind nicht in der Lage, zwischen fähigen und weniger fähigen Bewerbern zu unterscheiden, die Menschen selbst wissen jedoch über ihre Fähigkeiten Bescheid.
   a) Wie lautet im Gleichgewicht der BW der Löhne, die an College-Absolventen und an Beschäftigte ohne College-Abschluss bezahlt werden?
   b) Nehmen wir an, die Kosten für eine College-Ausbildung steigen drastisch auf € 100.000 für fähige und auf € 140.000 für weniger fähige Studenten. Wie lautet der BW der Löhne, die an Beschäftigte mit und ohne College-Abschluss bezahlt werden?

10. Eine betrieblich organisierte Krankenversicherung ist meist wesentlich kostengünstiger als Versicherungsleistungen, die von jedem Einzelnen separat erworben werden. (Anmerkung: In den USA ist der Abschluss einer Krankenversicherung nicht gesetzlich vorgeschrieben.) Gruppenversicherungen für Kraftfahrzeuge sind dagegen nicht wesentlich günstiger als einzelne Policen. Das Gesetz verlangt, dass jeder Autofahrer zumindest eine Grundversicherung für sein Auto abschließt. Können Sie die relativen Preise von Gruppen- und Einzelversicherungen vor dem Hintergrund dieser Tatsache erklären?

11. Erklären Sie, warum wir davon ausgehen, dass Moral Hazard eine größere Auswirkung auf den Markt für Autoversicherungen hat als auf den Markt für Flugreiseversicherungen (sie versichern das Leben von Flugzeuginsassen im Fall eines Absturzes)?

12. Nehmen wir an, dass die Nutzer von Mietwagen jeweils eine Nachfragekurve nach gefahrenen Kilometern pro Tag haben, wie in Abbildung 17.1 dargestellt. Es kostet die Autovermietung € 30 pro Tag, einem Kunden ein Auto zur Verfügung zu stellen. Zusätzlich kostet es das Unternehmen € 0,25 pro gefahrenen Kilometer. Nehmen wir an, der Markt für Mietautos ist ein vollkommener Wettbewerbsmarkt.

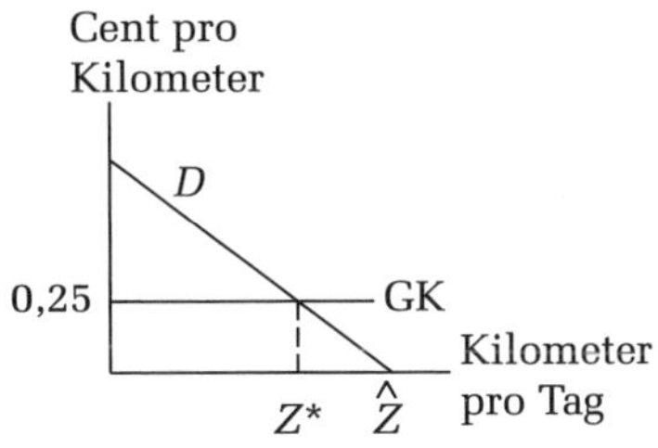

Abbildung 17.1

a) Wo läge der gleichgewichtige Mietpreis eines Wagens, wenn die Autovermietung die gefahrenen Kilometer messen könnte (Kilometer pro Tag und Preis pro Kilometer)?

b) In einer Kleinstadt wurden in der Vergangenheit skrupellose Autovermietungen dabei erwischt, die Kilometerzähler ihrer Leihwagen zu manipulieren. Daraufhin erließen die lokalen Behörden eine Regelung zum Schutz der Verbraucher, die es Autovermietungen untersagte, pro gefahrenem Kilometer abzurechnen. Wie hoch wäre in diesem Fall der gleichgewichtige Tagessatz für einen Mietwagen?

c) Welcher Wohlfahrtsverlust ergibt sich aus der fehlenden Möglichkeit, pro Kilometer abzurechnen?

17.4 Kontrollfragen

13. Wenn Sie einen Mietwagen mieten, verkauft Ihnen das Autovermietungsunternehmen auch eine Kaskoversicherung, die Sie von jeglicher finanzieller Haftung für Beschädigungen am Auto aufgrund von Zusammenstößen entbindet. Verglichen mit anderen Versicherungspolicen für Autos erscheint diese Kaskoversicherung ziemlich teuer. Eine mögliche Erklärung ist:

a) Das Problem von Moral Hazard ist hier größer.

b) Das Problem von adverser Selektion ist hier größer.

c) Es ist teurer, Mietwagen zu reparieren.

d) a) und b).

e) b) und c).

14. Es ist *weniger* wahrscheinlich, dass ein Hersteller Garantien auf seine Produkte anbietet, wenn

a) falscher Gebrauch des Produkts durch Verbraucher oft zu einem Versagen des Produkts führt und schwer aufzudecken ist;

b) seine Produkte von höherer Qualität als Konkurrenzprodukte sind;

c) seine Produkte von geringerer Qualität als Konkurrenzprodukte sind;

d) a) und b);

e) a) und c).

15. Von wem würden Sie lieber einen Gebrauchtwagen kaufen (ceteris paribus)?

a) Von jemandem, der sein altes Auto verkauft, um ein neues zu kaufen.

b) Von einem Hobbymechaniker.

c) Von einem ausländischen Doktoranden, der in seine Heimat zurückkehrt.

d) Von einer Familie, die plant, einen anderen Gebrauchtwagen zu kaufen.

e) a) oder d).

16. Das Signalisierungsmodell einer Ausbildung würde versagen, wenn

a) die Fähigkeiten, die man in der Schule lernt, in der Arbeitswelt nützlich wären;

b) die Kosten einer Ausbildung für Menschen mit unterschiedlichen Fähigkeiten gleich hoch wären;

c) die Menschen ihre eigenen Fähigkeiten nicht einschätzen könnten;

d) b) und c);

e) a), b) und c).

17. Die Effizienzlohntheorie sagt aus, dass

a) es effizienter ist, den Beschäftigten den Mindestlohn zu bezahlen;

b) ein höherer Lohn die Beschäftigten vom Bummeln abhalten kann;

c) besser bezahlte Beschäftigte weniger Angst vor Arbeitslosigkeit haben;

d) die Beschäftigten nie ihr Grenzprodukt als Lohn erhalten sollten.

e) Keine der Antworten ist korrekt.

18. Waschmittel sind ein Produkt, das von den meisten Haushalten oft gekauft wird. Dass hochwertige Waschmittel stärker beworben werden, kann als ein Beispiel für folgenden Sachverhalt angesehen werden:

a) Adverse Selektion.

b) Moral Hazard.

c) Marktsignalisierung.

d) Das Prinzipal-Agent-Problem.

e) Keine der Antworten ist korrekt.

19. Welche der folgenden Situationen ist das beste Beispiel für adverse Selektion?

a) Ein Verbraucher kauft einen Rasenmäher, der nicht wie in der Werbung versprochen funktioniert.

b) Ein Restaurantbesitzer, der eine Feuerversicherung besitzt, zündet sein Restaurant an.

c) Risikoscheue Menschen schließen immer mehr Versicherungen ab, als sie bräuchten.

d) Menschen, die gesundheitliche Probleme haben, schließen eher zusätzliche Krankenversicherungen ab.

e) Nur Hersteller von hochwertigen Produkten bieten Garantien an.

20. In der Stadt Manchester gibt es 100 Gebrauchtwagen, die zum Verkauf stehen. Die Besitzer der geringwertigen Autos bewerten ihre Wagen mit € 4.000, während die Besitzer hochwertiger Autos ihre Fahrzeuge mit € 8.000 bewerten. Die Käufer glauben, dass 50 Prozent der Autos „Zitronen" (von geringer Qualität) sind. Es gibt 100 potentielle Kunden, die geringwertige Autos mit € 5.000 und hochwertige Autos mit € 10.000 bewerten. Der Preis, den ein Käufer zu zahlen bereit ist, ist eine Funktion der durchschnittlichen Autoqualität, die er auf dem Markt erwartet. Wir können schließen, dass langfristig gesehen Folgendes geschieht:

a) Die Käufer sind bereit, € 7.500 zu bezahlen, und nur geringwertige Autos werden zum Verkauf angeboten.

b) Die Käufer sind bereit, € 7.500 zu bezahlen, und sowohl geringwertige als auch hochwertige Autos werden zum Verkauf angeboten.

c) Die Käufer sind bereit, € 5.000 zu bezahlen, und nur geringwertige Autos werden zum Verkauf angeboten.

d) Die Käufer sind bereit, € 10.000 zu bezahlen, und sowohl geringwertige als auch hochwertige Autos werden zum Verkauf angeboten.

e) Die Käufer sind bereit, € 10.000 zu bezahlen, und nur hochwertige Autos werden zum Verkauf angeboten.

21. In welcher der folgenden Branchen würden Sie erwarten, dass national beworbene Marken den größten Marktanteil haben?

a) Installationsunternehmen.

b) Milch in Flaschen.

c) Hotels und Motels.

d) Smokingverleihe.

e) Keine der Antworten ist korrekt.

22. Langfristige Aktienoptionen für Führungskräfte in börsennotierten Unternehmen:

a) geben Managern mit geringem Privatvermögen die Möglichkeit einer größeren Beteiligung am Unternehmen;

b) bringen die Interessen von Managern und Aktionären in Einklang;

c) bilden einen Anreiz für Manager, sich nicht auf kurzfristige Erfolge zu konzentrieren;

d) b) und c);

e) a), b) und c).

23. Eine unbegrenzte Rückgabemöglichkeit bei einem kleinen Textilversand könnte:

a) als Signal für die Kunden fungieren;

b) die Unsicherheit der Verbraucher über die Produktqualität verringern;

c) weniger effektiv für ein Unternehmen sein, das neu auf dem Markt ist;

d) a) und b);

e) a), b) und c).

24. In den meisten Ländern sind Autofahrer gesetzlich verpflichtet, ihre Fahrzeuge zu versichern. Für Versicherungsunternehmen könnte dies folgendes Problem verringern:

a) Moral Hazard.

b) Adverse Selektion.

c) Prinzipal-Agenten-Probleme.

d) Alle Antworten sind korrekt.

e) Keine der Antworten ist korrekt.

17.5 Internetübung

Öffnen Sie die Website des Department of Health and Human Services (US-Gesundheitsministerium), Office of the Assistant Secretary of Planning and Evaluation unter *http://aspe.hhs.gov/daltcp/reports/fedrole.htm*, um das Dokument *The Federal Role in Consumer Protection and Regulation of Long-term Care Insurance (June 1991)* aufzurufen. Klicken Sie *Executive Summary* an und lesen Sie diese Zusammenfassung. Welche der im Zusammenhang mit Versicherungen für langfristige Pflege angesprochenen Probleme sind auf asymmetrische Information zurückzuführen?

17.6 Lösungen zu den Übungen

1. a) Hier besteht die Informations-Asymmetrie zwischen Sam, dem potentiellen Arbeitgeber, und Harry, dem gegenwärtigen Arbeitgeber. Gleichgültig was Sam Burt anbietet, Harry wird immer ein Gegenangebot machen, wenn Burt mindestens so viel wert ist wie Sams Gehaltsangebot. Burt wird bleiben, wenn er ein Gegenangebot bekommt. Burt wird sich nur dann für Sam entscheiden, wenn dieser seine Fähigkeiten überschätzt hat.

   b) Wenn Burt niemals geht, wenn es ein Gegenangebot gibt, und wenn alle Unternehmen einen Beschäftigten gleich bewerten, dann sollte es niemals neue Angebote für irgendwelche Beschäftigten, die momentan angestellt sind, geben. Dieses Ergebnis ist offensichtlich zu drastisch – Arbeitgeber müssen sich jedoch dessen bewusst sein, dass der gegenwärtige Arbeitgeber eines Beschäftigten immer die Möglichkeit hat, diesem ein Gegenangebot zu machen. Dass bedeutet, dass sie mehr Erfolg haben, Beschäftigte mit geringeren Fähigkeiten abzuwerben.

2. a) Der Anteil an hochwertigen Stereoanlagen ist geringer, als er es bei vollkommener Information wäre. Dies ist ein Beispiel für das „Lemons"-Problem.

   b) Das Problem beim Kauf einer Stereoanlage besteht darin, dass der Käufer sie hören muss, um ihre Qualität (zumindest teilweise) beurteilen zu können. Daher können Käufer in den meisten Läden verschiedene Anlagen zur Probe hören. Außerdem führt etwa die Stiftung Warentest ausführliche Tests verschiedener Produkte durch und veröffentlicht dann eine Bewertung (wobei nicht nur der Klang einer Anlage, sondern auch Haltbarkeit, Bedienbarkeit und so weiter geprüft werden). Käufer können diese Bewertungen nutzen, um das Problem asymmetrischer Information einzudämmen.

3. Wenn Ausbildung als Signal fungiert, dann zeigt ein Beschäftigter, der eine überdurchschnittliche Ausbildung absolviert hat, damit an, dass er auch überdurchschnittliche Fertigkeiten besitzt. Wenn der durchschnittliche Ausbildungsgrad steigt, muss ein Beschäftigter noch weitere Zusatzausbildungen machen, um die gleiche Signalwirkung zu erzielen. Wenn also mehr Menschen einen College-Abschluss haben, müssen Beschäftigte mit guten Fähigkeiten eine noch bessere Ausbildung machen, um ihre Fähigkeiten zu signalisieren. Also würden wir erwarten, dass noch mehr Studenten einen MBA-Abschluss machen.

4. Auch in Joes Fall ist Moral Hazard immer noch ein Problem für Krankenversicherer in Bezug auf die Kosten für die Gesundheitsversorgung. Ein Arzt sagt seinem Patienten, dass eine Bypass-Operation sein Problem lösen würde, dass aber eine gesunde Ernährung und viel Sport ebenfalls helfen würden. Natürlich entscheidet sich der Patient, der nicht ausreichend versichert ist, für die zweite Möglichkeit. Wenn seine Krankenversicherung aber alle Kosten für die Operation übernehmen würde, ist es wahrscheinlicher, dass sich der Patient für die Operation entscheidet.

   Wer eine umfassende Versicherung hat, ist eher bereit, bei einem gesundheitlichen Problem teure Tests und medizinische Untersuchungen machen zu lassen, statt abzuwarten, ob bestimmte Symptome bestehen bleiben. Also verursachen gut versicherte Patienten mehr Kosten als unzulänglich Versicherte, auch wenn beide Gruppen mit der gleichen Wahrscheinlichkeit krank werden.

5. a) Ein pauschales Gehalt bietet nicht genügend Anreize für die Manager, das Ziel der Gewinnmaximierung, das die Besitzer anstreben, mitzutragen.

   b) Dieses Bezahlungssystem bietet zwar die richtigen Anreize, steigert aber auch das Risiko der Manager erheblich. Wenn das Unternehmen risikoneutral ist, die Manager aber risikoscheu sind, wäre es besser, wenn das Unternehmen auch einen Teil des Risikos übernehmen würde.

   c) Das Bonussystem könnte sehr gut effektiv funktionieren. Die Manager sind durch das Grundgehalt gegen allzu große Risiken versichert, können aber auch am Gewinn teilhaben, wenn sie sich zusätzlich anstrengen und dafür sorgen, dass der Gewinn des Unternehmens steigt.

6. Wenn alle Unternehmen ihre Löhne erhöhen, die gestiegenen Kosten aber nicht in den Preisen weitergeben können, müssen sie den Arbeitseinsatz reduzieren. Das bedeutet, dass die Arbeitslosigkeit steigen wird. Und das führt wiederum dazu, dass die Beschäftigten weniger bummeln werden, da das Risiko einer langfristigen Arbeitslosigkeit hoch ist.

17.7 Lösungen zu den Übungsaufgaben

7. Wenn niemand über die Qualität der zum Verkauf stehenden Autos Bescheid wüsste, so würden Käufer und Verkäufer ihren Entscheidungen die Durchschnittsqualität der Autos zugrunde legen. Es würden Fahrzeuge aller Qualitäten angeboten werden und es käme nicht zu einem Marktversagen. (Durch Risikoaversion könnte die Nachfrage etwas gedämpft werden, dies wäre aber effizient.) Das Marktgleichgewicht bei asymmetrischer Information könnte drastisch von diesem Bild abweichen, je nachdem wie stark diese Asymmetrie ist. Ist sie schwerwiegend und gibt es keine Gesetze gegen „Lemons“ und keine Garantievorschriften zum Schutz der Käufer, so könnte es zu einem Marktversagen kommen.

8. Moral Hazard entsteht, wenn Menschen nach dem Abschluss einer Versicherung ihr Verhalten ändern. Zu einer adversen Selektion kommt es, wenn Menschen sich aufgrund ihres Wissens über ihre eigenen Risiken für eine Versicherung entscheiden. Dies sind zwei verschiedene Probleme. Im Bereich der Krankenversicherung können sehr wohl beide Probleme gleichzeitig gegeben sein.

9. a) Da 40 Prozent der Bevölkerung über gute Fähigkeiten verfügen, beträgt der erwartete BW des Grenzprodukts des durchschnittlichen Beschäftigten 0,40(€ 200.000) + 0,60(€ 120.000) = € 152.000. Wenn keine Beschäftigten aufs College gehen, wäre ein Arbeitgeber bereit, einen BW von € 152.000 an Lebenszeiteinkünften zu bezahlen. Angesichts der Tatsache, dass die fähigen Beschäftigten eine Ausbildung für € 40.000 bekommen können, würde dies jeder einzelne von ihnen auch tun, denn die Arbeitgeber würden ihnen dann € 200.000 bezahlen, sodass jeder Beschäftigte € 200.000 – € 40.000 – € 152.000 = € 8.000 gewinnen würde. Die weniger fähigen Beschäftigten würden einen Lohn von € 120.000 erhalten, sie sind jedoch nicht bereit, € 90.000 für zusätzliche Einkünfte von € 80.000 auszugeben. Hier fungiert die Ausbildung als starkes Signal.

   b) In diesem Fall ist die Ausbildung zu teuer für beide Gruppen, also wird niemand aufs College gehen und alle Beschäftigten erhalten € 152.000 als BW ihrer Löhne.

10. Da alle Autofahrer ihre Fahrzeuge versichern müssen, müssen sich die Versicherer keine Sorgen wegen einer adversen Selektion der Risiken machen, wie sie es im Falle von Krankenversicherungen tun müssen. Eine Gruppenversicherung bündelt alle Personen mit hohen und geringen Risiken, reduziert dadurch also das Problem der adversen Selektion des Versicherers. Da dies bei Autoversicherungen ohnehin ein geringeres Problem darstellt, sind die Preisnachlässe hier geringer. Eine alternative Erklärung ist, dass zwischen Beschäftigung und guter Gesundheit eine höhere Korrelation besteht als zwischen Beschäftigung und gutem Fahrstil. Doch wenn das zutreffen würde, würden Versicherer versuchen, den Tarifen für individuelle Krankenversicherungen den Beschäftigungsstatus zugrunde zu legen.

11. Ein Moral-Hazard-Problem ergibt sich, wenn die versicherte Partei die Wahrscheinlichkeit beeinflussen kann, mit der das Ereignis, gegen das sie versichert ist, eintritt. Jeder Einzelne hat viel mehr Kontrolle darüber, ob er in einen Autounfall verwickelt wird, als darüber, ob das Flugzeug, in dem er sitzt, abstürzt. Deshalb gehen wir davon aus, dass sich Autoversicherer sehr viel intensiver mit dem Problem des Moral Hazard auseinander setzen müssen.

12. a) Da die Kosten für alle Unternehmen gleich hoch sind, werden die Preise für alle Bestandteile des Automietvertrags den Kosten entsprechen; die Mieter werden also € 30 pro Tag plus € 0,25 pro Kilometer bezahlen.

b) Jeder Mieter fährt $\hat{Z}$ Kilometer pro Tag, da keine Gebühr pro Kilometer anfällt. Der tägliche Mietpreis muss alle Kosten abdecken, deshalb werden die Mieter €$(30 + 0{,}25\hat{Z})$ bezahlen.

c) Siehe Abbildung 17A.1. Alle Kilometer über Z^* hinaus werden vom Verbraucher weniger hoch bewertet als die Kosten, die diese Kilometer verursachen. Der Verbraucher verdient weniger Rente, als wenn die gefahrenen Kilometer messbar wären, ist aber immer noch bereit, das Auto zu mieten (da die Rente positiv ist).

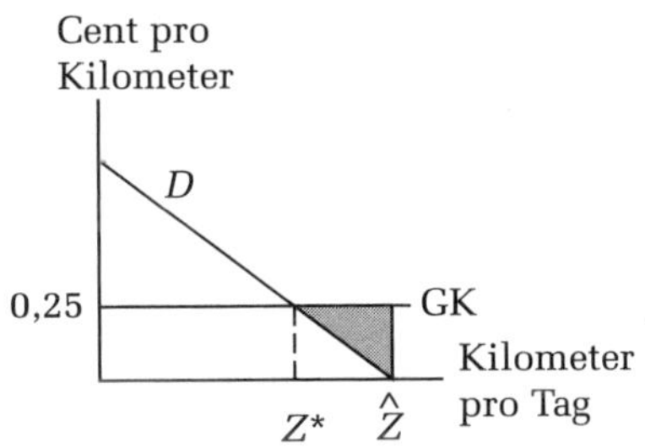

Abbildung 17A.1

17.8 Lösungen zu den Kontrollfragen

13. d) Wenn es nicht Ihr Auto ist, könnten Sie weniger vorsichtig damit umgehen (Moral Hazard). Da außerdem jeder die Möglichkeit geboten bekommt, diese Versicherung dazuzukaufen, wenn er ein Auto mietet, ist es möglich, dass nur diejenigen, die riskant fahren, sich für die Versicherung entscheiden (adverse Selektion).

14. e) Antwort b) ist der einzige Faktor, der Garantien zu einem starken Signal werden lässt. Wenn die Verbraucher beeinflussen können, mit welcher Wahrscheinlichkeit die Produkte kaputtgehen, dann sieht sich der Hersteller dem Problem von Moral Hazard gegenüber, wenn er Garantien anbietet.

15. c) Der Doktorand ist der einzige potentielle Verkäufer, der nicht aus freien Stücken verkauft, und daher stehen die Chancen gut, dass der Wagen von hoher Qualität ist.

16. d) Damit eine Signalwirkung gegeben ist, muss das Gegenteil von b) und c) der Fall sein. Wenn a) wahr ist, kann Ausbildung immer noch als Signal fungieren, ist aber weniger kostspielig als im gegenteiligen Fall.

17. b) Die Effizienzlohntheorie geht davon aus, dass höhere Löhne entweder bessere Arbeitnehmer anziehen oder dass ein Arbeitnehmer härter arbeitet, wenn er mehr bezahlt bekommt.

18. c) Hochwertige Waschmittel werden häufiger wiederholt gekauft und daher ist Werbung dafür vergleichsweise gewinnbringender.

19. d) Antwort b) ist ein Beispiel für Moral Hazard und e) ein Beispiel für Signalisierung.

20. c) Werden alle Gebrauchtwagen zum Verkauf angeboten, so ist der erwartete Wert eines Autos aus Sicht des Käufers 0,5(5.000) + 0,5(10.000) = € 7.500. Da die ursprüngliche Zahlungsbereitschaft der Käufer unterhalb von € 8.000 liegt, werden nur minderwertige Autos zum Verkauf angeboten. Wenn aber nur minderwertige Autos angeboten werden, sind die Käufer auch nur bereit, € 5.000 < € 8.000 zu bezahlen. Daraus können wir schließen, dass langfristig nur minderwertige Autos zum Verkauf angeboten werden.

21. c) Während Unternehmen in all diesen Branchen eine Reputation für Qualität entwickeln müssen, verkauft nur die Hotelbranche ihre Dienstleistung vornehmlich an ortsfremde Kunden. Die anderen Branchen können Mund-zu-Mund-Propaganda und lokale Werbung nutzen, also sind sie weniger auf Markennamen angewiesen, um eine Reputation zu entwickeln.

22. e) Aktienoptionen haben alle genannten Auswirkungen.

23. e) Ein Unternehmen, das bereit ist, eine großzügige Rückgaberegelung anzubieten, geht von einer höheren Kundenzufriedenheit für seine Produkte aus. Dieses Unternehmen signalisiert seinen Kunden so sein Vertrauen in seine Produkte, was auch zu einer Reduzierung der Kundenunsicherheit führt. Eine ähnliche Rückgaberegelung wäre für einen Marktneuling weniger effektiv, denn die Verbraucher sind nicht sicher, ob das neue Unternehmen auch auf dem Markt bleiben wird.

24. b) Wenn die Autobesitzer mit geringem Risiko keine Versicherung abschließen, sehen sich die Versicherer einem Problem adverser Selektion gegenüber. Dieses Problem verschwindet, wenn die Fahrer mit geringem Risiko per Gesetz zum Abschluss einer Versicherung verpflichtet werden. Das Problem des Moral Hazard ist aber auch bei einer Pflichtversicherung gegeben. Hier liegt kein Prinzipal-Agenten-Problem vor – der Autobesitzer ist nicht der Agent des Versicherungsunternehmens.

17.9 Lösung zur Internetübung

Das Problem asymmetrischer Information ergibt sich, wenn eine Vertragspartei Informationen hat, die der anderen Vertragspartei nicht zur Verfügung stehen. Dieser Bericht erwähnt mehrere Informationsprobleme auf dem Versicherungsmarkt für langfristige Pflege. So geht es den Autoren zum Beispiel um Informationen, die den Versicherungsunternehmen, aber nicht den Verbrauchern bekannt sein dürften: „... die Komplexität des Produkts, sich rasch verändernde Produktlinien, unklare Bedingungen, unter denen eine Leistungspflicht eintritt, und Unsicherheiten bezüglich des Produktwerts steigern die Unentschlossenheit derer, die den Abschluss einer langfristigen Pflegeversicherung erwägen, und erhöhen auch die Wahrscheinlichkeit, dass Abschlussentscheidungen hinausgezögert werden, um die Entwicklung neuer Produkte abzuwarten." Der Bericht weist auch darauf hin, dass „die meisten Versicherer nicht über die notwendige Erfahrung aus Leistungsfällen verfügen, um einen angemessenen Preis für die Versicherung langfristiger Pflege ermitteln zu können. Dies führt zu Leistungsbegrenzungen und konservativer Preisbildung."

Externalitäten und Öffentliche Güter

18

Wichtige Begriffe

- Positive und negative Externalitäten
- Gesellschaftliche Grenzkosten
- Der Emissionsgrenzwert
- Die Emissionsgebühr
- Übertragbare Emissionszertifikate
- Eigentumsrechte
- Das Coase-Theorem
- Ressourcen im Gemeineigentum
- Öffentliche Güter
- Nichtrivalisierende Güter
- Nichtausschließbare Güter
- Das Trittbrettfahrer-Problem

ÜBERBLICK

18.1 Hauptthemen des Kapitels

Dieses Kapitel untersucht zwei Ursachen für das Versagen von Wettbewerbsmärkten: Externalitäten und öffentliche Güter. Eine *Externalität* ist gegeben, wenn die Konsum- oder Produktionsaktivitäten eines Einzelnen die Zufriedenheit oder die Produktionsmöglichkeiten anderer beeinflussen. Eine Externalität ist *negativ*, wenn andere dadurch schlechter gestellt werden, wie etwa durch Luftverschmutzung. Sie ist *positiv*, wenn andere dadurch besser gestellt werden, wie etwa durch Impfungen. In beiden Fällen ist die Gleichgewichtsproduktionsmenge ineffizient, wenn Externalitäten vorliegen, denn die gesellschaftlichen und privaten Kosten und Nutzen weichen voneinander ab. Gibt es negative Externalitäten, dann sind die *gesellschaftlichen Grenzkosten* (*GGK*) höher als die Grenzkosten der Produktion. Auf einem Wettbewerbsmarkt liegt die Gleichgewichtsproduktionsmenge im Schnittpunkt von Angebot (der Summe der GK-Kurven der Unternehmen) und Nachfrage. Das effiziente Produktionsniveau dagegen liegt im Schnittpunkt von Nachfrage und GGK.

Eine der wichtigsten negativen Externalitäten, der sich die Gesellschaft ausgesetzt sieht, ist die Umweltverschmutzung. Es gibt drei grundsätzliche Möglichkeiten, die Ineffizienz des Marktes angesichts der Umweltverschmutzung zu korrigieren: (1) ein *Emissionsgrenzwert* (Emissionsstandard) ist eine rechtlich festgelegte Begrenzung der Schadstoffmenge, die ein Unternehmen verursachen darf; (2) eine *Emissionsgebühr* funktioniert wie eine Steuer auf jede Emissionseinheit eines Unternehmens und (3) bei einem System *übertragbarer Emissionszertifikate* muss ein Unternehmen ein Zertifikat besitzen, das ihm gestattet, Emissionen zu verursachen, und diese Zertifikate sind handelbar. Sowohl Emissionsgebühren als auch Emissionszertifikate zwingen die Unternehmen dazu, die externen Kosten, die ihre Umweltverschmutzung der Gesellschaft auferlegt, unternehmensintern zu tragen. Mit ausreichenden Informationen versehen kann die Umweltkontrollbehörde ein effizientes Niveau an Umweltverschmutzung mit jedem dieser drei Instrumente erreichen.

Auch das Rechtssystem kann zur Regulierung von Externalitäten herangezogen werden. *Eigentumsrechte* sind gesetzliche Regeln, die festschreiben, was Menschen oder Unternehmen mit ihrem Eigentum tun dürfen. Wenn Menschen, die in der Nähe eines Flughafens wohnen, ein Eigentumsrecht auf eine ruhige Umgebung haben, können sie verlangen, dass lauter Flugzeuglärm diese Ruhe nicht stört. Oder sie können anbieten, ihre Eigentumsrechte gegen eine Entschädigung aufzugeben. Eine effiziente Lösung kann erzielt werden – gleichgültig, wer das Eigentumsrecht besitzt –, wenn alle Parteien kostenfrei verhandeln können. Diesen Lehrsatz nennt man das *Coase-Theorem*.

Ressourcen im Gemeineigentum, wie etwa Fischgründe, sind Ressourcen, die mittels freiem Zugang, das heißt ohne Bezahlung, genutzt werden können. Freier Zugang bedeutet, dass jeder Einzelne nur seine privaten Kosten für die Nutzung der Ressourcen „bezahlt“. Das ist offensichtlich ineffizient – die privaten Kosten sind geringer als die gesamten gesellschaftlichen Kosten, denn wenn ein Mensch die Ressource nutzt, bedeutet das, dass weniger davon für andere übrig bleibt. Eine Möglichkeit, diese Ineffizienz auszuräumen, liegt darin, die Ressourcen in Privatbesitz zu stellen. Der Besitzer hat den Anreiz, den Zugang einzuschränken und den Nutzern die externen Kosten abzuverlangen, die sie verursachen. Wenn Privatbesitz nicht praktikabel ist, könnte staatlicher Besitz eine angemessenere Lösung sein.

Öffentliche Güter haben zwei wesentliche Merkmale: sie sind *nichtrivalisierend* und *nichtausschließbar*. Nichtrivalisierend bedeutet, dass die Grenzkosten der Bereitstellung des Gutes für einen weiteren Verbraucher gleich null sind. Nichtausschließbar bedeutet, dass der Einzelne nicht davon abgehalten werden kann, das Gut zu konsumieren. Die Bereitschaft der Gesellschaft, für ein öffentliches Gut zu bezahlen entspricht der Summe der Zahlungsbereitschaften aller Gesellschaftsmitglieder, denn jeder hat die Möglichkeit, die gesamte produzierte Menge zu konsumieren. Um die Summe der Zahlungsbereitschaften der Verbraucher darzustellen, ist die Nachfragekurve für ein öffentliches Gut die vertikale (und nicht die horizontale) Addition der einzelnen Nachfragekurven. Die effiziente Produktionsmenge eines öffentlichen Guts ist die Produktionsmenge, bei der diese Gesamtnachfragekurve die Grenzkostenkurve schneidet.

Auf dem Markt herrscht im Allgemeinen eine Unterversorgung mit öffentlichen Gütern, denn es gibt *Trittbrettfahrerverhalten*, wenn die einzelnen Wirtschaftssubjekte wissen, dass sie vom Konsum eines Guts profitieren können, ohne sich an den Kosten der Bereitstellung zu beteiligen. Um Trittbrettfahrer abzuhalten, subventionieren Regierungen häufig öffentliche Güter oder stellen sie selbst zur Verfügung, denn das Problem des Trittbrettfahrens macht es schwierig, diese Güter im privaten Sektor anzubieten. Die Regierung muss dann entscheiden, welche Menge des Gutes sie zur Verfügung stellt. Wenn die Menge an öffentlichen Gütern durch Mehrheitswahlrecht bestimmt wird, wird das bevorzugte Verbrauchsniveau des mittleren Wählers immer die gewählte Alternative sein. Dieses Ergebnis kann ineffizient sein, denn es gewichtet alle Wähler gleich, gleichgültig wie ausgeprägt ihre Präferenzen sind.

18.2 Wiederholung und Übungen

18.2.1 Externalitäten (Kapitel 18.1)

Externe Effekte bei Konsum und Produktion gibt es immer, wenn die Nutzenfunktion einer Person oder die Produktionsfunktion eines Unternehmens direkt von den Konsum- oder Produktionsaktivitäten anderer abhängt. Eine *negative Externalität* ist gegeben, wenn das Handeln einer Partei einer anderen Partei Kosten verursacht. Wenn eine andere Partei vom Handeln der ersten Partei profitiert, so nennt man das eine *positive Externalität*.

Übung

1. Erklären Sie, welche Externalität in jedem der folgenden Fälle vorliegt, falls eine solche vorliegt (mehrere Lösungen sind möglich).
   a) Rauchen in einem Aufzug.
   b) Abspielen lauter Musik am Strand.
   c) Kleidung chemisch reinigen lassen.
   d) Anpflanzen eines schönen Gartens.

Zur Analyse negativer Produktions-Externalitäten können wir auf Diagramme mit Angebot und Nachfrage zurückgreifen. In Abbildung 18.1 hat eine Stadt viele Stahlproduzenten, die alle Schwefeldioxid als Nebenprodukt ihrer Stahlproduktion ausstoßen. Die Unternehmen sind vollkommen kompetitiv (auch alle gemeinsam haben nur verschwindend geringen Einfluss auf den Preis). Daher ist die Nachfragekurve für die Produktion der Unternehmen eine horizontale Gerade beim Marktpreis P'. Die Angebotskurve bildet die Grenzkosten der Produzenten für eine Mengeneinheit Stahl ab. Ohne Externalitäten liegt die gleichgewichtige Stahlproduktion bei Q_0.

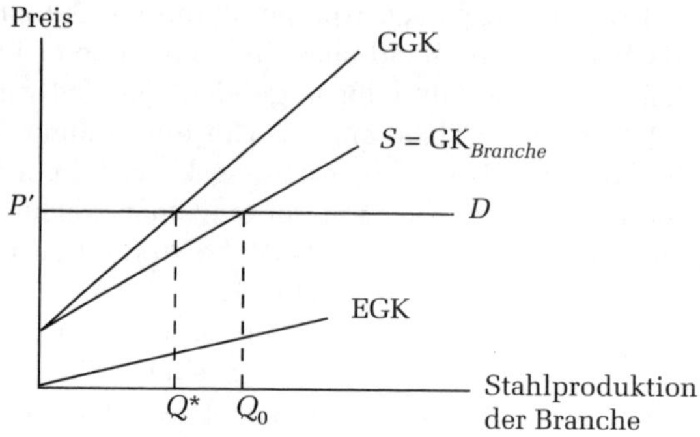

Abbildung 18.1

Leider verursacht die Stahlproduktion eine Externalität – der Ausstoß des Schwefeldioxids schädigt die Gesundheit der Anwohner. Tatsächlich vergrößert jede zusätzliche Produktionseinheit den Schaden immer mehr. Die externen Grenzkosten, die zusätzlichen Kosten, welche die Anwohner tragen müssen, sind durch die EGK-Kurve in Abbildung 18.1 dargestellt. Die vertikale Summe der EGK- und der GK-Kurve sind die sozialen Grenzkosten für die Produktion einer Stahleinheit, GGK.

Die effiziente Produktionsmenge ist Q^*, bei der $P' = GGK$ gilt. Wir können sehen, dass bei Vorliegen negativer Externalitäten zu viel Stahl produziert wird, das heißt $Q^* < Q_0$.

Übung

2. Wie groß ist der Effizienzverlust, wenn Q_0 produziert wird?

Bei positiven Externalitäten kommt es zum gegenteiligen Ergebnis: Das effiziente Produktionsniveau ist höher als das Angebot auf dem privaten Markt. Das geschieht, weil private Individuen das Produktionsniveau so festlegen, dass ihr Grenznutzen (Nachfrage) den Grenzkosten entspricht, obwohl der gesellschaftliche Grenznutzen (GGU) höher ist als der private Grenznutzen. Wie in Abbildung 18.2 gezeigt, wo wir von konstanten Grenzkosten ausgehen, liegt das Marktangebot bei Q_0, während das effiziente Produktionsniveau bei Q^* liegt.

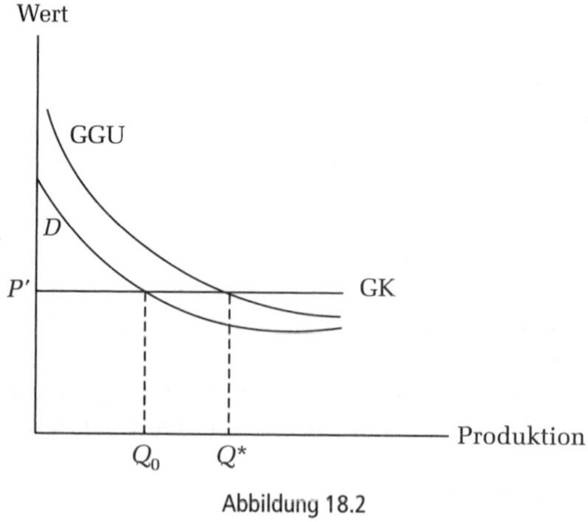

Abbildung 18.2

18.2.2 Korrekturmöglichkeiten für Marktversagen (Kapitel 18.2)

Es gibt eine Reihe regulierender Instrumente, die Stahlproduzenten dazu bringen können, ihr Produktionsniveau auf Q^* zu senken. Vielleicht das einfachste Instrument ist eine Steuer auf die *Produktion* des Unternehmens. In Abbildung 18.3 bezahlt das Unternehmen eine Steuer von t^* pro Produktionseinheit; dadurch verschiebt sich die GK-Kurve vertikal nach GK'. Jetzt produziert das Unternehmen Q^*, wobei P = GK'. Da GK' bei Q^* gleich GGK ist, entspricht der Preis GGK und daher ist das Ergebnis effizient.

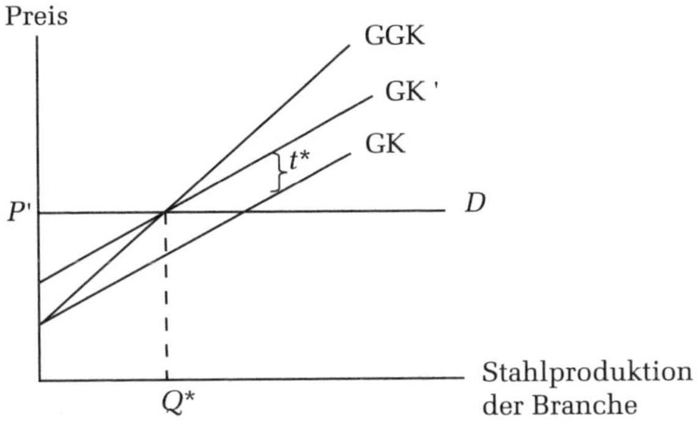

Abbildung 18.3

Wir können auch mehrere Korrekturmöglichkeiten für Externalitäten untersuchen, die sich auf die zugrundeliegende Ursache der Externalität konzentrieren. So sind Emissionen, welche die Luft verschmutzen, ein Nebenprodukt der Produktion bestimmter Güter. Unternehmen können Emissionen auf zweierlei Arten reduzieren: indirekt durch Senkung der Produktionsmenge und direkt durch Reduzierung der Emissionsmenge pro Produktionseinheit. Letztere Methode bedeutet die Entwicklung eines saubereren Produktionsprozesses, welcher aber oft nicht gleichzeitig auch der kostengünstigste Prozess ist.

Im Allgemeinen steigen die Grenzkosten der Emissionsverminderung – die zusätzlichen Kosten, die dem Unternehmen durch die Installation der Anlagen zur Emissionskontrolle entstehen –, wenn die Emissionsmenge sinkt. Die gesellschaftlichen Grenzkosten der Emissionen steigen, wenn die Emissionen steigen, da die Grenzkosten der Externalität umso höher sind, je ausgeprägter sie vorliegt.

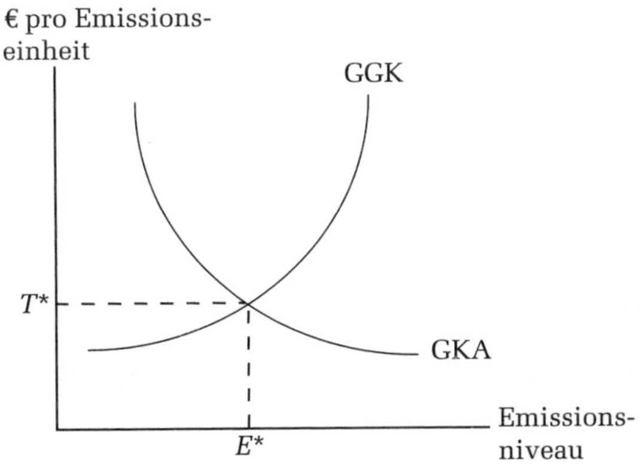

Abbildung 18.4

Abbildung 18.4 zeigt die gesellschaftlichen Grenzkosten von Emissionen (GGK) und die Grenzkosten der Verminderung (GKA). Die Gesamtkosten werden minimiert, wenn diese Grenzkosten gleich sind. Ein effizientes Emissionsniveau ist erreicht, wenn GGK = GKA gesetzt wird, was im Punkt E* der Fall ist.

Ein *Emissionsgrenzwert* setzt ein maximales Emissionsniveau für ein Unternehmen fest. Das Unternehmen hält den Grenzwert ein, indem es Anlagen zur Schadstoffverminderung installiert. Wenn der Grenzwert festlegt, dass das Unternehmen höchstens die Menge $\hat{E}$ an Schadstoffen emittieren darf, wird es genau diese Menge emittieren, es sei denn es gilt $\hat{E} > \overline{E}$, wobei $\overline{E}$ das Emissionsniveau ohne jegliche Form der Emissionsregulierung ist.

Wir haben bereits beschrieben, wie eine Steuer auf die Produktionsmenge eines Unternehmens zur Reduzierung externen Schadens eingesetzt werden kann. Nun betrachten wir eine *Emissionsgebühr*, eine Gebühr also, die auf jede Emissionseinheit eines Unternehmens erhoben wird. Nehmen wir an, das Unternehmen hat eine GKA-Kurve wie in Abbildung 18.4 dargestellt und muss T^* pro emittierter Schadstoffeinheit zahlen. Das Unternehmen wird seine Emissionen bis zu dem Punkt reduzieren, wo GKA = T^* gilt, was bei E^* Einheiten der Fall ist. Wenn die Grenzkosten der Schadstoffverminderung geringer sind als die Emissionssteuer, so gewinnt das Unternehmen durch eine Schadstoffverminderung. Wenn die Grenzkosten der Schadstoffverminderung höher sind als die Steuer, müsste das Unternehmen, wenn es seine Emissionen um eine Einheit erhöht, zusätzliche in Höhe des Steuersatzes tragen, es würde aber GKA sparen, sodass es letztendlich durch eine Erhöhung der Schadstoffmenge gewinnen würde. Wenn die Gebühr bei E^*, dem effizienten Schadstoffniveau, den Grenzkosten des Schadens entspricht, so reduziert das Unternehmen seine Emissionen auf ein effizientes Niveau.

Im Allgemeinen bevorzugen Wirtschaftswissenschaftler Emissionsgebühren gegenüber Emissionsgrenzwerten. Insbesonders kann man mit Emissionsgebühren das gleiche Maß an Schadstoffverminderung zu geringeren Kosten erreichen. Es ist jedoch ungewiss, um wie viel genau die Schadstoffmenge aufgrund einer bestimmten Emissionsgebühr sinkt. Aus diesem Grund haben einige Länder sich für die Einführung von Grenzwerten entschieden.

In einem System *übertragbarer Emissionszertifikate* werden jedem Unternehmen Emissionszertifikate ausgestellt, die es kaufen und verkaufen kann. Gibt es ausreichend Unternehmen und ausreichend Zertifikate, so wird sich ein Wettbewerbsmarkt für die Zertifikate entwickeln. Im Gleichgewicht stimmt für alle Unternehmen der Preis des Zertifikats mit den Grenzkosten der Schadstoffverminderung überein.

18.2.3 Externalitäten und Eigentumsrechte (Kapitel 18.3)

Der Ansatz von Steuern und Grenzwerten zur Kontrolle von Externalitäten geht davon aus, dass die Geschädigten nicht in der Lage sind, den Schaden abzuwenden. In einigen Fällen haben die geschädigten Parteien jedoch gesetzlich verankerte Rechte, die sie ausüben können, um zu verhindern, dass der Schaden überhaupt erst eintritt. Wenn Einzelpersonen ein *Eigentumsrecht* besitzen, das ihnen Schadstofffreiheit zusichert, können das Unternehmen, das die Schadstoffe emittiert, und diejenigen, die unter den Emissionen leiden, darüber verhandeln, wie viel Umweltverschmutzung zulässig ist und wie viel den Einzelpersonen bezahlt werden müsste, um den entstandenen Schaden auszugleichen.

Wirtschaftliche Effizienz kann erreicht werden, wenn die Externalität relativ wenige Parteien betrifft und wenn die relevanten Eigentumsrechte genau spezifiziert sind. Ein pareto-effizientes Ergebnis kommt durch Verhandlungen zustande, wenn diese kostenfrei sind. Das Coase-Theorem besagt, dass es für Effizienz nicht darauf ankommt, ob der Verursacher der Umweltverschmutzung ein Recht auf diese Verschmutzung hat oder ob die Opfer ein Recht auf deren Verhinderung haben. Wenn ein effizientes Niveau an Umweltverschmutzung mit bestimmten Emissionen verbunden ist, dann werden die Parteien so lange verhandeln, bis sie dieses effiziente Niveau erreicht haben. Der Halter des Eigentumsrechts erhält von der anderen Partei eine Entschädigung. (Wenn das Unternehmen ein Recht auf die Emissionen hat, erhält es Ausgleichszahlungen für den, aufgrund der Emissionsreduktion, verminderten Gewinn.)

18.2.4 Bestandsexternalitäten (Kapitel 18.4)

Die Auswirkungen einiger Externalitäten, ob positiv oder negativ, hängen vom *kumulierten Bestand* statt von der Stromgröße ab. Ein Beispiel für eine positive *Bestandsexternalität* wäre der Wissensbestand, der sich über einen gewissen Zeitraum hinweg aus Investitionen in F&E ansammelt. Treibhausgase (THG) hingegen stellen eine negative Bestandsexternalität dar, denn es ist die Konzentration von THG, die sich über viele Jahre hinweg in der Atmosphäre angehäuft haben, die Schäden verursacht.

Da der Bestand sich über einen gewissen Zeitraum hinweg ansammelt (und auch auflöst), muss die Politikanalyse genauso vorgenommen werden, wie ein Unternehmen den Barwert einer Investition berechnet. Im Falle der THG sollte die Gesellschaft zum Beispiel den Barwert der jährlich anfallenden Kosten der Reduzierung von THG mit dem Barwert der jährlich erreichten Vorteile und Nutzen als Ergebnis der Verringerung des Bestands an THG vergleichen. Der Text im Lehrbuch weist darauf hin, dass diese Berechnung besonders empfindlich sowohl auf die Dissipationsrate als auch den sozialen Diskontsatz reagiert, von denen für die Berechnung ausgegangen wird. Angesichts der dynamischen Natur des Problems ist die Aufgabe der Gesellschaft, das „effiziente" Niveau an Schadstoffemissionen auszuwählen, weitaus komplexer, wenn wir es mit Schadstoffemissionen zu tun haben, die über einen gewissen Zeitraum bestehen bleiben und zukünftigen Generationen schaden können.

18.2.5 Ressourcen im Gemeineigentum (Kapitel 18.5)

Ressourcen im Gemeineigentum sind für jedermann frei zugänglich. Beispiele für Ressourcen im Gemeineigentum sind Fischgründe und Weideflächen. Die Menschen haben das Recht, diese Ressourcen zu nutzen, können aber ihre Zugangsrechte nicht verkaufen oder andere von der Nutzung ausschließen. Betrachten wir als Beispiel einen See, der von Berufsfischern genutzt wird. Jedem Fischer entstehen Kosten in Form von Zeitaufwand und Material, wenn er einen Fisch aus dem See holt. Je mehr Fische aus dem See geholt werden, desto kostspieliger wird der Fang eines weiteren Fisches. Die Kurve der privaten Kosten in Abbildung 18.5 zeigt, wie sich die Durchschnittskosten für den Fang eines Fisches in Abhängigkeit von der Anzahl der gefangenen Fische verändern. Diese Durchschnittskosten sind die Kosten, die jeder Fischer tatsächlich tragen muss.

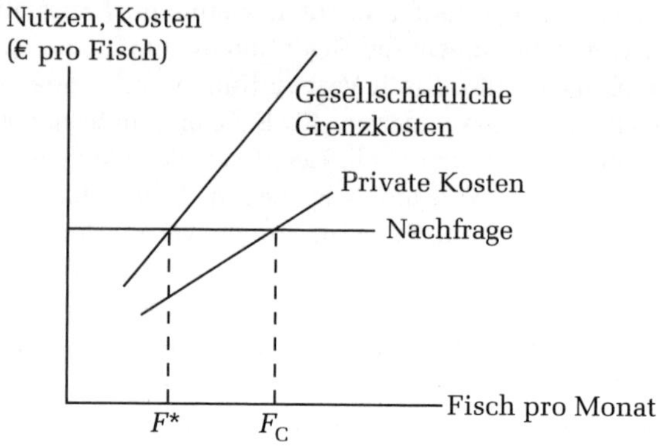

Abbildung 18.5

In diesem Fall entsprechen die privaten Kosten aber nicht den gesellschaftlichen Kosten, denn jeder gefangene Fisch erhöht die Kosten für den Fang eines weiteren Fisches. Die gesellschaftliche Grenzkostenkurve (GGK) liegt oberhalb der Kurve der privaten Kosten und verläuft steiler. Die GGK-Kurve enthält die Kostensteigerung für den Fang weiterer Fische, die sich für alle anderen Fischer ergibt. Die effiziente Anzahl an gefangenen Fischen liegt bei F^*, beim Schnittpunkt der gesellschaftlichen Grenzkosten- und der Nachfragekurve. Findet keine Regulierung statt, so liegt das Wettbewerbsgleichgewicht bei der Fischmenge F_C, am Schnittpunkt der Kurve der privaten Kosten und der Nachfragekurve – dies ist das Gleichgewicht bei freiem Markteintritt, der erzielte Gewinn ist gleich null.

Es gibt eine Reihe von Lösungen für Probleme im Zusammenhang mit Ressourcen im Gemeineigentum. Die Gewährung von Eigentumsrechten für Einzelpersonen, die Erhebung einer Gebühr pro gefangenem Fisch oder die Begrenzung der Fischanzahl, die jeder Einzelne aus dem See holen darf – all dies sind praktikable Lösungen.

Übung

3. Zu welchem Effizienzverlust kommt es (in Abbildung 18.5) aufgrund des öffentlichen Zugangs zum See?

18.2.6 Öffentliche Güter (Kapitel 18.6)

Bei unserer Analyse des Konsumentenverhaltens gingen wir davon aus, dass Güter zwei grundlegende Eigenschaften haben, dass sie nämlich „rivalisierend" und „ausschließbar" sind. Rivalisierend bedeutet, dass die Menge eines Gutes, die ich konsumiere, nicht mehr für den Konsum anderer zur Verfügung steht. Der Verbrauch jedes Menschen reduziert die für andere verfügbare Menge des Guts. Ausschließbar bedeutet, dass ich davon abgehalten werden kann, das Gut zu konsumieren. Der Hersteller eines Guts kann mir für meinen Verbrauch einen Preis berechnen und rechtliche Schritte zur Verhinderung meines Konsums einleiten, wenn ich diesen Preis nicht bezahle. Wenn ein Gut rivalisierend und ausschließbar ist, nennt man es ein reines privates Gut.

Einige Güter sind *nichtrivalisierend* und *nichtausschließbar*. Der Schutz durch die Polizei ist ein solches Beispiel. Wenn regelmäßige Polizeikontrollen Einbrüche in einer bestimmten Gegend verhindern, so profitieren alle Bewohner davon (dieses Gut ist also nichtrivalisierend). Noch wichtiger, die Vorteile, die einem Bewohner durch die Nutzung des polizeilichen Schutzes entstehen, beeinträchtigen in keiner Weise den Nutzen der anderen Bewohner. Die Kontrollen verhindern jegliche kriminelle Aktivität, nicht nur Einbrüche bei bestimmten Opfern. Es ist schwierig, wenn nicht sogar unmöglich, mittels Polizeikontrollen nur bestimmte Bewohner einer Gegend zu beschützen (das Gut ist also nichtausschließbar). Wenn die Polizei bestimmte Gegenden überwacht – selbst wenn sie dabei nur auf Anrufe der Bewohner reagiert, die für diese Dienstleistung bezahlen –, hält dies Einbrecher von Einbrüchen in alle Häuser ab, es sei denn sie wissen ganz genau, welche Häuser überwacht werden und welche nicht. Da die Polizisten jeden Menschen, den sie bei einer kriminellen Tat beobachten, verfolgen werden, kann niemand davon abgehalten werden, zumindest einige Vorteile aus den Polizeikontrollen zu ziehen.

Ein Gut, das nichtausschließbar und nichtrivalisierend ist, ist ein reines *öffentliches Gut*. Manche Güter sind nichtrivalisierend, aber ausschließbar. Andere wiederum sind nichtausschließbar, aber rivalisierend, wie die folgende Übung zeigt.

Übung

4. Erklären Sie, ob die folgenden Güter rivalisierend oder nichtrivalisierend sind und ob sie ausschließbar oder nichtausschließbar sind.

a) Öffentlich-rechtliches Fernsehen.

b) Kabelfernsehen.

c) Strände.

d) Fischgründe.

Wenn ein Gut nichtrivalisierend ist, kann jeder Einzelne von der gesamten Produktionsmenge des Guts profitieren. In Abbildung 18.6 sind die Nachfragekurven von drei Einzelpersonen nach Polizeischutz dargestellt. Die Menge wird in Personenstunden an Kontrollzeit gemessen. Für fünf Stunden Kontrollzeit ist Albert bereit, € 6 pro Stunde zu bezahlen, Bernice ist bereit, € 3 pro Stunde zu bezahlen, und Carol möchte € 7 pro Stunde bezahlen. Da jeder der drei von den fünf Stunden Kontrolle profitiert, sind sie bereit, zusammen für fünf Stunden Kontrollzeit € 16 pro Stunde zu bezahlen. Anders ausgedrückt addieren wir einzelne Nachfragekurven *vertikal*, um die Marktnachfrage für ein öffentliches Gut zu ermitteln.

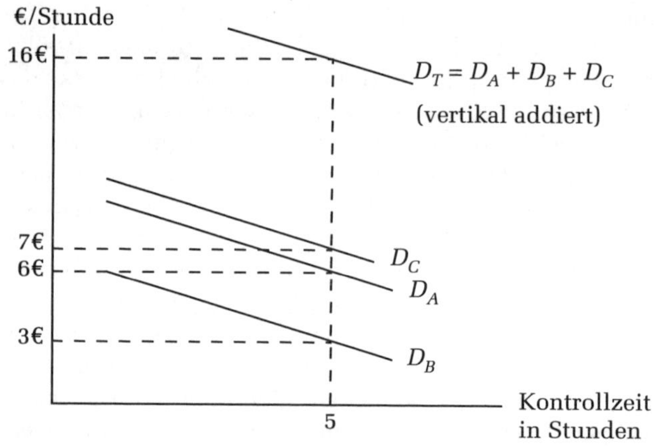

Abbildung 18.6

Die effiziente Produktionsmenge eines öffentlichen Guts liegt beim Schnittpunkt der Marktnachfragekurve mit der Grenzkostenkurve. Beim effizienten Produktionsniveau entspricht die Summe der Zahlungsbereitschaften aller Verbraucher den Kosten für die letzte produzierte Einheit.

Übung

5. Nehmen wir an, Carol aus Abbildung 18.6 verlässt die Gemeinde. Nun sind Albert und Bernice die einzigen Konsumenten. Wie hoch ist die Grenzzahlungsbereitschaft für fünf Stunden Kontrollzeit jetzt?

18.3 Übungsaufgaben

6. Kommentieren Sie folgende Aussage: Der Staat muss nicht eingreifen, wenn positive Externalitäten vorliegen, denn es kommt niemand zu Schaden.
7. Vergleichen Sie die Auswirkungen einer Steuer auf ein Gut, dessen Produktion Umweltverschmutzung verursacht, mit denen einer direkten Besteuerung des Nebenproduktes Emissionen.
8. Bei übertragbaren Emissionszertifikaten müssen Unternehmen Zertifikate besitzen, die es ihnen erlauben, Emissionen freizusetzen. Wenn ein Unternehmen weniger Emissionen verursacht, als es seine Zertifikate erlauben, kann es die restlichen Zertifikate an ein anderes Unternehmen verkaufen, das mehr Emissionen verursacht, als durch dessen Zertifikate erlaubt.

   Kommentieren Sie folgende Aussage: Diese Zertifikate weisen die Vorteile von Grenzwerten und Gebühren gleichzeitig auf und sind deshalb wahrscheinlich die beste Methode zur Emissionskontrolle.
9. Warum liegt das effiziente Niveau an Umweltverschmutzung nicht bei null?

10. a) Ursprünglich werden Styroportassen mit konstanten Grenzkosten von € 4 produziert. Die Marktnachfrage für diese Produkte ist durch $P = 22 - Q$ definiert. Welche Produktionsmenge wird die Industrie wählen? Wie hoch ist die Summe der Konsumenten- und Produzentenrenten bei dieser Menge?

b) Diese Branche produziert nicht nur Styroportassen, sondern verursacht auch Luftbelastungen. Die Kosten dieser Verschmutzung werden durch die Funktion der externen Grenzkosten, EGK = $0{,}2Q$, beschrieben. Wie viele Styroportassen sollten vom Effizienzstandpunkt aus (das heißt vom Standpunkt der Gesellschaft aus) produziert werden?

c) Die Umweltschutzbehörde, die sich um das Problem der Umweltverschmutzung kümmert, schreibt vor, dass diese Branche eine neue Produktionstechnologie einführen muss, die mit weniger Emissionsausstoß verbunden ist, aber gleichzeitig die Grenzkosten der Produktion auf GK = € 10 erhöht. Welche Produktionsmenge wird die Branche nach Einführung der neuen Technologie wählen? Wie lautet die Summe von KR und PR an diesem Punkt?

d) Illustrieren Sie Ihre Antworten zu a) bis c).

e) Ein Beratungsunternehmen schätzt den Gesamtnutzen, der sich aus einer Emissionsreduktion mithilfe der neuen Technologie ergibt, auf € 80. Ist die Emissionsreduzierung die Kosten wert, die sie für Produzenten und Konsumenten verursacht?

11. Die lokale Umweltbehörde hat einem Unternehmen, das die in Abbildung 18.7 abgebildete Grenzkostenkurve für die Vermeidung (GKA) hat, eine Emissionsgebühr von € 30 pro Tonne Müll auferlegt.

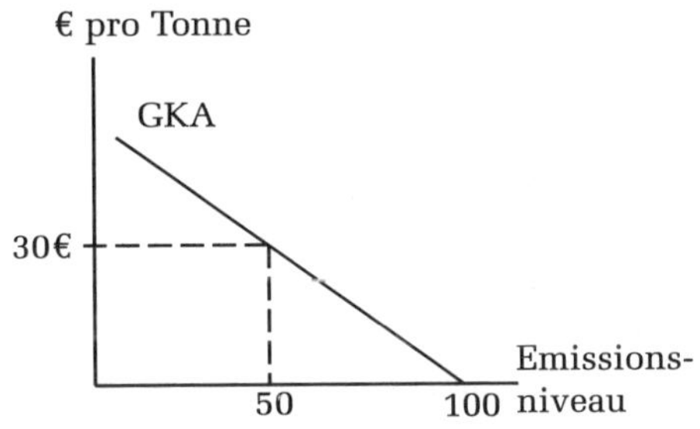

Abbildung 18.7

a) Welches Emissionsniveau wird das Unternehmen wählen? Welche Summe an Emissionsgebühren wird es bezahlen?

b) Nehmen wir an, dass die Emissionsgebühr nur für Emissionen über 40 Tonnen bezahlt werden muss. Welches Emissionsniveau wird das Unternehmen wählen? Welche Summe an Emissionsgebühren wird es bezahlen? Erklären Sie die Entscheidung des Unternehmens.

18.4 Kontrollfragen

12. Welche der folgenden sind Beispiele für negative Externalitäten?

a) Ein Elektronikhersteller lässt Lösungsmittel im Boden versickern und diese dringen in ein Trinkwasserreservoir ein.

b) Ich pflanze in meinem Vorgarten ein hübsches Blumenbeet an.

c) Durch ein Importkontingent für Erdnüsse in den USA steigen dort die Preise für Erdnussbutter an.

d) a) und b).

e) a) und c).

13. Welche Fläche in Abbildung 18.8 stellt den Effizienzverlust aufgrund einer negativen Externalität dar?

a) *cgj.*

b) *gdk.*

c) *cag.*

d) *efgjh.*

e) Keine der Antworten ist korrekt.

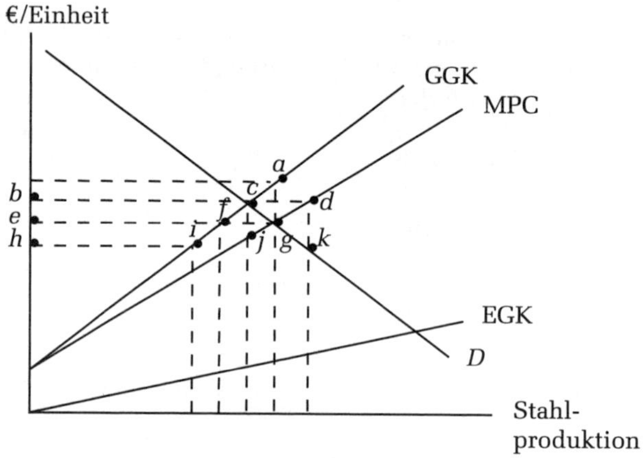

Abbildung 18.8

14. Mit einer Emissionsgebühr wird ein Unternehmen bis zu dem Niveau Schadstoffe emittieren, bei dem:

a) die Gebühr GGK entspricht;

b) die Gebühr dem Produktpreis entspricht;

c) die Gebühr GKA entspricht;

d) das Unternehmen wird keine Schadstoffe emittieren, denn es muss dafür bezahlen.

e) Keine der Antworten ist korrekt.

15. Ein Emissionsgrenzwert ist besser als eine Emissionsgebühr, wenn:

a) es nur begrenzte Informationen über Kosten und Nutzen der Schadstoffvermeidung gibt;

b) die GGK-Kurve steiler verläuft als die GKA-Kurve;

c) die GGK-Kurve flacher verläuft als die GKA-Kurve;

d) a) und b);

e) a) und c).

16. Wenn am Flughafen von Podunk nächtliche Starts und Landungen erlaubt sind, ist der Marktwert der 40 in der Nähe gelegenen Häuser um jeweils € 3.000 geringer als bei einem nächtlichen Flugverbot. Nehmen wir an, die Anwohner haben ein Eigentumsrecht, das ihnen gestattet, nächtlichen Lärm zu verhindern. Die Verhandlungen zwischen den Anwohnern und der Flughafenbehörde werden zu folgendem Ergebnis führen:

a) Es gibt nächtliche Flüge, es sei denn, jeder Anwohner bezahlt € 3.000.

b) Es gibt keine nächtlichen Flüge, es sei denn, der Flughafen zahlt eine Entschädigung von € 120.000.

c) Es gibt nächtliche Flüge, wenn der diskontierte Gegenwartswert dieser Flüge € 120.000 übersteigt.

d) a) und c).

e) b) und c).

17. Bei einer Ressource im Gemeineigentum liegt das effiziente Produktionsniveau bei _____ und das gleichgewichtige Produktionsniveau bei freiem Marktzutritt liegt bei _____.

a) dem Schnittpunkt von privaten Kosten und Nachfrage; dem Schnittpunkt von gesellschaftlichen Grenzkosten und Nachfrage;

b) dem Schnittpunkt von gesellschaftlichen Grenzkosten und Nachfrage; dem Schnittpunkt von privaten Kosten und Nachfrage;

c) dem Schnittpunkt von privaten Kosten und Nachfrage; dem Schnittpunkt von privaten Kosten und Nachfrage;

d) dem Schnittpunkt von gesellschaftlichen Grenzkosten und Nachfrage; dem Schnittpunkt von gesellschaftlichen Grenzkosten und Nachfrage.

e) Keine der Antworten ist korrekt.

18. Ein reines öffentliches Gut ist:

a) rivalisierend und ausschließbar;

b) nichtrivalisierend und nichtausschließbar;

c) nichtrivalisierend;

d) nichtausschließbar;

e) vom Staat zur Verfügung gestellt.

19. Bei negativen Externalitäten ist das Produktionsniveau auf dem privaten Markt

a) zu gering;

b) zu hoch;

c) gesellschaftlich optimal;

d) am Schnittpunkt von Nachfrage und gesellschaftlichen Grenzkosten;

e) am Punkt, wo die externen Grenzkosten minimiert werden.

20. Die Grenzkosten einer Fabrik, in der Haarspraydosen hergestellt werden, liegen bei GK = 2 + 0,01Q, doch da die Benutzung von Spraydosen die Ozonschicht zerstört, liegen die gesellschaftlichen Grenzkosten bei GGK = 2 + 0,5Q, wobei Q die Anzahl Dosen pro Monat ist. Der Wettbewerbspreis für Haarspray liegt bei € 4 pro Dose. Wie hoch ist das effiziente Produktionsniveau?

a) 0.

b) 2.

c) 4.

d) 20.

e) 200.

21. Das Coase-Theorem sagt aus, dass:

a) das Verhandlungsergebnis immer effizient sein wird, wenn die Verhandlungskosten gleich null sind, gleichgültig, wem die Eigentumsrechte zustehen;

b) ein effizientes Ergebnis erreicht werden kann, wenn der Partei Eigentumsrechte gewährt werden, die der Gesellschaft eine negative Externalität auferlegt;

c) Effizienz erreicht werden kann, wenn ein einziger Besitzer die Ressource im Gemeinschaftseigentum verwaltet;

d) bei unvollständigen Informationen Grenzwerte effizienter sind als Emissionsgebühren.

e) Keine der Antworten ist korrekt.

22. Es kommt wahrscheinlich zu einem Trittbrettfahrer-Problem, wenn:

a) die privaten Kosten den gesellschaftlichen Nutzen übersteigen;

b) das Gut nichtrivalisierend, aber ausschließbar ist;

c) das Gut nichtausschließbar ist;

d) das marktbestimmte Produktionsniveau über dem gesellschaftlich optimalen Niveau liegt;

e) der Markt einen Preis von null festsetzt.

23. Pfandsysteme

a) führen dazu, dass Materialien recycelt werden;

b) sollten als Basis für den Pfandbetrag den Wert des recycelbaren Materials heranziehen;

c) sollten als Basis für den Pfandbetrag die Externalität unsachgemäßer Entsorgung heranziehen;

d) a) und b);

e) a) und c).

18.5 Internetübung

Ein im Jahre 2005 verabschiedetes US-Bundesgesetz zum Transportwesen ermöglichte es den Bundesstaaten, spezielle „Clean Fuel"- (Sauberer Treibstoff-) Autokennzeichen oder Nummernschildaufkleber für Fahrzeuge mit Hybridantrieb auszustellen, mit denen diese Fahrzeuge die Fahrspuren für so genannte „High Occupancy Vehicle" (HOV, stark ausgelastete Fahrzeuge) benutzen können, auch wenn die sonst erforderliche Zahl von Fahrgästen nicht erreicht wird. Lesen Sie den folgenden Artikel aus dem Jahre 2006, der einen Überblick zu diesem Thema liefert: *http://www.hybridcars.com/local-incentives/carpool-hov-lanes.html. http://www.virginiadot.org/news/northern_virginia/2008/hov_exemption_for_hybrid26594.asp* Prüfen Sie dann die Kraftstoffverbrauchsangaben (angegeben in mpg, d.h. miles per gallon; Meilen pro 3,79 Liter Kraftstoff) für verschiedene Fahrzeuge wie etwa für den Ford Escape Hybrid, ein Fahrzeug mit Hybridantrieb, *http://www.fordvehicles.com/suvs/escapehybrid/,* und für den Honda Fit, ein Fahrzeug mit konventionellem Benzinmotor: *http://automobiles.honda.com/fit/environment.aspx.*

Fallen Ihnen Gründe ein, weshalb Fahrzeuge mit Hybridantrieb bei der Benutzung von HOV-Fahrspuren *nicht* bevorzugt behandelt werden sollten?

18.6 Lösungen zu den Übungen

1. a) Dies ist eine negative Externalität. Nichtraucher leiden unter den negativen Folgen des Passivrauchens, ohne irgendeinen Nutzen daraus zu ziehen.

b) Wenn die Musik andere stört, handelt es sich um eine negative Externalität. Wenn andere gerne zuhören, ist es eine positive Externalität.

c) Durch den Reinigungsvorgang werden flüchtige organische Chemikalien freigesetzt, was die Qualität der Luft beeinträchtigt. Also handelt es sich um eine negative Externalität.

d) Durch einen hübschen Garten wird eine Wohngegend für alle schöner (und könnte sogar den Wert der Anwesen erhöhen), also ist die Externalität positiv.

2. Effizienzverluste aufgrund negativer Externalitäten ergeben sich aus *Überproduktion*. Der Nettowohlfahrtsverlust entspricht dem Dreieck zwischen GGK und D von Q^* bis Q_0. In Abbildung 18A.1 ist dies die Fläche *abc*.

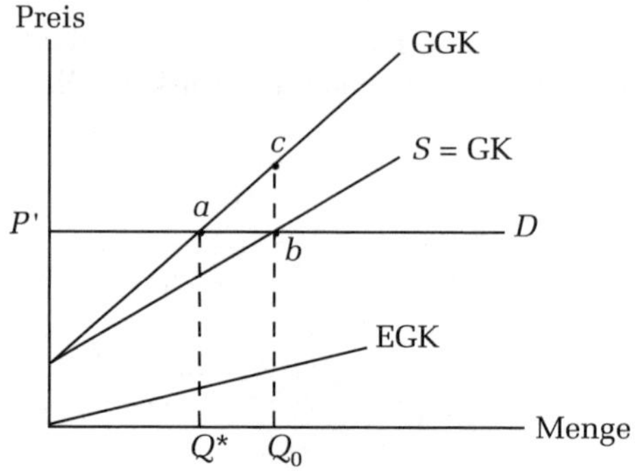

Abbildung 18A.1

3. In Abbildung 18.5 entspricht der Effizienzverlust der Fläche zwischen sozialen Grenzkosten und Nachfrage von F^* bis F_C. Freier Zugang führt zu Überproduktion.

4. a) Im Sendegebiet ist es nichtrivalisierend und ohne Signalverzerrung auch nichtausschließbar.

b) Zugang zu Kabelfernsehen ist ausschließbar. Der ursprüngliche Anschluss ist rivalisierend, denn jede Installation erfordert Kabel und Aufgrabungen. Ist Kabelfernsehen jedoch einmal angeschlossen, ist jeder zusätzliche Kanal nichtrivalisierend.

c) Strände sind häufig überfüllt, also sind sie rivalisierend. Menschen können außerdem von der Nutzung eines Strandes durch eine Zugangsgebühr ausgeschlossen werden, also sind sie auch ausschließbar.

d) Fischgründe sind rivalisierend, denn der Fang jedes Fischers reduziert die Anzahl an Fischen, die für andere noch übrig sind. In der Praxis ist ein Ausschluss meist mit hohen Kosten verbunden.

5. Addieren Sie die D_A- und D_B -Kurven vertikal, um $D_T = 9$ für fünf Kontrollstunden zu erhalten.

18.7 Lösungen zu den Übungsaufgaben

6. In Abbildung 18.2 ist der Effizienzverlust der Bereich zwischen den GGU- und *D*-Kurven von Q_0 bis Q^*. Es wird eine zu geringe Menge des Guts produziert. Da niemand durch den Konsum des mit Externalitäten verbundenen Guts zu Schaden kommt, könnte es den Anschein haben, als gäbe es keinen Grund einzugreifen, doch der gesellschaftliche Nettonutzen ist geringer, als er sein könnte. Bei positiven Externalitäten könnte es leichter sein, eine Einigung zu erzielen, denn alle Parteien profitieren von einer Umschichtung hin zu einer effizienten Allokation. Die Verursacher von Umweltverschmutzungen werden dagegen durch eine Regulierung meist schlechter gestellt.

7. Die einzige Reaktion eines Unternehmens, das Schadstoffe emittiert, auf eine Steuer auf seine Produktion ist eine Verringerung der Produktionsmenge. Als Reaktion auf eine Emissionsgebühr (oder -steuer) kann ein Unternehmen seine Steuerlast senken, indem es die Produktion senkt oder indem es auf einen Produktionsprozess umstellt, der weniger Schadstoffe verursacht, jedoch auch teurer ist (oder indem es beides tut).

8. Mit übertragbaren Zertifikaten kann die regulierende Behörde sicher vorhersagen, wie hoch die Menge der emittierten Schadstoffe sein wird, selbst wenn daraus entstehende Kosten und Nutzen nur ungefähr bekannt sind. In Abbildung 18.6 im Lehrbuch ist dargestellt, dass unter diesen Umständen ein Grenzwert sinnvoller wäre (als eine Gebühr). Wenn es aber viele verschiedene Quellen von Schadstoffen gibt, müsste von der Kontrollbehörde für jedes Unternehmen ein maximal zulässiger Wert festgelegt werden. Es ist sehr schwierig, die Grenzwerte so festzulegen, dass die Emissionsverringerung zu geringsten Kosten erreicht wird. Mit übertragbaren Zertifikaten würden die Unternehmen so untereinander handeln, dass die Grenzkosten der Emissionsverminderung für alle Unternehmen gleich hoch sind. Auf diese Weise ist die Emissionsreduzierung zu geringsten Kosten gewährleistet.

9. Wenn die regulierende Behörde verlangen würde, dass es gar keine Umweltverschmutzung mehr geben sollte, müssten wir den Konsum vieler Güter völlig aufgeben. Es kommt zu Umweltverschmutzung, weil die Menschen auf diese Güter nicht verzichten möchten. Beim wünschenswerten Niveau an Umweltverschmutzung befinden sich der Schaden an der Umwelt und der Nutzen für die Verbraucher im Gleichgewicht. Stellen Sie sich eine Welt vor, in der es keine Fortbewegungsmittel gäbe, die mit Benzin, Kohle oder Elektrizität aus fossilen Brennstoffen oder Atomkraft betrieben würden.

10. a) Setzen wir P = GK oder $22 - Q = 4$, daraus ergibt sich $Q = 18$. Dann gilt KR + PR = 0,5(18)(18) + 0 = € 162. (In diesem speziellen Fall gilt PR = 0, da GK eine horizontale Gerade ist.)

b) Setzen wir GGK = GK + EGK = P oder $4 + 0{,}2Q = 22 - Q$, daraus ergibt sich $Q = 15$.

c) Die Branche wird ein Produktionsniveau wählen, für das gilt P = GK' oder $22 - Q = 10$, daraus ergibt sich $Q = 12$. Dann gilt KR + PR = 0,5(12)(12) + 0 = € 72.

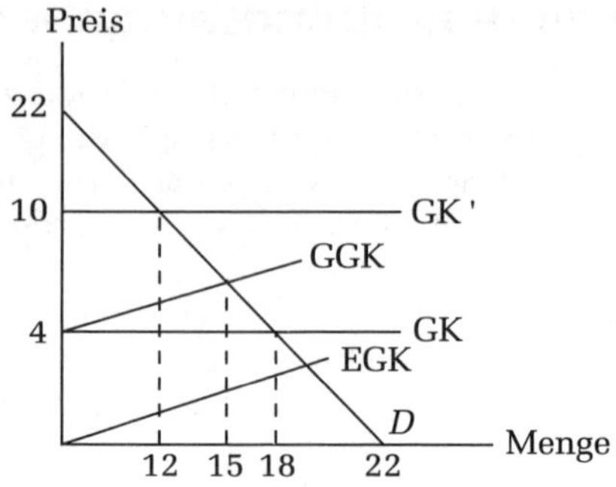

Abbildung 18A.2

d) Der Gesamtnutzen liegt bei € 80, während der Verlust an KR = 162 – 72 = € 90 beträgt. Daher ist die Emissionsreduzierung die Kosten, die sie für Konsumenten und Produzenten der Styroportassen verursacht, nicht wert.

11. a) Das Unternehmen würde € 30 pro Tonne an Gebühren sparen, wenn es seine Emissionen auf 50 Tonnen senkt. Seine Grenzkosten der Emissionsverminderung (GKA in Abbildung 18A.3) liegen unterhalb von € 30 pro Tonne, bis das Emissionsniveau auf 50 Tonnen gesenkt wird. Das Unternehmen würde für die 50 Tonnen noch freigesetzter Emissionen € 30 pro Tonne oder € 30(50) = € 1.500 (Rechtecke *A* und *B* in Abbildung 18A.3) bezahlen.

b) In Abbildung 18A.3 sind die Gebührenzahlungen des Unternehmens als gestrichelte Linie angegeben. Das Unternehmen sollte seine Emissionen immer noch auf 50 Tonnen begrenzen, nun zahlt es aber lediglich € 30 pro Tonne für 10 Tonnen Schadstoffe oder € 30(10) = € 300 (nur Rechteck *B*). In beiden Fällen reduziert das Unternehmen seine Emissionen, bis seine GKA der Gebühr entspricht.

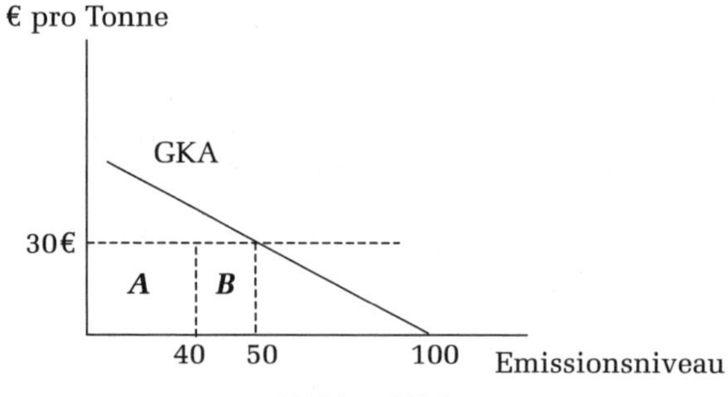

Abbildung 18A.3

18.8 Lösungen zu den Kontrollfragen

12. a) Lösung b) ist ein Beispiel für eine positive Externalität, während c) lediglich die Auswirkungen einer Preissteigerung eines Produktionsfaktors beschreibt.

13. c) Das gesellschaftlich effiziente Gleichgewicht liegt im Punkt *c*, während das Marktgleichgewicht in Punkt *g* liegt. Die Überproduktion auf dem Markt erzeugt einen Effizienzverlust von *cag*.

14. c) Das Unternehmen sollte seine Emissionen so lange reduzieren, bis die Grenzkosten der Verringerung (GKA) geringer sind als die Emissionsgebühr. Wenn die GKA höher sind als die Gebühr, sollte das Unternehmen lieber die Gebühr bezahlen, statt seine Emissionen weiter zu reduzieren.

15. d) Wenn die gesellschaftliche Grenzkostenkurve (GGK) viel steiler verläuft als die GKA-Kurve, sind die Kosten einer versäumten Emissionsreduzierung hoch. (Eine steile GKA-Kurve bedeutet, dass es für die Gesellschaft hohe Kosten verursacht, mit einem hohen Emissionsniveau zu leben.) Wenn die Möglichkeit, einen Fehler zu begehen, beim Festsetzen eines Grenzwerts geringer ist als beim Festsetzen einer Gebühr, wird die Gesellschaft Grenzwerte vorziehen. Man erkenne jedoch, dass Grenzwerte zwar mehr Sicherheit in Bezug auf das tatsächliche Emissionsniveau gewährleisten, dass sie aber gleichzeitig mehr Unsicherheit in Bezug auf die den einzelnen Unternehmen entstehenden Kosten der Schadstoffverringerung bedeuten.

16. e) Das Ergebnis hängt vom Wert ab, den der Flughafen nächtlichen Flügen beimisst.

17. b) Die privaten Kosten bestimmen das Ergebnis bei freiem Zugang, während die gesellschaftlichen Kosten das effiziente Ergebnis bestimmen.

18. b) Beide Bedingungen sind Teil der Definition eines öffentlichen Guts.

19. b) Das private Produktionsniveau ist zu hoch, da die Parteien, welche die negative Externalität verursachen, die zusätzlichen Kosten, die sie Konsumenten und Produzenten auferlegen, nicht mitberücksichtigen.

20. c) Setzen wir GGK = P, um zu ermitteln, dass $Q = 4$.

21. a) Das Coase-Theorem ist im Lehrbuch aufgeführt: Wenn Parteien ohne Kosten und zu ihrem beidseitigen Vorteil verhandeln können, ist das Verhandlungsergebnis effizient, gleichgültig, wie die Eigentumsrechte zugeordnet sind.

22. c) Wenn das Gut nichtausschließbar ist, neigen die Menschen zum Trittbrettfahren; sie versuchen, die Vorteile des Guts zu nutzen, ohne dafür zu bezahlen.

23. d) Da das Pfand im Voraus bezahlt wird, kann es den Materialwert übersteigen, damit eine vorschriftsmäßige Entsorgung gewährleistet ist.

24. d) c) ist falsch, weil eine höhere Diskontierungsrate den Barwert von Emissionsminderungen verringert.

18.9 Lösung zur Internetübung

Volkswirtschaftler bevorzugen Emissionsgrenzwerte, Emissionsgebühren (oder -steuern) und übertragbare Emissionszertifikate, denn diese liefern die stärksten Anreize, Schadstoffemissionen, die als Nebenprodukte wirtschaftlicher Aktivitäten entstehen, zu reduzieren. Da einige Fahrzeuge mit Hybridantrieb im Treibstoffverbrauch nicht effizienter sind als einige Fahrzeuge ohne Hybridantrieb (nur mit Benzinmotor), sind speziell auf Hybridfahrzeuge abzielende Anreize unter Umständen nicht die effizienteste Methode, Schadstoffemissionen von Automobilen zu reduzieren. So können zum Beispiel größere Hybridfahrzeuge im Treibstoffverbrauch weniger effizient als kleinere konventionelle Fahrzeuge sein, mehr Benzin verbrauchen und damit eine höhere Menge an Schadstoffen emittieren. Eine Bevorzugung von Hybridfahrzeugen auf HOV-Fahrspuren mag deshalb vielleicht kaum einen effizienten Beitrag zur Verringerung von Schadstoffemissionen und Ölimporten leisten.

Die allgemeinere Erkenntnis hier ist, dass Preissignale insofern von Vorteil sind, als dass sie von offiziellen Regierungsvertretern nicht verlangen, die angemessene Technologie erraten zu müssen. Höhere Steuern auf Benzin würden viele Fahrzeughalter veranlassen, weniger zu fahren, und die Fahrzeughersteller anregen, die Treibstoffeffizienz ihrer Fahrzeuge zu steigern. Ob Fahrzeuge mit Hybridantrieb die beste Alternative sind, ist noch nicht klar.